Entscheidungen

des

Reichsgerichts.

Herausgegeben

von

**den Mitgliedern des Gerichtshofes
und der Reichsanwaltschaft.**

Entscheidungen in Civilsachen.

Neue Folge.

Sechster Band.

Der ganzen Reihe sechsundfünfzigster Band.

**Leipzig,
Verlag von Veit & Comp.
1904**

Entscheidungen

des

Reichsgerichts

in

Civilsachen.

Neue Folge.

Sechster Band.

Der ganzen Reihe sechsundfünfzigster Band.

Leipzig,
Verlag von Veit & Comp.
1904

Druck von Metzger & Wittig in Leipzig.

Inhalt.

I. Reichsrecht.

II. Gemeines Recht.

III. Preußisches Recht.

IV. Rheinisches Recht.

V. Prozeßrecht.

1. 1. Ist unter „anderweiter Anstellung" in Abs. 4 (6) des § 65 der preußischen Städte-Ordnung vom 30. Mai 1853 auch eine Anstellung im Staats- oder Gemeindedienste zu verstehen, welche nur auf Widerruf oder zur Probe erfolgt?

2. Umfaßt das „frühere Einkommen" im Sinne der genannten Gesetzesbestimmung auch das Einkommen aus einem mit dem Hauptamte, welches den Anspruch auf Pension begründet, nur zufällig zusammentreffenden Nebenamte im Staats- oder Gemeindedienste?

III. Civilsenat. Urt. v. 16. Oktober 1903 i. S. B. (Kl.) w. Stadtgemeinde P. (Bekl.). Rep. III. 161/03.

I. Landgericht Ostrowo.
II. Oberlandesgericht Posen.

Der Kläger war bis zum 15. Mai 1900 Bürgermeister der verklagten Gemeinde mit einem Gehalte von 1200 ℳ und freier Dienstwohnung im Werte von 250 ℳ. Außerdem war er vom Oberpräsidenten der Provinz Posen zum Standesbeamten des Bezirks P., bestehend aus dieser Stadt und mehreren Landgemeinden gegen eine Vergütung von 310 ℳ aus der Kreiskasse bestellt und bezog für die Wahrnehmung der Geschäfte der Provinzialfeuersozietät zu P. eine Entschädigung von 40 ℳ im Jahre. Am 15. Mai 1900 schied er aus seinem Amte als Bürgermeister nach Ablauf einer zwölfjährigen Amtsdauer aus und erhielt gemäß § 65 der preußischen Städte-Ordnung vom 30. Mai 1853 eine jährliche Pension von 725 ℳ verwilligt. Am 15. Februar 1901 wurde er vom Magistrat zu G. zum Standesbeamten des Standesamtsbezirks G.-Stadt auf Probe unter Bemessung einer Vergütung von 900 ℳ jährlich, sodann am 1. April 1901 von der höheren Verwaltungsbehörde zum Standesbeamten des Bezirks G.-Land gegen Bezug einer Entschädigung von 730 ℳ widerruflich bestellt. Es stellte hierauf die Beklagte auf Grund des § 65 Abs. 4 der Städte Ordnung die Zahlung der Pension ein, da sein Einkommen aus diesen Dienstleistungen sein früheres Einkommen als Bürgermeister mit 1450 *M* übersteige. Der Kläger klagte nun nach fruchtloser Beschreitung des Beschwerdeweges die bisherige Pension ab 1. Oktober 1901 gegen die Beklagte im Rechtswege ein und machte geltend, daß die probeweise bzw. widerrufliche Bestellung als Standesbeamten in G. nicht als „anderweite Anstellung" im Sinne des Abs. 4 des § 65 a. a. O. anzusehen sei; eventuell beanspruchte er die Zahlung von 170 *M* jährlich, weil sein früheres Gesamteinkommen im Staats- und Gemeindedienst (1800 *M*) sein jetziges Diensteinkommen (1630 *M*) um diesen Betrag überstiegen habe.

Die beiden Vorinstanzen wiesen die Klage ab. Die gegen das Berufungsurteil vom Kläger eingelegte Revision wurde zurückgewiesen aus folgenden

Gründen:

„Der § 65 der Städte-Ordnung vom 30. Mai 1853 regelt die Pensionierung der Bürgermeister und besoldeten Magistratsmitglieder und bestimmt in Abs. 4 (6):

„Die Pension fällt fort oder ruht insoweit, als der Pensionierte durch anderweite Anstellung im Staats- oder Gemeindedienste ein Einkommen oder eine Pension erwirbt, welche mit Zurechnung der ersten Pension sein früheres Einkommen übersteigt."

Ähnliche Bestimmungen finden sich im preußischen Pensionsgesetze vom 27. März 1872 § 27 flg., im Reichsbeamtengesetze §§ 57 flg. und im preußischen Kommunalbeamtengesetze § 13.

In der Auslegung der erwähnten Gesetzesbestimmung ist den Vorderinstanzen beizutreten.

Der Begriff der anderweiten „Anstellung im Staats- oder Gemeindedienste" ist in Abs. 4 in keiner Weise eingeschränkt; insbesondere ist nicht von einer lebenslänglichen, dauernden oder pensionsberechtigten Anstellung die Rede, und daß nicht nur eine lebenslängliche pensionsberechtigte darunter zu verstehen ist, ergibt sich schon daraus, daß auch der zeitweise Wegfall der Pension, deren „Ruhen" in Aussicht genommen ist. Unter anderweiter Anstellung ist daher jede Anstellung im Staats- oder Gemeindedienste, jedenfalls soweit sie eine öffentliche, Beamteneigenschaft verleihende ist, zu verstehen, gleichgültig, ob dieselbe dauernd oder nur auf Zeit, Widerruf oder Probe erfolgt. Damit stimmt auch der Zweck des Abs. 4 überein. Er soll verhindern, daß sich der Beamte auf Kosten des Staates und der Gemeinde ein doppeltes Einkommen aus den geleisteten Diensten verschafft. Dieser Zweck würde aber nicht oder nur unvollkommen erreicht, wenn nicht jede Anstellung, auch diejenige auf Zeit oder auf Kündigung oder Widerruf als Anstellung im Sinne des Gesetzes anzusehen wäre. In den ähnlichen Bestimmungen des preußischen Pensionsgesetzes § 29 Abs. 2 und des Reichsbeamtengesetzes § 60 Abs. 2 ist auch der Grundsatz, daß vorübergehende Anstellungen in Betracht kommen, dadurch zum Ausdrucke gebracht, daß für einzelne derselben diejenigen gegen Taggeld oder sonstige nicht gehaltsmäßige Entschädigung besondere Bestimmungen eingefügt sind. Daß bei der Erlassung der Städte-Ordnung eine andere Auffassung obgewaltet hat, erscheint ausgeschlossen; einmal weil für die Städte ein besonderer Schutz geboten war, da nach § 65 Abs. 1 a. a. O. die Pension nicht nur dann gewährt werden muß, wenn der Beamte dienstunfähig wird, sondern auch dann, wenn er, obwohl völlig dienst- und erwerbsfähig, nicht wiedergewählt wird; sodann aber hatte naturgemäß die Städteordnung hauptsächlich eine gleichartige Anstellung wie in § 65 Abs. 1 als Magistratsmitglied im Auge, und diese ist in der Regel eine Anstellung auf Zeit (§ 31 der Städte-Ordnung). Daß der Kläger als Standesbeamter, wenn auch nur auf Widerruf oder Probe bestellt, Gemeinde- bzw. Staatsbeamter ist, ergibt sich aus § 4, insbesondere dem letzten Absatz, und §§ 5—7 des Personenstandsgesetzes vom 6. Februar 1875 (vgl. Entsch. des R.G.'s in Civils. Bd. 39 S. 261).

Es ist aber auch dem Berufungsgerichte darin beizutreten, daß unter dem „früheren Einkommen" nur dasjenige Einkommen zu verstehen ist, das der Beamte in derjenigen Dienststellung bezogen hat, aus der er seine Pension bezieht, nicht aber auch andere zufällige Nebeneinkünfte, selbst wenn sie vom Staate oder einer Gemeinde gewährt wurden. So wenig private Einkünfte, die der Beamte zufälligerweise infolge seiner Vertrauensstellung als Magistratsmitglied bezogen hat, z. B. Einkünfte von Privatfeuerversicherungs- und ähnlichen Gesellschaften, unter das frühere Einkommen fallen, können darunter Nebeneinkünfte vom Staat oder einer anderen Gemeinde fallen. Denn nichts hindert ihn, diese wie jene beizubehalten, wie sie auch ohne Verlust der früheren Dienststellung in Wegfall geraten können. Daß der Beamte solche Nebeneinkünfte, um anderwärts eine bessere Stellung zu erreichen, aufgegeben hat, ist seine Sache und kann die pensionspflichtige Gemeinde nicht belasten, wie ja auch der Fortbezug der früheren Nebeneinkünfte von Staat und Gemeinde auf den Betrag der zu gewährenden Pension ohne Einfluß ist (vgl. Entsch. des preuß. Obertribunals Bd. 49 S. 247, und Striethorst, Arch. Bd. 11 S. 273)." ...

---

2. Ist die Gemeinde, die nach § 12 des preußischen Fluchtliniengesetzes vom 2. Juli 1875 ein Ortsstatut erläßt, verpflichtet, die Ausnahmen von dem Bauverbote lediglich von den statutarisch von vornherein, wenigstens in ihren Umrissen, genau zu bestimmenden Bedingungen abhängig zu machen, und steht es ihr nicht frei, beliebige, auch im Statute nicht vorgesehene Vereinbarungen über die Errichtung von Bauten an projektierten Straßen mit dem Anlieger zu treffen?

VII. Civilsenat. Urt. v. 10. November 1903 i. S. P. (Bekl.) w. Stadt F. (Kl.). Rep. VII. 265/03.

I. Landgericht Frankfurt a. M.
II. Oberlandesgericht daselbst.

Die Polizeiverordnung vom 13. August 1880 setzt für die Stadt F. die Bedingungen im einzelnen fest, unter denen eine Straße in baupolizeilicher Hinsicht als fertiggestellt gelten soll. Gemäß § 12 des Fluchtliniengesetzes vom 2. Juli 1875 war bereits unter dem 23. Mai 1876 ein von Aufsichtswegen bestätigtes Ortsstatut für die Stadt F. erlassen, nach dessen Art. 3 an den in die Bebauungspläne aufgenommenen Straßen und Straßenteilen Wohngebäude mit einem Ausgange nach diesen Straßen nur errichtet werden dürfen, wenn letztere den baupolizeilichen Bestimmungen gemäß fertiggestellt sind. Der Art. 4 lautet: „Ausnahmen in Einzelfällen können mit Rücksicht auf die Bestimmung, örtliche Lage oder sonstige Verhältnisse der beabsichtigten Bauten von dem Magistrat im Einvernehmen mit der Stadtverordnetenversammlung gestattet werden." Der Beklagte grenzte mit seinem im Grundbuche des 16. Bezirks der Stadt F. Bd. 3 Bl. 157 verzeichneten Grundstück, auf dem sich ein Fabrikgebäude mit Wohnhaus befand, an die M.er Landstraße und W.straße (jetzt H.straße). Beide Straßen waren noch nicht völlig fertiggestellt im Sinne der Polizeiverordnung vom 13. August 1880. Der Beklagte beabsichtigte im Jahre 1893 die Errichtung eines Portier-Wohnhauses neben dem Fabrikgebäude. Der Magistrat der Stadt F. genehmigte den Bau unter einer Reihe von Bedingungen, die in dem Reverse vom 17. Mai 1893 enthalten waren. Sie bezogen sich auf die Abtretung von Land für die M.er Landstraße, auf die Zahlung bezw. Sicherstellung von Straßen- Herstellungs- und -Unterhaltungskosten und auf die Errichtung von näher bezeichneten geschlossenen und dauernd geschlossen zu haltenden Einfriedigungen nach der W.- (H.-) Straße. Ferner schloß der Beklagte wegen eines Anbaues an sein Fabrik- und Wohngebäude mit der Klägerin unter dem 6./7. August 1896 einen Vertrag, nach welchem ihm unter Bezugnahme auf den Art. 4 des Ortsstatutes vom 28. April 1876 der Anbau gegen Übernahme einer Reihe von Verpflichtungen gestattet wurde. Insbesondere wurde ihm in § 8 des Vertrages untersagt, ohne Erlaubnis der Klägerin andere Grundstücke oder Grundstücksteile mit dem Baugrundstücke wirtschaftlich zu vereinigen und in der näher bezeichneten Straßenfront nach der W.straße Türen oder Ausgänge anzulegen. Der Beklagte führte die Bauten aus. Sie entsprachen, wie in zweiter Instanz nicht mehr bestritten war, dem Reverse bzw. dem Vertrage insofern nicht, als nicht überall den Abmachungen entsprechende geschlossene Einfriedigungen vorhanden waren, und als die Einfriedigung nach der M.er Landstraße zu über die vorgeschriebene Linie hinaus in ein anderes Grundstück des Beklagten verlegt war. Die Klägerin klagte infolgedessen auf Herstellung des vertragsmäßigen Zustandes; der Beklagte aber begehrte Abweisung der Klage und erhob Widerklage auf Feststellung des Nichtbestehens der ihm angesonnenen Verpflichtung. Das Landgericht erkannte nach dem Klagantrage mit der Maßgabe, daß die Einfriedigung nach der H.straße bis zu deren Fertigstellung im Sinne der Polizeiverordnung vom 13. August 1880 geschlossen zu halten sei; die Widerklage wurde abgewiesen. Das Oberlandesgericht wies die Berufung des Beklagten zurück. Auch seine Revision ist zurückgewiesen, aus folgenden

Gründen:

„1. Die klagende Stadtgemeinde fordert vom Beklagten die Erfüllung der von ihm vertragsmäßig — durch die Urkunden vom 17. Mai 1893 und 6./7. August 1896 — übernommenen Verpflichtungen, soweit sie sich auf die Art der Errichtung der in den Urkunden näher bezeichneten Baulichkeiten beziehen. Hierbei handelt es sich nicht um die Übernahme öffentlichrechtlicher Verpflichtungen oder um die Heranziehung zu solchen, sondern um Abmachungen lediglich **privatrechtlicher** Natur, die zwischen den Gemeindeorganen (nicht der Baupolizeibehörde) und dem Beklagten getroffen worden sind. Sie regeln die Beziehungen des Beklagten als Anliegers an sog. projektierten Straßen zu der Stadt, die bei der Ausführnng solcher Straßen und dem Anbau an ihnen erheblich beteiligt ist, und schränken die dem Beklagten grundsätzlich zustehende Befugnis, sein Grundeigentum mit Gebäuden zu besetzen, zugunsten der Klägerin in bestimmter Richtung ein. Der Anlaß zu diesen Abmachungen liegt freilich im öffentlichen Rechte, nämlich in dem Ortsstatute vom 23. Mai 1876, welches die Stadt F. in Ausübung des ihr durch § 12 des Fluchtliniengesetzes verliehenen Hoheitsrechtes beschlossen hat. Das in Art. 3 des Statutes ausgesprochene Bauverbot und dessen Einschränkung in Art. 4 bedingte für den Beklagten als Eigentümer bebauungsfähiger, an projektierten Straßen belegener Grundstücke, die er bestimmungsgemäß auszunutzen beabsichtigte, die Anbahnung von Verhandlungen mit der Stadt. Ihr Abschluß ist indessen kein Akt des öffentlichen Rechtes, sondern ein den Normen des bürgerlichen Rechtes unterliegender Vertrag, eine auf dem freien Willen beider Teile beruhende Übereinkunft, mittels deren sie Leistung und Gegenleistung dergestalt gegeneinander ausgetauscht haben, daß die Stadtgemeinde den beabsichtigten Anbau an die noch nicht fertig gestellten Straßen genehmigt, der Beklagte dagegen die in den Urkunden näher aufgeführten Verbindlichkeiten übernommen hat. Daß derartige Abmachungen sich nicht auf öffentlichrechtlichem, sondern auf civilrechtlichem Gebiete bewegen, ist auch allgemein anerkannt.

Vgl. **Friedrichs**, Kommentar zum Fluchtliniengesetz 4. Aufl. Anm. 8 zu § 12 S. 127. . . .

Der Berufungsrichter hat die gegen den Rechtsbestand der Abmachungen aus § 12 des Fluchtliniengesetzes entnommene Einwendung des Beklagten verworfen. Dagegen richtet sich der Hauptangriff der Revision. Es wird geltend gemacht, daß nicht, wie mißverständlich vom Berufungsrichter angenommen werde, die Ungültigkeit des Art. 4 des Ortsstatutes habe behauptet werden sollen; der Sinn der vorinstanzlichen Ausführungen sei der gewesen, daß die Stadt durch das Fluchtliniengesetz, also kraft öffentlichen Rechtes, gezwungen werde, durch das Ortsstatut die Ausnahmen von dem Bauverbote des Art. 3 und mithin die Bewilligung des Anbaues allein von den in dem Ortsstatute von vornherein, wenigstens in ihren Umrissen, genau zu bestimmenden Bedingungen abhängig zu machen, und daß es ihr daher nicht gestattet sei, beliebige, im Statute nicht vorgesehene Vereinbarungen in betreff der Bauten an projektierten Straßen zu treffen. Es soll also gegenüber den Verträgen, deren privatrechtliche Natur im übrigen anscheinend von der Revision nicht verkannt wird, geltend gemacht werden, daß sie gegen das öffentliche Recht verstießen und deshalb unverbindlich seien. Der Angriff ist nicht begründet. Es kann zunächst nicht anerkannt werden, daß das Fluchtliniengesetz den Gemeinden die Verpflichtung auferlegt, in dem nach § 12 Abs. 2 zu erlassenden Ortsstatute die Bedingungen oder Grundsätze festzustellen, unter denen sie Ausnahmen von dem Bauverbote zulassen. Weder aus dem Wortlaute, noch aus der Entstehungsgeschichte des Gesetzes geht hervor, daß die privatrechtliche Bewegungsfreiheit der Gemeinden irgendwie hat eingeschränkt werden sollen. Der § 12 Abs. 1 gestattet den Gemeinden den Erlaß eines Ortsstatutes, nach welchem der Anbau von Wohngebäuden an projektierten, d. h. für den öffentlichen Verkehr und den Anbau noch nicht gemäß den polizeilichen Bestimmungen fertiggestellten Straßen mit einem Ausgange nach diesen unzulässig ist. Nach Abs. 2 hat das Ortsstatut die näheren Bestimmungen innerhalb der Grenzen vorstehender Vorschrift festzusetzen. Das Bauverbot darf also nicht auf fertiggestellte Straßen, auf andere Gebäude als Wohngebäude, auf Wohngebäude ohne Ausgang auf die Straße ausgedehnt werden. Im übrigen haben die Gemeinden freie Hand in der Ausgestaltung des Bauverbots, insbesondere hinsichtlich der Straßen und Gebäude, für welche es gelten soll, auch hinsichtlich der Einschränkungen und Ausnahmen, die gemacht werden sollen. In letzterem Punkte ist es den Gemeinden unverwehrt, die Bedingungen im Statute zu bezeichnen, unter denen sie von der Anwendung des Bauverbotes absehen wollen, entweder so, daß sie nur berechtigt, oder so, daß sie auch verpflichtet sind, die Bauerlaubnis bei Erfüllung der gesetzten Bedingungen zu erteilen. Eine nähere Bestimmung ist es aber auch, wenn die Baulustigen auf den Weg der Verhandlungen mit der Gemeinde verwiesen werden, und diese sich vorbehält, Dispense nach ihrem Ermessen, namentlich nach vertragsmäßiger Übernahme von ihr im einzelnen nach Lage des Falles zu formulierender Verpflichtungen, zu erteilen. Aus der Entstehungsgeschichte des Gesetzes (mitgeteilt von Reinarz im Preußischen Verwaltungsblatt Jahrg. 18 S. 393 flg. — dessen sonstige Ausführungen erheblichen Bedenken unterliegen; vgl. gegen ihn die Aufsätze von Anschütz u. Löhlein a. a. O. 19 S. 277. 305) ist eine abweichende Meinung des Gesetzgebers nicht zu entnehmen. Der § 12 beruht auf einem Beschlusse der Kommission des Abgeordnetenhauses. Der Abgeordnete Zelle wünschte entgegen dem Regierungskommissar die Worte „nähere Bestimmungen" beizubehalten, indem er ausführte, daß im Ortsstatute auch die Anlegung ganz neuer Straßen in Betracht gezogen werden könne. Daraus ist ebensowenig etwas zugunsten der Revision zu folgern, wie aus dem Kommissionsbericht, wo es nur heißt, daß im § 12 von einem Ortsstatute die Rede sei, d. h. von der Befugnis der Gemeinden, die ohne das Verbot nicht auszukommen vermeinen, dasselbe zu erlassen; daß den Einwohnern durch solche Maßnahmen der Gemeindebehörde nicht zu nahe getreten werde, dafür bürgten zur Genüge die Vorschriften der Al. 2 und 3 (die von der Bestätigung und Bekanntmachung des Statutes handeln). Es ist also davon keine Rede gewesen, daß die Gemeinden sich selbst statutarisch an Bedingungen binden müßten, unter denen sie vom Bauverbote dispensieren könnten, sofern sie dieses nicht unbedingt erlassen wollten. Der § 12 ist demnächst im Plenum widerspruchslos angenommen. Die Praxis hat bisher niemals die Gültigkeit solcher allgemeinen Vorbehalte, wie sie in dem Statute der Klägerin sich finden, bezweifelt.

Vgl. Friedrichs a. a. O. S. 126. 127 und das dort S. 263 abgedruckte Ortsstatut I für die Stadt Berlin vom 8. Oktober 1875, dessen § 2 fast wörtlich mit dem Art. 4 des F.er Statutes übereinstimmt. Ein Übergriff der Gemeinden wurde in dem Erlasse des Bauverbotes überhaupt befürchtet, und deshalb dessen Bestätigung von Aufsichtswegen vorgeschrieben. Wenn aber den Gemeinden einmal gestattet ist, das Bauen in dem Umfange des § 12 gänzlich zu untersagen, so fehlt es an einem Grunde, sie an der Festsetzung von Ausnahmen nach ihrem Gutdünken zu hindern und sie zur bestimmten Formulierung der Ausnahmen zu zwingen. Es würde dies, worauf auch die Vorinstanzen hinweisen, eine lästige, durch nichts gerechtfertigte Fessel für die Gemeinden sein, die bei Erlaß des Statutes nicht alle Gestaltungen der Verhältnisse, namentlich auch für die Zukunft, zu übersehen vermögen. Brauchte hiernach die Klägerin den Art. 4 ihres Statutes nicht anders, als geschehen, zu fassen, so ist es auch weiter nicht richtig, daß Vereinbarungen, die außerhalb des Rahmens der durch das Statut besonders zugelassenen Ausnahmen liegen, mit zwingendem Rechte in Widerspruch träten. Die Revision scheint davon auszugehen, daß die Klägerin nach dem Wortlaute dieses Statutes den Dispens vom Bauverbote nur von Bedingungen abhängig machen dürfe, die mit der Bestimmung, der örtlichen Lage oder den sonstigen Verhältnissen der beabsichtigten Bauten zusammenhangen. Abgesehen davon, daß der Mangel eines solchen Zusammenhangs nicht ohne weiteres erkennbar ist, kann auch an der Gültigkeit von Vereinbarungen nicht gezweifelt werden, die im Statute nicht vorgesehen sind. Selbst wenn gemäß dem Statut ein Rechtsanspruch auf Erteilung der Bauerlaubnis nach Erfüllung der dort festgelegten Bedingungen bestände, würde damit doch nicht die privatrechtliche Vertragsfreiheit der Gemeinde und des Baulustigen beseitigt sein. Es steht kein Gesetz entgegen, daß der Grundstückseigentümer unter Verzicht auf seinen Anspruch die Frage der Bauerlaubnis im Wege der Vereinbarung mit der Gemeinde anderweit regele. Eine solche Vereinbarung ist nur nach den Normen des bürgerliches Rechtes, z. B. wegen Irrtums oder Zwanges, anfechtbar, wovon im vorliegenden Falle nicht die Rede ist." ... (Die weiteren Gründe interessieren nicht.)

---

3. 1. Betrifft der Art. 184 Einf.-Ges. zum B.G.B. auch solche dinglichen Rechte, zu deren Begründung oder Wirksamkeit gegen Dritte es nach den bisherigen Gesetzen der Eintragung in das Grundbuch nicht bedurfte, und die infolgedessen nicht eingetragen sind?

2. Ist zur Vollziehung der Pfändung einer Eigentümergrundschuld, die aus einer Buchhypothek entstanden ist, die Eintragung der Pfändung in das Grundbuch erforderlich?

3. Kann durch die Eintragung einer Vormerkung des Anspruches auf Pfändung die Pfändung einer Buchhypothek mit den Wirkungen der §§ 883 flg. B.G.B. gesichert werden?

C.P.O. § 857 Abs. 6. § 830 Abs. 1 Satz 3.
B.G.B. §§ 883 flg.

V. Civilsenat. Urt. v. 11. November 1903 i. S. B. (Kl.) w. Sch. (Bekl.). Rep. V. 205/03.

I. Landgericht Leipzig.
II. Oberlandesgericht Dresden.

H. G. R. B., der Sohn des Klägers, war bis zu der im Jahre 1901 erfolgten Zwangsversteigerung Eigentümer der Hälfte des Grundstückes Blatt 23 des Grundbuchs von L. Die darauf am 8. Juni 1901 unter Nr. 23 ohne Bildung eines Hypothekenbriefs eingetragene Hypothek von 60000 ℳ kam im Verteilungstermin am 6. März 1902 voll zur Hebung. Der Gläubigerin wurden aber nur 55000 ℳ zugewiesen, weil die Hypothek zum Betrage von 5000 ℳ nicht zur Entstehung gelangt war. Auf diese 5000 ℳ machten der Kläger und der Beklagte Anspruch. Das Vollstreckungsgericht ging zwar davon aus, daß die 5000 ℳ dem Eigentümer als Grundschuld zuzuweisen seien, ordnete aber mit Rücksicht darauf, daß dem Kläger ein Nießbrauchsrecht an der Grundstückshälfte zustehe, welches älter sei als die Eigentümergrundschuld des H. R. G. B. und diesem gegenüber, obwohl nicht eingetragen, auch Wirksamkeit habe, an, daß die 5000 ℳ dem Kläger gemäß § 121 des Zwangsversteigerungsgesetzes zu gewähren seien, falls der Beklagte darauf keinen Anspruch machen könne. Der Eigentümer widersprach im Verteilungstermin dieser Anordnung des Vollstreckungsgerichts nicht. Demzufolge wurden die 5000 ℳ für den Kläger und den Beklagten hinterlegt. Der Kläger erhob Klage mit dem Antrage, den Beklagten zu verurteilen, einzuwilligen, daß die hinterlegten 5000 ℳ an ihn ausgezahlt würden. Der erste Richter, welcher annahm, dem Beklagten stehe ein Recht auf die 5000 ℳ nicht zu, verurteilte unter Abweisung der Klage mit dem Mehrgeforderten den Beklagten, zuzustimmen, daß der Kläger aus den Zinsen und dem Kapitale der hinterlegten 5000 ℳ gemäß dem Teilungsplane befriedigt werde. Die Berufung des Beklagten wurde zurückgewiesen.

Die Revision des Beklagten ist zurückgewiesen worden aus folgenden

Gründen:

„Der am 9. Mai 1890 verstorbene Ph. B. B. hat dem Kläger das lebenslängliche Nießbrauchsrecht an dem Grundstücke Bl. 23 letztwillig vermacht. Das Nießbrauchsrecht ist nicht in das Grundbuch eingetragen. Das Berufungsgericht nimmt auf Grund des sächsischen Rechtes an, daß das Nießbrauchsrecht auch ohne seine Eintragung im Grundbuche zur Entstehung gekommen, und daß es nach dem 31. Dezember 1899 gemäß Art. 184 Einf.-Ges. zum B.G.B. mit dem sich aus den sächsischen Gesetzen ergebenden Inhalt und Range bestehen geblieben sei, daß es aber seit dem 1. Januar 1900 bei der Feststellung des geringsten Gebotes und bei der Verteilung des Versteigerungserlöses im Zwangsversteigerungsverfahren nur zu berücksichtigen sei, sofern die Berechtigten, die ihm im Range nachstehen und von der Berücksichtigung betroffen werden, zustimmten. Diese Berechtigten seien der Subhastat H. R. G. B. als Eigentümer und Erwerber des nicht zur Entstehung gelangten Teiles von 5000 ℳ der Hypothek Nr. 23 und der Beklagte als sein vermeintlicher Rechtsnachfolger. Das Recht des Subhastaten stehe dem Kläger nicht entgegen, da dieser im Verteilungstermin der Berücksichtigung des Klägers stillschweigend zugestimmt habe. Hierdurch hätten aber die vorstehenden Rechte der Pfändungsgläubiger nicht beeinträchtigt werden können. Es frage sich also, ob der Beklagte vor dem Verteilungstermin am 6. März 1902 ein Pfandrecht oder ein gleichwertiges Recht an der Eigentümergrundschuld von 5000 ℳ erworben gehabt habe.

Es kommt folgendes in Betracht: Durch gerichtlichen Beschluß vom 25. November 1901, der dem Subhastaten zugestellt worden, ist auf Antrag des Beklagten wegen seiner Forderung von 5036,65 ℳ nebst Zinsen und Kosten die Eigentümergrundschuld des Subhastaten, soweit sie infolge der Nichtentstehung oder des Erlöschens der Forderung des Gläubigers der Hypothek von 60000 ℳ entstanden sei, mit dem Rechte des Subhastaten, sie auf seinen Namen umschreiben zu lassen, in Höhe von 5050,65 ℳ zuzüglich der Zinsen und Kosten gepfändet und dem Beklagten zur Einziehung überwiesen.

Auf Grund dieses Beschlusses hat der Beklagte eine einstweilige Verfügung vom 3. Februar 1902, die gleichfalls dem Subhastaten zugestellt ist, gegen diesen dahin erwirkt, daß auf dem Grundstück Bl. 23 vorzumerken sei der Anspruch des Beklagten auf Pfändung der daselbst in Abteilung III unter Nr. 23 in Höhe von 60000 ℳ eingetragenen Hypothek, wenn und soweit diese Hypothek dem Miteigentümer des Grundstückes R. B. zustehe. Am 10. Februar 1902 ist die angeordnete Eintragung der Vormerkung in Abteilung III unter Nr. 35 mit folgendem Wortlaut erfolgt: „Vorgemerkt: Anspruch des Schankwirts H. Sch. in L., die Hypothek Nr. 23 wegen eines Betrags von 5050,65 ℳ nebst Zinsen zu 6 v. H. von 5000 ℳ seit 9. November 1901 und den Kosten der Zustellung des Pfändungsbeschlusses zu pfänden, wenn und soweit diese Hypothek dem Miteigentümer R. B. als Eigentümerhypothek zusteht."

Das Berufungsgericht verneint die oben gestellte Frage, indem es zunächst ausführt, die Pfändung und Überweisung des Berichtigungsanspruchs sei ohne materiellrechtliche Wirkung, weil dadurch der Beklagte nur in die Lage gebracht sei, an Stelle des Subhastaten die Bewilligung der Umschreibung der 5000 ℳ auf dessen Namen von der Hypothekengläubigerin zu verlangen, um dadurch die Eintragung einer die Eigentümergrundschuld selbst ergreifenden Pfändung zu ermöglichen. Es tritt dann der Ansicht entgegen, daß die Pfändung einer Eigentümergrundschuld der Eintragung in das Grundbuch nicht bedürfe, nimmt vielmehr an, daß im § 857 Abs. 6 C.P.O. unter Grundschuld auch die Eigentümerhypothek zu verstehen sei, und daß deshalb die Pfändung der Eigentümergrundschuld, die aus dem Nichtentstehen einer Forderung mit Buchhypothek entstanden sei, nur durch die Eintragung der Pfändung in das Grundbuch habe vollzogen werden können. Da solche Eintragung nicht erfolgt sei, könne der Pfändung überhaupt keine Wirkung beigemessen werden. Hieran ändere die Vormerkung des Pfändungsrechts nichts, da jede Vormerkung einen obligatorischen, privatrechtlichen Anspruch auf Eintragung voraussetze, an dem es bei der Vormerkung zur Sicherung des Zwangsvollstreckungsrechtes, die ausschließlich nach Maßgabe der §§ 916 flg. C.P.O. zu erfolgen habe, fehle. Hiernach sei der Widerspruch des Beklagten gegen die Befriedigung des Klägers aus der Streitmasse unbeachtlich.

Die Ausführungen des Berufungsgerichts, soweit sie in der Anwendung Königlich Sächsischer Gesetze bestehen, unterliegen der Anfechtung mit der Revision nicht (§ 549 C.P.O.). Dies gilt insbesondere für die Entscheidung über die Begründung und das Fortbestehen des Nießbrauchsrechtes des Klägers. Im übrigen kommen drei Fragen in Betracht.

Nach der Ansicht des Berufungsgerichts betrifft der Art. 184 Einf.-Ges. zum B.G.B. auch solche dinglichen Rechte, zu deren Begründung oder Wirksamkeit gegen Dritte es nach den bisherigen Gesetzen der Eintragung in das Grundbuch nicht bedurfte, und die infolgedessen nicht eingetragen sind. Dies steht allerdings nicht im Einklange mit dem Urt. des R.G.'s in Bd. 48 S. 63 der Entsch. in Civils., worin ausgesprochen ist, daß im Art. 184 unter dem Rechte, mit welchem eine Sache belastet ist, nur ein solches Recht verstanden werden kann, welches in dem Grundbuch eingetragen ist. Das Reichsgericht tritt jedoch nach erneuter Prüfung hiervon zurück und schließt sich der Ansicht des Berufungsgerichts an.[1] Das Nießbrauchsrecht des Klägers, welches das Grundstück Bl. 23 nach sächsischem B.G.B. vor dem 1. Januar 1900, auch ohne eingetragen zu sein, belastet hat, ist daher nach dem Inkrafttreten des deutschen B.G.B. am 1. Januar 1900 mit dem sich aus den sächsischen Gesetzen ergebenden Inhalt und Range bestehen geblieben.

Die weitere, bisher streitige Frage, ob zur Vollziehung der Pfändung einer Eigentümergrundschuld nach § 857 Abs. 6 in Verbindung mit § 830 Abs. 1 Satz 3 C.P.O. die Eintragung in das Grundbuch erforderlich ist, wenn für die Hypothek oder Grundschuld, aus welcher die Eigentümergrundschuld entstanden, die Erteilung des Hypotheken- bzw. Grundschuldsbriefs ausgeschlossen ist, hat das Reichsgericht bereits in dem in Sachen H. u. Gen. w. G. (Rep. V. 194/03) am 17. Oktober 1903 verkündeten Urteile, welches demnächst in der Sammlung der Entsch. des Reichsgerichts veröffentlicht werden wird, bejaht.[2] Davon wieder abzugehen, liegt keine Veranlassung vor. Dem Berufungsgerichte ist daher auch hier beizutreten. Es könnte nur der Zweifel angeregt werden, ob die Eintragung der Pfändung nicht in dem Ver-

[1] Vgl. auch Bd. 55 dieser Sammlung Nr. 76 S. 315. D. R.

[2] Jetzt abgedruckt in Bd. 55 dieser Sammlung Nr. 93 S. 378. D. R.

merke Nr. 35 der Abteilung „Lasten" des Grundbuchs zu finden sei. Durch den Gerichtsbeschluß vom 25. November 1901 ist allerdings wortdeutlich die Eigertümergrundschuld des Subhastaten, soweit sie entstanden war, gepfändet und dem Beklagten überwiesen. Aber die zur Vollziehung der Pfändung erforderliche Eintragung der Pfändung ist nicht erfolgt; denn durch die auf Grund jenes Beschlusses ergangene einstweilige Verfügung vom 3. Februar 1902 ist nicht die Eintragung der Pfändung, sondern die Vormerkung des Anspruchs auf Pfändung angeordnet, und demgemäß ist auch der Eintragungsvermerk so gefaßt, wie er wörtlich durch diese Verfügung vorgeschrieben ist. Durch die Eintragung ist daher klar und deutlich ausgesprochen, daß der Anspruch des Beklagten, die Eigentümerhypothek des Subhastaten zu pfänden, vorgemerkt ist. Auf dem Wege der Auslegung ist somit nicht dahin zu gelangen, daß die angeordnete Pfändung selbst durch die Eintragung der Vormerkung vollzogen werden sollte und vollzogen ist. Daß derjenige Teil einer Hypothek, welcher nach § 1163 Abs. 1 B.G.B. dem Eigentümer zusteht, gleich bedingten und betagten Forderungen durch die Gläubiger des Eigentümers schon im voraus gepfändet werden kann, wenn auch der zu pfändende Teil noch nicht feststeht, ist bereits vom Reichsgericht anerkannt (Entsch. in Civils. Bd. 51 S. 115).

Es bleibt hiernach noch zu erörtern, ob der Anspruch auf Pfändung durch die Eintragung einer Vormerkung mit den Wirkungen des § 883 B.G.B. gesichert werden konnte. Dies ist mit dem Berufungsgerichte zu verneinen. Auf dem Gebiete des Sachenrechtes ist die Willkür der Beteiligten beschränkt. Nur was das Gesetz gestattet, ist zulässig. Infolgedessen können auch nur solche Eintragungen mit Wirkung vorgenommen, insbesondere durch Vormerkung nur solche Ansprüche gesichert werden, welchen das Grundbuch geöffnet ist. Was die Vormerkung anbetrifft, so kann sie nur eingetragen werden zur Sicherung des Anspruchs auf Einräumung oder Aufhebung eines Rechtes an einem Grundstück oder an einem das Grundstück belastenden Rechte rc (§ 883 B.G.B.). Aus der Stellung dieser Bestimmung im Bürgerlichen Gesetzbuche ergibt sich, daß es sich hier lediglich um privatrechtliche Ansprüche handelt, denen die Verpflichtung gegenübersteht, die Eintragung des Rechtes auf Verlangen des Berechtigten zu bewilligen und dadurch das Recht einzuräumen (§§ 194. 873 B.G.B., § 19 G.B.O.).

Nur da, wo nach bürgerlichem Rechte eine solche Verpflichtung und damit der Anspruch auf deren Erfüllung besteht, kann die Erfüllung durch Vormerkung gemäß § 883 B.G.B. gesichert werden. Dies trifft bei dem Pfändungspfandrechte nicht zu. Ein Anspruch auf Eintragung der Pfändung, vermöge dessen der Gläubiger die Bewilligung der Eintragung vom Schuldner verlangen könnte, besteht nicht. Die Eintragung der Pfändung erfolgt lediglich kraft Gesetzes auf Grund des Pfändungsbeschlusses (§ 830 Abs. 1 Satz 3 C.P.O.), ohne daß eine Verpflichtung des Schuldners, die Eintragung zu dulden oder gar herbeizuführen, in Frage kommt. Eine Übertragung der im Bürgerlichen Gesetzbuche enthaltenen Vorschriften des Privatrechtes auf das dem öffentlichen Rechte angehörende Prozeßrecht ist ausgeschlossen, soweit dies in letzterem nicht angeordnet ist. Eine Bestimmung, daß die Vorschriften der §§ 883 flg. B.G.B. im Zwangsvollstreckungsverfahren angewendet werden sollen, ist in der Civilprozeßordnung nicht enthalten. Es fragt sich deshalb, ob in der Civilprozeßordnung selbst sich eine Vorschrift findet, welche die Eintragung einer Vormerkung anordnet oder gestattet. Dies ist nicht der Fall. Die Zwangsvollstreckung in das unbewegliche Vermögen wegen einer Geldforderung und die Vollziehung eines Arrestes in ein Grundstück erfolgt durch Eintragung einer Sicherungshypothek, nicht mehr, wie früher in Preußen, durch Eintragung einer Vormerkung (§§ 866. 867. 932 C.P.O.). Die Zwangsvollstreckung in eine Forderung, für welche eine Hypothek ohne Brief besteht, erfolgt durch Eintragung der Pfändung in das Grundbuch auf Grund des Pfändungsbeschlusses (§ 830 Abs. 1 Satz 3 C.P.O.). Daß zur Vorbereitung und Sicherung der Eintragung einer Sicherungshypothek oder einer Pfändung eine Vormerkung eingetragen werde, ist nicht zugelassen. Es bedurfte dessen auch nicht, weil auf Grund des vollstreckbaren Schuldtitels, ohne welchen eine Zwangsvollstreckung nicht erfolgen darf (§§ 704. 724 das.), unmittelbar die endgültige Eintragung der Sicherungshypothek und der Pfändung stattfindet. Durch einstweilige Verfügung kann zwar die Eintragung einer Vormerkung angeordnet werden (§ 942 Abs. 2 das.); aber einstweilige Verfügungen dienen nicht zur Sicherung der Zwangsvollstreckung wegen einer Geldforderung, dazu findet der Arrest statt. Ist hiernach im Zwangsvollstreckungsverfahren die Eintragung einer Vormerkung zur Sicherung einer Zwangshypothek oder einer Pfändung nicht zugelassen, so kann einer dessenungeachtet erfolgten Eintragung keine Wirkung beigemessen werden. Bezüglich der Vormerkung einer Zwangshypothek hat sich die Praxis bereits verneinend geäußert (vgl. Entsch. des Kammergerichts vom 25. März 1901, mitgeteilt in der vom Reichsjustizamt zusammengestellten Sammlung Bd. 2 S. 93). In der Literatur wird überwiegend dieselbe Ansicht vertreten.

Hiernach hat der Beklagte durch die bloße Vormerkung der Pfändung ein Recht auf die Eigentümergrundschuld des Subhastaten nicht erlangt und ist daher nicht berechtigt, der Befriedigung des Klägers wegen seines Nießbrauchsrechtes am Pfandgrundstücke entgegenzutreten." ...

---

4. Hat der Gesellschafter einer aus zwei Personen bestehenden Kommanditgesellschaft, welcher nach Übereinkommen mit einem bestimmten Termine aus der Gesellschaft ausscheidet, während der andere Gesellschafter das Geschäft mit Aktiven und Passiven übernimmt, an Gewinn und Verlust teil, der sich aus den zur Zeit seines Ausscheidens schwebenden Geschäften ergibt?

A.D.H.G.B. Artt. 172. 130.

H.G.B. vom 10. Mai 1897 § 161 Abs. 2. § 142.

B.G.B. § 740.

I. Civilsenat. Urt. v. 11. November 1903 i. S. v. O. (Bekl.) w. P. (Kl.). Rep. I. 240/03.

I. Landgericht Bremen.
II. Oberlandesgericht Hamburg.

Zwischen dem Kläger und dem Beklagten bestand eine Kommanditgesellschaft, die durch Vertrag vom 15. Januar 1902 mit der Bestimmung aufgelöst wurde, daß der Kläger mit dem 31. Dezember 1901 ausscheiden, die Gesellschaft mit diesem Zeitpunkte als aufgelöst gelten, der Beklagte das Geschäft mit Aktiven und Passiven übernehmen sollte. Der Kläger erhielt seine Kapitaleinlage nebst Zinsen und den Gewinnanteil bis zum 31. Dezember 1901 ausgezahlt, verlangte aber außerdem Beteiligung am Gewinne, der aus einem im August 1901 geschlossenen, bei Auflösung der Gesellschaft noch nicht ausgeführten Vertrage über Lieferung von 10000 Stück Rahmen erwachsen würde, und den er auf mehr als 3000 *M* berechnete. Der Beklagte bestritt ihm dieses Recht, behauptete auch, der Kläger habe sich bei den Unterhandlungen über den Zeitpunkt seines Austritts dahin erklärt, er wolle sein Kapital mit dem Gewinn bis zum 31. Dezember 1901 haben und damit zufrieden sein.

Der erste Richter machte die Entscheidung von dem dem Kläger über diese Behauptung zugeschobenen Eid abhängig, und die Berufung des Beklagten wurde zurückgewiesen. Auch die Revision des Beklagten ist zurückgewiesen aus nachfolgenden

Gründen:

„Die Parteien sind darüber einig, daß nach ihrem Übereinkommen der Kläger mit dem 31. Dezember 1901 aus der Gesellschaft ausscheiden, die Gesellschaft damit aufgelöst sein, der Beklagte das Geschäft mit Aktiven und Passiven übernehmen sollte. Streitig ist die unter den erkannten Eid gestellte Behauptung des Beklagten, der Kläger habe bei den Verhandlungen über den Zeitpunkt des von ihm gewünschten Austritts erklärt, er wolle jetzt, nicht erst zum 1. Juli austreten, sein Kapital mit Gewinn pr. 31. Dezember 1901 haben und damit zufrieden sein.

Der Berufungsrichter nimmt in Übereinstimmung mit dem ersten Richter an, daß, wenn kein anderer Inhalt der Vereinbarung erwiesen, als der, über den die Parteien einig sind, der Anspruch des Klägers begründet ist. Und darin ist ihm beizutreten.

Die Gesellschaft der Parteien ist durch Austritt des Klägers im Einverständnis des Beklagten im Januar 1902 aufgelöst. Die rechtliche Wirkung dieses Austritts ist, da dieser Rechtsakt nach dem Inkrafttreten des Handelsgesetzbuches vom 10. Mai 1897 erfolgt ist, nach den Vorschriften dieses Gesetzes zu beurteilen. Der Gesellschaftsvertrag bestimmt für den vorliegenden Fall nichts. Der § 7 des Vertrages bestimmt nur, daß im Falle des Verlustes von mehr als der Hälfte seines Kapitals der Kläger die Auflösung der Gesellschaft verlangen, der Beklagte dann nach seiner Wahl Liquidation oder Übernahme des Geschäftes unter Auszahlung des Klägers fordern kann. Nach § 161 Abs. 2 a. a. O. finden auf die Kommanditgesellschaft, soweit nicht ein anderes vorgeschrieben, die für die offene Handelsgesellschaft geltenden Vorschriften Anwendung. Für die Auflösung der Kommanditgesellschaft durch Austritt eines Gesellschafters sind besondere Vorschriften nicht gegeben. Auch bei der offenen Handelsgesellschaft fehlt es an einer ausdrücklichen Vorschrift über die Auseinandersetzung im Fall der Auflösung der nur aus zwei Gesellschaftern bestehenden Gesellschaft durch den Austritt des einen Gesellschafters, wenn der eine Gesellschafter das Geschäft mit Aktiven und Passiven übernimmt. Aber der § 142 H.G.B. läßt zu, daß, wenn bei einer Gesellschaft mit zwei Gesellschaftern die Ausschließung des einen zulässig sein würde, dem anderen durch das Gericht das Recht eingeräumt wird, das Geschäft ohne Liquidation mit Aktiven und Passiven zu übernehmen. Dann sollen nach Abs. 3 des § 142 für die Auseinandersetzung die Vorschriften für den Fall des Ausscheidens eines Gesellschafters aus der unter den übrigen Gesellschaftern fortbestehenden Gesellschaft entsprechende Anwendung finden. Und für diesen Fall schreibt der § 140 Abs. 2 H.G.B. die Auseinandersetzung nach Maßgabe der Vermögenslage der Gesellschaft im Zeitpunkt der Erhebung der Klage auf Ausschließung vor. Die entsprechende Anwendung des § 140 Abs. 2 führt dahin, daß als der für die Auseinandersetzung und die Vermögenslage der Gesellschaft maßgebende Zeitpunkt der Moment der Auflösung der Gesellschaft und der Übernahme des Geschäftes mit Aktiven und Passiven gelten muß.

Diese Vorschriften sind auf den hier vorliegenden Fall analog anzuwenden, wo der eine Gesellschafter mit Zustimmung des anderen freiwillig ausscheidet, und der andere das Geschäft mit Aktiven und Passiven übernimmt. Entscheidet aber für die Auseinandersetzung die Vermögenslage der Gesellschaft zur Zeit der Auflösung und der Übernahme, so ist die Berücksichtigung des hier in Rede stehenden, vor der Auflösung abgeschlossenen, aber zur Zeit der Auflösung noch nicht ausgeführten Lieferungsvertrages geboten. An sich berührt solcher Lieferungsvertrag das Vermögen der Gesellschaft, sowohl als Aktivum, wie als Passivum, und selbst seine Berücksichtigung bei Aufstellung der Bilanz ist durch § 40 H.G.B. nicht ausgeschlossen.

Vgl. Entsch. des R.O.H.G.'s Bd. 24 S. 71.

Der nach Art. 172 des früheren Handesgesetzbuches für die Kommanditgesellschaft geltende Art. 130 das. bestimmte ausdrücklich, daß die Auseinandersetzung der Gesellschaft mit dem ausscheidenden Gesellschafter auf Grund der Vermögenslage zur Zeit des Ausscheidens zu erfolgen habe, daß aber der Ausgeschiedene sich die Beendigung der laufenden Geschäfte zwar nach dem Ermessen der verbleibenden Gesellschafter gefallen lassen müsse, aber am Schlusse jedes Geschäftsjahres Nachweis über den Stand dieser Geschäfte, Rechnungslage über die erledigten Geschäfte und Auszahlung der ihm danach gebührenden Beträge fordern könne. Diese Vorschrift fehlt im Handelsgesetzbuche vom 10. Mai 1897; aber der § 740 B.G.B. bestimmt für den Fall des Ausscheidens eines Gesellschafters aus der unter den übrigen bestehen bleibenden Gesellschaft des bürgerlichen Rechts ausdrücklich, daß der Ausscheidende an dem Gewinne und dem Verluste teilnimmt, welcher sich aus den zur Zeit seines Ausscheidens schwebenden Geschäften ergibt, und am Schluß jedes Geschäftsjahres Rechenschaft über die beendigten Geschäfte, Auszahlung des ihm gebührenden Betrages und Auskunft über den Stand der noch schwebenden Geschäfte verlangen kann. Es unterliegt keinem Bedenken, diese Grundsätze auch auf den Fall anzuwenden, in welchem, wie hier, der eine von zwei Gesellschaftern ausscheidet, die Gesellschaft dadurch aufgelöst und das Geschäft mit Aktiven und Passiven von dem anderen Gesellschafter übernommen und fortgeführt wird, falls die Gesellschafter nicht eine andere Vereinbarung für die Auseinandersetzung treffen. Solche Vereinbarung hat der zu beweisen, der sich darauf beruft und Rechte daraus herleitet, die von den Vorschriften des Gesetzes abweichen. Die Übernahme der Aktiva und Passiva allein, worauf die Revision Gewicht legt, hat, wie sich aus den angezogenen Vorschriften des Gesetzes ergibt, keine entscheidende Bedeutung." ...

---

5. 1. Unwirksamkeit der bei klaglosen Börsentermingeschäften vereinbarten Schiedsgerichtsklausel.

2. Zur Auslegung des § 28 des Börsengesetzes.

3. Können Einschüsse, die auf den künftigen Saldo im Kontokorrentverkehr geleistet werden, als Leistungen zur Erfüllung der einzelnen Passivposten im Sinne des § 66 Abs. 4 des Börsengesetzes erscheinen?

4. In welcher Weise hat die Aufrechnung im Kontokorrent zu erfolgen, wenn die die Aktivseite übersteigenden Passivposten teils aus vollwirksamen, teils aus ungültigen (klaglosen) Verbindlichkeiten bestehen?

I. Civilsenat. Urt. v. 14. November 1903 i. S. Berliner Diskontogesellsch. (Bekl.) w. St. (Kl.). Rep. I. 244/03.

I. Landgericht I Berlin, Kammer für Handelssachen.
II. Kammergericht daselbst.

Die Parteien standen von 1896 bis 1900 miteinander in Kontokorrentverkehr. Kläger beanspruchte sein Saldoguthaben pr. 1. Januar 1901 mit 3243,35 ℳ nebst den Zinsen, sowie Ersatz des Kurswerts seiner von der Beklagten veräußerten Depots pr. 9. Oktober 1900 mit 6367,55 ℳ nebst Zinsen. Nach der Auffassung der Beklagten hatte Kläger nicht nur nichts an sie zu fordern, sondern schuldete ihr noch 556,75 ℳ, deren Zahlung nebst Zinsen sie widerklagend verlangte. Die Differenz ergab sich daraus, daß Beklagte ein größeres Guthaben aus Termingeschäften in Transvaalbahnaktien gegen den Kläger beanspruchte, gegen welches der Kläger den Differenz- und Registereinwand erhob. Die einzelnen Streitpunkte sind im übrigen zu entnehmen aus den

Gründen:

... „1. Mit Recht hat das Kammergericht den Einwand der Beklagten, daß über die Frage, ob die aus dem Transvaalbahngeschäft herrührenden Posten in das Kontokorrent einzustellen seien, nach § 9 der Bedingungen ein Schiedsgericht zu entscheiden habe, für unbegründet erachtet. Das Kammergericht hat in einwandfreier Begründung dargelegt, daß jene Bedingungen Bestandteil des Geschäftes über die Transvaalaktien nach dem übereinstimmenden Willen der Parteien geworden sind, daß diese Geschäfte im Hinblick auf §§ 48. 66 des Börsengesetzes als ungültige Börsentermingeschäfte zu behandeln sind, und daß jene Bedingungen das Schicksal der Geschäfte selbst teilen, also, wie diese, nur eine freiwillige Erfüllung nach völliger Abwickelung gestatten. Das Kammergericht befindet sich hier in völliger Übereinstimmung mit der Rechtsprechung des Reichsgerichts, wie dieselbe in einer Reihe von Erkenntnissen zum Ausdruck gelangt ist.

Vgl. Entsch. des R.G.'s in Civils. Bd. 27 S. 379, Bd. 31 S. 398, Bd. 36 S. 423, Bd. 43 S. 408.

Wenn die Revision einen Unterschied in der rechtlichen Beurteilung zwischen dem reinen Differenzgeschäft und dem (erlaubten) Börsentermingeschäft unter Nichteingetragenen für die vorliegende Frage daraus ableiten will, daß bei dem Differenzgeschäft der Inhalt des Geschäfts nur ein simulierter, also gar nicht gewollter sei, während bei dem Börsentermingeschäft nichts vereinbart werde, was nicht dem Willen der Kontrahenten entspreche, so ist diese Erwägung nicht zutreffend. Die Unklagbarkeit des reinen Differenzgeschäftes beruht nicht darauf, daß dasselbe in die Form des Kaufs gekleidet ist, sondern darauf, daß es seinem Wesen nach nur ein Spielvertrag ist oder als Spielvertrag aufzufassen ist (vgl. §§ 762. 764 B.G.B.). Das Gesetz entzieht aber dem (erlaubten) Börsentermingeschäft unter Nichteingetragenen die Klagbarkeit in gleicher Weise wie dem Spiel. In beiden Fällen liegen keineswegs nichtige Geschäfte vor, wohl aber Geschäfte, welchen die Wirksamkeit vollgültiger Geschäfte nicht zukommt, weil die aus ihnen resultierenden Ansprüche nicht erzwingbar sind. Insofern kann man von der Ungültigkeit dieser Geschäfte reden. Sie gestatten aber die freiwillige Erfüllung. Auf den Unterschied, welcher in letzterer Hinsicht zwischen dem reinen Differenzgeschäft und dem Börsentermingeschäft nach § 66 Abs. 4 des Börsengesetzes besteht, kommt es hier nicht an.

Verfehlt ist auch die Berufung der Revisionsklägerin auf § 28 des Börsengesetzes. Sie glaubt aus demselben folgern zu können, daß die Vereinbarung eines Schiedsvertrags unter Kaufleuten auch dann wirksam und verbindlich sei, wenn die Geschäfte, über welche das Schiedsgericht entscheiden soll, an und für sich wegen Nichteintragung der Kontrahenten in das Börsenregister des betreffenden Geschäftszweiges unter die Vorschrift des § 66 des Börsengesetzes fallen. Eine solche Tragweite kann dem § 28 a. a. O. nicht beigelegt werden. Wie die Entstehungsgeschichte desselben beweist, sollte durch ihn die Kompetenz der Börsenschiedsgerichte nicht erweitert, sondern vielmehr eingeschränkt werden. Die Bestimmung des § 28 verdankt ihre Aufnahme in das Gesetz einem Antrag der Börsenenquetekommission. Man war in derselben der Ansicht, daß sich die an den Börsen bestehenden Schiedsgerichte an und für sich durchaus bewährt haben. „Als ein Mißstand wurde es jedoch empfunden, daß durch allgemeine Geschäftsbedingungen... die Börsenschiedsgerichte vielfach Personen aufgedrängt werden, die gar nicht Börsenbesucher sind, die sich auch gar nicht unter die Börsenschiedsgerichte stellen wollen". Demgegenüber empfahl die Kommission eine durch die Börsenordnungen zu treffende Bestimmung, wonach sich die Börsenschiedsgerichte „ohne Rücksicht auf die Vereinbarungen der Vertragschließenden der Entscheidung von Rechtsstreitigkeiten zu enthalten haben, wenn nicht beide Teile einer und derselben Börse angehören oder sich zur Zeit der Erhebung von Ansprüchen der Entscheidung des betreffenden Schiedsgerichts unterwerfen".

Vgl. Bericht der Börsenenquetekommission S. 30.

In der Folge wurde die Aufnahme einer entsprechenden Bestimmung in das Gesetz selbst vorgezogen, und dabei die Gültigkeit der vor Entstehung des Streitfalles geschehenen Unterwerfung nicht an die Zugehörigkeit beider Parteien zu einer und derselben Börse geknüpft, sondern davon abhängig gemacht, daß jeder der Beteiligten Kaufmann oder für den betreffenden Geschäftszweig in das Börsenregister eingetragen ist.

Vgl. Begründung zu § 28 des Entwurfs eines Börsengesetzes.

Aus dem Dargestellten ergibt sich, daß der Zweck des § 28 des Gesetzes lediglich der ist, gegen eine leichtfertige Unterwerfung unter ein Börsenschiedsgericht zu schützen. Keineswegs sollte aber die in allgemeinen Geschäftsbedingungen übliche Schiedsgerichtsklausel in der Weise privilegiert werden, daß ihre Gültigkeit und Wirksamkeit, ganz abgesehen von der Wirksamkeit und Gültigkeit des Hauptgeschäftes, nur nach § 28 a. a. O. zu beurteilen wäre. Vielmehr setzt § 28 des Börsengesetzes, damit er überhaupt zur Anwendung kommen kann, einen gültigen und wirksamen Schiedsvertrag voraus.

2. Auch der weitere Angriff der Revisionsklägerin, welcher sich gegen die Verrechnung des Erlöses der Depots und der am 24. Juli 1900 geleisteten Barzahlung im Kontokorrent richtet, erscheint nicht begründet. Die Revisionsklägerin legt dar, es sei auch bei bestehendem Kontokorrentverhältnis den Kontrahenten unbenommen, einzelne Posten auszuscheiden und besonders auszugleichen. Jener Erlös und die Barzahlung mit zusammen 10473,50 *M* seien nach dem Willen der Parteien speziell zur Deckung der Schuld des Klägers aus dem Transvaalbahngeschäft zu verwenden. Da dieses Geschäft wiederholt prolongiert

worden sei, und jede Prolongation ein neues Geschäft darstelle, sei die Leistung nach völliger Abwickelung im Sinne des § 66 Abs. 4 des Börsengesetzes erfolgt. Das Oberlandesgericht hat nun aber keineswegs verkannt, daß auch bei bestehendem Kontokorrentverkehr ein einzelnes Geschäft aus demselben ausgeschieden und gemäß besonderer Vereinbarung besonders reguliert werden kann. Es hat nur im vorliegenden Falle nach einwandfreier und zutreffender Würdigung der vorgelegten Korrespondenz das Vorhandensein einer solchen Abmachung verneint. Wenn die Beklagte in der Korrespondenz vom Juli 1900 von dem Kläger „mit Rücksicht auf sein laufendes Engagement" „Einschüsse" verlangt, wenn sie „der weiteren Herabminderung seines Debetsaldos" entgegensieht, so ergibt sich gerade hieraus, wie das Kammergericht mit Recht feststellt, daß die Leistungen des Klägers nicht als Zahlung auf ein bestimmtes einzelnes Geschäft nach dessen völliger Abwickelung, sondern zur Deckung seines Debetsaldos im Kontokorrentverkehr verwendet werden sollten. Daß in solchen Einschüssen nicht Leistungen zur Erfüllung der konkreten Verbindlichkeit aus bestimmten Börsentermingeschäften im Sinne des § 66 Abs. 4 des Börsengesetzes erblickt werden können, entspricht durchaus dem Sachverhalt und der Auffassung der bisherigen Judikatur.

Vgl. Entsch. des R.G.'s in Civils. Bd. 38 S. 232 flg.

3. Auch die von dem Kammergericht vorgesehene Verrechnung der Aktiv- und Debetposten des Klägers im Kontokorrent muß im Prinzip als zutreffend bezeichnet werden. Die Art und Weise dieser Verrechnung in den Fällen, in denen die Passivposten teils aus wirksamen, teils aus unwirksamen (klaglosen) Verbindlichkeiten bestehen, ist eine sehr bestrittene. Nach Ansicht der Beklagten muß in solchen Fällen, wenn die Aktivseite die Passivseite des Kontokorrents nicht erreicht, die Aufrechnung der Aktivposten zunächst auf die unwirksamen Schuldposten erfolgen, da diese „dem Gläubiger geringere Sicherheit bieten" (vgl. § 366 Abs. 2 B.G.B.). Diese Ansicht verkennt, daß für die Verrechnung im Kontokorrent die einzelnen Posten lediglich Rechnungsfaktoren, und als solche gleichwertig sind. Nach einer anderen Ansicht, welche Staub in seinem Kommentar zum Handelsgesetzbuch Bd. 2 Exkurs zu § 376 Anm. 15 vertritt, ist die Aufrechnung in solchen Fällen überhaupt unwirksam; denn wenn auch von den in der Saldofeststellung liegenden Geschäften nur der eine Teil (das An-

erkenntnis) nicht imstande sei, die unwirksamen Geschäfte wirksam zu machen, während der andere Teil (die Verrechnung) diese Kraft besitze, so werde doch nach der Vorschrift des § 139 B.G.B. meist der ganze Rechtsakt der Saldofeststellung infolge der Ungültigkeit jenes einen Teiles ungültig sein. Diese Ansicht erscheint jedenfalls deshalb unzutreffend, weil Verrechnung und Saldoanerkennung keineswegs Teile eines und desselben Rechtsaktes, sondern selbständige Rechtsakte sind. Die Verrechnung erfolgt gemäß dem in der Eingehung eines (eigentlichen) Kontokorrentverhältnisses gelegenen Aufrechnungsvertrag auf Schluß der Rechnungsperiode, bis zu welchem sämtliche Posten gleichmäßig gestundet erscheinen, und geht der Anerkennung des Saldos in der Regel voraus. Wenn die Aufrechnung die Schuldposten in einer dem Betrag der aufgerechneten Gegenposten entsprechenden Höhe tilgt, so wird diese Tilgung nicht dadurch ungültig, daß die Anerkennung des Saldos, soweit in dieser das Ergebnis der klagbaren Termingeschäfte enthalten ist, keine klagbare Forderung erzeugt. Eine dritte Ansicht (vgl. Regelsberger, Die rechtliche Natur der Abrechnung, in Iherings Jahrb. Bd. 46 S. 27) gelangt im Gegensatz zu Staub zu dem Resultate, daß die Anfechtung der Verrechnung in Fällen der hier behandelten Art überhaupt ausgeschlossen sei; sie scheitere an der Unmöglichkeit einer Ausscheidung, welche Forderungen von der Aufrechnung erfaßt seien, welche nicht. Das Kammergericht geht diesen Auffassungen gegenüber von der Anschauung aus, daß die Verrechnung auf die mehreren bis zum Zeitpunkt des Kontokorrentabschlusses gestundeten Posten verhältnismäßig zu erfolgen habe,

vgl. Trumpler in der Zeitschr. für das ges. Handelsrecht Bd. 50 S. 488 flg.,

und befindet sich auch hierbei in Übereinstimmung mit der Auffassung des Senats, wie sie in den Entscheidungen vom 29. Juni 1901, Rep. I. 78/01, vom 29. Januar 1902, Rep. I. 329/01, vom 21. Februar 1903, Rep. I. 360/02, vom 28. Oktober 1903, Rep. I. 221/03 zum Ausdruck gekommen ist. Die verhältnismäßige Verrechnung ist die der Vorschrift des § 366 Abs. 2 B.G.B. allein entsprechende. Sie findet auf den Schluß der Rechnungsperiode statt (vgl. § 389 B.G.B.) und bewirkt, daß die aus klaglosen Geschäften herrührenden Verbindlichkeiten soweit — und nur insoweit — getilgt sind, als bei einer verhältnismäßigen Aufrechnung der gegenüberstehenden Aktivposten auf sie entfällt." . . .

6. Ist für Klagen auf Unterlassung des Läutens mit Kirchenglocken der Rechtsweg zulässig?

V. Civilsenat. Urt. v. 19. November 1903 i. S. Kirchengemeinde N. (Bekl.) w. M. (Kl.). Rep. V. 218/03.

I. Landgericht Meiningen.
II. Oberlandesgericht Jena.

Die Beklagte hatte im Jahre 1900 westlich von ihrer Kirche in einer Entfernung von ungefähr 4,50 m von dem westlich davon stehenden, 1847 errichteten Wohnhaus des Klägers ein hölzernes Glockenhaus erbaut und drei Glocken darin aufgehängt, die teils einzeln, teils zusammen die Woche über und an Sonntagen zu gewissen Zeiten geläutet wurden. Der Kläger verlangte Unterlassung dieses ihn in der Benutzung seines Hauses erheblich beeinträchtigenden Läutens, wurde aber vom ersten Richter mit seiner Klage abgewiesen. Auf seine Berufung verurteilte das Oberlandesgericht die Beklagte, das Läuten mit den beiden größeren Glocken in ihrem im Juni 1900 neu errichteten Glockenhause gänzlich zu unterlassen, und das Läuten mit der kleinsten Glocke in diesem Glockenhause, solange das nach dem Hause des Klägers zu gelegene Schallloch nicht geschlossen sei, nicht vorzunehmen.

Auf Revision der Beklagten wurde dieses Urteil aufgehoben, und die Sache an das Berufungsgericht zurückverwiesen.

Aus den Gründen:

... „Die erhobene Eigentumsbeeinträchtigungsklage richtet sich gegen eine angeblich ungehörige Benutzung einer Kirche zum Glockengeläute. Wenn auch nach heutigem Rechte die geheiligten Sachen — res divini juris oder sacrae —, zu denen Kirchen und deren Zubehör, namentlich Glocken, unzweifelhaft gehören, keineswegs dem privatrechtlichen Verkehre gänzlich entzogen, vielmehr im allgemeinen dem öffentlichen und bürgerlichen Rechte des Staates unterworfen sind, so gilt dies immerhin angesichts der selbständigen und unanfechtbaren Verfügungs- und Benutzungsrechte der kirchlichen Vertreter und Oberen nur in beschränktem Maße, und insbesondere muß auch, soweit die staatliche Macht über jene Sachen reicht, im Einzelfalle zunächst gefragt werden, ob öffentlichrechtliche oder privatrechtliche Verhältnisse gegeben sind, wonach sich dann auch der Weg der Rechtsverfolgung gegen jene Sachen und ihre Benutzung bestimmt.

Unzweifelhaft ist es nach dem geltenden Rechte der anerkannten christlichen Kirchengemeinschaften eine besondere und wichtige Befugnis der Kirchen, ihre Angehörigen zu bestimmten Zeiten oder auch bei außergewöhnlichen Gelegenheiten durch Glockengeläute zu Andachtsübungen anzuregen oder zum Besuche der öffentlichen Gottesdienste, Leichenbegängnisse ꝛc einzuladen. Dieses Recht wird als ein derart erhebliches erachtet, daß es Privatpersonen, ja sogar staatlich nicht voll anerkannten religiösen Gesellschaften meist nicht zugestanden wird.

Vgl. z. B. § 25 Pr. A.L.R. II. 11; § 35 der Beil. II zu Tit. IV § 9 der bayerischen Verfassungsurkunde.

Hiernach kann es keinem Zweifel unterliegen, daß das Recht, mit Glocken zu läuten, den Kirchen zum allgemeinen Wohle ihrer Angehörigen und damit zugleich zum Wohle des Gesamtstaates eingeräumt ist, daß es somit dem Gebiete des öffentlichen Rechtes angehört. Hierfür spricht insbesondere auch, daß es nicht etwa der Person des Kircheneigentümers als solchem, sondern den kirchlichen Behörden und Oberen zusteht.

Vgl. v. Kirchenheim, Kirchenrecht S. 89.

Aber auch soweit das Kirchengeläute, wie üblich, nebenbei zu weltlichen Kundgebungen, z. B. bei Feuersgefahr, zur Bekanntgabe des Schulbeginns u. dgl., verwendet wird, geschieht dies im Interesse der Allgemeinheit und liegt nicht privatrechtliche, sondern öffentlichrechtliche Übung und Befugnis vor.

Vgl. v. Kirchenheim, a. a. O.

Aus dem Gesagten folgt nun nicht, daß keinerlei Rechtsbehelf gegen einen etwa mit dem Geläute der Glocken getriebenen Mißbrauch gegeben ist; vielmehr ist — auch nach katholischem Kirchenrechte — anerkannt, daß dagegen staatliche einschränkende Maßregeln zulässig sind.

Vgl. Hinschius, Kirchenrecht Bd. 4 S. 419 bei und in Anm. 8.

Jedenfalls aber sind zur örtlichen oder zeitlichen Beschränkung oder Aufhebung der hervorragend öffentlichrechtlichen Befugnis zum Läuten mit Kirchenglocken in der Regel nicht die ordentlichen Gerichte, sondern nur die zur Überwachung und Handhabung des öffentlichen Rechts bestellten Behörden berufen, und kann dann eine Klage, wie die vorliegende, auf Unterlassung des Läutens bei den Gerichten nicht zugelassen werden. Sowenig ähnliche Klagen gegen die unter Berücksichtigung der allgemeinen Wohlfahrt der Bevölkerung genehmigten wirtschaftlichen Unternehmungen statthaft sind (§ 26 Gew.O.), ebensowenig, ja noch weniger kann regelmäßig gegenüber der auf uraltem Rechte und Herkommen beruhenden kirchlichen Befugnis des Glockenläutens vor den ordentlichen Gerichten auf Einstellung dieses Läutens geklagt werden.

Vgl. Art. 111 Einf.-Ges. zum B.G.B.

Zu gleichen Ergebnissen gelangt man an der Hand der Rechtsprechung, namentlich des Reichsgerichts. Nach den für das Gebiet des gemeinen und des preußischen Rechts ergangenen Urteilen über Kirchenstühle steht über deren Ordnung und Benutzung nur der Kirche selbst und deren Oberen die Entscheidung zu, und können die Gerichte gegebenenfalls nur um Entschädigung wegen Verletzung wohlerworbener Privatrechte angerufen werden.

Vgl. Entsch. des R.G.'s in Civils. Bd. 7 S. 137, Bd. 16 S. 159, Bd. 24 S. 174; Jurist. Wochenschr. 1899 S. 108/56, 1901 S. 463/13. 859/58, 1903 S. 111/42.

Was auf Kirchenstühle, auf die doch von jeher gewisse Privatrechte anerkannt sind, zutrifft, muß noch viel mehr auf solche kirchlichen Gegenstände Anwendung finden, die, wie die Kirchenglocken, gewöhnlich jedem Sonderrecht einzelner entzogen sind.

Ergibt sich sohin nach Grundsätzen des protestantischen Kirchenrechts, gegen dessen Geltung im Herzogtum Sachsen-Meiningen im allgemeinen Bedenken nicht angeregt sind, die Unzulässigkeit des Rechtsweges in gegenwärtiger Sache, so fragt es sich nur noch, ob im genannten Staate durch etwa bestehende Sonderbestimmungen und Umstände die Zuständigkeit der Gerichte für Sachen dieser Art begründet ist.

Nach §§ 26. 34 der Herzoglich Sachsen-Meiningschen Synodalordnung vom 4. Januar 1876 hat es den Anschein, als sei dies zu verneinen.

Da die sich hiernach von selbst aufdrängende Frage der Zulässigkeit des Rechtsweges im Berufungsurteile nicht geprüft worden ist, so entbehrt dieses genügender Begründung, und muß es daher aufgehoben werden. Jene Frage ist aber in den Vorinstanzen überhaupt von niemand angeregt worden, und da bei ihrer Erörterung nach dem zur Anwendung kommenden Landesrecht immerhin Tatsachen zutage treten können, die Einfluß auf die Entscheidung zu üben vermögen, so hat sich das Revisionsgericht zur eigenen endgültigen Urteilsfällung über den Rechtsstreit nicht veranlaßt gesehen, vielmehr die Sache zu erneuter Verhandlung und Entscheidung an das Berufungsgericht zurückverwiesen.

Darüber, ob dem durch Glockengeläute in unabwendbarer Weise Beeinträchtigten in jedem Falle eine Schadensersatzklage zusteht oder nicht, brauchte es sich nicht auszusprechen, da eine solche Klage nicht erhoben worden ist. Ebensowenig war auf die von der Revisionsklägerin angeregten weiteren Fragen, ob, wenn Zulässigkeit des Rechtsweges anzunehmen, die Gerichte auf Unterlassung des Geläutes erkennen können, ob der Urteilssatz der angefochtenen Entscheidung sich bestimmt genug über das Läuten mit den zwei größeren Glocken ausspricht, ob nicht doch Ortsüblichkeit des Läutens anzunehmen, und ob die Kirchengemeinde überhaupt die richtige Beklagte ist, einzugehen."...

---

7. 1. Form der Zurücknahme einer Nebenintervention.
2. Inwieweit ist im Tatbestande des Urteils die Bezugnahme auf einen einem früheren Beweisbeschluß angehängten oder sonstwo in den Gerichtsakten enthaltenen sog. „Tatbestand" zulässig?

VI. Civilsenat. Urt. v. 19. November 1903 i. S. P. (Kl.) w. brem. Staat (Bekl.). Rep. VI. 132/03.

I. Landgericht Bremen.
II. Oberlandesgericht Hamburg.

Aus den Gründen:

„Was die Nebenintervention betrifft, so hätte zwar, wenn sie noch als anhängig gelten könnte, nach § 71 Abs. 3 C.P.O. die Sache ohne vorgängige Beiladung des Nebenintervenienten J. nicht ihren Fortgang nehmen dürfen, ungeachtet der Umstände, daß J. zur Berufungsverhandlung nicht erschienen war, und daß das Oberlandesgericht in der Überschrift seines Urteils ihn nicht mehr als Nebenintervenienten mit aufgeführt hat. Die Nebenintervention mußte aber als dadurch, daß zwischen dem Anwalte des Nebenintervenienten und denjenigen der Parteien, während die Sache in der Berufungsinstanz schwebte, die in [103] enthaltenen schriftlichen Erklärungen stattgefunden haben, beseitigt angesehen werden. In der Civilprozeßordnung fehlt es allerdings an einer ausdrücklichen Regelung der Zurücknahme einer Nebenintervention; es ist aber anzunehmen, daß, wie die Form der Nebenintervention nach § 70 Abs. 1 daselbst (Zustellung eines Schriftsatzes) derjenigen der Klagerhebung nach § 253 Abs. 1 entspricht, so auch die Bestimmung des § 271 Abss. 1 und 2, wonach die Klage, und zwar mit Zustimmung des Beklagten immer, durch Zustellung eines Schriftsatzes zurückgenommen werden kann, auf die Nebenintervention entsprechende Anwendung findet. Nun ist es aber der Zustellung eines solchen Schriftsatzes von Anwalt zu Anwalt gleichwertig, wenn die Gegenanwälte gleich auf dem Schriftsatze selbst im Namen ihrer Parteien ihre Zustimmung zur Zurücknahme erklären.

Das angefochtene Urteil enthält keinen vollständigen Tatbestand. Der „Tatbestand" überschriebene Abschnitt desselben nimmt zunächst auf „den dem Beweisbeschluß vom 18. November 1901 [70] beigegebenen Tatbestand" Bezug, fügt eine „ergänzende" Bemerkung hinzu und schließt dann daran die Darstellung des seit jenem Beweisbeschlusse hinzugekommenen Prozeßstoffes. In [70] findet sich zweierlei: erst ein Beweisbeschluß, und dann eine „Tatbestand" überschriebene Darstellung des Sach- und Streitstandes, wie er sich bis zur Erlassung jenes Beweisbeschlusses gestaltet hatte. Diese beiden sogenannten „Tatbestände" zusammen würden einen vollständigen, genügenden Tatbestand bilden. Es ist dem jetzt erkennenden Senate bekannt, daß vom hanseatischen Oberlandesgerichte seit Jahren häufig in dieser Weise verfahren worden ist; auch hat er darin bisher wenigstens dann nie einen Aufhebungsgrund gefunden, wenn das Berufungsgericht bei der Schlußverhandlung ebenso besetzt gewesen war, wie bei derjenigen Verhandlung, auf welche der Beweisbeschluß ergangen war, wie es auch in der vorliegenden Sache wieder der Fall ist. Es hat nun aber der II. Civilsenat des Reichsgerichts in einem Urteile vom 29. September 1903 in Sachen Kn. w. K. (Rep. II. 107/03) eine solche Einrichtung des Tatbestandes für einen Verstoß gegen die Normen der Civilprozeßordnung erklärt und aus diesem Grunde das damals in Frage kommende

Berufungsurteil aufgehoben. Er hat dabei allerdings noch besonders dargelegt, daß die angefochtene Entscheidung auf diesem prozessualen Verstoße auch **beruhe**. **Dies** würde im gegenwärtigen Falle, wenn als Tatbestand nur das in dem Berufungsurteile selbst unter dieser Bezeichnung Enthaltene in Betracht kommen sollte, ohne weiteres auf der Hand liegen; denn die wesentlichsten Teile des Vorbringens der Parteien in der Berufungsinstanz werden darin gar nicht erwähnt, so daß es der Entscheidung an jeder sicheren Grundlage fehlen würde.

Für den erkennenden Senat entstand nun die Frage, ob er sich der Auffassung des II. Civilsenates anzuschließen oder bei seiner früheren Praxis zu beharren habe, in welchem Falle die Rechtsfrage nach § 137 Abs. 1 G.V.G. zur Entscheidung der vereinigten Civilsenate des Reichsgerichts zu bringen gewesen wäre. Nach nochmaliger Erwägung der Frage hat er dem II. Civilsenat beitreten müssen. Wenn er sich auch nicht allen betreffenden Ausführungen des letzteren würde anschließen können, so war doch das Ergebnis, daß es bei solcher Sachlage dem Berufungsurteil an dem erforderlichen Tatbestande fehle, nicht abzuweisen. Die Civilprozeßordnung setzt als **Regel als Bestandteil des Urteils** in § 313 Abs. 1 Ziff. 3 einen Tatbestand voraus, aus welchem die Parteien vollständig entnehmen können, welchen Sach- und Streitstand das Gericht seiner Entscheidung zugrunde gelegt hat; nur als besondere Ausnahmen sind in § 313 Abs. 2 und § 543 C.P.O. Bezugnahmen auf vorbereitende Schriftsätze und Sitzungsprotokolle, bezw. auf das Urteil voriger Instanz zugelassen. Diesen mögen Hinweise auf die Tatbestände von Teil- oder Zwischenurteilen, die früher in demselben Prozesse ergangen sind, gleichzustellen sein, da diese Arten von Urteilen im Gesetze zugelassen, bezw. vorgeschrieben sind und auch ihrerseits mit gesetzlicher Notwendigkeit einen Tatbestand enthalten müssen.[1] **Im übrigen** aber

---

[1] Über **diese** Frage ist sodann vom VI. Civilsenate in einem Urteile vom 3. Dezember 1903 in der brem. Sache J. (Kl.) w. M. Ehel. (Bekl.), Rep. VI. 154/03, noch folgendes ausgeführt worden: ... „Es könnte ... die ... Frage aufgeworfen werden, ob eine Bezugnahme auf den Tatbestand eines früher in derselben Instanz ergangenen Zwischen- oder Teilurteils als zulässig erscheine. **Hier** nämlich gewährt der Tatbestand des Schlußurteils für sich allein keine genügende Grundlage für die Entscheidung, bzw. für das Verständnis der Entscheidungsgründe; er bedarf der Ergänzung durch den Tatbestand des vorhergegangenen Teilurteils, auf welchen er

haben die Parteien ein Recht darauf, in demjenigen Urteile, das nach § 516, bzw. § 552 C.P.O., wenn die Sache ihren Fortgang nehmen soll, notwendig zugestellt werden muß, und bezw. dessen Einsichtnahme nach § 320 Abss. 1 und 2 vgl. mit § 316 Abs. 1 C.P.O. sie möglicherweise zu einem Antrage auf Berichtigung des Tatbestandes veranlassen kann, den ganzen Tatbestand vorzufinden, um damit sofort eine erschöpfende Grundlage für ihre weiteren Entschlüsse zu gewinnen. Auf irgend ein anderes in den Akten liegendes Schriftstück brauchen sie sich in dieser Beziehung nicht verweisen zu lassen; ob auf demselben Schriftstücke außerdem auch noch ein Beweisbeschluß zu lesen ist, oder nicht, ist dabei ganz unerheblich, da mit einem solchen ein „Tatbestand" nichts zu tun hat.

Schon aus diesem Grunde unterlag also das vorige Urteil, soweit angefochten, der Aufhebung, welche eine Zurückverweisung in die Berufungsinstanz zur Folge haben mußte." . . .

---

8. 1. Wird der Teil eines Urteils erster Instanz, der nach den in der Berufungsinstanz gestellten Anträgen nicht angefochten worden ist, mit der Erlassung des Urteils des Berufungsgerichts rechtskräftig?

---

auch Bezug nimmt. Man muß sich jedoch mindestens in Ansehung aller derjenigen früheren Urteile derselben Instanz, welche, wenn die Sache ihren Fortgang nehmen soll, zugestellt werden müssen, also auch in Ansehung des hier in Frage kommenden Teilurteils, dafür entscheiden, daß die Bezugnahme auf ihren Tatbestand gestattet ist. Denn einerseits ist ein Tatbestand ein vom Gesetze für notwendig erklärtes Erfordernis eines jeden Urteils, und andrerseits fallen bei der jetzt fraglichen Bezugnahme diejenigen Bedenken weg, die der Zulassung einer Bezugnahme auf irgend ein beliebiges unter dem Namen „Tatbestand" bei den Akten liegendes Schriftstück entgegenstehen; der frühere Tatbestand ist notwendigerweise durch Zustellung den Parteien bekannt geworden, und außerdem ist bei jedem einzelnen erlassenen Urteile den Parteien Gelegenheit gegeben gewesen, den Tatbestand nach § 316 Abs. 1, bzw. § 320 Abss. 1. 2 C.P.O. ohne Weiterungen kontrollieren zu können. Es wäre daher nicht abzusehen, weshalb hier nicht die Analogie der Bestimmung des § 543 C.P.O., wonach beim Tatbestande eines Berufungsurteils eine Bezugnahme auf das Urteil erster Instanz nicht ausgeschlossen ist, Platz greifen sollte." . . .

2. Tritt für den nicht angefochtenen Teil die Rechtskraft ein, wenn über den übrigen Teil vom Berufungsgerichte durch ein Zwischenurteil nach § 304 C.P.O. entschieden ist?

C.P.O. §§ 304. 534. 536. 537.

VI. Civilsenat. Urt. v. 19. November 1903 i. S. preuß. Eisenbahnfiskus (Bekl.) w. R. (Kl.). Rep. VI. 315/03.

I. Landgericht Beuthen.
II. Oberlandesgericht Breslau.

Die Klägerin erlitt am 31. März 1898 beim Verlassen des Eisenbahnwagens auf der Station B. einen Unfall. Sie erhob gegen den Beklagten Klage auf Erstattung von Kur- und Heilungskosten, die sie bis zum 1. November 1899 aufgewendet habe, und auf Zahlung einer Rente für die Zeit, wo ihre Erwerbsfähigkeit gemindert sei. Durch rechtskräftiges Urteil vom 18. Juni 1900 wurden ihr jene Kosten für die Zeit bis zum 1. November 1899 in Höhe von 1078,70 *M* zuerkannt, und außerdem eine Rente von 12 *M* monatlich für die Zeit bis zum 30. Juni 1901, als bis zu dem Tage, wo sie voraussichtlich wieder voll erwerbsfähig sein werde; die Mehrforderung der Klägerin wurde abgewiesen.

Im Oktober 1901 erhob die Klägerin die jetzige Klage und beantragte in der ersten Instanz die Verurteilung des Beklagten zur Bezahlung weiterer Heilungskosten, die in der Zeit vom 1. November 1899 bis zum 1. Oktober 1901 in Höhe von 1023,80 *M* von ihr aufgewendet seien, unter Vorbehalt weiterer Ansprüche für die Zeit nach dem letzteren Tage. Der Beklagte beantragte die Abweisung der Klage, und widerklagend die Feststellung, daß der Klägerin aus dem erwähnten Unfalle keinerlei Ansprüche mehr gegen den Beklagten zuständen.

Das Landgericht wies durch Urteil vom 11. November 1901 die Klage ab und stellte auf die Widerklage fest, daß der Klägerin aus dem Unfalle vom 31. März 1898 weitere Ansprüche gegen den Beklagten nicht mehr zuständen. Die Klägerin legte Berufung ein und stellte in der mündlichen Verhandlung über sie den Antrag, den Klaganspruch dem Grunde nach festzustellen und die Sache zur weiteren Verhandlung an das Landgericht zurückzuverweisen. Das Berufungsgericht erkannte durch Urteil vom 4. März 1902 dahin: „der Anspruch der Klägerin wird dem Grunde nach für gerechtfertigt erklärt", und wies die Sache in die Vorinstanz zurück. Die vom Beklagten gegen dieses Urteil eingelegte Revision wurde als unzulässig verworfen, weil das Berufungsgericht nur über die Klageforderung von 1023 ℳ, nicht auch über die Widerklage entschieden habe, und darum die Revisionssumme fehle.

Nunmehr entschied das Landgericht durch Urteil vom 15. Januar 1903 über den Betrag des Klaganspruchs, sprach der Klägerin 518 ℳ zu und wies die Mehrforderung ab. Gegen dieses Urteil legte die Klägerin Berufung ein, und sie stellte in der Verhandlung den Antrag: 1. die in dem Urteil vom 15. Januar 1903 ihr zugesprochenen Beträge um 471,80 ℳ zu erhöhen; 2. festzustellen, daß der Beklagte verpflichtet sei, der Klägerin den Schaden zu erstatten, der ihr durch den am 31. März 1898 erlittenen Unfall erwachsen sei, und 3. die Widerklage abzuweisen. Der Beklagte beantragte Zurückweisung der Berufung und Abweisung der die Feststellung und die Widerklage betreffenden Anträge der Klägerin.

Durch Teilurteil vom 1. Mai 1903 erkannte das Berufungsgericht unter Aussetzung der Entscheidung über den Anspruch der Klägerin auf die Erstattung der verausgabten weiteren Kurkosten: „Die Urteile des Landgerichts vom 11. November 1901 und 15. Januar 1903, und zwar ersteres hinsichtlich der Entscheidung über die Widerklage, werden abgeändert. Unter Abweisung der Widerklage des Beklagten wird festgestellt, daß der Beklagte verpflichtet ist, der Klägerin, soweit sie nicht mit dem Anspruch auf Zahlung einer Rente oder einer Kapitalabfindung wegen geminderter Erwerbsfähigkeit durch das rechtskräftige Urteil des Landgerichts vom 18. Juni 1900 abgewiesen ist, den Schaden zu erstatten, der ihr durch den Unfall vom 31. März 1898 erwachsen ist."

Der vom Beklagten hiergegen eingelegten Revision wurde stattgegeben aus folgenden

Gründen:

... „Der Revisionskläger rügt, daß das angefochtene Urteil auf einer Verletzung der Grundsätze über die Rechtskraft der Urteile beruhe. Diese Beschwerde ist auch begründet.

Durch die Berufung der Klägerin gegen das Urteil des Landgerichts vom 11. November 1901 wurde dessen Rechtskraft im vollen Umfange gehemmt. Damit war aber nicht zugleich die Entscheidung über den gesamten Prozeßstoff dem Berufungsgericht übertragen; vielmehr bestimmte sich nach den von den Parteien in der Verhandlung vor dem Berufungsgericht gestellten Anträgen (§§ 536. 537 C.P.O.), innerhalb welcher Grenzen das Urteil erster Instanz einer Nachprüfung und etwaigen Änderung unterliegen sollte. Die Beschränkung der Parteianträge auf bestimmte Teile des Urteils erster Instanz hat nach dem Satze, daß über die Anträge hinaus nicht zu erkennen ist, die Folge, daß das Berufungsgericht über den von den Anträgen nicht berührten Teil nicht zu entscheiden hat. Dieser, der der Nachprüfung in der Berufungsinstanz entzogen ist, bleibt also unberührt bestehen. Darauf beruht auch die Vorschrift in §§ 534. 718 C.P.O., wonach das Urteil der Vorinstanz insoweit, als es durch die Berufungsanträge nicht angefochten ist, auf Antrag für vorläufig vollstreckbar zu erklären ist. Mit dem Zeitpunkte, wo die Berufungsanträge nicht mehr erweitert werden können, also mit dem Schlusse der letzten mündlichen Verhandlung in der Berufungsinstanz, tritt Gewißheit darüber ein, wie weit die Entscheidung der Vorinstanz unangefochten geblieben ist. Mit diesem Augenblick tritt folgeweise der nicht angefochtene Teil in Rechtskraft.

Vgl. Urt. des II. Civilsenates vom 28. Dezember 1887, Jurist. Wochenschr. 1888 S. 68 Nr. 10.

Das tritt klar zutage, wenn das auf die letzte Verhandlung ergehende Berufungsurteil das Rechtsmittel ganz zurückweist. Aber auch wenn die Berufung Erfolg hat, und das Urteil der ersten Instanz nach dem Berufungsantrage teilweise abgeändert wird, ist das Verfahren in der Berufungsinstanz vollständig zum Abschlusse gelangt, und es bleibt nicht etwa, weil die Berufung ohne bestimmten Antrag eingelegt worden ist, die späteren Anträge aber sich auf einen Teil des Urteils beschränkten, der Prozeß in bezug auf den anderen Teil unerledigt in der Berufungsinstanz anhängig.

Hiernach ist es rechtsirrtümlich, wenn in den Gründen des Berufungsurteils gesagt wird, in der Beschränkung der Anträge der Klägerin in der Verhandlung, auf der das Berufungsurteil vom 4. März 1902 beruhe, sei nicht die Zurücknahme der Berufung gegen die Entscheidung über die Widerklage zu finden; die Klägerin sei, da vom Berufungsgericht eine solche Entscheidung nicht gefällt sei, jederzeit in der Lage, den Antrag auf Abweisung der Widerklage nachzuholen.

Bei dem letzten Satze wird vom Berufungsrichter die Einschränkung gemacht, daß diese Möglichkeit, den Antrag nachzuholen, der Klägerin jedenfalls im Laufe der noch schwebenden Berufungsinstanz offen bleibe. Es wird also angenommen, daß das, was etwa da gelte, wo die Berufungsverhandlung durch Endurteil abgeschlossen sei, nicht zutreffe, wenn in der Berufungsinstanz nur ein demnächst rechtskräftig gewordenes Zwischenurteil nach § 304 C.P.O. abgegeben, und die Sache zur Entscheidung über den Betrag des Anspruchs an die Vorinstanz zurückverwiesen sei. Allein damit wird die rechtliche Natur dieses Zwischenurteils verkannt. In dem hier vorliegenden Falle, wo es den ganzen dem Berufungsgericht unterbreiteten Streitstoff umfaßt, wird durch seine Rechtskraft der Streit der Parteien insoweit endgültig abgeschlossen, daß ausschließlich über den Betrag des seinem Grunde nach festgestellten Anspruchs noch zu entscheiden ist.

Vgl. Entsch. des R.G.'s in Civils. Bd. 31 S. 361.

Darüber hinaus können die Parteien mit Beziehung auf den in der ersten Instanz zur gerichtlichen Entscheidung verstellten Prozeßstoff keine neuen Anträge mehr stellen, weil das Recht zur Nachprüfung des Urteils erster Instanz nur in diesem Umfange durch den Berufungsantrag auf das Gericht der zweiten Instanz übergegangen ist. Darum war eine Berufung gegen das Urteil des Landgerichts vom 11. November 1901 hier gar nicht mehr möglich. Diese Sachlage wird nur häufig durch zwei Umstände verdunkelt. Einmal dadurch, daß dem Zwischenurteil eine ungenaue Fassung gegeben wird. Auch da, wo der Klaganspruch auf den Ersatz eines bestimmten, summenmäßig angegebenen oder (wie hier) zeitlich begrenzten Schadens sich richtet, wird das Zwischenurteil nicht selten so gefaßt, daß der Beklagte verurteilt wird, dem Kläger allen oder den Schaden zu ersetzen, der durch die schädigende Handlung verursacht sei. Dabei wird also unterlassen, zum Ausdruck zu bringen, daß der Ersatz nur innerhalb der aus den Anträgen sich ergebenden Grenzen dem Grunde nach zugesprochen wird. Über den Sinn eines so gefaßten Urteils kann freilich der Regel nach ein Zweifel nicht bestehen, wenngleich gelegentlich daraus der Irrtum entspringt, daß nunmehr auch über den Grund aller weiteren Ersatzansprüche, die auf dieselbe Ursache gegründet und im weiteren Verfahren neu erhoben werden, mitentschieden sei. Ein zweiter und erheblicherer Anlaß zu Irrtümern über die hier erörterte Frage liegt in ebendieser Ausdehnung des weiteren Verfahrens über den Betrag auf neue Ansprüche, die in dem ersten Abschnitte des Verfahrens noch nicht geltend gemacht waren. Auf diese, bei denen noch über Grund und Betrag zu entscheiden ist, erstreckt sich der Einfluß des rechtskräftigen Urteils nicht. Ihre Zulassung verleitet zu der Annahme, daß jede Erweiterung der Anträge zulässig sei. Allein aus der Erweiterung des bisherigen Prozeßstoffes folgt nicht, daß dieser, über den bereits ein Urteil erster Instanz und — soweit dessen Änderung beantragt war — ein rechtskräftiges Urteil zweiter Instanz vorliegt, innerhalb der aus beiden folgenden Grenzen nicht erledigt ist, das Urteil erster Instanz vielmehr auch in dem bisher nicht angefochtenen Teile noch der Nachprüfung des Berufungsgerichts neu unterstellt, und eine Berufung eingelegt werden kann.

Dem Vorstehenden nach ist das Urteil des Landgerichts vom 11. November 1901, soweit es über die Widerklage entschieden hat, rechtskräftig geworden, weil es bis zur Erlassung des rechtskräftig gewordenen Zwischenurteils vom 4. März 1902 insoweit unangefochten geblieben ist." . . .

---

9. Was ist unter der vorschriftsmäßigen Abmeldung, durch welche im Sinne des § 52 Abs. 1 Satzes 4 des Krankenversicherungsgesetzes vom $\frac{\text{15. Juni 1883}}{\text{10. April 1892}}$ die Beitragspflicht des Arbeitgebers beendet wird, zu verstehen?

VII. Civilsenat. Urt. v. 20. November 1903 i. S. Versicherungsgesellschaft B. (Bekl.) w. Ortskrankenkasse B. (Kl.). Rep. VII. 284/03.

I. Landgericht I Berlin.
II. Kammergericht daselbst.

Die Beklagte hatte ihre nach § 1 des Krankenversicherungsgesetzes vom $\frac{\text{15. Juni 1883}}{\text{10. April 1892}}$ versicherungspflichtigen Angestellten gemäß § 49 des

Gesetzes bei der Klägerin angemeldet und die Beiträge (§ 52) für die Zeit bis zum 30. September 1899 bezahlt. Mittels Schreibens vom 1. Oktober 1899 meldete die Beklagte diese Personen „vom heutigen Tage wegen Verlängerung der Kündigungsfrist in eine sechswöchige mit Ablauf des Monats" von der Versicherung ab. Die Klägerin erwiderte unter dem 2. Oktober 1899, daß sie die in der Meldung vom 1. gedachten Monats bezeichneten Personen so lange als ihre Mitglieder betrachte, bis eine darauf bezügliche dem § 63 H.G.B. entsprechende Erklärung bei ihr eingegangen sei. Eine solche erfolgte in der Zeit bis zum 30. Juni 1901 nicht, ebensowenig eine anderweite Abmeldung. Die Klägerin forderte deshalb die Beiträge von der Beklagten im bisherigen Umfange. Die Beklagte bezahlte sie auch bis auf die jetzt noch streitigen Beträge von 5587,40 ℳ, welche sich, wie folgt, zusammensetzten:

1. mit 410,40 ℳ für 10 Personen, deren Jahreseinkommen in der Zeit vor dem 30. Juni 1901 nach der Behauptung der Beklagten den Betrag von 2000 ℳ überschritten hatte (§ 2b des Gesetzes);
2. mit 5177 ℳ für Personen, die in jener Zeit aus der Beschäftigung bei der Beklagten ausgeschieden waren.

Wegen dieser streitigen Beträge entschied der zunächst nach § 58 des Gesetzes (vgl. § 44) angerufene Magistrat der Stadt Berlin unter dem 1. November 1901 zugunsten der Beklagten. Mittels rechtzeitig erhobener Klage beantragte darauf die Krankenkasse, die Beklagte zur Zahlung von 5587,40 ℳ nebst 4 v. H. seit dem 1. Oktober 1901 zu verurteilen. Die Beklagte begehrte Abweisung der Klage. Das Landgericht erkannte auch in diesem Sinn; das Kammergericht verurteilte dagegen die Beklagte klagegemäß.

Die Revision ist zurückgewiesen.

Gründe:

„Über die Frage der Versicherungspflicht der bei der Beklagten mit sechswöchiger Kündigung auf den Schluß eines Monats angestellten Handlungsgehilfen ist im vorliegenden Prozesse nicht zu entscheiden. Sie ist rechtskräftig durch den Beschluß des Magistratskommissars vom 10. Juli 1901 zuungunsten der Beklagten beantwortet. Es steht sonach fest, daß die Versicherung der Angestellten der Beklagten durch die in deren Schreiben vom 1. Oktober 1899 mitgeteilte Änderung der Kündigungszeit nicht erloschen war. Streitig ist gegenwärtig, ob die Beklagte Beiträge zur Krankenversicherung der im Tatbestande bezeichneten Personen zu zahlen hat, obgleich diese infolge der Erhöhung ihres Jahreseinkommens über 2000 ℳ nicht mehr versicherungspflichtig oder aus der Beschäftigung bei der Beklagten ausgeschieden waren. Der Berufungsrichter hat im Sinne der Klägerin entschieden; seine Erwägungen lassen einen Rechtsirrtum nicht erkennen. Die Krankenversicherung beruht nicht auf einem gegenseitigen Vertrage zwischen der Kasse und dem Arbeitgeber, aus welchem wechselseitige, im Verhältnis von Leistung und Gegenleistung zueinander stehende Rechte und Verbindlichkeiten erwachsen. Die Versicherungspflicht tritt kraft Gesetzes mit dem Beginne der versicherungspflichtigen Beschäftigung ein; sie erlischt auch kraft Gesetzes mit der Beendigung einer solchen Beschäftigung, sofern nicht die Versicherung nach Maßgabe des § 27 des Krankenversicherungsgesetzes fortgesetzt wird (§ 19 daselbst; v. Woedtke, Kommentar 5. Aufl. Anm. 6. 10 zu § 19). Der Anspruch des Versicherten ist unabhängig von der Zahlung der Beiträge. Auch die Beitragspflicht ist im Gesetze selbständig geregelt. Sie trifft der Kasse gegenüber nicht den Versicherten, sondern den Arbeitgeber (§ 52). Begründet wird sie durch den Eintritt der Versicherungspflicht. Über ihre Beendigung bestimmt der § 52 Abs. 1 Satz 4 des Gesetzes: „Die Beiträge sind so lange fortzuzahlen, bis die vorschriftsmäßige Abmeldung (§ 49) erfolgt ist" ... Während die im § 49 vorgeschriebene An- und Abmeldung auf den Bestand der Versicherung ohne Einfluß ist, und insbesondere die Versicherung nicht erst mit der Abmeldung erlischt, ist im Gesetze nach dessen klarem Wortlaute der Abmeldung eine maßgebende Bedeutung für die Beitragspflicht eingeräumt: diese erlischt erst mit der Abmeldung, nicht schon mit dem Wegfall der sie begründenden Tatumstände. Es kann daher, wie auch die Revision nicht verkennt, im vorliegenden Falle nur darauf ankommen, ob die Personen, für welche die Beklagte die Beiträge fortentrichten soll, vorschriftsmäßig abgemeldet sind. Dies verneint der Berufungsrichter ohne rechtlichen Verstoß. Eine weitere Abmeldung, als die im Schreiben vom 1. Oktober 1899 enthaltene, hat nicht stattgefunden. Das Gesetz trifft über Form und Inhalt der Meldungen keine näheren Bestimmungen; auch das Statut der Klägerin sagt nur im § 9, daß die Abmeldung außer den Personalien des Abgemeldeten den Zeitpunkt des Austritts aus der Beschäftigung und die Nummer des Quittungsbuches angeben müsse. Man wird davon ausgehen können, daß die Meldungen so weit tatsächlich substantiiert sein müssen, daß die Kasse den Sachverhalt zu prüfen in der Lage ist. Dieser Anforderung entspricht auch das Schreiben der Beklagten. Aber eine so erstattete Meldung wirkt nicht über den von ihr umfaßten Tatbestand hinaus; sie deckt nicht die in ihr gar nicht erwähnten Fälle des Aufhörens der Versicherung oder der Beitragspflicht, namentlich nicht Tatsachen, die sich erst später ereignen. Darum läßt sich nicht sagen, daß die Beklagte ihre Angestellten vorschriftsmäßig abgemeldet habe. Die erfolgte Abmeldung war unwirksam, eine rechtlich gleichgültige Handlung, welche die Beklagte nicht davon entband, den Eintritt der die Versicherung wirklich beendenden Umstände der Klägerin mitzuteilen. Die Revision meint, der § 49 statuiere nur e i n e A n m e l d u n g s p f l i c h t für die Veränderungen in dem Beschäftigungsverhältnis, die eine bisher nicht bestandene Versicherungspflicht b e g r ü n d e n, nicht jedoch eine A b m e l d u n g s p f l i c h t für solche Änderungen, die eine bisher bestandene Versicherungspflicht b e e n d e n. Es ist zuzugeben, daß nach dem Wortlaute des Gesetzes die versicherungspflichtigen Personen lediglich nach Beendigung ihrer Beschäftigung bei dem betreffenden Arbeitgeber abzumelden sind. Allein nach dem Sinn, und da insbesondere der § 52 Abs. 1 Satz 4 keine Ausnahme von der Verpflichtung, die Beiträge bis zur Abmeldung fortzuentrichten, für diejenigen Fälle enthält, in welchen nicht die Beschäftigung, aber die Versicherungspflicht aufhört, kann es keinem Zweifel unterliegen, daß nicht bloß das Aufhören der Beschäftigung überhaupt, sondern das Aufhören der v e r s i c h e r u n g s p f l i c h t i g e n Beschäftigung abzumelden ist (vgl. auch H a h n in „Arbeiterversorgung" Bd. 10 S. 282. 283 und im Kommentar 2. Aufl. Anm. 1e zu § 49). Deshalb hatte die Beklagte auch die Angestellten, deren Einkommen die für den Versicherungszwang vorgeschriebene Grenze überschritten hatte, abzumelden. Eine Strafbestimmung ist der § 52 Abs. 1 Satz 4 nicht; er normiert die Beitragspflicht in angemessener Weise: sie soll mit der Erklärung des Arbeitgebers wegfallen, daß die Versicherung aufgehört habe. Daß Beiträge trotz Erlöschens der Versicherung zu zahlen sind, ist keine auf dem Gebiete des Versicherungswesens völlig neue und auffallende Erscheinung.

Die Revision sucht weiter auszuführen, daß der § 52 darum nicht anwendbar sei, weil die Beklagte die in dem Schreiben vom 1. Oktober 1899 bezeichneten Angestellten nicht für versicherungspflichtig gehalten habe und nach der Lage des Falls auch nicht habe halten dürfen. Das Gesetz bietet keine Handhabe für die Berücksichtigung eines Irrtums über das Fortbestehen der Versicherungspflicht. Es heißt schlechthin, daß die Beiträge bis zur Abmeldung fortzuzahlen sind, und es ist das Weiterbestehen der Beitragspflicht über die Mitgliedschaft der Versicherten hieraus nicht, wie in § 50 des Krankenversicherungsgesetzes der dort angedrohte Nachteil, an die vorsätzliche oder fahrlässige Verletzung der Meldeverbindlichkeit geknüpft, so daß die irrtümliche Ansicht des Arbeitgebers, die Versicherungspflicht sei bereits in einem früheren, der Krankenkasse mitgeteilten Zeitpunkt erloschen gewesen, die sich aus anderweiten Vorgängen entwickelnde Meldepflicht nicht beseitigt. Ob das gleiche zu sagen wäre, wenn überhaupt keine Anmeldung der Angestellten erfolgt wäre, oder wenn die unrichtige Abmeldung vom 1. Oktober 1899 als Aufhebung der früher geschehenen Anmeldung aufgefaßt werden könnte (vgl. den Fall bei Reger, Entscheidungen Bd. 21 S. 143), darf dahingestellt bleiben. Weder der eine noch der andere Fall liegt vor. Insbesondere beseitigte die Abmeldung vom 1. Oktober 1899 nicht die erfolgte Anmeldung, weil die Klägerin sofort erklärte, daß sie den Rechtsstandpunkt der Beklagten nicht teile und die Angestellten nach wie vor als ihre Mitglieder betrachte. Von einer erneuten Anmeldung konnte unter diesen Umständen keine Rede sein, und es kommt nur die Verletzung der Abmeldepflicht in Frage. Jene Erklärung der Klägerin erledigt auch den Einwand der Beklagten, daß ihr passives Verhalten gegenüber den sonstigen Abmeldungsgründen mindestens als entschuldigt gelten müsse, wenn dieser Einwand nach dem vorstehenden überhaupt Beachtung verdient. Der Berufungsrichter führt mit Recht aus, daß bei Anwendung der durch die Kundgebung der Klägerin gebotenen Sorgfalt die Abmeldung nicht unterblieben sein würde. Ebensowenig sind die Darlegungen des Berufungsrichters rechtlich zu beanstanden, mit denen er das die freiwillige Versicherung der Angestellten betreffende Vorbringen der Beklagten für unerheblich erklärt. Die Beklagte hatte behauptet, daß die Entgegnung der Klägerin vom 2. Oktober 1899 deshalb bedeutungslos sei, weil sie die von ihr als weiter versicherungspflichtig bezeichneten Personen als freiwillige Mitglieder aufgenommen habe. Der Berufungsrichter bezeichnet diese Tatsache nur als eine vorsorgliche Maßregel, die für den Fall von der Klägerin getroffen worden sei, daß sich ihre Meinung über den Fortbestand der Versicherungspflicht als irrig erweisen sollte. Von diesem Standpunkt aus verträgt sich der Protest gegen die Abmeldung vom 1. Oktober 1899 sehr wohl mit der Annahme der Angestellten zur freiwilligen Versicherung, und es kann in der letzteren kein die Beitragspflicht beim Fortbestehen der Zwangsversicherung aufhebender Umstand gefunden werden. Auch die Behauptung, daß die Klägerin sich trotz der von ihr schriftlich vertretenen Ansicht geweigert habe, für die abgemeldeten Personen Krankenscheine auszustellen, erachtet der Berufungsrichter ohne Rechtsirrtum für unerheblich. Schon der Grund, daß diese Weigerung lediglich darauf beruht habe, daß die Beklagte selbst im Besitze der erforderlichen Formulare und also in der Lage gewesen sei, die nötigen Krankenscheine auszustellen, schlägt durch, und es bedarf keines Eingehens auf die weiteren Erörterungen des Berufungsrichters." ...

---

10. Ist ein Brunnen, insbesondere ein Doppelröhrentiefbrunnen, als ein „Bauwerk" im Sinne des § 638 Abs. 1 B.G.B. anzusehen?

VII. Civilsenat. Urt. v. 20. November 1903 i. S. K. (Bekl.) w. L. (Kl.). Rep. VII. 285/03.

I. Landgericht Bromberg.
II. Oberlandesgericht Posen.

Aus den Gründen:

„Mit der Widerklage macht der Beklagte seinen Anspruch als Besteller des Doppelröhrentiefbrunnens auf Wandlung des mit dem Kläger geschlossenen Werkvertrages geltend. Derartige Ansprüche verjähren, sofern nicht der Unternehmer den Mangel arglistig verschwiegen hat — was hier nicht zutrifft —, nach § 638 B.G.B. in sechs Monaten, bei Arbeiten an einem Grundstück in einem Jahre, bei

Bauwerken in fünf Jahren; die Verjährung beginnt mit der Abnahme des Werks, und die Verjährungsfrist kann durch Vertrag verlängert werden. Der Berufungsrichter stellt in nicht anfechtbarer und auch unangefochtener Weise fest, daß die Abnahme des Doppelbrunnens spätestens mit Ablauf des Jahres 1900 stattgefunden hat. Er nimmt ferner an, daß der Brunnen nicht als ein „Bauwerk" anzusehen sei, daß es sich bei seiner Herstellung vielmehr um „Arbeiten an einem Grundstück" handele, und daß daher gegenüber der erst am 28. Januar 1903 durch die Erhebung der Widerklage erfolgten Geltendmachung der Wandlungsanspruchs die Verjährung aus § 638 a. a. O. auch dann durchgreife, wenn die einjährige Verjährungsfrist als durch die Übernahme einer zweijährigen Garantie von seiten des Klägers auf zwei Jahre verlängert anzusehen sei. Diese Annahmen sind nicht zu beanstanden. In ihnen würde der von der Revision gerügte Verstoß gegen die Vorschrift des § 638 nur dann zu finden sein, wenn der Doppelröhrentiefbrunnen als ein „Bauwerk" im Sinne dieses Paragraphen anzusehen wäre. Das trifft aber jedenfalls hinsichtlich desjenigen Teiles des Brunnens nicht zu, der nach dem zwischen den Parteien geschlossenen Werkvertrag vom Kläger herzustellen war.

Das Bürgerliche Gesetzbuch gibt weder im § 638, noch in den §§ 648 und 1012, die ebenfalls von Bauwerken handeln, für solche eine Begriffsbestimmung. Nur soviel ergibt sich aus § 1012, daß ein Bauwerk sowohl auf als auch unter der Oberfläche eines Grundstückes sich befinden kann. In den Motiven ist zu § 961 (jetzt 1012) Bd. 3 S. 470 ausgeführt, der allgemeine Ausdruck „Bauwerk" sei anstatt des engeren Ausdrucks „Gebäude" gewählt worden, um auch Monumente, Brücken, Viadukte u. dgl. zu begreifen. Zu § 571 (jetzt 638) daselbst (Bd. 2 S. 489) wird die fünfjährige Dauer der Verjährungsfrist für Bauwerke damit begründet, daß Mängel der Konstruktion und des Materials des Bauwerks regelmäßig innerhalb fünf Jahre zutage treten, und deshalb Einstürze, die fünf Jahre nach der Vollendung erfolgen, regelmäßig nicht auf einer fehlerhaften Ausführung des Baues, sondern auf anderen Gründen beruhen. Genügende Anhaltspunkte für eine sichere Begriffsbestimmung sind hieraus nicht zu entnehmen, und es muß deshalb auf den herrschenden Sprachgebrauch zurückgegangen werden. Dieser führt, wie in Übereinstimmung mit dem für den Bereich des Allgemeinen Landrechts ergangenen Urteile des VI. Civilsenats vom 25. Mai 1892 (Entsch. des R.G.'s in Civils. Bd. 30 S. 153) anzunehmen ist, darauf, unter einem Bauwerk (Bau) eine unbewegliche, durch Verwendung von Arbeit und Material in Verbindung mit dem Erdboden hergestellte Sache zu verstehen. Auf Grund dieses Sprachgebrauchs ist durch das vorbezeichnete Urteil entschieden, daß ein „artesischer" Brunnen als ein „Bau" nicht anzusehen sei, weil er wesentlich in einer durch Entfernung des Erdreichs geschaffener Öffnung bestehe, die das unterirdische Wasser zutage treten lasse; die Anbringung von Röhren und die Maurer- und Zimmerarbeiten, die hierbei, sei es zu vorübergehendem Zweck, um die Arbeit zu ermöglichen, sei es zur Sicherung der Dauer der Anlage, vorkämen, könnten der Anlage den Charakter eines Baues nicht verleihen, da sie zwar der Herstellung des beabsichtigten Werkes, nämlich eines bis zur Wasserader hinunterreichenden und das Wasser zutage fördernden Bohrloches dienten, nicht aber als ein begrifflich notwendiger Bestandteil des Werkes selbst erschienen. Diesen Ausführungen schließt sich der jetzt erkennende Senat, soweit dies für den vorliegenden Fall erforderlich ist, an; sie führen dahin, der von dem Kläger hergestellten Brunnenanlage die Eigenschaft eines Bauwerkes abzusprechen. Der Unterschied ist unwesentlich, daß es sich damals um einen „artesischen" Brunnen handelte, also um einen solchen, bei dem das unterirdische Wasser mittels des natürlichen Druckes von selbst zutage tritt, während bei dem vom Kläger hergestellten Brunnen das Wasser durch Pumpen zutage gefördert wird. Auch hier dienen die Röhren nur zur Herstellung und Sicherung des Bohrloches und zu seiner besonderen Ausgestaltung dahin, daß durch das Bohrloch das unterirdische Wasser hochgepumpt werden kann. Daß die Lieferung und Anbringung der zum Pumpen erforderlichen, durch die Dampfmaschine der Brennerei angetriebenen maschinellen Einrichtungen den Brunnen noch nicht zu einem Bauwerke machen kann, ist nicht zu bezweifeln. Mehr als die Herstellung des Bohrloches und die Lieferung und Anbringung der Röhren und Maschinen (des Vorgeleges) hatte aber der Kläger nicht übernommen. Insbesondere lag die Herstellung der Zimmer- und Maurerarbeiten, nämlich des gemauerten kellerartigen Schachts und des darüber errichteten Gebäudes, die zum Schutze des Bohrloches und des Pumpwerkes über dem oberen Ende der Doppelröhren aufgeführt waren, nicht dem Kläger, sondern dem Beklagten für eigene Rechnung ob. Sie gehörten also nicht zu dem vom Kläger herzustellenden Werk, und daran änderte auch nichts der Umstand, daß die Maurer- und Zimmerarbeiten nach den Angaben des Klägers herzustellen waren, um zu vermeiden, daß sie zu den vom Kläger herzustellenden maschinellen Einrichtungen, deren Schutze sie dienen sollten, nicht paßten. Es kann deshalb dahingestellt bleiben, ob ein Werkvertrag über ein Bauwerk auch dann nicht als vorliegend anzusehen wäre, wenn der Kläger auch die Herstellung des Kellerschachts- und Brunnengebäudes auf eigene Rechnung übernommen und bewirkt hätte, oder ob nicht etwa in Übereinstimmung mit dem Urteile des jetzt erkennenden Senats vom 11. März 1902 (Jurist. Wochenschr. 1902 Beilagen S. 219 Nr. 70) für das Gebiet des Bürgerlichen Gesetzbuches anzunehmen wäre, daß der Kläger dann als Unternehmer eines „Bauwerks" anzusehen sei, wenn er die Röhren- und Maschinenanlage durch ihr Einbauen in das Mauerwerk und die damit hergestellte feste und dauernde Verbindung mit dem Grundstück zu einem Bestandteil des Grundstückes gemacht hätte." ...

---

11. Klage auf Rechnungslegung und auf Herausgabe des aus dem zugrunde liegenden Rechtsverhältnisse Geschuldeten. Tragweite des § 254 C.P.O.

I. Civilsenat. Urt. v. 21. November 1903 i. S. F. (Bekl.) w. St. (Kl.). Rep. I. 255/03.

I. Landgericht Ratibor.
II. Oberlandesgericht Breslau.

Die Parteien hatten sich im November 1898 zur gemeinschaftlichen Herstellung und zum Absatz von Korbwaren vereinigt. Der Beklagte sollte die zur Herstellung der Körbe erforderlichen Materialien aus eigenen Mitteln beschaffen, der Kläger sollte unter seiner Aufsicht und Leitung die Materialien verarbeiten, und der Beklagte den Erlös aus den abgesetzten Körben einziehen. Von dem Reingewinne sollte der Kläger ein Drittel, der Beklagte zwei Drittel erhalten. Im Juli 1890 endete der gemeinsame Geschäftsbetrieb, und der Kläger verlangte jetzt in seiner Klage von dem Beklagten Rechnungslegung und Zahlung des daraus für den Kläger sich ergebenden dritten Teiles des Reingewinnes, abzüglich bereits erhaltener 200 M. Der Beklagte beantragte die Abweisung der Klage, da der Kläger die Geschäftsbücher jederzeit hätte einsehen können, überreichte aber dann Rechnungen, nach welchen der Gewinnanteil des Klägers zwar 303,07 M betrug, mit Berücksichtigung dessen aber, was er bereits erhalten hatte, keine Forderung desselben mehr übrig blieb, er vielmehr an den Beklagten noch 7,95 M zurückzuzahlen hatte. In der nach Legung der Rechnung gepflogenen mündlichen Verhandlung stellte der Kläger nur mehr den Antrag, den Beklagten zu verurteilen, die Richtigkeit und Vollständigkeit der von ihm eingereichten Abrechnung zu beschwören und ihm die Kosten des Rechtsstreites aufzuerlegen, wobei er erklärte, daß die Richtigkeit der eingereichten Rechnung zurzeit nicht beanstandet werde. Der Beklagte erklärte, daß er den „heute erhobenen" Anspruch anerkenne, aber beantrage, dem Kläger die Kosten des Rechtsstreites aufzuerlegen. Das Landgericht verurteilte hierauf den Beklagten mittels Teilurteils, den Eid zu leisten,

„daß er in der Rechnung ... nach bestem Wissen die Einnahmen so vollständig angegeben habe, als er dazu imstande sei."

Es wurde dabei dem Kläger die Hälfte der bisher entstandenen Kosten des Rechtsstreites auferlegt, die Entscheidung über die andere Hälfte der Kosten aber dem Schlußurteile vorbehalten. Über die Frage, ob die Bücher dem Kläger einen genügenden Aufschluß gegeben hätten, sollte ein Sachverständiger vernommen werden.

Nachdem das Teilurteil rechtskräftig geworden war, wurde der Sachverständige vernommen, der Eid vom Beklagten geleistet, und sodann auf Antrag der Parteien die Sache vertagt.

In einem sodann anberaumten Termine stellte der Kläger den neuen Antrag, den Beklagten zu verurteilen, an ihn 1600 M nebst 4 Prozent Zinsen seit dem 1. Juli 1900 zu bezahlen, indem er zur Begründung dieses Antrages eine eigene selbständige Rechnung aufstellte, in welcher er aus dem gemeinsamen Geschäft sich einen Gewinnanteil von mehr als 1600 M berechnete.

Das Landgericht wies diesen Antrag des Klägers ab und legte

ihm die Kosten des Rechtsstreites auf, mit Ausnahme von 50 ℳ der außergerichtlichen Kosten des Beklagten, welche diesem zur Last gelegt wurden. Das Landgericht ging davon aus, daß durch die Leistung des Offenbarungseides der Rechtsstreit seine volle Erledigung gefunden habe, und durch das Teilurteil nur die Entscheidung darüber, wer die zweite Hälfte der Kosten zu tragen habe, noch offen gelassen worden sei.

Auf die Berufung des Klägers hob das Oberlandesgericht das landgerichtliche Urteil sowie das Verfahren nach Verkündung des Teilurteils — abgesehen von der Beweisaufnahme durch Vernehmung des Sachverständigen — auf und verwies die Sache an das Landgericht zurück.

Die Revision ist zurückgewiesen worden aus folgenden

Gründen:

„Die Revision des Beklagten erweist sich nicht als begründet. Seiner Auffassung, daß der Erhebung einer Forderung von 1600 ℳ aus dem Gesellschaftsverhältnis die Rechtskraft des Teilurteils entgegengestanden habe, kann nicht beigepflichtet werden. Der Kläger hatte, von der ihm nach § 254 C.P.O. zustehenden Befugnis Gebrauch machend, von Anfang an mit der Klage auf Rechnungslegung die Klage auf Zahlung seines sich aus der Rechnung ergebenden Gewinnanteiles verbunden und sich dabei den Antrag auf Leistung des Offenbarungseides vorbehalten. Das Teilurteil vom 9. Oktober 1901, welches nach Vorlegung der Rechnung des Beklagten erging, enthielt in seinem entscheidenden Teile keinen Ausspruch, welcher dem Kläger zur Hauptsache etwas abgesprochen hätte; es ist deshalb auch nicht abzusehen, inwiefern er hätte Veranlassung haben sollen, gegen dieses Urteil zur Abwehr das Rechtsmittel der Berufung einzulegen. Allerdings ist in den Gründen des Urteils erörtert, daß, nachdem sich der Beklagte zur Ableistung des vom Kläger geforderten Offenbarungseides bereit erklärt habe, und die Hälfte der Kosten dem Kläger bereits hier zur Last gelegt worden sei, nur mehr die Entscheidung über die zweite Hälfte der Kosten übrig bleibe, weil der Kläger erklärt habe, die gelegte Rechnung ... zurzeit nicht beanstanden zu wollen. Diese Erklärung war aber ihrem Inhalte nach eine nur vorläufige und schloß es nicht aus, daß der Kläger auf die Forderung eines ziffermäßig bestimmten Gewinnanteiles in diesem Rechtsstreite zurückkam, wenn er im Laufe desselben sich überzeugte, daß die gelegte Rechnung nicht richtig sei. Das ist nach Ableistung des Offenbarungseides durch den Beklagten geschehen, und wenn er nun einen Anspruch auf 1600 ℳ erhob und denselben durch eine von ihm selbst gefertigte Rechnungsaufstellung zu begründen suchte, so war dies im Rahmen des § 254 C.P.O. noch zulässig. Die Revision bekämpft dies zwar und vertritt die Ansicht, daß der Kläger gemäß § 254 C.P.O. ziffermäßig nur dasjenige habe fordern können, was ihm nach der von dem Beklagten gelegten Rechnung ziffermäßig aus dem gemeinsam betriebenen Geschäfte zukomme. Allein diese Ansicht ist rechtsirrig und beruht auf einer mit der Entstehungsgeschichte und dem Wortlaute der gesetzlichen Bestimmung unvereinbaren, zu engen Auslegung des § 254. Nach der Begründung des Entwurfes sollte demjenigen, welcher Rechnungslegung zu fordern befugt war, die bestimmte Angabe der Leistungen, welche er beanspruchte, vorbehalten bleiben, bis die Rechnung gelegt, oder der Offenbarungseid geleistet sei, sofern nur mit der Klage auf Rechnungslegung die Klage auf Herausgabe des aus dem zugrunde liegenden Rechtsverhältnisse Geschuldeten von Anfang an verbunden war. Hiernach hat sich der Kläger keineswegs auf das zu beschränken, was die vom Beklagten gelegte Rechnung selbst für ihn ergibt, sondern er kann im Laufe des Rechtsstreites alles beanspruchen, was er seiner Meinung nach „aus dem zugrunde liegenden Rechtsverhältnis" zu fordern hat. Hierbei ist es in keiner Weise ausgeschlossen, daß er nach der Rechnungslegung des Beklagten seinerseits eine neue Rechnung, deren richtige Grundlage er zu beweisen hat, zur gehörigen Begründung seiner Forderung aufstellt. Das ergibt sich aus dem Wortlaute, aber auch aus dem Zwecke der neuen Bestimmung, welche es ermöglichen soll, einen zweiten Rechtsstreit über die Höhe der Forderung zu vermeiden. Das Berufungsgericht ist demnach von einer richtigen Auffassung der Tragweite des § 254 C.P.O. ausgegangen." ...

---

12. Kann der Käufer eines Grundstücks auf Auflassung und daneben auf Preisminderung (Schadensersatz) wegen fehlender bloß mündlich zugesicherter Eigenschaften klagen?

V. Civilsenat. Urt. v. 21. November 1903 i. S. H. u. Gen. (Bekl.) w. Z. (Kl.). Rep. V. 396/03.

I. Landgericht Torgau.
II. Oberlandesgericht Naumburg a. S.

Durch notariellen Vertrag vom 19. Juni 1900 kaufte der Kläger von der verklagten Ehefrau unter Genehmigung ihres Mannes deren in Kl. gelegenes Grundstück, worin Gastwirtschaft und ein Materialwarenhandel betrieben wurde, für 23500 ℳ, wovon 1000 ℳ angezahlt wurden, 9660 ℳ durch Übernahme von Hypotheken und 12840 ℳ bar bei der Auflassung gezahlt werden sollten. Der Kläger behauptete nun, durch die vom mitverklagten Ehemann der Verkäuferin in deren Einverständnisse vor und bei den Kaufverhandlungen gemachten absichtlich zu hohen Angaben über die Umsätze in Gastwirtschaft und Laden zum Ankauf für den vereinbarten Preis bestimmt worden zu sein. Der notarielle Vertrag enthielt darüber nichts. In erster Instanz bezifferte der Kläger den jährlichen Einnahmeausfall auf 1010 ℳ; er berechnete den daraus sich ergebenden Minderwert des Grundstücks auf 10100 ℳ, erklärte aber, diesen zunächst nur in Höhe von 5500 ℳ geltend machen zu wollen, und beantragte: die verklagte Ehefrau zur Auflassung des verkauften Grundstücks Zug um Zug gegen Empfang von (12840 – 5500 =) 7340 ℳ, und den mitverklagten Ehemann zur Genehmigung der Auflassung sowie zur Duldung der Zwangsvollstreckung in das Vermögen der Frau zu verurteilen. Die Beklagten bestritten, daß dem Kläger falsche Angaben gemacht seien, und daß er dadurch zum Vertragsschlusse bestimmt worden sei.

In erster Instanz wurde die Klage dem Antrage der Beklagten gemäß abgewiesen, weil Kläger nicht bewiesen habe, daß er durch falsche Zusicherungen zum Kaufabschluß bestimmt worden sei.

In zweiter Instanz erweiterte der Kläger seinen Antrag dahin, daß die Beklagten zur Auflassung mit dem mitverkauften Inventar gegen Empfang von 4340 ℳ, oder wie viel weniger oder mehr rechtens sei, verurteilt werden möchten. Er behauptete jetzt ausdrücklich, daß die falschen Angaben in betrügerischer Absicht gemacht seien, was von den Beklagten bestritten wurde.

Das Berufungsgericht erließ nun zunächst am 15. Januar 1903 ein Zwischenurteil mit dem Wortlaut: „Der Kläger ist berechtigt, aus betrüglicher Zusicherung eines jährlichen Lagerbierumsatzes von 100 hl Schadensersatz zu fordern; ein weitergehender Anspruch ist nicht begründet." Dann wurde im Endurteil vom 13. Juli 1903 das Urteil erster Instanz dahin abgeändert, daß die verklagte Ehefrau zur Auflassung des Grundstücks nebst mitverkauftem Inventar gegen Zahlung von 4340 *M*, und der mitverklagte Ehemann zur Genehmigung der Auflassung und Duldung der Zwangsvollstreckung in das Vermögen seiner Frau, sowie beide Beklagte als Gesamtschuldner in die Kosten des Rechtsstreits verurteilt wurden. Auf Revision der Beklagten wurde das Berufungsurteil aufgehoben, und die Berufung des Klägers gegen das Urteil erster Instanz zurückgewiesen.

Aus den Gründen:

„In dem Zwischenurteil wird vom Berufungsrichter zunächst unter Berufung auf die Rechtsprechung des Reichsgerichts (Entsch. des R.G.'s in Civils. Bd. 52 S. 1) ausgeführt, daß ein Minderungsanspruch nach §§ 459. 462 B.G.B. aus den behaupteten formlosen, in dem notariellen Vertrage nicht enthaltenen Zusicherungen nicht erhoben werden könne. Das schließe aber nicht auch einen selbständigen Schadensanspruch wegen Betrugs nach §§ 823. 826 B.G.B. aus, dem folgende Grundlage zu geben sein würde: Kläger fordere die Auflassung gegen Anbietung des vereinbarten Preises, rechne aber dagegen den Schaden auf, den er durch die betrügerischen Zusicherungen erlitten habe, und dieser Schaden bestehe in dem Betrage, den er bei Kenntnis der wahren Sachlage weniger gezahlt haben würde. Demgegenüber könnten nicht etwa die Beklagten sich auf Nichtigkeit des Vertrages berufen, da ja Kläger den Vertrag an sich bestehen lassen wolle; der Betrüger könne nicht aus seinem betrügerischen Verhalten ein Recht auf Aufhebung des Vertrages herleiten. Der Berufungsrichter erachtet dann für bewiesen, daß die fraglichen Zusicherungen den Kläger zum Ankauf bestimmt hätten, und daß der mitverklagte Mann mit Wissen und Genehmigung der verklagten Frau zwar nicht über Braunbierverbrauch und Materialwaren-Umsatz, wohl dagegen über den Ausschank von Lagerbier wissentlich falsche Angaben gemacht, und zwar 60 hl zu viel angegeben habe. In dem Endurteil ist der Betrag, den der Kläger bei Kenntnis der wahren Sachlage im Verhältris zu dem vereinbarten Preise weniger bewilligt haben würde, auf 8500 *M* bemessen worden.

Die Revision greift diese Entscheidung mit der Ausführung an, daß auf Auflassung nicht geklagt werden könne, weil der Kläger selber behaupte, daß er den Vertrag ohne die angeblichen falschen Zusicherungen nicht abgeschlossen haben würde; daß aber weiter sein Schaden auch nicht in dem Betrage bestehen würde, den er bei Kenntnis der wahren Sachlage an Kaufpreis weniger geboten hätte; denn es stehe weder fest, daß die Beklagten billiger verkauft haben würden, noch daß der vereinbarte Preis den wirklichen Wert des gekauften Grundstücks übersteige.

Es könnte zunächst in Frage kommen, ob nicht über den Grund des Schadensanspruches, den der Kläger nach der Auffassung des Berufungsrichters neben dem Anspruch auf Auflassung geltend macht, bereits rechtskräftig durch das Zwischenurteil des Berufungsgerichts vom 15. Januar 1903 vorab entschieden sei (§ 304 C.P.O.), da gegen dieses Zwischenurteil nicht selbständig Revision eingelegt worden ist. Diese Frage muß aber verneint werden." (Es folgt die Ausführung, daß das Zwischenurteil vom 15. Januar 1903 nur eine Entscheidung über ein einzelnes Angriffsmittel im Sinne des § 303 sei.)

„Die Revision muß für begründet erachtet werden.

Der Berufungsrichter führt zutreffend in Übereinstimmung mit der Rechtsprechung des Reichsgerichts (Entsch. des R.G.'s in Civils. Bd. 52 S. 1) aus, daß die angeblichen falschen Zusicherungen der Beklagten den Kläger nicht nach Maßgabe der §§ 459. 462 B.G.B. zu dem Verlangen einer Preisminderung berechtigten, weil sie mangels einer Aufnahme in den notariellen Kaufvertrag vom 19. Juni 1900 nicht Bestandteil eines formgültigen Vertrages geworden seien. Daraus folgert der Berufungsrichter mit Recht, daß der Kläger den Vertrag so hinnehmen müsse, wie er notariell beurkundet sei, oder dessen Erfüllung (nämlich mit den zugesicherten Eigenschaften) gar nicht fordern könne. Hinzuzufügen ist: daß der Kläger, die Richtigkeit seiner Behauptungen vorausgesetzt, auch nicht zur Erfüllung des notariellen Vertrages gezwungen werden könnte, weil dieser die Zusicherungen, die ihn erst zum Abschluß des Vertrages bestimmt haben sollen, mithin einen wesentlichen Teil der Kaufberedungen, nicht enthält, also unvollständig wäre, ein vollständiger Vertrag in der gesetzlich vorgeschriebenen gerichtlichen oder notariellen Form (§ 313 B.G.B.) nicht vorläge, und es somit bisher noch an einem bindenden Kaufvertrage fehlen würde (§§ 125. 139 B.G.B.).

Wenn nun der Berufungsrichter dem Kläger in der Weise zu Hilfe kommen zu müssen und zu können glaubt, daß er die Klage auffaßt als gerichtet auf Erfüllung des notariellen Vertrages vom 19. Juni 1900 und gleichzeitig auf Schadensersatz für den in den falschen Zusicherungen verübten Betrug der Beklagten, so muß allerdings zugegeben werden, daß der Kläger einen ihm aus solchem Betruge erwachsenen Schaden auf Grund der §§ 823 oder 826 B.G.B. als selbständigen Anspruch geltend machen könnte. Es mag auch nichts dagegen zu erinnern sein, daß der Berufungsrichter das Klagevorbringen in dieser Weise auffaßt. Aber die erste Voraussetzung für diese Beurteilung des Sachverhalts ist die, daß dem Kläger der geltend gemachte Schaden durch den Betrug der Beklagten zugegangen sein muß, und diese Voraussetzung fehlt. Die angeblichen unwahren Zusicherungen der Beklagten haben nach der eigenen Darstellung des Klägers bisher keinen weiteren Erfolg gehabt, als daß er dadurch verleitet worden ist, den Kauf zu dem in dem notariellen Vertrage festgesetzten Preise abzuschließen und die bedungene Anzahlung zu leisten, möglicherweise auch Vertrags- und sonstige Kosten zu bezahlen (§ 7 des Vertrages). Sonst ist der Vertrag noch von beiden Seiten unerfüllt und braucht auch nicht erfüllt zu werden, wenn anders die Behauptungen des Klägers wahr sind; insbesondere kann Kläger dann nicht, wie schon bemerkt, von den Beklagten zur Erfüllung angehalten werden. Bis jetzt besteht also sein Schaden bloß darin, daß er auf einen nichtigen Vertrag eine Anzahlung geleistet und Kosten verwendet hat; ihm könnte unter Umständen auch ein Gewinn entgangen sein, wenn er nämlich durch dieses Geschäft bewogen worden wäre, ein anderes vorteilhaftes Geschäft auszuschlagen, was er aber gar nicht behauptet hat. Diese Schäden könnte er ersetzt verlangen, und zwar könnte er nach § 249 B.G.B. verlangen, daß der Zustand hergestellt werde, der bestehen würde, wenn der zum Ersatz verpflichtende Umstand nicht eingetreten wäre, also, nach seiner eigenen Darstellung, wenn er den Kaufvertrag, zu dem er durch den Betrug der Beklagten verleitet worden sein will, nicht abgeschlossen hätte. Auf diesen Standpunkt hat sich jedoch der Kläger nicht gestellt; er verlangt im Gegenteil von den Beklagten die Erfüllung des an sich nichtigen Vertrages lediglich zu dem Zweck, um dann sagen zu können, daß er durch Bezahlung eines zu hohen Preises in Schaden gekommen sei. Diesen

Schaden, der erst durch die vom Kläger verlangte Erfüllung zum Vorschein kommt, haben dann aber nicht die Beklagten verschuldet. Die Beklagten verlangen nicht, wie der Berufungsrichter annimmt, daß der Kaufvertrag wegen des von ihnen selbst verübten Betruges wieder aufgehoben werde; wohl aber bestreiten sie mit Recht, daß der Kläger bloß zu dem Zweck auf Erfüllung des Vertrages bestehen dürfe, um daraus eine Entschädigungsforderung zu gewinnen, die er jetzt nicht hat.

Dies mußte zur Aufhebung des Berufungsurteils und zur Zurückweisung der Berufung des Klägers gegen die Abweisung seiner Klage führen."

---

13. Inwiefern ist bei der Eigentumsübertragung nach § 930 B.G.B. (constitutum possessorium) Besitz auf seiten des Veräußerers erforderlich?

VII. Civilsenat. Urt. v. 24. November 1903 i. S. L. (Bekl.) w. S. (Kl.). Rep. VII. 295/03.

I. Landgericht Breslau.
II. Oberlandesgericht daselbst.

Der Sachverhalt ergibt sich aus den

Gründen:

„Mit der in Frage stehenden Interventionsklage widerspricht der Kläger der Zwangsvollstreckung in näher bezeichnete bewegliche Sachen, welche der Beklagte behufs Vollziehung eines von ihm gegen den Gastwirt M. erwirkten Arrestbefehls hat pfänden lassen. Der Kläger stützt den Anspruch auf das Eigentumsrecht an den fraglichen Gegenständen. Solches Recht habe er dadurch erworben, daß zwischen ihm und M. am 4. Juni 1901 ein Vertrag zustande gekommen, inhalts dessen M. ihm die Sachen verkauft und dadurch übergeben habe, daß sie dem M. gegen Zahlung einer Entschädigung zur Benutzung überlassen worden. Es steht nun fest, daß M., kurz bevor dieser Vertrag abgeschlossen, von dem Beklagten Räumlichkeiten zum Betriebe einer

Schankwirtschaft mietete und gleichzeitig von demselben das Wirtschaftsinventar, zu dem die in Rede stehenden Gegenstände gehörten, kaufte. Unter ein bei dieser Gelegenheit über das Inventar aufgenommenes Verzeichnis hat der Beklagte am 3. Juni 1901 die Erklärung gesetzt: „Vorstehendes Inventar hat Herr Robert M. am heutigen Tage käuflich von mir erworben, und ist dasselbe sein unbeschränktes Eigentum." Nachdem danach M. gegen den Beklagten auf Übergabe der Restaurationsräume und des Wirtschaftsinventars geklagt hatte, welcher Prozeß nicht zur Entscheidung gekommen ist, hat am 12. September 1901 die Übergabe der Wirtschaftslokalitäten, in denen das Inventar befindlich, stattgefunden, indem der Beklagte aus- und M. eingezogen ist. Bald ist jedoch M. wegen nicht gezahlter Miete exmittiert. Da jener auch noch von dem Kaufgelde dem Beklagten einen Rest schuldig war, ist von letzterem der Arrest erwirkt, und die Pfändung veranlaßt, gegen welche sich die Klage richtet. Das Landgericht hat diese mit der Begründung abgewiesen, daß, wie sich aus dem erwähnten seitens des M. gegen den Beklagten angestrengten Prozesse ergebe, M. die fraglichen Gegenstände vor dem Abschluß des Vertrages vom 4. Juni 1901 nicht übergeben erhalten habe und sie daher an diesem Tage nicht habe übergeben können. Vom Oberlandesgericht ist der Klage stattgegeben. Ausgeführt ist folgendes: Es müsse der Eigentumserwerb seitens des Klägers auf Grund des Vertrages vom 4. Juni 1901 als vorliegend angenommen werden; denn die Erklärung des Beklagten vom vorhergehenden Tage enthalte ein Anerkenntnis des M. als Eigentümers der Sachen. Danach habe von jenem Zeitpunkt ab dem M., wenn er auch die Sachen noch nicht übergeben erhalten habe, das Recht zugestanden, dieselben weiterzuverkaufen und das Eigentum daran zu übertragen, soweit dies zulässig und möglich gewesen. Demzufolge sei aus dem zwischen M. und dem Kläger abgeschlossenen Vertrage in dem Augenblick, als M. in den Besitz der Sachen gelangt sei und sie nunmehr vertragsmäßig weiter als Mieter des Klägers innegehabt habe, dem Kläger das Eigentumsrecht erworben. Diesen Zeitpunkt bilde der 12. September 1901, an welchem Tage M. in den Besitz der Wirtschaftslokalitäten und des die fraglichen Sachen in sich schließenden Inventars getreten sei.

Hiergegen wird mit der Revision geltend gemacht: Wenn M. an dem 4. Juni 1901 nicht mittelbarer Besitzer der Sachen gewesen sei, so habe er nach § 930 B.G.B. auch den Kläger nicht dadurch zum mittelbaren Besitzer machen können, daß er von da ab die Sachen mietweise vom Kläger in Benutzung genommen. Da es nun aber an jenem Besitze auf seiten des M. gemangelt habe, so stehe der an dem erwähnten Tage vollzogene Akt in der Luft. Ein weiterer Rechtsakt im Sinne einer Besitzeinräumung zwischen dem Kläger und M. etwa vom 12. September 1901 oder später sei nicht behauptet. Der Besitzübertragungswille vom 4. Juni 1901 könne als fortwirkend für spätere Zeit nicht in Betracht kommen.

Dieser Angriff erscheint erheblich. Konnte auch M. infolge der in nicht zu beanstandender Weise von der Vorinstanz in der Erklärung des Beklagten vom 3. Juni 1901 befundenen Einwilligung zur Veräußerung der fraglichen Sachen seitens des M. wirksam über diese verfügen (§ 185 B.G.B.), so wohnte ihm doch nicht die Macht bei, eine Eigentumsübertragung in Gemäßheit des § 930 B.G.B. (constitutum possessorium) vorzunehmen, da er sich nicht im Besitz der betreffenden Gegenstände befand. Damit ist allerdings nicht ausgeschlossen, daß der auf die Eigentumsübertragung gerichtete Akt vom 4. Juni 1901 diese Wirkung, wie angenommen worden, *später* hervorrief, *falls* der Kläger und M. daneben, ausdrücklich oder stillschweigend, *vereinbart* hätten, daß *von dem Augenblick des demnächst zu erwartenden* Besitzerwerbs seitens des M. an dieser den Besitz als Mieter des Klägers ausüben sollte, und falls dieser Vereinbarung entsprochen wäre. Es ist indes von einem derartigen Abkommen bisher nichts vorgekommen. Namentlich fehlt es an einer solches betreffenden Feststellung des Berufungsgerichts. Daß ohne die erwähnte Vereinbarung in dem Zeitpunkt des späteren Besitzerwerbs seitens des M. der Eigentumsübergang auf den Kläger als sich von selbst ergebende Nachwirkung des Vertrages vom 4. Juni 1901 eintrat, ist der angezogenen Gesetzesbestimmung gegenüber nicht anzunehmen." ...

---

14. Voraussetzung für die Anwendung der Bestimmung in § 10 Ziff. 3 des Patentgesetzes. Zum Begriff der offenkundigen Benutzung einer Erfindung.

I. Civilsenat. Urt. v. 25. November 1903 i. S. K. (Kl.) w. Aktiengesellschaft F. B. & Co. (Bekl.). Rep. I. 269/03.

I. Kaiserliches Patentamt.

Als nichtig angegriffen wurde ein Patent des Beklagten, dessen Anspruch lautete:

„Mischventil für kaltes und warmes Wasser, dadurch gekennzeichnet, daß zwei von derselben Niederschraubspindel (s) betätigte Ventile (a) und (b) untereinander durch Spiralfeder und Schlitzführung mit totem Gang derart verbunden sind, daß das untere (Warmwasser-)Ventil (b) sich um einen regelmäßigen Zeitraum später öffnet, als das obere (Kaltwasser-)Ventil (a)."

Gestützt war die Nichtigkeitsklage in erster Linie darauf, daß der wesentliche Teil der Erfindung, d. h. die ganze im Patentanspruch gekennzeichnete Erfindung mit Ausnahme der „Schlitzführung mit totem Gang" ihrer — der Klägerin — Beschreibung ohne ihre Einwilligung von dem Anmelder des Patents entnommen worden sei, in zweiter Linie darauf, daß die Erfindung vor der Patentanmeldung offenkundig benutzt worden sei.

Im übrigen ergibt sich der Sach- und Streitstand aus den

Gründen:

„Das Patentamt hat die Klage insoweit, als sie darauf gestützt ist, daß der wesentliche Teil der durch das Patent Nr. 113730 geschützten Erfindung der Beschreibung der Klägerin, genauer einer Beschreibung des bei ihr angestellten Technikers St., die sie als die ihrige anzusehen das Recht habe, ohne ihre Zustimmung entnommen worden sei, aus dem Grunde für hinfällig erklärt, weil die im ganzen mit den Behauptungen der Klägerin übereinstimmenden Angaben des als Zeugen vernommenen Technikers St. nicht für erwiesen erachtet werden könnten. Es bedarf indes einer Entscheidung über diese Beweisfrage nicht, da, selbst wenn die Angaben des St. als wahr unterstellt werden, aus ihnen sich kein Tatbestand ergibt, wie ihn die Bestimmung des § 10 Ziff. 3 des Patentgesetzes zur Voraussetzung hat.

Nach diesen Angaben soll der Rechtsvorgänger der Klägerin, K., der damals als Bauleiter am städtischen Krankenhause in München angestellt war, an einem Tage des Dezember 1899 im Geschäfte der Klägerin über das Modell eines Mischventils für Badeeinrichtnngen, das er von der Klägerin hatte verfertigen lassen, sich dahin geäußert haben, die Batterie funktioniere ganz gut, die Krankenhausverwaltung wolle sie aber nicht einführen, sondern wolle einen Niederschraubhahn haben; und es soll St. hierauf erwidert haben, das hätte man leicht machen können, man müsse, wie bei Speisepumpen, zwei Ventile und eine Feder dazwischen nehmen. — In dieser Mitteilung wird von der Klägerin die „Beschreibung" gefunden, aus welcher der wesentliche Teil der patentierten Erfindung entnommen sein soll. In Wirklichkeit enthielt aber diese Mitteilung gar nicht die Offenbarung eines fertigen Erfindungsgedankens. Wollte man zwei Ventile mit einer Feder dazwischen verwenden, so handelte es sich noch darum, die technischen Mittel dafür zu finden, daß die beiden Ventile durch eine Niederschraubspindel so betätigt wurden, daß zuerst kaltes und dann in bestimmt regulierbarer Weise das heiße Wasser zuströmen konnte. In dieser Hinsicht ließ die Verweisung auf die Speisepumpe völlig im Stich, und gerade diese Verweisung zeigt daher, daß dem St., wenn er die von ihm angegebene Mitteilung gemacht hat, nur eine allgemeine Idee vorschwebte, woraus sich denn auch erklärt, daß er, wie er bezeugt, sich gar nicht dessen bewußt gewesen ist, einen Erfindungsgedanken geäußert zu haben. Mit dem, was er dem K. gesagt haben will, gab er nicht die bereits gefundene Lösung einer technischen Aufgabe kund, sondern bezeichnete er nur die Richtung, in welcher die Lösung zu suchen sei; das genügte aber nicht zur Herstellung des Tatbestandes, den die Bestimmung in § 10 Ziff. 3 des Patentgesetzes erfordert.

Beizutreten ist sodann dem Patentamt darin, daß eine offenkundige Vorbenutzung nicht vorliegt. Wenn jemand eine Einrichtung erfunden hat, eine diese Einrichtung vollkommen veranschaulichende Zeichnung anfertigt und nun, bevor seine Erfindung zwecks Patentierung oder Erwerbung des Gebrauchsmusterschutzes angemeldet worden war, nach der Zeichnung in der Werkstatt oder Fabrik eines Dritten ein Modell anfertigen läßt, ohne daß dem Dritten erkennbar wird, daß es sich für den Auftraggeber um eine zu schützende Erfindung handelt, dann gibt allerdings der Erfinder seine Erfindung preis; er selbst schafft dann den Tatbestand der offenkundigen Vorbenutzung, weil er seine Erfindung so benutzt, daß andere Sachverständige von dem Erfundenen Kenntnis erlangen und es nicht als ihnen verwehrt ansehen können, davon auch für sich und beliebige Dritte Gebrauch zu machen. So liegt indes hier die Sache nicht. Wie feststeht, hat K. am 7. Dezember 1899 der Klägerin eine Zeichnung mit dem Auftrage übergeben, danach ein Modell anfertigen zu lassen, und diese Zeichnung stimmt, abgesehen von der Schlitzführung mit totem Gang, von der zuzugeben sein mag, daß sie von sehr wesentlicher Bedeutung für die Einrichtung nicht ist, mit der Zeichnung der Patenturkunde überein. Es steht aber ferner fest, daß K. bereits im Sommer 1899 das Modell eines Mischventils, dessen einer Bestandteil auch eine Stellschraube war, von der Klägerin hatte anfertigen lassen, und daß er das Modell als Gebrauchsmuster angemeldet hatte. Hiervon hatte nach der Behauptung der Beklagten der Inhaber der klagenden Firma Kenntnis, als er den Auftrag vom 7. Dezember 1899 erhielt. Er soll diese Kenntnis durch K. selbst erhalten haben. K., der bei der Verhandlung vor dem Reichsgericht zugegen war, hat dies bestätigt, und der ebenfalls anwesende Inhaber der klagenden Firma bestritt zwar die Behauptung der Gegenseite, erklärte sich aber auf Befragen nicht bereit, die Unwahrheit der Behauptung zu beschwören. Das Reichsgericht trägt daher kein Bedenken, anzunehmen, daß sie wahr ist. Hinzu kommt dann noch die Tatsache, daß die Klägerin selbst für sich das Modell eines — nach ihrer Angabe von St. ersonnenen — Mischventils im November 1899 als Gebrauchsmuster angemeldet hatte. Nach dem allem ist man berechtigt, auszusprechen: Der Inhaber der klagenden Firma hatte, wie er sich nicht verhehlen konnte, damit zu rechnen, daß er es mit einer in der Vorbereitung für den Erwerb, sei es des Gebrauchsmusterrechts, sei es des Patentrechts begriffenen Erfindungsangelegenheit des K. zu tun habe; es ergab sich aus den Umständen, daß er sich als Vertrauensperson des K. zu betrachten hatte, daß für die Erfindungsangelegenheit seine Fabrik als eigene Fabrik des K. galt. Alsdann aber lag keine offenkundige Benutzung der Erfindung in der Modellanfertigung; denn die Behauptung, daß für jedermann die Fabrik der Klägerin zugänglich, und somit die Gelegenheit gegeben war, was dort vorging, zu beobachten, ist nicht aufgestellt worden. — Eine offenkundige Vorbenutzung konnte auch nicht mit Rücksicht darauf angenommen werden, daß das angefertigte Modell sechs Tage vor der Patentanmeldung unter Beifügung einer auf die städtische Krankenhausverwaltung als Zahlungspflichtige lautenden Rechnung geliefert worden ist. Die Beklagte hat behauptet, und K. glaubhaft bestätigt, daß seinem Auftrage gemäß das Modell in sein Bureau gebracht worden sei. Man darf sich daher davon überzeugt halten, daß auch während der Zeit von der Ablieferung des Modells bis zur Patentanmeldung die Möglichkeit der Erfindungsbenutzung für „andere Sachverständige" nicht bestand." ...

---

15. 1. Steht, wenn ein Grundstück versehentlich auf mehreren Grundbuchblättern eingetragen ist, jedem der eingetragenen Eigentümer Dritten gegenüber die Vermutung des § 891 B.G.B. zur Seite?
2. Erwerb und Beweis des Eigentums im Falle der doppelten Buchung eines Grundstücks.

B.G.B. § 873.
Preuß. Gesetz über den Eigentumserwerb § 1.

V. Civilsenat. Urt. v. 25. November 1903 i. S. M. u. Gen. (Bekl.) w. v. Cz. (Kl.). Rep. V. 453/03.

I. Landgericht Ostrowo.
II. Oberlandesgericht Posen.

Der Kläger war eingetragener Eigentümer des Ritterguts D., welches er im Jahre 1890 mittels Auflassung von der Witwe B. erworben hatte, die ihrerseits dasselbe im Jahre 1879 in der Subhastation erstanden hatte. Im Jahre 1898 erwarb der Kläger dazu das Rittergut Str. mittels Auflassung von Arthur B. und ließ den Bestand dem Rittergut D. zuschreiben, so daß nunmehr beide Rittergüter auf einem Grundbuchblatt vereinigt waren. Im Grundbuch beider Rittergüter, die bis zum Jahre 1879 einen Eigentümer — Arthur B. — hatten, stand als Bestandteil eine aus Wasserfläche und Wiese bestehende Parzelle, der sog. „Potoka-Teich", eingetragen. Diese Parzelle wurde im Jahre 1895 auf Antrag des Klägers von dem Rittergut D. abgeschrieben und auf ein neues Grundbuchblatt übertragen, auf welchem infolge vom Kläger am 21. August 1895 erhaltener Auflassung der Kaufmann M. als Eigentümer eingetragen war. Die Übergabe der verkauften Parzelle konnte bisher nicht geleistet werden, weil diese angeblich auf Grund von mit der Witwe B. geschlossener Pachtverträge im Besitz der mit ihren eigenen Grundstücken angrenzenden Beklagten sich befand, und diese die Herausgabe verweigerten.

Auf Antrag des M. war in zwei Vorprozessen der jetzige Kläger zunächst zur Übergabe des verkauften und aufgelassenen Grundstücks, sodann zur Leistung des Interesses wegen Verzögerung der Übergabe verurteilt worden, während mit dem weitergehenden Anspruch auf Ersatz des gesamten, den Wert des Grundstücks selbst einschließenden Erfüllungsinteresses M. abgewiesen wurde, weil eine dauernde Unmöglichkeit der Realerfüllung des Vertrags zurzeit nicht vorliege.

Nunmehr erhob Kläger als Eigentümer des Potoka-Teiches gegen die im Besitz dieses Grundstückes befindlichen Beklagten Klage mit dem Antrage,

die Beklagten zu verurteilen:

1. darein zu willigen, daß ihre Grundstücke und das Grundstück „Potoka-Teich" des Klägers auf gemeinschaftliche Kosten der Parteien durch einen vereideten Feldmesser vermessen und durch Errichtung fester Grenzzeichen gegeneinander festgelegt würden;
2. an den Kläger die auf Grund der Vermessung als ihm gehörig festgestellten Ländereien herauszugeben.

Diesen Anträgen wurde in erster Instanz entsprochen. Dagegen wurde auf die mit dem Antrage auf Abweisung der Klage eingelegte Berufung der Beklagten das erste Urteil und das demselben zugrunde liegende Verfahren aufgehoben, und die Sache an das Gericht erster Instanz zurückverwiesen.

Das Berufungsgericht erachtete die von den Beklagten bestrittene Legitimation des Klägers als Eigentümers des Potoka-Teiches für geführt, nahm aber an, daß der erste Richter nicht über den Antrag auf Abmarkung habe erkennen dürfen, ohne über den die Voraussetzung des letzteren bildenden Grenzfeststellungsanspruch sachlich zu entscheiden.

Auf die Revision des Beklagten ist die Klage abgewiesen worden aus folgenden

Gründen:

„Die Klage, mit welcher der Kläger neben Mitwirkung der Beklagten zur Errichtung fester Grenzzeichen (Abmarkung, § 919 B.G.B.)

auch Feststellung der verdunkelten Grenze (§ 920 a. a. O.) und Herausgabe der im Besitz der einzelnen Beklagten befindlichen Teile der streitigen Parzelle (§ 985 a. a. O.) verlangt, gründet sich in allen diesen Beziehungen ausschließlich auf das Eigentum. Kläger muß daher den bestreitenden Beklagten gegenüber diesen Klagegrund beweisen und kann dies nicht lediglich durch seine Eigenschaft als eingetragener Eigentümer des Ritterguts D., auf dessen Grundbuchblatt nach Zuschreibung des früheren Ritterguts Str. die fragliche Fläche als Bestandteil wieder eingetragen steht; er kann es nicht, weil für dieselbe Fläche ein besonderes Grundbuchblatt besteht, auf welchem zufolge vom Kläger erhaltener Auflassung der Kaufmann M. als Eigentümer eingetragen ist. Es versagt in solchem Fall die für das Recht des Eingetragenen sprechende Vermutung (§ 891 B.G.B.); denn da für den anderen Eingetragenen die gleiche Vermutung sprechen würde, so heben sich beide Vermutungen gegenseitig auf.

Vgl. Turnau-Förster, Liegenschaftsrecht 2. Aufl. Bd. 1 S. 410 flg. Es muß also dann, wer aus dem Eigentum klagen will, seinen Erwerb nach materiellem Recht nachweisen. In der Regel wird ein solcher Streit sich zwischen zwei Prätendenten vollziehen; es ist aber das gute Recht jedes mit einer Eigentumsklage Belangten, die Legitimation des Klägers zu bestreiten und diesen dadurch, sofern ihm die Vermutung aus § 891 nicht zur Seite steht, zum Nachweise seines Eigentumserwerbes zu nötigen. Es handelt sich dabei nicht um einen Einwand aus dem Rechte eines Dritten; mit Recht weist die Revision darauf hin, daß die Beklagten Gefahr laufen würden, mit derselben Klage auch von seiten des M. belangt zu werden. Die Beklagten haben daher ein berechtigtes Interesse, die Legitimation des Klägers aus dem Grunde der vorhandenen Doppelbuchung zu beanstanden. Daß der Kläger dem M. gewährleistungspflichtig ist, vermag ihm die Legitimation zur Eigentumsklage, sei es gegen den dritten Besitzer oder gegen den Grenznachbar, nicht zu gewähren. Was der Berufungsrichter zugunsten der Klagelegitimation des Klägers ausführt, trifft nicht zu. Der Satz des Berufungsurteils: „die Tatsache, daß auch M. als formeller Eigentümer der unstreitig identischen Parzelle sich auf den § 891 B.G.B. berufen kann, vermag die zugunsten des Klägers streitende Vermutung nicht zu beseitigen", widerstreitet der Logik. Zwei einander widersprechende Vermutungen schließen sich gegenseitig aus. Die Berufung auf Planck, Bürgerliches Gesetzbuch Bem. 4b (soll heißen 5b), beruht auf einem Mißverständnis des Citats. Dort heißt es: Es komme darauf an, „ob der Inhalt des zweiten Blattes so beschaffen ist, daß dadurch die Vermutung widerlegt wird". Das sei „keineswegs immer der Fall". Wie das gemeint ist, ergibt das beigefügte Beispiel. In dem dort gesetzten Fall war die Doppelbuchung dadurch herbeigeführt, daß die Abschreibung der veräußerten und auf ein neues Grundbuchblatt übertragenen Parzelle unterblieben war. Das konnte natürlich „den Eigentumsübergang auf den Erwerber", um den es sich dort handelte, nicht in Zweifel stellen und darum die aus seiner Eintragung sich ergebende Vermutung nicht entkräften. Hier handelt es sich aber umgekehrt darum, ob derjenige, der die von seinem bisherigen Grundstück abgeschriebene Parzelle aufgelassen hat, sich noch als deren Eigentümer gerieren und, nachdem infolge eines späteren Erwerbes die doppelt gebuchte Parzelle wieder auf sein Grundbuchblatt gelangt ist, die Vermutung des § 891 für sich geltend machen kann. Das ist ein ganz anderer Fall, in welchem der Widerspruch zwischen den beiden Grundbuchblättern klar am Tage liegt. Es erscheint daher die Begründung des Berufungsurteils im Punkte der Aktivlegitimation nicht haltbar.

Auf einem anderen Wege als der Berufungsrichter ist der erste Richter zur Annahme der Aktivlegitimation gekommen. Er meint, daß, weil zur Zeit der Auflassung an M. die Parzelle auf zwei Grundbuchblättern eingetragen stand, nämlich außer auf ihrem eigenen, durch Abschreibung von dem Rittergut D. gebildeten Blatt auch noch auf dem Grundbuchblatt des Ritterguts Str., als dessen Eigentümer Arthur B. eingetragen war, diese Auflassung und Eintragung des Eigentumsüberganges (sowie auch schon die Bildung des besonderen Grundbuchblattes) rechtlich bedeutungslos und nicht geeignet gewesen sei, dem M. das Eigentum der Parzelle zu verschaffen. Es sei also die Parzelle grundbuchmäßig Bestandteil des Ritterguts D. — Eigentümer Kläger — und des Ritterguts Str. — damaliger Eigentümer Arthur B. — geblieben. Durch die Vereinigung der beiden Rittergüter auf einem Grundbuchblatt sei der frühere Widerspruch des Grundbuches beseitigt, und ein einheitliches Grundstück grundbuchmäßig gebildet, dessen Bestandteil die streitige Parzelle sei, die als solcher im Eigentum des Klägers stehe. Es ist nicht klar, ob der erste

Richter hiermit das formelle (Buch-)Eigentum oder das nach materiellen Rechtsgrundsätzen erworbene (wahre) Eigentum meint. Nach beiden Richtungen aber ist der Satz falsch. Denn in ersterer Beziehung kann die Tatsache, daß zurzeit zwei Grundbuchblätter für die fragliche Parzelle vorhanden sind, nicht ignoriert, und nicht ein Zustand fingiert werden, der tatsächlich nicht vorhanden ist. Ebensowenig kann aber von dem Standpunkte des materiellen Rechts aus der Auflassung an M. und der demgemäß erfolgten Eintragung des Eigentumsüberganges jede Bedeutung abgesprochen werden. War damals der Kläger wahrer Eigentümer der Parzelle, so ist auch das Eigentum materiell auf M. übergegangen, und es hindert das Vorhandensein eines zweiten Grundbuchblattes für die Parzelle nur die Entstehung der Vermutung aus § 891 bis zur entsprechenden Berichtigung des Grundbuches. Wäre dagegen bei Abschreibung und Auflassung der Parzelle der Kläger nicht der wahre Eigentümer gewesen, hätte diese vielmehr damals als Bestandteil von Str. dem Arthur B. gehört, so würde freilich M. durch die Auflassung und Eintragung des Eigentumsüberganges das Eigentum nicht erworben haben, weil niemand mehr Rechte auf einen anderen übertragen kann, als er selber hat, und die Erwerbung auf Grund des guten Glaubens an die Richtigkeit des Grundbuches bei dem Vorhandensein zweier Grundbuchblätter für dasselbe Grundstück versagt; aber jene Voraussetzung, daß nämlich Arthur B. nach den Grundsätzen des materiellen Rechtes wahrer Eigentümer der Parzelle war, als er das Gut Str. an den Kläger aufließ, wäre eben, da damals bereits zwei Grundbuchblätter für die Parzelle bestanden, vom Kläger zu beweisen gewesen. Diesen Beweis hat Kläger weder geführt noch zu führen versucht.

Hiernach kann auch aus den Gründen des ersten Richters die vom Berufungsrichter unter Verletzung des § 891 B.G.B. getroffene Entscheidung nicht aufrecht erhalten werden; vielmehr mußte das Berufungsurteil aufgehoben, in der Sache selbst aber, da Kläger sein Eigentum an der streitigen Parzelle nicht dargetan hat, unter Abänderung des ersten Urteils auf Abweisung der Klage erkannt werden."

16. Wird die nach § 172 B.G.B. der besonderen Mitteilung einer Bevollmächtigung durch den Vollmachtgeber gleichstehende Vorlegung der Vollmachtsurkunde dadurch ersetzt, daß der vorgebliche Vertreter sich auf eine in seinen Händen befindliche Vollmachtsurkunde dem Dritten gegenüber beruft? Kommt es hierbei darauf an, ob der Dritte aus der Urkunde, wenn sie ihm vorgelegt worden wäre, eine Beschränkung der Vertretungsmacht nicht hätte ersehen können?

VI. Civilsenat. Urt. v. 26. November 1903 i. S. Gebr. H. (Kl.) w. Fürst Fugger (Bekl.). Rep. VI. 140/03.

I. Landgericht Augsburg.
II. Oberlandesgericht daselbst.

Der durch Dekret des Fürsten Fugger von Babenhausen vom 3. April 1897 zum Fürstlichen Rentamtmann in Babenhausen ernannte J. B. Dr. hatte von dem Fürstlichen Domanialdirektor Substitutionsvollmacht mittels notarieller Urkunde ausgestellt erhalten, wobei jedoch zwischen der Domanialkanzlei und Dr. schriftlich erklärt worden war, daß durch die Vollmacht eine Erweiterung der dienstlichen Zuständigkeit des Dr. nicht beabsichtigt sei, und an dem Gebote der Dienstvorschriften, in jedem Falle die höhere Genehmigung einzuholen, nichts geändert werde. Der Rentamtmann Dr. hat sich an den ihm anvertrauten und bei ihm eingehenden Geldern des Fürsten vergriffen und, um die veruntreuten Gelder teilweise zu ersetzen, sich mehrfach anderweit Mittel unter Mißbrauch seiner dienstlichen Stellung verschafft. So wandte er sich im November 1900 brieflich an die klägerische Firma unter dem Vorgeben, daß ein Bierabnehmer der Fürstlichen Brauerei ein Darlehn von 5000 ℳ bedürfe, wofür derzeit in der Rentamtskasse keine Mittel flüssig seien, und mit dem Ersuchen, gegen Empfangnahme eines beigefügten Schuldscheins über 5000 ℳ diese Summe leihweise an das Fürstliche Rentamt abzutreten. Der Schuldschein war im Namen des Rentamts von Dr. gefertigt mit dem Beisatz zur Unterschrift: „Generalbevollmächtigter Sr. Durchlaucht des Herrn Fürsten ꝛc laut Vollmacht des Königl. Notars Gr. in Augsburg G. R. Nr. 967 vom 1. Mai 1897". Die daraufhin von der Klägerin an das Rentamt übersandten 5000 ℳ verwendete Dr. zu dem erwähnten Zwecke.

Die Klägerin belangte den Beklagten auf Bezahlung von 5000 ℳ nebst Zinsen. Beide Instanzgerichte entschieden zugunsten des Beklagten. Auch die Revision der Klägerin ist zurückgewiesen worden.

Aus den Gründen:

„Die erhobene Klage ist in erster Linie auf die Behauptung gestützt, daß der Beklagte aus dem von seinem vormaligen Rentamtmann mit der Klägerin geschlossenen Darlehnsvertrag hafte, weil nach den gegebenen Umständen eine für den Beklagten verbindliche Bevollmächtigung des Dr. bestanden habe, in zweiter Linie darauf, daß die Beschädigung des Vermögens der Klägerin auf ein fahrlässiges Verhalten des Beklagten zurückzuführen sei — nach § 823, bzw. § 831 B.G.B. —; an letzter Stelle ist der Klagegrund der ungerechtfertigten Bereicherung geltend gemacht. Das Berufungsgericht hat, wie schon der erste Richter, diese sämtlichen Klagegründe verworfen. . . .

Anlangend den Besitz der Substitutionsvollmacht vom 1. Mai 1897 und die Art, wie Dr. von derselben Gebrauch gemacht hat, prüft der Berufungsrichter zunächst, welche Bedeutung dieser Substitutionsvollmacht überhaupt zukam. Durch das Begleitschreiben der Domanialkanzlei vom 1. Mai 1897, mit welchem jene Vollmacht dem Dr. zugesandt war, sei ihm gegenüber klar und deutlich zum Ausdruck gebracht worden, daß seine Befugnis zur Vertretung des Fürsten durch den Inhalt der Vollmacht in keiner Weise geändert, insbesondere nicht erweitert werde, daß er nach wie vor in gleicher Weise an die Dienstesvorschriften gebunden, und daß bei allen weitergehenden Amtshandlungen die besondere Genehmigung der vorgesetzten Stelle zu erholen sei. Die Übersendung der Vollmacht habe also lediglich die Bedeutung der Behändigung einer Legitimation gehabt, von welcher Dr. innerhalb seiner schon vorher gegebenen Zuständigkeit ohne weiteres, in allen übrigen Fällen aber nur nach jeweiliger besonderer Ermächtigung habe Gebrauch machen dürfen. Da nun Dr. als Rentamtmann und Betriebsleiter der Brauerei zur Darlehnsaufnahme nicht befugt gewesen sei, so könne auch aus der Tatsache, daß ihm die Substitutionsvollmacht zu seiner Legitimation behändigt worden, eine darauf bezügliche Berechtigung nicht abgeleitet werden. Dr. sei sich dessen nach seiner Antwort vom 3. Mai 1897 genau bewußt gewesen, habe also, indem er sich der Klägerin gegenüber unter Bezugnahme auf die Vollmachtsurkunde als Generalbevollmächtigter ausgab, betrügerisch gehandelt. Diese auf tatsächlicher Beurteilung fußenden Erwägungen sind insoweit auch rechtlich unbedenklich.

Hieran, führen die Urteilsgründe weiter aus, vermöge die Bezugnahme auf § 172 B.G.B. nichts zu ändern. Denn diese im Interesse der Verkehrssicherheit gegebene Vorschrift finde nur dann Anwendung, wenn der Vollmachtgeber dem Vertreter eine Vollmachtsurkunde ausgestellt habe, und wenn letzterer sie dem Dritten vorlege, was hier unbestritten nicht geschehen sei. Die Vorlage könne nicht, wie Klägerin meint, durch den tatsächlichen Besitz der Urkunde und durch die Bezugnahme auf diese in einem Schreiben des Vertreters ersetzt werden. Wenn der Dritte dem Vertreter vertraue, seinen Angaben, daß er zum Abschlusse eines bestimmten Rechtsgeschäfts ermächtigt sei, Glauben schenke und demgemäß auf der Vorlegung der Vollmachtsurkunde nicht bestehe, so tue er dies auf seine Gefahr. Das gelte für die Klägerin um so mehr, als es sich um die Aufnahme eines Darlehns gehandelt habe, und sie habe wissen müssen, daß auch nicht einmal eine Generalhandelsvollmacht, wie sie von Dr. angezogen worden sei, von dem Erfordernis der zur Darlehnsaufnahme benötigten Spezialvollmacht befreie. Hiergegen wird von der Revision, mit dem Vorwurf, das Berufungsgericht verkenne die Bedeutung des § 172 B.G.B., folgendes geltend gemacht. Es stehe fest, daß bei Abschluß des streitigen Geschäftes Dr. sich im Besitze einer vom Beklagten auf ihn ausgestellten und ausgehändigten Vollmachtsurkunde befunden habe, die ihn nach ihrem selbständigen Inhalte zu dem Geschäfte legitimiert hätte. Demgemäß habe Dr.'s Bezugnahme auf dieselbe der Klägerin gegenüber eine der Wahrheit entsprechende Mitteilung über den, seine Legitimation ausweisenden, urkundlichen Vollmachtsinhalt und Urkundenbesitz enthalten. Der gute Glaube der Klägerin daran hätte durch die körperliche Vorlegung der Vollmachtsurkunde in keiner Weise erschüttert, sondern nur bestärkt werden können. Mithin wäre die Vorlegung kein geeignetes Mittel gewesen, die Klägerin von der Darlehnsgewährung abzuhalten. Die Nichtvorlegung der Vollmacht sei sine effectu geblieben. Die Argumentation des Berufungsgerichts sei nur dann zutreffend, wenn der Dritte aus der Vollmachtsurkunde die Unwahrheit der von dem Vertreter behaupteten Vertretungsbefugnis hätte erkennen können, und soweit ihm die Vorlegung der

Vollmacht hierzu die Möglichkeit gewährt hätte. Vorliegend hätte die Klägerin aus der Vollmachtsurkunde niemals erkennen können, daß Dr. die Vertretungsbefugnis nicht erhalten hatte, die er sich beimaß. Die Gefahr, mit einem Nichtbefugten zu kontrahieren, wäre für die Klägerin dadurch, daß sie auf der Vorlegung bestanden hätte, also auch niemals beseitigt worden, sondern sie hätte fortbestanden, und zwar infolge des Umstandes, daß Beklagter nicht in der Vollmachtsurkunde, um deren Vorlegung es sich handelte, sondern neben derselben die in jener Urkunde erklärte Vertretungsmacht des Dr. beschränkt hatte. Die nachteiligen Folgen eines solchen unvorsichtigen Verfahrens habe nicht der Dritte, sondern der Vollmachtgeber zu tragen. Der § 172 B.G.B. enthalte nicht eine formelle Zwangsvorschrift. Jedenfalls sei nicht erfindlich, weshalb in einem Falle der vorliegenden Art die Vorlegung der Vollmachtsurkunde an den Dritten mit der Maßgabe erforderlich sein sollte, daß im Unterlassungsfalle der Vollmachtgeber an das auf Grund des Inhaltes der Vollmachtsurkunde vom Dritten mit dem Vertreter abgeschlossene Geschäft nicht gebunden wäre.

Diesen Ausführungen der Revision kann nicht beigepflichtet werden; vielmehr ist die Ansicht des Berufungsgerichts zu billigen.

Vor allem kommt der Wortlaut des Gesetzes in Betracht. Nach § 172 B.G.B. steht es der (in § 171 behandelten) besonderen Mitteilung einer Bevollmächtigung durch den Vollmachtgeber gleich, wenn dieser dem Vertreter eine Vollmachtsurkunde ausgehändigt hat, und der Vertreter sie dem Dritten vorlegt. Also ein Zweifaches ist hier verlangt: außer der Aushändigung der Vollmachtsurkunde von seiten des Vollmachtgebers an den Vertreter weiter noch die Vorlegung dieser Urkunde durch den Vertreter an den Dritten. „Vorlegen" bedeutet nach dem allgemeinen Sprachgebrauch und dem auch vom Gesetze regelmäßig damit verknüpften Sinne die Handlung, wodurch dem Anderen der Gegenstand tatsächlich zur Hand oder doch vor Augen gestellt, seiner sinnlichen Wahrnehmung unmittelbar zugänglich gemacht wird.

Vgl. z. B. §§ 809—811. § 409 B.G.B., §§ 420 flg. C.P.O.

Die bloße Erwähnung, Inbezugnahme einer Urkunde als einer in Händen des Erklärenden befindlichen ist keine Vorlegung. Auch der Zusammenhang und Gesetzeszweck der fraglichen Bestimmung lassen einen anderen Sinn nicht erkennen. Die Vollmachtserteilung ist ein Rechtsgeschäft des Vertretenen und erfolgt durch eine empfangsbedürftige Willenserklärung desselben. Diese Erklärung kann an den zu Bevollmächtigenden oder (wenn es sich um Vornahme von Rechtsgeschäften mit Dritten handelt) an den Dritten gerichtet werden (§§ 167. 170 B.G.B.). Dieselbe Rechtswirkung, wie der Vollmachtserteilung dem Dritten gegenüber, legt aber das Gesetz der Anzeige des Vertretenen an den Dritten von der dem Vertreter erteilten Vollmacht bei. Hat jemand durch besondere Mitteilung an einen Dritten oder durch öffentliche Bekanntmachung kundgegeben, daß er einen Anderen bevollmächtigt habe, so ist dieser auf Grund der Kundgebung im ersteren Falle dem Dritten gegenüber, im letzteren Falle jedem Dritten gegenüber zur Vertretung befugt (§ 171 B.G.B.). Der § 172 nun stellt einer besonderen Mitteilung an den Dritten den Fall gleich, wenn der Vollmachtgeber dem Vertreter eine Vollmachtsurkunde ausgehändigt hat, und der Vertreter sie dem Dritten vorlegt. Das Gesetz geht hierbei davon aus, die Aushändigung der Vollmachtsurkunde an den Vertreter sei zu dem Zwecke erfolgt, daß der Vertreter seine Vertretungsmacht dem Dritten gegenüber durch Vorlegung der Urkunde nachweisen könne; die Aushändigung der Urkunde an den Vertreter gilt präsumtiv als eine auf Mitteilung der (erteilten) Vollmacht an den Dritten gehende Willenserklärung des Vollmachtgebers, und die Mitteilung selbst geht diesfalls nach der positiven Gesetzesvorschrift dem Dritten zu mit Vorlegung der Urkunde durch den Vertreter, der hierbei lediglich als das Mittel der Kundgabe fungiert. Im Interesse der Rechtssicherheit ist dieser bestimmten Art der Mitteilung — Vorlegung der dem Vertreter ausgehändigten Urkunde durch diesen — die volle Wirkung der Vollmachtserteilung vom Gesetze beigelegt. Sie soll dem Dritten die Gewähr bieten, daß eine Bevollmächtigung nach Maßgabe der ihm vorgelegten Urkunde dem als Bevollmächtigten Auftretenden erteilt ist, und der Dritte soll darauf schlechthin vertrauen dürfen, daß die ihm vorgelegte Vollmachtsurkunde zu diesem Behufe dem Vertreter vom Vollmachtgeber ausgehändigt worden sei.

Vgl. Motive zu § 172 (§ 121 d. Entw.) S. 237. 238; Protokolle der II. Kommission S. 304 flg.; Mugdan, Materialien zum Bürgerlichen Gesetzbuche Bd. 1 S. 483. 743.

Wenn der Vertreter — oder vorgebliche Bevollmächtigte — dem Dritten die Vollmachtsurkunde nicht vorlegt, sich nur auf eine Vollmacht, die er in Händen habe, sei es auch unter Angabe des Inhaltes oder sonstiger Merkmale der Urkunde, mündlich oder schriftlich beruft, so gibt das dem Dritten keine, jedenfalls aber nicht die vom Gesetz an die Vorlegung geknüpfte Gewähr dafür, daß dem angeblichen Vertreter die Vollmachtsurkunde vom Vollmachtgeber mit dem Willen einer Kundgebung nach außen behändigt worden ist, und der Dritte handelt auf seine Gefahr, wenn er, auf die bloße Angabe des anderen vertrauend, sich mit demselben als einem Vertreter einläßt. Die positive Vorschrift des § 172, welche gerade nur die in der Form einer Vorlegung der Urkunde erfolgende Kundgebung mit besonderer Rechtswirkung bekleidet, läßt eine ausdehnende Anwendung keinenfalls dahin zu, daß dem gesetzlichen Erfordernisse genügt wäre, wenn die Vollmachtsurkunde zwar nicht vorgelegt, aber nach Beschaffenheit und Inhalt oder nach bestimmten Kennzeichen, wie im gegenwärtigen Falle durch Anführung der Geschäftsregisternummer des beurkundenden Notars, genauer bezeichnet worden ist.

Nun ist allerdings die Sicherung, welche dem Dritten vom Gesetze gewährt wird, der Gefahr gegenüber getroffen, daß dem als Vertreter Handelnden die vorgebliche Vollmacht in Wahrheit nicht erteilt wäre. Hiergegen schützt sich der Dritte, indem er sich die Vollmachtsurkunde vorlegen läßt. Daraus darf aber nicht, wie es die Revision will, gefolgert werden, daß die Voraussetzungen des § 172 B.G.B. erfüllt, oder auch, daß sie nicht erforderlich seien, falls tatsächlich eine Bevollmächtigung besteht, und die Vorlegung der Vollmachtsurkunde, wenn sie stattgefunden hätte, den Dritten im Vertrauen auf die Vertretungsmacht des Bevollmächtigten nur bestärkt oder doch ihn von dem Rechtsgeschäfte nicht abgehalten haben würde. Wenn freilich die Vertretungsmacht dem Bevollmächtigten ganz so, wie dieser dem Dritten angibt, übertragen worden war, so ist durch die dem Bevollmächtigten gegenüber vom Vollmachtgeber abgegebene Willenserklärung, also schon nach § 167 B.G.B., der Vertretene gebunden, und der Dritte gedeckt. Allein es ist, auch wenn dem äußeren Vorgange nach eine Vollmachtsurkunde ausgestellt und ausgehändigt wurde, immer möglich, daß in Wirklichkeit eine Bevollmächtigung nicht, bzw. noch nicht oder nicht in dem Umfange, wie die Urkunde lautet, erteilt war.

Der Aussteller kann die Urkunde dem anderen etwa mit dessen Einverständnis nur zum Schein oder zunächst nur zur Einsichtnahme, als Entwurf, übergeben haben; es können Beschränkungen der in der Urkunde zum Ausdrucke gebrachten Bevollmächtigung vereinbart sein; es ist denkbar, daß die Vollmacht widerrufen oder sonst erloschen ist. In diesen Fällen ist zwar die Bevollmächtigung so, wie sie die Urkunde ergibt, dem Dritten gegenüber vollwirksam, wofern diesem die Urkunde von dem Vertreter vorgelegt wurde, und nicht der Dritte den Mangel gekannt hat, bzw. das Erlöschen der Vertretungsmacht kennen mußte.

Vgl. § 173 B.G.B.; Planck, Bürgerliches Gesetzbuch zu § 172 Bem. 1 Abs. 2.

Ist aber eine Vorlegung an den Dritten unterblieben, so kann sich dieser in den angeführten Fällen nicht darauf berufen, daß ihm die Urkunde hätte vorgelegt werden können, und daß er alsdann aus der Urkunde doch nicht erkannt haben würde, die Vollmacht sei nicht oder nur unter Beschränkung erteilt. Ähnlich verhält es sich im vorliegenden Falle. Die dem Dr. ausgehändigte Substitutionsvollmacht brachte nicht für sich allein den wirklichen Inhalt der dem Dr. erteilten Vertretungsmacht zum Ausdrucke; vielmehr bestimmte sich der Umfang der Vollmacht einerseits durch das zugleich mit der Substitutionsvollmacht dem Dr. zugefertigte Begleitschreiben, andrerseits durch die darin in Bezug genommenen Dienstvorschriften und die jeweils vor dem Gebrauch der Substitutionsvollmacht einzuholende besondere Genehmigung. Hätte der Beklagte, wenn Dr. der Klägerin die Substitutionsvollmacht allein vorgelegt hätte, das Geschäft gelten lassen müssen, so hat derselbe doch nicht schon eine mißbräuchliche Berufung des Dr. auf jene Vollmacht zu vertreten. Übrigens ist es auch gar nicht so sicher, wie die Revision meint, daß durch die Vorlegung der Substitutionsvollmacht die Klägerin nicht vom Geschäft abgehalten, im Gegenteil in ihrem Vertrauen noch bestärkt worden wäre. In dem übersandten Schuldschein bezeichnete sich Dr. schlechtweg als „Generalbevollmächtigten" des Herrn Fürsten. Die Urkunde des Notars Gr. vom 1. Mai 1897 ergab nur eine von dem Domänenrat Sch. auf Dr. übertragene (Substitutions-)Vollmacht, wobei zwar auf die dem Sch. vom Fürsten am 21. Mai 1875 erteilte Vollmacht, welche in Abschrift dem Notar vorgelegen habe, und die darin enthaltene Substitutionsermächtigung Bezug genommen, im übrigen aber der Umfang der dem Sch. zustehenden, insgesamt auf Dr. übertragenen Befugnisse nicht näher angegeben oder umschrieben ist. Wenn nun auch vorausgesetzt werden durfte, daß der Domänenrat, wie es tatsächlich der Fall gewesen ist, ermächtigt sei, „Verträge aller Art" im Namen des Fürsten abzuschließen, so ist es doch nicht ausgeschlossen, daß den, wie das Berufungsgericht annimmt, mit den Einrichtungen der Fürstlich Fugger'schen Rentamtsverwaltung nicht unvertrauten Inhabern der Klagefirma angesichts dieser Substitutionsvollmacht Bedenken aufgestiegen wären, ob denn hierdurch allein der Rentamtmann Dr. auch zu einer Darlehnsaufnahme ermächtigt sei, und daß sie diesfalls zunächst weitere Erkundigungen angestellt hätten.

Der zum Beweis verstellten Behauptung der Klägerin endlich, Dr. habe vier Jahre lang die Substitutionsvollmacht nach außen gebraucht, ohne jemals der ihm auferlegten Beschränkungen zu erwähnen, hat der Berufungsrichter mit Recht Erheblichkeit nicht beigemessen."...

---

17. 1. Kann der Mangel eines vollstreckungsfähigen Schuldtitels von demjenigen, gegen welchen eine Zwangsvollstreckung stattgefunden hat, auch im Wege der Klage gemäß § 812 B.G.B. geltend gemacht werden?

2. Ist ein Zwangsvergleich gegen den Bürgen vollstreckbar, wenn er unter der Bedingung der Übernahme der selbstschuldnerischen Bürgschaft geschlossen und bestätigt worden ist, und sodann der Bürge die Bürgschaft übernommen hat?

B.G.B. § 812.
C.P.O. § 766.
K.O. § 194.

VII. Civilsenat. Urt. v. 27. November 1903 i. S. St. (Kl.) w. B. (Bekl.). Rep. VII. 312/03.

I. Landgericht Königsberg.
II. Oberlandesgericht daselbst.

Über das Vermögen des Schneidemühlenbesitzers R. wurde im Jahre 1900 der Konkurs eröffnet. Zu den Konkursgläubigern gehörte der Beklagte, dessen Forderung im Prüfungstermine festgestellt worden war. Der Gemeinschuldner machte einen Vorschlag zum Zwangsvergleiche dahin, daß er den nicht bevorrechtigten Konkursgläubigern unter Bürgschaft des Klägers 40 % bot. Im Vergleichstermin vom 12. März 1901 war der Kläger nicht erschienen. Die Gläubiger erklärten sich mit dem Vergleich einverstanden, wenn Kläger der Verhandlung beitrete und sich wegen der von ihm übernommenen Verpflichtungen hinsichtlich der nicht bevorrechtigten Forderungen der sofortigen Zwangsvollstreckung unterwerfe. Das Konkursgericht bestätigte den Vergleich unter dieser Bedingung. Der Beschluß wurde nicht angefochten. Unter dem 2. April 1901 erklärte der Kläger zu gerichtlichem Protokoll, daß er die selbstschuldnerische Bürgschaft für die Erfüllung des Zwangsvergleichs übernehme und sich wegen der hieraus entspringenden Verbindlichkeiten der sofortigen Zwangsvollstreckung unterwerfe. Auf Grund eines vollstreckbaren Auszuges aus der Tabelle, einer Ausfertigung des Zwangsvergleichs und der Erklärung vom 2. April 1901 wurden auf Betreiben des Beklagten vom Kläger 2601,39 ℳ im Wege der Zwangsvollstreckung eingezogen. Diesen Betrag mit Zinsen forderte der Kläger vom Beklagten zurück, weil es an einem zur Zwangsvollstreckung geeigneten Titel gefehlt habe. Seine Klage wurde von den Vorinstanzen abgewiesen. Auch die Revision ist zurückgewiesen worden aus folgenden

Gründen:

„1. Der Ausführung des Berufungsrichters, daß es sich um eine lediglich im Wege der Erinnerung und Beschwerde geltend zu machende Einwendung gegen die Art und Weise der Zwangsvollstreckung handle (§ 766 C.P.O.), und daß daher die Klage schon aus diesem Grunde unzulässig sei, kann nicht beigetreten werden. Der Kläger behauptet, daß die Zwangsvollstreckung gegen ihn ohne einen gehörigen Titel unternommen worden sei, da der Zwangsvergleich wegen der ihm beigefügten Bedingung als solcher nicht gelten könne. Er ficht also die ganze Grundlage der Zwangsvollstreckung an, deren erste Voraussetzung der Schuldtitel, als die vollstreckungsfähige, das Einschreiten der Vollstreckungsorgane rechtfertigende Urkunde, ist. Wäre die Behauptung des Klägers richtig, so würden alle Vollstreckungshandlungen unwirksam sein; das, was der Beklagte durch sie erlangt hat, würde er ohne rechtlichen Grund besitzen und zu dessen Herausgabe verpflichtet sein. Es steht also nicht sowohl eine Erinnerung in der

Vollstreckungsinstanz, als ein aus den Normen des bürgerlichen Rechts zu begründender und nach ihnen zu beurteilender Bereicherungsanspruch in Frage (§ 812 B.G.B.), der dem Kläger nicht dadurch entzogen sein kann, daß er es unterlassen hat, den Mangel des Schuldtitels im Vollstreckungsverfahren selbst zu rügen. Auf einen Fall wie den vorliegenden beziehen sich die von dem Berufungsrichter angezogenen Entscheidungen des Reichsgerichts nicht.

2. Der Berufungsrichter weist aber den Klaganspruch auch aus sachlichen Erwägungen zurück, und ihnen gegenüber versagen die Angriffe der Revision. Es ist der Meinung des Berufungsrichters zuzustimmen, daß sich aus der Art des Zustandekommens des Zwangsvergleichs Bedenken gegen seine Gültigkeit nicht erheben, und daß ein rechtskräftig bestätigter, auch gegen den Bürgen vollstreckbarer Zwangsvergleich im Sinne des § 194 K.O. gegeben ist. Mit Recht weist der Berufungsrichter darauf hin, daß schon der im Vergleichstermine vorgeschlagene und von den Gläubigern angenommene Akkord bedingt war, nämlich aufschiebend bedingt durch die Übernahme der selbstschuldnerischen Bürgschaft für die akkordmäßigen Verbindlichkeiten seitens des Klägers. Eine solche Bedingung, welche die Wirksamkeit des Zwangsvergleichs so lange hinausschiebt, bis sich ihm die Erklärung des Bürgen als Bestandteil hinzugefügt hat, ist in der Konkursordnung keineswegs für unzulässig erklärt, und es ist auch kein Grund ersichtlich, aus welchem die Gläubiger gehindert sein sollten, den Bestand des Vergleichs von dem Eintritt eines Bürgen abhängig zu machen. Freilich ist es nicht empfehlenswert, wenn das Konkursgericht den dergestalt bedingt angenommenen Zwangsvergleich ohne weiteres vor Erfüllung der Bedingung bestätigt. Das Ziel des Akkordes ist die Aufhebung des Konkursverfahrens (§ 190 K.O.), die — nach rechtskräftiger Bestätigung und nach Erledigung der vom Verwalter noch zu besorgenden Geschäfte (§§ 191. 86 K.O., vgl. Entsch. des R.G.'s in Civils. Bd. 27 S. 113) — vom Konkursgerichte zu beschließen ist. Dieses kann aber im Falle des unter der Bedingung einer Bürgschaft zustande gekommenen Zwangsvergleichs die Aufhebung nicht eher verfügen, als bis die Bürgschaft wirklich geleistet ist. Anderenfalls ist dem Verfahren Fortgang zu geben.

Vgl. Oetker in der Festschrift für Windscheid S. 64. 65.

Es tritt also bei der Bestätigung des bedingten Akkordes ein mißlicher

Schwebezustand ein, der vermieden wird, wenn bereits im Vergleichstermine Vorsorge dafür getroffen wird (etwa durch Setzung einer kurz bemessenen Frist), daß es sich entscheidet, ob die Bedingung erfüllt oder ausgefallen ist, und wenn das Gericht erst nach dem Eintritt der Bedingung den Vergleich bestätigt. Ist aber anders verfahren, und hat das Gericht den bedingten Zwangsvergleich als solchen bestätigt — wobei es rechtlich gleichgültig ist, ob der Bestätigungsbeschluß, wie vorliegend, die Bedingung wiederholt, oder ob er unbedingt ergeht —, so kann aus den möglicherweise für die Erledigung der Sache sich entwickelnden Schwierigkeiten kein Grund entnommen werden, der Rechtskraft jenes Beschlusses die Wirksamkeit zu versagen und das ganze Akkordverfahren für nichtig zu erklären. Sobald die Bedingung erfüllt ist, und der Bürge die entsprechende Erklärung abgegeben hat, sind alle Tatbestandsmerkmale eines gültigen Zwangsvergleichs gegeben: der Vorschlag des Gemeinschuldners, dessen Annahme durch die Gläubiger und die rechtskräftige Bestätigung des Gerichts. Man kann auch der Revision nicht zugeben, daß die Bürgschaft außerhalb des Akkordverfahrens liege, und daß der Kläger sie nicht in dem Vergleiche, wie es der § 194 K.O. voraussetze, übernommen habe; sie bildet einen Bestandteil des Zwangsvergleichs, der erst mit ihrer Übernahme perfekt geworden ist. Der Kläger ist Vergleichsbürge und darum nach dem Gesetze der Zwangsvollstreckung unterworfen.

Die Revision macht noch geltend, daß es in der Erklärung des Klägers zu gerichtlichem Protokolle vom 2. April 1901 an der nach § 794 Nr. 5 C.P.O. unerläßlichen Angabe einer bestimmten Geldsumme fehle. Dabei ist übersehen, daß den eigentlichen Vollstreckungstitel der Auszug aus der Tabelle über die festgestellte Forderung des Beklagten bildet, der kraft Gesetzes auch gegen den Bürgen wirkt. Um eine vollstreckbare Urkunde im Sinne des § 794 Nr. 5 C.P.O. handelt es sich nicht; die Unterwerfungsklausel, die in der Verhandlung vom 2. April 1901 enthalten ist, erscheint als ein entbehrlicher Zusatz." . . .

---

18. 1. Unter welchen Voraussetzungen haftet der gütergemeinschaftliche Ehemann, bzw. beim gesetzlichen ehelichen Güterstande das eingebrachte Gut aus einem die Ehefrau zu einer Leistung an einen anderen verurteilenden Erkenntnisse?

2. Zur Frage von der Rechtskraftwirkung des Urteils Dritten gegenüber, insbesondere des eine Ehefrau verurteilenden Erkenntnisses dem mit ihr in allgemeiner Gütergemeinschaft oder im gesetzlichen ehelichen Güterstande lebenden Ehemanne gegenüber.

3. Inwieweit genügt gemeinrechtlich zur Herstellung des Begriffes der Arglist das bloße Wissen, daß dem anderen möglicherweise ein Schaden entstehen kann?

VI. Civilsenat. Urt. v. 26. November 1903 i. S. H. (Bekl.) w. Volksbank (Kl.). Rep. VI. 102/03.

I. Landgericht Hamburg.
II. Oberlandesgericht daselbst.

Aus den Gründen:

„Die Ehefrau des Beklagten ist auf eine von der Klägerin am 26. Januar 1900 auf Grund des vor dem Jahre 1900 in Hamburg geltenden gemeinen Rechtes erhobene actio de dolo rechtskräftig verurteilt worden, derselben als Schadensersatz 4213,50 *M* nebst Zinsen... zu zahlen und die Kosten jenes Rechtsstreites zu tragen, weil sie im Jahre 1899 auf einen von Br. & J. auf den jetzigen Beklagten an eigene Order gezogenen und in blanco indossierten Wechsel ein Accept gesetzt und mit dem Namen ihres Ehemannes ohne dessen Ermächtigung unterzeichnet und dadurch der Klägerin als Erwerberin des Wechsels, da der jetzige Beklagte das Accept gelten zu lassen sich weigerte, einen Schaden in jener Höhe verursacht habe. Jetzt hat die Klägerin den Beklagten selbst unter Berufung auf jenes Urteil auf jene Beträge und noch dazu auf die ihr im Vorprozesse entstandenen Kosten in Höhe von 457,20 *M* in Anspruch genommen, weil er mit seiner Ehefrau in der allgemeinen Gütergemeinschaft des früheren hamburgischen Rechts, bzw. seit dem 1. Januar 1900 nach § 1 des hamburgischen Güterstands-Gesetzes vom 14. Juli 1899 in derjenigen des Bürgerlichen Gesetzbuchs gelebt habe, bzw. lebe und daher für ihre Delikts- und Prozeßkostenschulden hafte. Das Landgericht hat diese Klage abgewiesen, das Berufungsgericht dagegen ihr entsprochen. Daß der Beklagte und seine Ehefrau bis 1900 in der Gütergemeinschaft des hamburgischen Rechts lebten, ist außer Streit; daß demzufolge der Beklagte als Ehemann durch Delikte seiner Ehefrau persönlich mitverpflichtet wurde, steht für diese Instanz nach § 562 C.P.O. durch den Ausspruch des Oberlandesgerichts fest; ebenso auch, daß nach § 1 jenes hamburgischen Gesetzes seit dem 1. Januar 1900 die Normen des Bürgerlichen Gesetzbuchs über die allgemeine Gütergemeinschaft für diese Verhältnisse maßgebend sind. Da es nach diesen Normen, nämlich nach § 1460 Abs. 2 vgl. m. § 1459, nicht bezweifelt werden kann, daß der Beklagte für die Kosten des erst nach dem 1. Januar 1900 von seiner Frau geführten Vorprozesses jedenfalls haftet, so hat er insoweit... das vorige Urteil nicht angefochten. Im übrigen nehmen beide Vorinstanzen übereinstimmend an, daß die Rechtskraft des Urteils des Vorprozesses dem jetzigen Beklagten gegenüber nicht in Betracht komme, und prüfen daher von neuem, ob der Schadensersatzanspruch gegen die Frau H. auf Grund arglistigen Handelns begründet sei; aber während das Landgericht in dieser Hinsicht jetzt zur Verneinung gelangt ist, hat das Oberlandesgericht auch in diesem Prozesse wieder den fraglichen Anspruch für begründet erachtet.

Es könnte nun zunächst in Frage kommen, ob nicht in der Beurteilung der Rechtswirkungen des Vorprozesses die beiden Vorinstanzen geirrt haben, und ob nicht aus diesem Grunde die angefochtene Entscheidung jedenfalls aufrecht zu halten sei. Wenn die vorderen Richter die Rechtskraftwirkung der Feststellungen des Vorprozesses gegenüber dem jetzigen Beklagten leugnen, so ist das freilich unzweifelhaft richtig, insoweit damit die einzelnen tatsächlichen Feststellungen gemeint sein sollten; denn diese konnten ja nach § 322 C.P.O. überhaupt keine Rechtskraft erlangen, auch nicht der Ehefrau H. selbst gegenüber. Handelt es sich aber um die Wirkung der Hauptentscheidung als solcher, so könnte immerhin noch gefragt werden, ob diese nicht auch dem Ehemanne gegenüber Rechtskraft erlange. Diese Frage kann nicht, wie das Landgericht gemeint hat, durch einen Hinweis auf § 740 C.P.O. erledigt werden, wonach zur Zwangsvollstreckung in das Gesamtgut ein gegen den Ehemann ergangenes Urteil erforderlich ist. Die Zwangsvollstreckung steht hier ja noch nicht in Frage, sondern nur die Rechtskraft und etwa die obligierende Wirkung einer Verurteilung. Die §§ 325—327 C.P.O. wollen keineswegs eine erschöpfende Aufzählung der Fälle der Rechtskraftwirkung gegenüber Dritten geben.

Vgl. Gaupp-Stein, C.P.O. (Aufl. 4) Bd. 1, Bem. I und VI zu

§ 325, S. 731 u. S. 735 flg.; Seuffert, C.P.O. (Aufl. 8) Bd. 1, Bem. 1, a u. 4, b zu § 325, S. 503 flg. u. S. 508; Planck, B.G.B. Bd. 1 (Aufl. 3), Vorbem. IV 5, f., S. 46 flg.; Mendelssohn-Bartholdy, Grenzen der Rechtskraft S. 437.

Der technische Ausdruck unserer Gesetzgebung für solche Fälle sind die Wörter „wirken", „wirksam", „unwirksam" (für und gegen einen Dritten, einem Dritten gegenüber), in Beziehung auf das Urteil gebraucht; so in der Civilprozeßordnung z. B. §§ 325—327. § 629 Abs. 1. § 643. § 856 Abs. 4. Im Bürgerlichen Gesetzbuch findet sich nun zwar für das Verhältnis der in allgemeiner Gütergemeinschaft lebenden Eheleute keine ausdrückliche erschöpfende Regelung der Frage dieser Rechtskraftwirkung, und da sie nach § 1459 in der Regel für die Verbindlichkeiten der Frau als Gesamtschuldner haften, so würde zunächst maßgebend sein der § 425, wonach die Wirkung des in Sachen des einen Gesamtschuldners ergangenen rechtskräftigen Urteils sich nicht auf den anderen erstreckt. Es ist jedoch noch heranzuziehen die Analogie der entsprechenden Bestimmungen über die Wirkung des rechtskräftigen Urteils in Ansehung des eingebrachten Gutes bei dem gesetzlichen Güterstande, dem der Verwaltungsgemeinschaft. Hierüber ist in § 1400 Abs. 1 bestimmt, daß das Urteil eines von der Frau ohne Zustimmung des Mannes geführten Rechtsstreites dem Manne gegenüber in Ansehung des eingebrachten Gutes unwirksam ist, woraus sich zugleich die Wirksamkeit des in einem mit Zustimmung desselben geführten Prozesse ergangenen ergibt. In § 1407 folgen dann Ausnahmsfälle, in denen die Frau nicht der Zustimmung des Mannes zur Prozeßführung bedarf, von welchen hier hervorzuheben ist der unter Nr. 1 aufgeführte Fall der Fortsetzung eines zur Zeit der Eheschließung anhängigen Rechtsstreites. Wenn Reincke (C.P.O. [5. Aufl.] Bem. II, 2a zu § 52 S. 59) der Meinung zu sein scheint, daß der § 1400 Abs. 1 sich auf Passivprozesse, auf die er allerdings weniger gut zu passen scheint, überhaupt nicht beziehe, so würde dem keinenfalls beigestimmt werden können, wie es auch sonst von keinem Schriftsteller angenommen wird.

Vgl. z. B. Seuffert, a. a. O. Bd. 1, Bem. 7, I, a zu §§ 51. 52 S. 79, und Hellwig, Anspruch und Klagerecht S. 326 u. 327.

Wenn es nun für die allgemeine Gütergemeinschaft in § 1454 B.G.B. heißt: „Zur Fortsetzung eines bei dem Eintritte der Gütergemeinschaft anhängigen Rechtsstreits bedarf die Frau nicht der Zustimmung des Mannes", so ist damit eine dem § 1407 Nr. 1 entsprechende Ausnahmebestimmung gegeben, und dies nötigt zu dem Schlusse, daß bei der allgemeinen Gütergemeinschaft auch die Regel die in dem § 1400 Abs. 1 entsprechende ist, obgleich das Bürgerliche Gesetzbuch dies auszusprechen unterlassen hat. Das Ergebnis ist also, daß der von einer Ehefrau mit Zustimmung des Mannes geführte Passivprozeß ein auch dem Manne gegenüber rechtskräftiges Urteil herbeiführt, der ohne solche Zustimmung geführte nicht.

So auch Hellwig, Anspruch und Klagerecht S. 307 flg. 316. 327. 341 flg., und Wesen und Rechtskraft S. 58 flg. 511 flg.

Da nun im vorliegenden Falle eine Behauptung, daß der Beklagte dem von seiner Ehefrau geführten Vorprozesse zugestimmt habe, nicht aufgestellt worden ist, so konnte allerdings die Rechtskraft des in demselben ergangenen Urteils gegen ihn nicht mit Erfolg angerufen werden. Begrifflich verschieden von der Rechtskraft ist nun freilich noch die obligierende Wirkung einer zu einer Leistung verurteilenden Entscheidung, und wenn z. B. Seuffert (a. a. O. Bd. 2, Bem. 4 zu § 740 S. 354) sagt: „Ein die Frau verurteilendes Urteil wirkt insofern gegen den Mann, als dieser nicht mehr das Bestehen der Schuld der Frau, sondern nur seine Haftung bestreiten kann", ohne daß dabei der Zustimmung des Mannes zur Prozeßführung gedacht wäre, so scheint dem die Auffassung zugrunde zu liegen, daß die Frau jedenfalls aus dem sie verurteilenden Urteile Schuldnerin sei, und der Mann diese Tatsache ohne weiteres gegen sich gelten lassen müsse und dafür, soweit die allgemeinen Vorschriften der §§ 1459—1462 B.G.B. dies mit sich bringen, hafte. Solcher Auffassung würde jedoch nicht beigetreten werden können; denn ihr würde die oben aus dem Zusammenhange der hier einschlagenden Bestimmungen des Bürgerlichen Gesetzbuchs gewonnene Rechtsnorm, daß das in einem von der Frau ohne Zustimmung des Mannes geführten Prozesse ergangene Urteil ihm gegenüber unwirksam sei, entgegenstehen, da doch praktisch eine sehr bedeutende Wirkung des Urteils gegen den Mann stattfinden würde, wenn er ohne weiteres für die Urteilsschuld der Frau als solche haftbar gemacht werden könnte. Das Wort „unwirksam" muß eben in § 1400 Abs. 1 B.G.B. nicht bloß auf die Rechtskraft, sondern auch auf die obligierende Wirkung des Urteils bezogen werden.

War demnach die angefochtene Entscheidung auf Grund der dem rechtskräftigen Urteile des Vorprozesses beizumessenden Rechtswirkung nicht aufrecht zu halten, so kam es auf die vom Berufungsgerichte für dieselbe angeführten Gründe an; diese aber erwiesen sich nicht als haltbar. ... Als nicht unberechtigt stellten die Revisionsangriffe sich in den folgenden Punkten dar. In materieller Beziehung scheint das Oberlandesgericht ... dem Begriffe der arglistigen Schädigung grundsätzlich eine gar zu weite Ausdehnung gegeben zu haben, indem es jedes Bewußtsein von einer Schädigung eines anderen als einer möglichen Folge des eigenen Verhaltens, auch wo diese Möglichkeit nur als eine sehr entfernte, die sich aller Wahrscheinlichkeit zufolge kaum verwirklichen werde, vorgestellt wird, schon als eine Arglist angesehen wissen will. Zwar soll durchaus an dem öfters vom Reichsgerichte ausgesprochenen Satze festgehalten werden, daß ein eigens auf die Schädigung des anderen gerichteter Wille zum Begriffe des Dolus nicht erfordert wird, sondern daß es genügt, wenn der Handelnde weiß, welche für einen anderen nachteiligen Folgen sich aus seinem Verhalten ergeben können, und wenn er trotzdem in einer sittlich nicht zu rechtfertigenden Weise bei diesem Verhalten beharrt; aber diejenigen Fälle müssen doch ausgeschieden bleiben, wo dem Handelnden der Eintritt jener Folgen als überwiegend unwahrscheinlich erscheint. Der erkennende Senat setzt sich hierdurch nicht in Widerspruch mit der von ihm am 24. Januar 1901 im Vorprozesse, also in Sachen H. Ehefr. w. Volksbank (Rep. VI. 409/00), abgegebenen Entscheidung; denn dort war nach der Lage der Sache kein Anlaß, die soeben als nötig bezeichnete Einschränkung besonders hervorzuheben, während jetzt doch selbst nach der tatsächlichen Auffassung des Oberlandesgerichts die Sachlage in einem wesentlich anderen Licht erscheint. Der Beklagte hat auch mit Recht darauf hingewiesen, daß früher schon das Reichsgericht Fälle, wo es sich um das Bewußtsein von ganz entfernter Möglichkeit einer Schädigung handelte, ausgeschieden hat; wenigstens ist das für die völlig entsprechend liegende Frage wegen der absichtlichen Benachteiligung der Gläubiger in der vom Beklagten angeführten Entscheidung (Entsch. des R.G.'s in Civils. Bd. 11 S. 175 flg.) geschehen.

Zunächst aus diesem Grunde mußte also das vorige Urteil aufgehoben werden; eine Entscheidung in der Sache selbst war aber schon deshalb noch nicht möglich, weil es noch erst der tatsächlichen Feststellung bedurfte, ob die Ehefrau H. sich die Möglichkeit einer Schädigung der Klägerin als eine so nahe liegende vorgestellt habe, daß man diese Vorstellung einem Wissen von der bevorstehenden Schädigung gleich achten dürfe. Zu dem gleichen Ergebnisse, der Aufhebung und Zurückverweisung, führten aber auch noch zwei vom Beklagten gerügte prozessuale Verstöße." ... (Die weiteren Ausführungen interessieren hier nicht.)

---

19. Auf welchem Wege ist die Wahrheit über eine von einem ausgebliebenen Zeugen vorgebrachte Entschuldigung zu ermitteln? Kann von ihm z. B. die Beibringung eines Physikatsattestes verlangt werden?

VI. Civilsenat. Beschl. v. 30. November 1903 in der Beschwerdes. des B., zur S. W. (Kl. u. Widerbekl.) w. W. Ehefr. (Bekl. u. Widerkl.). Beschw.-Rep. VI. 308/03.

I. Oberlandesgericht Hamburg.

Gründe:

„Der Beschwerdeführer, der in Berlin wohnt, war zum 25. März 1903 gemäß eines Beschlusses des hanseatischen Oberlandesgerichts geladen worden, vor demselben in Hamburg als Zeuge zu erscheinen, war aber ausgeblieben und hatte sich unter Einsendung eines angeblich von Dr. M. L. in Berlin ausgestellten ärztlichen Attestes mit Krankheit entschuldigt. Dann wurde er wiederum zum 4. November 1903 geladen, blieb aber auch in diesem Termine aus, indem er zu seiner Entschuldigung wieder ein angeblich von dem Arzte Dr. M. L. zu Berlin am 3. November 1903 ausgestelltes Attest einsandte, in welchem gesagt ist, daß B. wegen subchronischer Gelenkentzündung in der ständigen ärztlichen Behandlung des Ausstellers sich befinde, und ihm mit Rücksicht auf den herbstlichen Witterungswechsel und den zeitweise sich erheblich verschlimmernden Gelenkbefund dringend Schonung empfohlen sei, und daß er sich der ärztlichen Behandlung zeitweise nicht entziehen könne und körperliche Anstrengungen und lange anhaltendes Sitzen vermeiden müsse. Das Berufungsgericht erklärte durch Beschluß vom 4. November 1903 den behaupteten Entschuldigungsgrund für nicht genügend glaubhaft gemacht und forderte den Zeugen auf, zur Vermeidung seiner Bestrafung wegen unentschuldigten Ausbleibens innerhalb einer Woche das Attest eines Berliner Physikus über seinen Gesundheitszustand einzureichen, aus welchem zu ersehen sei, in welchem Maße eine Verhinderung am Erscheinen im Termine bestanden habe. Der Zeuge richtete darauf an das Oberlandesgericht die briefliche Anfrage, auf wessen Kosten das Physikatsgutachten eingeholt werden solle, da er die betreffenden Kosten aus seinen Mitteln nicht erlegen könne, und ihm wurde von seiten des Vorsitzenden geantwortet, daß diese Kosten von ihm, dem Zeugen, zu tragen seien. Der Zeuge schrieb zurück, daß es ihm unmöglich sei, diese Kosten aufzuwenden, ohne seiner Familie dadurch erhebliche Entbehrungen zu verursachen. Darauf ist der jetzt angefochtene Beschluß des Oberlandesgerichts ergangen, durch welchen der Zeuge wegen Nichterscheinens im Termine zu einer Geldstrafe von 100 ℳ, eventuell zu einer Haftstrafe von 14 Tagen, sowie in die durch sein Ausbleiben verursachten Kosten verurteilt worden ist.

Die hiergegen erhobene Beschwerde erscheint als begründet. Zwar ist das Reichsgericht nicht der Meinung, daß das Oberlandesgericht sich durch das beigebrachte Attest von der Entschuldbarkeit des Ausbleibens des Zeugen hätte überzeugen lassen müssen; aber wenn das Oberlandesgericht diese Überzeugung nicht zu gewinnen vermochte, so war es darum noch nicht berechtigt, von dem Zeugen die Vorlegung eines auf dessen eigene Kosten zu erlangenden Physikatsattestes zu fordern. Freilich ist auch gegen den Versuch, auf diesem Wege eine Aufklärung zugunsten des Zeugen herbeizuführen, nichts zu erinnern; aber wenn der Zeuge ein Attest wie das verlangte innerhalb der ihm gesetzten Frist nicht einlieferte, so blieb schließlich dem Oberlandesgericht nichts weiter übrig, als von Amts wegen die Wahrheit zu ermitteln. Es konnte insbesondere das Amtsgericht zu Berlin ersuchen, die dafür erheblichen Feststellungen durch einen Physikus bewirken zu lassen, und wenn der Zeuge etwa seine Mitwirkung dabei verweigert hätte, so wäre es dann ein nahe liegender Schluß gewesen, daß seine Entschuldigung der Begründung entbehre. Daß, wenn auf irgendeinem Wege schließlich dieses Ergebnis sich herausgestellt hätte, die amtlich aufgewendeten Kosten zu den von dem Zeugen nach § 380

Abs. 1 C.P.O. zu ersetzenden Kosten gehört haben würden, versteht sich von selbst. Das Gesetz weiß aber nichts davon (vgl. § 381 Abs. 1 a. a. O.), daß der Zeuge verpflichtet wäre, seinerseits Kosten auszulegen, um seine Entschuldigung glaubhaft zu machen; wobei seine Vermögenslage übrigens ganz gleichgültig ist. Es ist hierzu auf die in den Entsch. des R.G.'s in Civils. Bd. 54 S. 430flg. abgedruckte Entscheidung zu verweisen, wo auch schon hervorgehoben ist, daß es mindestens zweifelhaft ist, ob ein Zeuge Auslagen der hier fraglichen Art eventuell vom Staate ersetzt verlangen kann, sowie daß für die Ermittelung der Wahrheit in solchen Fällen die Analogie eines eigentlichen Strafverfahrens maßgebend sein muß."...

---

20. Ist beim Werkvertrage die Geltendmachung des Rechts des Bestellers, wegen eines vom Unternehmer zu vertretenden Mangels des Werkes Schadensersatz wegen Nichterfüllung zu verlangen, gleich dem Wandelungs- und Minderungsanspruche der Regel nach von der für diese Ansprüche in § 634 Abs. 1 B.G.B. bestimmten Voraussetzung abhängig?

VII. Civilsenat. Urt. v. 2. Oktober 1903 i. S. F. (Bekl.) w. St. (Kl.). Rep. VII. 207/03.

I. Landgericht Breslau.
II. Oberlandesgericht daselbst.

Der Kläger hatte auf Bestellung des Beklagten die Anfertigung von Fahrradrahmen aus Teilen, die, abgesehen von den Rohren, der Beklagte ihm zu liefern hatte, übernommen. Von den vom Kläger angefertigten und an den Beklagten gelieferten Rahmen litt eine Anzahl an dem Mangel schlechter, unzureichender Lötung. Den deswegen von dem Beklagten erhobenen Schadensersatzanspruch wegen Nichterfüllung wies der Berufungsrichter zurück. Diesen Standpunkt hat das Reichsgericht gebilligt aus folgenden

Gründen:

..."Dieser (nämlich der vom Berufungsrichter aufgestellte Grundsatz) geht dahin: da es sich hier um einen Schadensersatzanspruch wegen Nichterfüllung handle, der nach § 635 B.G.B. an die Stelle des Anspruchs auf Wandelung oder Lohnminderung trete, so habe er auch dieselbe Voraussetzung wie diese Ansprüche, nämlich das Setzen einer angemessenen Frist mit der Erklärung, daß der Besteller die Beseitigung des Mangels nach dem Ablaufe der Frist ablehne (§ 634 Abs. 1 B.G.B.). Dieses Erfordernis für den erhobenen Schadensersatzanspruch habe — so führt der Berufungsrichter weiter aus — der Beklagte nicht erfüllt; auch liege keiner der in § 634 Abs. 2 B.G.B. gedachten Ausnahmefälle hier vor. Die Revision bekämpft den vorbezeichneten, vom Berufungsrichter angenommenen Grundsatz als rechtsirrtümlich, jedoch mit Unrecht. Die §§ 633 bis 635 betreffen die Rechte, welche dem Besteller zustehen, wenn das Werk einen Mangel hat. Der § 633 bestimmt, daß der Besteller Beseitigung des Mangels verlangen kann. Der § 634 gibt ihm wahlweise das Recht der Wandelung oder Lohnminderung, § 635 ferner wahlweise das Recht, Schadensersatz wegen Nichterfüllung zu begehren. Der Unterschied zwischen dem Inhalt der §§ 634 und 635 besteht darin, daß dem Besteller das Recht auf Wandelung oder Lohnminderung auch dann zusteht, wenn der Unternehmer den Umstand, auf welchem der Mangel beruht, nicht zu vertreten hat, während er Schadensersatz wegen Nichterfüllung nur dann verlangen kann, wenn der Unternehmer jenen Umstand zu vertreten hat. Dagegen ist allen drei Ansprüchen auf Lohnminderung, Wandelung oder Schadensersatz wegen Nichterfüllung die Voraussetzung gemeinsam, daß sie, abgesehen von den in § 634 Abs. 2 vorgesehenen Ausnahmen, erst dann geltend gemacht werden können, wenn vorher der Besteller den Unternehmer mit der Erklärung, daß er nach Ablauf der Frist die Beseitigung des Mangels ablehnen werde, aufgefordert hat, binnen bestimmter Frist den Mangel zu beseitigen, und diese Aufforderung fruchtlos geblieben ist. Das Gesetz will, daß der Regel nach in erster Reihe dem Besteller nur das Recht auf Beseitigung des Mangels zustehen soll, und daß erst, wenn er dieses Recht in der im § 634 vorgesehenen Weise vergeblich auszuüben versucht hat, er zur Geltendmachung der anderen, in zweiter Reihe stehenden Rechte soll greifen dürfen. Daß dies im besonderen auch für den Anspruch auf Schadensersatz wegen Nichterfüllung gilt, ergibt ohne weiteres sowohl der Wortlaut des § 635 als sein enger, unmittelbarer Zusammenhang mit § 634 B.G.B., der im ersten Entwurf des Bürgerlichen Gesetzbuchs dadurch noch schärfer hervortrat, daß beide Bestimmungen in einem Paragraphen (§ 569) vereinigt waren. Überdies schließen die Motive zu §§ 633 flg.,

Motive zum Bürgerlichen Gesetzbuch Bd. 2 S. 478 flg., insbesondere S. 481,

jeden Zweifel hieran aus. Daß die Bestimmung des ersten Entwurfes, wonach dem Besteller der Anspruch auf Schadensersatz wegen Nichterfüllung neben dem Anspruch auf Rücktritt oder Lohnminderung gegeben war, im zweiten Entwurf in die zum Gesetz gewordene Bestimmung umgeändert worden ist, daß der Besteller jenes Recht wahlweise statt der Rechte der Wandelung oder Lohnminderung hat, beruht, wie der Inhalt der Protokolle über die Beratungen der zweiten Kommission mit Sicherheit erkennen läßt,

vgl. Protokolle (amtl. Ausgabe) Bd. 2 S. 311,

nicht auf einer geänderten Stellungnahme der zweiten Kommission hinsichtlich der oben dargestellten grundsätzlichen Gestaltung der Rechte des Bestellers. Es herrscht denn auch über diese Auffassung in der Literatur fast allgemeine Übereinstimmung.

Vgl. u. a. Planck, Bürgerliches Gesetzbuch Bd. 2 S. 371 Bem. 3 zu § 633; Staudinger, Bürgerliches Gesetzbuch Bem. 3 a. E. zu § 635; Goldmann u. Lilienthal, Bürgerliches Gesetzbuch Bd. 1 S. 645; Cosack, Lehrbuch des Deutschen bürgerlichen Rechts 2. Aufl. Bd. 1 S. 537; Endemann, Lehrbuch des Bürgerlichen Rechts (9. Aufl.) Bd. 1 S. 1110 Nr. 4; Riezler, Der Werkvertrag S. 121. Anderer Ansicht anscheinend Neumann, Bürgerliches Gesetzbuch 3. Aufl. Note 1 zu § 634."...

---

21. Bedarf der über das Rohrnutzungsrecht an einem See abgeschlossene Pachtvertrag der schriftlichen Form?

VII. Civilsenat. Urt. v. 30. Oktober 1903 i. S. B. (Kl.) w. preuß. Domänenfiskus (Bekl.). Rep. VII. 238/03.

I. Landgericht Kiel.
II. Oberlandesgericht daselbst.

Der Kläger hatte die Jagd-, Fischerei- und Reth-(Rohr-)nutzung in und auf einem fiskalischen See gepachtet. Bei dem zwischen den Parteien ausgebrochenen Streit darüber, ob nach Inhalt des Pachtvertrages dem Kläger der ganze See oder nur ein Teil verpachtet sei, wurde auch die in der Überschrift formulierte Frage berührt, welche von dem Reichsgericht bejaht ist aus folgenden

Gründen:

„Der erkennende Senat hat allerdings ausgesprochen, daß der Jagdpachtvertrag zu seiner Gültigkeit nicht der in den §§ 581 Abs. 2 und 566 B.G.B. vorgeschriebenen schriftlichen Beurkundung bedürfe (Entsch. des R.G.'s in Civils. Bd. 51 S. 279). Allein es ist schon zweifelhaft, ob dieser Ausspruch auch auf den Fischereipachtvertrag auszudehnen ist. Es kann die Entscheidung hierüber indes dahingestellt bleiben; denn jedenfalls ist nach der Ansicht des erkennenden Senats bei der Pachtung des Rohrnutzungsrechtes nicht ein besonderes Recht der Rohrnutzung, sondern insoweit das Seegrundstück selbst als der Gegenstand der Pachtung anzusehen. Danach bedurfte der Pachtvertrag gemäß der §§ 581 Abs. 2 und 566 B.G.B. der schriftlichen Form, und zwar nicht nur in Ansehung des Rohrnutzungsrechtes, sondern nach seinem ganzen Juhalt, da es sich hier um einen einheitlichen Vertrag handelt, aus welchem das Rohrnutzungsrecht nicht selbständig losgelöst werden kann."...

---

22. **Kann der Staat für einen Schaden, der einem Gläubiger dadurch entstanden ist, daß der mit der Zwangsvollstreckung von ihm beauftragte Gerichtsvollzieher bei Vollziehung der Zwangsvollstreckung in Empfang genommene Gelder unterschlagen hat, unter dem Gesichtspunkte haftbar gemacht werden, daß der Schaden in Ausübung der dem Gerichtsvollzieher anvertrauten öffentlichen Gewalt zugefügt sei?**

VI. Civilsenat. Urt. v. 29. Oktober 1903 i. S. Fiskus von Elsaß-Lothringen (Bekl.) w. Gebr. D. (Kl.). Rep. VI. 105/03.

I. Landgericht Straßburg.
II. Oberlandesgericht Colmar.

Der Gerichtsvollzieher K. in T. hatte einen Geldbetrag von 113 *M*, den er aus Anlaß einer Pfändung, die er im Auftrage der

Klägerin auf Grund eines Urteils des Amtsgerichts T. vom 5. Juni 1901 gegen den Handelsmann B. W. in W. vollzog, von diesem erhalten hatte, an die Klägerin nicht abgeliefert, sondern sich rechtswidrig zugeeignet.

Das Konkursverfahren über das Vermögen des K. führte nicht zu einer Befriedigung der Klägerin, ebensowenig die Inanspruchnahme seiner Kaution. Die Klägerin nahm daher auf Grund der Bestimmung des § 40 Abs. 1 des Gesetzes, betr. die Ausführung des Bürgerlichen Gesetzbuchs in Elsaß-Lothringen, vom 17. April 1899 für den eingetretenen Schaden den Landesfiskus in Anspruch und erhob demgemäß Klage gegen diesen mit dem Antrage auf seine Verurteilung zur Bezahlung von 113 ℳ nebst Zinsen. Durch Urteil des Landgerichts wurde die Klage abgewiesen. Das Landgericht erkannte zwar an, daß der Gerichtsvollzieher das ihm vom Schuldner für den Gläubiger bei der Ausführung der Pfändung vom Schuldner übergebene Geld in Ausübung seiner amtlichen Stellung als Gerichtsvollzieher empfangen und also auch unterschlagen habe, sowie auch, daß der Gerichtsvollzieher die Zwangsvollstreckung gegen den Schuldner, wenn auch als Beauftragter des Gläubigers, doch in Ausübung der ihm anvertrauten öffentlichen Gewalt vornehmen dürfe. Der Schaden, den der Gerichtsvollzieher durch die Unterschlagung des empfangenen Geldes dem Gläubiger zufüge, sei aber nicht als ein Schaden anzusehen, den der Gerichtsvollzieher in Ausübung der ihm anvertrauten öffentlichen Gewalt im Sinne des Art. 77 Einf.-Ges., bzw. des § 40 Ausf.-Ges. zum B.G.B. zugefügt habe. Die Ausübung der öffentlichen Gewalt bei der Zwangsvollstreckung richte sich gegen den Schuldner und etwaige dritte Personen, nicht aber gegen den Gläubiger, in dessen Auftrage der Gerichtsvollzieher tätig werde. Diesem gegenüber komme bei Ausführung der Zwangsvollstreckung lediglich die rechtliche Stellung als sein Beauftragter in Frage.

Auf die Berufung der Klägerin wurde jedoch das Urteil des Landgerichts aufgehoben, und der Beklagte verurteilt, der Klägerin 113 ℳ nebst Zinsen zu bezahlen. Die Revision des Beklagten ist zurückgewiesen worden aus folgenden

Gründen:

. . . „Das Berufungsgericht geht im Anschlusse an den Beschluß der vereinigten Civilsenate vom 10. Juni 1886,

Entsch. des R.G.'s in Civils. Bd. 16 S. 396, davon aus, daß der Gerichtsvollzieher im Zwangsvollstreckungsverfahren dem Schuldner gegenüber lediglich ein mit der Ausübung staatlichen Zwangsrechtes betrauter Beamter sei, dagegen zwischen dem den Gerichtsvollzieher beauftragenden Gläubiger und jenem ein Vertragsverhältnis bestehe, das nach den Bestimmungen des Bürgerlichen Gesetzbuchs sich als Dienstmiete darstelle. Der Gerichtsvollzieher erscheine dabei in seinen Geschäftsbesorgungen als der Vertreter des Gläubigers, auf den die Vorschriften des § 164 B.G.B. Anwendung fänden. Die an den Gerichtsvollzieher K. gezahlten 113 ℳ seien nach dem Grundsatze des § 164 B.G.B., wonach alle Willenserklärungen des Vertreters unmittelbar für den Vertreter wirkten, nicht in das Eigentum des Gerichtsvollziehers, sondern direkt in das Eigentum der Klägerin übergegangen. Die Haftung des Staates aus § 40 Ausf.-Ges. zum B.G.B. beziehe sich nur auf diejenigen Schäden, für welche der Beamte deliktisch hafte. Der Gerichtsvollzieher, der zwangsweise beigetriebenes Geld unterschlage, hafte dem Gläubiger unzweifelhaft aus dem Dienstvertrage. Neben der obligatorischen Haftung aus den §§ 667 und 675 B.G.G. finde aber eine deliktische Haftung jedenfalls da statt, wo ein absolutes Recht verletzt worden sei. Ein solches absolutes Recht sei aber das dingliche Recht gewesen, das die Klägerin an den zwar im Besitze des Gerichtsvollziehers befindlichen, ihr aber eigentümlich zugehörigen Geldstucken gehabt habe; K. hafte hiernach der Klägerin auch nach § 823 Abs. 2 B.G.B. (vgl. Planck, B.G.B. Bd. 2 S. 602 Abs. 2. S. 608 Abs. 4) deliktisch.

Das Berufungsgericht führt nun weiter aus, der Beschluß der vereinigten Civilsenate vom 10. Juni 1886 sage keineswegs, daß der Gerichtsvollzieher im Verhältnisse zu dem Gläubiger aufhöre, Beamter zu sein, und begründet, unter Hinweis auf die Entscheidung des IV. Civilsenats vom 11. Juni 1887 in Bd. 17 S. 332 der Entsch. des R.G.'s in Civils. auf eine weitere Entscheidung des III. Civilsenats vom 8. April 1884 (ebenda Bd. 11 S. 206) und auf die Entscheidungen der Strafsenate in Bd. 18 S. 341 und Bd. 19 S. 70, sowie auf die Bestimmungen des § 815 Abs. 2 C.P.O. über die unter gewissen Voraussetzungen angeordnete Fortsetzung der Zwangsvollstreckung nach Befreiung des Schuldners, der §§ 45 und 56 der elsaß-lothringischen Geschäftsanweisung für Gerichtsvollzieher und der §§ 11 und 12 der Gebührenordnung für Gerichtsvollzieher die Rechtsanschauung, daß der Gerichtsvollzieher auch dem Gläubiger als öffentlicher Beamter gegenüberstehe, so lange die Zwangsvollstreckung dauere. K. hafte sonach für die zum Nachteile der Klägerin begangene Unterschlagung auch auf Grund des § 839 B.G.B. Hiernach handle es sich um einen Schaden, den der Gerichtsvollzieher K. als Beamter des Staates der Klägerin zugefügt habe. Soweit der Gerichtsvollzieher im Zwangsvollstreckungsverfahren überhaupt als Beamter tätig sei, sei er als ein mit öffentlicher Gewalt ausgestatteter Beamter tätig, handle er also in Ausübung der ihm anvertrauten öffentlichen Gewalt. Auch die Ablieferung des durch Zwangsvollstreckung erlangten Geldes gehöre prinzipiell zu der Tätigkeit des Gerichtsvollziehers als Zwangsvollstreckungsbeamten, eines in Ausübung des staatlichen Zwangsrechtes und der ihm hierfür anvertrauten öffentlichen Gewalt handelnden Staatsbeamten. Geschehe die Ablieferung des Geldes durch den Gerichtsvollzieher in Ausübung der ihm anvertrauten öffentlichen Gewalt, so müsse auch die den Gesetzen und der Dienstanweisung zuwiderlaufende Unterlassung der Ablieferung als in Ausübung eben derselben öffentlichen Gewalt geschehen angesehen werden. Die weiteren Voraussetzungen des § 40 Ausf.-Ges. zum B.G.B., die Schädigung der Klägerin und die Unmöglichkeit, von K. selbst einen Ersatz zu erlangen, seien vom Beklagten ausdrücklich zugegeben worden.

Die Revision macht geltend, dem auftraggebenden Gläubiger gegenüber sei der Gerichtsvollzieher lediglich Dienstverpflichteter gemäß § 675 B.G.B., und nicht Beamter. Neben der vertragsmäßigen Haftung sei jedenfalls für eine deliktische kein Raum mehr. Die Verwertung des § 815 Abs. 2 C.P.O. sei schon um deswillen verfehlt, weil auf den vorliegenden Fall nicht § 815, sondern § 754 C.P.O. zur Anwendung zu kommen habe, der dem Auftragsverhältnisse entspreche. Das Berufungsgericht, das den Unterschied zwischen den Begriffen der Amtshandlung und der Ausübung öffentlicher Gewalt nicht verkenne, messe demselben in Anwendung auf die Tätigkeit des Gerichtsvollziehers bei Ablieferung von Geldern aus Anlaß der Zwangsvollstreckung zu Unrecht keine Bedeutung bei. Von Ausübung öffentlicher Gewalt als Ausfluß der souveränen Macht des Staates könne aber selbstverständlich nur in Ansehung der Vollstreckungshandlungen gegenüber dem Schuldner die Rede sein. Das Berufungsgericht nehme aber ohne weiteres „Amtshandlung“ für gleichbedeutend mit „Ausübung öffentlicher Gewalt“ an. Verfehlt seien jedenfalls die Gründe hierfür, die aus einem Gegensatz von Art. 77 Einf.-Ges. zum B.G.B. zu §§ 31 und 89 des Bürgerlichen Gesetzbuchs darin hergeleitet würden, daß erstere die Handlungen in Ausübung öffentlicher Gewalt begreife, während die letztere diejenigen im Auge hätte, die in Vertretung privatrechtlicher Interessen des Staates erfolgten. Der Gegensatz sei vielmehr der von Handlungen der Beamten des Staates (der Gemeinden &c) zu Handlungen der verfassungsmäßig berufenen Vertreter des Staates.

Die Revision konnte nicht als begründet erachtet werden.

Gemäß Art. 77 Einf.-Ges. zum B.G.B. bleiben unberührt die landesgesetzlichen Vorschriften über die Haftung des Staates, der Gemeinden und anderer Kommunalverbände für den von ihren Beamten in Ausübung der diesen anvertrauten öffentlichen Gewalt zugefügten Schaden. Gemäß § 40 des Gesetzes, betr. die Ausführung des Bürgerlichen Gesetzbuchs in Elsaß-Lothringen, vom 17. April 1899 haftet für den Schaden, den ein Beamter des Staates, eines Bezirks, einer Gemeinde oder einer anderen öffentlichen Anstalt in Ausübung der ihm anvertrauten öffentlichen Gewalt einem Dritten zufügt, der Staat, der Bezirk, die Gemeinde oder die öffentliche Anstalt, in deren Dienst der Beamte steht, in gleicher Weise, wie der Beamte, soweit der Ersatz von diesem nicht zu erlangen ist. Während also das Bürgerliche Gesetzbuch in den §§ 31 und 89 die Haftung des Staates für den Schaden regelt, den Beamte in Vertretung privatrechtlicher Interessen des Staates oder der Gemeinde &c zufügen, löst § 40 des erwähnten Gesetzes im Sinne von Art. 77 Einf.-Ges. zum B.G.B. die Frage der Haftung des Staates für von Beamten in Ausübung der ihnen anvertrauten öffentlichen Gewalt zugefügten Schaden. Also nicht Handlungen der Beamten zu Handlungen verfassungsmäßiger Vertreter des Staates und der Gemeinden &c bilden den Gegensatz. Der Gegensatz der Regelung der Haftung des Staates für Dritte schädigende Handlungen seiner Beamten liegt vielmehr in dem Gebiete, dem diese Handlungen angehören, also darin, ob die Handlung dem Gebiete des Privatrechts, oder dem des öffentlichen Rechts, dem der Ausübung von Hoheitsrechten des Staates, angehört.

Die Ausübung eines Hoheitsrechtes besteht nun nicht notwendig in der Ausübung eines staatlichen Zwangsrechtes. Ausübung eines Hoheitsrechtes kann auch in einem Akte des staatlichen Schutzes, der staatlichen Fürsorge liegen. Derselbe Akt, der den Willen des einen der vom Staate gesetzten Ordnung und damit der Anordnung oder dem Befehl des zur Ausführung bestellten Beamten unterwirft, kann für den, der die Gewalt des Staates anruft, oder für die Allgemeinheit ein Akt der Schutzes oder der Fürsorge sein. Ein solcher Akt der Ausübung eines Hoheitsrechtes kann sich in eine Reihe von auf einen Zweck gerichteten Handlungen der Vorbereitung, des Vollzugs, der Ausführung spalten. Alle fallen aber in den einen Bereich der Betätigung der öffentlichen Auktorität und Gewalt. Eine Betätigung dieser liegt somit auch vor, wenn auch die konkrete Handlung oder Unterlassung nicht unmittelbar auf die Ausübung eines Zwanges gerichtet ist. Es erscheint hiernach nicht zulässig, eine einzelne Äußerung der öffentlichen Gewalt, weil sie für sich allein keinen Zwangscharakter trägt, als nicht mehr dem öffentlichen Rechte angehörig auszuscheiden. Es geht ebensowenig an, einer unzweifelhaften Amtshandlung je nach der Stellung der an ihr interessierten oder von ihr betroffenen Person einen privatrechtlichen, oder öffentlichrechtlichen Charakter beizulegen.

Daraus, daß der Gerichtsvollzieher im Zwangsvollstreckungsverfahren eine Zwangsgewalt nur gegen den Schuldner und dritte Personen, nicht aber dem ihn beauftragenden Gläubiger gegenüber ausübt, folgt nicht, daß der Gerichtsvollzieher dem auftraggebenden Gläubiger gegenüber sich nur in einem Vertragsverhältnisse, also einem lediglich privatrechtlichen Verhältnisse, befindet und dem Gläubiger gegenüber die dem ihm übertragenen Imperium entspringende Handlung den Charakter einer dem zugewiesenen Ressort angehörigen Amtshandlung verliert. Die vom Prozeßbevollmächtigten des Revisionsklägers angezogene Ausführung des Beschlusses der vereinigten Civilsenate, „das den Gerichtsvollziehern notwendige und verliehene Imperium komme bei der von ihnen vorzunehmenden Zwangsvollstreckung dem Schuldner, gegen den dieselbe vollzogen werde, sowie dritten Personen gegenüber zur Geltung, dem ihn mit der Zwangsvollstreckung beauftragenden Gläubiger gegenüber könne dagegen von einer Zwangsgewalt, die der Gerichtsvollzieher im Namen des Staates zu üben hätte, nicht die Rede sein, ihm gegenüber komme von der doppelten Eigenschaft, mit der der Gerichtsvollzieher bei Ausübung seiner Dienstgeschäfte bekleidet sei, die des Beauftragten als maßgebend in Betracht" (Entsch. des R.G.'s in Civils. Bd. 16 S. 409), könnte etwa den Schein erwecken, als habe dieser Beschluß diese Konsequenz ziehen wollen. Wie aber in der Entscheidung des IV. Civilsenats vom 10. Januar 1887,

Entsch. des R.G.'s in Civils. Bd. 17 S. 332,

ausgeführt wird, ist auch in dem Beschlusse der vereinigten Civilsenate anerkannt, daß der Gerichtsvollzieher als Vollstreckungsbeamter sehr wohl zugleich öffentlicher Beamter und Mandatar der Partei sein könne, die ihm erteilten Aufträge nach den gesetzlichen Vorschriften auszuführen habe, in Ausführung des erteilten Auftrages eine Amtshandlung vornehmen wolle, und daß nach den Vorschriften der Civilprozeßordnung die Zwangsvollstreckung sich als ein Akt der vollziehenden Gewalt des Staates darstelle, und der Staat dem Gerichtsvollzieher die gesetzliche Befugnis erteile, das staatliche Zwangsrecht auszuüben. Hiernach ist nicht anzunehmen, daß die Konsequenz gezogen werden sollte, dem beauftragenden Gläubiger gegenüber stehe der Gerichtsvollzieher lediglich in einem Vertragsverhältnisse, also in einem nur privatrechtlichen Verhältnisse.

Übrigens betrifft der erwähnte Beschluß der vereinigten Civilsenate vom 10. Juni 1886 nicht die Frage der Haftung des Staates für seine Beamten, sondern lediglich die Frage der Art und des Maßes der Haftung des Gerichtsvollziehers gegenüber dem ihn mit der Zwangsvollstreckung beauftragenden Gläubiger und entscheidet sie für das Gebiet des preußischen Allgemeinen Landrechts dahin, daß sich die Haftung nicht nach den Bestimmungen dieses Rechts (§§ 88 flg. A.L.R. II. 10) über die Haftung von Beamten, sondern nach dem Vertragsverhältnisse, dem Mandate, richte, der Gerichtsvollzieher also nicht nur subsidiär hafte.

Ist auch nach der Rechtsprechung des Reichsgerichts anzunehmen, daß auch unter der Herrschaft des Bürgerlichen Gesetzbuchs die Haftung des Gerichtsvollziehers dem ihn beauftragenden Gläubiger gegenüber nach den Grundsätzen des Auftrages im Sinne des früheren Rechts, dem jetzt der eine Geschäftsbesorgung betreffende Dienstvertrag der §§ 675 und 611 B.G.B. entspräche, zu beurteilen ist, dem Gerichtsvollzieher also die Subsidiarität des § 839 B.G.B. nicht zu statten käme, vgl. Entscheidung des III. Civilsenats des R.G.'s vom 11. Oktober 1901, Rep. III. 210/01, Jurist. Wochenschr. 1901 S. 783,

so folgt daraus nicht die Veränderung oder Aufhebung des Charakters einer vom Gerichtsvollzieher vorgenommenen, zur Zwangsvollstreckung gehörigen Handlung als einer Amtshandlung, die in den Bereich des ihm auf dem Gebiete der Zwangsvollstreckung eingeräumten Imperiums fällt.

Mit Recht nimmt der Berufungsrichter an, daß die Ablieferung des gepfändeten Geldes den letzten Akt der Zwangsvollstreckung bildet. Es weist mit Recht ferner darauf hin, daß die Bestimmung des § 815 Abs. 2 C.P.O., der §§ 45 und 56 der Geschäftsanweisung für die Gerichtsvollzieher in Elsaß-Lothringen und der §§ 11 und 12 des Gebührengesetzes für Gerichtsvollzieher die Auffassung der Ablieferung des gepfändeten Geldes als einer Amtshandlung unzweifelhaft entnehmen lassen. Der § 815 Abs. 2 C.P.O. trifft für den Fall, daß an gepfändetem Gelde ein die Veräußerung hinderndes Recht eines Dritten besteht, Weisungen und Anordnungen, die nicht durch den Inhalt des Auftrages des Gläubigers bestimmt werden, sondern die dienstliche Obliegenheit des Gerichtsvollziehers für diesen Fall regeln. Die §§ 45 und 56 der Geschäftsanweisung für Gerichtsvollzieher,

vgl. Peruche, Der Gerichtsvollzieher in Elsaß-Lothringen S. 110 u. 123,

legen dem Gerichtsvollzieher die Beschleunigung der Durchführung der Zwangsvollstreckung zweifellos als Amtspflicht auf. Der § 11 der Gebührenordnung für Gerichtsvollzieher setzt eine besondere Gebühr für freiwillige Leistung an den Gerichtsvollzieher fest, während der § 12 der Gebührenordnung unter Ziff. 4 als Einzelhandlungen, welche unter die durch die Gebühren der §§ 4—11 abgelohnte gesamte Tätigkeit des Gerichtsvollziehers fallen, die Ablieferung oder Hinterlegung der schuldigen Leistungen, sowie des gepfändeten oder erlösten Geldes aufführt.

Die rechtswidrige Zueignung solcher Gelder begründet gemäß § 350 St.G.B. den Tatbestand eines Vergehens der Unterschlagung im Amte. Entscheidend wäre dies für die vorliegende Frage für sich allein allerdings insofern nicht, als dieses Amtsvergehen nicht notwendig eine mit der Ausübung von Hoheitsrechten ausgestattete Beamtenstellung voraussetzt.

Vgl. Entsch. des R.G.'s in Strafs. Bd. 14 S. 348, Bd. 32 S. 259.

Ob dies zutrifft, entscheidet der Inhalt der dem Amte zugewiesenen Befugnisse.

Daß dem Gerichtsvollzieher in der Zwangsvollstreckung in körperliche Sachen die Ausübung eines staatlichen Zwangs, somit die Ausübung öffentlicher Gewalt, anvertraut ist, bedarf keiner weiteren Erörterung. Die Verletzung einer Amtspflicht kann aber ebensowohl durch das Tun des Unzulässigen, als auch durch das Nichttun des Gebotenen, also durch Handlungen wie durch Unterlassungen, begangen werden. Hier handelt es sich überdies nicht bloß um die Unterlassung der Ablieferung, sondern auch um die rechtswidrige Zueignung des vereinnahmten Geldes." ...

---

23. 1. Darf bei Feststellung des Wertes eines enteigneten Gebäudes, wenn der Schätzung der Ertrag zugrunde gelegt wird, außer den Kosten der Reparaturen auch ein Betrag für die trotz dieser eintretende Abnutzung in Abzug gebracht werden? Wie ist diese zu berechnen?

2. Ist der dem Eigentümer dadurch entstehende Vorteil zu berücksichtigen, daß an dem betreffenden Orte die Vorauszahlung der Mieten üblich ist?

VII. Civilsenat. Urt. v. 30. Oktober 1903 i. S. St. (Kl.) w. Stadtgemeinde B. (Bekl.). Rep. VII. 245/03.

I. Landgericht I Berlin.
II. Kammergericht daselbst.

Aus den Gründen:

... „Den Abzug einer Abnutzungsquote von 1/2 Prozent hält der Berufungsrichter für geboten, indem er namentlich erwägt, daß derselbe als Durchschnitt für gut gebaute Gebäude allgemein üblich sei, daß Geschäftshäuser trotz bester Unterhaltung einer rascheren Abnutzung als Wohnhäuser unterliegen, auch rascher als diese veralten, und daß eine Steigerung des Wertes von Grund und Boden, die einen Ausgleich bilden könnte, in keiner Weise gesichert sei. Hier erhebt die Revision einen Angriff. Daß aber bei Bestimmung des

Grundstückswertes nach den Erträgen ein Abzug für die Abnutzung gemacht wird, kann nicht als rechtsirrtümlich erscheinen. Der Berufungsrichter hält den Abzug auch nicht schlechthin und blindlings, wie die Revision meint, für geboten, sondern berücksichtigt in angegebener Weise die Lage des konkreten Falles, und hier kann es namentlich kein Bedenken erregen, wenn er Gewicht darauf legt, daß Geschäftshäuser in der Großstadt den rasch und stetig wachsenden Anforderungen des Verkehrs in verhältnismäßig kurzer Zeit zu genügen aufhören und deshalb die Konkurrenz nicht mehr bestehen können. Geht man aber auch auf den Einfluß der Abnutzung hinsichtlich der Preisbewilligung bei freiwilligen Verkäufen ein, so hat schon der Sachverständige, Hypothekenmakler S., einen solchen nicht schlechthin in Abrede gestellt, sondern sich dahin geäußert, von dem nachgewiesenen Bruttoertrage pflege man 12—18—20 Prozent in Abzug zu bringen, so zwar, daß darin alle Abgaben und Erhaltungskosten, Abnutzungsquoten ꝛc enthalten, eine besondere Berechnung der Abnutzungsquote jedoch nicht üblich sei. Der Sachverständige W., welcher den Abzug einer Abnutzungsquote für geboten erachtet, sieht dieselbe durch das S.'sche Gutachten eher als bestätigt wie als widerlegt an und konstatiert mindestens die weiten Grenzen der Abzüge im Grundstücksverkehr. Hiernach durfte angenommen werden, daß auch in diesem Punkte bei freiwilligem Verkaufe ein für den Kläger günstigerer Wert sich nicht ergeben haben würde.

Die Revision wendet sich nun namentlich noch gegen die Art der Berechnung der Quote. Sie führt aus: Wenn man theoretisch eine Amortisationsquote bestimmen wolle, so müsse man denjenigen Jahresbetrag feststellen, der erforderlich sei, um bei dem Verfall des Hauses ein den Wiederaufbau desselben Hauses ermöglichendes Kapital zu haben; zu diesem Zwecke aber müsse man jährlich eine bestimmte Summe verzinslich anlegen, die mit Zinseszins nach 200 Jahren die Bausumme ergebe; die zurückzulegende Summe brauche danach also nur eine höchst geringe zu sein. Einen gleichen Einwand hatte der Kläger schon in den Vorinstanzen erhoben. Ohne Gesetzesverletzung nimmt nun der Berufungsrichter an, daß der Sachverständige W. die Möglichkeit einer so gearteten Kapitalansammlung widerlegt habe. Derselbe hat aber auch stets betont, daß es sich nicht lediglich um eine Amortisation handele, sondern daß das halbe Prozent im Hinblick auf die fortschreitende Entwertung zu rechnen sei. Auch dies kann für rechtsirrtümlich nicht erachtet werden. Wenn unter den vom Berufungsrichter angegebenen Umständen das Gebäude trotz sorgfältiger Reparatur nicht nur verhältnismäßig rasch abgenutzt wird, sondern auch rasch veraltet, so kann damit Hand in Hand gehen, daß, wie der Wert, so auch die Erträge sich mindern, zuerst in geringem Maße, aber in allmählicher Steigerung, bis schließlich das vorhandene Gebäude mit entsprechendem wirtschaftlichen Erfolge gar nicht mehr benutzt werden kann, und deshalb ein Neubau erforderlich wird. Also nicht lediglich die Kosten dieses Neubaues, sondern auch die über die ganze Zeit sich erstreckende Wert- und Ertragsminderung kommen, soweit sie im einzelnen Falle vorliegen, für die Abnutzungsquote in Betracht. Die Beurteilung der maßgebenden tatsächlichen Verhältnisse aber unterliegt einer Nachprüfung in der Revisionsinstanz nicht. Daß der Sachverständige nicht für die einzelnen Jahre besondere Beträge berechnet, sondern für die ganze Zeit einen Durchschnittssatz angenommen, und daß der Berufungsrichter diesen zugrunde gelegt hat, kann, als im Bereich einer zulässigen Schätzung liegend, rechtlich nicht beanstandet werden. Auch dieser Revisionsangriff mußte also erfolglos bleiben.

Der Berufungsrichter nimmt weiter an, daß die Mietzinsen in B. vierteljährlich vorausgezahlt werden, wenigstens für größere Räume, während die Zahlung der Hypothekenzinsen erst hinterher erfolgt, hält aber die vom Kläger und auch vom Sachverständigen W. hieraus gezogenen Konsequenzen nicht für begründet. Er bemerkt, zunächst müßten die Räume außer Betracht bleiben, welche Kläger selbst bezogen habe, da hier von einer Vorauszahlung der Mieten keine Rede sein könne, und daraus ergäbe sich die weitere Folge, daß Kläger, wenn er das ganze Grundstück selbst benutze, den Vorteil nicht hätte, also schlechter gestellt wäre, als wenn er es vermietete. Sodann führt er aus, der Grundstückseigentümer müsse stets in der Lage sein, die Hypothekzinsen pünktlich zu berichtigen, wegen der sonst eintretenden Nachteile. Er meint, durch Berücksichtigung des Verlangens des Klägers würde das Gericht sich auf einen schwankenden Boden begeben; die Folge würde sein, daß der Eigentümer eines Grundstücks einen um so größeren Vorteil hätte, je höher die Hypotheken wären, während derjenige, der das Grundstück bar bezahlt hätte, gar keinen Vorteil hätte.

Von der Revision ist darzulegen versucht, daß diese Erwägungen nicht stichhaltig, und daß sie weder mit dem § 40 des Enteignungsgesetzes noch mit dem § 287 C.P.O. in Einklang seien.

Im Ergebnis muß die Rüge für berechtigt erachtet werden. Falls anzuerkennen ist, daß durch Vorausbezahlung der Mieten dem Eigentümer ein Vorteil entstehen kann, so darf dessen Anrechnung in Fällen, in denen seine Voraussetzungen erfüllt sind, nicht deshalb abgelehnt werden, weil sie bei Grundstücken, die sich in einer anderen Rechtslage befinden oder in anderer Art benutzt werden, nicht vorliegen. Es ist auch nicht ausgeschlossen, daß ein Eigentümer, welcher trotz der für eine Vermietung des Grundstücks sprechenden Umstände dasselbe in eigene Benutzung nimmt, diese Verwendung für die vorteilhaftere erachtet und von ihr einen größeren oder den gleichen Gewinn erwartet, wie wenn ihm der aus der Vorausbezahlung der Mieten entstehende Vorteil zuteil würde. Wenn der Berufungsrichter aber ausführt, der Eigentümer würde einen um so größeren Vorteil haben, je höher die Hypotheken seien, während bei Erwerbung des Grundstücks gegen Barzahlung der Eigentümer gar keinen Vorteil hätte, so beruht das auf einer nicht zutreffenden Würdigung des Verhältnisses der Mietzahlungen zu den Hypothekzinsen. An sich erwächst dem Eigentümer ein Gewinn daraus, daß er für seine über einen gewissen Zeitraum sich erstreckende Leistung (Gebrauchsüberlassung) den Entgelt sofort bei Beginn derselben erhält. Der Wert einer als Gegenleistuug zu gewährenden Geldzahlung bemißt sich nach ihrem Betrage und nach dem Zeitpunkt ihrer Fälligkeit. Die Mietsumme bildet erst in Verbindung mit dem Umstande, daß sie schon im Beginn der Mietperiode zu entrichten ist, den vollen Wert der Leistung. Beides zusammen gibt zugleich einen Maßstab für den Wert der in Austausch gewährten Leistung des Vermieters. Je nachdem die Miete für größere oder geringere Zeiträume im voraus gezahlt wird, erhöht oder vermindert sich der Vorteil. Zu prüfen bleibt, ob derselbe durch irgendwelche Umstände zuungunsten des Vermieters wieder ausgeglichen wird. Solche können darin liegen, daß die Üblichkeit der Vorauszahlung einen mindernden Einfluß auf die Höhe der Mieten ausgeübt hat; behauptet ist dies bisher jedoch nicht; auch würde gegebenenfalls zu prüfen sein, ob der Sachverständige dies nicht bereits berücksichtigt hat, und ob nicht doch im Sinne seines Gutachtens die Miete zusammengerechnet mit dem Zinsvorteil den Entgelt bildet. Ein Ausgleich möchte ferner darin liegen können, daß auch die Hypothekzinsen im voraus bezahlt würden; nicht aber ist die Annahme gerechtfertigt, daß, weil keine Hypotheken auf dem Grundstück ruhen, der Eigentümer von der Vorauszahlung der Mietgelder keinen Nutzen habe. Nicht durchschlagend ist ferner, daß der Eigentümer stets in der Lage sein muß, die von ihm geschuldeten Hypothekzinsen pünktlich zu berichtigen; denn in dieser Lage befindet sich jeder Eigentümer eines belasteten Grundstücks, und es fragt sich, inwiefern derjenige, der die Mieten im voraus erhält, hier günstiger als der in anderer Lage befindliche gestellt ist. Auch daß lokale Gebräuche im Lauf der Zeiten dem Wechsel unterworfen sind, kann nicht dahin führen, sie grundsätzlich unbeachtet zu lassen. Erhebliche Schwierigkeiten wird die Frage, ob die Vorauszahlung der Mieten einen für den nachhaltigen Ertrag erheblichen Faktor darstellt, und in welchem Umfange dies der Fall ist, stets bieten; aber Aufgabe des Richters ist es, kraft der im § 287 C.P.O. ihm gewiesenen Stellung im einzelnen Falle auf die Frage einzugehen. Das Urteil war daher in Höhe des vom Kläger hier geforderten Betrages aufzuheben."...

---

24. Ist, wenn die Miteigentümer eines Grundstückes sich zu einer offenen Handelsgesellschaft vereinigen und sich gegenseitig verpflichten, ihre Miteigentumsanteile in die Gesellschaft einzubringen, zur Übertragung des Eigentums an dem Grundstücke die Auflassung und Eintragung im Grundbuch erforderlich?

V. Civilsenat. Urt. v. 2. November 1903 i. S. Sch. (Kl.) w. R. & M. Sch. Konkursverw. (Bekl.). Rep. V. 170/03.

I. Landgericht Guben.
II. Kammergericht Berlin.

Der Kläger veräußerte im Jahre 1898 sein Grundstück durch Verkauf und Auflassung an seinen Sohn R. Sch. und an seine Schwiegertochter M. Sch., und zwar an beide gemeinschaftlich und zu gleichen Anteilen. Die Erwerber verpflichteten sich, dem Kläger und seiner Frau ein lebenslängliches Altenteil zu gewähren. Eigentumsübergang und Altenteil wurden eingetragen. Am Tage des Kaufabschlusses vereinigten die Erwerber sich durch notariellen Vertrag zu einer offenen Handelsgesellschaft unter der Firma R. & M. Sch., indem sie erklärten, daß beide Gesellschafter an Gewinn und Verlust gleichen Anteil hätten, daß sie das vom Kläger gekaufte Grundstück in die Gesellschaft, die ihre Geschäfte bereits am 1. November 1897 begonnen habe, einbrächten und die Umschreibung des Grundstückes auf die Gesellschaft beantragten. Diese Umschreibung erfolgte nicht. Über das Vermögen der Gesellschaft wurde der Konkurs eröffnet. Die Kläger meldeten im Konkursverfahren an den Kapitalwert des Altenteils mit 41975 *M* und Rückstände aus den Jahren 1900 und 1901 im Werte von 801 *M*. Der Verwalter bestritt diese Forderungen. Die Kläger verlangten nunmehr Feststellung ihrer Forderungen in der angegebenen Höhe. Sie waren der Ansicht, daß das verhaftete Grundstück durch das bloße Einbringen — ohne Auflassung und Eintragung — in das Eigentum der Gesellschaft übergegangen sei; außerdem behaupteten sie, daß die Gesellschaft vor und bei Abschluß des Gesellschaftsvertrages sich ihnen gegenüber mündlich zur Übernahme des Altenteils verpflichtet habe.

Der erste Richter stellte die Forderungen auf zusammen 38446 *M* fest. Nur die Beklagte legte Berufung ein, und zwar mit dem Erfolge der Klagabweisung.

Die Revision der Kläger ist zurückgewiesen worden, und zwar hinsichtlich der Altenteilsrückstände aus folgenden

Gründen:

„Anlangend die einzelnen rückständigen Altenteilsleistungen geht der Berufungsrichter zutreffend davon aus, daß der jedesmalige Eigentümer so weit persönlich haftet, als die Leistungen während der Dauer seines Eigentums fällig werden oder fällig geworden sind. Er zieht daraus den richtigen Schluß, daß, abgesehen von besonders begründeten Verpflichtungen, für Rückstände nur der gegenwärtige oder frühere Eigentümer haftet. Er weist auch den Anspruch auf die Rückstände ab, weil die Gesellschaft nicht Eigentümerin des belasteten Grundstücks geworden sei, da es an der dazu erforderlichen Auflassung und Eintragung fehle. Die Revision ist dagegen der

Ansicht, daß wenigstens in dem Falle, wo, wie hier, nur die Miteigentümer eines Grundstückes sich zu einer offenen Handelsgesellschaft vereinigen und in diese das Grundstück einbringen, ein Wechsel im Eigentum sich nicht vollziehe. Der erkennende Senat kann sich dieser Ansicht, für die seitens der Revision mehrere Urteile anderer Senate des Reichsgerichts angerufen werden, nicht anschließen. Das Reichsgericht ist bisher mit der Entscheidung eines Streites darüber, ob in Fällen der vorliegenden Art durch die bloße Tatsache des Einbringens ohne Auflassung und Eintragung Eigentum an Grundstücken auf die Gesellschaft übergehe, noch nicht befaßt worden. Dagegen hat der IV. Civilsenat des Reichsgerichts allerdings bei Gelegenheit der allein zur Entscheidung gestellten Frage, ob in den erwähnten Fällen ein Kaufgeschäft vorliege, und daher der Kaufstempel zu erheben sei, sich dahin ausgesprochen, daß in dem Einbringen eine freiwillige Veräußerung nicht zu finden sei, mithin eine Voraussetzung zur Anwendung des § 1 Eig.-Erw.-Ges. v. 5. Mai 1872 fehle, daß eine Änderung in den Eigentumsverhältnissen nicht anzunehmen sei, da die angeblichen Veräußerer dieselben Personen seien, wie die Erwerber, daß die bisherigen Miteigentümer ihrem nach wie vor gemeinschaftlichen Rechte nur eine andere Gestaltung gäben, und daß das Grundstück schon durch die im Gesellschaftsvertrage getroffene Bestimmung des Einbringens Gesellschaftsvermögen werde.

Vgl. Entsch. des R.G.'s in Civils. Bd. 30 S. 150; Gruchot, Beiträge Bd. 38 S. 1063.

Soweit in dieser Begründung die Anwendbarkeit des § 1 Eig.-Erw.-Ges. geleugnet wird, beruhen die Entscheidungen nicht auf ihr, vielmehr lediglich darauf, daß ein Kaufgeschäft oder ein anderes lästiges Veräußerungsgeschäft im Sinne der Stelle 32 des Tarifs zum Stempelsteuergesetz vom 31. Juli 1895 nicht vorliege. Es liegt demnach für den erkennenden Senat, der Auflassung und Eintragung für erforderlich hält, kein Anlaß dazu vor, gemäß § 137 Abs. 1 G.V.G. die Entscheidung der vereinigten Civilsenate einzuholen.

Für die Entscheidung des erkennenden Senats waren folgende Erwägungen maßgebend. Die offene Handelsgesellschaft R. & M. Sch. ist vor dem 1. Januar 1900 gegründet. Es kommt daher für die Frage des Eigentumserwerbes das frühere Recht, insbesondere das Handelsgesetzbuch älterer Fassung zur Anwendung. Nach dessen

Art. 91 werden unvertretbare und unverbrauchbare Sachen, die nach einer nicht bloß dem Zwecke der Gewinnverteilung dienenden Schätzung eingebracht werden, Eigentum der Gesellschaft, und im Zweifel wird angenommen, daß die in das Inventar der Gesellschaft mit der Unterschrift sämtlicher Gesellschafter eingetragenen bis dahin einem Gesellschafter gehörigen Sachen Eigentum der Gesellschaft geworden sind. Diese Bestimmung hat nicht die Bedeutung, daß damit die Vorschriften der Landesgesetze über den Erwerb des Eigentums an Grundstücken abgeändert sein sollen, sondern die, daß das vorbehaltlose Einbringen, welches unter den angegebenen Voraussetzungen zu vermuten ist, einen Titel zum Eigentumserwerb, und nicht etwa bloß ein Recht auf den Gebrauch gebe (Mot. S. 54; Prot. S. 176). Es bestand denn auch in der preußischen Lehre und Rechtsprechung kein Zweifel darüber, daß in diesem Falle zum Übergange des Eigentums an dem Grundstücke vom Gesellschafter auf die Gesellschaft Auflassung und Eintragung erforderlich sei.

Vgl. Entsch. d. R.O.H.G.'s Bd. 12 S. 39; Urteil d. Obertrib. in Gruchot, Beiträge Bd. 24 S. 107; Entsch. des R.G.'s in Civils. Bd. 31 S. 29.

Nicht ohne Bedeutung ist auch, daß mit dem an die Stelle des Art. 91 Abs. 1 H.G.B. ä. F. getretenen § 706 Abs. 2 B.G.B. (H.G.B. n. F. § 105 Abs. 2), wonach im Zweifel anzunehmen ist, daß die beizutragenden Sachen gemeinschaftliches Eigentum werden sollen, nicht beabsichtigt ist, das bisherige Recht zu ändern, sondern nur klarer als bisher hervorzuheben, daß es, um den Gegenstand selbst gemeinschaftlich zu machen, immer noch desjenigen Übertragungsaktes bedarf, der nach der Natur des Gegenstandes zur Rechtsübertragung erforderlich ist, daß also bei beweglichen Sachen die Übergabe, bei Grundstücken die Auflassung stattfinden muß.

Vgl. Denkschr. z. Entw. des neuen H.G.B. S. 82.

Von dieser allgemein anerkannten Regel abzuweichen für den Fall, wenn die mehreren Miteigentümer das ihnen gehörige Grundstück in eine nur von ihnen gebildete Gesellschaft einbringen, bieten die bisherigen Gesetze, ebenso wie die jetzt geltenden, keinen Anhalt. Insbesondere kann der Annahme, daß es sich in diesem Falle nicht um eine freiwillige Veräußerung im Sinne des § 1 Eig.-Erw.-Ges. handle, nicht beigepflichtet werden. Da nach der herrschenden Meinung die offene Handelsgesellschaft keine selbständige, von den Gesellschaftern verschiedene Person ist, so tritt freilich vorerst ein Wechsel in der Person der Eigentümer in dem zur Erörterung stehenden Falle nicht ein; aber die Veräußerung verlangt begrifflich auch nicht einen solchen Wechsel. So ist es z. B. nicht streitig, daß zur Änderung der Bruchteile von Miteigentümern an einem Grundstück Auflassung und Eintragung erforderlich ist, weil hierin eine Veräußerung liegt.

Vgl. Planck, Bürgerliches Gesetzbuch Bd. 3 S. 165; Turnau u. Förster, Liegenschaftsrecht 2. Aufl. Bd. 1 S. 364.

Auch in diesem Falle aber tritt nicht ein Wechsel in der Person der Eigentümer ein, sondern nur eine Änderung des dem Rechte der einzelnen Miteigentümer unterliegenden Objekts. Das genügt aber, um eine Veräußerung anzunehmen, die begrifflich nichts weiter verlangt, als daß ein Eigentumsrecht ganz oder teilweise aufgegeben und auf einen anderen übertragen wird. Dieses Erfordernis ist auch im vorliegenden Falle gegeben. Durch die Vertragsbestimmung, daß das Grundstück in die Gesellschaft eingebracht werden solle, haben die Gesellschafter sich verpflichtet, ihre rechtlichen Beziehungen zu dem Grundstücke von Grund aus zu ändern. Denn das Recht des einzelnen Miteigentümers ist nicht etwa ein neben das Eigentum sich stellendes und dieses belastendes Bruchteilsrecht, sondern es ist Eigentum.

Vgl. § 4 A.L.R. I. 17; vgl. auch § 1008 B.G.B.; Mot. zum B.G.B. Bd. 3 S. 438.

Daraus folgt, daß jeder Miteigentümer seinen Anteil veräußern (vgl. § 747 Satz 1 B.G.B.), belasten (§ 21 Eig.-Erw.-Ges.; vgl. §§ 1106. 1114. 1192. 1066. 1095 B.G.B.), und daß er Aufhebung der Gemeinschaft durch Teilung verlangen kann (§§ 75 flg. A.L.R. I. 17; vgl. §§ 749 flg. B.G.B.). Keine dieser Befugnisse steht dem einzelnen Teilhaber einer offenen Handelsgesellschaft zu, weil er einen bestimmten Anteil an den einzelnen zum Gesellschaftsvermögen gehörigen Gegenständen nicht hat, sein Recht sich vielmehr in dem Anspruch auf eine dem Werte seines Anteils am Gesellschaftsvermögen entsprechende Geldsumme erschöpft.

Vgl. Artt. 111. 119. 131. 133 flg. 143. 144 H.G.B. ä. F.; vgl. auch § 105 Abs. 2. §§ 131. 135. 155 H.G.B. n. F. in Verbindung mit den §§ 718. 719 Abs. 1. 725. 732 Satz 1. 733 flg. B.G.B. Vgl. auch

Entsch. des R.G.'s in Civils. Bd. 9 S. 143, Bd. 18 S. 43 flg., Bd. 25 S. 256; Rhein. Arch. Bd. 39 Abt. III S. 46.

Demnach besteht die durch den Gesellschaftsvertrag übernommene Verpflichtung des Einbringens darin, daß die bisherigen Miteigentümer ihr bisheriges Bruchteileigentum aufgeben sollen, daß dieses Eigentum auf die Gesellschaft übergehen soll, in deren Hand sich die Bruchteile zu einem Gesamthandseigentum verschmelzen sollen, und daß die bisherigen Miteigentümer dagegen einen Anspruch auf einen Wertsteil des Gesamtvermögens der Gesellschaft erhalten sollen. Damit sind aber die Merkmale des freiwilligen Veräußerungsgeschäfts gegeben. Jeder Miteigentümer erwirbt durch den Vertrag gegen den anderen den Anspruch, daß er das Miteigentum an dem einzubringenden Grundstück zugunsten der Gesellschaft aufgebe und es auf diese übertrage.

Vgl. Entsch. des R.G.'s in Civils. Bd. 54 S. 106. 107.

Realisiert werden kann dieser Anspruch nur durch Auflassung und Eintragung, da dies der einzige Weg zur rechtsgeschäftlichen Übertragung des Eigentums an Grundstücken ist. Im Ergebnisse stimmen hiermit überein das Urteil des Kammergerichts in Johows Jahrb. Bd. 17 S. 44, das Urteil des Oberverwaltungsgerichts in seinen Entsch. Bd. 37 S. 95 und fast die gesamte Literatur (z. B. Staub, H.G.B. Exkurs zu § 122 Anm. 10. 12; Planck, a. a. O. Bd. 3 Bem. 3 zu § 925; Fuchs, Grundbuchrecht Bem. 4 A IV zu § 925; Biermann, Sachenrecht 2. Aufl. Bem. 4 zu § 925; Turnau u. Förster, a. a. O. 2. Aufl. Bd. 1 S. 363)." ...

---

25. Inwieweit steht dem Eigentümer eines an einer öffentlichen städtischen Straße belegenen Hauses nach preußischem Recht ein Entschädigungsanspruch zu, wenn diese bisher dem durchgehenden Verkehr im vollen Umfange dienende Straße dergestalt in eine Sackgasse umgewandelt wird, daß sie nur noch zu einem Teile fahrbar, im übrigen Fußweg ist?

VII. Civilsenat. Urt. v. 3. November 1903 i. S. R. (Kl.) w. preuß. Eisenbahnfiskus (Bekl.). Rep. VII. 255/03.

I. Landgericht Bochum.
II. Oberlandesgericht Hamm.

Der Kläger war Eigentümer eines am sog. Eickeler Weg in B. belegenen Hauses. Der Weg war eine öffentliche fahrbare städtische Straße. Er wurde infolge der Erweiterung des Bahnhofs „Präsident" teilweise zugunsten des Beklagten enteignet und erfuhr eine Umgestaltung in der Weise, daß er hinter dem Hause des Klägers nur noch als Fußweg weiter bestand. Der Kläger, dem auch ein Teil seines Hausgrundstücks zum Zwecke der Verlegung des Eickeler Weges enteignet wurde, erhob gegen den Fiskus Entschädigungsansprüche, die er u. a. auch auf sein servitutarisches Anliegerrecht stützte. Das Berufungsgericht verwarf diesen Klagegrund und wies auch im übrigen die Klage ab. Auf die Revision des Klägers ist das Urteil aufgehoben, und zwar, soweit jener Klagegrund in Betracht kommt, aus folgenden

Gründen:

... „Bedenken erregt die Entscheidung des Berufungsrichters, daß der Klageanspruch vom Gesichtspunkte des servitutarischen Anliegerrechts des Klägers aus unbegründet sei. Daß eine öffentliche, zum Verkehr und Anbau innerhalb der Stadt bestimmte, fahrbare Straße in Frage ist, stellt der Berufungsrichter ausdrücklich fest. Richtig ist, daß der Kläger nur wegen des bereits vorhandenen Hauses einen Anspruch auf Erhaltung der Straße besitzt, und daß dieser Anspruch, woran auch dem Angriffe der Revision gegenüber mit dem Urteile des erkennenden Senats in der gleichfalls den Eickeler Weg betreffenden Sache B. w. Eisenbahnfiskus vom 9. Januar 1900, (Rep. VIa. 279/99) festzuhalten ist, nicht so weit geht, daß die Straße als durchgehender Weg bestehen bleibe; die Umwandlung in eine Sackgasse muß sich der Anlieger gefallen lassen. Allein vorausgesetzt ist doch immer, daß die Straße nach der einen Seite hin als solche in wesentlich unverändertem Zustande bestehen bleibt, und daß sie den Verkehr mit den benachbarten Häusern in der bisherigen Weise, oder wenigstens wesentlich so wie bisher ermöglicht, wenn schon der Anschluß an das Straßennetz nach der anderen Seite beseitigt oder, wie hier, durch den Fortfall des Wagenverkehrs beschränkt ist.

Vgl. das Urteil des V. Civilsenats des Reichsgerichts vom 1. Februar 1896, Rep. V. 241/95, teilweise abgedruckt bei Gruchot, Bd. 41 S. 39.

In dieser Beziehung hatte der Kläger behauptet, daß der Eickeler Weg an seinem Hause nicht mehr die zum Wenden eines Wagens erforderliche Breite habe und in dem Protokolle, betreffend die Einnahme des richterlichen Augenscheins, vom 20. Januar 1902 . . . ist gesagt, daß der Eickeler Weg von der Präsidentenstraße nach dem Hause des Klägers ein solches Gefälle habe, daß ein Zurückschieben von Lastwagen auf dieser Strecke offensichtlich mit den größten Schwierigkeiten verbunden, wenn nicht unmöglich sei. Ist dies richtig, so wäre der Kläger tatsächlich von dem Verkehr mit Wagen von seinem Hause nach der Stadt abgeschnitten; die Straße wäre für ihn als fahrbarer Weg nach der Präsidentenstraße ausgeschaltet, und damit das Dienstbarkeitsverhältnis zu seinem Nachteile geändert, das durch den Anbau an die Straße zwischen ihm und der Gemeinde begründet worden ist. Der Berufungsrichter geht auf die Behauptung des Klägers und auf die Feststellung in dem Protokolle vom 20. Januar 1902 nicht weiter ein, anscheinend mit Rücksicht auf die Auskunft des Magistrats, daß das Befahren der bezeichneten Wegestrecke nicht verhindert werden könne. Darauf kommt es aber nicht an, sondern darauf, ob es in Wirklichkeit unmöglich oder nahezu unmöglich geworden, und damit ein Zustand geschaffen ist, der sich mit der Bestimmung einer städtischen Straße zum Verkehr, insbesondere auch mit Wagen nach den angrenzenden Häusern, nicht verträgt. Der Berufungsrichter sagt allerdings, daß der Weg vor dem Hause des Klägers nicht schmaler und nicht steiler geworden sei. Dadurch ist aber nicht ausgeschlossen, daß dennoch wegen der im übrigen eingetretenen Veränderung des Weges der bezeichnete Übelstand vorhanden ist. Insoweit war allerdings die Umgestaltung in Betracht zu ziehen, die der Weg dadurch erfahren hat, daß er hinter dem Grundstücke des Klägers Fußweg geworden ist. Wäre also der Anspruch des Klägers aus dem Enteignungsgesetze nicht zu rechtfertigen, so könnte er doch nicht mit den Erwägungen des Berufungsrichters als Entschädigungsanspruch aus § 75 Einl. zum Allgemeinen Landrecht abgelehnt werden." . . .

26. Bedeutung und Tragweite der Vorschrift, daß ein Vertreter mit sich im eigenen Namen ein Rechtsgeschäft nicht vornehmen kann. B.G.B. § 181.

I. Civilsenat. Urt. v. 4. November 1903 i. S. v. T. (Kl.) w. Sch. (Bekl.). Rep. I. 228/03.

I. Landgericht Hamburg.
II. Oberlandesgericht daselbst.

Der Kläger hatte einen Bruder Anton v. T. Gegen diesen hatte der Beklagte eine Forderung, zu deren Sicherung er einen Arrestbefehl erwirkte und u. a. einen Geschäftsanteil des Anton v. T. von 7000 ℳ in einer in Hamburg bestehenden Gesellschaft mit beschränkter Haftung „Automaten-Restaurant" pfänden ließ. Der Kläger behauptete, daß dieser Geschäftsanteil nicht seinem Bruder, sondern ihm selbst zustehe, und erhob Klage mit dem Antrage, sein Eigentum an dem Geschäftsanteile und dessen Nichthaftung für Schulden seines Bruders festzustellen, auch den Pfändungsbeschluß für unwirksam zu erklären. Der Beklagte widersprach. Es handelte sich dabei um folgendes.

An einem privatschriftlichen Vorvertrage über die Errichtung der Gesellschaft mit beschränkter Haftung vom 19. Juni 1901 hatte sich Anton v. T. in eigenem Namen mit einer Stammeinlage von 7000 ℳ beteiligt. Bei dem 10 Tage später vollzogenen notariellen Gründungsakte aber trat er im Namen seines Bruders, des Klägers, auf, und zwar unter Überreichung einer von diesem auf ihn ausgestellten notariell beglaubigten Generalvollmacht d. d. Wreschen, 13. August 1896. Der Registerrichter beanstandete dies und verlangte Beibringung einer gehörig beglaubigten Spezialvollmacht, verfügte aber gleichwohl die Eintragung der Gesellschaft, nachdem der Notar, der den Gründungsakt aufgenommen, die Nachlieferung der Spezialvollmacht versprochen hatte. Zu einer solchen Nachlieferung ist es indes nicht gekommen. Dagegen wurden am 8. und 9. Oktober 1901 vor demselben Notar zwei Veräußerungsakte über den fraglichen Geschäftsanteil vollzogen. In dem ersten übertrug ihn Anton v. T. als Generalbevollmächtigter des Klägers auf seine (Antons) Ehefrau, und in dem zweiten die Ehefrau wiederum auf Anton selbst. Auf Grund dieser, auch der Gesellschaft vorgelegten, Urkunden nahm der Geschäftsführer den

Anton v. T. als Gesellschafter in die Anfang 1902 bei der Registerbehörde eingereichte Liste (§ 40 des Gesetzes) auf, und der Registerrichter verfügte, daß von der Beibringung einer Spezialvollmacht des Klägers Abstand zu nehmen sei. Der Kläger machte geltend, daß die Akte vom 8. und 9. Oktober 1901 nur zum Scheine und zur Umgehung der Vorschrift des § 181 B.G.B. vollzogen seien.

Der Beklagte bestritt dies und wendete ein, daß Anton v. T. den Geschäftsanteil von Anfang an für sich und mit eigenen Mitteln erworben und seinen Bruder nur vorgeschoben habe, um den Anteil den Zugriffen seiner Gläubiger zu entziehen.

Beide Vorinstanzen erkannten auf Abweisung der Klage. Das Reichsgericht hat das Berufungsurteil aufgehoben.

Gründe:

„Das Oberlandesgericht läßt unentschieden, ob nach den Vorgängen bei der Errichtung der Gesellschaft mit beschränkter Haftung der Kläger den streitigen Geschäftsanteil von 7000 ℳ erworben, oder ob schon nach diesen Vorgängen Anton v. T. als Inhaber des Geschäftsanteils zu gelten habe, gelangt aber zur Abweisung der Klage, weil, auch wenn der Kläger der ursprüngliche Erwerber sein sollte, dieser doch durch den in ordnungsmäßiger Form vollzogenen Übertragungsakt vom 8. Oktober 1901 sein Recht an dem Geschäftsanteile auf die Ehefrau Anton v. T. übertragen habe und sonach zu der erhobenen Widerspruchsklage nicht legitimiert sei. Dabei wird ausgeführt, daß diese Übertragung kein Scheingeschäft gewesen sei und auch nicht gegen die Norm des § 181 B.G.B. verstoßen habe.

Die Revision wendet sich ausschließlich gegen die zuletzt erwähnte Ausführung des Oberlandesgerichts, und es muß auch als richtig anerkannt werden, daß das angefochtene Urteil auf einer unrichtigen Anwendung des § 181 B.G.B. beruht.

Nach dieser Bestimmung „kann ein Vertreter im Namen des Vertretenen mit sich im eigenen Namen ein Rechtsgeschäft nicht vornehmen". Jedoch sind zwei Ausnahmen vorgesehen: 1. daß dem Vertreter ein anderes gestattet sei, oder 2. daß das Rechtsgeschäft ausschließlich in der Erfüllung einer Verbindlichkeit bestehe. Die Ausnahmen lehren, daß das sogenannte Kontrahieren mit sich selbst vom Gesetze nicht als etwas rechtlich Unmögliches aufgefaßt wird. Der Grund des „Nicht-Könnens" im Regelfalle liegt also nicht in der vom

Berufungsgerichte anscheinend unterstellten rechtlichen Unmöglichkeit eines Kontrahierens mit sich selbst oder in der unter Umständen obwaltenden Schwierigkeit einer Feststellung des Doppelwillens, sondern in etwas anderem. Die 2. Kommission, auf deren Vorschlag die Vorschrift beruht (Protok. Bd. 1 S. 174. 175, Bd. 2 S. 73—75), war der Meinung:

„daß das sogenannte Selbstkontrahieren stets die Gefahr eines Konflikts der Interessen und einer Schädigung des einen oder anderen Teils mit sich bringe, und daß es deshalb, soweit nicht durch das Gesetz oder durch die Vollmacht (ausdrücklich oder stillschweigend) dem Vertreter ein anderes gestattet sei, ausgeschlossen werden müsse."

Vgl. Denkschrift S. 49.

Da nun keine der beiden vom Gesetze vorgesehenen Ausnahmen vom Oberlandesgericht festgestellt worden ist, für die erstere Ausnahme nach dem Inhalte der vom Kläger ausgestellten Generalvollmacht auch kein Anhaltspunkt vorliegt, muß bis auf weiteres davon ausgegangen werden, daß Anton v. T. rechtlich außerstande war, den Geschäftsanteil des Klägers kraft seiner Vollmacht auf sich selbst zu übertragen. War dies aber der Fall, so konnte er diese Übertragung auch nicht dadurch bewirken, daß er seine Ehefrau als Mittelsperson dazwischen schob.

Das Oberlandesgericht unterstellt die Angaben, die Anton v. T. in dem Schriftstücke vom 21. Juli 1902 gemacht hat, als wahr, meint aber gleichwohl, von der zweiten Übertragung ganz abgesehen und lediglich auf Grund der ersten, angeblich bedenkenfreien Übertragung, zur Verneinung des Eigentums des Klägers gelangen können. Das ist fehlsam. Schon aus dem feststehenden Sachverhalte, wonach die Übertragungsakte nur vorgenommen wurden, um bei der Registerbehörde den Nachweis führen zu können, daß der Geschäftsanteil jetzt dem Anton v. T. zustehe, und die Beibringung einer Spezialvollmacht entbehrlich zu machen, ist abzuleiten, daß nach der Absicht der Beteiligten die Übertragung des Anteils an die Ehefrau ohne alle selbständige Bedeutung sein und nur die Möglichkeit schaffen sollte, nunmehr eine Übertragung an Anton v. T. in Scene zu setzen. Erst recht ergibt sich dies aber aus den soeben erwähnten Angaben des Anton v. T.:

„Der Notar schlug mir vor, den Geschäftsanteil auf meinen Namen zu übertragen, weil in diesem Falle die Beibringung der Spezialvollmacht nicht mehr erforderlich sein würde. Er erklärte, diese Übertragung könne auf Grund meiner Generalvollmacht nicht direkt auf mich gemacht werden, sondern es müsse zunächst eine Übertragung auf meine Frau stattfinden, und meine Frau solle den Geschäftsanteil wieder auf mich übertragen. Diesem Vorschlage bin ich gefolgt. Eine wirkliche Übertragung des Geschäftsanteils auf meine Frau war natürlich nie beabsichtigt."

Berücksichtigt man weiter, daß die Eheleute Anton v. T. nach den vorliegenden Angaben in allgemeiner Gütergemeinschaft leben, so daß eine unter ihnen vorgenommene Übertragung nach § 1438 B.G.B. ohne rechtliche Bedeutung erscheint, so kann es nach alledem keinem Zweifel unterliegen, daß die Akte vom 8. und 9. Oktober 1901 nichts weiter bezweckten, als die Herbeiführung eines rechtlichen Erfolges, der auf Grund der Vollmacht von Anton v. T. kraft der gesetzlichen Vorschrift eben nicht herbeigeführt werden konnte.

Weil das Berufungsgericht dies verkannt hat, und weil es auf der durch das festgestellte Sachverhältnis nicht gerechtfertigten Annahme beruht, der Kläger habe durch den Übertragungsakt vom 8. Oktober 1901 das Eigentum an dem Geschäftsanteile eingebüßt, unterliegt das Urteil der Aufhebung.

Die Sache bedarf aber der Zurückverweisung, weil sie zur Zeit noch nicht spruchreif ist.

Zunächst schon deswegen, weil der Beklagte behauptet hat, der Kläger habe hinterher die Übertragungsakte vom 8. und 9. Oktober 1901 genehmigt. Diese Behauptung ist für erheblich zu erachten. In der Literatur[1] ist zwar auch die vom Berufungsgerichte geteilte Auffassung vertreten, daß ein die Grenzen des § 181 B.G.B. überschreitendes Rechtsgeschäft als verboten und demgemäß nach § 134 als nichtig anzusehen sei. Das Reichsgericht hält aber die von anderen Schriftstellern[2] vertretene Meinung für besser begründet, daß

---

[1] Planck, Bem. 2 zu § 181; Rehbein, S. 255; Cosack, 4. Aufl. § 68; Kuhlenbeck, 2. Aufl. S. 147. D. E.

[2] Enneccerus u. Lehmann, 2. Aufl. S. 223; Hölder, S. 381; Dernburg, S. 497; Hupka, Vollmacht S. 342. D. E.

ein Rechtsgeschäft, das ein Vertreter entgegen der Vorschrift des § 181 mit sich selbst abschließt, rechtlich ebenso zu beurteilen ist, wie jede andere Vollmachtsüberschreitung, und demzufolge nach § 177 in seiner Wirksamkeit von der Genehmigung des Vertretenen abhängt. Die Bedeutung eines gesetzlichen Verbotes im Sinne des § 134 kann dem § 181 überhaupt nicht beigelegt werden. Es handelt sich nur um eine dispositive Bestimmung, die eine Auslegung des Umfangs der Vollmacht oder der gesetzlichen Vertretungsmacht enthält. Auch würde es als widerspruchsvoll angesehen werden müssen, das Selbst-Kontrahieren des Vertreters nicht als genehmigungsfähig anzusehen, obschon es ihm ausdrücklich oder stillschweigend gestattet werden kann. Endlich spricht auch die Verwandtschaft, die die Vorschrift des § 181 mit dem in den §§ 456 und 457 geordneten besonderen Falle eines Zwangsverkaufes besitzt, für die hier vertretene Meinung, da der § 458 für diesen Fall ausdrücklich Genehmigungsfähigkeit vorsieht.

Außerdem erscheint der Einwand des Beklagten erheblich, daß in Wahrheit Anton v. T. von Anfang an Gesellschafter und Einleger des Stammanteils gewesen sei und den Namen seines Bruders, des Klägers, dabei nur vorgeschoben habe. Bestand zwischen den Brüdern Einverständnis darüber, daß der Kläger nur seinen Namen hergeben sollte, um die in Wahrheit für Anton v. T. beabsichtigte Beteiligung zu verdecken, so würde der Kläger arglistig handeln, wenn er sein bloß formales Eigentum an dem Geschäftsanteile, den er in Wahrheit als den seines Bruders ansehen muß, dessen Gläubigern gegenüber geltend machen wollte. Und auch dann würde dem Kläger Arglist vorzuwerfen sein, wenn die Sache etwa so liegen sollte, daß Anton v. T. unter Mißbrauch der Vollmacht des Klägers ohne dessen Kenntnis bei der Gründung nur seine eigenen Geschäfte betrieben haben sollte, der Kläger jetzt aber diese Sachlage gegen den Beklagten auszunützen unternehme. In beiden Fällen müßte nicht nur der Gesichtspunkt der arglistigen Ausbeutung eines formalen Rechts (§ 226 B.G.B.) zur Abweisung der Klage führen, sondern es würde sich dann auch für die Übertragungsakte vom 8. und 9. Oktober 1901 ergeben, daß der am Schlusse des § 181 vorgesehene Ausnahmefall vorliegt. Denn wenn das Rechtsverhältnis zwischen den Brüdern derart war, daß der Kläger bei der Gesellschaftsbeteiligung nur seinen Namen hergab, diese Beteiligung der Sache nach eine Beteiligung des Bruders sein sollte, mit dessen Mitteln sie beschafft wurde, so würde der Kläger auch verpflichtet gewesen sein, das der wahren Sachlage entsprechende Rechtsverhältnis herzustellen, d. h. den Geschäftsanteil auf Anton v. T. zu übertragen (§§ 667. 812 B.G.B.); und es würde folgeweise die Vornahme dieses Aktes durch Anton v. T. selbst, kraft seiner Vollmacht ein Rechtsgeschäft darstellen, „das ausschließlich in der Erfüllung einer Verbindlichkeit besteht". Nach beiden Richtungen hin enthält das Urteil des Oberlandesgerichts aber keine Feststellungen. Die Ausführungen des Urteils, die sich mit der Verneinung der Scheinnatur der Übertragungsakte beschäftigen, enthalten zwar einige Bemerkungen, aus denen man folgern könnte, daß das Oberlandesgericht einen derartigen Sachverhalt für wahrscheinlich erachtet. Eine dem § 286 C.P.O. gerecht werdende tatsächliche Feststellung hat das Reichsgericht aber in diesen in einem anderen rechtlichen Zusammenhange sich bewegenden Äußerungen nicht erblicken können, so daß von der Bestimmung in § 565 Abs. 3 Ziff. 1 C.P.O. kein Gebrauch gemacht werden konnte."

---

27. 1. Kann nach der rechtskräftigen Verurteilung des Hauptschuldners der Bürge gegenüber der Klage des Gläubigers den Bestand der Hauptschuld bestreiten und eine im Vorprozesse abgewiesene Einrede des Hauptschuldners geltend machen?

B.G.B. § 767. 768.

C.P.O. § 325.

2. Hat der Bürge für den Beweis der Zahlung des Hauptschuldners Anspruch auf Vorlegung der Handelsbücher des Gläubigers?

B.G.B. § 810.

VI. Civilsenat. Urt. v. 5. November 1903 i. S. St. (Bekl.) w. B. (Kl.). Rep. VI. 155/03.

I. Landgericht Elberfeld.
II. Oberlandesgericht Köln.

Die vorstehenden beiden Fragen wurden bejaht aus folgenden Gründen:

„Der Beklagte, der die Übernahme der Bürgschaft zugibt, hat den Bestand der Hauptschuld aus zwei Gründen bestritten. Er hat einmal behauptet, die vermieteten Räume seien infolge der Tieferlegung der F'.straße durch die Stadt B. für die Mieter untauglich zu dem vertragsmäßigen Gebrauch geworden; darum seien nach § 537 B.G.B. die Mieter von der Entrichtung des Mietzinses befreit gewesen, und Beklagter mache diese den Hauptschuldnern zustehende Einrede auf Grund des § 768 B.G.B. gegen die Klägerin geltend. Zweitens hat er behauptet, die Mieter hätten die Miete bezahlt, und die Klägerin habe erst nachträglich diese Zahlungen auf andere Forderungen gegen die Mieter abgerechnet. Die erste Einrede ist vom Berufungsrichter abgewiesen, weil schon die Hauptschuldner in dem gegen sie geführten Prozesse sie geltend gemacht hätten und damit in dem Urteile vom 16. April 1901 zutreffend abgewiesen seien. Die Einrede stehe deshalb auch dem Beklagten nicht mehr zu; dieser Grund wird von der Revision als rechtsirrtümlich bekämpft; ihre Beschwerde mußte auch Erfolg haben.

Der angeführte Satz des Berufungsurteils ist in seiner Kürze nicht ganz klar. Offenbar soll er aber sagen, was auch die Revision darin findet, daß nämlich der Einrede des Beklagten ein Doppeltes entgegenstehe, einmal die Rechtskraft des gegen die Hauptschuldner ergangenen Urteils, und ferner der in diesem festgestellte Vergleich der Hauptschuldner mit der Klägerin. Allein das ist nach beiden Richtungen hin irrig.

Die Rechtskraft des im Vorprozesse ergangenen Urteils wirkt nach § 325 Abs. 1 C.P.O. nur zwischen den Parteien und denen, die nach dem Eintritte der Rechtshängigkeit deren Rechtsnachfolger geworden sind. Dazu gehört der Bürge nicht.

Vgl. Urteil des IV. Civilsenates vom 26. Januar 1884, bei Gruchot, Beiträge Bd. 29 S. 382.

Die in der Civilprozeßordnung zugelassenen Erweiterungen dieser Regel treffen hier sämtlich nicht zu. Aber aus den Bestimmungen des Bürgerlichen Gesetzbuchs hat man die Folge ableiten wollen, daß die rechtskräftige Verurteilung des Hauptschuldners dem Gläubiger das Recht gebe, dem Bestreiten des Bestandes der Hauptschuld durch den Bürgen die Replik der rechtskräftig entschiedenen Sache entgegenzustellen.[1] Denn nach § 767 Satz 1 B.G.B. sei für die Verpflichtung des Bürgen der jeweilige Bestand der Hauptverbindlichkeit maßgebend. Habe der Hauptschuldner infolge seiner rechtskräftigen Verurteilung die Verbindlichkeit, dem Gläubiger die diesem im Urteile zuerkannte Erfüllungsleistung zu gewähren, so sei damit die Verbindlichkeit festgestellt, für deren Erfüllung der Bürge nach § 765 B.G.B. einzustehen habe. Ebenso ergebe sich aus Satz 1 des § 768 B.G.B., daß der Bürge nur die dem Hauptschuldner zustehenden Einreden, nicht aber diejenigen geltend machen könne, die diesem durch die rechtskräftige Verurteilung genommen seien. Diese Auslegung wird jedoch dem Zusammenhange, in dem die angeführten Sätze stehen, nicht gerecht. Im § 767 folgt auf den erwähnten ersten Satz die Vorschrift, daß durch ein Rechtsgeschäft, das der Hauptschuldner nach der Übernahme der Bürgschaft vornimmt, die Verpflichtung des Bürgen nicht erweitert wird. Im Sinne dieser Vorschrift ist die Prozeßführung des Hauptschuldners ein Rechtsgeschäft, weil er durch sie in rechtlich verbindlicher Weise über den sein Rechtsverhältnis zu dem Gläubiger betreffenden Prozeßstoff und die ihm zustehenden Rechtsbehelfe verfügt. Kann diese Verfügung die Verbindlichkeit des Bürgen nicht erweitern, so erweist sich die Verwendung des ersten Satzes für den Beweis einer erweiterten Wirkung des Urteils, über die Grenzen des § 325 C.P.O. hinaus, als untunlich. Der § 768 steht mit dieser Auslegung des § 767 in Einklang, wenn er bestimmt, daß der Verzicht des Hauptschuldners dem Bürgen keine Einrede nimmt. Steht hiernach der aus § 537 B.G.B. entnommenen Einrede des Beklagten die Rechtskraft des Urteils vom 16. April 1901 nicht entgegen, so ergibt sich aus vorstehendem zugleich, daß der zwischen den Hauptschuldnern und der Klägerin abgeschlossene Vergleich die Verpflichtung des Beklagten aus der Bürgschaft nicht hat erweitern können. Der Vergleich hat also dem Beklagten die Einrede ebenfalls nicht genommen.

Die vorstehenden Ausführungen treffen auch für die vom Beklagten vorgeschützte Einrede der Zahlung zu, die den Hauptschuldnern

[1] Vgl. Mendelssohn-Bartholdy, Grenzen der Rechtskraft S. 426 u. 447; Hellwig, Wesen u. subjektive Begrenzung der Rechtskraft S. 18 u. S. 317 Anm. 1; Seuffert, C.P.O. 8. Aufl. Bem. 1a zu § 325. D. E.

nach der rechtskräftigen Verurteilung nicht mehr zustand, soweit sie vor der Verurteilung geltend gemacht werden konnte. Das Berufungsgericht hat gegen diese Einrede das vorhin erörterte Bedenken nicht gehabt, sondern sie abgewiesen, weil bewiesen sei, daß die Miete nicht bezahlt sei. Das ergebe sich aus der glaubwürdigen Zeugenaussage F.'s. Somit bedürfe es weder der Vorlage der Geschäftsbücher der Klägerin — auf die der Beklagte sich für den Beweis seiner Behauptungen berufen hatte —, noch könne der vom Beklagten zugeschobene Eid zugelassen werden. Diese Ablehnung des Beweises, den der Beklagte durch die Berufung auf die Handelsbücher der Klägerin angetreten hat, ist rechtsirrtümlich und beschwert den Beklagten.

Der § 45 H.G.B. gibt dem Gerichte die Befugnis, nach seinem Ermessen die Vorlegung der Handelsbücher einer Partei anzuordnen, läßt aber das aus dem Bürgerlichen Gesetzbuche folgende und in § 422 C.P.O. anerkannte prozessuale Recht der Partei, vom Gegner die Vorlegung und Einsicht der Handelsbücher zu fordern, unberührt. Der § 810 B.G.B. gibt nun dem, der ein rechtliches Interesse daran hat, eine in fremdem Besitze befindliche Urkunde einzusehen, den Anspruch auf die Gestattung der Einsicht u. a. dann, wenn in der Urkunde ein zwischen ihm und einem anderen bestehendes Rechtsverhältnis beurkundet ist. Der hier gebrauchte Ausdruck „Rechtsverhältnis" könnte zu dem Zweifel Anlaß geben, ob die Vorlegung der Bücher für den Beweis einer Zahlung gefordert werden könne, da diese ein Rechtsgeschäft, aber nicht ein Rechtsverhältnis ist. Allein der § 810 ist nicht in dem Sinne auszulegen, daß nur solche Urkunden gemeint sind, die das ganze Rechtsverhältnis umfassend beurkunden; vielmehr genügt die rechtliche Beziehung der Beurkundung auf ein solches. Nun ist der Mietvertrag zwischen der Klägerin und den Hauptschuldnern ein Rechtsverhältnis, für das die Beurkundung der Zahlung erfolgt. Hat darum der Hauptschuldner selbst den Anspruch auf Vorlegung der Bücher zum Beweise der Zahlung, so steht der gleiche Rechtsbehelf auch dem Bürgen zu, der seine Einrede aus dem Rechte des Hauptschuldners herleitet. Der Beklagte war daher berechtigt, den in Rede stehenden Beweisantrag zu stellen. Seine Erheblichkeit wurde aber durch das Zeugnis F.'s nicht beseitigt; solange nicht feststeht, welchen Inhalt die Bücher der Klägerin haben, läßt sich über die Beweiskraft der Eintragung nicht urteilen. Es verletzt darum die prozessualen Rechte des Beklagten, wenn das Berufungsgericht dem vom Beklagten angebotenen Beweise die Erheblichkeit abgesprochen hat, obwohl über den Ausfall der Beweiserhebung keinerlei Gewißheit besteht."..

---

28. 1. Kann im Falle der Erledigung des Rechtsstreites durch Vergleich der Hauptparteien nachträglich eine Entscheidung über die Kosten der Nebenintervention herbeigeführt werden?
2. Ist der Nebenintervenient zur Herbeiführung dieser Entscheidung befugt?
3. Darf der Entscheidung die materielle Sachlage und das bürgerliche Recht zugrunde gelegt werden?
C.P.O. § 101.

II. Civilsenat. Beschl. v. 27. Oktober 1903 i. S. T. (Kl.) w. G. u. Gen. (Bekl.) u. P. (Nebeninterv.). Beschw.-Rep. II. 141/03.

I. Landgericht I Berlin.
II. Kammergericht daselbst.

In erster Instanz war auf Streitverkündung der Nebenintervenient den Beklagten beigetreten und als solcher zugelassen. Das Landgericht verurteilte, unter Abweisung der Klage, den Kläger, die Kosten des Rechtsstreites, mit Einschluß derjenigen der Nebenintervention, zu tragen. Kläger legte Berufung ein und lud auch den Nebenintervenienten zur mündlichen Verhandlung. Bevor es zu dieser kam, verglichen sich die Hauptparteien, wobei die Kosten gegeneinander aufgehoben wurden. Darauf lud der zum Vergleiche nicht zugezogene Nebenintervenient die Hauptparteien zur mündlichen Verhandlung und beantragte, die Berufung insoweit zurückzuweisen, als sie sich gegen die Entscheidung des Landgerichts über die Kosten der Nebeninvention richte. Der Kläger machte dagegen Unzulässigkeit der Fortsetzung des durch den Vergleich erledigten Verfahrens geltend. Das Kammergericht legte die durch die Nebenintervention verursachten Kosten der ersten Instanz je zur Hälfte dem Kläger und dem Nebenintervenienten auf. Die auf Grund des § 99 Abs. 3 C.P.O. von diesen eingelegten sofortigen Beschwerden sind vom Reichsgerichte zurückgewiesen worden.

Aus den Gründen:

... „Dem Kammergericht ist, im Gegensatze zu der von dem Kläger vertretenen Ansicht, darin beizustimmen, daß dem Nebenintervenienten das Recht zusteht, über die Kosten der Nebenintervention gerichtliche Entscheidung herbeizuführen, und daß dieses Recht insbesondere auch im Falle der Erledigung des Rechtsstreites durch Vergleich der Hauptparteien für ihn besteht. Die zwingende Vorschrift des § 308 Abs. 2 C.P.O., daß auch ohne Antrag das Gericht über die Verpflichtung, die Kosten zu tragen, zu erkennen hat, ist hinsichtlich der Kosten der Nebenintervention noch besonders in § 101 a. a. O. dahin zum Ausdrucke gebracht, daß die durch eine Nebenintervention verursachten Kosten den dort angegebenen Prozeßbeteiligten „aufzuerlegen sind". Aus der auch auf die Kosten der Nebenintervention anwendbaren Bestimmung des § 321 a. a. O., daß im Falle des vollständigen oder teilweisen Übergehens des Kostenpunktes in der Endentscheidung auf Antrag das Urteil durch nachträgliche Entscheidung ergänzt werden kann, ergibt sich ferner, daß die Erledigung des Rechtsstreites durch Endentscheidung für eine Fortsetzung desselben zur Erledigung auch des Streites über die Kosten kein Hindernis bildet. Kann aber der Nebenintervenient hiernach im Falle der Endentscheidung die unterbliebene Entscheidung über die Kosten der Nebenintervention herbeiführen, so ist kein triftiger Grund ersichtlich, aus welchem dies im Falle des Vergleiches der Hauptparteien nicht möglich sein sollte. Die letztere Art der Erledigung des Rechtsstreites kann keine andere, größere Wirkung haben, als die erstere. Überdies wird, wie das Kammergericht unter Widerlegung der entgegengesetzten Meinung von Petersen u. Anger (C.P.O. Bd. 1 Bem. 1 zu § 101 5. Aufl. S. 262) zutreffend dargelegt hat, jeder Zweifel dadurch beseitigt, daß nach § 101 Abs. 1 C.P.O. die durch die Nebenintervention verursachten Kosten dem Gegner der Hauptpartei aufzuerlegen sind, soweit derselbe nach den Bestimmungen der §§ 91 bis 98 die Kosten des Rechtsstreites zu tragen hat, und in dem mitangezogenen § 98 ausschließlich der Fall des Vergleiches der Hauptparteien behandelt ist. Zur Herbeiführung der hiernach im Falle des Vergleiches der Hauptparteien zulässigen gerichtlichen Entscheidung über die Kosten der Nebenintervention ist der Nebenintervenient ohne Zweifel berechtigt, da er ein Interesse an der

Beschaffung eines für die Erlangung der Kostenerstattung erforderlichen Titels hat und alle Prozeßhandlungen wirksam vornehmen darf, insoweit nicht seine Erklärungen und Handlungen mit Erklärungen und Handlungen der von ihm unterstützten Hauptpartei im Widerspruch stehen (§ 67 C.P.O.), ein solcher Widerspruch aber in der Herbeiführung der hier in Rede stehenden Entscheidung, durch welche das zwischen dem Nebenintervenienten und der von ihm unterstützten Hauptpartei bestehende Verhältnis nicht berührt wird, nicht gefunden werden kann.

Auch darin ist dem Kammergericht beizupflichten, daß für die sachliche Entscheidung über die Kosten der Nebenintervention lediglich der Inhalt des zwischen den Hauptparteien abgeschlossenen Vergleiches maßgebend ist. Die in der gegenwärtigen Sache von dem Nebenintervenienten vorgebrachten Ausführungen, daß nach der Entscheidung des Landgerichts ihm das Recht auf Erstattung seiner gesamten Kosten zustehe, daß der ohne seine Mitwirkung von den Hauptparteien abgeschlossene Vergleich hinsichtlich der Kosten der Nebenintervention materielle Wirksamkeit nicht erlangt habe, daß übrigens die von ihm unterstützte Hauptpartei auf Erstattung der Hälfte der Kosten der Nebenintervention an ihn, den Nebenintervenienten, nicht habe verzichten wollen und können, und daß also der Vergleich hinsichtlich der Kosten der Nebenintervention eine Lücke offen lasse, sind ebenso verfehlt, wie die daran geknüpften Folgerungen, daß der insoweit anhängig gebliebene Rechtsstreit ohne Rücksicht auf den Vergleich der Hauptparteien und unter materieller Nachprüfung des Urteils des Landgerichts zu entscheiden sei. Aus der dem Nebenintervenienten günstigen Kostenentscheidung des Landgerichts erwuchs demselben, da vom Kläger gegen das Urteil in vollem Umfange Berufung eingelegt wurde, nicht ein endgültiges Recht auf Kostenerstattung. Auch ist nicht ersichtlich und nicht behauptet, daß auch die Kosten der Nebenintervention einen Gegenstand des dem Gericht nicht vorgelegten Vergleiches der Hauptparteien gebildet hätten, so daß ein Verzicht der von dem Nebenintervenienten unterstützten Hauptpartei auf Kostenerstattung von seiten des Gegners an denselben nicht in Frage kommen kann. Die Hauptparteien aber hatten auch in der Berufungsinstanz noch das unbeschränkte Recht, sich über den Klaganspruch und die Kosten des Rechtsstreites zu vergleichen. Durch den tatsächlich hierüber von den Hauptparteien abgeschlossenen Vergleich fiel das Urteil des Landgerichts in seiner Gesamtheit, mit Einschluß der Entscheidung über die Kosten der Nebenintervention, weg, und an die Stelle desselben trat der Vergleich. Daß ein solcher Vergleich, obwohl er die Kosten der Nebenintervention nicht zum Gegenstande hatte, doch auch hinsichtlich ihrer die einzige maßgebende Grundlage bildet, ist, wie vom Kammergerichte zutreffend ausgeführt worden, durch die Bestimmung des § 101 Abs. 1 C.P.O. zum unzweideutigen Ausdrucke gebracht, nach welcher die Kosten der Nebenintervention dem Gegner der Hauptpartei, soweit derselbe nach den Bestimmungen der §§ 91 bis 98 die Kosten des Rechtsstreites zu tragen hat, und dem Nebenintervenienten so weit, als dies nicht der Fall ist, aufzuerlegen sind. Damit ist auch für den Fall des Vergleiches der Hauptparteien das Bestehen und der Umfang der Verpflichtung bestimmter Prozeßbeteiligter, die Kosten der Nebenintervention zu tragen, genau festgestellt, und die Möglichkeit ausgeschlossen, bei der Entscheidung dieser Frage auf die materielle Sachlage des Rechtsstreites oder auf das bürgerliche Recht Rücksicht zu nehmen. Die Frage ist vielmehr prozeßrechtlich vollständig und ausschließlich geregelt." ...

---

29. 1. Wann ist der Beauftragte zur Rechnungslegung verpflichtet?

2. Darf im Falle des § 254 C.P.O. das Berufungsgericht die Sache an die erste Instanz zur Verhandlung und Entscheidung über den Betrag zurückverweisen, wenn der erste Richter die ganze Klage abgewiesen hat, das Berufungsgericht aber zur Rechnungslegung verurteilt und die weitere Klage für dem Grunde nach gerechtfertigt erachtet?

B.G.B. § 666.
C.P.O. §§ 254. 304. 538 Ziff. 3.

V. Civilsenat. Urt. v. 28. Oktober 1903 i. S. T. (Bekl.) w. K. Konkursm. (Kl.). Rep. V. 180/03.

I. Landgericht Elberfeld.
II. Oberlandesgericht Köln.

Auf dem Grundstücke des Gemeinschuldners in der A.'straße zu E. war für den Beklagten eine Hypothek zu 90000 ℳ eingetragen „für käuflich gelieferte Waren, bare Vorschüsse und Zahlungen, welche Beklagter für Rechnung des K. an Dritte geleistet hat". Diese Eintragung wurde dadurch herbeigeführt, daß der Gemeinschuldner am 23. Dezember 1901 eine Eigentümergrundschuld gleichen Betrages unter Umwandlung in eine Hypothek an den Beklagten abgetreten hatte.

Die Klage der Konkursmasse K.'s a) auf Rechnungslegung, b) auf Löschung des nicht bezahlten Betrages wurde vom ersten Richter deswegen abgewiesen, weil die in § 666 B.G.B. geforderte Voraussetzung, daß der Auftrag ausgeführt sei, nach eigenem Vorbringen der Klägerin nicht vorliege.

Auf Berufung der Klägerin, worin sie den Klagantrag wiederholte, in zweiter Reihe aber Zurückverweisung und ein den Beklagten zur Löschungsbewilligung von 11190,16 ℳ verurteilendes Teilurteil beantragte, wurde vom Oberlandesgericht wie folgt erkannt:

„Der Beklagte wird verurteilt, über diejenigen Summen, welche er auf Grund des notariellen Aktes vom 23. Dezember 1901, bzw. des ihm erteilten Hypothekenbriefes, betr. das dem Gemeinschuldner K. gehörende ... Grundstück ..., für den Gemeinschuldner vorgelegt haben will, Rechnung zu legen.

Der Beklagte wird für verpflichtet erklärt, darin einzuwilligen, daß von der zu seinen Gunsten am 24. Dezember 1901 auf das bezeichnete Grundstück eingetragenen Hypothek in Höhe von 90000 ℳ derjenige Betrag gelöscht wird, der nach dem Ergebnis der Rechnungsablage nicht gezahlt worden ist. Die Sache wird zur weiteren Verhandlung und Entscheidung an das Landgericht zurückverwiesen." ...

Auf Revision des Beklagten ist das Berufungsurteil, soweit es zur Rechnungslegung verurteilt hatte, aufrecht erhalten, im übrigen aber unter Zurückverweisung der Sache an das Berufungsgericht aufgehoben worden.

Aus den Gründen:

... „Zutreffend führt der Berufungsrichter aus, daß auf das erwähnte zwischen dem Gemeinschuldner und dem Beklagten bestehende Kreditverhältnis die Grundsätze über den Auftrag anzuwenden sind, und daß nach § 666 B.G.B., obschon dieser nur von Rechnungslegung „nach der Ausführung des Auftrags" spricht, der Beauftragte nicht bloß nach vollständig ausgeführtem Auftrag, sondern immer nach — wenn auch vorzeitig eingetretener — Beendigung des Auftragsverhältnisses zur Rechnungslegung verpflichtet ist. Der Beauftragte muß eben Rechnung legen, soweit er bei früherer oder späterer Aufhebung des Auftrages diesen ausgeführt hat. Daß der Sinn des Gesetzes kein anderer sein kann, ergibt sich mit Notwendigkeit aus seinem Zweck und seiner Vorgeschichte und aus Vorschriften für verwandte Rechtsverhältnisse, z. B. die Gesellschaft und die Vormundschaft, die ebenfalls die Abrechnungspflicht nicht auf die Zeit der gänzlichen Ausführung der Geschäfte beschränken.

Vgl. Mugdan, Materialien Bd. 2 S. 300 u. 945 flg.; § 740 Abs. 2. § 1840 Abs. 2 B.G.B.

Es kann weiter keinem Zweifel unterliegen, daß das in Rede stehende Auftrags- und Kreditverhältnis gemäß § 23 K.O. durch die Eröffnung des Konkursverfahrens gegen K. erloschen ist, und braucht daher auf seine ausdrückliche Kündigung durch eingeschriebenen Brief des Konkursverwalters rc nicht näher eingegangen zu werden.

In allen diesen Stücken erhebt die Revision auch keine grundsätzlichen Einwendungen; wohl aber führt sie aus, daß das Rechtsverhältnis deshalb noch in keiner Weise erledigt sei, weil sich der Beklagte infolge seiner hypothekarischen Sicherstellung den verschiedenen Bauhandwerkern gegenüber persönlich verpflichtet habe, deren vorhandene und künftige Ansprüche zu decken, und weil die Rechnungen dieser Bauhandwerker vom Bauleiter H. bisher noch nicht festgestellt werden konnten.

Auch mit diesem Einwand vermag der Revisionskläger nicht durchzudringen. Der § 666 B.G.B. mit seinem oben erörterten Inhalte verpflichtet den Beauftragten nach Erlöschen des Auftrages zur sofortigen Rechnungslegung über die bis dahin geschehene Auftragsausführung; eine besondere Frist dafür gewährt er nicht. Der im § 23 K.O. mit § 672 B.G.B. vorgesehene Fall, daß der Beauftragte trotz Erlöschung des Auftrages noch unaufschiebliche Geschäfte erledigen darf, liegt nicht vor. Die Beibringung der Nachweise und Belege für die Rechnungslegung bildet keinen Teil der Auftragsausführung selbst; sie ist alleinige Sache des Beauftragten, und ihre Verzögerung kann ihm wohl Anlaß geben, gegen die ihm zur Abrechnung Verpflichteten vorzugehen; aber zur Hinausschiebung der Rechnungslegung gegenüber seinem Auftraggeber berechtigt sie ihn nicht. Es bedarf daher gar keines Hinweises darauf, daß dem Beklagten seit der im Mai 1902 erfolgten Klagerhebung tatsächlich Frist genug zur Beibringung einer möglichst vollständigen Rechnung nebst Belegen gegeben war. Daß seine mit 78809,94 ℳ abschließende, mit Schriftsatz vom 2. Juni 1902 übergebene Zahlungsaufstellung den Erfordernissen einer ordnungsmäßigen Rechnungslegung nicht entspricht, gibt er selbst zu.

Nach alledem steht die gesetzliche Pflicht des Beklagten zur Rechnungslegung schon jetzt fest, und muß insoweit seine Revision als unbegründet zurückgewiesen werden. Allein der Berufungsrichter hat sich nicht darauf beschränkt, die erwähnte Verpflichtung durch Teilurteil auszusprechen und zunächst dessen Rechtskraft abzuwarten; er hat vielmehr mit diesem seinem „Teilurteil" sofort die Vorabentscheidung verbunden, daß er den Beklagten dem Grunde nach verurteilt hat, die Löschung des Betrages, der nach dem Ergebnis der Rechnungsablage nicht gezahlt worden ist, zu bewilligen. Die Verhandlung und Entscheidung über diesen Betrag und die Streitkosten hat er dem Landgerichte überwiesen.

Dieses Verfahren verstößt wider das Gesetz, insbesondere gegen die §§ 254. 304. 538 Ziff. 3 C.P.O.; es beschwert auch schon im allgemeinen den Beklagten insofern, als dieser gesetzmäßige Sachbehandlung verlangen kann. In der Revisionsverhandlung hat der Vertreter des Beklagten auch ausdrücklich erklärt, daß er seinen Auftraggeber durch dessen Verurteilung zur Löschung um so mehr für beschwert erachte, als die zu legende Rechnung möglicherweise vollständige Deckung der Hypothek zu 90000 ℳ ergeben könne; die Zurückverweisung der Sache an die erste Instanz beschwere den Beklagten zwar an und für sich nicht; doch gebe er die Entscheidung über deren Zulässigkeit anheim.

Bei der Prüfung dieser Fragen ist vom § 254 C.P.O. auszugehen, der die Verbindung der Klage auf Rechnungslegung mit der Klage auf Herausgabe des nach der Rechnung Geschuldeten gestattet. Unbedenklich ist es, diese Vorschrift auch auf den gegebenen Fall, wo nicht zugleich Herausgabe, sondern Teillöschung verlangt ist, anzuwenden. Denn im weiteren Verlauf spricht der Paragraph allgemein vom Vorbehalte der Angabe der „Leistungen", die der Kläger beansprucht, und es muß daraus geschlossen werden, daß auch die „Klage auf Herausgabe", wovon er zunächst handelt, nicht im engsten Sinne zu verstehen ist.

Nun kann zugegeben werden, daß es möglich, vielleicht zweckmäßig gewesen wäre, wenn der Gesetzgeber auf die Behandlung der so verbundenen Klagen die §§ 304 und 538 Ziff. 3 für entsprechend anwendbar erklärt hätte; indessen ist dies nicht geschehen, und ohne solche ausdrückliche Zulassung konnte der Richter nicht nach den letztbezeichneten Gesetzesstellen im vorliegenden Falle verfahren, da es an den nötigen Voraussetzungen hierfür fehlt.

Nach § 538 Ziff. 3 C.P.O. hat der Berufungsrichter die Sache zurückzuverweisen, wenn der erste Richter im Falle eines nach Grund und Betrag streitigen Anspruches durch das angefochtene Urteil über den Grund des Anspruches vorabentschieden oder die Klage abgewiesen hat. Letztere Voraussetzung liegt zwar vor; aber der nach § 304 C.P.O. zu beurteilende Fall eines nach Grund und Betrag streitigen Anspruches ist nicht gegeben.

Der Kläger hat den zu löschenden Betrag bisher noch nicht angegeben, sondern dessen Nennung, wozu er nach § 254 a. a. O. wohlberechtigt ist, noch vorbehalten. Es kann daher auch noch nicht von einem bestrittenen Betrage die Rede sein. Unerheblich ist es, daß vorsorglich in zweiter Reihe der Kläger die Löschung des nach der unvollkommenen, beiderseits für nicht maßgebend erklärten Berechnung des Beklagten vom Juni 1902 ungedeckten Hypothekenbetrages von 11190,16 ℳ begehrt hat. Denn damit hat er den Betrag seines Anspruches keineswegs endgültig benannt, und es kann überhaupt bei der Frage, ob ein bestrittener Betrag gegeben ist, nur auf den ersten Klagantrag mit unbestimmtem Löschungsverlangen, wenn dieser, wie hier, zulässig ist, ankommen.

Aber auch dem Grunde nach ist der Anspruch des Klägers auf Löschung zur Zeit insofern wenigstens nicht bestritten, als beide Teile im Einverständnis darüber sind, daß der durch vereinbarungsmäßige Zahlungen des Beklagten nicht gedeckte Hypothekbetrag gelöscht werden muß.

Hiernach war für Anwendung des § 538 Ziff. 3 C.P.O. kein

Grund gegeben; der Berufungsrichter konnte sich der weiteren eigenen Verhandlung über die Löschungsklage nicht entschlagen; er muß diese nunmehr nach Aufhebung des betreffenden Teiles seiner Entscheidung nachholen und zunächst, nachdem nunmehr sein Urteil auf Rechnungslegung rechtskräftig wird, dessen etwa notwendig werdende Vollstreckung, in jedem Falle aber neuen bestimmten Löschungsantrag des Klägers abwarten." ...

---

30. Gilt der in § 1579 Abs. 1 Satz 2 B.G.B. aufgestellte Rechtssatz, wonach sich die Unterhaltspflicht eines geschiedenen und allein für schuldig erklärten Ehegatten nach Schließung einer neuen Ehe dem anderen geschiedenen Ehegatten gegenüber auf dasjenige beschränkt, was mit Rücksicht auf die Bedürfnisse sowie auf die Vermögens- und Erwerbsverhältnisse der Beteiligten der Billigkeit entspricht, auch für den Fall, wenn der schuldige Ehegatte sich vor seiner Wiederverheiratung dem anderen gegenüber vertragsmäßig verbindlich gemacht hatte, ihm die Unterhaltsrente in einer bestimmten Höhe zu leisten?

IV. Civilsenat. Urt. v. 29. Oktober 1903 i. S. Th. (Kl.) w. Th. (Bekl.). Rep. IV. 158/03.

I. Landgericht Königsberg i. Pr.
II. Oberlandesgericht daselbst.

Aus den Gründen:

... „Der § 1579 Abs. 1 Satz 2 B.G.B. bestimmt, daß, wenn der allein für schuldig erklärte geschiedene Ehegatte infolge seiner Wiederverheiratung einem neuen Ehegatten Unterhalt zu gewähren hat, seine Verpflichtung dem geschiedenen Ehegatten gegenüber sich auf dasjenige beschränkt, was mit Rücksicht auf die Bedürfnisse sowie auf die Vermögens- und Erwerbsverhältnisse der Beteiligten der Billigkeit entspricht.

In dem vorliegenden Rechtsstreite handelt es sich um die Frage, ob der hier ausgesprochene Rechtssatz auch in dem Falle Anwendung leidet, wenn der geschiedene schuldige Ehegatte sich dem anderen gegenüber vor seiner Wiederverheiratung vertragsmäßig verbindlich gemacht hat, die diesem zukommende Unterhaltsrente in einer bestimmten Höhe zu leisten.

Das Berufungsgericht hat dies verneint, und seiner Entscheidung ist beizutreten. Der notarielle Vergleich vom 13. April 1901, durch welchen die Parteien über den Betrag der an die Beklagte zu zahlenden Rente sich geeinigt haben, regelt ein Schuldverhältnis; er stellt sich als obligatorischer, und nicht als Familienvertrag dar. Daß bei seiner Schließung der Parteiwille dahin gegangen ist, die von dem Kläger hiernach übernommene Unterhaltspflicht solle rücksichtlich der Höhe der Rente unter der auflösenden Bedingung stehen, daß er sich nicht wieder verheiraten werde, tritt aus dem festgestellten Inhalt nicht hervor, und der Kläger selbst behauptet dies auch gar nicht. Gestritten wird unter den Parteien nur darüber, ob die gedachte Folge sich aus dem Gesetze ergibt.

Das Bürgerliche Gesetzbuch enthält Rechtsnormen, durch welche es die Schließung gewisser Verträge oder einzelner Vertragsbestimmungen aus verschiedenen Rücksichten (der Sittlichkeit, des allgemeinen Wohles, der volkswirtschaftlichen Fürsorge rc), sei es absolut, sei es relativ, für unwirksam (nichtig oder anfechtbar) erklärt. So verordnet der § 138 Abs. 1 die Nichtigkeit eines Rechtsgeschäftes, das gegen die guten Sitten verstößt, und der Abs. 2 daselbst bezeichnet einen besonderen Fall dieser Nichtigkeit. Verbotsgesetze gleicher und ähnlicher Art enthalten ferner die §§ 137 Satz 1. 247 Abs. 1 Satz 2. 248 Abs. 1. 276 Abs. 2. 310 flg. 443. 476. 533. 540. 541. 544. 619. 624. 626. 637. 723. 749 Abs. 3. Die §§ 315 Abs. 3. 343. 655. 660 Abs. 1 Satz 2 sehen auch die Herabsetzung gewisser von einer Partei bedungenen oder versprochenen Leistungen durch richterliches Urteil vor, wenn dieselben in der geltend gemachten Höhe den Grundsätzen der Billigkeit widersprechen. Ein Vertrag aber, durch welchen geschiedene Ehegatten die Unterhaltspflicht des schuldigen von den Bestimmungen in den §§ 1578. 1579 B.G.B. abweichend bestimmen, wird weder durch diese noch durch andere Verbots- oder Fürsorgevorschriften betroffen. Der Kläger selbst leitet seinen Anspruch auf Beschränkung seiner Unterhaltspflicht gegen die Beklagte auch aus keiner Vorschrift dieser Art, sondern aus § 1579

Abs. 1 Satz 2 her, dem er insoweit einen absoluten, gebietenden Charakter beilegt. Indessen auch von diesem Standpunkte aus erscheint die Klage nicht begründet.

Wenn auch vorweg nicht geleugnet werden soll, daß für die zwingende oder nicht zwingende Natur eines Rechtssatzes nicht ohne weiteres eine Vermutung besteht, so spricht doch die Auslegung vorliegenden Falles durchaus für die nicht zwingende Natur. Abgesehen von vereinzelten Ausnahmebestimmungen ganz besonderer Art, wie sie die §§ 519 und 528 wegen der Rechtswohltat des Notbedarfs bei der Schenkung enthalten, wird in dem Bürgerlichen Gesetzbuch nirgends anerkannt, daß eine Verschlechterung in den wirtschaftlichen Verhältnissen des Schuldners den Bestand einer erlaubterweise übernommenen Verbindlichkeit aufhebt oder ihren Umfang mindert. Es würde eine schwer zu verstehende Singularität sein, wenn das Gesetz in dieser Beziehung den geschiedenen schuldigen Ehegatten, der sich durch Schließung einer neuen Ehe in eine ungünstigere ökonomische Lage versetzt hat, rücksichtlich einer gegenüber der geschiedenen Frau übernommenen Vertragsschuld anders behandeln wollte. Der in § 1579 Abs. 1 Satz 2 aufgestellte Grundsatz, welcher eine Vergünstigung für ihn enthält, ändert und beschränkt nur den in dem unmittelbar vorgehenden § 1578 normierten gesetzlichen Unterhalt der früheren Ehefrau, greift mithin nur für den Fall Platz, daß auch der § 1578 Anwendung findet. An der letzteren Voraussetzung aber fehlt es, wenn durch freiwilligen Dispositionsakt des Beteiligten der gesetzliche Unterhaltungsanspruch des unschuldigen Ehegatten in einen vertragsmäßigen umgewandelt worden ist. Eine vertraglich geordnete Unterhaltspflicht des für schuldig erklärten Eheteils wird durch die Klausel des § 1579 Abs. 1 Satz 2 nicht berührt.

Daß dem wirklich so ist, zeigt auch die Entstehungsgeschichte des Gesetzes und seine Verbindung mit dessen sonstigen Bestimmungen. Der § 1614 Abs. 1 B.G.B. schreibt für die Unterhaltspflicht der in gerader Linie miteinander verwandten Personen vor, daß für die Zukunft auf den Unterhalt nicht verzichtet werden darf, und die Motive zu dem wesentlich gleichlautenden § 1495 Abs. 1 des ersten Entwurfes rechtfertigen dies (Bd. 4 S. 709) mit dem Hinweis auf die sittliche Grundlage dieser Unterhaltspflicht und das wegen der öffentlichen Armenpflege konkurrierende öffentliche Interesse. Die

Motive aber zum § 1454 des ersten Entwurfes, welcher den §§ 1578. 1579. 1580 B.G.B. entspricht, erklären (Bd. 4 S. 619):

„Die Bestimmung des § 1495 über die Unzulässigkeit des Verzichtes auf den einem Verwandten zustehenden gesetzlichen Unterhaltsanspruch und über die Beschränkung einer wirksamen Vorausleistung ist auf den im § 1454 anerkannten Unterhaltsanspruch nicht übertragen, da der letztere keinen familienrechtlichen Charakter hat und sich nicht als die Kehrseite einer sittlichen Pflicht des anderen Teiles darstellt. Auch praktische Gründe sprechen dafür, es den geschiedenen Ehegatten zu ermöglichen, das Verhältnis untereinander durch Vertrag in definitiver Weise, insbesondere im Wege der Kapitalabfindung, zu ordnen."

Daß der Gesetzgeber auch bei der späteren Gestaltung des Gesetzes diesen Standpunkt nicht verlassen hat, folgt aus dem Umstand, daß auch der § 1580 Abs. 3 B.G.B., der für die wechselseitige Unterhaltspflicht der geschiedenen Ehegatten die für die Unterhaltspflicht der Verwandten geltenden Vorschriften der §§ 1607. 1610. 1611 Abs. 1 und 1613 (und für den Fall des Todes des Berechtigten auch des § 1615) für entsprechend anwendbar erklärt, den § 1614 nicht mit erwähnt, mithin eine vertragliche Regelung des Unterhalts für den unschuldigen Teil (insbesondere einen Verzicht auf diesen Unterhalt) ebenfalls nicht ausschließt.

Hiernach aber läßt sich die Rechtsnorm des § 1579 Abs. 1 Satzes 2 nur als dispositive auffassen. . . .

Sache des Klägers wäre es gewesen, wenn er mit Rücksicht auf eine neu zu schließende Ehe sich das Privilegium aus § 1579 Abs. 1 Satz 2 bei der Vertragsschließung wahren wollte, unter Zustimmung der Beklagten einen dahin gehenden Vorbehalt zu machen. Da er dies nicht getan hat, so erscheint sein Klaganspruch hinfällig." . . .

---

31. Kann nach dem Gesetze über die Angelegenheiten der freiwilligen Gerichtsbarkeit vom 20. Mai 1898 die Beschwerde gegen den Beschluß, durch welchen das Vormundschaftsgericht zu einem seiner

Genehmigung bedürfenden Rechtsgeschäfte dem Vormunde (Pfleger) die Genehmigung versagt hat, auch von dem Dritten erhoben werden, der dem Mündel bei jenem Geschäfte als Vertragsgegner gegenübersteht?

Gesetz über die Angelegenheiten der freiwilligen Gerichtsbarkeit vom 20. Mai 1898 §§ 16. 18. 20. 55. 62. 63.

IV. Civilsenat. Beschl. v. 12. November 1903 i. S. Br. Wwe. Beschw.-Rep. IV. 396/03.

I. Amtsgericht München I.
II. Landgericht daselbst.

Die Witwe des Gärtnermeisters Br. in M. schloß mit ihren minderjährigen Kindern, vertreten durch ihren Pfleger, den Hausmeister W. in A., am 29. Juli 1903 vor dem Notariate München V einen Erbteilungsvertrag, zu welchem der Pfleger nach § 1822 Ziff. 2 B.G.B. in Verbindung mit § 1915 das. der vormundschaftsgerichtlichen Genehmigung bedurfte. Sie machte darin auf Grund des Art. 83 Abs. 2 des bayrischen Gesetzes vom 9. Juni 1899 unter Zustimmung des Pflegers ein Recht auf Ausgleichung des Ehegewinnes aus der Errungenschaftsgemeinschaft geltend. Das Vormundschaftsgericht versagte, entgegen dem Antrage der beiden Vertragschließenden, durch Verfügung vom 9. August 1903 dem Vertrage die Genehmigung, und die von der Witwe Br. hiergegen eingelegte Beschwerde wurde vom Landgerichte durch Beschluß vom 15. September 1903 als unzulässig verworfen.

Die von der genannten gegen diesen Beschluß eingewendete weitere Beschwerde legte das Oberste Landesgericht in München gemäß § 28 Abs. 2 des Gesetzes über die Angelegenheiten der freiwilligen Gerichtsbarkeit zur Entscheidung dem Reichsgericht vor. Es war der Meinung, daß die Beschwerdeführerin zur Erhebung ihrer Beschwerde gesetzlich nicht legitimiert sei, erachtete sich aber behindert, das Rechtsmittel aus diesem Grunde als unbegründet zurückzuweisen, weil es sich hierdurch in Widerspruch setzen würde mit dem Beschlusse des Oberlandesgerichts Braunschweig vom 28. September 1901, der in Bd. 2 S. 207 der Entscheidungen in Angelegenheiten der freiwilligen Gerichtsbarkeit und des Grundbuchrechts veröffentlicht sei.

Gründe:

... „Es handelt sich für die zu treffende Entscheidung um die Frage, ob nach den Bestimmungen des Reichsgesetzes über die Angelegenheiten der freiwilligen Gerichtsbarkeit die Beschwerde gegen den Beschluß, durch welchen das Vormundschaftsgericht zu einem seiner Genehmigung bedürfenden Rechtsgeschäfte dem Vormunde die Genehmigung versagt, auch von dem Dritten erhoben werden kann, welcher bei jenem Geschäfte dem Mündel als Vertragsgegner gegenübersteht.

Die Bedingungen zur Abgabe einer Entscheidung durch das Reichsgericht liegen nach § 28 Abss. 2 und 3 des erwähnten Gesetzes vor, da die weitere Beschwerde eine vormundschaftliche Angelegenheit betrifft, welche durch Reichsgesetz den Gerichten übertragen ist (§ 1 a. a. O.).

Das Oberste Landesgericht zu München hat die erhobene Frage vorbehaltlos verneint, und seinen Ausführungen ist durchweg beizutreten.

Der § 20 a. a. O. bestimmt über das Beschwerderecht für die Angelegenheiten der freiwilligen Gerichtsbarkeit mit Bezug auf die Verfügungen des Gerichts erster Instanz allgemein:

„Die Beschwerde steht jedem zu, dessen Recht durch die Verfügung beeinträchtigt ist.

Soweit eine Verfügung nur auf Antrag erlassen werden kann, und der Antrag zurückgewiesen worden ist, steht die Beschwerde nur dem Antragsteller zu."

Wenn nun auch für die Legitimation zur Erhebung des Rechtsmittels nicht geprüft zu werden braucht, wie und durch wen der Beschwerdeführer von der erlassenen Verfügung Kenntnis erhielt, so versteht sich der Natur der Sache nach doch von selbst, daß von einer Beeinträchtigung seines Rechts durch die Beschwerde nicht eher die Rede sein kann, als bis die Verfügung rechtlich existent, also nach außen hin wirksam geworden ist. Diese Wirksamkeit aber tritt bei einer Verfügung, welche die Erteilung oder Versagung der nach dem Gesetz notwendigen Genehmigung des Vormundschaftsgerichts zu einem von dem Vormunde namens des Mündels abgeschlossenen Vertrage ausspricht, erst ein, wenn die Genehmigung oder deren Verweigerung von dem Vormundschaftsgericht dem Vormunde gegenüber erklärt, also nach Maßgabe des § 16 des Gesetzes über die Angelegenheiten der freiwilligen Gerichtsbarkeit ihm bekannt gemacht, und hierauf von dem Vormund dem anderen Vertragschließenden mitgeteilt worden ist (§§ 1828 und 1829 Abs. 1 Satz 2 B.G.B.). Da nun aber der § 55 des Gesetzes über die Angelegenheiten der freiwilligen Gerichtsbarkeit (in Beschränkung der in § 18 Abs. 1 aufgestellten Regel) vorschreibt, daß eine die Genehmigung zu einem Rechtsgeschäft erteilende oder verweigernde Verfügung von dem Vormundschaftsgericht insoweit nicht mehr geändert werden kann, als die Genehmigung oder deren Verweigerung einem Dritten gegenüber wirksam geworden ist, und da in dem letzteren Fall nach §§ 62. 63 a. a. O. auch das Beschwerdegericht eine solche Änderung nicht mehr vornehmen darf, so ergäbe sich für die Beschwerde des Vertragsgegners des Mündels gegen eine die Genehmigung versagende Verfügung des Vormundschaftsgerichts der Schluß, daß ihre erfolgreiche Erhebung überhaupt rechtlich unmöglich wäre. Bis der Vormund die gerichtliche Verfügung ihm mitteilt, würde sie rechtlich für ihn als Dritten nicht vorhanden, und daher auch durch Rechtsmittel nicht angreifbar sein; von dem Augenblicke an aber, wo er die Mitteilung durch den Vormund empfängt, wäre sie zur Wirksamkeit gelangt, und ihre Abänderung im Wege der Beschwerde daher nicht mehr zulässig. Dieses Verhältnis bestätigt in zwingender Weise die Annahme, daß der Gesetzgeber die Erteilung oder Verweigerung der Genehmigung durch das Vormundschaftsgericht als eine lediglich innere Angelegenheit ansieht, als ein Verfahren zwischen Vormund und Vormundschaftsgericht, das ausschließlich dem Interesse des Mündels dient, und in welches ein Dritter behufs Wahrnehmung eigener Rechte nicht eingreifen kann.

Mit der vorentwickelten Auffassung stimmt überein die in dem Protokolle der zweiten Kommission für die Lesung des Bürgerlichen Gesetzbuchs Bd. 4 S. 798 enthaltene Bemerkung, daß die schon damals aufgeworfene Frage, ob auch einem Dritten gestattet sein solle, die Genehmigung des Vormundschaftsgerichts zu einem zwischen ihm und dem Vormund geschlossenen Vertrage für sich nachzusuchen, von mehreren Seiten verneint wurde, indem zur Begründung angeführt ward, „daß das Vormundschaftsgericht es in der hier fraglichen Beziehung nur mit dem Vormund zu tun" habe, und daß es dem

Dritten „nur unbenommen" sei, „die Erteilung der Genehmigung bei dem Vormundschaftsgericht anzuregen"; ein Anrecht, einen Bescheid zu erhalten, habe er jedoch nicht, und ebensowenig ein Beschwerderecht wegen verweigerter Genehmigung. Eine Entscheidung der Kommission erfolgte damals nicht, und man glaubte, diese der Beratung des Reichsgesetzes über die freiwillige Gerichtsbarkeit vorbehalten zu müssen. Aber auch bei der Beratung des letzteren Gesetzes gab der Regierungsvertreter in der Reichstagskommission die Erklärung ab, daß es „zu weit" gehe, dem Dritten, mit welchem der Vormund ein der Genehmigung des Vormundschaftsgerichts bedürftiges Rechtsgeschäft abgeschlossen habe, im Falle der Versagung der Genehmigung das Beschwerderecht zu geben, auch wenn der Vormund mit der Versagung einverstanden sei; der Dritte habe kein Recht auf die Genehmigung und nicht den Beruf, das Interesse des Mündels wahrzunehmen.

Vgl. Hahn-Mugdan, Materialien Bd. 7 S. 124.

Es liegt kein Anhalt vor zu der Annahme, daß diese Grundsätze bei der Schaffung des Gesetzes haben verlassen werden sollen. Auch das Bürgerliche Gesetzbuch geht bei der Gestaltung des Vormundschaftsrechts überall davon aus, daß der Vormund der alleinige Repräsentant und Vertreter des Mündels ist, und daß dem Vormundschaftsgericht nur die Aufsicht und die Disziplin über ihn im Interesse des Mündels übertragen ist (§§ 1793. 1837 B.G.B.). Hieraus erklären sich auch die Vorschriften der §§ 1828. 1829 a. a. O. für die von dem Vormunde geschlossenen Verträge. Handelt der Vormund nicht pflichtwidrig, so mangelt dem Vormundschaftsgericht die Befugnis, sich in die rechtlichen Beziehungen zwischen dem Vormunde und Dritten und in das hieraus entspringende geschäftliche Verhalten des ersteren einzumischen. Die Entscheidung, mittels welcher das Vormundschaftsgericht dem Vormunde die Genehmigung zu einem von ihm abgeschlossenen Rechtsgeschäfte erteilt oder versagt, ist demnach, wie schon dieses Prinzip ergibt, nur für den Vormund selbst bestimmt, und auch hieraus folgt, daß das Gesetz nicht dem dritten Vertragschließenden das Recht geben wollte, den in einem solchen Falle ergehenden Versagungsbeschluß des Vormundschaftsgerichts durch Beschwerde anzufechten.

Es kann dieser Argumentation nicht entgegengehalten werden, daß schon aus dem bloßen Vorhandensein der Bestimmungen der §§ 55. 62. 63 des Gesetzes über die Angelegenheiten der freiwilligen Gerichtsbarkeit hervorgehe, daß auch gegen Verfügungen, durch welche das Vormundschaftsgericht einer Rechtshandlung des Vormundes die Genehmigung gewähre oder verweigere, eine Beschwerde stattfinde, weil das Recht des Beschwerdegerichts, diese Verfügung abzuändern, darin ausdrücklich beschränkt werde. Die Unmöglichkeit einer solchen Beschwerde wird hier gar nicht behauptet; denn es fehlt an einem Grunde, sie dem Vormunde selbst zu versagen. Dieser Umstand aber ändert nichts an der Tatsache, daß sie nicht auch von dem Dritten erhoben werden kann.

Steht nun aber hiernach der § 20 Abs. 1 a. a. O. der Beschwerdeführerin für die Erhebung ihrer Beschwerde nicht zur Seite, und kommt es deshalb für die gegenwärtige Entscheidung auch gar nicht darauf an, in welchem Sinne die Worte „Recht" und „beeinträchtigt" in jener Vorschrift gemeint sind, so muß ebendasselbe gelten von der Vorschrift in § 20 Abs. 2 a. a. O., welche, sofern eine Verfügung nur auf Antrag erlassen werden kann, und der Antrag zurückgewiesen ist, die Beschwerde aus Abs. 1 nur dem Antragsteller gibt. Der Abs. 2 des § 20 verhält sich, wie seine Stellung innerhalb des letzteren zeigt, nicht wie eine Erweiterung, sondern wie eine Einschränkung des Beschwerderechts aus Abs. 1. Nur der Antragsteller, dessen Recht durch die abweisende Verfügung beeinträchtigt ist, erscheint aus Abs. 2 beschwerdeberechtigt; aber auch dieser nicht in dem hier behandelten Falle, daß sein zurückgewiesener Antrag die Genehmigung eines von ihm mit dem Vormunde geschlossenen Vertrages betrifft.

Auch der § 57 Ziff. 9 a. a. O. greift für die vorliegende Beschwerde ebensowohl aus dem letzteren Grunde, als auch schon deshalb nicht Platz, weil sein Tatbestand gar nicht gegeben ist. Denn obgleich der Beschwerdeführerin wegen ihrer konkurrierenden Eigenschaft als Mutter der Pflegebefohlenen auch die Sorge für die Person derselben zusteht (§ 1686 in Verbindung mit §§ 1631 bis 1633 B.G.B.), und sie in dieser Richtung daher berechtigte Interessen hat, so handelt es sich doch gegenwärtig gar nicht um eine die Sorge für die Person der Kinder betreffende Angelegenheit (Erziehung, Bestimmung des Aufenthaltes, Herausgabe). Die Verfügung, über welche Beschwerde geführt wird, betrifft nur die Nichtgenehmigung des notariellen Vertrages vom 29. Juli 1903, also eine vermögensrechtliche Angelegenheit, und die Beschwerdeführerin nimmt mit ihrem Rechtsmittel gar nicht das Wohl ihrer Kinder, sondern als deren Vertragsgegnerin nur ihr eigenes Interesse wahr." . . .

---

32. Gehört zu einem Kreditauftrage im Sinne von § 778 B.G.B., daß derjenige, der beauftragt wird, in eigenem Namen und für eigene Rechnung einem Dritten Kredit zu geben, den Auftrag annimmt? Findet die Formvorschrift in § 766 B.G.B. auch Anwendung, wenn sich jemand einem anderen für eine Forderung verbürgt, die für diesen aus einem Vertrage mit einem Dritten in Zukunft entstehen soll, und zur Zeit der Bürgschaftsleistung in betreff des Vertragsverhältnisses, auf das sie sich bezieht, noch keine Bindung der Personen besteht, die dabei als Gläubiger und Schuldner beteiligt sein sollen?

VI. Civilsenat. Urt. v. 5. November 1903 i. S. St. (Bekl.) w. H. & H. Konkursverw. (Kl.). Rep. VI. 492/03.

I. Landgericht Dresden.
II. Oberlandesgericht daselbst.

Der Maurer Ha. unternahm im Jahre 1900 die Errichtung eines Hauses auf einem vom ihm erworbenen Dresdener Grundstück; die dazu erforderlichen Mittel sollten ihm nach einem mit dem Beklagten abgeschlossenen Baugeldervertrage von diesem bis zur Höhe von 40000 ℳ gewährt werden. Die Lieferung des erforderlichen Holzes übernahm die Handelsgesellschaft Emil H. & H. in Dresden.

Sie nahm den Beklagten auf Bezahlung des Preises für an Ha. geliefertes Holz in Anspruch, gestützt auf ein mündliches Abkommen, das während des Baues zwischen ihrem Teilhaber Emil H. und dem Beklagten dahin getroffen sein sollte, daß dieser alles Holz, das die Firma noch an Ha. liefern werde, bezahlen wolle.

Während des Prozesses fiel die Handelsgesellschaft in Konkurs, und der Verwalter nahm den Prozeß auf.

Der Beklagte wurde in erster und zweiter Instanz, unter Zurückweisung seines Einwandes, daß das angebliche Abkommen nach § 766

B.G.B. unwirksam sei, nach dem Klagantrage verurteilt; das Reichsgericht aber wies auf die Revision des Beklagten die Klage ab aus folgenden

Gründen:

„Der Kaufmann Emil H., der Teilhaber der in Konkurs verfallenen Handelsgesellschaft Emil H. & H. gewesen ist, hat, als er nach der Aufnahme des Verfahrens durch den Konkursverwalter als Zeuge vernommen wurde, ausgesagt: als der von Ha. unternommene Bau bis zur zweiten Balkenlage gediehen gewesen sei, habe er sich, da Ha. erst 600 ℳ bezahlt gehabt habe, in dessen Begleitung zum Beklagten begeben und diesen gefragt, wie es mit der Bezahlung der bereits erfolgten Holzlieferungen und mit derjenigen der späteren Lieferungen werden solle. Dabei habe er dem Beklagten erklärt, er würde nicht weiter liefern, wenn er keine Bezahlung erhielte. Der Beklagte habe erwidert: „Halten Sie den Bau nicht auf; ich werde bezahlen; liefern Sie nur weiter, überhaupt alles, was dort fehlt." Im weiteren Verlaufe des Gesprächs habe der Beklagte versprochen, die bereits fälligen 2000 ℳ aus der nächsten Baugelderrate an H. zu zahlen; das andere solle sich dieser holen, wenn es fällig sei. Sein Versprechen schriftlich abzugeben habe der Beklagte mit dem Bemerken, daß bei ihm das Wort gelte, abgelehnt. Später, als der Bau habe gehoben werden sollen, habe eine nochmalige Verhandlung zwischen dem Zeugen und dem Beklagten stattgefunden, wobei dieser auf die Frage des H.: „Bei uns bleibt's so, wie wir's abgemacht haben?" erwidert habe: „Jawohl, Sie kommen hierher und holen Ihr Geld hier."

Der dermalige Kläger hat die Aussage H.'s zur Parteibehauptung erhoben, unter dem Bemerken, daß die erste der beiden vom Zeugen erwähnten Verhandlungen zwischen dem 9. und 12. August, die zweite Ende August 1900 stattgefunden habe. Zur Zeit der ersten seien Hölzer im Fakturenwerte von 1940,96 ℳ geliefert gewesen; alles übrige sei nachher geliefert worden.

Das Berufungsgericht erachtet als voll erwiesen, daß zwischen dem Beklagten und H. die von diesem bezeugten Erklärungen gewechselt worden seien, daß ferner die Firma Emil H. & H. an Ha. zu dem in Frage stehenden Neubau Holz zum vereinbarten Preise von 6329,02 ℳ geliefert habe, und zwar solches für mindestens

3729,02 *M* nach der ersten jener beiden Verhandlungen. In rechtlicher Beziehung nimmt das Oberlandesgericht an, daß durch diese erste Verhandlung zwischen dem Beklagten und der Firma Emil H. & H. bezüglich des nachher gelieferten Holzes ein Kreditauftrag im Sinne von § 778 B.G.B. zustande gekommen sei, und der Beklagte daraus für die Bezahlung dieses Holzes zu haften habe. Dieser Auffassung hat nicht beigetreten werden können.

Die Vorinstanz erkennt an, daß, soweit der Beklagte bei der ersten der beiden Verhandlungen die Bezahlung von Forderungen zugesagt hat, welche der jetzigen Gemeinschuldnerin aus damals bereits bewirkten Lieferungen an Ha. zustanden, bloß eine Bürgschaft im Sinne von § 765 B.G.B. in Frage kommen könne; für die rechtliche Beurteilung der Vereinbarungen über die späteren Lieferungen aber macht sie nur geltend, daß der Beklagte hier die Bezahlung von Forderungen, welche der Firma Emil H. & H. aus **künftigen** Lieferungen erst noch erwachsen sollten, versprochen und an H. die Aufforderung gerichtet habe, den Bau nicht aufzuhalten, sondern schnell hintereinander zu liefern und sich dann das Geld bei ihm zu holen. Von den Umständen, denen hiernach entscheidende Bedeutung beigelegt wird, ist der ersterwähnte allerdings insofern maßgebend, als ohne ihn die Annahme eines Kreditauftrags ausgeschlossen sein würde; dagegen bietet er für sich allein kein positives Argument dafür, daß ein solcher, nicht aber eine Bürgschaft vorliege, da diese auch für künftige Verbindlichkeiten geleistet werden kann. Aber auch dasjenige, was die Vorinstanz in Ansehung der vom Beklagten an H. gerichteten Aufforderung, noch weiter Holz an Ha. zu liefern, festgestellt hat, erscheint nicht ausreichend, die Annahme eines Kreditauftrags im Sinne von § 778 B.G.B. zu rechtfertigen.

Von den Bearbeitern des jetzt geltenden Rechtes wird überwiegend angenommen, für das in der angezogenen Vorschrift geregelte Rechtsgeschäft werde erfordert, daß der eine Teil den Auftrag, einem Dritten Kredit zu geben, erteilt, der andere Teil diesen Auftrag angenommen habe.

Vgl. die Bemerkungen zu § 778 in den Kommentaren von **Planck** 1./2. Aufl. Bd. 2 S. 522, **Oertmann**, v. **Staudinger** (unter 2), **Neumann** 3. Aufl., ferner in den Lehrbüchern von **Cosack** (3. Aufl. Bd. 1 § 159 unter 1), **Endemann** (8. Aufl. Bd. 1

S. 1191. 1192), **Enneccerus** und **Lehmann** (2. Aufl. § 323 unter I), sowie **Bendix**, im Archiv für bürgerl. Recht Bd. 20 S. 161 flg.

Hingewiesen worden ist allerdings darauf, daß das Wort „Auftrag" hier in einem weiteren Sinne als in § 662 zu verstehen sei, insbesondere die Subsumtion des Rechtsgeschäfts unter § 778 nicht ausgeschlossen erscheine, wenn die Auftraggeber den Beauftragten für die Kreditgewährung an den Dritten eine Provision gewähren,

vgl. **Dernburg**, Bürgerl. Recht, 1./2. Aufl. Bd. 2 Abt. 2 § 297 unter I,

und daß gewisse für den Auftragsvertrag bestehende Bestimmungen, namentlich die im ersten Satze von § 664, auf den Kreditauftrag nicht anzuwenden seien (vgl. **Endemann**, a. a. O. Anm. 8).

Auch der jetzt erkennende Senat hat bereits in einem Urteil vom 27. April 1903 (Sächsisches Archiv Bd. 14 S. 59 flg.) ausgesprochen, daß für ein Rechtsgeschäft im Sinne jener Vorschrift „ein wirklicher rechtsgeschäftlicher Auftrag" erforderlich sei, und in dem Urteile des III. Civilsenats vom 31. Januar 1902,

Entsch. des R.G.'s in Civils. Bd. 50 S. 160 flg.,

ist ebenfalls ausgesprochen, daß bei dem Kreditauftrag vor der Kreditgewährung die Vorschriften über den Auftrag maßgebend seien, insbesondere auch bezüglich der Kündigung desselben durch den Beauftragten; eine solche Kündigung aber setzt voraus, daß vorher eine Annahme des Auftrags erfolgt ist.

Dagegen ist von **Eccius** (in **Gruchots** Beiträgen Bd. 46 S. 55 flg.) die Meinung vertreten worden, der Auftrag des § 778 liege völlig außerhalb des im § 662 gesetzlich begrenzten, den Beauftragten, der den Auftrag annimmt, verpflichtenden Auftragsgeschäftes. Der § 662 handele von einem durch den Auftraggeber einem anderen **übertragenen** Geschäfte, d. h. von einem Geschäfte, das an und für sich den Auftraggeber angehe und **für ihn** durch den Beauftragten ausgeführt werden solle. Dieser Tatbestand liege nicht vor, wenn jemand einen anderen auffordere, dieser solle in seinen eigenen Angelegenheiten, in eigenem Namen und **für eigene** Rechnung, mit einem Dritten ein Rechtsgeschäft abschließen, und dadurch werde kein Geschäft übertragen, und für den Auffordernden keine Verpflichtung begründet; dies gelte ohne Unterschied, ob die Aufforderung in Form einer Bitte, eines Auftrags, oder auch eines Befehls gekleidet werde, und ob der Aufgeforderte sie annehme, oder nicht. Während aber regelmäßig ein angenommener Auftrag, in eigener Rechtsangelegenheit zu handeln, gänzlich der Rechtsfolgen ermangele, verleihe § 778 dem Auftrage, einem Dritten Kredit zu gewähren, sofern er ausgeführt werde, die Kraft, den Auftraggeber als Bürgen für die entstandene Verbindlichkeit haftbar zu machen. Der Auftrag des § 778 sei eine einseitige, empfangsbedürftige Willenserklärung, eine Ermächtigung, die der Auftraggeber dem Beauftragten erteile; sie bedürfe keiner Annahme und könne von dem ersteren zurückgenommen werden, solange davon kein Gebrauch gemacht worden sei.

Diese Ausführungen sind indes nicht überzeugend. Es kann zugegeben werden, daß die Beauftragung im Sinne von § 778 nicht in allen Stücken der aus § 662 sich ergebenden Definition des Auftragsgeschäftes entspricht, und es mag sein, daß nicht alle Bestimmungen des von diesem handelnden Titels auf den Kreditauftrag Anwendung finden können; es ist dies, wie oben erwähnt wurde, schon von anderer Seite hervorgehoben worden. Dagegen kann keineswegs anerkannt werden, daß eine solche Beauftragung schlechthin außerhalb des Rahmens des in § 662 charakterisierten Rechtsgeschäftes falle. Es ist durchaus möglich und im Verkehrsleben keineswegs selten, daß jemand aus eigenen geschäftlichen oder sonstigen Gründen ein Interesse daran hat, daß ein anderer mit einem Dritten ein bestimmtes Rechtsgeschäft oder eine Reihe von solchen abschließe, insbesondere mit Kreditgewährung verbundene, und dieses Interesse kann, wie es ihn zur Bürgschaftsleistung, zur Übernahme wechselrechtlicher Verbindlichkeiten durch Gefälligkeits-Accept oder Giro ꝛc veranlassen kann, ihn auch dazu bestimmen, seinerseits denjenigen, welcher das Geschäft mit dem Dritten im eigenen Namen und für eigene Rechnung abschließen soll, hierzu vertragsmäßig zu verpflichten. Geschieht dies in der Weise, daß der eine zu dem Abschluß des Geschäftes Auftrag gibt, der andere ihn annimmt, so liegt in der Tat eine Geschäftsübertragung vor; der Beauftragte soll vermöge des Auftrags eine Rechtshandlung vornehmen, die zwar an sich für ihn ein eigenes Geschäft ist, zugleich aber auch für den Auftraggeber, in dessen durch den Auftrag bekundetem Interesse vorgenommen wird.

Vgl. Staub, Kommentar zum Handelsgesetzbuch 6./7. Aufl. Exkurs zu § 349 Anm. 15.

Hiernach kann die Meinung, daß wegen Verschiedenheit der beiderseitigen Tatbestände bei dem Kreditauftrage des § 778 ein Auftragsgeschäft im Sinne von § 662 ausgeschlossen erscheine, als zutreffend nicht angesehen werden; es erscheint aber weiter die Annahme begründet, daß das Gesetz vielmehr bei dem Kreditauftrag immer einen von dem einen Teil gegebenen, von dem anderen angenommenen Auftrag im Auge habe und erfordere. In dem ersten Entwurfe, nach welchem der Kreditauftrag im Zweifel ganz nach den Vorschriften über die Bürgschaft beurteilt werden sollte, war in § 680 als Tatbestand ausdrücklich der Fall bezeichnet, wenn jemand den ihm von einem anderen erteilten Auftrag, in eigenem Namen und für eigene Rechnung einem Dritten Kredit zu geben, angenommen habe. Bei der Gestaltung, welche die Bestimmungen über den Kreditauftrag durch die Beschlüsse der Kommission für die zweite Lesung des Entwurfs des Bürgerlichen Gesetzbuchs erhalten haben, ist allerdings die ausdrückliche Hervorhebung, daß der Auftrag angenommen sein müsse, in Wegfall gekommen; allein die Protokolle der Kommission (Bd. 2 S. 485 flg.) ergeben mit Deutlichkeit, daß insoweit nur eine redaktionelle, nicht, wie in anderer Beziehung, auch eine sachliche Änderung des Entwurfs beabsichtigt worden ist. Hiernach, und da nach der in das Gesetz übergegangenen Wortfassung die Auslegung, daß unter der Beauftragung der Abschluß eines Auftragsvertrages (Erteilung und Annahme des Auftrages) gemeint sei, nicht nur als möglich, sondern auch als die nächstliegende erscheint, ist sie als dem Willen des Gesetzgebers entsprechend anzusehen; es kann deshalb davon Abstand genommen werden, zu erörtern, ob nicht die von Eccius vertretene Auffassung, wonach eine einseitige Erklärung, eine „Ermächtigung" des Auftraggebers ausreichen soll, ihn dann, wenn von dieser Gebrauch gemacht worden ist, in der in § 778 bezeichneten Weise zu verpflichten, auch mit Rücksicht auf allgemeine Rechtsgrundsätze und Zweckmäßigkeitsgründe als dem mutmaßlichen Willen des Gesetzgebers nicht entsprechend abgelehnt werden müßte.

Bei Anwendung des vorstehend Dargelegten kann im vorliegenden Falle nicht angenommen werden, daß zwischen der jetzigen Gemeinschuldnerin und dem Beklagten ein Kreditauftrag zustande gekommen sei. Das Berufungsgericht selbst hat nicht ausgesprochen, daß H. im Namen der von ihm vertretenen Gesellschaft eine, wenn auch nach Maßgabe von § 671 B.G.B. beschränkte, Verpflichtung übernommen habe, das noch weiter erforderliche Holz an Ha. zu liefern, und in der Tat ergeben auch die in dem angefochtenen Urteil als erwiesen angesehenen Erklärungen und Handlungen der Beteiligten eine solche Absicht derselben nicht. Aus den Äußerungen H.'s erhellt bloß, daß er besorgte, seine Firma könne bei der weiteren Erfüllung des von ihr mit Ha. abgeschlossenen Vertrages Verluste erleiden, und deshalb unter der Androhung, daß er sonst Holz nicht weiter liefern werde, von dem Beklagten das Versprechen, seinerseits das bereits gelieferte und das noch zu liefernde Holz zu bezahlen, verlangt hat. Aber auch in dem, was der Beklagte erwidert hat, ist der Wille, selbst die jetzige Gemeinschuldnerin zur weiteren Holzlieferung zu beauftragen, nicht zum Ausdrucke gelangt; er hat vielmehr nur, unter dem Hinweis darauf, daß er jede Verzögerung in der Ausführung des Ha.'schen Baues vermieden zu sehen wünsche, dem Zeugen H. zugeredet, den Vertrag mit Ha. weiter zu erfüllen, und dafür zugesagt, seinerseits für die Bezahlung des Preises für das bereits gelieferte und noch zu liefernde Holz sorgen zu wollen. Hierin ist jedenfalls nicht mehr als die Übernahme der Bürgschaft für die bereits entstandene und noch entstehende Kaufpreisschuld Ha.'s zu befinden. In diesem Sinne hat auch nicht bloß Ha., sondern auch H. selbst die Erklärungen des Beklagten verstanden; denn er hat bekundet, er habe diese Erklärungen dahin aufgefaßt, daß der Beklagte auch bezüglich der künftigen Holzlieferungen selbstschuldnerisch für Ha. „gutgesagt" habe.

Hiernach, und da der Kläger nicht behauptet, daß weitere Erklärungen, als die von H. bezeugten, zwischen diesem und dem Beklagten gewechselt worden seien, vielmehr ausdrücklich die Angaben H.'s zur Parteibehauptung gemacht hat, so kann, auch wenn man überall die Darstellung des Klägers zugrunde legt, nur angenommen werden, daß der Beklagte für den Fall, daß die jetzige Gemeinschuldnerin noch weiter Holz an Ha. liefern werde, für die Bezahlung des Preises als Bürge habe einstehen sollen. Es braucht deshalb auf die von mehreren Schriftstellern (Planck, Engelmann in dem v. Staudinger'schen Kommentar, Bendix) angeregte Frage nicht eingegangen zu werden, welche rechtliche Beurteilung Platz zu greifen habe, wenn jemand einen anderen beauftragt, einem Dritten Kredit zu geben, der Empfänger des Auftrags aber dessen Ausführung nicht übernimmt, sich insoweit vielmehr die Entschließung vorbehält.

Die vorstehend dargelegten Erwägungen führen zu dem Ergebnis, daß das angefochtene Urteil aufgehoben, und die Klage mit Rücksicht auf die Vorschrift in § 766 B.G.B. abgewiesen werden muß. Von Eccius ist in seiner oben angezogenen Abhandlung die Ansicht ausgesprochen worden: in bezug auf die zu beobachtende Form seien dem Kreditauftrage auch die Fälle gleichzustellen, wo sich jemand einem anderen für eine Forderung verbürge, die für diesen aus einem Vertrage mit einem Dritten in Zukunft entstehen werde, sofern zur Zeit der Bürgschaftsleistung in betreff des Vertrages, auf den sie sich beziehe, noch keine Bindung der Personen, die dabei als Gläubiger und Schuldner beteiligt sein sollten, erfolgt sei. Im gegebenen Falle würde auch die Befolgung dieser Meinung nicht zur Aufrechterhaltung des angefochtenen Urteils führen können. Denn nach dem, was vom Kläger selbst behauptet und vom Berufungsrichter festgestellt, bzw. unstreitig ist, gehörten die Hölzer, deren Preis jetzt den Streitgegenstand bildet, zu denjenigen, welche die Gesellschaft Emil H. & H. nach dem mit Ha. geschlossenen Vertrage diesem liefern sollte; es lag also zwischen den beiden eine Bindung bereits vor. Nun hat allerdings die Vorinstanz ausgesprochen, zur Zeit der ersten Verhandlung zwischen H. und dem Beklagten sei Ha. mit der Bezahlung des ihm damals bereits gelieferten Holzes im Rückstande gewesen, und nach dem Vertrage vom 9. August 1900 sollte die Firma Emil H. & H. „bei Nichteinhaltung der Zahlungsbedingungen von der Lieferung befreit sein, und der Vertrag als aufgelöst gelten". Indes ist der erwähnte Ausspruch des Berufungsgerichts ohne Begründung gelassen worden, und er entspricht nicht dem, was sonst tatsächlich festgestellt ist." (Es folgen hier nicht interessierende Ausführungen.) „Es könnte sonach nicht als einwandfrei festgestellt gelten, daß die jetzige Gemeinschuldnerin zur Zeit jener ersten Verhandlung Ha. gegenüber nicht mehr zu weiteren Holzlieferungen verpflichtet gewesen sei, und es müßte daher, wenn hierauf im Sinne der oben bezeichneten Rechtsmeinung Gewicht zu legen wäre, jedenfalls das angefochtene Urteil aufgehoben werden, und in Frage käme nur, ob nicht eine Zurückverweisung der Sache an die Vorinstanz stattzufinden habe. Es bedarf dessen jedoch nicht, da der Meinung von Eccius nicht zu folgen ist. Sie beruht auf seiner oben dargelegten Auffassung davon, was als Kreditauftrag im Sinne von § 778 B.G.B. anzusehen sei, und kann daher, schon weil ihm insoweit nicht zuzustimmen ist, nicht angenommen werden. Es braucht deshalb nicht erörtert zu werden, ob bei Unterstellung der Richtigkeit jener Auffassung die daraus abgeleiteten, jetzt in Rede stehenden Folgerungen, durch welche die Anwendung der Bestimmung in § 766 für zahlreiche, praktisch höchst bedeutsame Fälle von Verbürgungen ausgeschlossen würde, gebilligt werden könnten.

Nach alledem war in Beachtung der Berufung des Beklagten auf Abweisung der Klage zu erkennen."...

---

33. Ist für die Klage auf Feststellung des Nichtbestehens eines Kaufvertrages der Gerichtsstand des Erfüllungsortes (§ 29 C.P.O.) da begründet, wo der Kläger eine der beiden Verpflichtungen des § 433 Abs. 2 B.G.B. zu erfüllen hätte, oder ist der für die Zahlung des Kaufpreises geltende Erfüllungsort entscheidend?

II. Civilsenat. Urt. v. 6. November 1903 i. S. Aktienges. L. (Bekl.) w. N. (Kl.). Rep. II. 193/03.

I. Landgericht Guben.
II. Kammergericht Berlin.

Gegen die verklagte Aktiengesellschaft, welche nach §§ 13. 17 C.P.O. ihren allgemeinen Gerichtsstand bei dem Landgerichte Cottbus hatte, wurde bei dem Landgerichte Guben, in dessen Bezirk der Wohnsitz des Klägers sich befand, als dem Gerichtsstande des Erfüllungsortes (§ 29 C.P.O.), Klage mit dem Antrage erhoben: 1. die Beklagte zu verurteilen, die dem Kläger durch Vermittelung des W. S. übersandte Grasmähmaschine von ihm abzunehmen und ihm 7,60 ℳ verlegte Fracht sowie 15 ₰ täglich Lagergeld vom 28. Juni 1902 bis zur Abnahme der Maschine zu zahlen; 2. festzustellen, daß der Kläger von der Beklagten eine Kartoffelerntemaschine nicht gekauft habe.

Die Beklagte erhob unter Verweigerung der Einlassung die Einrede der Unzuständigkeit des Gerichts und beantragte Klagabweisung.

Sie behauptete, die beiden streitigen Maschinen an den Kläger verkauft zu haben und berief sich auf zwei angeblich vom Kläger ausgestellte Schlußscheine vom 8. und 17. Juni 1902, welche die Bestimmung enthielten: „Erfüllungsort für Lieferung und Zahlung ist Vetschau", an welchem Orte die Beklagte ihren Sitz hatte.

Das Landgericht Guben verwarf die Einrede der Unzuständigkeit, und gegen dieses Urteil legte die Beklagte Berufung ein mit dem Antrage, unter Abänderung desselben hinsichtlich des Anspruchs zu 2 (Kartoffelerntemaschine) der Einrede der Unzuständigkeit stattzugeben. Der Kläger beantragte, die Berufung zurückzuweisen, behauptete neu, die Beklagte habe ihm inzwischen anfangs September 1902 die Kartoffelerntemaschine übersandt, er habe deren Abnahme verweigert, und die Maschine lagere bei dem Spediteur W. W. in Guben, und erweiterte seinen Klagantrag dahin, daß die Beklagte demgemäß auch anzuerkennen habe, daß er zur Empfangnahme der bei dem Spediteur in Guben lagernden Kartoffelerntemaschine nicht verpflichtet sei. Durch Urteil des Kammergerichts wurde die Berufung zurückgewiesen; auf die von der Beklagten eingelegte Revision wurde aber dieses Urteil aufgehoben, und die Sache an das Berufungsgericht zurückverwiesen, aus folgenden

Gründen:

„Von den beiden verbundenen Klagansprüchen, für deren jeden nach § 260 C.P.O. die Zuständigkeit des angerufenen Prozeßgerichts erfordert wird, hat sich der eine erledigt, der andere, welcher dahin ging, festzustellen, daß der Kläger von der Beklagten eine Kartoffelerntemaschine *nicht* gekauft habe, wurde in der zweiten Instanz unter Beifügung des weiteren Begehrens erhoben, daß der Kläger demgemäß zur Empfangnahme der bei dem Spediteur W. W. in Guben lagernden Kartoffelerntemaschine *nicht* verpflichtet sei. Die von der Beklagten bestrittene Zuständigkeit des Landgerichts in Guben als Gerichts des Erfüllungsortes (§ 29 C.P.O.) für diese negative Feststellungsklage setzt voraus, daß die streitige Verpflichtung, d. i. die Verpflichtung, welche dem Kläger als Käufer der Maschine gegenüber der Beklagten obliegen würde, und von welcher er sich durch die erhobene Feststellungsklage befreien will, im Gubener Gerichtsbezirke zu erfüllen wäre. Da die beiden aus § 433 Abs. 2 B.G.B. sich ergebenden Verpflichtungen des Käufers nach der Regel des § 269 Abs. 1

B.G.B. an dem im Bezirke des Landgerichts Guben gelegenen Wohnsitze des Klägers zu erfüllen wären, würde sich hieraus die Zuständigkeit des angerufenen Landgerichts ergeben, wenn nicht eine abweichende Vereinbarung über den Erfüllungsort stattgefunden hat. Eine solche hat die Beklagte zur Begründung der Einrede der Unzuständigkeit des Gerichts behauptet und darauf gestützt, daß in dem über den Kauf aufgenommenen Schlußschein die Bestimmung enthalten sei: „Erfüllungsort für Lieferung und Zahlung ist Vetschau". Das Berufungsgericht hat die Bedeutung dieser angeblichen Vertragsbedingung geprüft, ist aber zu dem Ergebnis gelangt, daß auch hiernach die Zuständigkeit des Landgerichts Guben anzuerkennen wäre, in dessen Bezirk, da nach dem seitens der Beklagten vorgelegten Schlußscheine die Lieferung nach Station Merzwiese erfolgen sollte, die Ablieferung der Maschine seitens der Beklagten und dementsprechend die Abnahme durch den Kläger stattzufinden hätte. Für die Klage auf Verneinung der Abnahmepflicht, so führt das Berufungsgericht aus, wäre also in jedem Falle das Landgericht Guben zuständig, und da die aus demselben Vertrage folgende Annahme- und Zahlungspflicht nur einheitlich festgestellt werden könne, ergebe sich hieraus die Zuständigkeit dieses Gerichts auch für das ganze Vertragsverhältnis, mithin für die noch anhängige Klage. Die Auffassung der Beklagten, daß die Zahlungspflicht den wesentlichen Inhalt des Vertrages und die Hauptverpflichtung bilde, und daß deshalb ihr Erfüllungsort für das ganze Rechtsverhältnis maßgebend sei, erscheine nach jetzigem Recht nicht zutreffend, da dieses in § 433 Abs. 2 B.G.B. beide Verpflichtungen als selbständige nebeneinander aufstelle, wofür auf eine Entscheidung des heute erkennenden Senats des Reichsgerichts vom 9. Dezember 1902,

Entsch. des R.G.'s in Civils. Bd. 53 S. 161 flg.,

hingewiesen wird.

Diese Rechtsansicht wurde von dem Vertreter der Beklagten, Revisionsklägerin, als rechtsirrtümlich angegriffen, indem er ausführte, die Klage sei sowohl in der ursprünglichen als in der späteren Fassung ihres Antrages nach der in dieser Beziehung zutreffenden Auffassung des Berufungsgerichts auf Verneinung **beider** gesetzlich in Betracht kommenden Verpflichtungen des Käufers gerichtet; mit Unrecht werde aber die gesetzlich im Bezirke von Guben zu erfüllende Abnahmepflicht als der nach der Vereinbarung in Vetschau, also im

Bezirke des Landgerichts Kottbus, zu erfüllenden Zahlungspflicht auf Grund des § 433 Abs. 2 B.G.B. gleichstehend behandelt, und Entscheidung darüber abgelehnt, welche Verpflichtung die Hauptverbindlichkeit bilde, was wirtschaftlich bei jedem Kaufvertrage zugunsten der Kaufpreisforderung anzunehmen sei. Dieser Rüge konnte der Erfolg nicht versagt werden.

Die Klage bezieht sich auf den ganzen Kaufvertrag, nicht etwa bloß auf die Verpflichtung des Klägers zur Abnahme der Maschine, und der Kläger bezeichnet selbst den in der Berufungsinstanz gestellten Antrag als eine Erweiterung des ursprünglichen Klagantrages. Nach dieser Erweiterung erscheint es nicht zweifelhaft, daß als streitige Verpflichtungen sowohl diejenige zur Zahlung des Kaufpreises als auch diejenige zur Abnahme des Kaufgegenstandes anzusehen sind. Dem Berufungsgerichte ist auch zuzugeben, daß für die Entscheidung über diese beiden Verpflichtungen nur ein Gerichtsstand des Erfüllungsortes anzuerkennen sei; dagegen erscheint es als dem Rechte nicht entsprechend, wenn der Zahlungsleistung die Eigenschaft der Hauptverpflichtung, welche für die Bestimmung des Gerichtsstandes entscheidend ist, abgesprochen wurde. Die frühere Rechtsprechung hatte angenommen, der Verkäufer könne sich nicht bei dem Gericht seines Wohnsitzes einen Gerichtsstand des Erfüllungsortes dadurch schaffen, daß er seine Klage neben der Kaufpreisforderung auf die für ihn wenig Interesse bietende Abnahme der Ware richte.

Vgl. Bolze, Praxis Bd. 14 Nr. 589 i.

Im jetzt geltenden Rechte (§ 433 Abs. 2 B.G.B.) hat die Abnahmepflicht des Käufers Aufnahme und ausdrückliche Anerkennung gefunden; allein wenn dies auch, wie in der angezogenen Entscheidung (Bd. 53 S. 163) ausgeführt ist, im Sinne einer selbständig klagbaren Leistung aufzufassen sein mag, so wurde doch gerade in jener Entscheidung die Zahlung des Kaufgeldes für die Hauptleistung des Käufers erklärt, und die Ansicht zurückgewiesen, daß aus dem Abs. 2 des § 433 B.G.B. auf eine durchgreifende Gleichstellung jener beiden Teile der Käuferverpflichtung zu schließen sei.

Vgl. auch Entsch. des R.G.'s in Civils. Bd. 55 S. 107 flg.

Es ist darauf hinzuweisen, daß die Motive zu § 433 Abs. 2 B.G.B. (Bd. 2 S. 317/18) sich über die Abnahmeverpflichtung des Käufers dahin aussprechen: „Diese Verpflichtung wird als eine allgemeine in

Theorie und Praxis nicht durchaus anerkannt. In den meisten Fällen ist jedoch die Abnahmepflicht als eine aus dem Vertrage sich ergebende und selbständig klagbare zweifellos begründet. Schwiege das Gesetz, so würde die Abnahmepflicht als naturale negotii verneint erscheinen, und die Gefahr entstehen, daß sie nur in den Fällen anerkannt würde, in welchen sie ausdrücklich bedungen worden oder als stillschweigend vereinbart sich nachweisen ließe. Daraus, daß die modernen Kodifikationen sich überwiegend für die Verpflichtung aussprechen, ist auch auf ein praktisches Bedürfnis, dieselbe anzuerkennen, mit Sicherheit zu schließen." Folgt schon aus der Nebeneinanderstellung der beiden Verpflichtungen des Käufers überhaupt nicht, daß sie nach ihrer Bedeutung gleichzustellen seien, so muß diese Folgerung nach der aus den Motiven angeführten Begründung der Aufnahme der Abnahmepflicht in den § 433 B.G.B. noch bestimmter abgelehnt werden. Der Kaufpreis bildet das Äquivalent der verkauften Sache, also das Hauptinteresse des Verkäufers, während die Abnahme des Kaufgegenstandes in der Regel nur einem untergeordneten Interesse des Verkäufers entspricht, darin begründet, daß er sich von der Obsorge für die gelieferte Sache befreien will. Bei einer negativen Feststellungsklage des Käufers, welcher den Abschluß eines mit dem Beklagten zustande gekommenen Kaufes überhaupt bestreitet, erscheint daher die Verpflichtung zur Zahlung des Kaufpreises als die den Gerichtsstand des Erfüllungsortes (§ 29 C.P.O.) bestimmende Hauptleistung, wenngleich auch an der Befreiung von der Abnahmepflicht ein gewisses Interesse besteht. Die Einrede der Unzuständigkeit des Landgerichts Guben wäre sonach begründet, wenn die Parteien Vetschau als Erfüllungsort für die Zahlung festgesetzt haben sollten." . . .

---

34. Ist der Konkursverwalter, nachdem er eine vom Gemeinschuldner vor der Konkurseröffnung vorgenommene Grundstücksveräußerung mit Erfolg angefochten hat, vom Erwerber zu verlangen berechtigt, daß dieser das Eigentum am Grundstück an den Gemeinschuldner zurückübertrage?

K.O. § 37.

Zwangsversteigerungsgesetz §§ 17. 172.

VII. Civilsenat. Urt. v. 6. November 1903 i. S. M. Konkursverwalter (Kl.) w. D. (Bekl.). Rep. VII. 225/03.

I. Landgericht Mannheim.
II. Oberlandesgericht Karlsruhe.

Aus den Gründen:

„Hermann M., über dessen Vermögen am 1. Mai 1900 der Konkurs eröffnet ist, hatte am 15. Februar 1900 ein ihm gehöriges Grundstück an die Beklagte, seine Schwiegermutter, verkauft. Diese ist auch als Eigentümerin des Grundstücks in das Grundbuch eingetragen. Der Konkursverwalter hat in einem Vorprozeß die Veräußerung als fraudulos angefochten und ein rechtskräftiges Urteil erzielt, wodurch das fragliche Rechtsgeschäft den Konkursgläubigern gegenüber für unwirksam erklärt, und die Beklagte verurteilt ist, das Grundstück an die Konkursmasse zurückzugewähren. Nachdem vom Grundbuchamt, an welches der Konkursverwalter sich gewandt hatte, verweigert worden, die Eintraguug des Gemeinschuldners als Eigentümers des Grundstücks in das Grundbuch auf Grund des ergangenen Urteils vorzunehmen, da durch letzteres die Veräußerung nur den Konkursgläubigern gegenüber für unwirksam erklärt worden, durch jene Umschreibung aber auch die Absonderungsberechtigten Rechte an dem Grundstück erlangen würden, hat der Konkursverwalter im gegenwärtigen Rechtsstreit beantragt, die Beklagte zu verurteilen, das Grundstück an den Gemeinschuldner zurückzuübertragen. Es ist ausgeführt, daß das frühere Urteil nur dadurch zu vollstrecken sei, daß der Gemeinschuldner als Eigentümer eingetragen werde. Vom Landgericht ist der Klage, welcher die Beklagte widersprochen hat, dahin stattgegeben, daß die Pflicht der letzteren zur Auflassung des Grundstückes an den Gemeinschuldner ausgesprochen wurde. Das Berufungsgericht hat die Klage abgewiesen, mit der Begründung, es komme nur darauf an, daß das Grundstück zur Zwangsvollstreckung im Interesse der Konkursgläubiger herangezogen werden könne. Dies sei auch ohne die Eintragung des Gemeinschuldners in das Grundbuch zu bewirken. Es könne eine auf Übertragung oder Auflassung gerichtete Willenserklärung nicht verlangt werden, da dies Begehren mehr enthalte, als zugunsten der Konkursmasse zu beanspruchen sei.

Zur Begründung der gegen diese Entscheidung eingelegten Revision ist folgendes ausgeführt. Damit die Rückgewähr, welche von der Beklagten zu leisten, sich als praktisch brauchbar erweise, müsse die Zwangsversteigerung des Grundstücks durch den Konkursverwalter ermöglicht werden. Dies könne nach den §§ 172 und 17 des Gesetzes über die Zwangsversteigerung nur geschehen, nachdem der Gemeinschuldner als Eigentümer in das Grundbuch eingetragen worden. Hierauf ziele die Klage ab. Eine Befürchtung, daß, sobald diese Eintragung geschehen, anderweite Zwecke verfolgt würden, greife, da gleichzeitig der Vermerk nach § 113 K.O. zu erfolgen habe, nicht Platz. Sei aber etwa die erwähnte Eintragung für die Bewirkung der Zwangsversteigerung nicht erforderlich, wie das Berufungsgericht annehme, so müsse doch eine dahingehende Verurteilung der Beklagten vorliegen, daß diese die Zwangsvollstreckung in das Grundstück zu dulden habe. Die Vorinstanz habe daher hierauf, nachdem erforderlichenfalls die Stellung eines entsprechenden Antrages seitens des Klägers veranlaßt worden, erkennen müssen.

Der Begründung, welche die Revision in erster Linie aufgestellt hat, kann nicht beigepflichtet werden. Es ist vielmehr in dieser Beziehung der Auffassung des angefochtenen Urteils beizutreten. Der § 17 Abs. 1 des Zwangsversteigerungsgesetzes, wonach die Zwangsversteigerung nur angeordnet werden darf, wenn der Schuldner als Eigentümer des Grundstücks eingetragen worden, erleidet, falls eine von dem Gemeinschuldner vorgenommene Veräußerung eines Immobiles späterhin von dem Konkursverwalter nach Maßgabe der Bestimmungen der Konkursordnung über die Anfechtung (§§ 29 flg.) erfolgreich angefochten ist, keine Anwendung dahin, daß zunächst eine Rückauflassung des Grundstücks an den Gemeinschuldner stattzufinden habe, damit der Konkursverwalter in erfolgreicher Weise die Zwangsversteigerung beantragen könne (§ 172 des Zwangsversteigerungsgesetzes). Es liegt nämlich Einverständnis vor, daß, falls eine entsprechende Anfechtung auf Grund der Vorschriften stattgefunden hat, welche das Gesetz vom 20. Mai 1898, betr. die Anfechtung von Rechtshandlungen eines Schuldners außerhalb des Konkursverfahrens, aufstellt, von einer Rückauflassung an den Schuldner, damit nach Maßgabe des gegen diesen erlassenen vollstreckbaren Titels zwangsversteigert werden könne, abzusehen ist, daß es vielmehr in solchem Falle ausreicht, wenn der Klagantrag und das Urteil im Anfechtungsprozesse dahin lauten, daß der Beklagte zwecks Befriedigung des Klägers die Zwangsvollstreckung in das Grundstück zu dulden habe. Hierfür sprechen sich aus die Kommentare zum Zwangsversteigerungsgesetz von Jaeckel Bem. 7, Reinhard Bem. III 4 und Fischer und Schäfer Bem. 5 zu § 17, ferner Bernhardi, Kommentar zum Anfechtungsgesetz Bem. 2b zu § 7. Endlich deutet das Urteil des Reichsgerichts Entsch. des R.G.'s in Civils. Bd. 50 S. 124 diesen Weg an.' In solchem Falle ist der als Eigentümer des Grundstückes eingetragene Anfechtungsbeklagte als Schuldner im Sinne des § 17 anzusehen. Weshalb nicht eine gleiche Beurteilung einzutreten hat, falls es sich um eine entsprechende Anfechtung innerhalb des Konkursverfahrens handelt, ist nicht einzusehen. Hier wie dort wohnt der Anfechtung die Tendenz bei, daß die anfechtbare Rechtshandlung nur relativ zu beseitigen ist. Außerhalb des Konkursverfahrens soll die Unwirksamkeit dieser Handlung eintreten, soweit es zur Befriedigung des Anfechtungsklägers erforderlich, im Konkurse aber, damit für die Konkursmasse und damit für die Konkursgläubiger ein Vorteil errungen werde.

Diesem nach stellt sich die eventuelle Revisionsbegründung als erheblich dar. Die Beklagte kann zwar nicht für verpflichtet erachtet werden, Erklärungen abzugeben, auf Grund deren die Auflassung des Grundstücks erfolgen kann. Die Sachlage, nach welcher es dem klagenden Konkursverwalter nur darum zu tun ist, die Zwangsversteigerung zu ermöglichen, gebot aber dem Berufungsrichter (§ 139 C.P.O.), eine Erläuterung des Petitums des Klägers dahin zu bewirken, daß die Beklagte verurteilt werde, zu dulden, daß für die Konkursmasse die Zwangsversteigerung stattfinde (§ 172 des Zwangsversteigerungsgesetzes). Es ist nicht anzunehmen, daß der Kläger ohne solchen Ausspruch die Verwertung des Grundstücks für die Konkursmasse herbeizuführen in der Lage ist." ...

---

35. **Wird die Bestätigung eines Arrestes, insbesondere wenn diese in der Berufungsinstanz in Abänderung eines den Arrest aufhebenden Urteils der ersten Instanz beantragt wird, durch inzwischen erfolgte Eröffnung des Konkurses über das Vermögen des Schuldners auch**

dann ausgeschlossen, wenn der Schuldner behufs Hemmung der Arrestvollziehung den im Arrestbefehle festgestellten Geldbetrag hinterlegt hatte?

C.P.O. §§ 917. 923.
K.O. § 14.

VII. Civilsenat. Urt. v. 6. November 1903 i. S. D.'scher Konkursverwalter (Bekl.) w. W. (Kl.). Rep. VII. 497/03.

I. Landgericht I Berlin.
II. Kammergericht daselbst.

Durch Schriftsatz vom 11. Januar 1902 beantragte der Architekt W. wegen einer Forderung von 2000 ℳ für gelieferte Maurerarbeiten als Rohbaurate gegen den Kaufmann D. den dinglichen Arrest, indem er bemerkte, derselbe habe die Baugelder zu dem betreffenden, in Friedenau gelegenen Hause erhalten, weigere sich aber, die Rohbaurate an ihn auszuzahlen, und leiste seit einiger Zeit keine Zahlung mehr, es stehe zu befürchten, daß von den ihm übergebenen 2000 ℳ bei Erlaß eines eventuellen Urteils nichts mehr vorhanden sein werde. Am 13. Januar 1902 erging Arrestbefehl mit dem Beding, daß der Gläubiger wegen der dem Gegner drohenden Nachteile eine Sicherheit durch Hinterlegung von 2100 ℳ leiste; ein Arrestgrund wurde nicht als glaubhaft gemacht angesehen. Am Schlusse des Arrestbefehls war bemerkt, daß durch Hinterlegung von 2000 ℳ die Vollziehung des Arrestes gehemmt, und der Schuldner zu dem Antrage auf Aufhebung des vollzogenen Arrestes berechtigt werde. Nach Zustellung des Arrestbefehls wurde diese Sicherheit vom Schuldner bestellt. Dieser erhob zugleich Widerspruch gegen den Arrestbefehl. Im Verhandlungstermine stellte er den Antrag, den Arrestbefehl aufzuheben. Er behauptete mit näherer Darlegung, daß ein Arrestgrund gar nicht vorhanden sei. Der Gläubiger beantragte Aufrechterhaltung des Arrestes, indem er nachzuweisen suchte, daß der Schuldner, trotzdem er Bauraten empfangen, in der letzten Zeit Zahlungen nicht mehr geleistet habe. Durch Urteil des Landgerichtes vom 19. Februar 1902 wurde der Arrest aufgehoben. Auf Antrag des Arrestbeklagten wurde dieses Urteil durch ein ferneres vom 20. März 1902 für vorläufig vollstreckbar erklärt.

Am 24. März 1902 wurde der Konkurs über das Vermögen des Arrestbeklagten eröffnet.

Der Arrestkläger legte Berufung ein. Er suchte das Vorhandensein eines Arrestgrundes weiter darzulegen. Der Arrestbeklagte wendete unter anderm ein, die Bestätigung des Arrestes in der Berufungsinstanz werde durch § 14 K.O. ausgeschlossen.

Durch Urteil des Berufungsgerichtes wurde unter Abänderung des Urteils der ersten Instanz der Arrestbefehl für rechtmäßig erklärt.

Die Revision ist zurückgewiesen aus folgenden

Gründen:

„Der Berufungsrichter geht davon aus, daß § 14 K.O. unter den vorliegenden Umständen der Bestätigung des Arrestes ein Hindernis nicht biete. Den entgegengesetzten Standpunkt vertritt die Revision. Sie führt aus: wenn Kläger auch durch die zur Abwendung der Arrestvollziehung seitens des Beklagten geschehene Hinterlegung der 2000 ℳ vor dem Konkurse ein Pfandrecht erworben habe, so sei dasselbe doch vernichtet, als am 20. März 1902 der Arrestbefehl vorläufig vollstreckbar aufgehoben sei.

Als begründet kann der Angriff nicht erscheinen.

Nach § 14 K.O. finden während der Dauer des Konkursverfahrens Arreste zugunsten einzelner Konkursgläubiger weder in das zur Konkursmasse gehörige noch in das sonstige Vermögen des Gemeinschuldners statt. Aus dieser Vorschrift folgt aber nicht, daß vorhandene Arrestbefehle, sobald das Konkursverfahren eröffnet ist, unter allen Umständen aufgehoben werden müßten, daß sie nicht mehr bestätigt, und daß, wenn in der ersten Instanz der Arrest aufgehoben ist, in der zweiten eine entsprechende Änderung des ersten Urteils nicht mehr vorgenommen werden dürfte. Ist bei Eröffnung des Konkursverfahrens weder der Arrest ganz oder zum Teil vollstreckt, noch auch ein Geldbetrag zum Zweck der Hemmung der Arrestvollziehung hinterlegt, so mag die Aufhebung des Arrestbefehls, weil derselbe alsdann nicht nur für die Zukunft keine Wirkungen mehr zu äußern vermag, sondern auch für die Vergangenheit bedeutungslos geworden ist, geboten, und seine Bestätigung ausgeschlossen sein; aber diese Voraussetzung ist hier nicht erfüllt. Der Schuldner, Kaufmann D., hat Sicherheit bestellt. Diese haftet in gleicher Art, wie ein durch

Arrestpfändung, an deren Stelle sie treten sollte, geschaffenes gesetzliches Pfandrecht gehaftet haben würde. Da der Arrestbefehl aufgehoben, und das Urteil gemäß § 708 Ziff. 5 C.P.O. für vorläufig vollstreckbar erklärt wurde, so trat die Vollstreckbarkeit des Arrestbefehls vorläufig außer Wirksamkeit, und zwar ohne daß es einer Zustellung des Urteils, und ohne daß es lediglich zur Herbeiführung des genannten Erfolges eines Vollstreckungsaktes bedurft hätte. Aber da das den Arrestbefehl aufhebende Urteil zunächst nicht rechtskräftig, sondern nur vorläufig vollstreckbar ist, so folgt daraus, daß, wenn in Änderung des Urteils der ersten Instanz der Arrest in der oberen Instanz bestätigt wird, die Arrestpfändung an sich in Kraft bleibt, und daß nicht etwa mit dem abändernden Urteil ein neues Pfandrecht entsteht; das Gesetz bietet keinen Anhalt für die Annahme, daß bei Aufhebung eines Arrestes durch vorläufig vollstreckbares Urteil das entstandene Pfandrecht in gleicher Art, wie bei dem Erlöschen der Forderung, ohne weiteres seiner Wirksamkeit beraubt würde. Hat tatsächlich der Arrestschuldner, auf die vorläufige Vollstreckbarkeit des Urteils sich stützend, gemäß den §§ 775. 776. 928 bzw. § 109 C.P.O. Schritte zur Aufhebung der erfolgten Vollstreckungsmaßregel oder zur Zurückgabe der Kaution vorgenommen, und sind diese von Erfolg gewesen, so würde dadurch zwar die gleiche Rechtslage, wie wenn es von vornherein zu einer Arrestvollziehung nicht gekommen wäre, herbeigeführt sein; aber das Urteil für sich allein kann eine solche Wirkung nicht haben. Im gegenwärtigen Falle haben die vom Arrestbeklagten zur Rückerlangung der Kaution bei dem Landgericht gestellten Anträge infolge des Umstandes, daß inzwischen das Berufungsgericht auf Grund der §§ 719. 707 C.P.O. die einstweilige Einstellung der Zwangsvollstreckung anordnete, keinen Erfolg gehabt. Hiernach kann die Bestätigung des Arrestes nicht von dem seitens der Revision geltend gemachten Gesichtspunkte aus, daß sie einer neuen Arrestanlegung gleichkommen würde, für unzulässig erachtet werden.

Wenn der Berufungsrichter weiter, abweichend vom ersten Richter, das Vorhandensein eines Arrestgrundes für glaubhaft gemacht erachtet, so zeigt sich darin ein Irrtum nicht. Die Revision zieht hier nochmals die Tatsache der Konkurseröffnung mit der Ausführung heran, daß der Konkursmasse gegenüber jedenfalls ein Arrestgrund nicht bestehe, und daß es für die Frage, ob auf Grund mündlicher Verhandlung ein Arrest anzuordnen oder ein angeordneter Arrest zu bestätigen sei, nicht auf den Zeitpunkt des ursprünglichen Arrestgesuchs oder der ersten Anordnung des Arrestes, sondern lediglich darauf ankomme, ob in dem Zeitpunkt der Verkündung des Urteils der Arrestgrund noch glaubhaft bestand. Wenn die letztere Annahme nun auch berechtigt ist, so trifft der Grundsatz doch auf die lediglich durch die Konkurseröffnung veränderte Sachlage nicht zu, weil diese nur zur Folge hat, daß dem Konkursgläubiger gegenüber die Konkursdividende nicht gefährdet ist." . . .

---

36. Zur Auslegung des § 665 B.G.B.

I. Civilsenat. Urt. v. 7. November 1903 i. S. Handelsgesellschaft Z. u. Gen. (Bekl.) w. M. (Kl.). Rep. I. 231/03.

I. Landgericht Chemnitz.
II. Oberlandesgericht Dresden.

Am 22. Juni 1901 erhielt R. Z. als Teilhaber der offenen Handelsgesellschaft Z. vom Kläger fünf Wechsel über 40000 *M* mit dem Auftrag, sie zu diskontieren und von dem Erlöse 20000 *M* an K. & Co. zu zahlen, den Rest aber für den Kläger, der auf acht Tage verreiste, aufzuheben. R. Z. diskontierte die Wechsel bei der Filiale der Leipziger Bank zu Ch. für 39961,10 *M*, erhob 20000 *M*, die er an K. & Co. zahlte, und ließ den Rest auf Rechnungsbuch für R. Z. stehen, nachdem der Beamte der Bank ihm geraten hatte, das Geld nicht für den Kläger stehen zu lassen, da die Abhebung dadurch verzögert werden könne. Am 26. Juni wurde über das Vermögen der Leipziger Bank der Konkurs eröffnet, in welchem ein Teil des Buchguthabens verloren ging.

Der Kläger klagte gegen die Handelsgesellschaft Z. und ihre Teilhaber auf Zahlung des nicht erhobenen Erlöses, weil dieser nicht auftraggemäß gehandelt, indem er nicht den ganzen Erlös der Wechsel erhoben, sondern den nicht erhobenen Teil der Bank kreditiert habe.

Der erste Richter wies die Klage ab; auf die Berufung des

Klägers aber wurden die Beklagten nach der Klage verurteilt. Auf die Revision der Beklagten ist das Berufungsurteil aufgehoben, und das erste Urteil wiederhergestellt worden aus folgenden

Gründen:

... „Der Berufungsrichter verurteilt die Beklagten zur Zahlung, weil R. Z. nicht auftragsgemäß gehandelt, als er den nach Abhebung der 20000 ℳ für K. & Co. verbliebenen Rest des Erlöses für die Wechsel nicht erhoben und an sich genommen, sondern bei der Filiale der Leipziger Bank habe stehen lassen. Der Auftrag sei auf Aufbewahrung des Geldes für den Kläger gegangen; dieser Auftrag sei nicht ausgeführt; wäre er ausgeführt worden, so wäre dem Kläger das Eigentum des Geldes erhalten geblieben; statt dessen habe R. Z. für den Kläger nur eine Forderung an die Leipziger Bank begründet. Selbst wenn R. Z. das Geld als geschlossenes Depot bei der Leipziger Bank belassen, würde er, da die Genehmigung des Klägers zu dem eingeschlagenen Verfahren nicht nachgewiesen sei, auftragswidrig und gesetzwidrig das Geld nicht bei sich aufbewahrt, sondern einem Dritten in Verwahrung gegeben haben. Das Verschulden des R. Z. liege, wenn man auch die Möglichkeit des Konkurses der Leipziger Bank als damals außerhalb jeder Berechnung liegend, außer Betracht lasse, darin, daß er ohne rechtfertigenden Grund gegen die Vorschrift des § 665 B.G.B. den ihm erteilten Auftrag anders ausgeführt habe, als er angewiesen worden sei.

Diesen Ausführungen kann nicht beigetreten werden. Sie beruhen auf einer irrigen, zu engen, den Anschauungen des Geschäftslebens widersprechenden Auslegung des Inhalts des Auftrages, um den es sich handelt. Der Auftrag ging unstreitig dahin, die fünf Wechsel zu diskontieren, von dem Erlöse einen Teil an K. & Co. zu zahlen, den Rest für den Kläger aufzuheben. Das bedeutete für R. Z. als Kaufmann nicht notwendig, daß er den Rest des Erlöses erheben, in seine Tasche oder in seinen Geldschrank stecken sollte, sondern nichts weiter, als daß der Erlös zur Verfügung des Klägers gehalten werden sollte. Dem Kläger, der auf eine Woche verreiste und dem R. Z. dies mitteilte, kam es darauf an, das Geld bei seiner Rückkehr zur Verfügung zu haben, nicht darauf, ob die Beklagten es inzwischen selbst in Verwahrung nahmen oder sicher hinterlegten oder so, wie geschehen, bei einer Bank, die unstreitig damals für völlig sicher galt, auf Buchguthaben (Rechnungsbuch) zu jederzeitiger Abhebung gaben. Einen Betrag von mehr als 19000 ℳ auch nur auf eine Woche in Händen zu behalten, könnte unter Umständen den Beklagten selbst zum Vorwurf gemacht werden. Jedenfalls durfte R. Z. nach der Übung und der Sitte des Geschäftslebens annehmen, daß es innerhalb des ihm erteilten Auftrages lag, wenn er die 19000 ℳ nicht an sich nahm, sondern auf Rechnungsbuch bei der Leipziger Bank so beließ, daß er sie jederzeit zur Verfügung des Klägers hatte. Er durfte dies selbst dann, wenn es richtig wäre, was seitens des Klägers behauptet ist, daß er auf die Frage des Klägers, wo er das Geld aufbewahre, auf den Geldschrank im Zimmer gewiesen habe. Durfte R. Z. aber den Auftrag so auffassen, so handelte er nicht schuldhaft, wenn er das Geld auf Rechnungsbuch bei der Bank beließ, und von Anwendung des § 665 B.G.B. kann nicht die Rede sein, da es sich dann um eine Abweichung von den Weisungen des Klägers nicht handelte. Ob R. Z. das Geld auf den Namen seiner Firma oder den des Klägers stehen ließ, ist für die Entscheidung ohne Bedeutung, nachdem die Behauptung des Klägers in den Instanzen, R. Z. habe dies absichtlich getan, um daraus Vorteile für den Verkehr seiner Firma mit der Leipziger Bank zu ziehen, durch die Feststellungen des Berufungsrichters beseitigt, und erwiesen ist, daß R. Z. das Geld auf den Namen des Klägers hat stehen lassen wollen und davon nur auf den Rat des Beamten der Bank im Interesse des Klägers Abstand genommen hat.

Darüber, daß R. Z. die Leipziger Bank für völlig sicher hat halten dürfen, streiten die Parteien nicht. Da auch insofern ein Verschulden nicht vorliegt, hat der Revision stattgegeben, und das erste Urteil wiederhergestellt werden müssen. Der Kläger hat gegen die verklagte Gesellschaft nur auf das Anspruch, was sie als nominelle Trägerin des Buchguthabens von der Leipziger Bank und aus deren Konkursmasse erhält." ...

---

37. **Kann die Klage auf Zahlung des Kaufpreises gegen Entgegennahme der Auflassung des bereits übergebenen Grundstücks als verfrüht abgewiesen werden, weil der zugesicherten Hypothekenfreiheit ungeachtet im Grundbuch eine geringfügige Rente eingetragen ist?**

B.G.B. § 320 Abs. 2.

V. Civilsenat. Urt. v. 7. November 1903 i. S. K. (Kl.) w. E. (Bekl.). Rep. V. 203/03.

I. Landgericht Insterburg.
II. Oberlandesgericht Königsberg.

Durch notariellen Vertrag vom 23. Oktober 1900 hatte der Beklagte von den Klägern das Restgrundstück Abschruten Nr. 31 gegen die Verpflichtung der Verschaffung reiner Hypothek gekauft. Er weigerte sich, die ihm angebotene Auflassung entgegenzunehmen. Die Klage auf Verurteilung des Beklagten zur Berichtigung des Restkaufpreises von 3566,66 ℳ nebst Zinsen gegen Entgegennahme der Auflassung des ihm übergebenen Grundstücks wies in Abweichung von dem Erstinstanzgerichte das Berufungsgericht auf Grund des in der Berufungsinstanz erhobenen Einwandes, daß eine seit 1856 auf dem Grundstück eingetragene Domänenrente von 1 Tlr. 14 Sgr. nicht gelöscht sei, als verfrüht ab. Der Revision der Kläger ist stattgegeben worden aus folgenden

Gründen:

„Nach § 320 Abs. 2 B.G.B. kann bei Verpflichtungen aus einem gegenseitigen Vertrage, wenn von der einen Seite teilweise geleistet worden ist, die Gegenleistung insoweit nicht verweigert werden, als die Verweigerung nach den Umständen, insbesondere wegen verhältnismäßiger Geringfügigkeit des rückständigen Teiles, gegen Treu und Glauben verstoßen würde. Die Anwendbarkeit dieser Vorschrift auf den Streitfall hat der Berufungsrichter verneint, einmal weil die den Klägern obliegende Erfüllung in der Hauptsache, der Auflassung, ausstehe, die der Beklagte nicht entgegenzunehmen brauche, solange er nicht ein von der Domänenrente freies Grundstück erhalte, sodann weil aus der Einheitlichkeit und Unteilbarkeit der Auflassung sich bis zu deren Entgegennahme die Berechtigung zur Einbehaltung des ganzen Kaufpreises ergebe. Dieser Ansicht kann nicht beigetreten werden; sie ist von der Revision zutreffend als rechtsirrtümlich gerügt. Die Unterscheidung in der Wirkung der teilweisen Leistung, je nachdem sie Erfüllung in der Hauptsache oder in einer Nebensache sei, ist dem Bürgerlichen Gesetzbuch fremd; es spricht ganz allgemein von Leistung, und Voraussetzung des § 320 Abs. 2 ist allein, daß von einer Seite eine Leistung teilweise bewirkt ist, mag sich diese auf die Haupt- oder die

Nebensache beziehen. Dabei ist auch keinerlei Unterscheidung in bezug auf den Inhalt der Leistung gemacht, so daß die Vorschrift auf die zur Übertragung des Eigentums an einem Grundstück verpflichtenden Verträge ebenso wie auf andere gegenseitige Verträge anzuwenden ist. Bei dem Grundstückskaufe geht die Verpflichtung des Verkäufers auf die Verschaffung des Eigentums vermittels der Übergabe des Grundstücks und seiner Auflassung, nicht vermittels der letzteren allein, so daß die Übergabe und die Auflassung teilweise Leistungen des Verkäufers sind. Auch der Umstand, daß die vollständige Übergabe des verkauften Grundstücks in Ermangelung der Auflassung nur eine mangelhafte Leistung ist, schließt die Anwendbarkeit der angezogenen Vorschrift auf sie nicht aus, weil der § 320 zwischen mangelhaften und unzureichenden Leistungen nicht unterscheidet, daher auf mangelhafte Leistungen anzuwenden ist, sofern nur der Mangel beseitigt werden kann. Aus der Tatsache, daß die Auflassung ein einheitlicher, unteilbarer Akt ist, folgt also bei stattgehabter Abnahme des Grundstücks seitens des Beklagten seine Berechtigung zur Einbehaltung des ganzen Kaufpreises bis zur Beschaffung eines lastenfreien Grundstücks nicht unbedingt. Der Beklagte kann vielmehr, weil von den Klägern durch die Grundstücksübergabe teilweise geleistet worden ist, der unterbliebenen Auflassung ungeachtet durch die Verweigerung der Gegenleistung nach den Umständen sich eines Verstoßes gegen Treu und Glauben schuldig gemacht haben. Die Prüfung dieser Frage hat der Berufungsrichter unterlassen; sie bedarf aber der Entscheidung, und sie ist ohne weitere tatsächliche Feststellungen zu bejahen. Der Beklagte besitzt seit Jahren das gekaufte Grundstück und bezieht unter Einbehaltung des Kaufpreisrestes dessen Nutzungen. Die ihm rechtzeitig angebotene Auflassung ist von ihm aus Gründen nicht entgegengenommen worden, die ihn nach dem Berufungsurteile zu seiner Weigerung nicht berechtigten. Die Belastung mit der Domänenrente war unter seinen Gründen nicht. Diese ist, wie ihr Betrag erkennen läßt, jedenfalls ganz geringfügig, wenn sie nicht bereits erloschen ist. Unter diesen Umständen verstößt die Ablehnung des Anspruchs der Kläger gegen Treu und Glauben; diese können die Verurteilung des Beklagten zur Tilgung des Kaufpreisrestes gegen ihre Verpflichtung zur Auflassung des lastenfreien Grundstücks verlangen. Dazu gehört freilich auch die Verpflichtung zur Befreiung des Grundstücks von der

Domänenrente, wozu die Kläger bereit sind. Mit der Aufnahme dieser Verpflichtung in den Urteilstenor war das erstinstanzliche Urteil wiederherzustellen". . . .

---

38. 1. Nähere Bestimmung des Einflusses des § 254 Abs. 1 B.G.B. auf die Beurteilung der unter § 1 des Haftpflichtgesetzes fallenden Fälle.[1]

2. Inwiefern kommt hierbei ein mitwirkendes Verschulden eines Angestellten des Eisenbahnunternehmers in Betracht?

3. Wieweit ist beim Betrieb einer Straßeneisenbahn auf die mögliche Gefährdung der auf der Straße sich bewegenden Menschen Rücksicht zu nehmen?

VI. Civilsenat. Urt. v. 9. November 1903 i. S. K. (Kl.) w. Gr. Berl. Straßenbahn (Bekl.). Rep. VI. 270/03.

I. Landgericht I Berlin.
II. Kammergericht daselbst.

Gründe:

„Einerseits steht freilich zugunsten des Klägers außer Zweifel, daß die Beklagte ihm an sich nach § 1 des Haftpflichtgesetzes dafür schadensersatzpflichtig ist, daß er am 6. Juli 1901 in der P.'er Straße in B. durch einen Pferdebahnwagen der Beklagten umgerissen und dabei körperlich beschädigt worden ist; andrerseits hat aber auch das Berufungsgericht mit Recht angenommen, daß dem Kläger selbst dabei ein ursächlich gewordenes Verschulden zur Last fällt, indem er auf der Fahrstraße im Gespräche mit dem Führer eines neben ihm fahrenden Lastwagens auf dem schmalen Zwischenraume zwischen diesem Wagen und dem Eisenbahngleise einherging, ohne im geringsten darauf zu achten, ob nicht hinter ihm auf diesem Gleise ein Pferdebahnwagen herannahe. . . . Trotzdem konnte die Klagabweisung nicht aufrecht erhalten werden, weil bei der Würdigung des replikarischen Vorbringens des Klägers das Berufungsgericht gegen revisible Rechtsnormen verstoßen hat.

---

[1] Vgl. hierzu Bd. 53 dieser Sammlung Nr. 21 S. 75 flg. u. Nr. 98 S. 398 flg.
D. E.

Der Kläger hatte geltend gemacht, daß die überwiegende Ursache des Unfalles in dem Verschulden des Pferdebahnkutschers B. zu erblicken sei, insofern dieser, der von seinem Standorte aus die Sachlage habe genau überschauen können, trotz von ihm gegebener Glockensignale nicht hätte auf die Gefahr hin, einen achtlos zwischen dem Gleise und dem an der rechten Seite desselben fahrenden Lastwagen gehenden Menschen zu beschädigen, weiter darauf losfahren dürfen. Das Berufungsgericht verneint nun einmal jedes Verschulden des B. und erklärt sodann eventuell das dennoch anzunehmende Verschulden desselben demjenigen des Klägers gegenüber für jedenfalls so geringfügig, daß der Unfall als vorwiegend durch diesen selbst verursacht angesehen werden müßte.

Wenn nun das Kammergericht den ersten dieser beiden Gründe schon ohne weiteres für ausreichend zur Beseitigung des Klaganspruches hält, so steht es schon hierbei jedenfalls grundsätzlich nicht auf dem richtigen Standpunkte. Denn es ist aus dem Zusammenhange seiner Entscheidungsgründe deutlich erkennbar, daß nach seiner Meinung der § 254 Abs. 1 (bzw. der § 846) B.G.B. bei Anwendung des § 1 des Haftpflichtgesetzes erst dann eingreift, wenn es sich darum handelt, zwischen einem Verschulden des Verletzten einerseits und einem Verschulden des Eisenbahnunternehmers oder eines seiner Angestellten andrerseits eine Abwägung vorzunehmen; das Richtige ist aber — wie das Reichsgericht, bewogen insbesondere durch die Analogie des Falles des § 833 B.G.B., wo der § 254 zweifellos zur Anwendung kommt, schon mehrfach ausgesprochen hat —, daß der § 1 des Haftpflichtgesetzes insofern in seiner praktischen Bedeutung durch den § 254 (bzw. den § 846) von vornherein modifiziert ist, als schon die Ursächlichkeit der allgemeinen Gefährlichkeit des Eisenbahnbetriebes einerseits und eines eigenen Verschuldens des Verletzten andererseits gegeneinander abgewogen werden müssen, so daß insbesondere bei nur sehr geringem Verschulden des Verletzten diesem (bzw. seinen Hinterbliebenen) wenigstens ein Teil des Schadensersatzes zuzusprechen sein würde, auch wenn gar kein Verschulden auf der anderen Seite im Spiele war.

Ferner aber sind die Gründe, aus welchen das Berufungsgericht jedes Verschulden des Kutschers B. verneint hat, in rechtlicher Beziehung bedenklich. Es scheint dabei auf dem Standpunkte zu stehen, daß der Fahrer eines Straßenbahnwagens, wenn er nur die nötigen

Warnungssignale gebe, sich in seiner Weiterfahrt durch die bloße Möglichkeit, daß dabei ein unachtsamer oder gar mutwilliger Mensch, der die Signale entweder nicht hört oder nicht beachtet, körperlich verletzt werden könnte, nicht aufhalten zu lassen brauche. Denn während gerade hervorgehoben wird, daß der Kutscher B. von seinem Standorte aus gut wahrnehmen konnte, wie groß der Abstand der vor ihm gehenden Männer von den Schienen war, wird andrerseits verneint, daß man ihm aus einer falschen Schätzung dieses Abstandes einen Vorwurf machen könne, und damit die Sache für erledigt erachtet. Dabei ist übersehen, daß man ihm dann aber daraus bis auf weiteres einen Vorwurf machen muß, daß er sein Verhalten so einrichtete, als müsse diese seine Schätzung notwendig richtig sein — während er doch erkennen mußte, daß sie leicht auch falsch sein konnte —, und daß er es daher darauf ankommen ließ, ob er nicht vielleicht einen Menschen in verderblicher Weise anfahren werde, statt den Wagen in dem Zeitpunkte zum Stillstande zu bringen, wo diese Gefahr noch ausgeschlossen werden konnte. Denn der Straßenbahnbetrieb ist nicht so wichtig, daß ihm die körperliche Integrität von Menschen zum Opfer gebracht werden dürfte, wenn diese sich auch leichtsinnig oder mutwillig benehmen. Bei allem diesen ist es bedeutsam, daß das Kammergericht festgestellt hat, es habe sich in den hier erheblichen Beziehungen nicht etwa im letzten Augenblicke vor dem Unfall etwas verändert, es habe nicht etwa der Kläger plötzlich einen Schritt nach links gemacht, sondern sei schon immer den Schienen zu nahe gegangen; ohnedies würde freilich die Beurteilung des Falles eine andere sein müssen.

Was sodann den eventuellen Grund des Berufungsgerichtes anlangt, daß jedenfalls das Verschulden des B. demjenigen des Klägers gegenüber als ganz geringfügig erscheinen müßte, so kann dahingestellt bleiben, ob dieser Grund auch nur dem etwaigen Anspruche aus § 831 B.G.B. gegenüber durchgreifen würde, ob man nämlich eine gegenseitige Abwägung zweier Verschuldungen gelten lassen könnte, bei der es im Sinne des Abwägenden an einer bestimmten Vorstellung, worin denn das Verschulden des einen (hier des B.) bestanden habe, gefehlt hätte. Keinenfalls kann dieser Grund die Entscheidung in Ansehung des Anspruches aus § 1 des Haftpflichtgesetzes tragen. Denn in dieser Hinsicht ist dabei wiederum übersehen, daß schon an sich auch diesem § 1 gegenüber zugunsten des Klägers, dem selbst ein kausales Verschulden zur Last fällt, der § 254 B.G.B. eingreifen kann, und daß jetzt das Verschulden des Kutschers noch als ein verstärkendes Moment hinzutreten würde. Zwar kann nach dem neuen Rechte nicht davon die Rede sein, daß der Beklagten ein Verschulden des Kutschers, der nicht zu ihren verfassungsmäßigen Vertretern gehört, schlechtweg anzurechnen sein würde; auch kann dahingestellt bleiben, inwieweit etwa der § 831 B.G.B. bei der Beurteilung auf Grund des § 254 analog anzuwenden sein möchte. Aber jedenfalls erscheint die Ursächlichkeit der Betriebsgefahr im Verhältnisse zu derjenigen des eigenen Verschuldens des Verletzten als gesteigert, wenn dabei auch noch ein schuldvolles Verhalten des Kutschers als ein Element jener Gefahr in Betracht zu ziehen ist. Von diesem Standpunkte aus hat das Kammergericht die erforderliche Abwägung nicht vorgenommen.

Aus diesen Gründen war das vorige Urteil aufzuheben, und ... die Sache in die Berufungsinstanz zurückzuverweisen."

---

39. Unter welchen Voraussetzungen gilt ein Auftrag zur Klagerhebung vom Rechtsanwalt als angenommen? Umfang der Haftung des Rechtsanwalts.

Rechtsanwaltsordnung vom 1. Juli 1878 § 30.

II. Civilsenat. Urt. v. 13. November 1903 i. S. Sch. (Bekl.) w. S. (Kl.). Rep. II. 134/03.

I. Landgericht Bonn.
II. Oberlandesgericht Köln.

Aus den Gründen:

... „Mit der Klage wird in erster Reihe Schadensersatz aus schuldhafter Nichterfüllung eines entgeltlichen Auftragsvertrages verlangt, und das Berufungsgericht hat das Zustandekommen und den Umfang des nach seiner Auffassung verletzten Auftragsvertrages dahin festgestellt, die Mutter der jetzigen Kläger habe dem Beklagten, zugleich für ihre vier Kinder, den Auftrag erteilt, den ganzen Schaden, den sie alle erlitten hätten, einzuklagen, es ihm überlassend, auf Grund des ihm mitgeteilten Sachverhaltes zu bestimmen, welche Personen zur Erreichung dieses Zweckes als Kläger auftreten müßten, und der Beklagte habe den von ihm in dieser Tragweite richtig erfaßten Auftrag angenommen.

Der Revisionskläger erhebt gegen diese Ausführungen die Rüge eines Mangels in der Begründung: das Berufungsgericht habe das Schutzvorbringen des Beklagten in den Instanzen überhaupt nicht gewürdigt; es stehe der Unterstellung, daß er einen Auftrag dieses Inhaltes angenommen habe, schon der Umstand entgegen, daß er sich nur von der Mutter V. und den beiden Schwestern, nicht von den jetzigen Klägern habe Vollmacht erteilen lassen. Überdies hätten die Kläger selbst geltend gemacht, der Beklagte habe bei der ersten Besprechung erklärt, den Brüdern des Getöteten, d. i. den jetzigen Klägern, stehe ein Anspruch gegen die Bröhltalbahn nicht zu. Darin liege aber eine Ablehnung des Auftrages bezüglich der jetzigen Kläger, die, wenn auch der Grund irrig gewesen wäre, eine Schadensersatzpflicht des Beklagten nicht zu begründen vermöge; denn der Beklagte sei nicht verpflichtet gewesen, eine Klage zu erheben, die er für unbegründet hielt.

Diesem Angriffe konnte der Erfolg nicht versagt werden. Da die streitigen Vorgänge in die Zeit vor dem 1. Januar 1900 fallen, so kommen für die rechtliche Beurteilung neben den Vorschriften des materiellen Rechts in der Rechtsanwaltsordnung im gegebenen Falle die Bestimmungen des Code civil zur Anwendung, wonach in der Regel auf das Rechtsverhältnis zwischen dem Rechtsanwalt und seinem Klienten die Grundsätze des Auftrages (Artt. 1984 flg.) zur Anwendung kommen. Danach kann an sich die Annahme des Auftrages durch den Rechtsanwalt stillschweigend erfolgen; insoweit ist den Ausführungen des Berufungsgerichts beizutreten. In dem gegebenen Falle hat die Mutter der jetzigen Kläger, wie das Berufungsgericht annimmt, den Beklagten für sich und ihre vier Kinder angegangen, den Auftrag zur Einklagung des ganzen Schadens, den sie alle erlitten hätten, anzunehmen, es ihm überlassend, auf Grund des ihm mitgeteilten Sachverhältnisses zu bestimmen, welche Personen zur Erreichung dieses Zwecks auftreten müßten. Für die Mutter des Getöteten und dessen vier Geschwister mag der entstandene Gesamtschaden als eine untrennbare Einheit erschienen sein; der Beklagte aber mußte davon ausgehen, da es sich nur um einen deliktischen Schadensersatzanspruch handelte, daß die einzelne Person nur den ihr entstandenen Schaden mit der Klage verfolgen könne; deshalb kann die erwähnte Auffassung der Familie V. für den Inhalt und Umfang der Annahme des Auftrages von seiten des Beklagten nicht vorzugsweise entscheidend sein. Weiterhin tritt ein Rechtsanwalt in der Regel nicht schon dadurch in ein Auftragsverhältnis zu einer rechtsuchenden Partei, die sich an ihn mit der ausgesprochenen Absicht wendet, ihm Auftrag zur Prozeßführung zu erteilen, daß er sich von ihr eine Sachdarstellung geben läßt. Das kann lediglich zu dem Zwecke geschehen, um sich über Annahme oder Ablehnung des Auftrages entschließen zu können. Deshalb kann nicht als selbstredend unterstellt werden, daß der Beklagte den Auftragsantrag schon angenommen hatte, als er sich bei der ersten Besprechung von der Mutter V. im Beisein der Ottilie V. eine Sachdarstellung geben ließ. Ob aber nach den Umständen des gegebenen Falles nicht, wie der Beklagte in den Instanzen geltend gemacht hatte, eine Ablehnung des Auftrages in bezug auf die jetzigen Kläger darin lag, daß der Beklagte im Zusammenhange mit dieser ersten Besprechung auf die ihm gegebene Sachdarstellung hin nur von der Mutter und den beiden Schwestern des Getöteten sich Vollmacht zur Klage geben ließ, nicht aber von den jetzigen Klägern, und nur im Namen der ersteren eine Schadensersatzklage erhob, hätte nach der gegebenen Sachlage um so mehr geprüft werden müssen, als die von den Klägern als Zeugen angerufenen Witwe V. und Ottilie V. bei ihrer Vernehmung bestätigt hatten, der Beklagte habe bei dieser ersten Besprechung auf ihre Darstellung des Sachverhaltes erklärt, „wenn diese Angaben richtig seien, so könnten nicht nur die Mutter, sondern auch die Schwestern Schadensersatz verlangen, die Brüder hätten dagegen keinen Schadensanspruch". In eine solche Prüfung ist das Berufungsgericht nicht eingetreten. Dieser Mangel in der Begründung zu der Frage, ob der Beklagte auch den Auftrag angenommen habe, den den jetzigen Klägern entstandenen Schaden einzuklagen, muß zur Aufhebung des angefochtenen Urteils führen. Denn der Rechtsanwalt ist nicht verpflichtet, einen ihm erteilten Auftrag anzunehmen; die ohne Verzug geschehene Ablehnung schließt jede Schadensersatzpflicht desselben aus (§ 30 der Rechtsanwaltsordnung). Das gilt auch für eine motivierte Ablehnung, hier mit der Begründung, daß den jetzigen Klägern ein Schadensersatzanspruch nicht zustehe, selbst wenn diese irrig war, es sei denn, daß nach den Umständen des einzelnen Falles der Rechtsanwalt um eine Prüfung des mitgeteilten Sachverhältnisses auch nach der Richtung angegangen war, ob es sich zur Klagerhebung eigne, und in der Mitteilung der Begründung der Ablehnung als des Ergebnisses dieser Prüfung in Wirklichkeit die Ausführung eines in diesem beschränkten Umfange angenommenen entgeltlichen Auftrages lag, oder daß doch nach den besonderen Umständen, unter denen die Begründung der Ablehnung dem Rechtsuchenden mitgeteilt wurde, darin eine Ratserteilung zu finden wäre, und daß weiterhin auf dieser Grundlage die übrigen Erfordernisse einer Haftung aus Auftrag oder Ratserteilung gegeben wären." ...

---

40. Kann eine Benennung, die ursprünglich Individualbenennung war, wenn sie im Laufe der Zeit zur Systembezeichnung und zum Warengattungsnamen geworden ist, als Beschaffenheitsangabe im Sinne des § 13 des Gesetzes zum Schutz der Warenbezeichnungen beurteilt werden?

II. Civilsenat. Urt. v. 20. November 1903 i. S. Singer Co. Nähmaschinen-Aktiengesellschaft (Kl.) w. J. (Bekl.). Rep. II. 150/03.

I. Landgericht Erfurt.
II. Oberlandesgericht Naumburg a. S.

Die Klägerin, eine Aktiengesellschaft mit dem Sitze in Deutschland, betrieb den Handel mit Nähmaschinen und vermittelte in Deutschland mit Hilfe von Filialen den alleinigen Vertrieb der von The Singer Manufacturing Company, New York hergestellten Fabrikations- und Haushaltungsnähmaschinen. Für die Klägerin waren die Wortzeichen „Singer" und „Singer-Nähmaschinen" in der Zeichenrolle des Patentamtes eingetragen, und zwar waren diese Zeichen bestimmt für alle von der genannten amerikanischen Gesellschaft hergestellten Nähmaschinen mit Ausnahme des „New Family Lett. A Type", für welche

Maschinen der Schutz vom Patentamte versagt wurde, weil für sie das Wort ohne Rücksicht auf den Erbauer der Maschinen zur Systembezeichnung geworden war.

Der Beklagte, der ein Nähmaschinenverkaufs- und Reparaturgeschäft betrieb, handelte mit Maschinen verschiedener Systeme und Konstruktionen. Er ließ am 8. Dezember 1900 eine Zeitungsanzeige folgenden Inhalts erscheinen:

„Kleine, mittlere und große Singer-Nähmaschinen, Ringschiffmaschinen für alle Zwecke, vorzüglich nähend, passende Weihnachtsgeschenke, unter Garantie, von 25 ℳ an."

Durch Schreiben vom 20. Dezember 1900 machte ein Vertreter der Klägerin den Beklagten darauf aufmerksam, daß derartige Ankündigungen das Zeichenrecht der Klägerin, für welche die oben erwähnten Zeichen eingetragen seien, verletzten, und forderte ihn auf, derartige Ankündigungen zu unterlassen. Nach Empfang dieses Schreibens veröffentlichte der Beklagte in seinen zahlreichen Inseraten nur noch Verkaufsangebote des Inhalts „Singer-Nähmaschinen 25 ℳ".

Die Klägerin erblickte insbesondere in der Ankündigung vom 8. Dezember 1900 eine Verletzung ihres Zeichenrechtes nach § 12 des Warenzeichengesetzes.

Sie beantragte, den Beklagten zu verurteilen, in seinen Ankündigungen von Nähmaschinen mit Ausnahme solcher des „New Family Lett. A Type" die Benutzung der Worte „Singer" und „Singer-Nähmaschinen" zu unterlassen. Weitere aus den §§ 1. 4 und 8 des Wettbewerbgesetzes und aus § 826 B.G.B. abgeleitete Anträge kommen hier nicht in Betracht.

Der erste Richter wies ab; die Berufung wurde zurückgewiesen. Auch die Revision der Klägerin wurde zurückgewiesen aus folgenden

Gründen:

... „Die Verneinung einer Verletzung der Warenzeichenrechte der Klägerin beruht auf der Annahme des Berufungsgerichts, der Ausdruck „Singer-Nähmaschinen" sei in den Ankündigungen des Beklagten, insbesondere auch in der hier vorzugsweise in Betracht kommenden vom 8. Dezember 1900, nur als Warenbenennung gebraucht, und von den hier in Betracht kommenden Abnehmerkreisen aufgefaßt worden. Zu diesem Ergebnisse gelangt das Berufungsgericht unter Verwertung zweier, zeichenrechtlich auseinander zu haltenden Erwägungen. Es nimmt an, dem Beklagten hätten Singer-Nähmaschinen anderer Konstruktionen als des Singer „New Family Lett. A Type“, die von der Singer Manufacturing Company herstammten und von der Klägerin in den Verkehr gebracht waren, zur Verfügung gestanden; diese Nähmaschinen habe er in seinen Anzeigen als Singer-Nähmaschinen angekündigt. Damit habe er das Zeichenrecht der Klägerin deshalb nicht verletzt, weil die Klägerin selbst den von ihr verkauften, von der Singer Manufacturing Company gefertigten Maschinen den Namen „Singer-Nähmaschinen“ beilege und sie unter dieser Benennung in den Verkehr bringe. Unter dieser Benennung würden von der Klägerin verkaufte Maschinen der Singer Manufacturing Company auch allgemein im Verkehr ohne Rücksicht auf die Warenzeichen der Klägerin verstanden; es seien also jene Worte der allgemeine Warenname für alle von der Klägerin in den Verkehr gebrachten Maschinen der Singer Manufacturing Company. Weiterhin habe der Beklagte mit dem Ausdrucke „Singer-Nähmaschinen“ in seinen Anzeigen Singer-Nähmaschinen des „New Family Lett. A Type“ deutscher Produktion angekündigt. Für Nähmaschinen dieser Konstruktion sei aber der Ausdruck „Singer-Nähmaschine“ Systembezeichnung (Warengattungsname) und danach Beschaffenheitsangabe nach § 13 des Warenzeichengesetzes. Es stehe daher dem Beklagten in dieser Beziehung jedenfalls der Rechtsschutz des § 13 a. a. O. zur Seite.

Die Revisionsklägerin bekämpft die Annahme, der Ausdruck „Singer-Nähmaschine“ sei für Maschinen des „New Family Lett. A Type“ Systembezeichnung (Warengattungsname) und dadurch Beschaffenheitsangabe im Sinne des § 13 a. a. O. geworden mit der Ausführung, daß jener Ausdruck zwar Freizeichen, aber nach der positiven Regelung in den §§ 13 und 4 Ziff. 1 des Warenzeichengesetzes nicht Beschaffenheitsangabe im Sinne dieser zeichenrechtlichen Gesetzesvorschriften hätte werden können; denn die §§ 13 und 4 Ziff. 1 a. a. O. verlangten zu ihrer Anwendung eine aus den in Frage stehenden Worten sich unmittelbar ergebende sprachliche Beziehung zur Ware und bezögen sich nur auf solche Worte und Ausdrücke, die schon ihrer sprachlichen Bedeutung nach auch für den, dem eine Ware noch unbekannt sei, über deren Beschaffenheit noch etwas besagten; Eigennamen und von Eigennamen herkommende Ausdrücke könnten daher, wenn deren Individualcharakter, deren Herkunftsbedeutung im Verkehre vollkommen verloren gegangen sei, wohl Freizeichen, niemals aber Angaben über die Beschaffenheit der Ware werden. . . .

Die oben dargelegten Ausführungen des Berufungsgerichts lassen indessen einen Verstoß gegen das Gesetz nicht erkennen. Die Revisionsklägerin kann zunächst eine Verletzung ihrer Zeichenrechte auf die Worte „Singer-Nähmaschine" und „Singer" nicht daraus ableiten, daß der Beklagte von der Singer Manufacturing Company hergestellte und von der Revisionsklägerin in den Verkehr gebrachte Nähmaschinen unter der ihnen von der Revisionsklägerin selbst gegebenen und für den Verkehr bestimmten Benennung ankündigt; und auf Nähmaschinen nach dem „Singer New Family Lett. A Type" erstreckt sich das Zeichenrecht der Revisionsklägerin überhaupt nicht; denn durch Beschluß des Patentamtes vom 7. September 1898 sind Nähmaschinen des „New Family Lett. A Type" von dem Verzeichnisse der Waren, für die die Worte „Singer" und „Singer-Nähmaschine" eingetragen waren, ausgenommen worden. Die Revisionsklägerin verkennt die zuletzt hervorgehobene rechtliche Folge aus der Beschränkung der Zeicheneintragungen nicht; sie glaubt aber, wie die Rüge einer Verletzung des § 13 des Warenzeichengesetzes ergibt und in der mündlichen Revisionsbegründung noch weiter ausgeführt wurde, ohne in die Entscheidung des Patentamtes einzugreifen, den rechtlichen Standpunkt vertreten zu können, der Gebrauch des Ausdruckes „Singer-Nähmaschine" in Ankündigungen enthalte, selbst wenn damit nur die Benennung von Singer-Nähmaschinen des „New Family Lett. A Type" beabsichtigt war, wegen der Gefahr der Verwechselung im Verkehr (§ 20 des Warenzeichengesetzes) eine Verletzung der Warenzeichen der Klägerin, da er sich ununterschieden auf Singer-Nähmaschinen aller Systeme, also auch auf die für die Klägerin geschützten beziehe, und in diesem Sinne auch von den Abnehmerkreisen verstanden werden könne; ein Recht aus § 13 des Warenzeichengesetzes stehe dem Ankündigenden für diesen Fall aber um deswillen nicht zur Seite, weil der Ausdruck „Singer-Nähmaschine" nicht Beschaffenheitsangabe im Sinne dieser Gesetzesbestimmung sein könne.

Gegen diesen Versuch der Revisionsklägerin, die Bedeutung des zeichenrechtlich — allerdings nach anderer Richtung, als die Revisionsklägerin annimmt — nicht ganz unbedenklichen Beschlusses des Patentamtes abzuschwächen oder ganz auszuschalten, könnte zunächst das Bedenken geltend gemacht werden, daß, wenn einmal ein Ausdruck Systembezeichnung und Warengattungsname geworden ist, dadurch allein schon die von der Revisionsklägerin geltend gemachte Gefahr der Verwechslung im Verkehre ausgeschlossen sei. Weiterhin könnte nach Lage des hier zu entscheidenden Einzelfalles in Betracht kommen, daß nach Annahme des Berufungsgerichts die für die Ankündigungen des Beklagten in Betracht kommenden Abnehmerkreise den Ausdruck „Singer-Nähmaschinen" für Maschinen des „New Family Lett. A Type" nur als Systembezeichnung aufgefaßt haben. Übrigens ist auch dem Ausgang der Revisionsklägerin nicht beizutreten, eine ursprüngliche Individualbenennung könne, wenn sie im Laufe der Zeit zur Systembezeichnung und zum Warengattungsnamen geworden sei, nicht als Beschaffenheitsangabe im Sinne des § 13 des Warenzeichengesetzes beurteilt werden, und es könne deshalb eine solche Systembezeichnung nicht den Schutz des § 13 genießen.

Die von der Revisionsklägerin in diesem Zusammenhange dargelegte Auffassung des Ausdruckes „Angaben über die Beschaffenheit der Waren" in § 13 und in dem entsprechenden § 4 Ziff. 1 des Warenzeichengesetzes ist zu enge. Eine Beschaffenheitsangabe im Sinne dieser Gesetzesbestimmungen ist nämlich nicht nnr dann anzunehmen, wenn aus dem fraglichen Worte sich unmittelbar eine sprachliche Beziehung zu der betreffenden Ware ergibt, derart, daß also das Wort seiner sprachlichen, d. h. grammatikalischen Bedeutung nach auch für den, dem die Ware noch unbekannt war, etwas über deren Beschaffenheit noch sagen müsse, wie die Revisionsklägerin ausgeführt hat. Es wird dabei verkannt, daß eine sprachliche Beziehung eines Wortes oder Ausdruckes zu einer Ware hinsichtlich ihrer Beschaffenheit nicht nur durch eine von alters her übliche und von alters her eine bestimmte Eigenschaft einer Ware gemäß dem allgemeinen Sprachgebrauche bezeichnende Bedeutung desselben, sondern auch dadurch begründet werden kann, daß entweder im Verkehre einem bereits bekannten Worte oder Ausdrucke eine neue, sich gerade auf die Beschaffenheit einer bestimmten Ware beziehende Bedeutung beigelegt, oder daß ein ganz neues Wort oder ein aus mehreren Worten bestehender, in dieser Zusammensetzung neuer Ausdruck im Verkehre gebraucht wird, um dadurch die Beschaffenheit einer bestimmten Ware zu bezeichnen. Es gibt nämlich insbesondere in dem modernen Wirtschaftsleben eine große Anzahl von Waren, deren Beschaffenheit verschiedene für den Verkehr in Betracht kommende Eigenschaften in sich begreift; eine genaue Wiedergabe der letzteren durch eine entsprechende Zahl von Einzelworten würde für den Verkehr überaus lästig sein; deshalb erfordert vielfach das Bedürfnis des Verkehrs, diese Eigenschaften durch einen kurzen, feststehenden Ausdruck zu bezeichnen, der, wenn er allgemein im Verkehr benutzt wird, als Bezeichnung der Beschaffenheit dieser bestimmten Ware im allgemeinen Sprachgebrauche dient. Es steht aber kein Bedenken entgegen, in einem in neuerer Zeit auf diese Weise verkehrsüblich gewordenen und im Verkehr allgemein gebrauchten Ausdrucke, der nach der Auffassung des Verkehrs und nach dessen allgemeinem Sprachgebrauche Bezeichnung der Beschaffenheit einer Ware im ganzen oder im einzelnen geworden ist, ebenso eine Beschaffenheitsangabe im Sinne des § 13 a. a. O. zu finden, wie in einem vermöge seiner allgemeinen und allgemein anerkannten sprachlichen Bedeutung von alters her denselben Zwecken dienenden und hierfür geeigneten Ausdrucke. Denn in den hier in Frage stehenden Fällen der ersteren Art ist ebenfalls die im Gesetz verlangte sprachliche Beziehung des Wortes zur Ware auf Grund der Verkehrsauffassung und des dadurch geregelten allgemeinen Sprachgebrauches gegeben. Dabei macht es keinen Unterschied, wenn diese Entwickelung ihren Ausgang von einer Individualbenennung genommen hat, die aber in der Folge zum Warengattungsnamen geworden ist. Diese Auffassung lag bereits dem von der Revisionsklägerin für sich angerufenen Urteil des erkennenden Senates vom 6. März 1900, Rep. II. 481/99, abgedruckt im Blatt für Patent-, Muster- und Zeichenwesen Bd. 7 S. 217 flg., zugrunde. Wenn in diesem Urteil, das die Benennung „Cresolin" betraf, hervorgehoben ist, daß das betreffende Wort von vornherein, d. h. sobald es zur Bezeichnung der Ware gebraucht wurde, nach dem Sprachgebrauche und den Regeln der Sprachbildung von den beteiligten Verkehrskreisen als ein Hinweis auf die Beschaffenheit der Ware zu deren Beschreibung gegolten hat, so hat der erkennende Senat diese in jenem Falle gegebene und in den Vordergrund gestellte Voraussetzung in seiner späteren Rechtsprechung nicht als ein wesentliches Erfordernis beurteilt. Die dargelegte Auffassung wurde weiterhin gebilligt in den Urteilen des erkennenden Senates vom 8. Oktober 1901, Rep. II. 212/01, betreffend „Brennaborräder" (Entsch. des R.G.'s in Civils. Bd. 49 S. 103), vom 26. November 1901, Rep. II. 263/01, betreffend den Ausdruck „Amphibolin" (abgedruckt in der Jurist. Wochenschr. 1902 S. 33[31]) und vom 19. Mai 1903, Rep. II. 519/02, betreffend den Ausdruck „Germania" für evaporierte amerikanische Äpfel. Sie kam insbesondere zum Ausdruck in dem zu dieser Frage nahezu gleichliegenden Urteile vom 21. April 1903, Rep. II. 456/02, betreffend den Ausdruck „Buderuseisen", abgedruckt in der Zeitschrift „Unlauterer Wettbewerb" Bd. 2 S. 120. In dem letzteren Urteile wurde die Ansicht des Berufungsgerichts ausdrücklich gebilligt, daß auch ein Familienname durch die Übung und Gewöhnung des Verkehrs zu einer die Anwendung des § 13 rechtfertigenden Gattungsbezeichnung für Waren von bestimmten Eigenschaften und damit zu einer Angabe über die Beschaffenheit dieser Ware werden könne, und daß dies dann anzunehmen sei, wenn der Verkehr sich daran gewöhnt habe, unter dieser Bezeichnung lediglich eine besonders geartete Ware ohne Rücksicht auf ein bestimmtes Geschäft oder Ursprungsstätte zu verstehen. Der erkennende Senat hat keinen Anlaß von der insbesondere in dem letzteren Urteile ausgesprochenen Rechtsauffassung abzugehen. Hiernach ist der von der Revisionsklägerin aus Verletzung des § 13 des Warenzeichengesetzes abgeleitete Angriff gleichfalls nicht gerechtfertigt, und läßt die Verneinung einer Verletzung der Zeichenrechte der Klägerin durch die Ankündigungen des Beklagten überhaupt eine Verletzung des Gesetzes nicht erkennen."[1] . . .

---

41. 1. Unterliegt der dem Käufer einer nur der Gattung nach bestimmten Sache wegen schuldhafter Leistung einer mangelhaften Sache zustehende Anspruch auf Schadensersatz nach Vollendung der kurzen Verjährung des § 477 Abs. 1 B.G.B. auch der Vorschrift des § 479 B.G.B.?

[1] Im gleichen Sinne wurden auch die Sachen der gleichen Klägerin wider B., Rep. II. 138/03, und wider Sch., Rep. II. 486/02, durch Urteile vom 20. November 1903 entschieden. D. E.

2. Kann nach § 479 B.G.B. der Anspruch auf Schadensersatz nach Vollendung der Verjährung nur noch gegen Forderungen aus dem gleichen Kaufgeschäfte aufgerechnet werden?

II. Civilsenat. Urt. v. 27. November 1903 i. S. Firma W.-K. (Bekl.) w. M. (Kl.). Rep. II. 159/03.

I. Landgericht Zweibrücken.
II. Oberlandesgericht daselbst.

Die obigen Fragen sind vom Reichsgericht bejaht worden aus folgenden

Gründen:

„Nach dem vom Berufungsgericht prozessualisch einwandsfrei festgestellten Sachverhalte bestellte der Kläger bei der Beklagten in der Zeit vom Februar bis zum Mai 1900 in mehreren Einzelposten sogenannten Sackkalk, eine Ware, die, wie auch der Beklagten bei Anwendung gehöriger Sorgfalt hätte bekannt sein müssen, in den hier in Betracht kommenden Abnehmerkreisen allgemein zu Verputzarbeiten verwendet wird, und lieferte die Beklagte in Erfüllung der von ihr angenommenen Einzelbestellungen dem Kläger in der Zeit vom 26. Februar bis Ende Mai 1900 die bestellten Mengen Sackkalk aus dem einen ihrer Kalkwerke zu B. Dem gelieferten Sackkalke fehlte jedoch die für Verputzarbeiten nötige Bindekraft, und der Kläger, der ihn bis zum 7. Juni 1900, an welchem Tage er den Mangel der Beklagten anzeigte, auch zu Verputzarbeiten verwendet hatte, erlitt durch diesen Mangel einen Schaden im Gesamtbetrage von 1769,53 ℳ. In der am 14. Januar 1901 zugestellten Klageschrift verlangte er von der Beklagten Ersatz dieses Schadens und erklärte, daß er mit einem Teilbetrag von 767,95 ℳ auf die Kaufpreisforderungen der Beklagten aus Lieferungen von Baumaterialien in der Zeit vom 26. Februar bis zum 12. Oktober 1900 aufrechne und mit der Klage die Zahlung der noch verbleibenden 1001,58 ℳ begehre. Von den bezeichneten Kaufpreisforderungen im Gesamtbetrage von 767,95 ℳ, deren Zahlung im Laufe des Rechtsstreites mit der Widerklage verlangt wurde, entfallen auf die Lieferungen vom Februar bis zum Mai 1900, wegen deren Mangelhaftigkeit der Schadensersatzanspruch erhoben wurde, 589,80 ℳ; die weiteren 178,15 ℳ sind Kaufpreise für Baumaterialien, die nach dem 7. Juni 1900 bis zum 12. Oktober 1900 geliefert sind, und wegen deren ein Schadensersatzanspruch nicht in Frage stand.

Das Berufungsgericht nahm an, der Beklagten falle eine von ihr als Verschulden in Erfüllung der Verträge zu vertretende grobe Fahrlässigkeit zur Last; sie habe nämlich bei Anwendung auch nur geringer Sorgfalt mit der Möglichkeit rechnen müssen, daß der Kläger den Sackkalk auch zu Verputzarbeiten verwenden werde, und habe unterlassen, den Kläger darauf aufmerksam zu machen, daß der gelieferte Sackkalk von dem Kalkwerke B. zu Verputzarbeiten nicht geeignet sei. Es führte dann weiter aus, daß die Beklagte aus diesem Verschulden bei Lieferung des mangelhaften Sackkalkes für Ersatz des dem Kläger entstandenen Schadens hafte, und daß die von der Beklagten aus § 477 Abs. 1 B.G.B. abgeleitete Einrede der Verjährung unbegründet sei, da sich die kurze Verjährung des § 477 a. a. O. nicht auf die Schadensersatzansprüche der hier bezeichneten Art beziehe. Mit dieser Begründung gelangte das Berufungsgericht zu dem Ergebnisse, daß mit Recht nach dem Antrage der Klage erkannt, und auch die Widerklage, deren Forderung durch die Aufrechnung erloschen, mit Recht abgewiesen sei.

Die Revisionsklägerin rügt Verletzung des § 477 Abs. 1 B.G.B. durch Zurückweisung der Einrede der Verjährung. Diesem Angriffe konnte der Erfolg nicht versagt werden; allerdings ist er, wie später ausgeführt wird, nicht geeignet, die Anträge der Revisionsklägerin, die auf Abweisung der Klage und Verurteilung des Klägers zur Widerklage gehen, in vollem Umfange zu rechtfertigen.

Nach dem festgestellten Sachverhalte handelt es sich um Gattungskäufe, und zwar um ebensoviele einzelne Kaufgeschäfte, als Bestellungen und Lieferungen gemacht sind. Die Schadensersatzpflicht der Beklagten ist ferner aus einem Verschulden in Erfüllung dieser Gattungskäufe durch schuldhafte Lieferung einer mangelhaften Sache, nicht aus einem Verschulden bei deren Abschlusse abgeleitet. Der Revisionsbeklagte hat zwar auszuführen versucht, es stehe hier ein Verschulden bei Abschluß der Gattungskäufe in Frage. Diesen Ausführungen widerspricht indessen der festgestellte Sachverhalt; es bedarf daher nicht der Erörterung, ob dieses Vorbringen überhaupt geeignet sein könnte, die rechtliche Stellung des Revisionsbeklagten zu verbessern. Weiterhin hat der erkennende Senat in den Urteilen vom

13. Juni 1902, Rep. II. 169/02 (Entsch. des R.G.'s in Civils. Bd. 52 S. 18) und vom 19. Dezember 1902, Rep. II. 246/02 (Entsch. des R.G.'s in Civils. Bd. 53 S. 200) ausgesprochen, daß der Verkäufer einer nur der Gattung nach bestimmten Sache durch schuldhafte Lieferung einer mangelhaften Sache dem Käufer zum Ersatze des dadurch verursachten Schadens aus seinem Verschulden in Erfüllung des Vertrages verpflichtet sei. Er hat keinen Anlaß, diese, von der Revisionsklägerin übrigens nicht bekämpfte, Auffassung aufzugeben. Der erkennende Senat hat ferner in dem zuletzt bezeichneten Urteile (Entsch. des R.G.'s in Civils. Bd. 53 S. 200) ausgesprochen, daß ein solcher Anspruch des Käufers einer nur der Gattung nach bestimmten Sache auf Schadensersatz wegen schuldhafter Leistung einer mangelhaften Sache der kurzen Verjährung des § 477 Abs. 1 B.G.B. unterliege. Dieser Teil jener Entscheidung hat zwar nicht allseitige Billigung gefunden; so wird die Anwendung des § 477 Abs. 1 auf Ansprüche der hier bezeichneten Art bekämpft von Staub (Deutsche Juristenzeitung 1903 S. 389). Indessen hält der Senat nach nochmaliger Prüfung der Frage an seiner früheren Auffassung fest. Zu den in der früheren Entscheidung dargelegten Erwägungen aus dem Gesetze selbst kommt weiter noch in Betracht: Die kurze Verjährungsfrist in dem zweiten Absatze des für die §§ 477 bis 479 B.G.B. vorbildlichen Art. 349 H.G.B. (alte Fassung) umfaßte, wie in der Rechtslehre und Rechtsprechung allgemein anerkannt war, auch die auf Verschuldung begründeten Ansprüche auf Schadensersatz wegen Mängel der Kaufsache; der mit der besonderen Regelung der Verjährung der Ansprüche wegen Mängel der abgelieferten Kaufsache verfolgte Zweck des Gesetzes, im Interesse der Verkehrs- und Rechtssicherheit baldmöglichst nach der Ablieferung eine klare Rechtslage zu schaffen, weist ferner darauf hin, daß alle Ansprüche wegen Mängel der abgelieferten Kaufsache, mögen sie auf Gesetz — Wandelung oder Minderung — oder auf besonderer Vereinbarung — Zusicherung einer Eigenschaft — oder auf Verschulden beruhen, der kurzen Verjährung des § 477 a. a. O. unterliegen. Nur ein arglistiges Verschweigen des Verkäufers schließt deren Anwendung aus.

Nach dem festgestellten Sachverhalte steht der Anspruch auf Schadensersatz dem Kläger nur aus Lieferungen vor dem 7. Juni 1900 zu; dieser Anspruch war daher verjährt, als er mit der am

14. Januar 1901 zugestellten Klage verfolgt und damals zugleich gegen die Kaufpreisforderungen der Beklagten aufgerechnet wurde. Danach war die Klage jedenfalls abzuweisen, und diese Abweisung auf Grund des § 565 Abs. 3 Ziff. 1 C.P.O. unter entsprechender Aufhebung und Abänderung der Instanzurteile auszusprechen.

Die Revisionsklägerin meint, daß, wenn die Einrede der Verjährung zugelassen werde, auch die Aufrechnung gegen die mit der Widerklage geltend gemachten Kaufpreisforderungen ihre rechtliche Grundlage verliere, und deshalb der Kläger auf die Widerklage im ganzen Umfange zu verurteilen sei. Dieser Auffassung konnte nur in beschränktem Umfange Folge gegeben werden.

Der § 390 Satz 2 B.G.B. bestimmt, die Verjährung schließe die Aufrechnung nicht aus, wenn die verjährte Forderung zu der Zeit, zu welcher sie gegen die andere Forderung aufgerechnet werden konnte, noch nicht verjährt war. Das trifft im gegebenen Falle zu, soweit die Forderung auf Schadensersatz aus den Lieferungen vom 26. Februar bis zum 7. Juni 1900 entstanden ist, deren Kaufpreise mit 589,80 ℳ mit der Widerklage verlangt werden. Die Voraussetzung des § 390 Satzes 2 a. a. O. trifft aber auch zu auf die mit der Widerklage verlangte Zahlung der Kaufpreise für die Lieferungen nach dem 7. Juni 1900 bis zum 12. Oktober 1900; denn am 12. Oktober 1900 bestand aus den Lieferungen nach dem 12. April 1900 ein noch nicht verjährter Schadensersatzanspruch, der die Gesamtsumme der hier in Betracht kommenden Kaufpreise überstieg. Käme daher § 390 Satz 2 allein in Betracht, so stände die Verjährung des Schadensersatzanspruchs dessen Aufrechnung auf die sämtlichen Kaufpreisforderungen nicht entgegen.

Indessen ist für den gegebenen Fall weiter zu prüfen, einmal ob nicht § 479 B.G.B. anzuwenden sei, und sodann welche Tragweite der Vorschrift des § 479 a. a. O. zukomme. In ersterer Beziehung unterliegt es keinem Bedenken, daß, wenn einmal auf die Schadensersatzansprüche des Käufers einer nur der Gattung nach bestimmten Sache wegen schuldhafter Leistung einer mangelhaften Sache die kurze Verjährungsfrist des § 477 Abs. 1 B.G.B. angewendet wird, auf diese Ansprüche nach Vollendung der Verjährung auch § 479 a. a. O. zur Anwendung kommt. Nach dem Zusammenhange der §§ 478 und 479 mit dem § 477 enthalten die ersteren Gesetzesvorschriften nur Einzelbestimmungen über die Tragweite der in § 477 geregelten Verjährung, und findet deshalb § 479 auf alle Fälle Anwendung, in denen ein Anspruch auf Schadensersatz der kurzen Verjährung des § 477 unterliegt. Der § 479 knüpft zunächst die Zulässigkeit der Aufrechnung nach Vollendung der Verjährung an die gleiche Voraussetzung, von welcher nach § 478 die Fortdauer der Einrede der Wandelung oder Preisminderung abhängt. Im gegebenen Falle ist die Anzeige des Mangels am 7. Juni 1900, also vor Vollendung der Verjährung erfolgt. Diese Voraussetzung wäre daher erfüllt. Weiterhin besteht aber bei Auslegung des § 479 noch die Meinungsverschiedenheit, ob in § 479 nur die Aufrechnung gegen Ansprüche aus demselben Geschäfte oder auch gegen Ansprüche aus anderen Geschäften gemeint sei. Die letztere Ansicht, die Staub, H.G.B. 6./7. Aufl. Bd. 2 § 377 Anm. 118 S. 1372, vertritt, findet die Bedeutung des § 479 lediglich darin, daß § 390 Satz 2 durch das Erfordernis einer Anzeige oder einer anderen der in § 478 bezeichneten Handlungen eingeschränkt sei. Die erstere — in der Literatur insbesondere von Makower, H.G.B. 12. Aufl., Anhang zu § 377 X 2 S. 1221 verbunden mit X 1 j, vertretene Ansicht legt dagegen den § 479 dahin aus, daß nach Vollendung der Verjährung der Anspruch auf Schadensersatz nur noch gegen den nicht gezahlten Kaufpreis aufgerechnet werden könne, aber auch das nur, wenn eine der in § 478 bezeichneten Handlungen vor Vollendung der Verjährung vorgenommen wurde. Der Senat tritt der von Makower vertretenen Ansicht bei. Schon in der Entscheidung vom 25. November 1884 (Entsch. des R.G.'s in Civils. Bd. 12 S. 324) hat bei Auslegung des Art. 349 Abs. 3 H.G.B. a. F. unter Hinweis auf die Verhandlungen der Nürnberger Kommission und auf den Zweck des Gesetzes der Senat ausgeführt, daß das Gesetz hier offenbar nur Einreden gegen die aus dem fraglichen Kaufgeschäfte geltend zu machenden Ansprüche im Auge habe, nicht aber den Fall umfasse, wenn die Mängel zur Kompensation gegen eine Klage aus einem anderen Geschäfte verwertet werden. Diese Auslegung des Art. 349 Abs. 3 hat in der Folge die allgemeine Billigung der Rechtslehre und Rechtsprechung gefunden und war zu der Zeit, als die entscheidenden Beratungen über die §§ 478 und 479 B.G.B. stattfanden, allgemein anerkannt. In dem ersten Entwurfe des Bürgerlichen Gesetzbuchs, der übrigens im Gegensatze zu dem zweiten Satze des § 390 B.G.B. die Aufrechnung mit einer verjährten Forderung ausschloß (vgl. Entw. I § 281 Abs. 2 und Motive Bd. 2 S. 106), bestimmte der § 397 in seinem ersten Absatze, daß nach Vollendung der Verjährung der Ansprüche auf Wandelung und Minderung diese nicht mehr einredeweise geltend gemacht werden können, und in seinem zweiten Absatze, daß in gleicher Frist auch der Anspruch auf Schadensersatz wegen Fehlens einer zugesicherten Eigenschaft verjähre. Bei den Beratungen der zweiten Kommission zu § 397 Entw. I wurde eine Abänderung des Entwurfes dahin vorgeschlagen, daß der Käufer, wenn er vor Ablauf der Verjährung den Mangel dem Verkäufer . . . angezeigt habe, die Ansprüche auf Wandelung oder Minderung sowie den Anspruch auf Schadensersatz . . . auch nach Ablauf der Verjährung im Wege der Einrede geltend machen könne.

Vgl. § 9 Abs. 2 des Antrages 6 zu § 397, Protokolle I S. 674. Bei der Beratung dieses Antrages — Protokolle I S. 681 — wurde zur Rechtfertigung dieser Abänderung des Entwurfes auf die bewährte Bestimmung des Art. 349 hingewiesen, und bei einer erneuerten Beratung — Protokolle I S. 703 flg., hier insbesondere S. 705 — unter Ablehnung der aus dem zweiten Satze des § 390, den die zweite Kommission damals schon aufgenommen hatte, entnommenen Bedenken wiederholt zum Ausdrucke gebracht, daß im Interesse der Einfachheit des Gesetzes auch für den Schadensersatzanspruch die Frage einheitlich geregelt werden solle, wie dies auch in Art. 349 Abs. 3 H.G.B. a. F. geschehen sei. Daraufhin wurde die vorgeschlagene Abänderung angenommen. In der Redaktionskommission wurde dieselbe in die §§ 478 und 479 B.G.B. umgearbeitet. Dieser Umarbeitung lagen lediglich redaktionelle Erwägungen zugrunde. Nach dem dargelegten Inhalte der Gesetzesmaterialien und nach dem Zwecke des Gesetzes, der oben in einem anderen Zusammenhange bereits dargelegt wurde, gilt für die Auslegung des § 479 B.G.B. lediglich das gleiche, was der Senat seinerzeit bei Auslegung des Art. 349 Abs. 3 H.G.B. ausgeführt hat, daß das Gesetz hier offenbar nur die Aufrechnung gegen die aus dem fraglichen Kaufgeschäfte geltend zu machenden Ansprüche im Auge habe und die Aufrechnung gegen eine Forderung aus einem anderen Geschäft nach Vollendung der Verjährung nicht zulassen wolle. In dem § 478 ist die Beschränkung der Einreden der Wandelung und Minderung nach Vollendung der Verjährung auf den Anspruch wegen

Zahlung des Kaufpreises ausdrücklich hervorgehoben. Wäre § 479 nur ein weiterer Absatz des § 478, so würde diese Beschränkung auch bezüglich der Aufrechnung jedem Bedenken entzogen sein. Dem rein äußerlichen und zufälligen Umstande, daß an Stelle eines dritten Absatzes zu § 478 ein neuer Paragraph — jetzt § 479 — gewählt wurde, kann keine entscheidende Bedeutung zukommen.

Auf Grund der dargelegten Auslegung des § 479 konnte der Anspruch des Klägers auf Schadensersatz nach Vollendung der Verjährung nicht mehr aufgerechnet werden gegen die Kaufpreise für die Lieferungen nach dem 7. Juni 1900; denn die nach dem 7. Juni 1900 gemachten Lieferungen, die jeweils auf selbständigen Kaufverträgen beruhten, gehen in Ordnung. Dagegen war die Aufrechnung noch zulässig gegen die Kaufpreise aus den Lieferungen vor dem 7. Juni 1900, durch deren schuldhafte Ausführung für jede Lieferung ein den Kaufpreis weit übersteigender Anspruch auf Schadensersatz begründet wurde. Danach war die Widerklage nicht begründet in Höhe der Kaufpreise für die Lieferungen bis zum 7. Juni 1900 mit 589,80 *M* und Zinsen; sie war dagegen begründet in Höhe der Kaufpreise für die Lieferungen nach dem 7. Juni 1900 mit 178,15 *M* und der Zinsen, die nach Höhe und Beginn des Zinsenlaufes nicht beanstandet waren." . . .

---

42. Kann die Leistungsklage auf Abnahme der gekauften Sache nach § 433 Abs. 2 B.G.B. beim Gattungskaufe mit successiven Lieferungen lediglich damit begründet werden, daß der auf Abnahme klagende Verkäufer in der Lage sei, die Ware zu beschaffen und abzuliefern?

II. Civilsenat. Urt. v. 22. Dezember 1903 i. S. K. (Bekl.) w. C. (Kl.). Rep. II. 200/03.

I. Landgericht Nordhausen.
II. Oberlandesgericht Naumburg a. S.

Die Beklagte kaufte im Oktober 1900 vom Kläger 20 Wagen Spalierlatten in näher bezeichneter Stärke und Länge zur successiven Lieferung von November 1900 bis Mai 1901. Das Gewicht eines

Wagens wurde durch nachfolgende Vereinbarung auf 10 000 kg festgestellt. Nach wiederholten Aufforderungen und Mahnungen des Klägers nahm die Beklagte die Lieferungen vom 3. und 15. Mai, 19. und 20. Juni 1901 ab, weigerte aber die restlichen 145 300 kg „abzunehmen", weil sie mit Recht vom Vertrage zurückgetreten sei. Mit der auf § 433 Abs. 2 B.G.B. gestützten Klage wurde beantragt, die Beklagte zu verurteilen, von dem Kläger 145 300 kg Spalierlatten in der vereinbarten Stärke und Länge abzunehmen und das Urteil gegen Sicherheitsleistung für vorläufig vollstreckbar zu erklären. Die Beklagte beantragte Abweisung der Klage; sie machte unter anderm geltend, der Kläger habe überhaupt die 145 300 kg Spalierlatten, deren Abnahme er verlange, nicht bereit. Der Kläger wendete dagegen ein: darauf komme es nicht an; denn er sei berechtigt, den Vertragsbestimmungen gemäß in angemessenen Fristen successiv und nach seinem Belieben entweder von seinen eigenen Sägewerken, oder von dritter Hand bezogene Ware der Beklagten zu liefern, und sei auch jederzeit in der Lage, in dieser Weise seiner Vertragspflicht zu genügen.

Das Landgericht verurteilte die Beklagte nach dem Klagantrag, und das Berufungsgericht wies ihre Berufung als unbegründet zurück. Auf ihre Revision wurde das Berufungsurteil aufgehoben, und die Sache zur anderweiten Verhandlung und Entscheidung an das Berufungsgericht zurückverwiesen, aus folgenden

Gründen:

. . . „Das Berufungsgericht geht mit rechtlich einwandsfreier Begründung davon aus, daß der unter den Parteien abgeschlossene successive Lieferungskauf ein reiner Gattungskauf war, und verneint das Vorbringen der Beklagten, daß nach dem Vertrage nur Spalierlatten aus den Sägewerken des Klägers zu liefern seien. Weiterhin erachtet es nicht als bewiesen, daß stets die *ganze* noch zu liefernde Menge auf den Sägewerken des Klägers vorrätig war; dagegen betrachtet es als feststehend, daß der Kläger einen erheblichen Teil, und zwar in vertragsmäßiger Beschaffenheit, auf Lager hatte, und nimmt als bewiesen an, daß er im August 1901 in angemessenen Fristen nach Maßgabe des Vertrages die successiven Restlieferungen selbst herstellen oder anderswoher beziehen konnte und das auch jetzt noch kann. Durch diese Tatsachen erachtet es die *für vorläufig voll-*

streckbar erklärte Verurteilung der Beklagten zur Abnahme von 145 300 kg Spalierlatten in der vereinbarten Stärke und Länge aus § 433 Abs. 2 B.G.B. als begründet.

Die Revisionsklägerin erhebt die Rüge, Voraussetzung der Leistungsklage auf Abnahme der verkauften Ware sei, daß tatsächlich und vertragsgemäß angeboten sei; denn nur was tatsächlich angeboten, könne auch tatsächlich abgenommen werden; ein wörtliches Angebot — § 295 B.G.B. — ersetze für diesen Fall das tatsächliche Angebot nicht. Ein tatsächliches Angebot dieser Art sei nicht festgestellt. Bei dieser Sachlage hätte vielleicht eine Klage auf Feststellung der vertragsmäßigen Verpflichtung der Beklagten, aber nicht auf Abnahme erhoben werden können; das könne in der Revisionsinstanz nicht mehr nachgeholt werden.

Diesen Ausführungen kann zum Teil die Berechtigung nicht versagt werden.

Der erkennende Senat hat in dem Urteile vom 9. Dezember 1902 (Rep. II. 265/02, Entsch. des R.G.'s in Civils. Bd. 53 S. 161 flg., hier S. 162) ausgesprochen, daß unter „Abnahme" in § 433 Abs. 2 B.G.B. die rein körperliche Hinwegnahme der Kaufsache — deren „auferre" — zu verstehen sei, um den Verkäufer von der Kaufsache zu entlasten. An dieser Auffassung wird festgehalten. In den Gründen jenes Urteils — S. 163 oben a. a. O. — wurde bei Erörterung der Frage, wann bei einem Gattungskaufe ein Verzug mit der Abnehmerverpflichtung angenommen werden könne, der an sich Verzug mit der körperlichen Wegnahme sein müsse, der Gesichtspunkt angeregt, ob dazu ein Bereitstehen der Ware zur körperlichen Wegnahme zureiche, oder noch ein vorheriges Ausscheiden erforderlich sei. Eine ausdrückliche Stellungnahme zur letzteren Frage war damals nicht nötig; denn der Beklagte hatte sich endgültig geweigert, die Ware überhaupt abzunehmen; das reichte aber, da sein Vertragsgegner tatsächlich erfüllungsbereit war, zur Annahme eines Schuldnerverzuges mit der Abnahmeverpflichtung zu. Da sonach der Ausgangspunkt jener Erörterungen die tatsächliche Erfüllungsbereitschaft des Gegners war, kann aus der dort erfolgten Annahme eines Schuldnerverzuges mit der Abnahmeverpflichtung weder für, noch gegen die hier zu entscheidende Frage etwas abgeleitet werden.

In dem gegebenen Fall nämlich handelt es sich um die Frage,

ob beim Gattungskaufe die Leistungsklage auf Abnahme, d. i. auf körperliche Wegnahme, notwendig zur Voraussetzung hat, daß die Ware vom Verkäufer bereits hergestellt oder angeschafft, in diesem Sinne bereits vorhanden und zur Ablieferung bereit sei, oder ob eine solche Leistungsklage auf Abnahme auch zulässig ist, wenn die abzunehmende Ware in dem oben dargelegten Sinne noch nicht vorhanden und zur Ablieferung bereit ist. Der Zulässigkeit einer Leistungsklage des letzteren Inhaltes steht entscheidend die Erwägung entgegen, daß eine gegenwärtige körperliche Hinwegnahme in bezug auf eine erst zu beschaffende Ware nicht möglich ist, und daß die Abnahmeverpflichtung des Käufers aus § 433 Abs. 2 B.G.B. eine in dem dargelegten Sinne vorhandene, zur Ablieferung bereite Ware voraussetzt, weil nur diese körperlich weggenommen werden kann. Allerdings ist die Abnahmeverpflichtung des Käufers aus § 433 Abs. 2 a. a. O. eine ihm aus seinem Kaufvertrage obliegende Leistung, und nach dem Rechte des Bürgerlichen Gesetzbuchs stehen bei gegenseitigen Verträgen an sich Leistung und Gegenleistung nicht in einer solchen funktionellen Abhängigkeit, daß nur gegen die bereitgehaltene und in der Klage angebotene Gegenleistung auf Erfüllung der Leistung geklagt werden könnte. Deshalb bedarf es in der Klage auf den Kaufpreis nicht einer Erwähnung der dem Verkäufer obliegenden Gegenleistung. Die Anwendung dieser Grundsätze kann jedoch nicht zur Rechtfertigung einer Leistungsklage auf Abnahme einer noch nicht vorhandenen und zur Ablieferung bereiten Ware dienen, etwa mit der Ausführung, sowenig die Klage auf Zahlung des Kaufpreises verlange, daß die Gegenleistung wirklich gemacht sei, ebensowenig erfordere das die Klage auf die andere Leistung des Käufers — auf die Abnahme —; auch in diesem Falle stehe dem verklagten Käufer nur die Möglichkeit offen, mit der Einrede der nicht erfolgten Ablieferung auf Grund des § 322 B.G.B. die Verurteilung auf Abnahme gegen Ablieferung zu verlangen. Denn die Ablieferungsbereitschaft des Verkäufers und die Abnahmeverpflichtung des Käufers stehen nicht etwa lediglich in der durch die §§ 320—322 B.G.B. geregelten funktionellen Abhängigkeit von Leistung und Gegenleistung aus einem gegenseitigen Vertrage, sondern die Erfüllung der Verpflichtung auf Abnahme, d. i. auf körperliche Hinwegnahme, setzt begrifflich voraus, daß die Ware zur körperlichen Wegnahme bereit sei. Deshalb ist die Leistungsklage auf Erfüllung dieser Abnahmeverpflichtung auch beim Gattungskauf so lange überhaupt nicht begründet, als sie nicht auf Abnahme bereits vorhandener, zur Ablieferung bereiter Ware gerichtet ist; bei der hier unterstellten Sachlage wäre übrigens dieser Mangel auch in dem Falle nicht geheilt, wenn der Verkäufer auf Abnahme gegen Ablieferung klagte; denn in Wirklichkeit wäre hier eine Leistungsklage auf künftige Abnahme einer noch nicht zur Ablieferung bereiten Ware gegen deren künftige Ablieferung erhoben.

Zwar wird in der Literatur,

vgl. z. B. Düringer u. Hachenburg, H.G.B. Bd. 3 S. 50/51,

die Ansicht vertreten, daß die Abnahmeverpflichtung des Käufers im Einzelfalle einen größeren, oder kleineren Umfang haben könnte, daß insbesondere auch mangels besonderer Abrede der Käufer auf Grund der Abnahmeverpflichtung bei der Ablieferung mitzuwirken habe und die Abnahmeverpflichtung nur dann erfülle, wenn er seinerseits die Erfüllung dieser Ablieferungspflicht des Verkäufers ermögliche. Daraus wird die rechtliche Folge abgeleitet, daß der Käufer überall da, wo er mit dieser Mitwirkung im Verzuge ist, in Verzug der Abnahme als Schuldnerverzug gerät, und z. B. schon aus einem Verzuge mit dem Abrufe ein Abnahmeverzug entnommen. Der erkennende Senat vermag dieser Auffassung über Umfang und Inhalt der in § 433 Abs. 2 a. a. O. geregelten Abnahmeverpflichtung nicht in allen Teilen beizutreten. Das mag richtig sein, daß im kaufmännischen Verkehre die Ausdrücke „Abnahme" und „Abnehmen" Sammelnamen sind für alle Handlungen des Käufers, die er vom Kaufabschlusse an bis zur Entgegennahme der Ware vorzunehmen hat. Daraus erklärt sich auch wohl die Erhebung der vorliegenden Klage und die Tatsache, daß diese Klage in den Instanzen weder bei den Prozeßvertretern, noch bei den Gerichten besonderen Bedenken begegnet ist. Diese allgemeine Bedeutung hat indessen der rechtliche Begriff der Abnahme im § 433 Abs. 2 nicht. Ferner gibt der rechtliche Ausgangspunkt der oben erörterten Rechtsansicht, daß nämlich in gleichem Umfange, wie nach den allgemeinen Grundsätzen des Rechts der Schuldverhältnisse im Bürgerlichen Gesetzbuch (§§ 293 flg.) der Gläubiger bei Erfüllung der ihm geschuldeten Leistung mitzuwirken hat, und das Unterlassen dieser Mitwirkung Gläubigerverzug begründet, beim Kauf eine Verpflichtung des Käufers zur Mitwirkung als Schuldnerverpflichtung begründet werde, und danach die in § 433 Abs. 2 für den Kauf geregelte Abnahmepflicht ihr Korrelat in dem Annahmeverzug des Gläubigers bei den anderen Schuldverhältnissen habe, der in § 433 Abs. 2 geregelten Abnahmeverpflichtung, die auf die rein körperliche Hinwegnahme der Kaufsache zu beschränken ist, eine zu große Tragweite. Das kann allerdings aus jener Vorschrift für das Recht des Kaufs nach dem Bürgerlichen Gesetzbuch abgeleitet werden, daß eine nach der Natur des einzelnen Geschäfts gebotene oder verkehrsübliche oder besonders vereinbarte Mitwirkung des Käufers zur Ablieferung der Kaufsache neben der Verpflichtung zur Abnahme, aber nicht als Teil derselben, eine klagbare Verpflichtung des Käufers zur Vornahme auch jener Mitwirkung begründen kann, und daß der Verzug mit Erfüllung dieser weiteren Verpflichtung, soweit nicht § 264 B.G.B. Platz greift, wie jeder andere Schuldnerverzug zu beurteilen ist. Deshalb kann im gegebenen Falle eine Leistungsklage auf Abnahme nicht etwa mit der Erwägung gerechtfertigt werden, daß der Abruf ein Teil der Abnahmeverpflichtung der Beklagten war, und daß infolge des Verzuges der Beklagten mit dem Abrufe die Leistungsklage auf Abnahme begründet sei.

In letzter Reihe könnte noch in Frage kommen, ob nicht unter Zuhilfenahme von § 259 C.P.O. das angefochtene Urteil aufrechterhalten werden kann. Indessen stände einem solchen Versuche einmal das Bedenken entgegen, daß der Kläger und Revisionsbeklagte in den Instanzen diesen prozeßrechtlichen Gesichtspunkt nicht geltend gemacht hatte, dann aber die Erwägung, daß Voraussetzung der künftigen Leistung — hier der künftigen Abnahme — die künftige Ablieferung vertragsgemäßer Ware ist, durch eine Verurteilung nach § 259 C.P.O. aber der Käufer mit seinen Einwendungen wegen Nichtvertragsmäßigkeit der Ware auf eine Klage aus § 767 C.P.O. verwiesen wäre.

Danach war das angefochtene Urteil aufzuheben; es konnte jedoch nicht, dem weiteren Antrage der Revisionsklägerin entsprechend, die Klagabweisung ausgesprochen werden. Abgesehen davon, daß das Berufungsgericht als feststehend erachtet, der Kläger habe einen erheblichen Teil der Ware, deren Abnahme verlangt war, und zwar in vertragsgemäßer Beschaffenheit, auf Lager gehabt, und daß es ferner mit einwandsfreier Begründung angenommen hat, der Kläger sei nach wie vor zur succesiven Lieferung berechtigt gewesen, wäre noch weiter zu erörtern, ob die erhobene Klage nicht — namentlich sofern der Kläger seinen Antrag in diesem Sinne berichtigt — als Feststellungsklage dahin zu beurteilen sei, daß der Vertrag noch bestehe, und die Beklagte in bezug auf die Restlieferungen den Vertrag noch zu erfüllen habe. Die Prüfung nach diesen Gesichtspunkten erfordert weitere Erörterungen in tatsächlicher Beziehung. Deshalb war die Sache zur anderweiten Verhandlung und Entscheidung an das Berufungsgericht zurückzuverweisen." ...

---

43. Zur Frage des ursächlichen Zusammenhangs bei dem Anspruche auf Schadensersatz. Pflichten des Spediteurs.

I. Civilsenat. Urt. v. 2. Dezember 1903 i. S. G. (Bekl.) w. Bl. (Kl.). Rep. I. 294/03.

I. Landgericht Thorn.
II. Oberlandesgericht Marienwerder.

Der Kläger in Paris sandte im Januar 1902 an den Beklagten, Spediteur in Thorn, zwei unbezahlte Kisten Seidenwaren mit dem Auftrag, sie gegen Fracht und Spesen zur Verfügung von C. in Warschau zu halten. Der Beklagte, der wußte, daß C. die bei dem Beklagten eingehenden Waren durch K. in Alexandrowo nach Rußland einschmuggeln ließ, und der von C. Auftrag zur Aushändigung an K. hatte, lieferte die Kisten an K. aus, der sie nach Warschau einschmuggelte, an C. aber nicht auslieferte, sondern zur Deckung seiner an C. auf die Ware gegebenen Vorschüsse verkaufte, da C. bankerott und flüchtig geworden war. Als der Kläger erfuhr, daß C. in Zahlungsschwierigkeiten geraten, widerrief er den dem Beklagten erteilten Auftrag, und klagte, als der Beklagte ihm die Ausführung des Auftrages mitteilte, auf Ersatz des Fakturenwertes derselben mit der Behauptung, daß der Beklagte die Kisten ohne Auftrag an den K. ausgeführt, K. die Ware eingeschmuggelt habe, und die Kisten dabei konfisziert seien. Daneben machte er geltend, daß der Beklagte als Spediteur die Kisten nicht zum Einschmuggeln an K. habe aushändigen dürfen.

Der Beklagte entgegnete, daß er Auftrag, an K. auszuhändigen durch C. gehabt, und der Kläger gewußt habe, daß die Kisten eingeschmuggelt werden sollten.

Der erste Richter machte die Entscheidung von einem Eide des Klägers darüber, daß er nicht gewußt habe, die Kisten sollten eingeschmuggelt werden, abhängig, verurteilte den Beklagten bei Leistung des Eides und wies die Klage bei Nichtleistung ab.

Die Berufung des Beklagten wurde zurückgewiesen; auf seine Revision aber ist das Berufungsurteil aufgehoben, und unter Abänderung des ersten Urteils die Klage abgewiesen worden aus nachfolgenden

Gründen:

„Die Klage ist darauf gestützt, daß der Beklagte die Ware an einen Unbefugten ausgehändigt, da er von C. keinen Auftrag zur Auslieferung an K., und K. von C. keinen Auftrag zur Empfangnahme der Ware gehabt habe, die Ware von K. nach Rußland eingeschmuggelt und beim Schmuggel konfisziert sei.

Dies Fundament der Klage ist hinfällig geworden. Beide Instanzrichter stellen fest, daß K. von C. beauftragt war, die für denselben beim Beklagten lagernden Waren abzunehmen und nach Rußland einzuschmuggeln, daß der Beklagte dies auch wußte. Nicht mehr streitig ist, daß K. die von C. nicht bezahlte Ware über die Grenze geschmuggelt, nach Warschau gebracht, an C. aber nicht abgeliefert, sondern zur Deckung eines von ihm an C. auf die Ware gegebenen Vorschusses verkauft hat, weil C. inzwischen falliert hatte und flüchtig geworden war.

Bei dieser Sachlage begründet der Berufungsrichter die Verurteilung des Beklagten zur Erstattung des Wertes der Ware durch die Erwägung, daß der Beklagte als Spediteur und Kommissionär nach Treu und Glauben und der Verkehrssitte verpflichtet gewesen sei, vor Aushändigung der Ware an den ihm als gewerbsmäßigen Schmuggler bekannten K. bei dem Kläger anzufragen, ob er die Ware an einen solchen Bevollmächtigten des C. aushändigen dürfe, und die Weisung des Klägers abzuwarten. Denn der Beklagte habe sich sagen müssen, daß geschmuggelte Ware der Gefahr der Konfiskation und des Verlustes ausgesetzt sei. Durch sein Unterlassen sei der dem Kläger entstandene Schaden eingetreten, und er für denselben verantwortlich, vorausgesetzt, daß der Kläger nicht gewußt habe, das Gut solle über die Grenze geschmuggelt werden.

Diese Argumentation hätte ihre Berechtigung, wenn die Ware, wie es die Klage behauptet, beim Einschmuggeln konfisziert und dadurch dem Kläger verloren gegangen wäre. Aber nach dem festgestellten Sachverhalte ist davon nicht die Rede. Die Ware ist nach Warschau gelangt, und der Kläger hat den kreditierten Preis verloren, weil C. die Ware seinem Bevollmächtigten nicht abgenommen, falliert hat und flüchtig geworden ist, und dieser Verlust hätte den Kläger auch getroffen, wenn die Ware nicht eingeschmuggelt worden wäre.

Der Klage könnte nur dann aufgeholfen werden, wenn sich sagen ließe, daß der Beklagte schon dadurch allein schuldhaft handelte, daß er die Ware einem ihm bekannten Schmuggler zum Einschmuggeln auslieferte, weil er sich sagen mußte, daß der Kläger bei Kenntnis von dem beabsichtigten Schmuggel die kreditierte Ware seinem Abkäufer nicht ausgehändigt haben wolle. Aber es ist nicht einmal behauptet, daß dem Beklagten bekannt war, die Ware sei nicht bezahlt, sondern kreditiert. Der Auftrag ging unstreitig dahin, die Ware für C. gegen Fracht und Spesen zur Verfügung zu halten, und Fracht und Spesen hat der Beklagte unstreitig erhoben. Es spricht auch keinerlei Vermutung dafür, daß der Beklagte gewußt, die Ware sei kreditiert; vielmehr durfte der Beklagte mit Rücksicht auf den Inhalt des Auftrages annehmen, daß auf der Ware anderes als Spesen und Fracht nicht liege, da der vorsichtige Verkäufer, der Ware in das Ausland sendet, sich wegen des Kaufpreises zu sichern pflegt. Durfte der Beklagte aber annehmen, daß der Kläger wegen des Kaufpreises befriedigt oder gedeckt sei, — und darüber sich Gewißheit zu verschaffen, hatte er als Spediteur und Kommissionär nach der Verkehrssitte keine Pflicht, — so durfte er ohne Verletzung seiner Pflicht gegen den Kläger die Ware dem K. für C. ausliefern, unbekümmert darum, ob sie eingeschmuggelt werden sollte, oder nicht.

Richtig ist, daß der Beklagte gegen die guten Sitten verstieß, indem er sich, wie aus seiner eigenen Darstellung des Sachverhalts hervorgeht, und der erste Richter feststellt, darauf einließ, nach Abrede mit C. die für diesen bei ihm eingehenden Waren dem K. zum Einschmuggeln auszuliefern. Aber daraus folgt nach § 138 B.G.B. weiter nichts, als daß aus diesem Geschäftsverhältnis Recht und Pflicht weder für noch gegen den Beklagten oder K. oder C entstand. Dagegen folgt daraus nicht, worauf die Entscheidung des ersten

Richters beruht, daß der Beklagte dem Kläger einen Schaden ersetzen muß, der nicht durch dieses gegen die guten Sitten verstoßende Geschäftsverhältnis, sondern dadurch entstanden ist, daß der Kläger dem C. die Ware kreditiert hat.

Hiernach hat das Berufungsurteil aufgehoben, und da es der Klage an jeder Begründung fehlt, auf die Berufung des Beklagten das erste Urteil abgeändert, und die Klage abgewiesen werden müssen.“...

---

44. Gehen bei Abtretung der Rechte aus einem Vertrage, der eine Schiedsgerichtsklausel enthält, auch die Ansprüche aus dieser auf den Rechtserwerber über?

VII. Civilsenat. Urt. v. 8. Dezember 1903 i. S. H., H. & Co. (Kl.) w. R. (Bekl.). Rep. VII. 321/03.

I. Landgericht I Berlin.
II. Kammergericht daselbst.

In einem zwischen der Klägerin und den Eheleuten S. abgeschlossenen Vertrage vom 10./27. September 1896 war ausgemacht, daß die aus dem Vertrage entspringenden Streitigkeiten schiedsrichterlicher Entscheidung unterstehen sollten. Durch Übereinkommen vom 26. November 1896 traten die Eheleute S. ihre Rechte aus dem Vertrage an den Beklagten ab. Von dem letzteren wurden dann Ansprüche der Eheleute S. aus dem Vertrage vor einem unter Protest der Klägerin zusammenberufenen Schiedsgerichte erhoben. Dieses verwies, als von der Klägerin vor demselben die Zuständigkeit des Schiedsgerichtes von neuem bestritten wurde, die Entscheidung über diesen Punkt an die ordentlichen Gerichte. Daraufhin wurde von der Klägerin die gegenwärtige, auf Feststellung der Unzulässigkeit des schiedsgerichtlichen Verfahrens gerichtete Klage anhängig gemacht. Zur Begründung derselben berief die Klägerin sich auch darauf, daß der Beklagte als Cessionar die Rechte aus dem Schiedsvertrage nicht geltend machen könne. Über dieses Klagefundament, welches von allen Instanzen zurückgewiesen wurde, bemerkt das Revisionsurteil in seinen

Gründen:

. . . „Es ist nun aber auch der Vorinstanz darin beizutreten, daß bei der hiernach rechtsgültig erfolgten Cession jener Forderung der S.'schen Eheleute gegen die Klägerin die solchen Anspruch umfassende Schiedsgerichtsklausel in Gemäßheit des vermutlichen Willens jener Personen auf den Cessionar, also den Beklagten, sich erstreckt. Dies würde nur dann anders sein, wenn aus dem unter den erstgedachten Personen geschlossenen Vertrage oder den Umständen, unter welchen derselbe zustande gekommen, entnommen werden könnte, daß der Schiedsvertrag wegen besonderen Vertrauens, welches die Kontrahenten ineinander in Rücksicht auf die Ausübung der daraus sich ergebenden Rechte gesetzt haben, an die Person geknüpft sein sollte. In dieser Hinsicht ist aber nichts vorgebracht. Demnach ist die Revisionsrüge, welche den Übergang der Rechte aus dem Schiedsvertrage auf den Beklagten bestreitet, hinfällig. Wie noch bemerkt werden muß, herrscht in neuerer Zeit vollständige Übereinstimmung in der Rechtswissenschaft darüber, daß dem Übergange der Rechte aus dem Schiedsvertrage auf den Sondernachfolger rechtliche Bedenken nicht entgegenstehen. Hinzuweisen ist namentlich auf den Aufsatz von Kohler über prozeßrechtliche Verträge und Kreationen in Gruchot's Beiträgen, Bd. 31 S. 518 flg., wo darauf hingewiesen ist, daß andernfalls der Schiedsvertrag in das einseitige Belieben des Gläubigers gestellt werde.

Vgl. ferner Seuffert, in Iherings Jahrbüchern Bd. 34 S. 481; dessen Civilprozeßordnung, 8. Aufl., Bem. 4 c zu § 1025; Petersen u. Anger, Civilprozeßordnung, 4. Aufl., Bem. 5 zu § 1025.

Die auf Grund des römischen Rechts getroffene Entscheidung des Oberappellationsgerichts zu Lübeck (Seuffert's Archiv Bd. 2 S. 54), wonach ein Kompromiß, da es ohne besondere Vereinbarung nicht einmal auf die Erben übergehe, auch nur unter dieser Voraussetzung für den Sondernachfolger verbindlich sei, kommt jedenfalls für das hier in Frage stehende Gebiet des Allgemeinen Landrechts nicht in Betracht." . . .

45. Nach welcher Gesetzesvorschrift hat die Pfändung der Eigentümer-Briefgrundschuld zu geschehen?
C.P.O. §§ 830. 857.

V. Civilsenat. Urt. v. 12. Dezember 1903 i. S. K. u. Gen. (Kl.) w. Sch. u. Gen. (Bekl.). Rep. V. 465/03.

I. Landgericht II Berlin.
II. Kammergericht daselbst.

Die auf dem Grundstück des Fabrikbesitzers B. Pr. zu K. Bd. 49 Bl. 1587 seit dem 18. August 1899 für die Schl. B. in B. eingetragene Darlehnshypothek von 62000 *M* war zum Betrage von 10000 *M* durch Zahlung nicht gedeckt. Die fünf Kläger erwirkten in der Zeit vom 31. Juli 1900 bis zum 9. Juli 1901 verschiedene Pfändungs- und Überweisungsbeschlüsse für Hauptsache, Zinsen und Kostenbeträge auf erwähnte 10000 *M* als Eigentümerhypothek ihres Schuldners Pr. Als im Zwangsversteigerungsverfahren über das bezeichnete Grundstück bei der Kaufgelderbelegung vom 20. Dezember 1900 nicht ihre angemeldeten Beträge, sondern die von Hypothekgläubigern, die der Hypothek zu 62000 *M* im Range nachgingen, darunter die Anmeldungen der drei Beklagten zum Zwecke der Befriedigung eingestellt wurden, erhoben sie gegen die letzteren Widerspruch in Höhe von im ganzen 4893,95 *M*. Da sie aber die Klagefrist von einem Monat nicht einhielten, zahlte der Zwangsversteigerungsrichter den bestrittenen, zunächst hinterlegten, Betrag an die Beklagten aus. Die Kläger erhoben Klage aus der Bereicherung.

Der erste Richter wies die Klage ab, indem er das Entstehen einer Eigentümerhypothek überhaupt verneinte. Die Berufung der Kläger wurde mit der Begründung zurückgewiesen, daß, wenn auch zu 10000 *M* Eigentümergrundschuld entstanden, und zu deren Pfändung Wegnahme des Hypothekenbriefes nicht nötig gewesen sei, doch eine Bereicherungsklage gemäß § 878 Abs. 2 C.P.O. § 812 B.G.B. den Klägern deshalb nicht zustehe, weil die Wirkung ihres Widerspruchs durch Fristversäumung erloschen sei, und Beklagte nur das ausbezahlt erhalten hätten, was ihnen als persönlichen Gläubigern des Pr. gebührte.

Die Revision der Kläger ist zurückgewiesen.

Aus den Gründen:

(Es werden zunächst die Klagabweisungsgründe der beiden Vorderrichter für unzutreffend erklärt. Dann heißt es weiter:)

... „Obschon nach vorstehendem der Grund, aus dem der Berufungsrichter die Klagabweisung für gerechtfertigt erklärt hat, hinfällig ist, muß gleichwohl die Klagabweisung selbst deswegen aufrecht erhalten bleiben, weil den Klägern gültige Pfändungen und Überweisungen überhaupt nicht zur Seite stehen. Der Vorderrichter nimmt dies an und erachtet auf Pfändung einer Eigentümergrundschuld, bei der kein Drittschuldner gegeben sei, nicht den § 830, sondern den Abs. 2 des § 857 C.P.O. für anwendbar. Er stützt sich dabei unter anderm auch auf das in den Entscheidungen des R.G.'s in Civils. Bd. 48 S. 427 flg. abgedruckte Urteil des erkennenden Senats. Wie er aber selbst zugibt, beschäftigt sich dieses Urteil mit einem Falle des früheren Rechts, und da es nur die Frage, wem die Pfändung einer Eigentümerhypothek zuzustellen ist, beantwortet, die in gegebener Sache gar nicht aufgeworfen ist, da ferner der von ihm aufgestellte Rechtssatz, daß bei der Eigentümerhypothek kein Drittschuldner vorhanden ist, nach richtiger Auslegung der neuen Bestimmungen keinen Ausschlag geben kann, so beruft sich das Kammergericht mit Unrecht auf jene Entscheidung.

Zu der in der Rechtswissenschaft lebhaft erörterten Streitfrage über das Verfahren bei Pfändungen von Eigentümergrundschulden hat der erkennende Senat in zwei zum Abdruck bestimmten Urteilen, nämlich: Rep. V. 194/03 vom 17. Oktober 1903[1] und Rep. V. 205/03[2] vom 11. November 1903, bereits feste Stellung genommen, und er ist dabei nach Wortlaut, Auslegung und Entstehungsgeschichte der betreffenden Vorschriften zu dem Ergebnisse gelangt, daß zur Pfändung einer Eigentümer-Buchgrundschuld gemäß § 857 Abs. 6 und § 830 Abs. 1 C.P.O. die Eintragung der Pfändung im Grundbuche notwendig sei. Auf die Begründung dieser Entscheidungen wird hier Bezug genommen.

Nun handelt es sich allerdings in vorliegender Sache nicht um eine Buchgrundschuld, sondern unzweifelhaft um eine aus einer Brief-

[1] Inzwischen abgedruckt in Bd. 55 unter Nr. 93. D. R.

[2] Inzwischen abgedruckt in diesem Bande unter Nr. 3. D. R.

hypothek hervorgegangene Eigentümer-Briefgrundschuld. Da aber bei Prüfung der Pfändungserfordernisse für diese von ganz den nämlichen Grundgedanken und Erwägungen auszugehen ist, wie bei der Eigentümer-Buchgrundschuld, so müssen auch auf sie die beiden letztangezogenen Gesetzesstellen Anwendung finden, und ist somit zur Pfändung einer solchen Eigentümer-Briefgrundschuld die Aushändigung des Briefes oder dessen Wegnahme durch den Gerichtsvollzieher notwendig.

Den Revisionsklägern muß zugegeben werden, daß die Erfüllung dieses Erfordernisses überhaupt und namentlich dort, wo, wie im gegebenen Falle, zugleich die Bildung eines Teilgrundschuldbriefes notwendig wird, große Schwierigkeiten herbeiführen kann; indessen kann dieser Erwägung durchschlagende Bedeutung deshalb nicht zukommen, weil der 6. Absatz des mehrangezogenen § 857 deutlich, bestimmt und ohne Ausnahme die Zwangsvollstreckung in eine Grundschuld den Vorschriften des § 830 über Hypothekpfändung unterwirft, weil § 830 C.P.O. zur Hypothekpfändung die Briefübergabe oder -wegnahme oder den Grundbucheintrag unbedingt fordert, und weil nach allgemeinem gesetzlichen Sprachgebrauch unter Grundschuld und Hypothek notwendig auch die Eigentümergrundschuld und Eigentümerhypothek verstanden werden muß.

Daß sie Briefwegnahme bewerkstelligt haben, behaupten die Kläger selbst nicht. Die von ihnen erwirkten Pfändungen der Eigentümergrundschuld waren daher unvollkommen und rechtsunwirksam und gaben ihnen kein besseres Recht gegenüber den Beklagten, die durch die an sie erfolgten Auszahlungen nicht rechtlos bereichert worden sind." . . .

---

46. Voraussetzungen der Zurückverweisung an das Gericht erster Instanz im Falle des § 538 Abs. 1 Ziff. 3 C.P.O.

I. Civilsenat. Urt. v. 30. November 1903 i. S. B. (Bekl.) w. W. (Kl.). Rep. I. 271/03.

I. Landgericht I Berlin.
II. Kammergericht daselbst.

Aus den Gründen:

... „Unbegründet ist ... der prozessuale Angriff, den die Revision dagegen richtet, daß der Berufungsrichter selbst auch über den Betrag des Schadens erkannt und die Sache zur Verhandlung hierüber nicht an das Gericht der ersten Instanz zurückverwiesen hat. Der Fall des § 538 Abs. 1 Ziff. 3 C.P.O. liegt nur dann vor, wenn der eingeklagte Anspruch bereits in der ersten Instanz nach Grund und Betrag streitig geworden war, und nunmehr entweder eine Vorabentscheidung über den Grund des Anspruches nach § 304 C.P.O. erfolgt, oder die Klage abgewiesen ist. Im vorliegenden Falle liegt die Sache so, daß beim Landgerichte lediglich der Grund des erhobenen Anspruches, nicht aber der Betrag von der Beklagten bestritten worden ist. Wäre das Landgericht zur Bejahung des Grundes gelangt, so hätte es demnach ein Zwischenurteil nach § 304 nicht erlassen können, vielmehr, da der Rechtsstreit zur Endentscheidung reif war, nach § 300 Abs. 1 die Beklagte durch Endurteil sogleich nach dem Klagantrage verurteilen müssen. In bezug auf die Vorschrift des § 538 Abs. 1 Ziff. 3 aber wird die prozessuale Lage dadurch nicht verändert, daß das Landgericht die Klage abgewiesen hat. Denn das Abweisungsurteil, wovon diese Gesetzesstelle spricht, ist nur die der positiven Entscheidung nach § 304 gegenüberstehende negative Entscheidung.

Vgl. Gaupp-Stein, Civilprozeßordnung 4. Aufl. Bd. 2 S. 54."...

---

47. Kann der Geschäftsinhaber beim Verkaufe eines einzelnen Geschäftszweiges dem Erwerber die Fortführung seiner Firma gestatten? Liegt in dem Zusatze „vormals Betrieb von N. N." eine Fortführung der Firma N. N.? Verletzung des Namensrechtes.

H.G.B. §§ 18. 22. 23. 37.
Ges., betr. Gesellsch. m. b. H., § 4.
B.G.B. § 12.

I. Civilsenat. Urt. v. 12. Dezember 1903 i. S. Petroleumgesch. (vorm. Betrieb v. C. H. St. & Co.), Ges. m. b. H., (Bekl.) w. G. St. (Kl.). Rep. I. 313/03.

I. Landgericht I Berlin.
II. Kammergericht daselbst.

Die verklagte Gesellschaft wurde im April 1901 errichtet und mit der Firma „Petroleumgeschäft (vormals Betrieb von C. H. St. & Co.), Gesellschaft mit beschränkter Haftung", ins Handelsregister eingetragen. Sie führte das bis dahin von der „Aktiengesellschaft, vormals C. H. St. & Co." betriebene Petroleumgeschäft fort und hatte in dem Kaufvertrage über den Erwerb dieses Geschäftszweiges von der Aktiengesellschaft die Genehmigung erhalten, so zu firmieren. Ihren anderen Geschäftszweig, den Vertrieb von Beleuchtungskörpern, hatte die Aktiengesellschaft behalten, und sie führte hierfür ihre bisherige Firma unverändert fort. Diese Firma rührte daher, daß die Aktiengesellschaft im Anfange der siebziger Jahre behufs Übernahme und Fortführung des Geschäfts „C. H. St. & Co." errichtet worden war, und daß der damalige alleinige Inhaber dieses Geschäftes bei dessen Einbringung in die Aktiengesellschaft seine Zustimmung mit der Fortführung der Firma erklärt hatte.

Der Kläger war der Sohn jenes früheren alleinigen Inhabers der Firma C. H. St. & Co. Er war von 1882 bis 1892 Direktor der Aktiengesellschaft, gründete dann aber mit einem Teilhaber selbst ein Petroleumgeschäft und ließ hierfür die Firma G. St. & Co. eintragen, deren alleiniger Inhaber er später wurde.

Er erachtete die Beklagte für nicht befugt, ihrer Firma den Zusatz „vormals Betrieb von C. H. St. & Co." beizufügen, sah sich dadurch in seinem Namens- und in seinem Firmenrechte als verletzt an und erhob Klage auf Erlaß eines Verbotes und auf Löschung.

Nachdem das Landgericht die Klage abgewiesen hatte, gab ihr das Kammergericht statt, das die Beklagte verurteilte,

den Gebrauch des Bestandteils in ihrer Firma „vormals Betrieb von C. H. St. & Co." zu unterlassen und sich die Löschung dieses Bestandteils im Handelsregister gefallen zu lassen.

Die Revision der Beklagten wurde zurückgewiesen aus folgenden

Gründen:

... „Nach § 37 Abs. 2 Satz 1 H.G.B. kann, wer in seinen Rechten dadurch verletzt wird, daß ein anderer eine Firma unbefugt gebraucht, von diesem die Unterlassung des Gebrauchs der Firma verlangen. Es fragt sich demnach, 1. ob die Beklagte ihre jetzige Firma unbefugt gebraucht, und 2. ob der Kläger durch diesen Gebrauch in seinen Rechten verletzt ist.

Ein unbefugter Gebrauch einer Firma nach Abs. 2 des § 37 liegt vor, wenn jemand — wie es in Abs. 1 heißt — eine Firma gebraucht, die ihm nach den Vorschriften des 2. Abschnittes des 1. Buches H.G.B. (§§ 17—37) nicht zusteht. Dies trifft auf die Firma der Beklagten zu; denn sie verstößt durch Aufnahme des Zusatzes „vormals Betrieb von C. H. St. & Co." gegen § 23. Die Aktiengesellschaft hatte zwar nach § 22 Abs. 1 Satz 1 — oder nach dem mit dieser Vorschrift inhaltlich übereinstimmenden Art. 22 des früheren Handelsgesetzbuchs — das Recht erworben, für ihr Handelsgeschäft, das den Vertrieb von Beleuchtungskörpern und den Petroleumhandel umfaßte, die Firma C. H. St. & Co., deren Geschäft sie übernahm, fortzuführen. Die Aktiengesellschaft würde auch nach den Grundsätzen, die der erkennende Senat in seinem Urteile vom 8. Februar 1902 in Sachen Th. gegen Th. Nachf. (Rep. I. 350/01) ausgesprochen hat, für befugt zu halten sein, die Firma beizubehalten, obschon sie jetzt den einen dieser beiden Geschäftszweige aufgegeben hat. Sie würde ferner berechtigt sein, ihr Geschäft im ganzen oder mit dem verbliebenen Reste auf einen Dritten zu übertragen und diesem alsdann die Fortführung der Firma zu gestatten. Erstreckt sie das Veräußerungsgeschäft aber, wie es hier geschehen ist, bloß auf einen einzelnen Geschäftszweig, so kann der Erwerber — ob mit, ob ohne Zustimmung des Veräußerers — die Firma seinerseits nicht annehmen und fortführen. „Das Handelsgeschäft, für welches die Firma geführt wird", (§ 23) hat er nicht erworben. Nur mit diesem aber ist die Übertragung der Firma zulässig.

Einem begründeten Zweifel kann es auch nicht unterliegen, daß die Beklagte durch Annahme der Firma „Petroleumgeschäft (vormals Betrieb von C. H. St. & Co.), Gesellschaft m. b. H.", die Firma C. H. St. & Co. fortführt. Die Fassung des § 22 zeigt deutlich, daß das Gesetz eine Fortführung der Firma auch dann als gegeben ansieht, wenn ihr ein Zusatz beigegeben ist, der ein Nachfolgeverhältnis andeutet. Wie dieser Zusatz gefaßt ist, erscheint unerheblich, wenn die neue Firma die alte in sich aufgenommen hat. Daher ist die Berufung der Revision auf § 18 Abs. 2 H.G.B. und auf § 4 des Ges. über die Gesellsch. m. b. H. abwegig. Diese Bestimmungen gestatten nicht die Wahl eines Zusatzes, der sich als Fortführung einer fremden Firma außerhalb des durch die §§ 22. 23 H.G.B. abgesteckten Rahmens darstellt.

Anlangend sodann die Legitimation des Klägers zum Verlangen der Unterlassung, so muß mit dem Berufungsgerichte anerkannt werden, daß der Kläger durch den unbefugten Gebrauch der Firma C. H. St. & Co. in seinen Rechten verletzt ist. Ob in seinem Firmenrechte, mag im Hinblick auf die Verschiedenheit der die Vornamen andeutenden Buchstaben bei beiden Firmen unerörtert bleiben. Jedenfalls aber ist der Kläger in seinem aus § 12 B.G.B. sich ergebenden Namensrechte verletzt. Wie aus dieser Bestimmung hervorgeht, liegt in dem Rechte auf den Namen auch das Recht auf den ausschließlichen Gebrauch dieses Namens gegenüber jedem, der nicht ebenfalls das Recht auf diesen Namen hat, vorausgesetzt nur, daß das Interesse des Berechtigten dies erfordert. Der Kläger hat durch seine Geburt das Recht auf den Namen St. erworben (vgl. § 1616 B.G.B.), und daß sein Interesse durch dessen Benutzung abseiten der Beklagten verletzt wird, ist vom Berufungsgerichte in bedenkenfreier Weise festgestellt." ...

---

48. 1. Unterliegt in Preußen die gütliche Einigung über die Grundabtretung zum Betriebe des Bergbaues der Formvorschrift des § 313 B.G.B.?

2. Form der freiwilligen Abtretung im Falle des § 17 des preußischen Enteignungsgesetzes vom 11. Juni 1874.

Preuß. Allg. Bergges. vom 24. Juni 1865 §§ 135 flg.
B.G.B. §§ 313. 125.
Preuß. Ausf.-Ges. zum B.G.B. Art. 12 § 1 Abs. 2. § 2.

V. Civilsenat. Urt. v. 23. Dezember 1903 i. S. E. (Kl.) w. L. (Bekl.). Rep. V. 269/03.

I. Landgericht Hagen i. W.
II. Oberlandesgericht Hamm.

Auf Antrag der Beklagten wurde im Jahre 1900 das Enteignungsverfahren bezüglich eines Teiles der damals dem Ehemanne der Klägerin gehörigen Parzelle Flur 12 Nr. 305/111 der Steuergemeinde Dahl eingeleitet, dessen die Beklagte zu dem Betriebe ihres Bergbaues bedurfte. In dem vor den Kommissarien des Oberbergamts und des Bezirksausschusses abgehaltenen Verhandlungstermine am 30. November 1900 erklärten die Parteien — der Grundeigentümer E. und für die Beklagte deren Repräsentant B. — zum Schlusse, daß sie sich über die Abtretung geeinigt hätten, und zwar dahin, daß für jedes Ar der abzutretenden Fläche ein Kaufpreis von 210 ℳ gezahlt werden solle. — E. erklärte sich bereit, die Auflassung der abzutretenden Fläche alsbald nach der Vermessung zu erklären; B. nahm seinen Enteignungsantrag auf seine Kosten zurück. Bei der demnächst vorgenommenen Vermessung ergab sich eine Größe der abgetretenen Parzelle von 11,61 a, und erhielt diese die Katasterbezeichnung Flur 12 Nr. 475/111. Die Klägerin, welche nach dem Tode ihres Mannes, des Verkäufers, die allgemeine westfälische Gütergemeinschaft mit ihren Kindern fortsetzte, erhob Klage mit dem Antrage, die Beklagte zu verurteilen, die Auflassung der Parzelle Flur 12 Nr. 475/111 entgegenzunehmen und ihr 2438,10 ℳ zu zahlen. Der erste Richter verurteilte die Beklagte, nach Abzug von 5 ℳ für eine von der Klägerin gefällte Esche, nach dem Klagantrage. Beklagte legte Berufung ein. Klägerin schloß sich der Berufung an mit den Anträgen: 1. die Beklagte auch zur Zahlung von 4 Prozent Zinsen seit dem 1. April 1901 von den ihr zuerkannten 2433,10 ℳ, 2. eventuell zur Herausgabe der in ihren früheren Zustand zurückzuversetzenden Parzelle Flur 12 Nr. 475/111 zu verurteilen. Das Berufungsgericht verurteilte in Abänderung des ersten Urteils die Beklagte nach dem eventuellen Antrage 2 und wies die Klage im übrigen ab. Die Revision der Klägerin ist zurückgewiesen aus folgenden

Gründen:

„Das Berufungsgericht erklärt die in dem Protokolle vom 30. November 1900 enthaltene gütliche Einigung mangels der durch § 313 B.G.B. vorgeschriebenen gerichtlichen oder notariellen Form gemäß § 125 das. für nichtig und gelangt deshalb zur Abweisung des Klagantrages 1 und unter Anwendung des § 812 B.G.B. zur Verurteilung der Beklagten nach dem Klagantrage 2.

Diese Entscheidung ist richtig, und ihre Begründung erscheint zutreffend, weshalb das Reichsgericht sich ihr überall anschließt. Der

Versuch der Klägerin, mit ihren Revisionsangriffen eine ihr günstigere Entscheidung herbeizuführen, kann keinen Erfolg haben.

Nach Art. 67 Einf.-Ges. zum B.G.B. bleiben die landesgesetzlichen Bestimmungen, welche dem Bergrecht angehören, in Preußen die Bestimmungen des Allgemeinen Berggesetzes vom 24. Juni 1865, von der neuen Reichsgesetzgebung unberührt und können nach Art. 218 Einf.-Ges. zum B.G.B. durch Landesgesetz auch geändert werden. Die Abtretung von fremdem Grundeigentum zum Bergwerksbetriebe erfolgt durch einen gemeinschaftlichen Beschluß des Oberbergamts und des Bezirksausschusses, wenn die Beteiligten sich über die Grundabtretung nicht gütlich einigen können (§ 142 Allg. Bergges.). Der Enteignungsbeschluß und die gütliche Einigung verfolgen zwar denselben Zweck; sie unterscheiden sich aber in ihren Voraussetzungen wesentlich voneinander, und gerade durch diese Unterschiede wird die zu treffende Entscheidung bedingt. Während die gütliche Einigung auf einer Willensübereinstimmung der Beteiligten, auf einem freiwillig geschlossenen Rechtsgeschäfte, beruht, wird durch den Enteignungsbeschluß ohne Rücksicht auf den Willen der Beteiligten im Interesse des Bergbaues von den berufenen Behörden kraft Gesetzes die zwangsweise Abtretung angeordnet. Durch den Enteignungsbeschluß vollzieht sich die Grundabtretung ohne weiteres; der Rechtsweg ist nur in besonderen Fällen, die hier nicht in Betracht kommen, zulässig (§ 145 das.). Die gütliche Einigung, über welche in dem Allgemeinen Berggesetze besondere Bestimmungen nicht enthalten sind, unterliegt, wie jede rechtsgeschäftliche Veräußerung, den allgemeinen Bestimmungen des Bürgerlichen Gesetzbuchs. Sie kann nach §§ 873. 925 B.G.B. nur durch Auflassung und Eintragung des Erwerbers in das Grundbuch zum Übergange des Eigentums führen. Der Enteignungsbeschluß wird erlassen, ohne daß eine obligatorische Verpflichtung vorausgesetzt wird; die gütliche Einigung enthält den Konsensualvertrag, und dieser unterliegt dem Formzwange des § 313 B.G.B., wenn er die Verpflichtung zur Abtretung und zum Erwerbe des Grundeigentums durch Auflassung und Eintragung für die Beteiligten begründen soll. Es folgt dies daraus, daß im Allgemeinen Berggesetze nähere Vorschriften auch über die Form der gütlichen Einigung nicht getroffen sind.

Vgl. Brassert, Kommentar S. 378 Nr. 4.

Der Einigungsvertrag der Parteien in dem Protokolle vom 30. November 1900 entbehrt der gerichtlichen und der notariellen Form, ist daher nach § 125 B.G.B. nichtig, und ein Anspruch auf Erfüllung findet daraus nicht statt. Die abweichende Ansicht der Klägerin, daß die gütliche Einigung der Parteien eine rechtsgeschäftliche Veräußerung nicht darstelle, weil sie im Enteignungsverfahren unter dem Zwange der Enteignung vorgenommmen sei, ist irrig. Ob die gütliche Einigung im Enteignungsverfahren oder außerhalb desselben stattgefunden hat, beeinflußt ihre rechtliche Natur als rechtsgeschäftliche Veräußerung nicht; ob sie unter dem Zwange der Enteignung gestanden hat, ob also dieser Zwang als Motiv gewirkt hat, ist unerheblich und nicht geeignet, die Einigung in Ansehung der Form dem Enteignungsbeschluß insofern gleichzustellen, als zu diesem gerichtlicher oder notarieller Abschluß nicht gefordert wird.

Auch die preußische Landesgesetzgebung hat den hier vertretenen Standpunkt für den gleichliegenden Fall der Enteignung von Grundeigentum nach dem Gesetze vom 11. Juni 1874 eingenommen. Der § 16 dieses Gesetzes läßt im Enteignungsverfahren die gütliche Einigung zwischen den Beteiligten über den Gegenstand der Abtretung zu, und der § 17 bestimmt, daß für die freiwillige Abtretung die nach den bestehenden Gesetzen für die Veräußerung von Grundeigentum vorgeschriebenen Formen zu wahren sind. Um diese freiwillige Abtretung von Grundeigentum dem Formzwange des § 313 B.G.B. zu entziehen, ist im Art. 12 § 1 Abs. 2 preuß. Ausf.-Ges. z. B.G.B. ausdrücklich bestimmt, daß für den sie enthaltenden Vertrag die schriftliche Form genügt. Es hätte nahe gelegen, die gleiche Vorschrift für die gütliche Einigung, welche im bergrechtlichen Enteignungsverfahren vorkommt, zu treffen. Dies ist bisher nicht geschehen, ob absichtlich oder versehentlich, ergeben die Materialien des preußischen Ausführungsgesetzes zum Bürgerlichen Gesetzbuche nicht. Eine analoge Anwendung der Vorschrift jenes Art. 12 § 1 Abs. 2 auf die bergrechtliche Einigung erscheint, abgesehen davon, daß nach § 54 Ziff. 2 des Enteignungsgesetzes dieses Gesetz keine Anwendung auf die Entziehung und Beschränkung des Grundeigentums im Interesse des Bergbaues findet, schon deshalb unzulässig, weil es sich bei ihr um eine Ausnahme von der Regel des § 313 B.G.B. handelt. Für die bergrechtliche Einigung verbleibt es also bei dieser Regel. Vergeblich macht die Klägerin geltend, die weitere Ausnahme im § 2 des Art. 12 preuß. Ausf.-Ges. z. B.G.B. liege hier vor: „Wird bei einem Vertrage, durch den sich der eine Teil verpflichtet, das Eigentum an einem in Preußen liegenden Grundstücke zu übertragen, einer der Vertragschließenden durch eine öffentliche Behörde vertreten, so ist für die Beurkundung des Vertrags außer den Gerichten und Notaren auch der Beamte zuständig, welcher von dem Vorstande der zur Vertretung berufenen Behörde oder von der vorgesetzten Behörde bestimmt ist." Bei der gütlichen Einigung haben sich die Parteien selbst beteiligt. Die Beamten des Oberbergamts und des Bezirksausschusses fungierten keineswegs als eine den einen oder anderen Teil vertretende Behörde; sie waren die Kommissarien der beiden entscheidenden Behörden, welche zu dem durch § 143 Allg. Berggef. vorgeschriebenen Ermittelungsverfahren ausschließlich zur Erledigung der ihnen im Gesetze zugewiesenen Aufgaben zugezogen waren, deren Tätigkeit von selbst endigte, als die Parteien sich gütlich einigten, und der Repräsentant der Beklagten den Enteignungsantrag zurücknahm." . . .

---

49. 1. Ist bei begründeter Anfechtung der Anfechtungsbeklagte zu verurteilen, die vom Schuldner an ihn veräußerten Sachen in das Vermögen des Schuldners zurückzubringen?

2. Muß er, wenn er die Sachen weiter veräußert hat, den hierdurch gewonnenen Erlös ohne Rücksicht darauf, ob dieser sich mit dem Werte der Sachen deckt oder ihn übersteigt, in vollem Umfange zur Befriedigung des Gläubigers herausgeben?

Anfechtungsgesetz §§ 1. 7.

VII. Civilsenat. Urt. v. 1. Dezember 1903 i. S. B. (Kl.) w. D. (Bekl.). Rep. VII. 356/03.

I. Landgericht Bonn.
II. Oberlandesgericht Köln.

Aus den Gründen:

. . . „Nicht berechtigt sind die zur Widerklage gezogenen Konsequenzen, und zwar in doppelter Richtung.

Verurteilt ist die Klägerin und Widerbeklagte, die von M. an sie veräußerten Sachen in dessen Vermögen zurückzubringen. In dem Anfechtungsgesetz ist eine solche Verbindlichkeit des Anfechtungsbeklagten nicht bestimmt. Nach dem Prinzip des Gesetzes, wie es im § 1 desselben zum Ausdruck kommt, können Rechtshandlungen des Schuldners unter den vorgeschriebenen Voraussetzungen „als dem Gläubiger gegenüber unwirksam" angefochten werden. Dementsprechend ist im § 7 des Gesetzes bestimmt, daß der Gläubiger, soweit es zu seiner Befriedigung erforderlich ist, beanspruchen kann, daß dasjenige, was durch die anfechtbare Handlung aus dem Vermögen des Schuldners veräußert, weggegeben oder aufgegeben ist, „als noch zu demselben gehörig" von dem Empfänger zurückgewährt werde. Hiernach sind, sofern nicht in Ausnahmefällen infolge besonderer Umstände der Anfechtungszweck auf andere Weise nicht verwirklicht werden kann, die veräußerten Sachen nicht dem Schuldner zurückzugewähren, nicht in dessen Vermögen zurück zu übertragen, sondern der Anfechtungsbeklagte hat nur eine Sachlage herzustellen, vermöge deren die veräußerten Sachen zum Zwecke der Befriedigung der Gläubiger so, als gehörten sie noch zum Vermögen des Schuldners, wirksam behandelt werden können. Demgemäß sind die Sachen zur Zwangsvollstreckung bereit zu stellen. Wenn der Berufungsrichter bei der von ihm ausgesprochenen Verurteilung zum Zurückbringen der Sachen in das Vermögen des Schuldners den Zweck dieser Handlung, nämlich den Befriedigungszweck in das Urteil aufgenommen hat, so schränkt er damit die Zurückgewährung nicht dergestalt ein, daß, wenn diese zur Vollziehung kommt, die dingliche Wirkung der Rückgabe nicht im vollen Umfange eintrete, und die bloße Relativität der Unwirksamkeit des anfechtbaren Geschäftes gesichert würde. Schon aus diesem Grunde war die zur Widerklage getroffene Entscheidung aufzuheben.

Als nicht haltbar ist aber auch bei gegenwärtiger Sachlage die vom Berufungsrichter dahin getroffene Entscheidung zu betrachten, daß, wenn die veräußerten Sachen nicht zurückgebracht werden, die Klägerin die aus dem Vertrage vom 7. März 1902 gegenüber dem Kaufmann E. erworbenen Rechte in das Vermögen des M. zurückzubringen und an den Beklagten den Betrag der von E. erhaltenen Anzahlung von 7000 ℳ zu zahlen hat. Kann der Anfechtungsbeklagte seiner Verbindlichkeit, sowie sie im Gesetze geregelt ist, nicht genügen, so ist er zum Ersatze des Wertes der Sachen verpflichtet. Hat er eine Weiterveräußerung vorgenommen, und deckt der erzielte Preis sich mit dem Werte der Sachen, oder bleibt er unter demselben, so ist der Ausspruch unbedenklich, daß der Anfechtungsbeklagte die Zwangsvollstreckung in die Kaufgeldforderung zu dulden hat; denn alsdann bleibt die ihm auferlegte Duldung in den Grenzen der Erstattung des Wertes der Sachen. Beläuft sich aber der Preis auf eine höhere Summe als der Wert, so kann der auf diese Weise vom Anfechtungsbeklagten erzielte Vorteil ihm beim Fehlen einer dies anordnenden Gesetzesvorschrift nicht entzogen werden, auch nicht in dem zur Befriedigung der Forderungen des Anfechtungsklägers erforderlichen Umfange (Entsch. des R.G.'s in Civils. Bd. 27 S. 21). Der Berufungsrichter erwägt, normalerweise werde sich die Gegenleistung des Dritten aus dem Weiterverkauf mit dem Werte der weiterverkauften Gegenstände decken; allein dies kann hier als durchschlagend nicht betrachtet werden, da die Parteien über den Wert streiten, und die Beklagte die Höhe des durch den Weiterverkauf erreichten Erlöses als einen Glücksfall bezeichnet hat. Anders läge die Sache, wenn der Berufungsrichter an der Hand der konkreten Verhältnisse in nicht zu beanstandender Weise zur Feststellung des Wertes gelangt wäre; aber diese Voraussetzung trifft nicht zu; vielmehr hat der Berufungsrichter an anderer Stelle zwar einen den Betrag von 3150 *M* weit übersteigenden Wert, nicht aber eine bestimmte Höhe desselben für erwiesen erachtet, und außerdem steht entgegen, daß die den Wert betreffenden Feststellungen, wie oben bereits hervorgehoben, von der Revision mit Recht prozessual bemängelt werden." ...

---

50. Wird die Anwendung des § 344 Abs. 2 H.G.B. dadurch ausgeschlossen, daß dem Schuldscheine eine Verbindlichkeit, welche an sich nicht dem Handelsgewerbe des Schuldners angehört, zugrunde liegt? Wird die Fortführung des Geschäfts auch dadurch im Sinne des § 27 Abs. 2 H.G.B. von dem Erben eingestellt, daß er das Geschäft nebst Firma auf einen anderen überträgt?

I. Civilsenat. Urt. v. 2. Dezember 1903 i. S. Firma M. H. (Bekl.) w. M. (Kl.). Rep. I. 293/03.

I. Landgericht Hamburg, Kammer für Handelssachen.
II. Oberlandesgericht daselbst.

Kläger klagte im Wechselprozesse als Remittent aus einem auf „Herrn M. H. in Hamburg“ gezogenen und von dem derzeitigen Inhaber der letztgenannten Handelsfirma, dem am 31. Januar 1901 verstorbenen Kaufmann Moritz H., durch Zeichnung der Firma acceptierten Wechsel auf Zahlung der Wechselsumme nebst Zinsen und Kosten. Laut Auszügen aus dem Handelsregister war das Geschäft zunächst auf die Witwe des Moritz H., nach deren am 28. März 1902 erfolgtem Tode auf deren minderjährige Kinder und Erben, und schließlich am 15. Mai 1902 auf die von den Kaufleuten B. und Sch. errichtete offene Handelsgesellschaft übergegangen, und von den Rechtsnachfolgern stets unter der unveränderten Firma M. H. weitergeführt worden. Gegen die eben erwähnte Gesellschaft richtete sich die erhobene Klage. Für die Haftbarkeit der Beklagten berief der Kläger sich auf §§ 25 und 344 Abs. 2 H.G.B.

Die Vorinstanzen gaben der Klage statt. Die Revision der Beklagten ist zurückgewiesen.

Aus den Gründen:

... „1. Die erste Voraussetzung für die Anwendung der §§ 25. 27 Abs. 1 H.G.B., daß der Klagewechsel eine Geschäftsverbindlichkeit des verstorbenen Moritz H. enthält, ist für gegeben zu erachten. Der § 344 Abs. 2 H.G.B. besagt: „Die von einem Kaufmann gezeichneten Schuldscheine gelten im Betriebe seines Handelsgewerbes gezeichnet, sofern nicht aus der Urkunde sich das Gegenteil ergibt.“ Der Klagewechsel bietet keinen Anhalt dafür, daß Moritz H. ihn nicht im Betriebe seines Handelsgewerbes gezeichnet hätte; im Gegenteil spricht der Umstand, daß er mit seiner Firma „M. H.“ gezeichnet hat, dafür, daß er mit der Zeichnung eine Geschäftsverbindlichkeit hat begründen wollen. Die Vermutung des § 344 Abs. 2 läßt sich nicht mit der bloßen Behauptung entkräften, daß dem Schuldscheine eine Verbindlichkeit zugrunde liegt, die ihrerseits nicht dem Handelsgewerbe des Schuldners angehörte; denn der Kaufmann ist nicht gehindert, auch solche Verbindlichkeiten, die an sich nicht handelsgeschäftlicher Natur sind, durch Ausstellung eines mit der Firma gezeichneten Wechsels oder eines anderen die Voraussetzungen des § 344 Abs. 2 H.G.B. erfüllenden Schuldscheins auf sein Handelsgeschäft zu übernehmen. Nur dann würde dem Schuldscheingläubiger die Einrede der Arglist entgegenstehen, wenn er aus der Urkunde eine Geschäftsverbindlichkeit herleitete, obwohl Gläubiger und Schuldner bei der Ausstellung darüber einig waren, daß eine Geschäftsverbindlichkeit damit nicht begründet werden sollte, und ihm dies beim Erwerbe bekannt war. Die Behauptung aber, daß Moritz H. und der Nehmer des Wechsels darüber einig gewesen sind, daß der Wechsel nur eine außergeschäftliche Verbindlichkeit darstellen solle, ist nicht aufgestellt worden. Behauptet ist nur, daß der Wechselzeichnung klaglose Differenzgeschäfte des Moritz H. zugrunde lagen. Dies genügt aber um so weniger zur Entkräftung der Vermutung des § 344 Abs. 2 H.G.B., als Kaufleute sehr wohl auch in dieser ihrer Eigenschaft klaglose Differenzgeschäfte eingehen können.

2. Laut Eintragungen im Handelsregister ist das Geschäft des Moritz H. bei dessen Tode (31. Januar 1901) auf seine Witwe, bei deren Ableben (28. März 1902) auf ihre minderjährigen Kinder und Erben, und schließlich durch Veräußerung der letzteren (15. Mai 1902) auf die von den Beklagten begründete offene Handelsgesellschaft übergegangen. Die jeweiligen Rechtsnachfolger haben das Geschäft stets unter der ursprünglichen Firma M. H. fortgeführt, ohne gemäß § 25 Abs. 2 H.G.B. bekannt zu geben, daß sie die Haftung für die Geschäftsverbindlichkeiten ablehnten. Hiernach ist die Haftung der Beklagten für die durch den Klagewechsel begründete Verbindlichkeit an sich nach § 25 Abs. 1 und § 27 Abs. 1 H.G.B. gegeben, und es fragt sich nur, ob sie etwa die Ausnahmevorschrift des § 27 Abs. 2 daselbst um deswillen für sich anrufen können, weil ihre unmittelbaren Rechtsvorgänger, die minderjährigen Kinder der Eheleute H., weniger als drei Monate im Besitze des Geschäfts gewesen sind. Diese Frage ist aber zu verneinen. Die Bedeutung des § 27 Abs. 2 H.G.B. ergibt sich aus den Bemerkungen der Denkschrift zu dem im wesentlichen gleichlautenden § 26 Abs. 2 des Entwurfes (Mugdan, Materialien S. 220), wo es heißt:

„Nach der Bestimmung des Abs. 2 des § 26 sollen jedoch die Wirkungen, welche bezüglich der Geschäftsverbindlichkeiten an die Fortführung des Geschäfts und der Firma geknüpft sind, nicht eintreten, wenn die Fortführung vor dem Ablaufe von drei Monaten nach dem Zeitpunkte, in welchem der Erbe von dem Anfalle der Erbschaft

Kenntnis erlangt hat, eingestellt wird. Es würde zu weit gehen, dem Erben schon dann, wenn er nicht alsbald nach dem Tode des Erblassers das Geschäft aufgibt oder eine neue Firma annimmt, entgegen den Vorschriften des Bürgerlichen Gesetzbuchs schlechthin eine unbeschränkte Haftung für die Geschäftsverbindlichkeiten aufzuerlegen." Sodann heißt es nach Erörterung der für den gegenwärtigen Fall in Betracht kommenden Sätze 2 und 3 des Abs. 2: „Durch diese Vorschriften gewährt der Entwurf dem Erben ausreichende Zeit, um sich über die endgültige Fortführung der Firma schlüssig zu machen."

Hiernach muß auch der § 27 Abs. 2 unter Beachtung der dem § 25 Abs. 1 zugrunde liegenden Absicht des Gesetzgebers, „der Verkehrsauffassung, nach welcher der jeweilige Inhaber der Firma als der Verpflichtete und Berechtigte angesehen wird, in bezug auf die Frage des Überganges der Geschäftsschulden und Geschäftsforderungen entgegenzukommen,"

Mugdan, a. a. O. S. 219,

ausgelegt werden. Nur die völlige Aufgabe des Geschäfts oder der Firma lassen nach außen erkennen, daß die Firma, unter der die Verbindlichkeiten eingegangen sind, nicht mehr besteht, und geben dadurch den Geschäftsgläubigern einen besonderen Anlaß, ihre Rechte wahrzunehmen. Dagegen ist die Übertragung des Geschäfts mit Firma auf einen Dritten nur geeignet, der Annahme der Kontinuität der alten Geschäftsbeziehungen Vorschub zu leisten. Durch diese Handlung macht sich der Erbe im bejahenden Sinne „über die endgültige Fortführung der Firma schlüssig". Denn nach außen wird in bezug auf den Fortbestand der alten Geschäftsbeziehungen zu Dritten derselbe Eindruck erweckt, ob er Geschäft und Firma selbst fortführt, oder durch einen Dritten fortführen läßt.

In demselben Sinne wird die Frage entschieden von Staub, Kommentar zum Handelsgesetzbuch § 27 Anm. 24; Cosack, Lehrbuch des Handelsrechts § 14 V Anm. 38 b, und Lehmann u. Ring, Kommentar zum Handelsgesetzbuch § 27 Nr. 5 a. E.; a. M. Düringer u. Hachenburg, Handelsgesetzbuch Bd. 1 S. 126; Goldmann, Kommentar zum Handelsgesetzbuch § 27 Anm. 2 IV, und Bolte in Goldschmidt's Zeitschrift Bd. 51 S. 447."...

51. Kann die Mitteilung des Veräußerers von der Schuldübernahme mit der Wirkung, daß sie der Gläubiger genehmigen kann, auch noch erfolgen, wenn der Schuldübernehmer nicht mehr als Eigentümer im Grundbuch eingetragen ist?

B.G.B. § 416 Abss. 1. 2.

V. Civilsenat. Urt. v. 2. Dezember 1903 i. S. R. (Kl.) w. B. Ehel. (Bekl.). Rep. V. 241/03.

I. Landgericht Ulm.
II. Oberlandesgericht Stuttgart.

Die S.'schen Eheleute in H. hatten als persönliche Schuldner dem Kläger im Jahre 1899 auf ihrem daselbst belegenen Grundbesitz in Höhe von 12000 ℳ eine zu 4 Prozent vom 1. Mai 1899 ab verzinsliche und nach dreimonatiger Aufkündigung rückzahlbare Hypothek bestellt. Am 13. September 1901 verkauften sie das belastete Grundstück an die verklagten B.'schen Eheleute; diese übernahmen die Hypothek nebst den Zinsen vom 1. Mai 1900 als persönliche Schuldner in Anrechnung auf den Kaufpreis, erhielten auch am selben Tage die Auflassung, wurden aber erst am 5. März 1902 als Eigentümer des Grundstücks eingetragen. Sie verkauften das Grundstück weiter an St., der am selben Tage als Eigentümer in das Grundbuch eingetragen wurde. Eine Mitteilung von der Schuldübernahme der B.'schen Eheleute erhielt Kläger erst durch Schreiben des Ehemannes Christian S. vom 24. Oktober 1902, also zu einer Zeit, in der die B.'schen Eheleute nicht mehr als Eigentümer des belasteten Grundstücks eingetragen waren; er genehmigte darauf durch Schreiben vom 25. Oktober 1902 dem Christian S. gegenüber die Schuldübernahme.

Mit der Klage nahm der Kläger die B.'schen Eheleute auf Grund der Schuldübernahme als seine persönlichen Schuldner in Anspruch. Er erstritt in erster Instanz ein obsiegliches Urteil; dagegen wies der Berufungsrichter die Klage ab, indem er annahm, daß die B.'schen Eheleute trotz der von ihnen in dem Kaufvertrage vom 13. September 1901 erklärten Schuldübernahme nicht persönliche Schuldner des Klägers geworden seien, weil es an einer wirksamen Genehmigung dieser Schuldübernahme seitens des Klägers fehle. Dieses Urteil ist auf Revision des Klägers aufgehoben, und die Berufung gegen das Urteil erster Instanz zurückgewiesen worden.

Aus den Gründen:

... „Richtig ist, daß der Kläger die Schuldübernahme nur genehmigen konnte, nachdem der Veräußerer sie ihm mitgeteilt hatte (§ 416 Abs. 1 Satz 1 B.G.B.). Dies ist durch Schreiben des Ehemannes S. vom 24. Oktober 1902, der hierbei — wie der erste Richter zutreffend angenommen hat — zugleich in Vertretung seiner Ehefrau handelte, geschehen. Richtig ist ferner, daß nicht jede Mitteilung des Veräußerers genügt, um die vom Gesetz an sie geknüpften Wirkungen eintreten zu lassen. Denn das Gesetz schreibt vor (§ 416 Abs. 2 Satz 1), daß die Mitteilung des Veräußerers erst erfolgen kann, wenn der Erwerber als Eigentümer im Grundbuch eingetragen ist. Nicht richtig aber ist es, wenn das Berufungsgericht diese Vorschrift dahin verstehen will, daß die Mitteilung des Veräußerers mit der ihr vom Gesetz beigelegten Wirkung auch nur so lange erfolgen könne, als der Erwerber als Eigentümer im Grundbuch eingetragen steht. Gegen eine solche Auslegung, für die sich, soviel zu ersehen, nur vereinzelte Stimmen (z. B. Oberneck, Reichsgrundbuchrecht S. 605. 608) in der Rechtslehre erhoben haben, und der bereits von anderer Seite (Fuchs, Grundbuchrecht Bd. 1 S. 715 Note 9) widersprochen worden ist, spricht zunächst der Wortlaut des Gesetzes. Wenn das Gesetz sagt, daß eine Handlung mit rechtlicher Wirksamkeit erst vorgenommen werden könne, wenn ein anderer bestimmter Umstand eingetreten ist, so ist damit an sich nichts weiter bestimmt, als daß die Handlung mit der ihr vom Gesetz beigelegten Wirkung nicht vorher vorgenommen werden kann. Denn die sprachliche Bedeutung des Wortes „erst" ist die, daß damit eine zeitliche Anfangsgrenze gesetzt wird. Hätte das Gesetz nicht bloß eine solche festsetzen, sondern vorschreiben wollen, daß die Mitteilung auch nur so lange mit der ihr beigelegten rechtlichen Wirkung erfolgen kann, als der neue Erwerber im Grundbuch als Eigentümer eingetragen ist, so hätte es eine andere Fassung wählen müssen. Es mag sein, daß hiermit eine Bemerkung in der Denkschrift, mit welcher der Entwurf des Bürgerlichen Gesetzbuchs dem Reichstag vorgelegt wurde, nicht recht übereinstimmt. Denn dort findet sich zur Erläuterung des § 410 Abs. 2 Satz 1, der wörtlich dem jetzt geltenden § 416 Abs. 2 Satz 1 B.G.B. entspricht, folgendes ausgeführt:

„Da aber die Bestimmung dahin wirken soll, daß sich die persönliche Schuld mit dem Eigentum an dem für die Schuld verhafteten Grundstück in der Person des Erwerbers vereinigt, so legt der Entwurf weiterhin der Mitteilung des Veräußerers Wirksamkeit nur dann bei, wenn der Erwerber als Eigentümer im Grundbuch eingetragen ist."

Aber entscheidend kann dies nicht sein. Entscheidend bleiben muß der Wortlaut des Gesetzes, und dieser geht eben nicht dahin, daß die Mitteilung nur dann Wirksamkeit haben solle, wenn der Erwerber als Eigentümer im Grundbuch eingetragen ist.

Dazu kommt, daß auch innere Gründe gegen die vom Berufungsrichter vertretene Auslegung sprechen. Sie wird der durch die Schuldübernahme erworbenen vertragsmäßigen Stellung des Veräußerers nicht gerecht. Dieser will durch die Schuldübernahme von der persönlichen Verbindlichkeit frei werden, und er wird von ihr frei, wenn der Gläubiger die Schuldübernahme genehmigt. Wäre es nun richtig, daß der Gläubiger die Schuldübernahme nicht mehr genehmigen kann, nachdem der Erwerber aufgehört hat, Eigentümer des belasteten Grundstücks zu sein, so hätte letzterer in der Weiterveräußerung des Grundstücks ein Mittel zur Hand, die Auslösung des Veräußerers aus der persönlichen Haftung zu hintertreiben. Zwar bliebe er selbst dem Veräußerer gegenüber nach § 415 Abs. 3 B.G.B. verpflichtet, den Gläubiger rechtzeitig zu befriedigen; aber hierin liegt für den Veräußerer kein vollständiger Ausgleich. Denn er will aus der persönlichen Verpflichtung derartig herauskommen, daß er vom Gläubiger überhaupt nicht mehr in Anspruch genommen werden kann. Es ist daher für ihn nicht gleichgültig, wenn er statt dessen verhaftet bleibt und nur vom Schuldübernehmer die rechtzeitige Befriedigung des Gläubigers verlangen kann. Ist dies richtig, so erscheint auch der Rückschluß gerechtfertigt, daß der Veräußerer trotz der Weiterveräußerung des Grundstücks berechtigt bleiben muß, die Schuldübernahme dem Gläubiger mitzuteilen, um so die ihm vertragsmäßig eingeräumte Möglichkeit, an seine Stelle den Erwerber als persönlichen Schuldner eintreten zu lassen, zu verwirklichen.

Aber auch für den Erwerber des Grundstücks kann die gegenteilige Annahme zu einer unbilligen Benachteiligung führen. Wenn er das Grundstück weiter veräußern will, und sein Abnehmer ebenfalls die durch die Hypothek gesicherte Schuld in Anrechnung auf den

Kaufpreis übernehmen möchte, so setzt dies, wie § 416 Abs. 1 Satz 1 B.G.B. ergibt, voraus, daß die Schuld eine Schuld „des Veräußerers" ist, d. h. jetzt, daß sie eine Schuld des ersten Erwerbers geworden ist. Solange sie dies nicht ist, solange sie also eine Schuld des ersten Veräußerers bleibt, fehlt es für eine wirksame Schuldübernahme nach § 416 an der gesetzlichen Voraussetzung. Wäre es nun richtig, daß mit der Veräußerung des Grundstücks seitens des ersten Erwerbers und mit der Eintragung seines Nachfolgers als Eigentümers im Grundbuch die Möglichkeit aufhörte, durch Genehmigung der Schuldübernahme den ersten Erwerber als persönlichen Schuldner in das Schuldverhältnis eintreten zu lassen, so würde die Voraussetzung, unter der die Schuldübernahme seitens des zweiten Erwerbers zu Kräften kommen kann, niemals eintreten. Denn sein Veräußerer würde überhaupt nicht persönlicher Schuldner geworden sein. Die Folge wäre, daß der erste Erwerber seinem Veräußerer aus der Erfüllungsübernahme (§ 415 Abs. 3) verhaftet bliebe, und daß er mit demjenigen, an den er weiter veräußert, eine wirksame Schuldübernahme nicht vereinbaren könnte. Daß ihn das Gesetz in diese Lage habe bringen wollen, wenn er das Grundstück weiter veräußert, bevor sein Veräußerer die Schuldübernahme dem Gläubiger mitgeteilt hat, läßt sich nicht annehmen.

Hiernach sprechen überwiegende Gründe für die von der Revision vertretene Meinung, daß die in § 416 Abs. 2 B.G.B. erwähnte Mitteilung des Veräußerers auch dann noch mit rechtlicher Wirksamkeit an den Gläubiger erfolgen kann, wenn der Erwerber nicht mehr als Eigentümer im Grundbuch eingetragen ist. In diesem Sinne hat der erkennende Senat des Reichsgerichts sich zu der Frage auch nach dem früheren preußischen Recht (§ 41 Abs. 2 des Gesetzes über den Eigentumserwerb zc vom 5. Mai 1872) bereits geäußert.

Vgl. Urteil vom 18. Februar 1893, Rep. V. 268/92, veröffentlicht bei Gruchot, Beiträge Bd. 37 S. 1114." . . .

---

52. Konnte nach preußischem Recht für ein im Miteigentum stehendes Grundstück durch die Handlungen einzelner Miteigentümer im Wege der Ersitzung eine Granddienstbarkeit erworben werden?

VII. Civilsenat. Urt. v. 8. Dezember 1903 i. S. Z. (Kl.) w. G. (Bekl.). Rep. VII. 324/03.

I. Landgericht Stettin.
II. Oberlandesgericht daselbst.

Das Reichsgericht hat diese Frage verneint aus folgenden

Gründen:

... „Es bleibt noch die Frage der Ersitzung zu prüfen. Hinsichtlich dieser würde zur Bestätigung der Berufungsentscheidung schon die Erwägung ausreichen, 1. daß nach § 28 A.L.R. I. 22 Grundgerechtigkeiten, die durch Verjährung erworben sind, sich nur so weit erstrecken, als der Besitz während des Laufes der Verjährung gegangen ist, 2. daß, wenn eine Ersitzung vorläge, die Benutzung des streitigen Wegezuges nur zu landwirtschaftlichen Zwecken sowie zur Abfuhr von Erzeugnissen und Bestandteilen, Viehtreiben, Netzetrocknen und dergleichen erworben wäre, Zwecke, zu denen der Kläger den Weg nicht in Anspruch nimmt, und 3. endlich daß das Landhaus, welches der Kläger auf dem angeblich herrschenden Grundstück erbaut hat, im Sinne des § 71 A.L.R. I. 22 der bisherigen Benutzungsart des herrschenden Grundstücks gegenüber eine ganz neue Anlage darstellt, zu deren Zwecken er die durch Ersitzung erworbene Wegegerechtsame nicht würde ausüben dürfen. Allein es kann auch die Ansicht des Berufungsrichters, daß ein Erwerb der beanspruchten Wegegerechtigkeit durch Ersitzung nicht erfolgt sei, weil das angeblich herrschende Grundstück im Miteigentum einer größeren Anzahl an Personen gestanden habe, die Ersitzungshandlungen aber nur von einigen wenigen dieser Miteigentümer ausgeübt seien, für rechtsirrtümlich nicht gehalten werden. Der schon nach römischem Recht bestehende Grundsatz, daß für ein im Miteigentum stehendes Grundstück eine Dienstbarkeit nicht durch einen einzelnen Miteigentümer erworben werden kann,

l. 5 Dig. comm. praed. 8, 4: per unum socium communi solo servitus adquiri non potest; l. 11 Dig. de S. P. R. 8, 3; Wächter, Pandekten Bd. 2 S. 220,

gilt auch für das preußische Recht.

Vgl. Dernburg, Lehrb. des Preuß. Privatrechts Bd. 1 5. Aufl. § 296 S. 734.

Bei der rechtsgeschäftlichen Bestellung kommen für das preußische

Recht allerdings die Bestimmungen des § 120 A.L.R. I. 13 und des § 54 A.L.R. I. 17 über die vermutete Vollmacht, welche die einzelnen Miteigentümer in gemeinschaftlichen Angelegenheiten für die übrigen haben, in Betracht. Allein diese Bestimmungen der §§ 120 und 54 a. a. O. können, wie ihr Inhalt und vor allem auch ihr Zusammenhang mit den vorhergehenden Vorschriften (§ 119 A.L.R. I. 13, §§ 52 und 53 A.L.R. I. 17) zeigt, auf rein tatsächliche Handlungen, wie Ersitzungshandlungen, nicht ausgedehnt werden. Im vorliegenden Falle erscheint solches um so mehr ausgeschlossen, als die einzelnen Miteigentümer, welche die Ersitzungshandlungen vorgenommen haben, dabei des Glaubens gewesen sind, daß der jetzt streitige Weg einen Teil des gemeinschaftlichen Grundstücks bilde. Nun ist es zwar richtig, daß der Glaube, auch Eigentümer des dienenden Grundstücks zu sein, die Ersitzungsmöglichkeit nicht ausschließt; allein hier handelt es sich um die Frage der vermuteten Vollmacht, und von solcher kann bei Ersitzungshandlungen erst recht keine Rede sein, wenn die einzelnen Miteigentümer bei ihren Handlungen der Meinung waren, weiter nichts als die aus dem Eigentum am Grund und Boden sich ergebenden Rechte auszuüben. Es mag nicht unerwähnt bleiben, daß das frühere Obertribunal allerdings in einer Entscheidung sich dahin geäußert hat, der Erwerb einer Grundgerechtigkeit gegen ein anderes Grundstück durch die Handlungen eines Miteigentümers des gemeinschaftlichen Grundstückes ohne Konkurrenz des anderen Miteigentümers sei rechtlich nicht unmöglich.

Vgl. Striethorst, Archiv Bd. 40 S. 256.

Dieser gelegentlichen Äußerung kann indes sowohl mit Rücksicht auf den damaligen Fall — es handelte sich um die Frage, ob für ein im Miteigentum zweier Personen stehendes Grundstück an einem im Alleineigentum eines der beiden Miteigentümer stehenden Grundstück überhaupt und insbesondere durch Verjährung eine Grunddienstbarkeit erworben werden könne, — als auch mit Rücksicht auf den weiteren Inhalt des Urteils Bedeutsamkeit nicht beigemessen werden. Jedenfalls gibt dieses Urteil keinen Anlaß, den oben aufgestellten Grundsatz anders zu gestalten. Ob dem Berufungsgericht auch darin zuzustimmen ist, daß durch Handlungen der Mehrheit der Miteigentümer für das gemeinschaftliche Grundstück eine Grunddienstbarkeit im Wege der Ersitzung hätte erworben werden können, oder ob sämtliche Miteigentümer bei den Ersitzungshandlungen hätten beteiligt sein müssen, kann dahingestellt bleiben, da es sich um solche Fragestellung hier nicht handelt." ...

---

53. Unterliegen Rechtsgeschäfte zwischen einer Gesellschaft des bürgerlichen Rechts und einem ihrer Gesellschafter, durch welche die erstere an den letzteren Wertpapiere gegen Entgelt veräußert, dem Anschaffungsstempel auch insoweit, als der Gesellschafter am Gesellschaftsvermögen anteilig berechtigt ist?

Reichsstempelgesetz Tarifstelle 4a.

VII. Civilsenat. Urt. v. 11. Dezember 1903 i. S. Berliner Handelsgesellsch. (Kl.) w. preuß. Fiskus (Bekl.). Rep. VII. 317/03.

I. Landgericht I Berlin.
II. Kammergericht daselbst.

Am 12. Mai 1902 beschloß die Generalversammlung der ... Gesellschaft zu ... die Aufnahme einer in Teilschuldverschreibungen zerlegten Anleihe von ... An demselben Tage übernahm ein unter Führung der Klägerin stehendes Konsortium die Anleihe zum Kurse von ... Prozent. In den Syndikatsbedingungen für das zur Übernahme und Verwertung von ... prozentigen Obligationen der ... Gesellschaft gebildete Syndikat war unter anderm bestimmt, daß die Geschäftsführung des Syndikats der Berliner Handelsgesellschaft und der ... übertragen werde, daß die erforderlichen Einzahlungen auf Aufforderung von sämtlichen Beteiligten an die Berliner Handelsgesellschaft zu leisten seien, welche aus dem Syndikatsguthaben Ausschüttungen vornehme, sobald und so oft dasselbe den Betrag von 300000 ℳ erreicht habe, daß die Syndikatsleitung im Interesse der Abwickelung des Geschäfts zu Ankäufen und Zukäufen in einem gewissen Umfange befugt sei, und daß das Syndikat bis zum 31. Dezember 1902 dauere, vorbehaltlich der Berechtigung der Syndikatsleitung, es um sechs Monate zu verlängern. Mitglied des Konsortiums mit einer Beteiligung zu 8 Proz. des übernommenen Betrages war neben anderen auch die X.

Noch am 12. Mai 1902 überließ die Klägerin im Namen des Konsortiums der X. nominell drei Viertel der übernommenen Anleihe zu einem Kurse von . . ., also zu einem Preise von . . . In der Schlußnote über das Geschäft verwendete Klägerin einen Stempel von 561,80 ℳ, indem sie von der Ansicht ausging, daß der auf die X. als Mitglied des Konsortiums entfallende Anteil von 8 Prozent in den zu versteuernden Wert des Gegenstandes nicht einzurechnen sei. Die Steuerbehörde ging von anderer Ansicht aus und forderte die Nachzahlung von 48,80 ℳ, welche die Klägerin, jedoch unter Vorbehalt der Rückforderung, entrichtete.

Klägerin beschritt den Rechtsweg.

Durch Urteil der ersten Instanz wurde sie mit ihrer Klage abgewiesen. Ihre Berufung blieb erfolglos. Auch die Revision ist zurückgewiesen aus folgenden

Gründen:

„Übereinstimmend mit dem Richter der ersten Instanz betrachtet der Berufungsrichter das zwischen der Klägerin namens des Konsortiums und der X. abgeschlossene Geschäft, obwohl die X. dem Konsortium mit einer Beteiligung von 8 Prozent angehörte, in seinem ganzen Umfange als ein Anschaffungsgeschäft im Sinne der Tarifstelle 4a des Reichsstempelgesetzes. Er führt in bezug auf die rechtliche Natur des Konsortiums folgendes aus.

Eine solche Vereinigung, welche, wie hier, sich zur Emission von Wertpapieren gebildet habe, sei unter dem alten Recht als eine handelsrechtliche Gelegenheitsgesellschaft aufgefaßt. Diese Gesellschaft sei in das neue Handelsgesetzbuch nicht aufgenommen, erscheine mithin als eine Gesellschaft, welche eine besondere Regelung nicht erhalten habe. Auf solche Gesellschaften finde das Gesellschaftsrecht des Bürgerlichen Gesetzbuchs, speziell der § 705 nebst den ihm folgenden Bestimmungen Anwendung. Den gemeinsamen Zweck der Gesellschaft bilde die Übernahme und Begebung der Schuldverschreibungen; zu seiner Erreichung hätten die Gesellschafter die vereinbarten Beiträge, die X. 8 Prozent, zu leisten. Aus den Beiträgen der Gesellschafter und dem, was für die Gesellschaft erworben werde, werde ein besonderes Gesellschaftsvermögen gebildet, an dem während der Dauer der Gesellschaft eine unlösliche Gemeinschaft bestehe. Hiernach ständen die aus dem Gesellschaftsvertrage sich ergebenden Rechte den Mitgliedern des Konsortiums zur gesamten Hand zu; das Gesellschaftsvermögen sei ein Sondergut, welches ungeteilt gemeinsames Vermögen der Mitglieder sei, ohne daß dem einzelnen desselben Bruchteile gehörten.

Als rechtsirrtümlich erscheinen diese Erwägungen nicht.

Insbesondere kann es nicht als eine begriffliche, vom Gesetzgeber anerkannte Notwendigkeit betrachtet werden, daß, wenn nach § 718 die Beiträge der Gesellschafter und die durch die Geschäftsführung für die Gesellschaft erworbenen Gegenstände gemeinsames Vermögen der Gesellschafter (Gesellschaftsvermögen) werden sollen, die Zugehörigkeit der einzelnen Sachen zu diesem Vermögen doch immer auf der Grundlage eines Miteigentums der einzelnen Gesellschafter beruhen müßte. Der § 718 B.G.B. ist aus der Absicht hervorgegangen, der Gesellschaft eine selbständige Stellung im Rechtsverkehr auf dem Wege einzuräumen, daß die Verwendung der dem Gesellschaftszweck gewidmeten Vermögensobjekte für diesen rechtlich gesichert, und ein wirksames Verfügungsrecht der Gesamtheit der Gesellschafter oder ihrer Organe über jene Objekte gewährleistet wird. Dazu würde eine lediglich obligationenrechtliche Regelung nicht genügen. Der Ausführung der gesetzgeberischen Absicht dienen insbesondere die §§ 719, 725 Abs. 2 und 738 B.G.B. Nach der zuerst genannten Bestimmung kann ein Gesellschafter weder über seinen Anteil an dem Gesellschaftsvermögen noch an den einzelnen dazu gehörigen Gegenständen verfügen, ist auch nicht berechtigt Teilung zu verlangen, und gegen eine Forderung, die zum Gesellschaftsvermögen gehört, kann der Schuldner nicht eine ihm gegen einen einzelnen Gesellschafter zustehende Forderung aufrechnen. Durch § 725 Abs. 2 wird ausgeschlossen, daß, solange die Gesellschaft besteht, der Gläubiger eines Gesellschafters die sich aus dem Gesellschaftsverhältnis ergebenden Rechte des Gesellschafters mit Ausnahme des Anspruchs auf einen Gewinnanteil geltend macht, während ihm im Abs. 1 des genannten Paragraphen nach Pfändung des Anteils des Gesellschafters an dem Gesellschaftsvermögen nur ein Recht, die Gesellschaft zu kündigen, eingeräumt ist. Von Wichtigkeit ist weiter namentlich die im § 738 getroffene Bestimmung, nach welcher, wenn ein Gesellschafter aus der Gesellschaft ausscheidet, sein Anteil am Gesellschaftsvermögen den übrigen Gesellschaftern zuwächst. Alle diese Bestimmungen gehen, indem sie den Verfügungen des einzelnen Gesellschafters die Wirksamkeit versagen und den Zugriff der Gläubiger desselben nur in bestimmter Gestalt zulassen, auch dem Ausscheiden des einzelnen keine die Gesellschaft auflösende Wirkung beilegen, über eine bloß obligatorische Gebundenheit hinaus; sie sichern die Erhaltung des Gesellschaftsvermögens gerade auch Dritten gegenüber. Aber der in den genannten Vorschriften eingeschlagene gesetzgeberische Weg besteht auch nicht darin, daß das Miteigentum der einzelnen Gesellschafter gegenüber den anderen dinglich beschränkt wäre, und daß bei den Forderungen ein gleichartiges Verhältnis stattfände, sondern sie ordnen nach den Worten des Gesetzes ein gemeinschaftliches „Vermögen" der Gesellschafter ohne Rücksicht auf die Beschaffenheit der einzelnen Objekte an; sie erblicken die mehreren Gesellschafter in ihrer Zusammenfassung als Träger von Rechten und Verbindlichkeiten, als Inhaber des gemeinschaftlichen Vermögens, an welches die bisher den einzelnen gehörenden Objekte übergehen, und in welches die von der Gesellschaft erworbenen Rechte aufgenommen werden. Darin liegt keine Schöpfung einer juristischen Persönlichkeit im römischrechtlichen Sinne; wohl aber entspricht die Regelung den im deutschen Recht entwickelten Grundsätzen über die Vereinigungen zur gesamten Hand, welche je nach dem Zweck der Vereinigung ein mehr oder minder enges Maß der Zusammenfassung gestatten, bei denen aber stets die mehreren vereinigt als Inhaber des Vermögens erscheinen. Die Gebundenheit des Vermögens liegt nach der Seite der Personen als der Rechtsträger hin. Demgemäß fehlt bei solchen Vereinigungen der Anlaß zur Annahme eines nach Quoten geteilten Eigentums; vielmehr kann das Eigentumsrecht ungeteilt bestehen, indem die mehreren Gesellschafter vereinigt seine Träger sind. Ein gleichartiges Rechtsverhältnis ist für die offene Handelsgesellschaft anzunehmen. Wenn diese auch das Recht der Führung einer Firma hat, und wenn sie unter ihrer Firma Rechte erwerben und Verbindlichkeiten eingehen, auch vor Gericht klagen und verklagt werden kann, während der Gesellschaft des bürgerlichen Rechts eine solche Stellung nicht eingeräumt ist, so ergibt sich daraus nur, daß im Bereiche des Prinzips für verschiedene Grade der Ausgestaltung desselben Raum vorhanden ist.

Die nur dispositive Natur der einschlägigen Vorschriften verkennt der Berufungsrichter nicht, sondern betrachtet die Kontrahenten bei Abschluß eines Gesellschaftsvertrages als befugt, die Vorschriften durch ausdrückliche oder stillschweigende Vereinbarung abzuändern. Er nimmt aber an, daß eine Vereinbarung solcher Art von dem Konsortium nicht getroffen ist. Auch dies kann auf einen Gesetzesverstoß nicht zurückgeführt werden. Gerade hier, wo es sich um ein sehr umfangreiches, auf längere Dauer berechnetes geschäftliches Unternehmen handelt, mußte es den Kontrahenten zweckmäßiger scheinen, die für ein solches besonders wertvollen Vorschriften des Gesetzes über die Sicherung des Vermögens für den Gesellschaftszweck in Kraft zu erhalten, anstatt sich mit Beseitigung derselben auf eine bloß obligationenrechtliche Normierung zu beschränken.

Die Revision bemerkt hier unter Bezugnahme auf mehrere Urteile des Reichsoberhandelsgerichts und des Reichsgerichts sowie auf Ausführungen von Schriftstellern, das Wesen gerade der sog. Begebungskonsortien bestehe nicht darin, daß die Aktien oder Obligationen gemeinsames Eigentum werden, sondern die Gemeinsamkeit bestehe lediglich in der gemeinschaftlichen Operation, dem gemeinsamen Vorgehen bei der Verwertung. Es fragt sich hier zunächst, ob für die Begebungskonsortien rechtlich Besonderheiten gelten; allein für eine solche Annahme fehlt es an einer Grundlage. Tatsächlich wird die Sache sich bei solchen Konsortien vielfach so entwickeln, daß eine einzelne Persönlichkeit, ein Bankhaus, die zu begebenden Objekte in ihrer Person erwirbt oder doch als Erwerber nach außen auftritt und nun mit einzelnen von ihr zu gewinnenden Kapitalisten Einzelverträge über die Begebung für gemeinsame Rechnung abschließt, daß aber nicht ein Vertrag zwischen einer Gesamtheit geschlossen wird. Alsdann mag die den einzelnen Verträgen zugrunde liegende Absicht immer nur dahin gehen, daß die Verwertung der Obligationen zum gemeinsamen Vorteil den Gegenstand des einzelnen Vertrags bilden, und das Eigentum dem Bankhause, welches die Verwertung zu besorgen hat, verbleiben soll; aber nach den Feststellungen des Berufungsrichters liegt ein so gearteter Fall hier nicht vor; vielmehr hatte das unter der Führung der Klägerin stehende Konsortium sich schon zu dem Zwecke gebildet, die Anleihe von ... ℳ, deren Aufnahme in Teilschuldverschreibungen die ... Gesellschaft beschlossen hatte, zu übernehmen. Dies kam zur Ausführung, indem ein Kurs von ... Prozent vereinbart wurde. Weiter war der Konsortialvertrag dann auf Verwertung der auszugebenden Obligationen gerichtet, und zwar durch die Bankhäuser, denen die Geschäftsführung des Syndikats übertragen wurde. Dabei erscheint als unerheblich, ob die schriftlichen Syndikatsbedingungen erst nachträglich vollzogen sind oder bereits vorlagen, weil eine wesentliche Divergenz zwischen diesen und dem mündlich Vereinbarten von der Klägerin nicht hat behauptet werden können. Geltend gemacht ist nie, daß die Klägerin und die ... Bank oder eine von diesen beiden Alleineigentümerin der Obligationen hätte werden sollen, und es bedarf deshalb nicht der Untersuchung, welchen Einfluß dies, wenn es vereinbart wäre, auf die rechtliche Beurteilung der als stempelpflichtig in Anspruch genommenen Veräußerung von drei Vierteln der Obligationen an X. zum Kurse von ... Prozent haben würde; sondern die Behauptungen der Klägerin sind immer dahin gegangen, das Recht der Mitglieder des Konsortiums habe die Wertpapiere selbst, und nicht lediglich den Erlös zum Gegenstande, insbesondere sei, als Klägerin durch den Vertrag vom 12. Mai von der ... Gesellschaft ... Obligationen der Gesellschaft für das Konsortium übernommen, der ... Gesellschaft bekannt gewesen, daß die Klägerin nicht im eigenen Namen, sondern daß sie im Namen der Mitglieder des Konsortiums handelte. Die Frage war allein, ob ein Miteigentum der einzelnen Gesellschafter nach Quoten vorlag, oder aber, ob die Obligationen zum Gesellschaftsvermögen gehörten, und welche unmittelbaren und mittelbaren Konsequenzen hieraus sich ergaben. Unerheblich ist ferner, ob die Obligationen zur Zeit der Übernahme der Anleihe bereits ausgefertigt waren, oder ob die Ausfertigung erst später stattgefunden hat.

Lag eine Gesellschaft der vom Berufungsrichter angenommenen Art vor, und gehörten die Obligationen zu deren Vermögen, so trat auch der einzelne Gesellschafter, welcher von der Gesellschaft Obligationen durch Rechtsgeschäft erwarb, ihr gleich einem Dritten gegenüber. In welchem Maße er auch an der Gesellschaft beteiligt war, immer erwarb er die den Gegenstand des Geschäfts bildenden Obligationen aus dem Vermögen der Gesellschaft in ihrer Totalität, nicht als zum Teil ihm selbst gehörende Sachen. Dem entspricht auch die Gestalt des zwischen dem Konsortium und der X. tatsächlich geschlossenen Geschäfts. Die X. erhielt die drei Viertel der Obligationen; sie wurde Schuldnerin des Konsortiums für den ganzen Preis derselben und hatte vermöge ihrer Eigenschaft als Gesellschafterin

Vorteil durch den der Gesellschaft aus dem Geschäft entstehenden Gewinn. Wie zu urteilen sein würde, wenn das Konsortium einen Teil der Wertpapiere aus seinem Vermögen ausgesondert und unter seine Mitglieder verteilt hätte, und wenn durch ein weiter zwischen diesen eingegangenes Geschäft die Wertpapiere einem derselben gegen Entgelt überlassen wären, kann dahingestellt bleiben, da ein solcher Fall hier nicht vorliegt." ...

---

54. Erforderte nach § 671 Abs. 1 C.P.O. a. F. die Einleitung der Zwangsvollstreckung in das Vermögen eines nach bad. L.R.S. 513 wegen Verschwendung Verbeistandeten, daß das ohne Kenntnis der Verbeistandung gegen diesen allein erwirkte vollstreckbare Versäumnisurteil auch dem ernannten Beistand zugestellt wurde?

II. Civilsenat. Urt. v. 8. Dezember 1903 i. S. R. (Kl.) w. M. (Bekl.). Rep. II. 175/03.

I. Landgericht Karlsruhe.
II. Oberlandesgericht daselbst.

Bei der Teilung des Nachlasses des 1898 zu Baden-Baden verstorbenen Rentners Th. B. sen. wurde dem Sohn und Miterben Th. B. jun. als Erbteil eine Gleichstellungsforderung an seine Mutter zugewiesen. Diese hinterlegte infolge von Pfändungen den Schuldbetrag gemäß § 750 C.P.O. a. F., und es wurde das Verteilungsverfahren gemäß §§ 758 flg. C.P.O. a. F. eingeleitet. Gegen den Verteilungsplan erhob der Kläger R. Widerspruchsklage, mit welcher er auf Grund eines Urteils des Landgerichts Berlin gegen Th. B. jun. vom 10. Mai 1899, sowie auf Grund eines Kostenfestsetzungsbeschlusses und darauf erwirkter Pfändung erwähnter Forderung Befriedigung vor dem Beklagten M. begehrte. Der Beklagte bestritt zunächst die Legitimation des Klägers, welchem das angesprochene Pfandrecht nicht zustehe. Th. B. jun. sei durch Beschluß des Amtsgerichts Baden vom 2. Juni 1893 wegen Verschwendung gemäß L.R.S. 513 verbeistandet, und ihm am 25. August 1898 F. als Beistand bestellt worden. Der Kläger habe sich in Berlin, wo Th. B. jun. damals wohnte, von diesem einen Wechsel ausstellen lassen, ohne daß sein Beistand mitwirkte, habe die Wechselklage beim dortigen Landgericht eingereicht, welche nur dem Th. B. jun. zugestellt worden sei, und ebenso seien das ergangene Versäumnisurteil und der Kostenfestsetzungsbeschluß vor der Pfändung der Erbgleichstellungsforderung dem Beistande nicht zugestellt worden. Die erhobene Widerspruchsklage wurde in erster Instanz zugesprochen, von dem Berufungsgericht aber abgewiesen. Auch die Revision des Klägers wurde zurückgewiesen aus folgenden

Gründen:

„Die Revision des Klägers wurde im Anschluß an die Begründung der Entscheidung erster Instanz zu rechtfertigen gesucht, welche dessen Legitimation zu der nach § 878 C.P.O. erhobenen Widerspruchsklage nach Vollstreckungstitel und Pfandrecht anerkannt hat: insbesondere wurde die Ansicht des Berufungsgerichts als rechtsirrtümlich gerügt, daß die an den Schuldner Th. B. jun. erfolgte Zustellung des Versäumnisurteils des Landgerichts Berlin vom 10. Mai 1899 und des Kostenfestsetzungsbeschlusses vom 24. Mai 1899 der Vorschrift des § 671 Abs. 1 C.P.O. a. F. nicht genügt habe. Das Gericht erster Instanz hatte angenommen, der nach Beschluß des Amtsgerichts Baden vom 2. Juni 1893 gemäß L.R.S. 513 wegen Verschwendung verbeistandete Th. B. jun. habe zwar die zugunsten des Klägers eingegangene Wechselverbindlichkeit ohne Mitwirkung seines Beistandes nicht übernehmen können; allein die Nichtigkeit dieser Verbindlichkeit sei nur eine relative (L.R.SS. 1124. 1125), könne nämlich nur von dem Verbeistandeten selbst und seinen allgemeinen Rechtsnachfolgern oder nach L.R.S. 1166 von seinen Gläubigern geltend gemacht werden, und nachdem in dem Wechselprozesse, in welchem allein an den Schuldner B. Ladung ergangen war, eine solche Anfechtung nicht erfolgt sei, hätte das gegen diesen erlassene Versäumnisurteil und der Kostenfestsetzungsbeschluß nur mit der Nichtigkeitsklage gemäß § 579 Ziff. 4 C.P.O. beseitigt werden können, die durch eine bloße Einrede nicht zu ersetzen sei. Hiernach wurde von dem Vertreter der Revision die Ansicht verteidigt, daß mit der Zustellung des vorläufig vollstreckbaren und auch als rechtskräftig zu betrachtenden Wechselurteils vom 10. Mai 1899 der gesetzlichen Voraussetzung des § 671 Abs. 1 C.P.O. a. F. für die Einleitung des Vollstreckungsverfahrens genügt sei, der Kläger also durch die Pfändung der Erbgleichstellungsforderung seines Schuldners B. ein wirksames Pfändungspfandrecht (§ 709 C.P.O. a. F.) erworben habe, welches seine Aufnahme in den Teilungsplan rechtfertige.

Das Berufungsgericht billigte zwar die Ansicht des Landgerichts Karlsruhe, daß der Beklagte berechtigt sei, auch den Rechtsbestand der klägerischen Forderung zu bestreiten, erklärte aber für nicht erforderlich, auf die der Forderung des Klägers und seinem Vollstreckungstitel entgegengehaltenen materiell- und prozeßrechtlichen Einwendungen hier näher einzugehen, weil der erhobenen Widerspruchsklage der Mangel eines dem Kläger zustehenden Pfandrechts an der beschlagnahmten Forderung entgegenstehe, der zur Abweisung dieser Klage führe.

Dieser Ansicht des Berufungsgerichts war beizutreten. Hatte der Kläger auch durch den gegen den verbeistandeten B. allein durchgeführten Wechselprozeß Vollstreckungstitel gegen diesen erlangt, welche, solange sie nicht beseitigt wurden, als rechtsbeständig zu gelten haben, so war doch zur Einleitung des Vollstreckungsverfahrens nach der Vorschrift des § 671 Abs. 1 (jetzt 750 Abs. 1) C.P.O. die Zustellung des Urteils auch an den Beistand des Th. B. jun. erforderlich. Die erwähnte Gesetzesbestimmung, welche nach § 703 (jetzt 795) C.P.O. auch auf die in § 702 (jetzt 794) C.P.O. bezeichneten anderen Schuldtitel entsprechende Anwendung findet, besteht unabhängig von der Anfechtbarkeit oder Unanfechtbarkeit des zu vollstreckenden Urteils und hat selbständige Bedeutung. Sie hat den Zweck, dem Schuldner von dem vollstreckbaren Titel vor Beginn der Zwangsvollstreckung Kenntnis zu geben und ihm auf diese Weise die Möglichkeit zur Erhebung von Einwendungen und zur Herbeiführung der Einstellung der Vollstreckung zu verschaffen, soll also wenigstens teilweise ein vorausgehendes Befriedigungsgebot ersetzen. Wenn auch dem Erfordernis des § 671 Abs. 1 C.P.O. a. F. regelmäßig durch die zur Herbeiführung der Rechtskraft des Urteils erfolgte Zustellung genügt wird, so ist doch unabhängig von der Frage, ob das gegen B. ergangene und ihm allein zugestellte Versäumnisurteil nur im Wege der Nichtigkeitsklage wegen dem Gesetze nicht entsprechender Vertretung beseitigt werden konnte, die Zustellung des Urteils zum Zwecke der Vollstreckung auch an dessen Beistand zu erfordern, von welchem allein der Gebrauch der zum Schutze des Verbeistandeten dienlichen Rechtsbehelfe zu erwarten war, und welchem auch, wenn er im Prozesse mitgewirkt hätte, die ergehenden Urteile zuzustellen gewesen wären. Ob zufolge der Bestimmung des § 51 Abs. 1 C.P.O. a. F. anzunehmen wäre, B. sei als nicht prozeßfähige Person zu behandeln gewesen und hätte durch einen gesetzlichen Vertreter im Rechtsstreite vertreten werden müssen (vgl. Petersen u. Anger, Civilprozeßordnung Bd. 1 Bem. 3 zu § 52 S. 140), kann unerörtert bleiben, da es für die Beantwortung der Frage, ob vorliegenden Falles das gegen B. ohne Berücksichtigung der Beschränkung seiner Vertragsfähigkeit ergangene Urteil nur ihm allein zugestellt zu werden brauchte, um die Vollstreckung beginnen zu können, hierauf nicht ankommt. Jedenfalls genügte die Zustellung an den Verbeistandeten nicht; vielmehr mußte das Urteil auch seinem Vormund bzw. Beistand durch Zustellung zur Kenntnis gebracht und wirksam gemacht werden, um die Vollstreckung in das Vermögen des B. beginnen zu können. War aber nach § 671 Abs. 1 C.P.O. a. F. die Zustellung des Urteils an den Beistand erforderlich, so hatte der Mangel einer solchen die Nichtigkeit der Vollstreckung zur Folge, da die Vorschrift als ein absolutes Verbotsgesetz zu erachten ist.

Vgl. Jurist. Wochenschr. 1899 S. 537 Nr. 22.

Dem Berufungsgerichte ist aber auch darin beizutreten, daß die im Laufe des gegenwärtigen Rechtsstreits am 5. April 1902 bewirkte nachträgliche Zustellung des Versäumnisurteils an den früheren Beistand, welcher inzwischen zufolge der Bestimmung des Art. 156 Einf.-Ges. zum B.G.B. unter dem 28. März 1900 als Vormund bestellt worden war, eine Konvaleszierung des Vollstreckungsverfahrens herbeizuführen nicht imstande war und dem Kläger eine Priorität gegenüber den in der Zwischenzeit von den anderen Gläubigern erlangten Pfandrechten nicht verschaffen konnte.

Vgl. Entsch. des R.G.'s in Civils. Bd. 25 S. 371." ...

---

55. 1. Haftet der Staat nach Maßgabe der §§ 823. 31. 89 B.G.B. für den Schaden, der bei industrieller Zwangsarbeit in der Strafanstalt einem Gefangenen durch ein Verschulden eines Beamten zugefügt wird? Oder ist ein solcher Schaden als von dem Beamten

in Ausübung der ihm anvertrauten öffentlichen Gewalt zugefügt zu erachten?

2. Zulässigkeit des Rechtsweges für einen gegen den Staat aus dem zu 1. bezeichneten Tatbestande erhobenen Anspruch nach rheinischem Recht, insbesondere in Elsaß-Lothringen.

B.G.B. §§ 31. 89. 823.

Einf.-Ges. zum B.G.B. Art. 77.

St.G.B. § 15.

Dekret vom 16. Fructidor des Jahres III der Französischen Republik.

VI. Civilsenat. Urt. v. 10. Dezember 1903 i. S. Landesfiskus von Elsaß-Lothringen (Bekl.) w. L. (Kl.). Rep. VI. 343/03.

I. Landgericht Colmar.
II. Oberlandesgericht daselbst.

Der Kläger war im Januar 1900 Sträfling in der Strafanstalt zu Ensisheim. Die Direktion der Strafanstalt hatte einen Vertrag mit der Firma Sp. & B., die daselbst eine Bau- und Möbelschreinerei im großen betrieb, geschlossen, nach welchem sie der genannten Firma die Arbeitskräfte von Gefangenen für ihren Fabrikbetrieb zur Verfügung zu stellen hatte, die Firma dagegen diese zu beschäftigen sich verpflichtete. Die Firma zahlte für die Überlassung der Arbeitskräfte an die Strafanstalt je nach der Beschäftigung und Leistung der Gefangenen bestimmte Tageslöhne. Die Arbeitsräume stellte die Strafanstalt, die auch die Aufsicht über die Arbeit führte, wogegen die Firma das Arbeitsgerät zu beschaffen und zu unterhalten hatte und die Werkführer zur Anleitung der Arbeiter stellte. Die in dem Betriebe zu beschäftigenden Gefangenen wählte die Direktion der Strafanstalt, während die Zuteilung der Gefangenen zu den einzelnen Arbeiten Sache der Unternehmer war.

Zu den der Firma zugeteilten Sträflingen gehörte auch der Kläger, der am 27. Januar 1900 im Maschinensaale an der Fräsmaschine beschäftigt war. Die Maschine war mit einem Schneidewerkzeuge in Gestalt einer runden gezahnten Stahlscheibe versehen, die sich mit großer Geschwindigkeit um ihre Achse drehte. Der Kläger geriet bei der Arbeit mit der rechten Hand an die Scheibe, deren Zähne ihm drei Finger der Hand abrissen.

Auf Erstattung des durch diesen Unfall ihm entstandenen Schadens nahm der Kläger den Landesfiskus von Elsaß-Lothringen in Anspruch, dessen Vertretern er ein Verschulden zur Last legte.

Die Klage wurde in den vorderen Instanzen für dem Grunde nach berechtigt erklärt, vom Reichsgericht aber abgewiesen aus folgenden

Gründen:

„Die Klage ist auf die Bestimmungen der §§ 823. 31. 89 B.G.B. gestützt. Das Verschulden der nicht näher bezeichneten verfassungsmäßigen Vertreter des Beklagten wird darin gefunden, daß die Fräsmaschine, an der der Kläger beschäftigt war, der notwendigen und üblichen Schutzvorrichtungen ermangelt habe, daß aber auch unterlassen worden sei, die Sträflinge auf die besondere Gefährlichkeit aufmerksam zu machen, welche bei der großen Umdrehungsgeschwindigkeit der Fräsmaschine entstehe, wenn die auch noch andere Maschinen treibende Transmission bei einer oder mehreren von diesen ausgehängt werde.

Der Beklagte hat den Klaganspruch selbst bestritten, in erster Linie aber auf Grund des Dekrets vom 16. Fructidor des Jahres III der Französischen Republik die Einrede der Unzulässigkeit des Rechtsweges erhoben und, falls diese nicht für durchgreifend erachtet werde, die Abweisung der Klage in Anwendung des Art. 77 des Einführungsgesetzes und des § 40 des elsaß-lothringischen Ausführungsgesetzes zum Bürgerlichen Gesetzbuche verlangt, da es sich um einen von einem Beamten in Ausübung der ihm anvertrauten öffentlichen Gewalt verursachten Schaden handle, und der Kläger die Verfolgung des Anspruchs gegen den schuldigen Beamten noch nicht erfolglos versucht habe (§ 771 B.G.B.).

Die Einrede der Unzulässigkeit des Rechtsweges war nicht für begründet zu erachten. Zwar ist, in Übereinstimmung mit der von dem Revisionskläger angezogenen Entscheidung des II. Civilsenates des Reichsgerichts vom 7. Mai 1901 (Jurist. Wochenschr. 1901 S. 471 Nr. 26) und einer späteren Entscheidung des erkennenden Senates vom 27. Oktober 1902 (Rep. VI. 200/02), davon auszugehen, daß das Dekret vom 16. Fructidor III, durch welches den Gerichten die Aburteilung über Verwaltungshandlungen jeder Art verboten ist, auch heute noch zu Recht besteht und weder durch § 4 Einf.-Ges. zur C.P.O., noch durch Art. 77 Einf.-Ges. zum B.G.B. und die auf

Grund dieser Bestimmung erlassenen Landesgesetze beseitigt ist. Allein die Anwendung des Dekretes vom 16. Fructidor III setzt voraus, daß die Kritik einer Verwaltungsmaßregel des Staates selbst, die Verwaltungshandlung eines Beamten innerhalb der Grenzen der ihm erteilten Weisungen in Frage steht. Wo es sich aber um einen Akt eines Beamten handelt, den dieser zwar in seiner amtlichen Eigenschaft in Ausübung der ihm anvertrauten öffentlichen Gewalt vorgenommen hat, der aber auf einen vorsätzlich oder fahrlässig verschuldeten Mißbrauch dieser Amtsgewalt zurückzuführen ist und insofern als die eigene persönliche Handlung des Beamten erscheint, und wo über die Frage zu entscheiden ist, ob für den solchergestalt von einem Beamten einem Dritten widerrechtlich zugefügten Schaden der Beamte oder für ihn der Staat als Vermögenssubjekt einzutreten hat, versagt die Anwendung des Dekretes vom 16. Fructidor III; es liegt trotz der öffentlichrechtlichen Funktion des Beamten ein privatrechtlicher Anspruch vor, über den von den Gerichten zu urteilen ist. So ist auch in der Entscheidung des Reichsgerichts vom 7. Mai 1901 ausgesprochen, daß, insoweit etwa die erhobene Klage gemäß Art. 1384 Code civil — der damalige Rechtsstreit war nach dem vor dem 1. Januar 1900 geltenden Recht zu entscheiden — darauf gestützt sein würde, daß der Beamte seiner Amtspflicht zuwider gehandelt und den eingetretenen Schaden durch sein Verschulden verursacht hätte, der Rechtsweg für zulässig zu erachten wäre.

Ein solcher Fall ist aber nach dem Klagevortrage im vorliegenden Rechtsstreit als gegeben anzunehmen. Die Klage ist darauf gegründet, daß ein Beamter des Staates, der dessen verfassungsmäßiges Organ ist, seiner Amtspflicht zuwider fahrlässigerweise den Schaden des Klägers herbeigeführt habe, indem er für die vorgeschriebenen oder üblichen Schutzvorrichtungen zu sorgen und die arbeitenden Sträflinge über die ihnen drohenden Gefahren gehörig zu unterrichten unterließ.

Ist sonach der Rechtsweg für zulässig zu erachten, so erscheint die erhobene Klage doch gemäß Art. 77 des Einführungsgesetzes und § 40 des elsaß-lothringischen Ausführungsgesetzes zum Bürgerlichen Gesetzbuch als unbegründet. Nach Art. 77 Einf.-Ges. entscheiden über die Haftung des Staates für den von seinen Beamten in Ausübung der ihnen anvertrauten öffentlichen Gewalt Dritten zugefügten Schaden auch nach der Einführung des Bürgerlichen Gesetzbuchs die Landesgesetze, und § 40 des Ausführungsgesetzes für Elsaß-Lothringen bestimmt, daß der Staat für diesen Schaden in gleicher Weise wie der Beamte einzustehen hat, aber nur soweit ein Ersatz von diesem nicht zu erlangen ist, und mit der rechtlichen Stellung eines Bürgen (§ 771 B.G.B.) jenem gegenüber. In Ausübung der ihnen anvertrauten öffentlichen Gewalt aber haben die Beamten der Strafanstalt, denen der Kläger das bereits bezeichnete Verschulden zur Last legt, gehandelt.

Das Berufungsgericht verkennt nicht, daß Zuchthaussträflinge wesentlich unter den Zwecken der Strafe und ihres Vollzuges auf Grund des § 15 St.G.B. zwangsweise beschäftigt werden, und daß daher die Beschäftigung des Klägers durch die Strafanstaltsdirektion an sich in Ausübung der öffentlichen Gewalt, vom vollstreckenden Arme des Staats erfolgt ist. Aber es nimmt in Übereinstimmung mit dem Landgericht an, daß es sich im gegebenen Falle mit Rücksicht auf den zwischen dem Staat und der Firma Sp. & B. geschlossenen Vertrag über die Beschäftigung von Gefangenen hier nicht um die eigentliche Verwaltung des Staates, sondern um eine auf Erwerb gerichtete, privatrechtliche Tätigkeit desselben handle. Daran ändere es auch nichts, daß die von den Unternehmern der Strafanstalt vertragsmäßig zu zahlenden Beträge für letztere keinen Gewinn übrig ließen, ja selbst deren Kosten für die Verpflegung der Gefangenen ꝛc nicht deckten; denn wenn die Strafanstaltsverwaltung diese Einnahme nicht hätte, müsse sie um so mehr aus Staatsmitteln aufwenden. Die Beschäftigung von Sträflingen für fremde Rechnung gegen eine an die Anstalt zu zahlende Vergütung sei nicht als Ausfluß eines staatlichen Hoheitsrechts anzusehen; sie habe privatrechtlichen Charakter.

Diese Ausführungen sind für zutreffend nicht zu erachten. Es ist gewiß richtig, daß auch der Strafvollzug, die Verpflegung und Beschäftigung der Gefangenen, privatrechtliche Verträge erforderlich macht, und wenn die Strafanstalt die Gefangenen nicht in eigener Regie beschäftigt, sondern mit gewerblichen Unternehmern deswegen sich in Verbindung setzt, ist es natürlich, daß sie für die Gewährung der Arbeitskräfte und Arbeitsräume eine Vergütung sich zahlen läßt. Den Unternehmern gegenüber wird hierdurch ein privatrechtliches Verhältnis in Beziehung auf die Arbeitstätigkeit der Gefangenen geschaffen, aus welchem dem Staate als Vermögenssubjekt, als Fiskus, Rechte und Pflichten entstehen. Ebenso ist es unabweisbar, daß eine privatrechtliche Wirkung der Beschäftigung der Gefangenen in Frage steht, wenn etwa durch den Arbeitsbetrieb dritte Personen, nicht die Gefangenen, beschädigt werden;

vgl. Entsch. des R.G.'s in Civils. Bd. 44 S. 225;

in solchen Fällen kann nur davon gesprochen werden, daß im Zusammenhange mit der Ausübung des Hoheitsrechtes, bei Gelegenheit und aus Anlaß der Tätigkeit der öffentlichen Gewalt des Staates die Schadenszufügung erfolgt ist, nicht in Ausübung der öffentlichen Gewalt.

Vgl. Entsch. a. a. O. Bd. 54 S. 53 und 157.

Dem Gefangenen gegenüber kommen aber, wenn er zum Zwecke der Strafvollstreckung zu einer bestimmten Beschäftigung angehalten wird, für den Staat keinerlei privatrechtliche Gesichtspunkte in Frage; gegen ihn tritt der Staat in der Strafvollstreckung und in der Zuweisung der Arbeit zum Zwecke des Strafvollzugs nur als öffentliche Gewalt, als Staatshoheit, in keiner Weise als vermögensrechtliches Subjekt, als Träger privater Rechte und Pflichten, als Fiskus auf; der Gesichtspunkt des Erwerbes tritt ihm gegenüber vollständig zurück. Der Gefangene ist es, gegen den gerade allein die öffentliche Gewalt als solche sich kehrt, und die Verträge mit Gewerbeunternehmern, die selbst privatrechtlicher Natur sind, werden doch nur geschlossen, damit der Staat der öffentlichrechtlichen, durch das Gesetz begründeten Pflicht, die Gefangenen zwangsweise zu beschäftigen, genügen kann.

Vgl. die Begründung zu § 1 des Gesetzes vom 30. Juni 1900, betr. die Unfallfürsorge für Gefangene, in den Beilagen der Reichstagsverhandlungen 1899/1900 Bd. 8 Nr. 524, und Kommissionsbericht Bd. 12 Nr. 792 S. 13.

Wenn deshalb ein Beamter in seiner Tätigkeit im Dienste der Strafvollstreckung vorsätzlich oder aus Fahrlässigkeit einem Gefangenen widerrechtlich einen Schaden zufügt, so ist der Fall des Art. 77 Einf.-Ges. zum B.G.B. gegeben. Der Beamte selbst wird aus solcher Handlung dem Beschädigten auf Grund der §§ 839. 841 B.G.B. zum Schadensersatze verpflichtet; ob auch der Staat für das Verschulden des Beamten und den durch dieses verursachten Schaden einzustehen hat, entscheiden die Landesgesetze.

Hieraus ergibt sich die Aufhebung der angefochtenen Entscheidung." ...

(Es folgt dann noch die Ausführung, daß die Sache zur Endentscheidung reif, und nach § 40 des elsaß-lothringischen Ausführungsgesetzes die Klage abzuweisen sei.)

---

56. Sind die Vorschriften in § 259 Abs. 3. § 260 Abs. 2 B.G.B. auf vor dem 1. Januar 1900 entstandene Schuldverhältnisse (Art. 170 Einf.-Ges.), sowie auf erbrechtliche Verhältnisse, wenn der Erblasser vor jenem Zeitpunkte verstorben ist (Art. 213 Einf.-Ges.), anwendbar?

VI. Civilsenat. Urt. v. 10. Dezember 1903 i. S. U. (Bekl.) w. B. Ehefr. (Kl.). Rep. VI. 482/03.

I. Landgericht Leipzig.
II. Oberlandesgericht Dresden.

Die Klägerin, eine Tochter des Beklagten, forderte auf Grund der Vorschriften des sächsischen Bürgerlichen Gesetzbuchs vom Beklagten die Leistung des Offenbarungseides in betreff des von ihm über den Nachlaß seiner vor dem 1. Januar 1900 verstorbenen Ehefrau aufgestellten Verzeichnisses. Das Oberlandesgericht erkannte demgemäß. Die Revision des Beklagten ist zurückgewiesen worden aus folgenden

Gründen:

... „Die Revision bezeichnet es ... als rechtsirrig, daß das Berufungsgericht die Anwendbarkeit der Vorschrift in § 2028 B.G.B. und damit derjenigen im Abs. 3 des § 259 und im Abs. 2 des § 260 B.G.B. verneint hat. Sie führt aus, daß wenigstens diese Vorschriften auch dann gelten müßten, wenn der Erblasser vor dem Inkrafttreten des Bürgerlichen Gesetzbuchs gestorben sei. Zu dieser Auffassung nötige einmal die Erwägung, daß jene Vorschriften in der Wichtigkeit und Heiligkeit des Eides ihren Grund hätten, und dann der Umstand, daß es sich bei der Auskunftserteilung und deren eidlicher Bestärkung um die Form der Erfüllung handle, Erfüllungsgeschäfte aber auch dann nach den Bestimmungen des Bürgerlichen Gesetzbuchs zu beurteilen seien, wenn sie sich auf früher entstandene Schuldverhältnisse bezögen. ...

Diesen Ausführungen konnte nicht beigetreten werden. ...

Wäre auf das dem Klaganspruch zugrunde liegende Rechtsverhältnis das Recht des Bürgerlichen Gesetzbuchs anzuwenden, so würde nicht, wie die Revision meint, die Vorschrift in § 2028 Platz greifen — denn diese setzt vor allen Dingen voraus, daß der Erblasser zur Zeit des Erbfalles sich mit dem Dritten in häuslicher Gemeinschaft befunden hat, was hier unstreitig nicht der Fall war —, sondern die Vorschrift in § 2027 in Verbindung mit der des § 260, die im 3. Absatz auf § 259 Abs. 3 verweist. Es ist aber dem Berufungsgericht darin beizupflichten, daß diese Vorschriften nicht zur Anwendung gelangen können, da die Erblasserin vor dem 1. Januar 1900 gestorben ist.

Wenn auch der zuletzterwähnten Vorschrift der Gedanke an die Wichtigkeit und Heiligkeit des Eides zugrunde liegt, so kann doch weder darin, daß in Angelegenheiten von geringer Bedeutung oder in Fällen, in denen für die Annahme eines Mangels an Sorgfalt bei Aufstellung des Verzeichnisses nichts vorliegt, die Leistung des Offenbarungseides gefordert wird, etwas gefunden werden, was mit den herrschenden sittlichen Anschauungen unvereinbar wäre, noch ist besonders im Gesetze selbst irgendwie der Wille des Gesetzgebers zum Ausdrucke gelangt, daß jene Vorschriften mit Rücksicht auf die Wichtigkeit und Heiligkeit des Eides auch auf Schuldverhältnisse anzuwenden seien, die vor dem Inkrafttreten des Bürgerlichen Gesetzbuchs entstanden sind. In der Literatur wird auch nur von Neumann (Handausgabe des Bürgerlichen Gesetzbuchs 3. Aufl. Bd. 3 zu Art. 170 S. 158), und auch nur in bezug auf die Vorschrift in § 259 Abs. 3, ein abweichender Standpunkt vertreten.

Vgl. dagegen Niedner, Einführunsgesetz vom 18. August 1896 2. Aufl. Bem. 4, b, β zu Art. 170 S. 333.

Ebensowenig können aber die vorerwähnten Vorschriften auf vor dem 1. Januar 1900 entstandene Schuldverhältnisse aus dem Gesichtspunkt angewendet werden, daß es sich um ein Erfüllungsgeschäft handle. Form und Rechtswirkung eines solchen nach diesem Zeitpunkt vorgenommenen Geschäftes sind allerdings in der Regel auch dann nach den Vorschriften des Bürgerlichen Gesetzbuchs zu beurteilen, wenn sie zu früher entstandenen Schuldverhältnissen vorgenommen worden. Allein die Annahme der Revision, daß es sich bei der Frage, unter welchen Voraussetzungen der Offenbarungseid zur Erzwingung der Erteilung einer Auskunft gefordert werden könne, um die Form der Erfüllung handle, ist unhaltbar. Vielmehr handelt es sich hier lediglich um die Voraussetzungen, unter denen der Anspruch entsteht, um den Inhalt der Leistungspflicht selbst. Zutreffend führt das Berufungsgericht aus, daß durch die Beschränkung des Eideszwangs auf Angelegenheiten von nicht geringer Bedeutung und auf Fälle des Vorhandenseins gegründeten Verdachts gegen die Sorgfältigkeit der Auskunftserteilung die zeitherige Auskunftspflicht sachlich eingeengt werde.

Ebenso Planck, Bürgerliches Gesetzbuch Bd. 6 Bem. 9, a zu Art. 170; Niedner, a. a. O.; Kuhlenbeck, Einführungsgesetz zum Bürgerlichen Gesetzbuche Bem. 3, a zu Art. 170; dagegen Habicht, Einwirkung des Bürgerlichen Gesetzbuchs &c. 3. Aufl. § 20 S. 189. 190; Matthiaß, Lehrbuch 3. Aufl. Bd. 1 S. 145.

Vorschriften des Bürgerlichen Gesetzbuchs aber, welche sich darauf beziehen, was und unter welchen Voraussetzungen etwas zu leisten ist, gelten der Regel nach nur für die unter der Herrschaft des Bürgerlichen Gesetzbuchs entstandenen Rechtsverhältnisse." ...

---

57. Hat der Besitzer einer Maschinenfabrik stets das Recht der Vorbenutzung an der einem Dritten patentierten Erfindung einer Maschine, wenn vor der Anmeldung des Patents die nämliche Maschine von einem seiner Angestellten ebenfalls erfunden und in seiner Fabrik hergestellt worden war?

Patentgesetz § 5 Abs. 1.

I. Civilsenat. Urt. v. 14. Dezember 1903 i. S. K. (Bekl.) w. L. u. Gen. (Kl.). Rep. I. 317/03.

I. Landgericht I Berlin.
II. Kammergericht daselbst.

Auf Anmeldung vom 29. Juni 1891 wurde den Ingenieuren K. und D. das deutsche Patent Nr. 62871 auf eine „Kugelmühle mit zentraler Zuführung und tangentialer Abfuhr des Mahlgutes" erteilt, das sodann von der Firma F. L. Schm. & Co. in K. erworben wurde. Von dem Gruson-Werke bei M. wurden, als dieses Werk bereits in den Besitz des Beklagten, Inhabers der Firma Friedrich Kr., übergegangen war, ebenfalls Kugelmühlen gewerbsmäßig erzeugt und vertrieben. Die Inhaberin und eine Lizenzträgerin des Patents Nr. 62871 fanden hierin eine Verletzung ihrer Patentrechte, schritten zur Klage und beantragten Verurteilung des Beklagten zur ferneren Unterlassung und zum Schadensersatz. Beklagter nahm das Recht der Vorbenutzung aus § 5 des Patentgesetzes in Anspruch und beantragte dessen Feststellung. In den Vorinstanzen wurde dieser Antrag abgewiesen, und Beklagter, dem Gegenantrag der Klägerinnen entsprechend, verurteilt, anzuerkennen, daß ihm gegenüber dem Patente Nr. 62871 kein Vorbenutzungsrecht zustehe.

Die Revision des Beklagten ist zurückgewiesen worden.

Aus den Gründen:

... „Beklagter leitet das Recht der Vorbenutzung daraus her, daß zwei Angestellte der Firma Friedrich Kr., B. und N., zu der Zeit, als sie sich im Dienst der Firma befanden, in einem Werke derselben eine Kugelmühle erdacht und hergestellt hätten, die den Erfindungsgedanken des Patents Nr. 62871 verkörpere, und daß später diese Mühle von einem anderen Angestellten durch Erfindung und Ausgestaltung einzelner Teile verbessert worden sei.

Nach den vorliegenden tatsächlichen Feststellungen haben B. und N. bis zum 4. Dezember 1883 im Dienste der Firma Friedrich Kr. gestanden, ersterer als Betriebschef des Martinswerks, letzterer als Leiter eines Bessemerwerks. Während dieser Zeit haben sie sich mit der Aufgabe, aus Hochofenschlacke Zement herzustellen, beschäftigt und sind zu einem brauchbaren Ergebnis gelangt, womit sie eine neue, gewerblich verwertbare Erfindung gemacht hatten. Beide waren nach ihrem Dienstvertrage verpflichtet, alle von ihnen gemachten Erfindungen der Firma zu überlassen, und waren der Ansicht, daß der Firma auch diese Erfindung gehöre. Sie wünschten jedoch, dieselbe für sich auszunutzen, und kündigten deshalb unter Darlegung des Sachverhalts ihre Stellung, in der Erwartung, daß die Firma ihnen ihre Erfindung belassen werde. Dieser Erwartung wurde entsprochen: die Firma befaßte sich nicht mit der Herstellung von Zement; dagegen wurde den Erfindern gestattet, bis zum Ablauf ihrer Dienstzeit noch die Versuche fortzusetzen, und hierzu Material, Maschinen und Öfen der Firma, sowie deren Arbeiter unentgeltlich zu benutzen. Behufs Einrichtung eines Fabrikbetriebes bemühten B. und N. sich nunmehr um eine Kugelmühle zum Feinmahlen des Zements und gelangten nach anfänglich vergeblichen Versuchen noch während ihrer Dienstzeit bei der Firma dahin, in einem Werke derselben eine Mühle herzustellen, die brauchbaren Zement lieferte. Vor ihrem Ausscheiden bestellten sie dann bei der Firma eine etwas anders eingerichtete Kugelmühle, die von ihnen in der eigenen Fabrik in Benutzung genommen, jedoch bald, als untauglich, wieder außer Betrieb gesetzt wurde, worauf sie mehrere Jahre hindurch mit Mahlgängen arbeiteten, bis sie sich im Jahre 1889 der Kugelmühle wieder zuwandten und, nach Verlängerung des Rohrs, sowie nach Einbauen eines bei der Firma Friedrich Kr. bestellten Einsatzstücks, nunmehr eine Kugelmühle erzielten, die allen Anforderungen entsprach.

Das Berufungsgericht hat diese Vorgänge für unerheblich erachtet, und zwar die aus dem Jahre 1883 in erster Linie deshalb, weil B. und N. damals in Ansehung der Mühle nicht über Versuche hinausgekommen seien. Wäre letzteres zutreffend, so würde dem Berufungsgericht auch in seiner rechtlichen Beurteilung zuzustimmen sein; denn das Recht der Vorbenutzung in Ansehung einer von einem anderen angemeldeten Erfindung kann nur von demjenigen erworben werden, der zur Zeit jener Anmeldung die nämliche Erfindung bereits gemacht hatte, also zu einem Abschluß gelangt und zur Benutzung der Erfindung imstande war. Es folgt dies aus dem Wortlaut des § 5 Abs. 1 des Patentgesetzes; denn danach tritt die Wirkung des Patents „gegen denjenigen nicht ein, welcher zur Zeit der Anmeldung bereits im Inlande die Erfindung in Benutzung genommen oder die zur Benutzung erforderlichen Veranstaltungen getroffen hatte"; die Bestimmung setzt also eine abgeschlossene Erfindung voraus. In dem vorliegenden Falle ist es jedoch nicht zweifelfrei, ob nicht B. und N. noch während der Zeit, als sie im Dienst der Firma Friedrich Kr. standen, zur Herstellung einer Mühle gelangt waren, die bereits den Erfindungsgedanken des Patents Nr. 62891 verkörperte. Es kann dies indes unentschieden bleiben; denn selbst dann, wenn es als wahr zu unterstellen wäre, würde hieraus ein Vorbenutzungsrecht für den Beklagten doch nicht entnommen werden können.

Zunächst würde Beklagter ein Recht der Vorbenutzung nicht daraus herleiten können daß Angestellte seiner Firma es waren, von denen die Mühle erfunden wurde. Ging der Dienstvertrag von B. und N. dahin, daß alle von diesen gemachten Erfindungen der Firma gehören sollten, so würde allerdings auch die hier in Rede stehende Erfindung derselben an und für sich ohne weiteres angefallen sein. Eine Willensäußerung der Firma oder auch nur deren Kenntnis um die Erfindung wäre nicht nötig gewesen; vielmehr hätte es im Gegenteil einer Entschließung und Äußerung der Firma bedurft, wenn letztere die Erfindung nicht hätte erwerben, sondern dieselbe ihren Angestellten hätte überlassen wollen. Das Berufungsgericht ist in zweiter Linie des Erachtens, daß dies im vorliegenden Fall geschehen sei. Es braucht indes hierauf ebenfalls nicht eingegangen zu werden. Denn ein Erfindungsrecht, sei es der Firma Friedrich Kr., sei es ihrer damaligen Angestellten B. und N., an der im Jahre 1883 hergestellten Mühle würde bei der Unterstellung, daß diese mit dem Patent Nr. 62871 übereinstimmte, längst gegenstandslos geworden sein, weil die Mühle von anderen, den Ingenieuren K. und D., zum Patent angemeldet worden ist, und nach deutschem Patentrecht ausschließlich derjenige als Erfinder gilt, der die Erfindung zuerst anmeldet. Ein der Firma Friedrich Kr. angefallenes Erfindungsrecht würde deshalb, auch wenn sie sich desselben nicht entäußert hätte, keinen Inhalt mehr haben; sie würde es aber auch nicht geltend machen können, um daraufhin das jetzt noch allein für sie in Frage stehende Recht der Vorbenutzung in Anspruch zu nehmen. Denn das letztere Recht steht nicht schon demjenigen zu, der zur Zeit der Anmeldung einer Erfindung die nämliche Erfindung ebenfalls gemacht hatte, sondern nur demjenigen, der sie nicht nur zum Abschluß gebracht, sondern auch überdies tatsächlich in Benutzung genommen oder doch die zur Benutzung erforderlichen Veranstaltungen getroffen hatte.

Im vorliegenden Falle kommt es, was die Vorgänge im Jahre 1883 anlangt, darauf an, ob Voraussetzungen dieser Art zugunsten des Beklagten als vorliegend anzunehmen sind. Eine Benutzung, die zum Erwerb des in § 5 Abs. 1 des Patentgesetzes bezeichneten Rechts genügt, kann, wie die Revision zutreffend hervorhebt, durch jede derjenigen Handlungen geschehen, zu denen nach § 4 des Patentgesetzes der Patentinhaber ausschließlich befugt ist, also auch durch gewerbsmäßige Herstellung des Gegenstandes der Erfindung. Solche Herstellung allein genügt bereits; daß der Gegenstand der Erfindung daneben auch noch anderweitig benutzt, insbesondere gebraucht wird, ist nicht erforderlich. Der Umstand, daß die Firma Friedrich Kr. nicht selbst Zement erzeugt und auch sonst die in Rede stehende Mühle niemals gebraucht hat, ist deshalb ohne Bedeutung; das beanspruchte Recht der Vorbenutzung würde anzuerkennen sein, wenn die Herstellung der Mühle als Erzeugnis im Betrieb der Firma zu gelten hätte. Dies muß jedoch verneint werden.

Die Herstellung erfolgte in einem Werke der Firma unter Benutzung ihres Materials und ihrer Arbeitskräfte. Sie geschah mithin auf Kosten der Firma — über deren Ersatz nichts erhellt — und, wie der Revision zugegeben werden mag, auf ihre Gefahr, da, soweit ersichtlich, anzunehmen ist, daß sie für etwa dabei vorkommende Betriebsunfälle hätte aufkommen müssen. Insoweit würde ein gewöhnlicher Betrieb der Firma anzunehmen sein. Im vorliegenden Fall wurde jedoch die Mühle von Angestellten der Firma gebaut, um zur Verwertung einer von diesen gemachten Erfindung zu dienen, und zwar einer Erfindung, nämlich der Erzeugung von Zement aus Hochofenschlacke, die ihnen zur Ausnutzung überlassen war. Auch hierauf ist indes entscheidendes Gewicht nicht zu legen; denn wenn auch die Firma auf die Erfindung der Verwendung von Hochofenschlacke zu Zement verzichtete, so wäre es doch immer sehr wohl möglich gewesen, daß die hierfür erforderlichen Maschinen von ihr, in ihrem Betriebe, gebaut worden wären. Und daß letzteres in der Tat geschehen sei, würde angenommen werden müssen, wenn nicht aus besonderen Umständen das Gegenteil zu entnehmen wäre. Denn wenn solche besondere Umstände nicht vorliegen, sind Arbeiten in einer Fabrik, die dort von Angestellten und Arbeitern verrichtet werden, um Erzeugnisse herzustellen, mit deren Herstellung sich die Fabrik befaßt, ihrem Betriebe zuzurechnen. Ob der Wille des Inhabers darauf gerichtet ist, oder ob er auch nur darum weiß, kann nicht in Betracht kommen, da der Eigentümer einer Fabrik nicht von den Einzelheiten seines Betriebes Kenntnis haben kann oder unterrichtet zu sein braucht.

Diese Grundsätze haben auch in Ansehung derjenigen Arbeiten zu gelten, die vorgenommen werden, um den Gegenstand einer von einem Angestellten gemachten Erfindung herzustellen; d. h. auch diese sind an und für sich zum Betrieb der Fabrik zu rechnen, wenn sie ihrer Art nach zu demselben gehören können, und der sog. Erfindungsbesitz steht alsdann dem Inhaber der Fabrik, und nur diesem, zu. Gerade in einem Fall der letztern Art kann jedoch die Sachlage so gestaltet sein, daß sie andere Folgen bedingt. Steht die Erfindung eines Angestellten in Frage, so ist es möglich, daß der Fabrikinhaber diese nicht für sich allein beansprucht, und alsdann wäre es denkbar, daß auch die Ausführungsarbeiten nicht ihm allein, sondern auch dem Angestellten zuzurechnen wären, so daß beide als diejenigen zu gelten hätten, die zusammen die Erfindung in Benutzung genommen haben, und beiden der sog. Erfindungsbesitz gemeinsam zukäme. Es ist ferner möglich, daß der Fabrikinhaber nicht nur die Erfindung, sondern auch ihre Ausführung dem Angestellten ausschließlich überläßt und ihm anheimstellt, auch die zur Ausführung erforderlichen Arbeiten allein vorzunehmen, d. h. in der Weise, daß der Fabrikinhaber sich weder an der Erfindung und ihrer Ausbeutung, noch an den Arbeiten zu ihrer Verwirklichung beteiligt, also gar keine Gemeinschaft in allen diesen Beziehungen zwischen ihm und seinem Angestellten besteht. In solchem Falle kommt nicht der sog. Erfindungsbesitz beiden zu. Wollte man dies annehmen, so müßte man annehmen, daß ein jeder von ihnen auf Grund eines und des nämlichen Tatbestandes das Recht der Vorbenutzung selbständig, also unabhängig von dem anderen erworben habe, und das würde rechtlich unmöglich und ohne tatsächliche Grundlage sein. Denn in Benutzung genommen wäre in dem unterstellten Falle die Erfindung nicht von dem Fabrikinhaber, sondern einzig und allein von seinem Angestellten, und deshalb würde nur der letztere sich in dem sog. Erfindungsbesitz befinden.

Ob dies zutrifft, ist Tatfrage, die nach der oben gegebenen Ausführung nur bejaht werden darf, wenn besondere Umstände es bedingen. In dem vorliegenden Fall ist von dem Berufungsgericht ein Sachverhalt festgestellt, der es zweifelsfrei macht, daß eine Vorbenutzung der Firma Friedrich Kr. im Jahre 1883 nicht stattgefunden hat. Nach den Feststellungen des angefochtenen Urteils haben B. und N., als sie ihre Stellung gekündigt und der Firma ihre Erfindung, betreffend die Herstellung von Zement, sowie ihre Absicht, daraufhin eine Fabrik zu gründen, mitgeteilt hatten, das größte Entgegenkommen gefunden, und es ist ihnen seitens der Firma für ihren Plan, nunmehr auch noch die für die Zerkleinerung des Zements erforderliche Kugelmühle zu bauen, Material und Arbeitskraft der Firma zur Verfügung gestellt worden. Das Berufungsgericht folgert hieraus, daß B. und N., als sie daraufhin unter Genehmigung der Direktoren in einem Werke der Firma Versuche mit Kugelmühlen anstellten, dies nicht mehr als Angestellte der Firma für diese, sondern lediglich in ihrem eigenen alleinigen Interesse getan haben. Hiermit ist eine tatsächliche Feststellung getroffen, die der Sachlage vollkommen entspricht. Aus derselben aber folgt, daß die Firma im Jahre 1883 der Herstellung einer Kugelmühle fern geblieben ist, weil sie sich hiermit nicht befassen wollte, und daß sie nur ihren Angestellten B. und N. erlaubt hat, in ihrem Werke, vielleicht gegen Vergütung des Materials, vielleicht sogar ohne solche, nach eigenen Anordnungen eine Mühle zu bauen. Im Betriebe der Firma ist dies nicht geschehen, und deshalb kann diese keine Rechte aus der ihr fremd gebliebenen Tätigkeit herleiten.

Die anderen Vorgänge anlangend, kommt die Lieferung der von N. und B. noch 1883 bestellten Kugelmühle nicht in Betracht, da diese, wie die Revision anerkennt, anders eingerichtet war, als die des Patents Nr. 62871. Es bliebe dann nur noch zu erwägen, ob der Firma später ein Vorbenutzungsrecht erwachsen wäre; indes ist auch diese Frage zu verneinen, weil sie nur noch im Jahre 1889 ein Einsatzstück geliefert und hierdurch, wie das Berufungsgericht zutreffend angenommen hat, also durch die Lieferung eines einzelnen, übrigens im Patent Nr. 62871 nicht erwähnten Teils, auch wenn dieser in ein früher geliefertes Rohr gesetzt wurde, die Erfindung der Kugelmühle nicht in Benutzung genommen worden ist." ...

---

58. Ist ein Rechtsgeschäft wegen Zuwiderhandelns beider Vertragsteile gegen die Strafbestimmung des § 241 K.O. aus § 134 oder § 138 B.G.B. nichtig?

II. Civilsenat. Urt. v. 15. Dezember 1903 i. S. P. (Bekl.) w. F. (Kl.). Rep. II. 185/03.

I. Landgericht Flensburg.
II. Oberlandesgericht Kiel.

Das Reichsgericht hat die obige Frage verneint.

Aus den Gründen:

... „Das Berufungsgericht unterstellt, daß durch den Abtretungsvertrag, wenn er, wie vom Kläger behauptet, im Dezember 1900 zustande gekommen sein sollte, der Beklagte, der seine Zahlungen eingestellt hatte, dem Kläger in der Absicht, ihn vor seinen anderen Gläubigern zu begünstigen, eine Sicherung oder Befriedigung gegeben hätte, die er in dieser Art nicht zu beanspruchen hatte, und zwar auf Anstiften des Klägers oder unter dessen, über die bloße Annahme hinausgehender, fördernder Begünstigung. Daraus leitet es ab, daß der Beklagte und der Kläger — ersterer als Täter, letzterer als Anstifter oder Gehilfe — der Strafbestimmung in § 241 K.O. zuwidergehandelt hätten. Es verneint aber, daß wegen dieses Zuwiderhandelns beider Teile gegen § 241 a. a. O. aus § 134 B.G.B. die Nichtigkeit des Rechtsgeschäftes abgeleitet werden könne, indem es erwägt, § 241 a. a. O. sei kein die Nichtigkeit des Rechtsgeschäftes begründendes Verbotsgesetz.

Dieser Auffassung ist beizutreten. Für die Strafbestimmung des § 241 K.O. ist aus den Vorschriften der §§ 30 flg. K.O., wonach das Gesetz selbst an ein den Tatbestand des § 241 erfüllendes Verhalten die Anfechtbarkeit knüpft, abzuleiten, daß sie kein gesetzliches Verbot mit der Wirkung der absoluten Nichtigkeit aufzustellen bezwecke, und danach § 134 B.G.B. außer Anwendung bleibe.

Das Berufungsgericht hat weiter zutreffend verneint, daß das streitige Abtretungsgeschäft, wenn es, wie Kläger behauptet, im Dezember 1900 zustande gekommen, gegen die guten Sitten verstoße und deshalb nach § 138 B.G.B. nichtig sei. Auszugehen ist auch hier von der durch die bezogenen Bestimmungen der Konkursordnung über die Anfechtbarkeit bestätigten Auffassung des Gesetzgebers, daß ein Zuwiderhandeln gegen die Strafbestimmung des § 241 K.O. nicht das in dieser Weise zustande gekommene Rechtsgeschäft als gegen die guten Sitten verstoßend erscheinen lasse. Im übrigen konnte das Berufungsgericht ohne Verletzung des rechtlichen Begriffes eines Verstoßes gegen die guten Sitten im Sinne des § 138 B.G.B. bei Würdigung des ihm vorliegenden Tatsachenmaterials zu dem Ergebnisse gelangen, daß die Begleitumstände der Begünstigung des Klägers im Zusammenhange mit dieser Begünstigung selbst nicht geeignet seien, die Annahme eines Verstoßes gegen die guten Sitten zu rechtfertigen. Das Berufungsgericht hat dabei die für Auslegung des § 138 a. a. O. maßgebenden Gesichtspunkte nicht außer Betracht gelassen, daß § 138 solchen Rechtsgeschäften die Anerkennung und den Rechtszwang versagen will, die nach ihrem aus der Zusammenfassung von Inhalt, Motiv und Zweck zu entnehmenden Gesamtcharakter, nach den objektiven und subjektiven Momenten gegen die guten Sitten verstoßen.

Insoweit läßt die angefochtene Entscheidung eine Verletzung des Gesetzes nicht erkennen, und sind die erhobenen Revisionsangriffe nicht gerechtfertigt." ...

---

59. Welche rechtliche Bedeutung hat die nach § 326 Abs. 1 B.G.B. erfolgende Bestimmung einer Nachfrist, wenn diese zu kurz bemessen wird?

I. Civilsenat. Urt. v. 16. Dezember 1903 i. S. M. (Bekl.) w. L. (Kl.). Rep. I. 447/03.

I. Landgericht Aachen.
II. Oberlandesgericht Köln.

Beklagter hatte eine Erfindung gemacht, deren Gegenstand ein Ziehtrichter zur Herstellung geschweißter Rohre in einem Zug war, und bot dem Kläger durch Schreiben vom 19. Februar 1900 an, sich an der Ausbeutung dieser Erfindung, die in verschiedenen Staaten, und zwar in Deutschland, Belgien, Frankreich, Rußland, England und den Vereinigten Staaten von Amerika entweder schon zum Patent angemeldet war oder angemeldet werden sollte, zu beteiligen. Als Bedingung stellte Beklagter, daß Kläger

1. bar 1000 *M* an Beklagten zahle und
2. die Kosten der Patentnachsuchung in den genannten Staaten trage;
3. nach Erlangung des deutschen Patents und bei Aussicht auf rentable Verwertung der Erfindung noch 5000 *M*, spätestens bis zum 1. April 1901, entrichte.

Dafür wollte Beklagter dem Kläger die Hälfte der Berechtigung aus dem Patente in jenen Staaten abtreten; auch stellte er demselben frei, für den Fall, daß noch weitere Patente genommen werden sollten, durch Zahlung der Nachsuchungsgebühren auch an diesen einen halben Anteil zu erwerben. Dagegen sollte es dem Kläger, wenn das deutsche Patent nicht erteilt werde, freistehen, entweder zurückzutreten oder unter den vorstehenden Bedingungen Anteilhaber an dem Recht aus einem in Deutschland ebenfalls von dem Beklagten angemeldeten Gebrauchsmuster und an den Auslandspatenten zu bleiben.

Durch Schreiben vom nämlichen Tage erklärte Kläger sich mit diesen Bedingungen einverstanden, so daß daraufhin ein Vertrag unter den Parteien geschlossen wurde. Alsdann wurden am 21. Februar 1900 von dem Kläger 2000 ℳ gezahlt. Danach gelangte jedoch der Kläger zu der Ansicht, daß Beklagter säumig sei. Er mahnte den Beklagten durch Schreiben vom 20. April 1900 und ließ demselben am 1. Mai 1900 ein vom 30. April datiertes Schreiben zugehen, in dem er ihn aufforderte, seinen Verpflichtungen, insbesondere zur Anmeldung der Patente nachzukommen, ihm zur Bewirkung seiner Leistungen und zur Erbringung des Nachweises über die Anmeldungen, sowie über die vertragsmäßige Verwendung der gezahlten 2000 ℳ eine Frist von fünf Tagen setzte und die Erklärung abgab, daß er nach Ablauf der Frist die Annahme der Leistung ablehnen und von dem Vertrage zurücktreten werde. Durch Schreiben vom 15. Mai 1900 setzte er ihn sodann davon in Kenntnis, daß er von dem Vertrage zurücktrete. Darauf erhob er Klage und beantragte, den Beklagten zur Zahlung von 2000 ℳ nebst Prozeßzinsen nach 4 v. H. zu verurteilen.

In erster Instanz wurde die Klage abgewiesen; auf Berufung des Klägers ward dagegen abändernd erkannt und der Klage stattgegeben. Die Revision des Beklagten blieb ohne Erfolg.

Aus den Gründen:

„Das Berufungsgericht hat zunächst angenommen, daß Beklagter durch die Mahnung vom 20. April 1900 in Verzug gekommen, und daß Kläger am 1. Mai berechtigt gewesen sei, ihm nach Maßgabe des § 326 Abs. 1 B.G.B. eine angemessene Frist zur Bewirkung der Leistung zu bestimmen. Von der Revision wird dies beanstandet, indes mit Unrecht. . . .

Ferner hat das Berufungsgericht angenommen, daß die durch das Schreiben vom 30. April 1900 gesetzte Nachfrist zu kurz gewesen sei. Ebenso hatte das Landgericht diese Frist für zu kurz gehalten. Das Landgericht war aber deshalb zur Abweisung der Klage gelangt, weil nach § 326 B.G.B. das Recht zum Rücktritt von dem Verzuge des Gegners und der Bestimmung einer angemessenen Nachfrist abhängig, das Setzen einer nicht angemessenen Nachfrist jedoch ohne rechtliche Wirkung sei. Das Berufungsgericht ist dagegen der Ansicht, daß die Bestimmung einer Nachfrist, wenn diese zu kurz bemessen werde, eine angemessene Frist in Lauf setze. Es hat deshalb erörtert, welche Frist in dem vorliegenden Falle als angemessen zu gelten habe, ist zu der Feststellung gelangt, daß Beklagter auch diese habe verstreichen lassen, und hat danach den Rücktritt des Klägers für gerechtfertigt erachtet.

Die danach von den Instanzgerichten verschieden beantwortete Frage ist streitig; überwiegende Gründe sprechen jedoch für die von dem Berufungsgericht befolgte Ansicht.

Im früheren Recht war für den regelmäßigen Fall des Handelskaufs in Art. 356 H.G.B. die Befugnis zum Rücktritt wegen Säumigkeit des anderen Teils an die Gewährung einer Nachfrist gebunden. Eine solche brauchte jedoch nicht gesetzt, es sollte nur dem Säumigen die Erfüllung nicht unbilligerweise abgeschnitten werden. Ähnliche Erwägungen haben zu den jetzt in § 326 B.G.B. gegebenen Vorschriften geführt, bei deren Auslegung deshalb das frühere Recht und die auf diesem beruhende Rechtsprechung nicht außer acht gelassen werden dürfen. In einer Beziehung ist dies bereits von Einfluß gewesen: nach dem bisherigen Recht war auf Grund des Art. 356 H.G.B. durch die Rechtsprechung anerkannt worden, daß dem Säumigen eine Nachfrist nicht zustehe, wenn er die Erfüllung bestimmt geweigert habe, und das Reichsgericht hat, in Übereinstimmung mit der Denkschrift zum Handelsgesetzbuch, sowohl für den Fall der Lieferungs- als für den Fall der Zahlungsverweigerung, ausgesprochen, daß dies, trotz der Fassung des § 326 B.G.B., auch gegenwärtig noch gelte.

Vgl. Entsch. des R.G.'s in Civils. Bd. 51 S. 347, Bd. 52 S. 150, Bd. 53 S. 11.

Hieraus darf jedoch nicht gefolgert werden, daß es überhaupt bei dem früheren Recht geblieben, d. h. nur die Anzeige des Rücktritts, nicht aber die Bestimmung einer Nachfrist nötig sei, und nur die in angemessener Frist noch angebotene Leistung des Säumigen angenommen werden müsse. Denn das Bürgerliche Gesetzbuch hat in § 326 für den Regelfall, also abgesehen von der im Abs. 2 bezeichneten Ausnahme, die Bestimmung einer Nachfrist vorgeschrieben, und diese hat, wie bei

Planck, Bürgerliches Gesetzbuch, Bem. 2 zu § 250

hervorgehoben wird, eine besondere Bedeutung. Die Setzung der Frist hat Rechtsveränderungen zur Folge, und zwar nicht lediglich zugunsten des Nichtsäumigen, sondern möglicherweise auch zu seinem Nachteil; denn er verliert nach Ablauf der Frist den Anspruch auf Erfüllung. Die Rechtsveränderung kann deshalb nur eintreten, wenn die Nachfrist gesetzt wird, während beim Fehlen einer solchen das Vertragsverhältnis keine Änderung erleidet. Auch dies ist vom Reichsgericht bereits anerkannt worden (vgl. Jurist. Wochenschr. 1902 Beil. S. 196) und steht keineswegs in Widerspruch mit den obenerwähnten Urteilen. Denn die bestimmte Weigerung der Erfüllung enthält, wie dort ausgeführt wird, ein Lossagen vom Vertrag und einen Verzicht auf das Erfordernis der Fristbestimmung, so daß diese eine nutzlose Förmlichkeit wäre. Es kann daher wohl in solchem Falle von dem erwähnten Erfordernis abgesehen werden, während es, solange eine Leistungsverweigerung nicht erklärt worden ist, bei der Notwendigkeit einer Fristbestimmung nach dem klaren Wortlaut des § 326 verbleiben muß. Dagegen darf die Bestimmung einer zu kurzen Nachfrist nicht der Abstandnahme von einer solchen gleichgestellt werden; denn beide Fälle sind voneinander verschieden. Wer gar keine Nachfrist bestimmt, darf nicht zurücktreten, weil er nach der jetzigen Fassung des Gesetzes nicht bloß eine Nachfrist gewähren, sondern dies auch erklären muß; wer dagegen dem säumigen Teil noch eine Frist zur Leistung setzt, gibt damit — falls es nicht etwa, was hier außer Betracht bleiben kann, einzig und allein zum Schein geschieht — zu erkennen, daß er bereit ist, dem Gesetze zu genügen. Hat er dabei die Frist zu kurz bemessen, so ist es nur eine im Interesse aller Beteiligten liegende und statthafte Ergänzung der von ihm abgegebenen Willenserklärung, wenn seiner Bestimmung die Wirkung beigelegt wird, daß er bereit sei, die ausstehende Leistung innerhalb derjenigen Frist noch vorzunehmen, die nach Lage der

Sache als die angemessene zu gelten hat. Die Folge einer zu kurzen Fristbestimmung ist deshalb die, daß der Säumige binnen angemessener Frist noch erfüllen darf, nach Ablauf einer solchen aber die Erklärung des Nichtsäumigen in Wirksamkeit tritt.

Danach erweist sich die angefochtene Entscheidung als gerechtfertigt. Gewiß durfte das Berufungsgericht die dem Beklagten durch das Schreiben vom 30. April 1900 gesetzte Frist für zu kurz erachten, da sich innerhalb fünf Tage die Anmeldung eines Patents in Amerika nicht bewirken läßt. Ebenso bedenkenfrei ist jedoch die fernere Annahme des Berufungsgerichts, daß der Beklagte binnen vierzehn Tagen oder doch jedenfalls binnen zwei Monaten, also bis zum 1. Juli 1900 die Anmeldungen hätte beschaffen können und müssen, und endlich läßt die Feststellung, daß er dies nicht getan habe, einen Rechtsirrtum nicht erkennen." ...

---

60. Beweislast bei der Klage auf Auszahlung eines versprochenen Darlehns, wenn der Beklagte einen Schuldschein in Händen hat, worin der Kläger den Empfang des Darlehns bekennt.

B.G.B. § 607.

VI. Civilsenat. Urt. v. 10. Dezember 1903 i. S. L. (Kl.) w. Sch. (Bekl.). Rep. VI. 164/03.

I. Landgericht Altona.
II. Oberlandesgericht Kiel.

Am 13. Dezember 1901 war für den Beklagten auf dem Grundstück des Klägers in O. eine Hypothek in Höhe von 2300 ℳ eingetragen worden, auf Grund einer Schuldurkunde vom 10. desselben Monats, worin der Kläger den Empfang eines Darlehns von gleichem Betrage bekannte. Der Kläger behauptete nun, von diesem ihm bar zugesagten Darlehn nur einen Teilbetrag ausbezahlt erhalten zu haben, und klagte auf Zahlung des Restes von 1731 ℳ.

Der Beklagte bestritt, dem Kläger die bare Auszahlung der Darlehnssumme versprochen zu haben, und behauptete seinerseits, es sei abgemacht, daß gewisse, näher angegebene Forderungen des Beklagten gegen den Kläger in ein Darlehn umgewandelt und auf das Darlehn, wofür die Hypothek bestellt worden sei, angerechnet werden sollten. Der verbleibende Rest von 560 *M* sei dem Kläger ausbezahlt worden. Der Kläger bestritt wiederum diese Abrede und den Bestand der vom Beklagten in Aufrechnung gebrachten Forderungen.

Das Landgericht machte die Entscheidung von zwei dem Beklagten auferlegten Eiden abhängig. Die Berufung des Klägers wurde, unter Abänderung der Fassung des ersten Eides, zurückgewiesen.

Auch seine Revision ist zurückgewiesen worden aus folgenden

Gründen:

„Dem Revisionskläger ist darin beizupflichten, daß die Zusage eines Darlehns von zahlenmäßig angegebenem Betrage regelmäßig dahin zu verstehen ist, daß die Auszahlung einer baren Summe dieses Betrages versprochen sein soll. Diese Auslegung des Parteiwillens wird um so sicherer da zutreffen, wo nach dem Vertrage das Darlehn gegen Bestellung einer Hypothek gegeben werden soll. Denn könnte in solchem Falle der Gläubiger, ungeachtet der Bestellung der Hypothek, die bare Auszahlung des Geldes dem Schuldner verweigern und ihn durch Aufrechnung des Anspruchs auf das Darlehn mit anderen Forderungen, die er gegen ihn hat, befriedigen, so würde das zu dem, im Zweifel vom Darlehnsnehmer nicht gewollten, Erfolge führen, daß er für seine Hypothek keine oder nicht die volle Gegenleistung, dagegen der Gläubiger für seine Ansprüche eine bis dahin ihm nicht zustehende Sicherung erhielte. Darum ist, soweit nicht andere Umstände hinzutreten, dann, wenn für die Gewährung eines zugesagten Darlehns eine Hypothek versprochen und bestellt ist, dem Hypothekschuldner das Recht auf bare Auszahlung des Hypothekenbetrages zuzusprechen. Hätte nun, wie der Kläger behauptet, der Beklagte ihm ein Darlehn von 2300 *M* versprochen, so würde dieser, weil er nach seinem Zugeständnis dem Kläger, statt 2300 *M*, nur 560 *M* bar ausbezahlt hat, zunächst verpflichtet erscheinen, dem Kläger den Restbetrag auszubezahlen, und beweispflichtig sein für seine Behauptung, es sei zwischen ihm und dem Kläger vereinbart, daß die von diesem aus anderen Gründen ihm geschuldeten Beträge als Darlehn geschuldet werden, und damit das Darlehn, wofür die Hypothek bestellt worden sei, gewährt sein solle. Insoweit sind die Ausführungen des Revisionsklägers über die Verteilung der Beweislast als richtig anzuerkennen. Aber es ist nicht ersichtlich, daß die Entscheidung des Berufungsgerichts auf einer abweichenden Rechtsauffassung beruht; denn hier liegt die Sache anders; zunächst deswegen, weil der Beklagte bestritten hat, daß er dem Kläger uneingeschränkt ein Darlehn von 2300 ℳ versprochen habe, vielmehr daran festgehalten hat, daß das Darlehn schon nach der ersten Abmachung zum Teil durch Umwandlung anderer Forderungen in ein Darlehn gewährt werden solle; und zweitens, weil der Kläger dem Beklagten die Schuldurkunde vom 10. Dezember 1901 ausgestellt hat. Der Berufungsrichter hat mit Recht angenommen, daß schon die Beweiskraft dieser Urkunde dem Anspruche des Klägers entgegensteht und ihn zu dem Beweise nötigt, daß das Schuldbekenntnis unrichtig sei, und er der Umwandlung anderer Forderungen des Beklagten gegen ihn in eine Darlehnsschuld nicht zugestimmt habe.

Das schriftliche Empfangsbekenntnis des Klägers liefert den Beweis, daß ihm das als Gegenleistung für die Hypothek versprochene Darlehn gewährt worden ist, sei es durch bare Hingabe der Darlehnssumme, sei es durch Umwandlung einer anderen Schuld in eine Darlehnsschuld. In beiden Formen wird nach § 607 B.G.B. eine Darlehnsschuld begründet; der Beklagte schuldet also in dem einen wie dem anderen Falle den im Schuldschein angegebenen Betrag als Darlehn. Ob das nicht anders sein könnte, wenn in dem Schuldscheine der Empfang eines baren Darlehns von 2300 ℳ bescheinigt wäre, und durch das Zugeständnis des Beklagten die Unrichtigkeit dieser Angabe feststünde, kann unerörtert bleiben. Denn das Berufungsgericht hat ohne Rechtsirrtum das Empfangsbekenntnis des Klägers nicht in dem Sinne ausgelegt, daß der Empfang barer 2300 ℳ bescheinigt sei. Ebenso scheidet hier die Möglichkeit aus, daß das Empfangsbekenntnis in Erwartung der nachfolgenden Erfüllung im voraus hingegeben ist; denn dieser Sachverhalt ist vom Berufungsgericht nicht festgestellt und vom Beklagten bestritten. So wie hier die Sache liegt, hat also gegenüber dem durch die Quittung geführten Beweise der Kläger zu beweisen, daß die Quittung unrichtig ist, und die Nichtzahlung der restlichen 1731 ℳ eine ungerechtfertigte Bereicherung des Beklagten ausmacht. Die Beschwerde der Revision über die Verteilung der Beweislast ist hiernach nicht begründet." . . .

61. Kann die Konkursmasse, wenn der Konkursverwalter erklärt hat, einen Vertrag nicht erfüllen zu wollen, das vom Gemeinschuldner auf Grund dieses Vertrages Geleistete zurückfordern?

K.O. §§ 17. 25. 26.

V. Civilsenat. Urt. v. 16. Dezember 1903 i. S. F. Konkursmasse (Kl.) w. G. und B. (Bekl.). Rep. V. 260/03.

I. Landgericht Schweidnitz.
II. Oberlandesgericht Breslau.

Die Erblasserin der Beklagten hatte im Jahre 1896 an den Braumeister F. ein Grundstück verkauft. Die Übergabe war am 1. April 1897 erfolgt; Auflassung hatte noch nicht stattgefunden. Auf den Kaufpreis hatte der Käufer 36000 *M* Hypotheken übernommen; 15000 *M* sollten hypothekarisch sichergestellt, und der Rest von 12000 *M* bar gezahlt werden. Es waren nur 7000 *M* bar gezahlt worden. Am 14. Dezember 1901 wurde über das Vermögen des F. der Konkurs eröffnet. Der Konkursverwalter erklärte, daß er den Kaufvertrag nicht erfüllen werde. Am 20. März 1902 wurde das Grundstück den Beklagten zurückgegeben. Bis dahin blieb der Verwalter im Besitz und betrieb auf dem Grundstücke die Brauerei und die Gastwirtschaft weiter. Klagend verlangte er von den Beklagten Rückzahlung der 7000 *M* nebst Zinsen. Die Beklagten verlangten Abweisung der Klage.

Der erste Richter entsprach dem Klagantrag unter Herabsetzung der geforderten Summe auf 6905 *M*. Auf Berufung der Beklagten wurde die Klage völlig abgewiesen. In der Berufungsinstanz herrschte Einverständnis unter den Parteien darüber, daß ein Abkommen über Auflösung des Vertrags nicht getroffen, die Rückgabe und Rücknahme des Grundstücks vielmehr lediglich in der Meinung erfolgt ist, durch die Erfüllungsweigerung des Konkursverwalters sei der Vertrag beseitigt, und das Grundstück müsse zurückgegeben werden. Die Beklagten erklärten, daß sie es verweigerten, den Vertrag als aufgehoben gelten zu lassen.

Die Revision der Klägerin ist zurückgewiesen worden aus folgenden

Gründen:

„Der Berufungsrichter führt aus: durch die Erfüllungsweigerung des Konkursverwalters sei der Vertrag weder nach Konkursrecht noch nach dem maßgebenden Allgemeinen Landrecht aufgehoben. Demnach könnten die Beklagten die 7000 ℳ behalten und ihre Restforderung oder eine nach § 26 K.O. zu begründende höhere Entschädigungsforderung als Konkursforderung geltend machen. Ebenso verbleibe der Klägerin das Geleistete, nämlich der Besitz und die Nutzung des Grundstücks, wenngleich die Beklagten zur Auflassung nicht verpflichtet seien. Der Rückforderung der Beklagten würde die Klägerin die exc. rei vend. et traditae haben entgegenstellen können. Die Rückgabe sei nun zwar erfolgt, aber in der rechtsirrtümlichen Meinung, daß durch die Erfüllungsweigerung des Verwalters der Vertrag aufgelöst sei. Der Vertrag bestehe in Wirklichkeit noch, und daher könne die Klägerin Rückübertragung des Besitzes fordern.

Demgegenüber führt die Revision aus, bei Rückgabe des Grundstücks seien beide Teile darüber einig gewesen, daß der Vertrag aufgehoben werde. Beide Teile seien dabei freilich in dem erwähnten Rechtsirrtume gewesen; aber daraus folge nicht die Nichtigkeit ihrer Willenserklärung; vielmehr könne nur die Anfechtung nach §§ 119. 121. 143 B.G.B. in Frage kommen. Die Klägerin fechte den Vertrag nicht an; die Beklagten weigerten sich zwar, die Aufhebung des Vertrags gelten zu lassen; aber sie hätten nicht erklärt, daß sie ihre in der Zurücknahme des Grundstücks liegende Willenserklärung wegen Irrtums anfechten wollten; auch fehle der Nachweis der Rechtzeitigkeit der Anfechtung. Daß die Beklagten ohne den Irrtum bei verständiger Würdigung der Umstände den Vertrag nicht aufgehoben haben würden, sei nicht behauptet worden und nach Lage des Falles nicht ohne weiteres anzunehmen.

Die Ausführungen der Revision sind nicht geeignet, das Berufungsurteil zu erschüttern, da ein Aufhebungsvertrag nach der tatsächlichen Feststellung des Berufungsrichters nicht geschlossen worden ist, und ein solcher auch in der bloßen Tatsache, daß die Beklagten wieder in den Besitz und Genuß des Grundstücks getreten sind, um so weniger gefunden werden kann, als die Klägerin nach der Weigerung des Konkursverwalters, den Vertrag zu erfüllen, kein Recht zur Fortsetzung des Besitzes und zum Fortbeziehen der Nutzungen hatte. Durch die Konkurseröffnung in Verbindung mit der Erfüllungsverweigerungserklärung des Verwalters (§ 17 K.O.) wird der Vertrag nach feststehender Lehre und Rechtsprechung nicht aufgehoben (vgl. z. B. Entsch. des R.G.'s in Civils. Bd. 11 S. 49 flg., Bd. 17 S. 80 flg., Bd. 26 S. 94 flg.); vielmehr hat sie nur die Wirkung, daß die weitere Erfüllung des Vertrags unterbleibt (Motive zur Konkursordnung von 1877 S. 1391. 1401). Dieser lediglich dem Konkursrecht angehörende Satz wird durch den § 25 K.O. dahin modifiziert, daß, soweit rücksichtlich einzelner Rechtsverhältnisse das bürgerliche Recht besondere Bestimmungen über die Wirkung der Konkurseröffnung enthält, diese Bestimmungen zur Anwendung kommen. Die allgemeinen Vorschriften des bürgerlichen Rechts über die Befugnis zum Rücktritte von Verträgen, z. B. wegen Irrtums, Betrugs, Zwangs, sind von der Konkursordnung nicht berührt; nur ein Rücktritt wegen der Erklärung des Verwalters, den Vertrag nicht erfüllen zu wollen, ist selbst dann ausgeschlossen, wenn er nach allgemeinen Rechtsgrundsätzen gegeben sein sollte.

Vgl. Entsch. des R.G.'s in Civils. Bd. 17 S. 80; Motive S. 1392. Das bürgerliche Recht enthält keine Bestimmung des Inhalts, daß ein Kaufvertrag durch die Eröffnung des Konkursverfahrens aufgehoben werde; die Voraussetzungen der allgemeinen Bestimmungen über Nichtigkeit oder Anfechtung von Verträgen sind im vorliegenden Falle nicht gegeben, und die vom Berufungsrichter angezogenen Bestimmungen des Allgemeinen Landrechts über das Recht zum Rücktritte wegen Nichterfüllung kommen den §§ 17. 26 K.O. gegenüber nicht in Betracht (Motive S. 1401/2).

Wird der Vertrag infolge der Konkurseröffnung nicht aufgelöst, so kann eine Zurückforderung der gegenseitigen Leistungen, soweit sie in das Eigentum des Empfängers übergegangen sind, nicht in Frage kommen. Dennoch hat der Gesetzgeber eine ausdrückliche Bestimmung für notwendig gehalten. Der Vertrag bleibt bestehen; aber die weitere Erfüllung in der vertragsmäßigen Weise unterbleibt, sobald der Konkursverwalter die Nichterfüllung gewählt hat. Die bloße Nichterfüllung seitens des einen Teils berechtigte den anderen, vertragstreuen Teil nach dem zur Zeit des Inkrafttretens der Konkursordnung von 1877 in Deutschland geltenden gemeinen Recht und den Landesgesetzgebungen nicht zur Rückforderung des von ihm Geleisteten. Insbesondere gab ihm auch das Allgemeine Landrecht — abgesehen von zwei für den vorliegenden Fall nicht interessierenden Ausnahmen (Teil I Tit. 5 §§ 397 flg. 404 flg.) — diese Befugnis nicht (Teil I Tit. 5 §§ 393. 394). Nur das französische Recht (Code civil Artt. 1184. 1610. 1654) stand auf dem entgegengesetzten Standpunkte. Dieser wurde jedoch mißbilligt (Motive S. 1402) und, um einheitliches Recht für ganz Deutschland zu schaffen (Entsch. des R.G.'s in Civils. Bd. 17 S. 80), die Bestimmung des § 26 (a. F. § 21) K.O. getroffen: „Wenn infolge der Eröffnung des Konkursverfahrens die Nichterfüllung einer Verbindlichkeit ... des Gemeinschuldners eintritt, so ist der andere Teil nicht berechtigt, die Rückgabe seiner in das Eigentum des Gemeinschuldners übergegangenen Leistung aus der Konkursmasse zu verlangen. Er kann eine Forderung wegen Nichterfüllung ... nur als Konkursgläubiger geltend machen, soweit ihm nicht ein Anspruch auf abgesonderte Befriedigung zusteht." Damit ist freilich noch nicht ausdrücklich darüber entschieden, ob auch der Konkursmasse, die durch ihren Verwalter die Nichterfüllung gewählt hat, die Rückforderung der in das Eigentum des Vertragsgegners übergegangenen Leistungen versagt sein soll; aber es bedurfte auch keiner ausdrücklichen Bestimmung, da weder das gemeine Recht, noch das französische Recht, noch die deutschen Landesgesetze, noch das Bürgerliche Gesetzbuch den die Erfüllung weigernden, also vertragsuntreuen Teil in dieser Weise vor dem vertragstreuen bevorzugen.

Vgl. Bolze, Praxis Bd. 8 Nr. 1040.

Danach ergibt sich der Grundsatz, daß, wenn ein von beiden Teilen teilweise erfüllter Vertrag infolge der Konkurseröffnung nicht weiter zu erfüllen ist, jeder Teil die vom anderen empfangenen in sein Eigentum übergegangenen Leistungen behält. Damit ist freilich das Recht des einen oder anderen Teiles auf Rückforderung, das auf einem anderen Grunde als dem der infolge der Konkurseröffnung eintretenden Nichterfüllung, z. B. auf einem Eigentumsvorbehalte, einer clausula cassatoria, beruht, nicht beseitigt (Motive S. 1403; Seuffert, Archiv Bd. 42 S. 248); aber dergleichen andere Gründe sind seitens der Klägerin im vorliegenden Falle nicht geltend gemacht. Es ist nicht zu verkennen, daß der Grundsatz, daß jeder das Empfangene behält, unter Umständen auch zu unerfreulichen Ergebnissen für die Konkursmasse führen kann; aber für den anderen Teil ist das Ergebnis unter allen Umständen unerfreulich, während die Konkursmasse durch das nur ihr in der Person ihres Verwalters zustehende Recht, die Erfüllung zu verlangen, in die Lage versetzt ist, die ihr für den Fall der Nichterfüllung drohenden Nachteile zu vermeiden.

Die Revision ist der Ansicht, daß die Beklagten durch die Wiedererlangung des Besitzes und der Nutzungen ihre Leistung zurückerhalten hätten und daher auch zur Rückerstattung der vom Gemeinschuldner empfangenen Anzahlung verpflichtet seien. Im wesentlichen beruht diese Ansicht auf der schon oben zurückgewiesenen Annahme, daß der Vertrag durch ein zwischen den Parteien getroffenes Abkommen aufgehoben worden sei. Liegt kein Aufhebungsvertrag vor, so würde, falls die Beklagten wirklich etwas aus dem Vermögen der Konkursmasse zurückerhalten hätten, vielleicht nicht sowohl ein Anspruch auf Rückgabe ihrer Leistung, als vielmehr ein Anspruch auf Rückgabe des an die Beklagten Zurückgeleisteten begründet sein. Aber das kann dahingestellt bleiben, da die Beklagten in der Tat nichts aus der Masse zurückerhalten haben. Sie haben der Konkursmasse den Besitz und die Nutzungen des Grundstücks gewährt bis zu der Zeit der Erklärung des Verwalters, daß er den Vertrag nicht erfüllen wolle. Von da ab waren auch sie zur weiteren Erfüllung durch Belassung des Besitzes und der Nutzungen nicht verpflichtet; vielmehr war die Konkursmasse verpflichtet, den Besitz aufzugeben und die Ziehung der Nutzungen den Beklagten zu überlassen. Die aus dem Besitz und der Nutzung etwa in das Vermögen der Konkursmasse gelangten Vorteile haben die Beklagten nicht zurückverlangt und sind dazu auch nach dem Grundsatze des § 26 Satzes 1 K.O. nicht berechtigt. Das Eigentum am Grundstück ist, da Auflassung und Eintragung nicht erfolgt sind, bei den Beklagten geblieben. Eine Befugnis der Konkursmasse, den Besitz und die Nutzungen auf Grund des § 986 B.G.B. zu behalten, bestand nicht, weil sie den Beklagten gegenüber dazu nach der Erklärung des Verwalters, daß er die Nichterfüllung wähle, nicht mehr berechtigt war. Der Berufungsrichter stützt seine in dieser Beziehung abweichende Ansicht auf ein in der Deutschen Jurist.-Zeitg. 1896 S. 423 nur teilweise mitgeteiltes Urteil des Reichsgerichts; aber nach der eingesehenen Urschrift des Urteils ist diese Frage damals nicht entschieden, sondern, weil für den damaligen Fall nicht erheblich, ausdrücklich dahingestellt gelassen.

Auf ungerechtfertigte Bereicherung hat die Klägerin nach ihrer ausdrücklichen Erklärung ihre Klage nicht gegründet. Die

Voraussetzungen der Bereicherung würden aber nach den in dieser Beziehung zutreffenden Gründen des Berufungsrichters auch nicht gegeben sein."

---

62. 1. Ist das zur Zeit des Inkrafttretens des Bürgerlichen Gesetzbuchs bestehende Eigentum an einer Sache, welche sich nach diesem Gesetze als wesentlicher Bestandteil einer anderen Sache darstellt, mit jenem Zeitpunkte erloschen?

2. Steht solcher Übergang dem Erfolge einer vor jenem Zeitpunkte auf Grund des bis dahin bestehenden Eigentumsrechts erhobenen Klage auf Herausgabe der Sache entgegen?

3. Kann gegenüber dieser Klage ein Einwand daraus entnommen werden, daß während des Schwebens des Prozesses die Sache nebst dem Hauptgegenstande in einem auf Antrag des verklagten Konkursverwalters eingeleiteten Zwangsversteigerungsverfahren einem Dritten zugeschlagen ist?

Einf.-Ges. zum B.G.B. Art. 181.
B.G.B. § 93.
C.P.O. § 265.

VII. Civilsenat. Urt. v. 18. Dezember 1903 i. S. B. (Kl.) w. Br. Konkursverw. (Bekl.). Rep. VII. 308/03.

I. Landgericht Kiel.
II. Oberlandesgericht daselbst.

Das Reichsgericht hat die erste der oben aufgeführten Fragen bejaht, die beiden anderen verneint aus folgenden

Gründen:

... „Allerdings ist, wie mit der Vorinstanz anzunehmen, das zur Zeit des Inkrafttretens des Bürgerlichen Gesetzbuchs bestehende Eigentum an einer Sache, welche sich nach diesem Gesetze als wesentlicher Bestandteil eines anderen Gegenstandes darstellt, mit jenem Zeitpunkt erloschen, da von dieser Zeit an zufolge Art. 181 Einf.-Ges. zum B.G.B. letzteres auf das bestehende Eigentum, also auch auf den Umfang desselben, Anwendung findet, nunmehr aber der § 93 B.G.B.

nicht zuläßt, daß wesentliche Bestandteile Gegenstand besonderer Rechte sind.

Vgl. Planck, Bürgerliches Gesetzbuch Bd. 6 Bem. 7 zu Art. 181; Habicht, Einwirkung des Bürgerlichen Gesetzbuchs rc 3. Aufl. § 39 unter IV.

Es muß indessen, wenn vorliegend danach auch das vom Kläger geltend gemachte Eigentumsrecht für den von der Vorinstanz als gegeben angesehenen Fall, daß die dem Klaganspruch unterliegenden, seitens des Klägers den Gemeinschuldnern gelieferten Gegenstände wesentliche Bestandteile der von den letzteren hergestellten Lederfabrik im Sinne des Bürgerlichen Gesetzbuchs sind, mit dem Inkrafttreten des letzteren untergegangen ist, der vor diesem Zeitpunkt auf Grund jenes Eigentumsrechts erhobene Anspruch auf Herausgabe der fraglichen Sachen zufolge der eingetretenen Rechtshängigkeit in seiner persönlichen Richtung als von jenem Untergang unberührt gelten.[1] Danach ist zu prüfen, ob der Herausgabeanspruch sich nach dem gemeinen Rechte, welches in dem hier fraglichen Gebiete vor dem Inkrafttreten des Bürgerlichen Gesetzbuchs Geltung hatte, als begründet darstellt." (Wird näher erörtert und bejaht.)

„Es bleibt danach nur noch zu prüfen, ob etwa das klägerische Eigentumsrecht sich dadurch als aufgehoben darstellt, daß die fraglichen Gegenstände, als die Fabrik, nachdem die gegenwärtige Klage anhängig gemacht, auf Antrag des verklagten Konkursverwalters zwangsweise veräußert wurde, dem Erwerber zugleich mit zugeschlagen sind und in dessen Besitz übergingen. Angenommen nun aber auch, daß hierdurch ein Eigentumsübergang an den fraglichen Sachen oder ein originärer Eigentumserwerb für den Käufer bewirkt ist, so muß solcher Eigentumserwerb doch in dem jetzigen Rechtsstreit für einflußlos erachtet werden. Eine während des Schwebens dieses Prozesses von dem Beklagten vorgenommene Veräußerung, worunter auch die in Frage stehende Zwangsversteigerung fällt, ist nämlich nicht nur in bezug auf die rein prozeßrechtlichen Verhältnisse ohne Bedeutung. Nach § 265 Abs. 2 Satz 1 C.P.O. hat vielmehr der Richter auch bei Beurteilung des materiellen Rechtsverhältnisses nicht

[1] Vgl. Regelsberger, Pand. § 47 zu Note 24; Dernburg, Pand. Bd. 1 § 43 unter 2b u. § 44 unter a. D. E.

die zur Zeit des Urteils, sondern die zur Zeit der Veräußerung vorhandenen tatsächlichen und rechtlichen Voraussetzungen zugrunde zu legen.

Vgl. Gaupp-Stein, Civilprozeßordnung 4. Aufl. Bem. IV zu § 265.

Danach kann der Beklagte auch aus dem in Rede stehenden Umstande einen Einwand gegen die Klage nicht entnehmen."

---

63. Inwieweit enthält die Bestimmung des § 17 K.O. a. F. zwingendes Recht? Steht sie der Wirksamkeit einer Vertragsvereinbarung entgegen, die dem Verpächter für den Fall der Eröffnung des Konkurses über das Vermögen des Pächters das Recht der Kündigung zur sofortigen Aufhebung des Pachtverhältnisses gibt?

K.O. a. F. § 17 (n. F. § 19).

VI. Civilsenat. Urt. v. 23. Dezember 1903 i. S. U. (Bekl.) Herz. v. R. (Kl.). Rep. VI. 341/03.

I. Landgericht Gleiwitz.
II. Oberlandesgericht Breslau.

Der Beklagte hatte von der Verwaltung des Klägers durch notariellen Pachtvertrag die Güter Groß- und Klein-Sch. gepachtet; die vertragsmäßige Pachtzeit lief bis zum 30. Juni 1913. In § 33 des Vertrages war bestimmt, daß der Verpächter das Recht zur sofortigen Kündigung, Aufhebung des Pachtverhältnisses und Exmission des Pächters haben solle, wenn Konkurs über dessen Vermögen eröffnet werde. Am 22. Oktober 1901 wurde der Konkurs über das Vermögen des Pächters eröffnet. Der Konkursverwalter richtete unter dem 25. Oktober 1901 ein Schreiben an die Verwaltung des Klägers mit dem Ersuchen, zu erwägen, „ob und wann eine vorzeitige Lösung des Pachtverhältnisses etwa herbeizuführen sei"; die Verwaltung antwortete am 30. Oktober, daß sie keine Veranlassung habe, den Vertrag vorzeitig zu lösen, und dem Konkursverwalter anheimstelle, wenn er dies für angezeigt erachte, von der Befugnis des § 19 K.O. Gebrauch zu machen. Durch Schreiben vom 8. April 1902, das sowohl dem Konkursverwalter als auch dem Gemeinschuldner zugesandt wurde, kündigte die Verwaltung des Klägers den Pachtvertrag zum 1. Juli 1902; mittels Schreibens vom 25. April 1902 erwiderte der Pächter U., daß er sich mit seinen Gläubigern geeinigt habe, die Pachtgüter wieder übernehmen werde und die Kündigung nicht anerkenne.

Die im Mai 1902 gegen den Konkursverwalter mit dem Antrage auf Räumung zum 1. Juli 1902 erhobene Klage wurde durch das landgerichtliche Urteil vom 20. Juni 1902 abgewiesen, weil das Recht des Klägers zur vorzeitigen Aufhebung des Vertrages durch die Erklärung seiner Verwaltung vom 30. Oktober 1901 verwirkt worden sei. Das Berufungsgericht erkannte, nachdem inzwischen das Konkursverfahren aufgehoben, und der frühere Gemeinschuldner in den Prozeß eingetreten war, abändernd nach dem Klagantrage, d. i. verurteilte nunmehr den Beklagten zur sofortigen Räumung und Rückgewähr des Pachtgutes.

Die gegen dieses Urteil von dem Beklagten eingelegte Revision wurde zurückgewiesen aus folgenden

Gründen:

... „Der zu entscheidende Rechtsfall steht, da die Voraussetzungen des Art. 171 Einf.-Ges. zum B.G.B., ein beiderseits gleiches Kündigungsrecht des Verpächters und des Pächters (vgl. Entsch. des R.G.'s in Civils. Bd. 53 S. 170), nicht vorliegen, und der Pachtvertrag vor dem 1. Januar 1900 geschlossen ist, unter dem früheren Recht, und zwar bleibt gemäß Art. VI des Einführungsgesetzes zu dem Gesetze, betr. Änderungen der Konkursordnung, vom 17. Mai 1898 mit dem Pachtverhältnis selbst auch die Wirkung der Konkurseröffnung auf dieses dem alten Recht unterworfen. Es kommt mithin nicht § 19 der Konkursordnung vom 20. Mai 1898, sondern § 17 der Konkursordnung vom 10. Februar 1877 zur Anwendung. Sachlich wird hierdurch ein Unterschied für den Rechtsfall nicht begründet, da § 19 der neuen Konkursordnung von § 17 der früheren nur darin abweicht, daß an die Stelle der Bezugnahme auf die gesetzliche oder ortsübliche Kündigungsfrist diejenige auf die gesetzliche Kündigungsfrist des Bürgerlichen Gesetzbuchs getreten ist, und eine Bestimmung über die Schadensersatzpflicht der Konkursmasse für den Fall, daß der Konkursverwalter kündigt, hinzugefügt worden ist.

Es kann unerörtert bleiben, ob die in Gemäßheit des § 33 des zwischen den Parteien geschlossenen Pachtvertrages von dem Verpächter ausgesprochene Kündigung nicht schon deshalb für den jetzigen Beklagten, den früheren Gemeinschuldner, als wirksam angesehen werden muß, weil das Konkursverfahren beendet ist, und es sich somit jetzt nicht mehr um die Frage handelt, ob der Konkursverwalter gegenüber der gesetzlichen Bestimmung des § 17 K.O. a. F. der Kündigung aus dem Vertrage unterworfen ist, sondern ob der Pächter, der den Vertrag selbst geschlossen hat, für seine Person Einwendungen gegen die auf Grund des Vertrages erfolgte Kündigung erheben kann. Denn auch die Anwendung des § 17 a. a. O. führt nicht zu dem Ergebnisse, daß die Kündigung des Klägers als unwirksam zu erachten wäre.

Die Bestimmung des § 17 K.O. a. F. enthält insoweit zwingendes Recht, als sie im öffentlichen Interesse erlassen ist, und dies ist der Fall, insoweit durch sie die Gläubiger im Konkursverfahren gegen die aus der vertragsmäßigen Fortdauer des Miet- oder Pachtverhältnisses für ihre Befriedigung erwachsenden Nachteile geschützt, und der rasche Gang des Konkursverfahrens selbst gesichert werden soll. Dem Zwecke des Konkursverfahrens, zum Besten der Gläubiger das Vermögen des Gemeinschuldners bestmöglich zu verwerten (§§ 2. 107 K.O. a. F.), würde es zuwiderlaufen, wenn der Konkursverwalter Pacht und Miete bis zum Vertragsende mit den Mitteln der Masse durchführen müßte. Deshalb kann das Kündigungsrecht des Konkursverwalters durch keine Privatvereinbarung ausgeschlossen oder über das Gesetz hinaus eingeschränkt werden; alle Vertragsberedungen, welche für den Konkursverwalter die Kündigung erschweren, sind dem Gesetze gegenüber unwirksam.

Vgl. Motive zur Konkursordnung Bd. 1 S. 74 flg.; Jäger, Konkursordnung 2. Aufl. Bem. 8 zu § 19; v. Wilmowski, Konkursordnung 5. Aufl. Bem. 2 und 4 zu § 17, 6. Aufl. Bem. 8 zu § 19; Petersen u. Kleinfeller, Konkursordnung 4. Aufl. Bem. 1 zu §§ 19—21.

Daß die Konkursordnung über diesen Zweck hinaus in die Privatwillkür habe eingreifen wollen, kann nicht angenommen werden. Die Bestimmung des § 17 läßt vereinbarte kürzere Kündigungsfristen zu, ohne der Kürze der Frist eine Grenze zu setzen; es ist deshalb kein Grund vorhanden, einer Vertragsbestimmung, wonach die Kündigung zur **sofortigen** Lösung des Vertragsverhältnisses zulässig sein soll, die Wirkung zu versagen; wie denn auch nach dem Rechte der Konkursordnung vom 10. Februar 1877 von der weit überwiegenden Mehrzahl der Schriftsteller die Kündbarkeit des Miet- und Pachtverhältnisses zur sofortigen Lösung nicht nur dann angenommen wurde, wenn es sowohl an einer gesetzlichen oder üblichen, wie an einer vereinbarten Kündigungsfrist fehlte, sondern auch dann, wenn eine vertragsmäßige Frist zwar bestimmt, eine gesetzliche aber nicht gegeben war.

So v. **Völdernborff**, **Stieglitz**, **Endemann**, v. **Sarwey**, v. **Wilmowski**; vgl. **Petersen** u. **Kleinfeller** 3. Aufl. S. 80; v. **Wilmowski** 6. Aufl. S. 105 Bem. 8 Abs. 3 zu § 19.

Es kann auch nicht anerkannt werden, daß die Bezugnahme auf vertragsmäßig festgesetzte kürzere Fristen im Gesetze nur die **ordentliche** Kündigung im Auge habe und deshalb die Vertragsfestsetzungen ausschließe, die die kürzere Frist nur für den Fall der Konkurseröffnung vereinbaren,

vgl. **Jäger**, Konkursordnung 2. Aufl. S. 168 Bem. 18 zu § 19,

oder daß die Vertragsbestimmung notwendigerweise beiden Teilen das Recht der kürzeren Kündigung einräumen müsse. Für den Verpächter gerade ist die Persönlichkeit des Pächters und Bewirtschafters und die Sicherheit wirtschaftlicher Nutzung des Gutes von der allergrößten Bedeutung,

vgl. Motive zur Konkursordnung Bd. 1 S. 78,

und deshalb erscheinen Vereinbarungen, die ihm bei Veränderungen in diesen Verhältnissen die schnelle Lösung des Vertrages sichern, durchaus gerechtfertigt.

Ist nun die Bestimmung des § 17 K.O. a. F. nur insofern zwingender Natur, als sie für die Konkursmasse die Möglichkeit vorzeitiger Lösung des Pachtverhältnisses gewährleisten soll, so folgt, daß der Konkursverwalter zwar auf das ihm durch das Gesetz gegebene Kündigungsrecht gültig nicht verzichten kann, daß dagegen einem Verzichte der Gegenseite, handle es sich um den Pächter, oder den Verpächter, und um das auf das Gesetz, oder das auf den Vertrag gegründete Kündigungsrecht, nichts im Wege steht.

Vgl. **Jäger**, Konkursordnung 2. Aufl. Bem. 8 zu § 19.

Der Beklagte behauptet im gegebenen Falle, daß dies durch den Kläger in dem Schreiben ... vom 30. Oktober 1901 geschehen sei. Das Berufungsgericht erblickt dagegen in diesem Schreiben einen Verzicht nicht." ... (Es wird näher dargelegt, weshalb dem Berufungsgerichte zuzustimmen sei.)

---

64. Seeversicherung. Anspruch des Versicherten, wenn das den Gegenstand der Versicherung bildende Schiff, nachdem es im Seesturm beschädigt worden war, entgegen den Versicherungsbedingungen nicht repariert, sondern in dem beschädigten Zustande verkauft wurde. Tragweite des § 131 Abs. 5 der Allgemeinen Seeversicherungsbedingungen.

I. Civilsenat. Urt. v. 2. Januar 1904 i. S. Norddeutsche Versicherungsgesellschaft u. Gen. (Bekl.) w. G. (Kl.). Rep. I. 352/03.

I. Landgericht Hamburg, Kammer für Handelssachen.
II. Oberlandesgericht daselbst.

Der Kläger hatte laut Police vom 18. Juli 1901 auf ein Jahr vom 3. Juli 1901 an sein Segelschiff „Pollux", dessen Versicherungswert auf 40000 ℳ taxiert war, in Höhe von 30000 ℳ bei den Beklagten versichert. Im November 1901 wurde das Schiff auf der Reise von Liverpool nach Glasson Dock im Seesturm schwer beschädigt. Der Versicherte einerseits und der Versicherer andrerseits ernannten je einen Sachverständigen. Der Sachverständige der Versicherer schätzte die Kosten der erforderlichen Reparatur auf £ 1716.19.6, der Sachverständige des Versicherten auf £ 3190.11, der darauf von diesen beiden Sachverständigen ernannte Obmann auf £ 2725. Der Kläger verkaufte dann das Schiff in beschädigtem Zustande, und zwar ausweislich anerkannter Urkunden für £ 200. Von dem Hamburger Dispacheur wurde am 31. Mai 1902 die Dispache aufgemacht, nach welcher 29106 ℳ von den Beklagten zu entrichten sein würden. Am 11. September 1902 zahlten die Beklagten einen Einschuß an den Kläger in Höhe von 27000 ℳ. Auf anteilsmäßige Zahlung des Restes von 2106 ℳ nebst Zinsen war die Klage gerichtet.

Die Beklagten verweigerten diese Zahlung auf Grund der Versicherungsbedingungen. Unstreitig war versichert nach Maßgabe der

„Allgemeinen Seeversicherungsbedingungen von 1867“ und verschiedenen Zusätzen und Abänderungen dieser Bedingungen. Ersetzt waren u. a. die vier ersten Absätze des § 130 der Allgemeinen Seeversicherungsbedingungen durch andere Bestimmungen, von denen die erste lautete:

„Nachdem die in den §§ 127—129 vorgeschriebene Besichtigung, Begutachtung und Taxation stattgefunden hat, muß ohne Verzug zur Reparatur geschritten werden, gleichviel ob die Versicherung an dem Orte der Reparatur endet, oder nicht.“[1]

Auf diese Bestimmung beriefen sich die Beklagten.

Das Landgericht verurteilte die Beklagten der Klage gemäß, und die Berufung der Beklagten wurde zurückgewiesen. Auch die Revision wurde zurückgewiesen aus folgenden

Gründen:

„Der § 130 der Allgemeinen Seeversicherungsbedingungen unterscheidet zwischen dem Fall, daß das beschädigte Schiff sich bereits an demjenigen Platz befindet, wo die auf das Schiff geschlossene Versicherung endet (Abs. 2), und dem Fall, daß es sich nicht so verhält (Abs. 3). Nur in diesem zweiten Fall muß, wie es heißt, ohne Verzug zur Reparatur geschritten werden. Ungeachtet dieser ihrer Fassung nach zwingenden Vorschrift ist im § 131 Abs. 5 bestimmt, daß, wo Kondemnation und Verkauf des Schiffs zur Last des Versicherten bleibe (— —), der Schaden, soweit er den Versicherer treffe, auf der Grundlage der von dem Versicherten beizubringenden ordnungsmäßigen Besichtigungs- und Schätzungsdokumente (§ 129) aufzumachen und sodann vom Versicherer unter Abzug wegen des Unterschiedes zwischen alt und neu zu vergüten sei. Man kann nicht sagen, daß wegen dieser letzteren Bestimmung die Vorschrift über die vorzunehmende Reparatur ohne Bedeutung ist. Die Folge ihrer Nichtbeobachtung besteht eben darin, daß der unter Abstandnahme von der Reparatur vorgenommene Verkauf nicht als für Rechnung des Versicherers vorgenommen gilt, und deshalb der Versicherte nicht berechtigt ist, vom Versicherer die Zahlung des Unterschiedes zwischen dem Verkaufserlös und der Versicherungssumme zu fordern, sondern nur das im § 131 Abs. 5 gewährte Recht hat.

Wenn nun durch eine der verabredeten Änderungen der Allgemeinen

---

[1] Vgl. Brodmann, Seegesetzgebung des Deutschen Reichs S. 307. D. E.

Seeversicherungsbedingungen das „muß" des § 130 Abs. 3 auf den Fall des § 130 Abs. 2 ausgedehnt worden, andrerseits aber die Bestimmung des § 131 Abs. 5 unverändert geblieben ist, so folgt aus der Änderung des § 130 nur, daß auch das Anwendungsgebiet der Bestimmung des § 131 Abs. 5 erweitert worden ist, und diese also nunmehr überhaupt Platz greift, wo nach den abgeänderten Bestimmungen des § 130 die Reparatur hätte vorgenommen werden müssen, sie aber unterblieben, und anstatt dessen aus einem der im § 131 Abs. 5 angedeuteten Gründe das Schiff verkauft worden ist. — Daß im übrigen die Voraussetzungen für die Anwendung des § 131 Abs. 5 im vorliegenden Falle gegeben sind, kann mit Grund nicht bezweifelt werden, da der Verkauf des Schiffs wegen Reparaturunwürdigkeit erfolgt, und die Dispache auf der Grundlage ordnungsmäßiger Besichtigungs- und Schätzungsdokumente aufgemacht ist. Die von der Revision vertretene Ansicht, eine notwendige Voraussetzung für die Anwendung des § 131 Abs. 5 sei, daß eine Kondemnation des Schiffs stattgefunden habe, ist unzutreffend, was sich insbesondere daraus ergibt, daß ein ausdrücklich angeführter Anwendungsfall des § 131 Abs. 5 der ist, wenn von der Reparatur wegen Geldmangels abgestanden wurde." . . .

---

65. Kann bei einem gegenseitigen Vertrage, wenn der eine Teil für seinen Anspruch eine Vormerkung auf ein Grundstück des anderen Teiles hat eintragen lassen, der letztere gegenüber der wider ihn erhobenen Leistungsklage verlangen, nur Zug um Zug gegen Einwilligung des klagenden Teiles in die Löschung der Vormerkung zur Leistung verurteilt zu werden?

VII. Civilsenat. Urt. v. 5. Januar 1904 i. S. D. (Bekl.) w. F. (Kl.). Rep. VII. 370/03.

I. Landgericht Görlitz.
II. Oberlandesgericht Breslau.

Zugunsten des Klägers, welcher aus einem Werkvertrage für Arbeiten, die von ihm behufs Herstellung eines Bauwerks für den Beklagten geleistet waren, gegen diesen eine Forderung auf Zahlung von 2733,33 *M* hatte, war auf Grund einer von dem Kläger unter Berufung auf § 648 B.G.B. beantragten einstweiligen Verfügung eine Vormerkung auf das Grundstück des Beklagten eingetragen worden. Bei Geltendmachung des fraglichen Anspruchs im Klagewege schützte der Beklagte ein Stundungseinrede vor, deren Zurückweisung in den Vorinstanzen erfolgte. Von dem Berufungsgerichte wurde zugleich das vor diesem von dem Beklagten eventuell gestellte Verlangen zurückgewiesen, seine Verurteilung von der Einwilligung in die Löschung der Vormerkung abhängig zu machen, und zwar mit der Begründung, daß dem Beklagten, wie nach §§ 273. 274 B.G.B. erforderlich, kein fälliger Anspruch auf die Löschung der Vormerkung zustehe.

In der Revisionsinstanz ist dem Verlangen des Beklagten entsprochen worden aus folgenden

Gründen:

... „Erheblich erscheint dagegen die fernere Revisionsrüge, welche geltend macht, es sei zu Unrecht nicht darauf eingegangen, die Verurteilung von der Einwilligung in die Löschung der Vormerkung abhängig zu machen. Die letztere, welche in der oben erwähnten Weise zustande gekommen ist, hängt auf das engste zusammen mit dem Inhalt des hier fraglichen, zwischen den Parteien in Rücksicht auf die Leistung der Bauarbeiten zustande gekommenen Vertragsverhältnisses, bei dem die beiderseitigen Leistungen im Gegenseitigkeitsverhältnisse in Gemäßheit des § 320 B.G.B. stehen. Nach der sich hier findenden, jedenfalls entsprechend anzuwendenden Vorschrift kann demnach der klagend geltend gemachte, auf die eine der Vertragsleistungen gerichtete Anspruch, zu dessen Sicherung die Eintragung der Vormerkung erfolgt ist, welche letztere durch Befriedigung jener Forderung überflüssig wird, auf Verlangen des Beklagten nur Erfüllung finden, wenn Zug um Zug die Löschung der Vormerkung bewilligt wird. Danach ist hier nicht von einem Zurückbehaltungsrechte im Sinne der §§ 273. 274 B.G.B. die Rede. Auch greift vorliegend nicht § 894 daselbst Platz, wie Planck, Bürgerliches Gesetzbuch Bem. 2 zu § 876, für den Fall des Erlöschens des vorgemerkten Anspruchs durch Zahlung annimmt. Das Ergebnis entspricht auch der Sachlage, welche bei Befriedigung eines hypothekarisch gesicherten Anspruchs Platz greift, in welchem Falle der Eigentümer des belasteten Grundstücks Zug um Zug die Einwilligung in die Löschung der Hypothek fordern kann (§ 1144 B.G.B.)." ...

66. Kann die Zusicherung beim Verkauf von Aktien, die Dividende sei durch Hinterlegung von „Wertpapieren" gedeckt, die Auflösungsklage nach Art. 1184 Code civil begründen, wenn verschwiegen ist, daß die hinterlegten Papiere Aktien desselben Unternehmens sind? Inwieweit ist die Anwendung des Art. 169 Einf.=Ges. zum B.G.B. auf vor dem 1. Januar 1900 begründete Ansprüche ausgeschlossen? Ist die Zusicherung von Nebenrechten bei dem Verkauf von Aktien eine Zusicherung von Eigenschaften im Sinne des § 459 Abs. 2 B.G.B.?

I. Civilsenat. Urt. v. 30. Dezember 1903 i. S. Westdeutsche Bank (Bekl.) w. H. (Kl.). Rep. I. 201/03.

I. Landgericht Köln.
II. Oberlandesgericht daselbst.

Am 14. Juni 1899 gründeten verschiedene Beteiligte, darunter ein früherer Direktor der Beklagten und die Firma J. W. L. & Söhne zu L.=K., eine Aktiengesellschaft unter der Firma „Elektrizitätswerk K. Aktiengesellschaft". Nach dem Gründungsvertrage garantierte die Firma J. W. L. & Söhne den Aktionären nach Vornahme aller üblichen Abschreibungen, Reserven und Rücklagen eine jährliche Mindestdividende von 6 Prozent auf die Dauer von 10 Jahren, so daß sie sich verpflichtete, den etwaigen Ausfall den Aktionären auszuzahlen. Zur Sicherheit sollten die von der Firma zu übernehmenden Aktien im Betrage von 175000 ℳ bei dem Bankhause J. H. St. zu K. deponiert und verpfändet werden. Am selben Tage wurden die übrigen Aktien im Betrage von 425000 ℳ von einem Konsortium, zu welchem die Beklagte gehörte, zum Kurse von 100 fest über-übernommen. Die Beklagte war dabei mit 125000 ℳ beteiligt. Nach Eintragung der Aktiengesellschaft ins Handelsregister und Ausgabe der Aktien wurden die von der Firma L. übernommenen 175000 ℳ dem Gründungsvertrage gemäß bei dem Bankhause St. hinterlegt.

Im Sommer 1899 kaufte der Kläger, der seit längerer Zeit mit der Beklagten in Geschäftsverbindung stand, von dieser 20000 ℳ Aktien der genannten Elektrizitätswerkes zum Kurse von 110 Prozent, welche er am 1. November 1900 mit 22000 ℳ bezahlte und erhielt. Bei dem Kaufe wurde ihm nach seiner Behauptung von dem Vorstandsmitgliede der Beklagten S. zugesichert, die Dividende sei für 10 Jahre durch Hinterlegung von Wertpapieren gedeckt.

Das Weitere ergibt sich aus den

Gründen:

... „Ohne Rechtsirrtum wird angenommen, daß Kläger nach der Zusicherung der Beklagten, „eine 6 prozentige Dividende für 10 Jahre sei durch Hinterlegung von Wertpapieren gedeckt", davon ausgehen durfte, daß damit die Hinterlegung von sicheren börsengängigen Wertpapieren gemeint sei, nicht aber die Hinterlegung von noch nicht ausgegebenen Aktien desselben Unternehmens, auf dessen zukünftigen Gewinn sich die Sicherstellung bezog. Daß diese Zusicherung für den Abschluß des Geschäfts von wesentlicher Bedeutung gewesen ist, ergibt sich aus der weiteren Feststellung, daß Kläger auf diese Sicherstellung ein großes Gewicht gelegt habe. Es liegt daher Nichterfüllung eines wesentlichen dictum et promissum in bezug auf die verkauften Aktien vor, und dies begründet nach Art. 1184 Code civil die Resiliationsklage des Käufers.

Zu beanstanden ist nun freilich die Ausführung des Berufungsrichters, daß Art. 169 Einf.-Ges. zum B.G.B. keine Anwendung finde, weil das neue Recht (§§ 459. 463. 477 B.G.B.) die Resiliationsklage für den Fall zugesicherter Eigenschaften nicht kenne. Zuzugeben ist, daß die Wandelungs- bzw. Schadensersatzklage der §§ 459. 463 B.G.B. Rechtsbehelfe von anderer juristischer Struktur sind, als die Resiliationsklage des französischen Rechts. Darauf kommt es aber für die Anwendung des Art. 169 Einf.-Ges. zum B.G.B. nicht an. Nach dem Wortlaute dieser Bestimmung kann nicht angenommen werden, daß der Gesetzgeber ihre Anwendung auf diejenigen Fälle hat beschränken wollen, wo dem nach altem Recht begründeten Anspruche ein juristisch völlig gleichartiger Anspruch des neuen Rechts entspricht. Vielmehr ist im einzelnen Falle nur zu fragen, ob der nach bisherigem Rechte begründete Anspruch den konkreten Umständen nach auch gemäß dem Rechte des Bürgerlichen Gesetzbuchs begründet sein würde. Ist diese Frage zu bejahen, so findet Art. 169 Anwendung. Seine Anwendung ist daher nur in den verhältnismäßig seltenen Fällen ausgeschlossen, wo ein nach bisherigem Rechte begründeter Anspruch bei dem konkreten Tatbestande nach dem Bürgerlichen Gesetzbuch nicht begründet sein würde, wie dies z. B. bei der querela inofficiosi testamenti des gemeinen Rechts und den Ansprüchen des preußischen und französischen Rechts aus laesio enormis zutrifft.

Vgl. Habicht, Einwirkung des Bürgerlichen Gesetzbuchs ꝛc 3. Aufl. S. 155; Planck, Bürgerliches Gesetzbuch, Einführungsgesetz Art. 169 Bem. 2d Abs. 2; Niedner, Das Einführungsgesetz vom 18. August 1896 Art. 169 S. 321c Abs. 1.

Dagegen unterliegt ein unter der Herrschaft des französischen Rechts auf Grund zugesagter Eigenschaften entstandener, am 1. Januar 1900 noch nicht verjährter Anspruch des Käufers auf Auflösung des Kaufvertrages der Verjährungsvorschrift des § 477 B.G.B., wenn nach den konkreten Umständen die Wandelungsklage des § 459 B.G.B. begründet sein würde.

Vgl. Habicht, a. a. O. S. 157; Planck, a. a. O. Bem. 2d Abs. 3.

Nichtsdestoweniger ist die angefochtene Entscheidung aufrecht zu erhalten, weil nach den konkreten Umständen des gegenwärtigen Falles der erhobene Anspruch nicht nach § 459 B.G.B. (auch nicht nach § 463 daselbst) begründet sein würde, vielmehr der vorliegende Tatbestand durch §§ 437 Abs. 1 und 440 Abs. 1 B.G.B. geregelt wird, und für die aus diesen Bestimmungen entspringenden Ansprüche die ordentliche Verjährungsfrist des § 195 B.G.B. von 30 Jahren gilt.

Zugesichert ist im vorliegenden Falle ein mit den Aktien verbundenes Recht, nämlich ein Pfandrecht an sicheren Wertpapieren für die von der Firma J. W. L. & Söhne für 10 Jahre garantierte Dividende in Höhe von 6 Prozent. Daß Beklagte für den Bestand des verkauften Aktienrechts selbst gemäß § 437 B.G.B. haften würde, ist nach dem Wortlaute dieser Bestimmung zweifellos. Dasselbe muß aber sinngemäß auch von solchen Nebenrechten gelten, welche von dem Verkäufer als mit dem verkauften Aktienrechte verbunden bezeichnet werden; denn dadurch werden auch sie zum Gegenstande des Verkaufs und gehören somit zu dem vom Verkäufer zu gewährleistenden Rechtsbestande. Die Zusicherung solcher Nebenrechte ist daher keine Zusicherung von Eigenschaften der verkauften Sache im Sinne des § 459 Abs. 2 B.G.B. Es kann hiernach dahingestellt bleiben, ob der mit der Klage erhobene Anspruch überhaupt nach dem Bürgerlichen Gesetzbuch ohne weiteres begründet sein würde. Nach den §§ 459 flg. daselbst ist er jedenfalls nicht begründet, und es kommt somit die kurze

Verjährungsfrist des § 477 B.G.B. hier nicht in Frage. Ist er überhaupt nach dem Bürgerlichen Gesetzbuch nicht begründet, so entscheidet über seine Verjährung das französische Recht, und nach diesem Rechte ist er nicht verjährt. Das gleiche gilt aber, wenn er nach dem neuen Rechte begründet sein sollte, da in diesem Falle gemäß §§ 437. 440. 195 B.G.B. die Verjährungsfrist ebenfalls 30 Jahre betragen würde." ...

---

67. Ist die auf § 767 Abs. 2 B.G.B. sich stützende Forderung an den Bürgen auf Erstattung der von dem Hauptschuldner zu ersetzenden Kosten der Rechtsverfolgung, wenn sie zugleich mit der Forderung, für welche die Bürgschaft übernommen worden war, geltend gemacht wird, eine Nebenforderung im Sinne des § 4 C.P.O.?

I. Civilsenat. Urt. v. 11. Januar 1904 i. S. L. (Bekl.) w. G. (Kl.). Rep. I. 442/03.

I. Landgericht Straubing.
II. Oberlandesgericht München.

Der Kläger hatte in einem früheren Prozeß Wechselklage erhoben gegen H. B. in R. auf Grund einer Urkunde, die sich darstellte als ein unter dem Datum „St. den 4. April 1902" von „H. B. Gerberei R." und „M. L. Hafnermeister L." ausgestellter, an die Order von G. lautender, bei G. in St. zahlbarer, am 4. Juli 1902 fälliger eigener Solawechsel über 1500 *M*. Der Kläger hatte ein Versäumnisurteil gegen den genannten B. erwirkt und die Zwangsvollstreckung daraus eingeleitet.

Nunmehr erhob der Kläger gegen den erwähnten M. L. eine Klage auf Zahlung von 1629,43 *M* nebst 6 Prozent Zinsen auf 1500 *M* seit dem 4. Juli 1902 mit folgender Begründung. Der Beklagte habe am 4. April 1902 für seinen Schwiegersohn, den Gerbermeister H. B. in R., dem Kläger auf einem von H. B. ausgestellten Solawechsel (gemeint war damit der oben erwähnte Wechsel) schriftlich Bürgschaft geleistet auf den Hauptsachenbetrag von 1500 *M*, den B. am 4. Juli hätte bezahlen sollen; Kläger habe den B. ausgeklagt, auch dessen Anwesen beschlagnahmen lassen; es stehe aber bereits fest, daß der Kläger aus dem Vermögen des B. unbefriedigt bleiben werde; deshalb nehme der Kläger gemäß § 767 B.G.B. die Haftung des Bürgen, des Beklagten, hinsichtlich der Hauptsache nebst Zinsen und der 129,43 ℳ betragenden Kosten der Rechtsverfolgung gegen den Hauptschuldner in Anspruch.

Vom Landgericht wurde auf Abweisung der Klage erkannt, wogegen auf die Berufung des Klägers vom Oberlandesgericht der Beklagte der Klage gemäß verurteilt wurde.

Die Revision ist verworfen worden aus folgenden

Gründen:

„Die Revision war auf Grund des § 546 C.P.O. als unzulässig zu verwerfen.

Geklagt ist aus einer Bürgschaft, die übernommen sein soll für eine Schuld von 1500 ℳ. Allerdings wird mit der Klage nicht nur die Entrichtung dieser Summe, sondern auch die Zahlung von 129,43 ℳ Kosten beansprucht, die durch den gegen den Hauptschuldner geführten Prozeß entstanden und von dem Hauptschuldner dem Kläger zu ersetzen sind, und seine rechtliche Begründung findet dieser letztere Anspruch in dem § 767 Abs. 2 B.G.B. Allein die nach dieser Vorschrift den Bürgen treffende Verpflichtung ist eben, weil sie kraft Gesetzes zu der durch den Bürgschaftsvertrag übernommenen Verpflichtung hinzutritt, eine von der letzteren abhängige Nebenverpflichtung. Das Recht des Bürgerlichen Gesetzbuchs stimmt in dieser Hinsicht mit dem früheren gemeinen Recht überein.

Vgl. Seuffert, Archiv Bd. 3 Nr. 325, Bd. 20 Nr. 226; Windscheid-Kipp, Lehrbuch des Pandektenrechts Bd. 2 § 447 Anm. 26 und 27, und Zusätze 1 und 2.

Daraus folgt, daß die streitige Kostenforderung des Klägers eine nach § 4 und § 546 Abs. 2 C.P.O. bei der Berechnung des Beschwerdewertes der Revision nicht zu berücksichtigende Nebenforderung ist, und somit dieser Beschwerdewert den Betrag von 1500 ℳ nicht übersteigt." . . .

68. 1. Kann das bestehende Kellerrecht seit dem Inkrafttreten des Bürgerlichen Gesetzbuchs noch als Eigentum aufgefaßt werden, oder gehört es seitdem zu den Rechten an fremden Grundstücken?
Einf.-Ges. zum B.G.B. Artt. 181. 184.

2. Ist das Wandelungsrecht des Käufers, der die gekaufte Sache veräußert hat, nur dann ausgeschlossen, wenn der Erwerber die Unmöglichkeit der Rückgewähr an den Veräußerer verschuldet hat?
B.G.B. §§ 440. 326. 327. 351. 353.

V. Civilsenat. Urt. v. 13. Januar 1904 i. S. K. (Bekl.) w. K. Ehel. (Kl.). Rep. V. 533/03.

I. Landgericht Koblenz.
II. Oberlandesgericht Köln.

Die Kläger hatten vom Beklagten im Jahre 1900 ein Hausgrundstück durch Kauf und Auflassung erworben „frei von Hypotheken und Grunddienstbarkeiten". Sie hatten 4000 ℳ auf den Kaufpreis angezahlt und die Vertragskosten mit 175 ℳ bezahlt. Das Haus war unterkellert; von den Kellern gehörte aber nur der kleinere zu dem verkauften Grundstücke, der größere gehörte zu einem Nachbargrundstücke. Zu letzterem Keller konnte man nur vom Nachbargrundstücke gelangen. Die Kläger behaupteten, sie hätten beim Kaufe keine Kenntnis davon gehabt, daß ein fremder Keller unter dem Hause liege; sie hätten die Kleinheit des ihnen vorgezeigten Kellers gerügt, und darauf habe der Beklagte nicht nur nicht das Bestehen des fremden Kellers angezeigt, sondern ihnen gesagt, sie könnten den Keller ja erweitern. Die Kläger, die den Beklagten unter Setzung einer Frist zur Wegschaffung des fremden Rechtes vergebens aufgefordert hatten, hielten sich zum Rücktritte vom Vertrage für befugt, baten, diese Befugnis durch Urteil festzustellen und den Beklagten zur Rückzahlung der angezahlten 4000 ℳ und zur Erstattung der Kaufkosten mit 175 ℳ, beides nebst 4 Prozent Zinsen, zu verurteilen. Der Beklagte verlangte Abweisung der Klage.

Der erste Richter machte die Entscheidung von der Leistung eines dem Beklagten auferlegten Eides abhängig. Der Berufungsrichter erkannte dagegen auf einen Eid für den klagenden Ehemann, daß er beim Kaufabschlusse nicht gewußt habe, daß der Keller des Nachbargrundstücks unter die verkaufte Bodenfläche „hinübergreife".

Das Grundstück wurde im Laufe des Rechtsstreits vor Erlassung des Berufungsurteils auf Antrag eines Dritten zwangsversteigert wegen eines diesem Dritten vom Beklagten abgetretenen Teils des Restkaufpreises für das streitige Grundstück.

Auf die Revision des Beklagten ist das Berufungsurteil aufgehoben, und die Sache an das Berufungsgericht zurückverwiesen worden aus folgenden

Gründen:

„Der Berufungsrichter nimmt an, daß das sog. Kellereigentum einen Mangel im Rechte im Sinne des § 434 B.G.B. bedeute, und zwar stelle es sich als eine Grunddienstbarkeit dar. Diesen Mangel habe der Beklagte zu vertreten, falls die Kläger ihn beim Abschlusse des Kaufes nicht gekannt hätten (§ 439 Abs. 1 B.G.B.). Die Kenntnis der Kläger sei bisher nicht erwiesen; es sei aber Veranlassung vorhanden, dem klagenden Ehemann einen Eid über die Nichtkenntnis aufzuerlegen. Falls der Eid geleistet werde, stehe das Recht der Kläger zum Rücktritte vom Vertrage fest (§§ 440. 326 B.G.B.); denn die Kläger hätten das Grundstück zum Betriebe des Fleischereigeschäfts erworben, und dazu sei der vorhandene Keller zu klein, also die geleistete Teilerfüllung für die Kläger ohne Interesse (§§ 326 Abs. 1 Satz 3. 325 Abs. 1 Satz 2 B.G.B.). Dadurch, daß das Grundstück gegen die Kläger zwangsversteigert worden sei, sei das Rücktrittsrecht der Kläger nicht ausgeschlossen (§§ 353. 351 B.G.B.).

Die Revision erhebt verschiedene selbständige Angriffe gegen das Berufungsurteil, von denen die drei ersten unbegründet sind, der vierte aber zur Aufhebung des Berufungsurteils führt.

1. Das Kellereigentum ist nach Ansicht der Revision kein Recht an einem belasteten Grundstücke, insbesondere keine Grunddienstbarkeit, sondern ein Zubehör (richtiger: Bestandteil, § 96 B.G.B.) des berechtigten Grundstücks, das Gegenstand eines besonderen Eigentums sei. Dieser Ansicht kann nicht beigetreten werden. Das rheinische Kellerrecht ist teils als Grunddienstbarkeit, teils als selbständige Gerechtigkeit, teils als Bestandteil eines berechtigten Grundstücks, teils als Eigentum an einem Hohlraum unter einem fremden Grundstück aufgefaßt worden.

Vgl. Zeitschr. f. d. rheinpreuß. Amtsrichterverein Bd. 8 S. 107, Bd. 9 S. 59. 148. 149. 154, Abt. 2 S. 21; Entsch. des R.G.'s in Civils. Bd. 24 S. 340.

Der Art. 553 Code civil, auf den man das Kellerrecht gründete, ist durch Art. 89 Ziff. 2 preuß. Ausf.-Ges. zum B.G.B. aufgehoben. Als Eigentum an einem Grundstücksteile kann das Recht daher nicht mehr begründet werden; aber auch das bestehende Kellerrecht kann seit dem Inkrafttreten des Bürgerlichen Gesetzbuchs nicht mehr unter den Begriff des Eigentums gebracht werden, da diese besonders gestaltete Art von Eigentum dem Bürgerlichen Gesetzbuche nicht bekannt und durch Art. 181 Einf.-Ges. zum B.G.B. nicht aufrecht erhalten worden ist. Seitdem können die bestehenden Kellerrechte je nach Lage des Einzelfalls nur als Dienstbarkeiten oder als Erbbaurechte aufgefaßt werden. Damit ist die frühere Auffassung, daß das Recht ein Zubehör (Bestandteil) des berechtigten Grundstücks bilde und von den Belastungen dieses Grundstücks ergriffen werde, nicht unvereinbar (§§ 96. 1120 B.G.B.). Jedenfalls sind aber die bestehenden Kellerrechte jetzt zu Rechten an fremden Grundstücken geworden und als solche durch Art. 184 Einf.-Ges. zum B.G.B. aufrecht erhalten. Daher hat der Berufungsrichter den § 434 B.G.B. mit Recht angewendet.

2. . . .

3. . . .

4. Begründet ist dagegen die letzte Rüge der Revision. Das Haus ist gegen die Kläger im Laufe des Rechtsstreits zwangsversteigert worden. Der Beklagte hatte geltend gemacht, daß die Kläger dadurch das Recht zum Rücktritte verloren hätten. Der Berufungsrichter leitet aus den §§ 353 Abss. 1 u. 2 und 440 Abs. 1 B.G.B. das Gegenteil her, da nach diesen Bestimmungen der Rücktritt nur dann ausgeschlossen sei, wenn bei dem, der den Gegenstand infolge der Veräußerung erlangt hat, die Voraussetzungen des § 351, nämlich wesentliche Verschlechterung, Untergang oder sonstige Unmöglichkeit der Herausgabe eingetreten seien. Das Vorliegen dieser Voraussetzungen sei aber nicht einmal behauptet worden. Wäre diese Ausführung richtig, so hätte der Berufungsrichter nach den §§ 440. 327. 348 den Beklagten zur Zahlung nur Zug um Zug gegen Rückverschaffung des Eigentums an dem Grundstücke verurteilen können. Sie ist aber

nicht richtig. Der Beklagte hat in der Berufungsinstanz behauptet, daß die Kläger, obwohl sie Besitz und Genuß des Grundstücks gehabt, keinen Pfennig Hypothekenzinsen gezahlt hätten, daß es deshalb zur Zwangsversteigerung gekommen sei, und daß sie also infolge eigener Schuld nicht mehr in der Lage seien, wandeln zu können. Darin liegt zweifellos die Behauptung, daß die Kläger sich schuldhaft in die Unmöglichkeit der Herausgabe versetzt hätten. Diese Behauptung hat der Berufungsrichter vermißt und daher nicht gewürdigt. Dies muß nachgeholt werden, und es wird dabei, was die Unmöglichkeit anlangt, nicht außer acht bleiben dürfen, daß die im Armenrechte prozedierenden Kläger sich zur Herausgabe weder erboten, noch dazu imstande erklärt haben. Darüber, wen das Verschulden an der durch die Zwangsversteigerung etwa herbeigeführten Unmöglichkeit trifft, sind keine Feststellungen getroffen worden. Auch dies muß nachgeholt werden. Dabei wird zu beachten sein, daß die Kläger, wenn sie das Grundstück nicht zurückgeben können, die Tatsachen zu beweisen haben, die ihre Befreiung von der Rückgabepflicht begründen können.

Sollten die Ausführungen am Schlusse des Berufungsurteils etwa dahin zu verstehen sein, daß im Falle der Veräußerung des Grundstücks durch die Wandelungskläger nur bei einem Verschulden des Erwerbers im Sinne des § 353 B.G.B. der Rücktritt ausgeschlossen sei, so würden sie als rechtsirrtümlich bezeichnet werden müssen. In erster Reihe kommt stets das Verschulden des Wandelungsklägers an der Unmöglichkeit der Rückgabe in Betracht (§ 351). Im Falle der Veräußerung ist der Rücktritt auch dann ausgeschlossen, wenn das Verschulden nicht den Veräußerer, sondern den Erwerber trifft (§ 353). Erfolgt die Veräußerung unter Umständen, die den Erwerber nicht zur Rückveräußerung verpflichten, so kann in der Weigerung des Erwerbers, seinen Erwerb rückgängig zu machen, ein Verschulden nicht gefunden werden; vielmehr hat die Unmöglichkeit dann ihren Grund in dem Verhalten des Veräußerers. Ob ihm dieses Verhalten als Verschulden anzurechnen sei, ist nach Lage des Einzelfalls zu entscheiden." ...

69. Ist eine Willenserklärung (Annahme eines Vertragsantrages) dem Adressaten zugegangen, wenn der Postbote den sie enthaltenden eingeschriebenen Brief deshalb nicht bestellen konnte, weil in der als Bestellungsort bezeichneten Räumlichkeit, in welcher der Empfänger als Angestellter eines Geschäftsinhabers tätig ist, weder der Adressat noch ein Bevollmächtigter desselben angetroffen wurde?

B.G.B. § 130 Abs. 1.

II. Civilsenat. Urt. v. 24. November 1903 i. S. R. (Kl.) w. M. (Bekl.). Rep. II. 148/03.

I. Landgericht I Berlin.
II. Kammergericht daselbst.

Das Reichsgericht hat die Frage verneint aus folgenden

Gründen:

„Die Klage, welche in erster Reihe auf die Behauptung, die Abtretung der dem Beklagten gegen die Berlin-Schöneberger Baugesellschaft zustehenden Forderung sei durch rechtzeitige Annahme des Vertragsantrages des Beklagten seitens des Klägers zustande gekommen, und in zweiter Reihe auf die Behauptung gestützt ist, der Beklagte habe die rechtzeitige Annahme des Vertragsantrages und somit das Zustandekommen der Abtretung der Forderung durch arglistiges Verhalten vereitelt, ist vom Berufungsgericht für unbegründet erachtet worden, weil die Annahme des Vertragsantrages nicht rechtzeitig erfolgt, und das behauptete arglistige Verhalten des Beklagten nicht erwiesen sei. Diese Annahmen sind rechtlich nicht zu beanstanden. Die streitige Forderungsabtretung konnte nur durch eine innerhalb der von dem Beklagten bestimmten, bis zum 22. März 1901 mittags laufenden Frist erfolgende Annahme des Vertragsantrages des Beklagten seitens des Klägers zustande kommen (§ 148 B.G.B.). Der Kläger hat die Annahme des Vertragsantrages schriftlich in einem am 21. März 1901 zur Post gegebenen, an den Beklagten nach dem Baugeschäfte von G. gerichteten Einschreibebriefe ... erklärt. ... Der die schriftliche Annahmeerklärung enthaltende Einschreibebrief ist am 22. März 1901 vormittags vor 10 Uhr vom Postboten zweimal in dem Baugeschäft von G. zwecks Ablieferung an den Beklagten vorgezeigt, aber wegen Nichtanwesenheit des letzteren nicht abgegeben worden. Hierin erblickt das Berufungsgericht nicht eine wirksame Annahme des Vertragsantrages, weil durch das zweimalige Vorzeigen des die Annahmeerklärung enthaltenden Einschreibebriefes zum Zwecke der Übergabe desselben die Annahmeerklärung dem Beklagten nicht „zugegangen" sei. Das Berufungsgericht hat damit nicht ... den Begriff des Zugehens verkannt. Die einem Abwesenden gegenüber abzugebende Willenserklärung wird nach § 130 B.G.B. in dem Zeitpunkte wirksam, in welchem sie demselben „zugeht". Dieser Bestimmung liegt, wie die Motive zu dem Entwurfe des Bürgerlichen Gesetzbuchs (Bd. 1 S. 156. 157) ergeben, die sog. Empfangstheorie zugrunde, nach welcher eine Willenserklärung in dem Zeitpunkte wirksam wird, in welchem sie mit Willen des Erklärenden in die Hände (oder zu Gehör) desjenigen gelangt, an welchen sie gerichtet ist, der dadurch die Erklärung in Erfahrung bringt oder doch bringen kann. Dieser Zweck wird schon dann erreicht, wenn der Brief (oder das Telegramm) mit der Willenserklärung in Abwesenheit des Empfängers einem Familienangehörigen oder einem Dienstboten desselben abgeliefert wird und hierdurch in den Machtbereich des Empfängers gelangt, der auch in solchen Fällen in die Möglichkeit versetzt wird, von der Willenserklärung Kenntnis zu nehmen.

Vgl. das Urteil des I. Civilsenats des Reichsgerichts vom 8. Februar 1902 in den Entsch. des R.G.'s in Civils. Bd. 50 S. 191 flg., insbesondere S. 194.

Eine in der Wohnung des Empfängers abgelieferte schriftliche Annahmeerklärung wird daher auch bei Abwesenheit des Empfängers in der Regel als ihm zugegangen anzusehen sein. In dem gegenwärtigen Falle ist aber der die Annahmeerklärung des Klägers enthaltende Einschreibebrief nicht in die Wohnung des Beklagten, sondern nach der dem Baugeschäft von G. als Geschäftsraum dienenden Örtlichkeit gerichtet und hier nicht abgeliefert, sondern nur zwecks Ablieferung vorgezeigt worden. Mit dem Berufungsgericht kann man es dahingestellt lassen, ob überhaupt in dem Geschäftsraume von G., in welchem der Beklagte sich nur als Angestellter des letzteren aufzuhalten pflegte, ihm in seiner Abwesenheit die Annahmeerklärung wirksam zugehen konnte, da dem Berufungsgericht darin zuzustimmen ist, daß in dem Vorzeigen des Einschreibebriefes ohne Ablieferung desselben ein Zugehen der darin befindlichen Annahmeerklärung deshalb nicht gefunden werden kann, weil durch diesen Vorgang der Beklagte nicht in die Möglichkeit versetzt wurde, dieselbe in Erfahrung zu bringen. Dies ist aber nach der im § 130 B.G.B. zur Anerkennung und Geltung gelangten Empfangstheorie ein wesentliches Erfordernis des „Zugehens“ der Willenserklärung. Unerörtert kann hier bleiben, ob die in dem Einschreibebrief enthaltene Annahmeerklärung des Klägers als dem Beklagten zugegangen zu gelten hätte, oder eine Schadensersatzpflicht des letzteren begründet sein würde, falls er, wie seitens des Klägers behauptet worden ist, zur Zeit des Vorzeigens des Einschreibebriefes in den G.'schen Geschäftsräumen anwesend gewesen sein, aber sich versteckt gehalten haben sollte, da das Berufungsgericht dies für unerwiesen erklärt hat. Unerheblich erscheint ferner die seitens des Klägers angeregte Frage, ob dieser alles getan hat, was in seinen Kräften stand, um die Annahmeerklärung rechtzeitig in die Hände oder wenigstens in die Verfügungsgewalt des Beklagten gelangen zu lassen. Entscheidend für die Frage des Zugehens ist nicht das Tun des Erklärenden, sondern gemäß der Empfangstheorie die Tatsache, daß die Erklärung in die Hände oder in die Verfügungsgewalt des Empfängers gelangt ist. Übrigens war, wie der Erfolg gezeigt hat, das von dem Kläger gewählte Mittel des Einschreibebriefes nicht geeignet, die Rechtzeitigkeit des Zugehens seiner Annahmeerklärung zu sichern. Denn wenn ein nicht eingeschriebener Brief mit darin enthaltener Annahmeerklärung in dem G.'schen Geschäftsraume vielleicht auch bei Abwesenheit des Beklagten abgeliefert worden wäre, so war dies nach dem ordnungsmäßigen Geschäftsgange bei dem Einschreibebriefe nicht zulässig, da gemäß § 39 VII (Abschn. V Abt. 1) der Postordnung vom 20. März 1900 Einschreibesendungen in dem Falle, daß der Empfänger oder sein Bevollmächtigter in der Wohnung nicht angetroffen wird, nur an ein erwachsenes Familienmitglied bestellt werden können. Von dem Vertreter des Revisionsklägers wurde noch geltend gemacht, daß eine Entgegennahmeverpflichtung dessen bestehe, der einen Vertragsantrag mit Fristsetzung für die Annahme desselben erklärt habe. Selbst wenn aber eine Entgegennahmeverpflichtung anzuerkennen sein sollte, so könnte sie doch nicht eine uneingeschränkte Geltung haben, sondern nur für den einzelnen Fall bei entsprechender Sachlage Billigung finden. Der gegenwärtige Fall ist nicht so gelagert, daß den Beklagten ein begründeter Vorwurf einer Pflichtverletzung treffen könnte. Insbesondere kann der Empfänger nicht für verpflichtet erachtet werden, in dem Geschäftsraume, welcher nicht einem ihm eigenen Geschäfte dient, einen Bevollmächtigten zu bestellen für den Fall, daß eine Annahmeerklärung auf seinen Vertragsantrag von dem anderen abgegeben, in einem Einschreibebriefe ihm übersandt und, anstatt nach seiner Wohnung, in das Geschäft, in welchem er lediglich Angestellter ist, gerichtet werden könnte, sowie daß der Einschreibebrief in dem Geschäfte in seiner Abwesenheit zur Bestellung gelangen werde. Hiernach ist durch die Annahme des Berufungsgerichts, daß der Abtretungsvertrag nicht zustande gekommen sei, ein Gesetz, insbesondere § 130 B.G.B., nicht verletzt, und erscheint, da auch eine Entschädigungspflicht des Beklagten wegen Mangels des Nachweises eines arglistigen Verhaltens desselben ohne rechtlichen Verstoß von dem Berufungsgericht verneint worden ist, die angefochtene Entscheidung gerechtfertigt." . . .

---

70. Unter welchen Umständen ist ein Unfall beim Betriebe einer Eisenbahn anzunehmen, wenn jemand durch herabhangende oder am Erdboden liegende Drähte einer elektrischen Bahn zu einer Zeit verletzt worden ist, zu welcher der Betrieb ruhte, und Ausbesserungen an der oberirdischen Drahtleitung stattfanden?

VI. Civilsenat. Urt. v. 3. Dezember 1903 i. S. K. (Kl.) w. Große Berliner Straßenbahn (Bekl.). Rep. VI. 122/03.

I. Landgericht I Berlin.
II. Kammergericht daselbst.

In der Nacht vom 5. zum 6. September 1900 wurden auf einer Strecke der der Beklagten gehörigen Straßenbahn zur Leitung des elektrischen Stromes dienende Drähte durch neue ersetzt. Ein Wagenverkehr fand zu dieser Zeit auf der Bahn nicht statt. Morgens gegen 4 Uhr kam der Kläger mit einem von ihm selbst geleiteten einspännigen Wagen an eine Stelle, wo die mit den Ausbesserungsarbeiten betrauten Personen unter Benutzung eines Turmwagens damit beschäftigt waren, die alten Drähte zu entfernen. Dabei kam sein Pferd mit einem Draht, der, auf einer Seite noch mit dem Mast verbunden, auf die Straße herabhing, in Berührung; es stürzte, erhob sich zwar wieder, brach aber nach einer kurzen Strecke wieder zusammen und verendete alsbald. Der Kläger selbst wurde ebenfalls von dem herabhangenden Draht berührt. Er erkrankte alsbald schwer, nach den Auslassungen mehrerer Ärzte unter Symptomen, die darauf deuteten, daß er von einem starken elektrischen Strome betroffen worden sei. Er erhob Schadensersatzklage gegen die Beklagte, wobei er sich, was die von ihm selbst erlittene Gesundheitsstörung betraf, auch auf § 1 des Haftpflichtgesetzes vom 7. Juni 1871 berief. Die Beklagte bestritt, daß ein Betriebsunfall im Sinne der angezogenen Gesetzesvorschrift vorliege, und behauptete, daß die herabhangenden Drähte völlig stromfrei gewesen seien.

Die Klage wurde in erster und zweiter Instanz abgewiesen, weil der Kläger den Unfall durch eigenes Verschulden herbeigeführt habe; die Frage, ob der Draht, mit dem er in Berührung gekommen war, elektrisch geladen gewesen sei, oder nicht, und ob ein Betriebsunfall vorliege, wurde vom Berufungsgericht unentschieden gelassen. Das Reichsgericht, das die Annahme, wonach der Schadensersatzanspruch durch das eigene Verschulden des Klägers ausgeschlossen sei, beanstandete, hat hinsichtlich der zuletzt erwähnten Frage folgendes ausgesprochen:

... „Bei der Bahn der Beklagten, die den elektrischen Strom als Triebkraft für die Bewegung ihrer Fahrzeuge verwendet, wird die in der Centrale erzeugte Elektrizität in oberirdischen Drähten nach den Bahnstrecken geleitet und dort von den Drähten aus an die mit entsprechenden maschinellen Einrichtungen versehenen Motorwagen abgegeben. Die Einführung des Stroms in die Drähte stellt sich sonach als eine Maßnahme dar, die zum Zwecke der Bewegung der auf den Schienensträngen laufenden Wagen vorgenommen wird, also unmittelbar zu dem Betriebe der Bahn gehört. Danach ist, wenn durch einen zu diesem Zwecke elektrisch geladenen Draht ein Mensch getötet oder verletzt worden ist, der Unfall als bei dem Betriebe geschehen anzusehen, und zwar auch dann, wenn er sich, wie im vorliegenden Falle, zu einer Zeit ereignete, wo der Wagenverkehr auf der Bahn ruhte. Denn zu dem Betriebe der Bahn im Sinne von § 1 des Haftpflichtgesetzes gehört nicht bloß die Ausführung der den eigentlichen Zweck des Betriebes bildenden Beförderung von Personen und Gütern, sondern es fallen darunter auch die Maßnahmen, welche zur unmittelbaren Vorbereitung oder zur Fortsetzung und Abwickelung des jenem Zwecke gewidmeten Betriebes vorgenommen werden, soweit auch mit ihnen die dem Eisenbahnbetriebe eigentümliche Gefährlichkeit verbunden ist.

Wie demgemäß ein durch die Explosion des Dampfkessels einer Lokomotive verursachter Schaden als ein solcher beim Betriebe der Eisenbahn anzusehen ist, auch wenn die Lokomotive zur Zeit der Explosion nicht als Beförderungsmittel benutzt wurde, vielmehr nur geheizt war, um für den Fall eines Bedürfnisses bereit zu stehen, oder weil sie zur Beförderung gebraucht worden, ihre Verwendung aber beendigt war,

vgl. Eisenbahnrechtl. Entscheidungen Bd. 2 S. 12 und die, das preußische Gesetz von 1838 betreffende, Entscheidung des Reichsoberhandelsgerichts in den Entsch. dess. Bd. 8 S. 420 flg.,

so würde auch im vorliegenden Falle ein Unfall beim Betriebe der Bahn anzunehmen sein, wenn der Kläger durch Berührung mit einem Draht geschädigt worden sein sollte, der mit Elektrizität geladen war, die ihm zum Zwecke des Bahnbetriebes zugeführt worden war, sei es daß solche Zuleitung von der Stromerzeugungsstelle aus noch zur Zeit des Unfalls stattfand, oder daß die Spannung, unter welche der Draht vermöge der vorhergegangenen Stromzuführung gekommen war, noch fortbestand." ...

---

71. Unter welchen Voraussetzungen bleibt der Käufer wandelungsberechtigt, wenn die Unmöglichkeit, die Sache zurückzugeben, zu einem Zeitpunkte eintritt, in dem der Verkäufer sich bereits im Rücknahmeverzug befand? Einfluß eines Mitverschuldens des Käufers.

B.G.B. §§ 254 Abs. 1. 300 Abs. 1. 351. 353.

V. Civilsenat. Urt. v. 9. Dezember 1903 i. S. St. (Bekl.) w. B. (Kl.). Rep. V. 251/03.

I. Landgericht Ostrowo.
II. Oberlandesgericht Posen.

Klägerin, die vom Beklagten ein Hotelgrundstück in K. mittels notariellen Vertrages vom 23. Mai 1901 gekauft und im Juni 1901 übergeben und aufgelassen erhalten hatte, klagte, nachdem sie Ende Oktober 1901 dem Beklagten ihren Rücktritt vom Vertrage erklärt hatte, weil das Hotelgebäude mit Schwamm und Mauerfraß behaftet sei, auf Rücknahme des Grundstücks und änderte, weil im Laufe des Prozesses das Grundstück zur Zwangsversteigerung gekommen war, demnächst den Antrag dahin ab, daß sie nunmehr unter anderm die Verurteilung des Beklagten zur Rückzahlung von 10985,36 *M* als eines Teils der von ihr geleisteten baren Anzahlung verlangte. Beklagter bestritt, zur Wandelung verpflichtet zu sein, da Klägerin durch ihre schlechte Wirtschaft die Zwangsversteigerung verschuldet habe und gegenwärtig zur Rückgabe des Grundstücks außerstande sei. Der erste Richter erkannte auf einen Eid für den Beklagten; der zweite Richter verurteilte ihn durch Teilurteil zur Zahlung von 8332,44 *M*. Auf die von ihm eingelegte Revision ist dieses Urteil aufgehoben worden.

Aus den Gründen:

... „Weiterhin stellt der Berufungsrichter fest, daß sich zur Zeit der Übergabe des Hotels Schwamm in dem Gebäude befunden habe. Gegenüber dem danach begründeten Wandelungsanspruche der Klägerin erachtet er den Umstand, daß dieser Anspruch nachträglich infolge der Unmöglichkeit einer Rückgewähr des Grundstücks hinfällig geworden ist, für unerheblich, weil Beklagter, der bereits Ende Oktober 1901 der damals an ihn ergangenen Aufforderung der Klägerin zur Wandelung hätte nachkommen müssen, sich zur Zeit der Klaganstellung im Verzuge befunden habe, dieser Verzug die Ursache der Ende des Jahres 1901 erfolgten Einleitung der Zwangsversteigerung gewesen sei, und daher die dadurch bewirkte Hinfälligkeit des Wandelungsanspruches von ihm, dem Beklagten, vertreten werden müsse. Selbst wenn, wie der Beklagte behaupte, die Zwangsversteigerung durch die Vernachlässigung der Wirtschaft seitens der Klägerin verschuldet sein sollte, würde dennoch, da es bei unverzüglicher Rücknahme des Grundstücks keinenfalls zur Zwangsversteigerung gekommen wäre, der Verzug des Beklagten vorwiegend als Ursache für die Unmöglichkeit der Rückgewähr des Grundstücks anzusehen, und deshalb durch jenes Mitverschulden der Klägerin der nach §§ 280 Abs. 1. 286 B.G.B. begründete Schadensersatzanspruch der letzteren gemäß § 254 Abs. 1 B.G.B. nicht ausgeschlossen sein. Der Schadensersatz bestehe in der Ersatzleistung dafür, daß Klägerin infolge der Unmöglichkeit, das Grundstück zurückzugewähren, ihres Wandelungsanspruchs verlustig gegangen sei. Dahin gehöre, wie schon jetzt feststehe, die Rückzahlung des bar empfangenen Kaufgeldes in Höhe eines Betrages von 8332,44 *M*. In dieser Höhe sei daher der geltend gemachte Anspruch der Klägerin durch Urteil zuzusprechen gewesen." (Es folgt nunmehr eine Ausführung, daß der Hauptangriff der Revision sich erledige, weil das Berufungsurteil schon aus anderen Gründen aufgehoben werden müsse, und daß es in letzterer Hinsicht zunächst an einer ausreichenden Feststellung des Rücknahmeverzugs des Beklagten fehle. Sodann wird fortgefahren:)

„Aber auch wenn mit dem Berufungsrichter davon ausgegangen wird, die Klägerin sei zur Zeit ihrer Rücktrittserklärung zum Rücktritt berechtigt gewesen, leidet das Berufungsurteil an einem Mangel, der ebenfalls zur Aufhebung führen muß. Für die Annahme, daß der Beklagte durch seinen Rücknahmeverzug nicht bloß die später eingetretene Zwangsversteigerung verschuldet habe, sondern sein Verschulden auch gegenüber dem etwaigen Mitverschulden der Klägerin das überwiegende sei, hat der Berufungsrichter eine tatsächliche Begründung nicht gegeben. Er scheint der Meinung zu sein, der bloße Eintritt des Verzugs auf seiten des Beklagten habe die Klägerin jeder Verantwortlichkeit in bezug auf die weiteren Schicksale der zurückzugebenden Sache überhoben; namentlich brauche sie nicht dafür einzustehen, daß das Grundstück ihr demnächst durch die Zwangsversteigerung entzogen worden sei. Das Rechtsirrtümliche dieser Auffassung ergibt sich schon, wenn man § 353 B.G.B. in Betracht zieht. Hier wird rücksichtlich der Frage, inwieweit der Rücktrittsberechtigte durch eine Weiterveräußerung der empfangenen Sache zu deren Rückgabe außerstande gesetzt wird, die Zwangsversteigerung auf eine Stufe mit der freiwilligen Veräußerung gestellt. Vom Standpunkte der Rechtsauffassung des Berufungsrichters aus müßte also, sobald der Verkäufer sich mit der Rücknahme der Sache im Verzuge befindet, der Käufer für berechtigt angesehen werden, die Sache freihändig an einen Dritten zu verkaufen und gegenüber der Einrede des Verkäufers, daß er nur gegen Rückempfang der Sache zur Herausgabe des erhaltenen Kaufpreises verpflichtet sei, zu replizieren, der Verkäufer selbst habe die Unmöglichkeit der Rückgabe verschuldet, da, wenn er die Sache rechtzeitig zurückgenommen hätte, es zum Weiterverkauf an den Dritten nicht gekommen wäre. Daß eine solche Replik nicht zugelassen werden kann, liegt auf der Hand. Der Berufungsrichter verstößt aber mit seiner erwähnten Ansicht weiterhin auch gegen § 300 Abs. 1 B.G.B. Der hier ausgesprochene Grundsatz, wonach beim Verzuge des Gläubigers die Vertretungsverbindlichkeit des Schuldners in betreff schuldhaften Verhaltens nicht gänzlich wegfällt, sondern in abgeschwächtem Maße (unter Beschränkung auf Vorsatz und grobe Fahrlässigkeit) fortdauert, gilt nach der der Vorschrift im Bürgerlichen Gesetzbuch gegebenen systematischen Stellung allgemein für alle Schuldverhältnisse, also auch für das Schuldverhältnis, vermöge dessen im Falle der Wandelung der wandelungsverpflichtete Verkäufer von dem wandelungsberechtigten Käufer die Rückgabe der Kaufsache verlangen kann. Behauptet der Käufer, daß er wandeln dürfe, ohne gleichzeitig die empfangene Sache zurückgeben zu müssen, so hat er die seine Befreiung von der Rückgabepflicht begründenden Tatsachen zu beweisen. Der Beweis ist, wenn die Unmöglichkeit der Rückgabe vor Beginn des Rücknahmeverzugs eingetreten war, darauf zu richten, daß er an der Unmöglichkeit überhaupt keine Schuld trägt, anderenfalls darauf, daß die Unmöglichkeit weder durch Vorsatz noch durch grobes Versehen veranlaßt ist. Danach war im vorliegenden Falle, bevor von einer an sich rechtlich nicht zu beanstandenden Anwendung des Grundsatzes des § 254 Abs. 1 B.G.B. auf den Wandelungsanspruch der Klägerin die Rede sein konnte, zunächst näher zu erörtern und festzustellen, welche Umstände die Zwangsversteigerung des streitigen Grundstücks verursacht haben, inwieweit der Eintritt dieser Umstände dem einen oder anderen Teil als Verschulden anzurechnen ist, und ob die Zwangsversteigerung vermieden worden wäre, wenn der Beklagte das Grundstück anfangs November 1901 zurückgenommen hätte, oder ob sie auch durch die rechtzeitige Rücknahme nicht mehr abzuwenden gewesen wäre." . . .

72. Finden § 823 oder § 826 B.G.B. in dem Falle Anwendung, wenn eine Vereinigung von Gewerbetreibenden über Gewerbegenossen Maßregeln in der Richtung verhängt, um diese zur Unterwerfung unter gewisse für den Geschäftsbetrieb angenommene Grundsätze durch Ausschließung der Zuwiderhandelnden von bestimmten Einrichtungen, durch Lieferungssperre oder Erschwerung des Bezuges von Gewerbserzeugnissen zu veranlassen? Steht demjenigen, gegen den solche Maßregeln getroffen worden sind, nach Umständen ein Klagerecht aus § 824 B.G.B. zu, und kann er auf Unterlassung oder Zurücknahme der Kundgebung klagen? Ist § 6 des Gesetzes vom 27. Mai 1896 anwendbar?

VI. Civilsenat. Urt. v. 14. Dezember 1902 i. S. Artistische Union, E. K. M. & Co. (Kl.) w. den Börsenverein der Deutschen Buchhändler (Bekl.). Rep. VI. 167/03.

I. Landgericht Leipzig.
II. Oberlandesgericht Dresden.

Der verklagte Verein hatte zu dem Zweck, im Interesse des deutschen Buchhandels übermäßigen Rabattgewährungen vorzubeugen, statutarisch seinen Mitgliedern die Pflicht auferlegt, jedes öffentliche Anbieten von Rabatt an das Publikum zu unterlassen, bei Verkäufen an das Publikum die von den Verlegern festgesetzten Ladenpreise einzuhalten und gegen den Willen des Verlegers den Verlag desselben an solche Buchhändler und Wiederverkäufer, welche vom Börsenvereinsvorstand oder durch die Hauptversammlung von der Benutzung der Einrichtungen des Börsenvereins ausgeschlossen seien, nicht zu liefern. Um aber auch Nichtvereinsmitglieder von einer übermäßigen Rabattgewährung abzuhalten, hatte der Verein eine große Anzahl von Verlegern zur Eingehung der Verpflichtung veranlaßt, denjenigen Buchhändlern, welche laut Mitteilung des Vorstandes des Börsenvereins gegen die den Rabatt betreffenden Satzungen verstoßen haben, bis auf Widerruf „gar nicht oder nur mit beschränktem Rabatt“ zu liefern. Wurde ein Buchhändler als solcher, der den zugelassenen Rabattsatz überschritten habe, — „Schleuderer“ — oder als Begünstiger eines Schleuderers ermittelt, so wurde dies den sämtlichen Vereinsmitgliedern und denjenigen Nichtmitgliedern, welche jene

„Verlegererklärung" unterschrieben hatten, durch ein Rundschreiben mitgeteilt. Diesem Rundschreiben wurde eine Liste derjenigen Firmen beigelegt, welche als Schleuderer galten.

Die klagende Firma wurde durch ein Rundschreiben vom 20. Mai 1891 zufolge Beschlusses des Vereinsvorstandes, der sie mit dem Ausschluß vom Bezug und von der Benutzung des Börsenblattes, sowie von Benutzung aller Vereinsanstalten belegte, auf die Schleudererliste gesetzt und seit dieser Zeit bis zum 3. November 1900 fortlaufend in diesen Listen namhaft gemacht. In den späteren Listen wurde sie nicht mehr aufgeführt; doch war ein ausdrücklicher Widerruf von seiten des Beklagten nicht erfolgt. Die Klägerin behauptete, daß die von dem Beklagten gegen sie ins Werk gesetzten Maßregeln rechtswidrig seien, eine Acht- und Verrufserklärung enthielten, gegen die guten Sitten verstießen, daß sie übrigens gar nie Schleuderei betrieben habe, und daß der Beklagte neuerdings die weitergehende Veranstaltung getroffen habe, daß den Schleuderern gar nicht oder nur zum Ladenpreise geliefert werde. Sie klagte auf Unterlassung der in Frage stehenden Maßregeln und auf Rückgängigmachung derselben, bzw. der entsprechenden Kundgebungen. Die Klage wurde vom Landgericht abgewiesen, die Berufung vom Oberlandesgericht zurückgewiesen. Auf die Revision der Klägerin ist — unter Zurückweisung der Revision im übrigen — das Berufungsurteil insoweit, als es die Klage aus § 824 B.G.B. betrifft, aufgehoben worden.

Aus den Gründen:

... „Darin war zunächst dem Berufungsrichter beizupflichten, daß für die Beurteilung der gegenwärtig erhobenen Klagansprüche das neue Recht maßgebend ist. Es handelt sich um eine zusammenhängende Kette von — nach Ansicht der Klägerin unerlaubten — Handlungen, welche in das Herrschaftsgebiet des deutschen Bürgerlichen Gesetzbuchs hereinreichen, und um einen dadurch geschaffenen Tatbestand, der nach der Klagebehauptung noch fortdauert, oder doch zur Zeit der im Januar 1901 erfolgten Klagerhebung noch bestanden hat: die vom Beklagten gegen die Klägerin verhängte Geschäftssperre. Zudem sind von dem Beklagten noch in der Zeit nach dem 1. Januar 1900 Akte der Maßregelung gegen die Klägerin betätigt worden; sie wurde in der unterm 3. November 1900 versandten Schleudererliste letztmals aufgeführt. Mit der erhobenen Klage sind nicht Schadensersatzansprüche, die auf frühere, vor dem 1. Januar 1900 verübte Eingriffe im besonderen gegründet wären, geltend gemacht; Klägerin fordert die Einstellung, Rücknahme, künftige Unterlassung von Maßregeln, welche vom Beklagten in Verfolg der im Jahre 1891 zuerst verhängten Sperre fortgesetzt, zum Teil aber, wie namentlich die neuerdings ins Werk gesetzten Verlegererklärungen, erst seit dem Jahre 1900 unternommen worden sind oder überhaupt erst in künftiger Zeit möglicherweise zur Anwendung gebracht werden könnten. Richtig ist auch die Erwägung des Berufungsgerichts, daß der Beklagte ein etwa früher erlaubtes, jetzt unerlaubtes Verhalten nicht fernerhin fortsetzen dürfte.

Was die erhobenen Klagansprüche im allgemeinen anlangt, so ist den Vorinstanzen darin Recht zu geben, daß die Klägerin nur zur Geltendmachung ihrer eigenen vom Beklagten verletzten oder gefährdeten Rechte, nicht aber zur klageweisen Wahrnehmung der Rechte oder Interessen anderer Gewerbegenossen befugt ist. Eine Legitimation zur Vertretung der anderen dem Beklagten gegenüber in gleicher Lage befindlichen Buchhändler steht der Klägerin nicht zur Seite. Für eine Klage auf Unterlassung oder Restitution fehlt es in dieser Beziehung an einem im Rechtskreise der Prozeßparteien gelegenen Schuldgrunde; für die Zulässigkeit einer Feststellungsklage gemäß § 256 C.P.O. aber mangelt es auf seiten der Klägerin bezüglich der außerhalb ihrer eigenen Rechtssphäre liegenden Interessen der anderen an einem Bedürfnis der Rechtssicherung und folgeweise an einem Anspruch auf Rechtsschutz. Der Berufungsrichter bemerkt zutreffend, daß es auf diesem Gebiete keine „Popularklage" gebe.

Danach scheiden von vornherein aus dem Kreise der als zulässig in Betracht kommenden Klaganträge diejenigen aus, welche ganz allgemein auf Verurteilung zur Unterlassung, auf Feststellung der Nichtberechtigung des Beklagten, auf Rücknahme bisher ergriffener Maßregeln gegenüber „Buchhändlerfirmen", ohne daß hiervon die Klägerin speziell berührt wäre, gerichtet sind. ...

Bei Anwendung des geltenden Rechts auf die hiernach in Frage kommenden Klagansprüche können, wie schon der Berufungsrichter anführt, die vom Reichsgericht in den früheren gleichartigen Rechtsstreitigkeiten auf Grund des sächsischen Rechts, bzw. des preußischen Allgemeinen Landrechts getroffenen Entscheidungen, namentlich das

Urteil des I. Civilsenats vom 5. Juli 1890, Entsch. des R.G.'s in Civils. Bd. 28 S. 238 flg., nicht unmittelbar verwertet werden. Gleichwohl gelangt man auch vom Standpunkte des jetzigen Rechts aus nicht zu wesentlich abweichenden Ergebnissen. Was im allgemeinen die Beurteilung des von dem Beklagten im Kampfe gegen die sog. Schleuderei betätigten Vorgehens anlangt, so ist für die Frage, was erlaubt, was unerlaubt sei, auch von dem Boden der neuen Rechtsordnung und — soweit es hierauf ankommt — der heutigen sittlichen Auffassung aus einerseits auf den von dem Beklagten verfolgten Zweck, andrerseits aber auf die von ihm hierzu gewählten Mittel zu sehen.

Dem prinzipiellen Vereinszweck des Börsenvereins der Deutschen Buchhändler — Pflege und Förderung des Wohls, sowie Vertretung der Interessen des deutschen Buchhandels — sollen nach der Meinung des Beklagten auch dessen Bestrebungen zur Aufstellung und Durchführung eines einheitlichen Kundenrabatts dienen. Es ist hier nicht der Ort, zu untersuchen, ob diese Bestrebungen volkswirtschaftlich gerechtfertigt seien, und zu dem neuerdings deswegen entbrannten Kampfe der wissenschaftlich und wirtschaftlich sich entgegenstehenden Meinungen,

vgl. die im Auftrage des Akademischen Schutzvereins verfaßte Denkschrift von Bücher, Der deutsche Buchhandel und die Wissenschaft Kap. V 2. Aufl. S. 69 flg.,

prinzipiell Stellung zu nehmen. Soviel steht außer Frage, daß der von dem Beklagten im Kampfe gegen die sog Schleuderei nach seiner Angabe verfolgte Zweck, den Buchhandel gegen Entwertung der Bücher und die sonstigen aus Preisunterbietungen einzelner hervorgehenden Nachteile zu schützen und durch solchen Schutz namentlich auch die kleineren Sortimentsbetriebe lebensfähig zu erhalten, rechtlich ein völlig erlaubter und keinenfalls unsittlicher Zweck ist. An sich verstößt es auch weder gegen die Rechtsordnung, noch gegen die guten Sitten, wenn der Beklagte das in gutem Glauben erstrebte Ziel im Wege einer genossenschaftlichen Selbsthilfe zu erreichen sucht, indem er nicht bloß den Mitgliedern des Vereins satzungsgemäß bestimmte Verpflichtungen auferlegt, sondern auch außerhalb des Vereins stehende Gewerbegenossen zur Beteiligung an der Durchführung seines Zwecks heranzieht. Eine derartige genossenschaftliche oder vertragliche Vereinigung von Gewerbetreibenden zu Herbeiführung und Erhaltung angemessener Preise für ihre Gewerbserzeugnisse und Handelsartikel würde, auch wenn sie die Bedeutung eines gewerblichen Kartells hätte, darum allein noch nicht als gesetzlich unstatthaft oder sittlich verwerflich zu betrachten sein.

Vgl. das Urteil des erkennenden Senats vom 4. Februar 1897 in den Entsch. des R.G.'s in Civils. Bd. 38 S. 155 flg.

Insoweit ist das Vorgehen des verklagten Börsenvereins auch in dem Urteil des II. Civilsenats des Reichsgerichts vom 24. Oktober 1902 i. S. M. & M. w. S. und P. (Rep. II. 190/02) rechtlich nicht beanstandet worden. Es kann also nur darauf ankommen, ob der verklagte Verein in der Wahl und Anwendung der Kampfmittel, abgesehen von dem Zusammenschluß der in und mit dem Verein verbundenen Gewerbegenossen an sich, die Grenze des Erlaubten überschritten, unberechtigterweise in die Rechtssphäre Dritter — hier der jetzt klagenden Buchhändlerfirma — eingegriffen habe. Hierbei stehen unter der neuen Rechtsordnung die Bestimmungen des § 823 Abss. 1 und 2, des § 826, sowie des § 824 B.G.B. in Frage.

Die in § 823 Abs. 1 B.G.B. statuierte Schadensersatzpflicht setzt die widerrechtliche Verletzung eines der dort genannten Rechtsgüter oder Rechte voraus. Die Ansicht, daß unter die „sonstigen Rechte" im Sinne dieses Gesetzes die sämtlichen, wenn auch nicht als subjektive Rechte vom Gesetz ausgestalteten, sog. Persönlichkeits- oder Individualrechte zu rechnen seien, ist vom erkennenden Senat bisher mehrfach abgelehnt worden, so namentlich in Beziehung auf die Befugnis zu ungehinderter Verwertung der Arbeitskraft oder Erwerbsmöglichkeit.

Vgl. Entsch. des R.G.'s in Civils. Bd. 51 S. 373 flg.

Ein bestehender selbständiger Gewerbebetrieb aber mag, wenigstens insoweit, als er durch positive Gesetzesvorschrift, namentlich durch das Gesetz zur Bekämpfung des unlauteren Wettbewerbes vom 27. Mai 1896, besonders geschützt ist, als ein wohlerworbenes Recht anzusehen sein. Allein damit wäre noch nicht gegeben, daß jede Störung oder Beeinträchtigung eines Anderen in diesem Gewerbebetrieb sich als rechtswidrige, unter § 823 Abs. 1 B.G.B. fallende Rechtsverletzung darstellte. Das wäre namentlich insoweit nicht anzunehmen, als der fragliche Eingriff in Betätigung der dem Gegner seinerseits zustehenden gewerblichen Handlungsfreiheit und in den Grenzen erlaubter

Konkurrenz, bzw. Koalition erfolgt ist. Gegen unberechtigte Schädigungen oder Störungen anderer in Ausübung des Gewerbebetriebes gewährt das geltende Recht in dem Wettbewerbgesetz, in § 823 Abs. 2 B.G.B., verbunden mit den strafgesetzlichen Normen über Ehrverletzung und Kreditgefährdung, sowie in § 824 und § 826 B.G.B. in ausreichendem Maße Schutz; insbesondere ist die Vorschrift des § 826 B.G.G. dazu bestimmt und geeignet, in umfassender Weise auch den Gewerbebetrieb gegen illoyale Schädigung sicherzustellen.

Im vorliegenden Falle hat das Berufungsgericht ohne Rechtsirrtum einmal den § 823 Abs. 2 B.G.B., sodann den § 6 des Reichsgesetzes vom 27. Mai 1896 für nicht anwendbar erachtet.

In dem Berufungsurteil wird, anscheinend sogar als zwischen den Parteien unstreitig, festgestellt, daß der Ausdruck „Schleuderer" eine buchhändlerisch-technische Bezeichnung sei, mit der ein bestimmtes geschäftliches Verfahren gekennzeichnet, in der jedoch nach der Auffassung der beteiligten Kreise der Vorwurf eines ehrenrührigen Handelns nicht enthalten sei. Danach würde der Gebrauch jener Bezeichnung (die freilich von Bücher, a. a. O. S. 70, als „Schimpfname" qualifiziert wird) weder den Tatbestand einer Beleidigung im Sinne des § 185 St.G.B., noch die Behauptung einer Tatsache, welche den so Bezeichneten verächtlich zu machen oder in der öffentlichen Meinung herabzuwürdigen geeignet ist (§ 186 St.G.B.), darstellen. Übrigens ist der fragliche Ausdruck in den die Klägerin betreffenden Rundschreiben und Zettellisten gar nicht gebraucht.

Die Anwendung des § 6 des Gesetzes zu Bekämpfung des unlauteren Wettbewerbes hält das Berufungsgericht hier für ausgeschlossen, weil sich nach seiner Ansicht im vorliegenden Falle schon nicht sagen lassen würde, daß die fragliche Behauptung zu Zwecken des Wettbewerbes aufgestellt worden sei. Denn die Organe des Beklagten hätten bei ihrem Vorgehen nur gemeinnützige Zwecke verfolgt, nämlich den, ein Geschäftsgebaren zu beseitigen oder wenigstens unschädlich zu machen, in welchem sie eine erhebliche Gefährdung des Buchhändlerstandes und eine Ursache seines wirtschaftlichen Ruins erblicken zu müssen glaubten. Ob es nun wirklich „nur gemeinnützige" Zwecke sind, welche der Beklagte bei seinem Kampfe gegen die sog. Schleuderer im Auge hat, mag dahinstehen; auch bei abweichender Auffassung und bei Unterstellung eines wenigstens zum

Teil eigennützigen Zwecks der in dem Börsenverein verbundenen Buchhändlerfirmen wäre die Annahme, daß das fragliche Vorgehen vom Beklagten „zu Zwecken des Wettbewerbes“ betätigt sei, noch nicht begründet. Das Bestreben des Beklagten ging den getroffenen Feststellungen zufolge nicht dahin, den Wettbewerb bestimmter einzelner Buchhändlerfirmen oder einer ganzen Interessentengruppe von solchen auf Kosten der Gegner zu fördern.

Vgl. Entsch. des R.G.'s in Civils. Bd. 50 S. 108 flg.

Vielmehr will der Beklagte im Interesse der gesamten Buchhändlerschaft, zu dessen Vertretung er sich berufen glaubt, den nach seiner Meinung schädlichen Wettbewerb der sog. Schleuderer von den Gewerbegenossen abwehren, einen Wettkampf durch Preisunterbietungen im Gebiet des Sortimentsbuchhandels ausschließen. Die von der Revision zu diesem Punkt erhobenen Einwendungen sind nicht als begründet anzuerkennen. Ein Interessenkampf ist nicht notwendig ein Wettbewerb im Sinne des Gesetzes.

Daß der Beklagte wider besseres Wissen gehandelt, wissentlich unwahre Tatsachen über die Klägerin behauptet oder verbreitet hätte, macht die letztere selbst nicht geltend. Die Bestimmungen in § 7 des Gesetzes vom 27. Mai 1896 und in § 187 St.G.B. verbunden mit § 823 Abs. 2 B.G.B. bleiben daher schon aus diesem Grunde außer Betracht.

Prüft man im Hinblick auf die nach Vorstehendem noch in Frage bleibenden Gesetzesvorschriften, insbesondere den § 826 B.G.B., die von dem Beklagten als Kampfmittel gegen die sog. Schleuderei zur Anwendung gebrachten Maßregeln, so ergibt sich folgendes. Soweit der Beklagte Nichtmitgliedern, weil sie sich den von ihm wegen des Kundenrabattes getroffenen Festsetzungen nicht fügen, die Benutzung aller Vereinsanstalten und Vereinseinrichtungen, worauf jene kein Recht hatten, versagt, und soweit der Beklagte seinen Mitgliedern satzungsgemäß die Verpflichtung auferlegt, an solche Personen gegen den Willen des Verlegers aus dessen Verlag nicht zu liefern, ist sein Vorgehen in ersterer Beziehung überhaupt nicht, in letzterer nicht schon ohne weiteres zu beanstanden. An sich kann es einem Gewerbetreibenden oder auch einem gewerblichen Verband nicht verwehrt sein, Dritten für die Eingehung von Geschäften oder die Aufrechterhaltung geschäftlicher Beziehungen besondere Bedingungen zu stellen und bei Nichterfüllung solcher die Lieferung ihrer Erzeugnisse oder Handelsartikel zu verweigern. Mag damit auch ein gewisser Druck auf den anderen, um ihn zu einem bestimmten geschäftlichen Verhalten zu veranlassen, ausgeübt werden, so ist doch nicht jede die freie Willensbestimmung des anderen irgendwie beeinflussende Einwirkung als rechtswidrig oder unsittlich anzusehen. Sittlich verwerflich und nach § 826 B.G.B. unerlaubt wäre aber das Vorgehen des Beklagten, falls die von ihm angewendeten Maßregeln nach ihrer Art und beabsichtigten Wirkung den davon Betroffenen in seiner geschäftlichen Existenz bedrohten, insofern sein gewerblicher Betrieb dadurch lahmgelegt oder untergraben, sein Kredit oder Ansehen in der Geschäftswelt dauernd geschädigt würde. Eine derartige Bedeutung hat das Reichsgericht in dem Urteil vom 25. Juni 1890 denjenigen Veranstaltungen beigelegt, wodurch der Beklagte in der dem Urteil vorangehenden Zeit gegen die „Schleuderer" eine vollständige Geschäftssperre ins Werk gesetzt hatte. Als rechtsverletzend wurden solche Veranstaltungen angesehen, einmal weil mit ihnen in für einen Erfolg geeigneter Weise vorsätzlich darauf abgezielt werde, einem Gewerbetreibenden die Möglichkeit seiner Versorgung mit den ihm für seinen Gewerbebetrieb unentbehrlichen Erzeugnissen gänzlich zu verschließen. Ein zweiter Gesichtspunkt für die Rechtswidrigkeit der damals in Frage stehenden Maßregeln wird in dem genannten Urteil darin gefunden, daß die Bekanntgabe der Ausschließung in dem „allseitig in Benutzung stehenden" Börsenblatte sich als ein öffentlich verkündetes Verdikt mit Strafverhängung darstelle, und durch dergleichen Maßregelungen „das Recht auf Achtung der Person und das Ansehen des individuellen Geschäftsbetriebes" verletzt werde. Und ein drittes Moment der mit der Rechtsordnung unverträglichen Handlungsweise erblickte das Reichsgericht in dem angewandten Mittel unberechtigter Androhung derselben Maßregeln gegen diejenigen — Mitglieder wie Nichtmitglieder —, welche die den Verlegererklärungen entsprechende Lieferungssperre nicht bewirken würden, sofern sich hieraus ein ganzes System von unberechtigten Einwirkungen und Schädigungen im Gewerbebetrieb ergebe, und der Börsenverein hiermit eine Zwangs- und Strafgewalt über sämtliche Gewerbegenossen sich anmaße. Von diesen mehreren Gesichtspunkten scheidet der zweitgenannte im vorliegenden Falle aus, da bei der Art und Weise der gegen die Klägerin erfolgten Kundgebung eine öffentliche Ächtung oder Verrufserklärung nicht in Frage steht. Dagegen wäre auch nach jetzigem Recht eine, wenn nicht nach § 823, so doch nach § 826 B.G.B. unerlaubte Handlungsweise in der Anwendung des Zwanges dann zu finden, wenn diejenigen, welche sich den Rabattbestimmungen des Beklagten nicht fügen, diesfalls von dem schweren materiellen Nachteil einer vollständigen Auslieferungssperre und der damit verknüpften Abschneidung der Erwerbsmöglichkeit bedroht wären. Eine derartige Vergewaltigung von Gewerbsgenossen würde gegen die guten Sitten — „das Anstandsgefühl aller billig und gerecht Denkenden" — verstoßen.

Vgl. Entsch. des R.G.'s in Civils. Bd. 48 S. 124 flg.

Die ethische Auffassung nach dieser Richtung hat in der Zwischenzeit, auch im Wechsel der wissenschaftlichen oder wirtschaftlichen Anschauungen auf dem Gebiete des Buchhandels, eine Veränderung nicht, keinenfalls aber zugunsten der in Frage stehenden Zwangsmaßregeln erfahren.

Nun hat aber der Beklagte der Klägerin gegenüber eine Maßregel der vorstehend bezeichneten Art bisher nicht zur Anwendung gebracht. Abgesehen von der Ausschließung derselben vom Bezug des Börsenblattes und von der Benutzung der Vereinsanstalten und -einrichtungen, ist gegen sie nur die (mittels der Aufnahme in die Schleudererliste in Verbindung mit den Vereinssatzungen und den Verlegererklärungen ausgeführte) Maßregel verhängt worden, daß ihr gar nicht oder nur mit beschränktem Rabatt geliefert werden sollte. Dieses Kampfmittel, wobei den Verlegern die Wahl gelassen wird, den zu Bekämpfenden nicht oder nur mit verkürztem Rabatt Bücher zu liefern, hat der I. Civilsenat des Reichsgerichts in dem mehrerwähnten Urteil — im Gegensatze zu der Lieferungssperre — für unbeanstandlich erachtet. Die so gemachte Unterscheidung ist als unbegründet angefochten worden, insbesondere von Bähr, Ein Buchhändlerprozeß, in den „Grenzboten" Jahrg. 51 Nr. 7 S. 325 flg., welchem zu diesem Punkte auch das Landgericht Leipzig in seinen Urteilen vom 7. Mai 1892 i. S. M. & M. w. S. und vom 19. April 1893 i. S. Artistische Union w. Börsenverein beigetreten ist, freilich um jene wahlweise Verpflichtung ebenso wie die vollständige Lieferungssperre als widerrechtlich zu erklären. Auf den letzteren Standpunkt hat sich im gegenwärtigen Falle die Revision gestellt. Es sei, führt sie aus, wenn man auch zwischen völliger Sperre und bloßer Erschwerung des Bezugs unterscheiden wolle, doch nicht jede Erschwerung erlaubt; vielmehr käme es auf den Grad der Erschwerung an, also darauf, wie viel an dem Rabatt verkürzt werde. Unzulässig sei jedenfalls eine solche Rabattverkürzung, welcher sachlich die gleiche Wirkung wie einer Sperre zukäme. Das Wahlrecht sei aber überhaupt nicht geeignet, die Sachlage anders beurteilen zu lassen, da eben auf Andrängen des Beklagten die Buchhändler es angemessen finden könnten, dem Betroffenen das Geschäft gänzlich zu unterbinden. Die Klägerin sei schon geschädigt, wenn sie in diese Gefahr gebracht werde, auch wenn der Erfolg nicht unbedingt eintreten müsse.

Der Revision kann zugegeben werden, daß eine Maßregel, welche zwar nicht in der Form, aber der gewollten Wirkung nach einer völligen Geschäftssperre gleichkommt, ebendeshalb für unstatthaft zu erachten wäre, und daß dies auch bei der den Verlegern belassenen Wahl, gar nicht, oder mit beschränktem Rabatt zu liefern, dann zuträfe, wenn entweder die Rabattverkürzung, der Absicht des Beklagten entsprechend, dem davon betroffenen Sortimenter einen Geschäftsgewinn nicht mehr übrig lassen würde, oder wenn die Wahl in Wahrheit nicht in das freie Ermessen der Verleger gestellt, sondern vermöge einer autoritativen Stellungnahme des Börsenvereins auf die Richtung der Nichtlieferung hin vorausbestimmt gewesen wäre. Allein daß das eine oder andere der Fall gewesen sei, ist von der Klägerin nicht dargetan, und die Lieferung mit verkürztem Rabatt hat offenbar auch nach der Meinung des Beklagten (der inzwischen zu wirksameren Maßnahmen greifen zu sollen glaubte) nicht den Effekt einer derartigen Erschwerung des Geschäftsbetriebes gehabt, um den „Schleuderer" zur Unterwerfung zu nötigen.

Vgl. die Ausführung von Wiener in der Zeitschr. f. Handelsr. Bd. 40 S. 373.

Keinenfalls ist es rechtsirrtümlich, wenn im vorliegenden Falle das Berufungsgericht diejenige Maßregel des Beklagten, welche in dem Urteil des Reichsgerichts vom 25. Juni 1890 noch für rechtlich zulässig erachtet worden ist, bei Wegfall der früher vom Beklagten angewendeten schärferen Kampfmittel und indirekten Einwirkungen,

vgl. das Urteil des Reichsgerichts, I. Civilsenats, vom 24. Juni 1891 i. S. M.=G. & P. w. M. & M., Rep. I. 104/91, nicht als unerlaubt angesehen hat. Und es kann hier davon abgesehen werden, ob insoweit, als es auf ein subjektiv schuldhaftes Handeln ankäme, angesichts der früheren Rechtsprechung ein Verschulden und das Bewußtsein der Rechtswidrigkeit auf seiten des Beklagten, auch wenn die betreffende Maßregel nach jetzigem Rechte für unstatthaft erklärt würde, jedenfalls zu verneinen wären.

Nun hat allerdings der Beklagte in neuester Zeit ausweislich seines Rundschreibens vom 2. Dezember 1900 die Einholung von Verlegererklärungen unternommen, worin die Verleger sich verpflichten sollen, den von der Benutzung der Einrichtungen und Anstalten des Börsenvereins ausgeschlossenen Firmen gar nicht oder nur zum Ladenpreise zu liefern. Diese neue und verschärfte Maßregel würde das Berufungsgericht für unerlaubt halten, da, wie des Näheren ausgeführt wird, die Sortimentsbuchhändler, wenn sie die Bücher höchstens zum Ladenpreise erhalten, überhaupt nicht mehr mit Gewinn verkaufen könnten, mit anderen Worten, ihren Geschäftsbetrieb einstellen müßten, und da somit die Lieferung der Bücher nur zum Ladenpreise auf eine gänzliche Unterbindung des Geschäftsbetriebes hinauslaufe. Dem Berufungsgericht ist in dieser Auffassung beizupflichten; nach dem schon Ausgeführten würde eine durch das erwähnte Zwangsmittel herbeigeführte Schädigung der davon Betroffenen eine nach § 826 B.G.B. unerlaubte Handlungsweise darstellen. Allein diese neue Sperrmaßregel, welche den sog. Schleuderern gegenüber vom 1. Januar 1901 ab in Wirkung gesetzt worden sein soll, ist bis jetzt von dem Beklagten gegen die Klägerin nicht zur Anwendung gebracht worden und ist nach Annahme des Berufungsgerichts gegen die Klägerin gar nicht gerichtet gewesen. Letzteres entnimmt der Berufungsrichter einmal daraus, daß die gegen die Klägerin angeordneten Maßnahmen schon im Dezember 1900 ihre Endschaft erreicht hätten, weiterhin daraus, daß die Verleger denjenigen Firmen gegenüber, die schon vor dem 1. Januar 1901 als Schleuderer bezeichnet worden waren, ihr Wahlrecht nach Maßgabe der früheren Verlegererklärungen behalten sollten, daß also insoweit der frühere Zustand bestehen geblieben sei. Die Revision macht hiergegen, unter dem Hinweis darauf, daß zur Zeit der — im Januar 1901 erfolgten — Klagerhebung die neue Maßnahme bereits in Kraft getreten gewesen sei, weiterhin geltend: auch die Klägerin würde von diesen neuen Verlegererklärungen getroffen. Solange die gegen die Klägerin verhängte Sperre nicht ausdrücklich von dem Beklagten zurückgenommen sei, habe diese zu befürchten, daß auch ihr gegenüber die verschärfte Maßregel zur Anwendung kommen könne, wogegen sie durch das den Verlegern belassene Wahlrecht nicht genügend geschützt sei. Es ist nun zwar — wie noch zu erörtern sein wird — nicht ohne weiteres richtig, daß die gegen die Klägerin verhängten Maßnahmen schon im Dezember 1900 ihre Endschaft erreicht hatten; aber die bisherige Maßregelung der Klägerin ist noch innerhalb der gesetzlich zulässigen Grenzen geblieben, und nach den im Berufungsurteil getroffenen tatsächlichen Feststellungen ist die Klägerin von der für unzulässig erachteten neuen Maßregel zurzeit auch nicht bedroht. Sie hat also, wofern das seitherige Vorgehen des Beklagten gegen sie nicht aus einem anderen Grunde sich als rechtswidrig darstellt, keinen rechtlichen Grund zu einer Klage auf Unterlassung der fraglichen Maßregel oder auf Feststellung der Unzulässigkeit derselben, sollte auch ein aktuelles Interesse für sie nicht schon durch die Beschaffenheit ihres Betriebes als eines bloßen Verlagsgeschäftes ausgeschlossen sein.

Die Abweisung der Klage erscheint hiernach, soweit sie auf die vorgehend bezeichneten Gesetzesvorschriften, abgesehen von dem § 824 B.G.B., gestützt ist, als gerechtfertigt, auch wenn dabei die Frage außer Betracht gelassen wird, ob die Klägerin durch das Vorgehen des Beklagten gegen sie einen Vermögensschaden erlitten hat oder möglicherweise erleiden kann.

Die Klägerin hat nun aber behauptet, sie habe den Rabattfestsetzungen des Beklagten niemals zuwidergehandelt, habe weder selbst Schleudergeschäfte betrieben — was sie bei ihrem ausschließlich auf Verlagsbuchhandel beschränkten Betrieb auch gar nicht habe tun können —, noch auch die Schleuderei anderer begünstigt. Es ist vom Beklagten nicht bestritten und vom Berufungsgericht, freilich in Verwertung dieses Umstandes gegen die Klägerin, angenommen, daß die Klagfirma selbst stets nur Verlegerin gewesen sei. Der Berufungsrichter erkennt auch an, daß im Falle des § 824 B.G.B. ebenso, wie bei der böswilligen Kreditschädigung im Sinne von § 187 St.G.B., nicht vorausgesetzt werde, daß die behauptete Tatsache eine ehrenrührige sein müsse. Er verneint aber die Frage, ob dadurch, daß der Beklagte die Klägerin als eine Firma bezeichnet hat, die zu den

Schleuderern gehöre oder diese doch wenigstens unterstütze, der Tatbestand jener Rechtsnormen erfüllt sein könne, weil die fragliche Behauptung nicht geeignet gewesen sei, ihren Kredit zu gefährden oder Nachteile für ihre Erwerbstätigkeit herbeizuführen. Beides wäre zwar nach Ansicht des Berufungsgerichts der Fall gewesen, wenn die Klägerin Sortimentsgeschäfte betrieben hätte. Allein sie habe, wie sie nachdrücklich hervorhebe, stets nur Verlagsgeschäfte betrieben, habe somit durch die Erschwerung des Warenbezugs gar nicht geschädigt oder in ihrem Kredit gefährdet werden können und habe selbst nicht zu behaupten vermocht, daß sie durch die fraglichen Maßnahmen geschmälert worden sei oder eine Einbuße erlitten habe. Es sei das „bei der ganzen Sachlage" auch für die Zukunft nicht zu befürchten.

Diese Erwägungen werden von der Revision als gegen materielles Recht und gegen Prozeßnormen verstoßend angegriffen. Der Tatbestand des § 824 B.G.B. sei gegeben. Die Bekanntmachung des Beklagten in dem Rundschreiben vom 20. Mai 1891 wäre zwecklos und unerklärlich, wenn der Beklagte nicht mit der Möglichkeit gerechnet hätte, daß die Klägerin Sortimentsgeschäfte betreiben könne. Daran sei die Klägerin gehindert, mindestens werde es ihr erschwert, solange nicht vom Beklagten die gegen sie verhängten Sperrmaßregeln ausdrücklich aufgehoben würden. Daher könne der Beklagte der Klägerin nicht entgegenstellen, daß sie eine Sortimentsbuchhandlung nicht führe. Die Verbindung einer Verlags- und einer Sortimentsbuchhandlung sei auch so gewöhnlich, daß ein Verlagsbuchhändler geschädigt sei, wenn ihm von vornherein die Errichtung eines Sortimentsgeschäftes wesentlich erschwert werde. Es sei aber auch nicht richtig, daß ein Verleger in seinem Geschäftsbetrieb durch eine Bekanntmachung der in Rede stehenden Art nicht geschädigt würde. Der Verleger sei auf den geschäftlichen Verkehr mit den Sortimentern angewiesen. Werde er diesen als ein Buchhändler dargestellt, welcher selbst Sortimentsgeschäfte betreibe, sie unterbiete und in dem bestehenden Interessenkampf der gegnerischen Partei angehöre und vom Beklagten boycottiert werde, so müsse dies auf die Beziehungen des Verlegers zu den Sortimentern schädigend einwirken. Die Klägerin habe denn auch ... dargelegt, daß und inwiefern sie durch das Vorgehen des Beklagten geschädigt werde. ...

Diese Ausführungen verdienen Beachtung, soweit sie auf die Anwendung des § 824 B.G.B. Bezug haben.

Zweifellos liegt in den Kundgebungen des Beklagten — den Rundschreiben und den mit denselben versandten Listen — die Behauptung und Verbreitung der Tatsache, daß die klägerische Firma Schleudergeschäfte betreibe oder doch die Schleuderei anderer unterstütze. Daß diese Tatsache unter den obwaltenden Verhältnissen geeignet ist, wenn nicht den Kredit der Klägerin zu gefährden, so doch sonstige Nachteile für deren Erwerb oder Fortkommen herbeizuführen, ist von vornherein sehr wohl glaubhaft und wird durch den Umstand, daß die Klägerin bisher nur Verlagsgeschäfte betrieben hat, keineswegs ausgeschlossen. Es kommt nicht bloß darauf an, ob die Klägerin durch die gegen sie verhängten Maßregeln einen ziffermäßig zu berechnenden Vermögensschaden erlitten hat, und ob die Schädigung gerade darin besteht, daß der Klägerin bisher der Bezug von Verlagsartikeln anderer Verleger abgeschnitten oder erschwert wurde. Die ihr durch die fraglichen Kundgebungen unmittelbar oder mittelbar zugefügten Nachteile können möglicherweise in einer ungünstigen Beeinflussung ihres Erwerbsgeschäftes in der Art, wie dieses seither betrieben wurde, gelegen sein. Abgesehen von den mit der verhängten Sperre nach den Satzungen des Börsenvereins direkt verknüpften Folgen — Ausschließung von der Benutzung des Börsenblattes, der sonstigen Vereinsanstalten und -einrichtungen — kommen die von der Revision hervorgehobenen Momente in Betracht. Die Annahme, daß es auch für einen Verleger Nachteile im Geschäft und Erwerb mit sich bringt, wenn er von dem Börsenverein den Gewerbegenossen gegenüber als Schleuderer gekennzeichnet wird, ist eine gewiß naheliegende. Die von der Klägerin zu dem Prozeßzweck, den Vorwurf der Schleuderei zu entkräften, aufgestellte Behauptung, daß sie immer nur Verlagsgeschäfte betrieben habe, durfte nicht ohne weiteres in dem Sinne gegen sie verwertet werden, daß sie dieses Umstandes wegen durch die betreffenden Maßnahmen auch nicht benachteiligt sein könne. Bei dem Verlagsgeschäfte der Klägerin kommt möglicherweise noch speziell ihr Verhältnis zu der Firma M. & M. in Rücksicht, worüber allerdings bis jetzt Bestimmtes nicht feststeht. Wenn sodann auch nach dem eigenen Vorbringen der Klägerin nicht in Aussicht zu nehmen ist, sie werde in naher Zeit selbst Sortimentsgeschäfte in ihren Betrieb aufnehmen, so ist doch der Revision zuzugeben, daß die Klägerin in der gewerblichen Bewegungsfreiheit auf dem die einzelnen Geschäftszweige umfassenden Gebiete des Buchhandels beengt und dadurch materiell beeinträchtigt sein kann, solange sie unter den Schleuderern aufgeführt wird.

Die Unwahrheit der über sie behaupteten Tatsache hätte nach § 824 B.G.B. die Klägerin zu beweisen. Daß sie in ihrem eigenen Geschäfte den Festsetzungen des Beklagten nicht zuwidergehandelt, bzw. übermäßigen Kundenrabatt nicht gewährt habe, würde sich, wofern sie ausschließlich Verlagsgeschäfte betreibt, eben hieraus ergeben. Ob die Klägerin — im Sinne der vom Beklagten vertretenen Auffassung — die Schleuderei anderer unterstützt habe, ist bestritten....

Zu den von der Klägerin nachzuweisenden Voraussetzungen des § 824 B.G.B. gehört weiter, daß der Beklagte die Unwahrheit der behaupteten oder verbreiteten Tatsachen kennen mußte, daß er also fahrlässig gehandelt hat. Eine eventuelle Entscheidung hierüber zu treffen, ist das Revisionsgericht bei dem Mangel der tatsächlichen Feststellungen nicht in der Lage; bemerkt werden mag nur, daß eine Fahrlässigkeit des Beklagten durch die bis jetzt zur Sprache gekommenen Beziehungen der Klägerin zu der Firma M. & M. nicht von vornherein ausgeschlossen wäre.

Nach § 824 Abs. 2 B.G.B. wird durch eine Mitteilung, deren Unwahrheit dem Mitteilenden unbekannt ist, dieser nicht zum Schadensersatze verpflichtet, wenn er oder der Empfänger der Mitteilung an ihr ein berechtigtes Interesse hat. Daß ein solches, und zwar nicht bloß vermeintliches, sondern objektiv berechtigtes,

vgl. Entsch. des R.G.'s in Civils. Bd. 51 S. 379,

Interesse für ihn oder die Empfänger der Rundschreiben und Listen bestanden habe, wäre vom Beklagten darzutun. Wenn in dem Urteile des Reichsgerichts Bd. 28 S. 238 flg. die unmittelbare oder analoge Anwendung des § 193 St.G.B. für den damaligen Fall (S. 249) abgelehnt ist, weil das von dem Verein frei gewählte System über ein Nichtmitglied zu verhängender Maßregeln nicht die Wahrnehmung berechtigter Interessen darstelle, so läßt sich zwar diese Begründung nicht direkt auf den vorliegenden Fall übertragen; aber keinenfalls liegt hier die Sache so, daß ein berechtigtes Interesse des Beklagten, bzw. der mit ihm verbündeten Buchhändler an der fraglichen Mitteilung und an der ferneren Aufrechterhaltung der über die Klägerin behaupteten Tatsache als schon durch die Umstände gegeben erachtet werden könnte.

Der § 824 B.G.B. spricht (wie auch die §§ 823 und 826 das.) nur von der Verpflichtung zum Schadensersatz. Das hat jedoch nicht die Bedeutung, daß der durch die unerlaubte Handlung Verletzte darauf beschränkt wäre, für den ihm bereits erwachsenen Vermögensschaden Entschädigung zu verlangen. Wie der erkennende Senat schon früher ausgesprochen hat,

vgl. Entsch. des R.G.'s in Civils. Bd. 48 S. 118 flg.,

ist namentlich ein durch Klage verfolgbarer Anspruch auf Unterlassung wenigstens da zu gewähren, wo ein unerlaubtes Verhalten bereits verwirklicht wurde, und weitere Eingriffe zu besorgen sind, wo mit der Klage die Fortsetzung oder Vollendung der verübten oder begonnenen Schädigung verhütet werden soll.

Vgl. auch Endemann, Lehrbuch des Bürgerlichen Rechts 8. Aufl. Bd. 1 § 201 S. 1265.

Es muß ferner in einem Falle, wo durch eine unerlaubte Handlung ein den anderen dauernd schädigender oder mit Nachteil bedrohender Zustand geschaffen ist, oder wo, namentlich durch öffentliche Kundgebungen, die Bedingungen einer fortwirkenden, bzw. sich erneuenden Benachteiligung gesetzt worden sind, dem Verletzten ein Rechtsmittel gegeben sein, um jenem Zustand ein Ende zu machen, die Quelle weiterer Schädigungen zu verschließen. Aus diesem Gesichtspunkt, mag er aus den Bestimmungen über Schadensersatz (§ 249 vgl. mit §§ 251. 253 B.G.B.), oder den für die Klage auf Unterlassung maßgebenden Gründen herzuleiten sein, ergibt sich, daß im Falle des § 824 B.G.B. nach Umständen der Verletzte die Zurücknahme der aufgestellten, bzw. verbreiteten Behauptung oder sonstige die Kundgebung außer Wirkung setzende Maßnahmen — seine Rehabilitation — beanspruchen kann.

Vgl. noch Entsch. des R.G.'s in Civils. Bd. 53 S. 171 flg. S. 179; auch Crome, Deutsches Bürgerliches Recht Bd. 2 § 327 S. 1027.

Es fragt sich nun, ob die Klägerin wegen dieser Ansprüche bereits klaglos gestellt sei, ob die Besorgnis einer Benachteiligung derselben auch für die Zukunft nicht mehr bestehe. Die Revision bestreitet dies, wie es die Klägerin auch in den Vorinstanzen bestritten hat. Das

Berufungsgericht selbst hat am Schlusse der Urteilsgründe dem Bedenken Raum gegeben, ob nicht der Beklagte verpflichtet gewesen wäre, die gegen die Klägerin ergriffenen Maßregeln mit ausdrücklichen Worten, in einer jeden Zweifel ausschließenden Weise rückgängig zu machen. In der Tat wäre diese Verpflichtung des Beklagten zweifellos begründet, falls er der Wahrheit zuwider fahrlässigerweise die Klägerin als Schleuderin oder Begünstigerin der Schleuderei gekennzeichnet hätte. Damit, daß die Klägerin in den Schleudererlisten nach dem 3. November 1900 nicht mehr erwähnt ist, sind die Folgen der früheren Kundgebungen nicht ohne weiteres beseitigt. Auch der „Friedensschluß" des Beklagten mit der Firma M. & M. wirkte an sich und nach der hierüber erlassenen Bekanntgabe nicht zugleich zugunsten der Klägerin; nicht formell, aber auch nicht notwendig dem Erfolge nach. Wenn auch den beteiligten Kreisen durch das Rundschreiben vom 20. Mai 1891 erkennbar gemacht war, die Klägerin sei zufolge ihrer Beziehungen zu der Firma M. & M. ausgeschlossen und auf die Liste gesetzt worden, so folgt daraus nicht, daß die Aufhebung der Sperre über die letztere Firma überall auf die Klägerin bezogen werde; das um so weniger, als, wie festgestellt ist, die Streichung einer Firma aus der Schleudererliste in der Regel den Beteiligten durch Rundschreiben besonders eröffnet wurde, und die Listen wenigstens zur Zeit der über die Klägerin verhängten Sperre diese als „bis zur anderweiten Bekanntmachung des Vorstands" geltend bezeichneten. Ist die Klägerin, wie sie behauptet, mit Unrecht auf die Schleudererliste gesetzt worden, so kann sie verlangen, daß die Rücknahme dieser Maßregel in Form der sicher wirksamen Bekanntmachung, sei es im Börsenblatte, oder durch besonderes Rundschreiben, erfolge; mit der vom Beklagten behaupteten mündlichen Mitteilung eines Vorstandsmitgliedes des Beklagten ist die Klägerin nicht klaglos gestellt. Da der Beklagte auch im gegenwärtigen Prozesse gegen die Klägerin die Bezichtigung der Schleuderei oder der Teilnahme an solcher, wenn nicht ausdrücklich, doch der Sache nach aufrecht erhalten hat, so ist auch die Behauptung der Klägerin, daß sie eine Wiederholung der in Frage stehenden Maßregeln zu gewärtigen hätte, nicht schlechthin zu verwerfen." . . .

73. Wann ist eine Sache zur Herstellung eines Gebäudes eingefügt? B.G.B. § 94 Abs. 2.

III. Civilsenat. Urt. v. 22. Dezember 1903 i. S. E. Maschinenfabrik (Kl.) w. Gebr. B. Konkursverw. (Bekl.). Rep. III. 263/03.

I. Landgericht Heilbronn.
II. Oberlandesgericht Stuttgart.

Im Winter 1897/98 errichtete die offene Handelsgesellschaft Gebrüder B. in ihrem Kunstmühlengebäude in L. ein Elektrizitätswerk zur Abgabe von Licht und Kraft für die Orte L., D. und M. Die gesamte Einrichtung des Werkes, insbesondere auch eine aus 158 Zellen bestehende Akkumulatorenbatterie, lieferte die Klägerin auf Grund eines Vertrages vom 15./24. September und eines Anerkennungsscheines vom 9. Oktober 1897 käuflich an die Gebrüder B. dergestalt, daß sie sich das Eigentum an den gelieferten Gegenständen im Gesamtwerte von 16330 ℳ bis zur vollständigen Bezahlung ihrer aus dem Vertrage sich ergebenden Forderung vorbehielt. Das Werk wurde am 20. April 1898 in Betrieb gesetzt. Nach Leistung der beiden ersten im Vertrage bedungenen Teilzahlungen von je 5000 ℳ blieben die Gebrüder B. mit den weiteren Raten im Rückstande. Am 21. Mai 1901 wurde über das Vermögen der Handelsgesellschaft Gebrüder B. der Konkurs eröffnet.

Die Klägerin machte dem Konkursverwalter gegenüber ihr Eigentum an den gelieferten Gegenständen geltend. Der Verwalter bestritt dieses Recht, und die Klägerin erhob deshalb im Juli 1901 gegen ihn Klage auf Feststellung ihres Eigentums. Vor der ersten mündlichen Verhandlung, nämlich in der Nacht vom 1. zum 2. September 1901, brannte jedoch das B.'sche Anwesen mit sämtlichen darin befindlichen Einrichtungsgegenständen ab. Die Klägerin beantragte deshalb in der mündlichen Verhandlung, festzustellen, daß ihr das Eigentum an den durch den Brand zerstörten Einrichtungsgegenständen zugestanden habe.

Der Beklagte erkannte das Eigentum der Klägerin an den Leitungsanlagen an und wurde deshalb durch Teilurteil diesem Anerkenntnisse gemäß verurteilt. Von allen übrigen Gegenständen behauptete er, daß sie Bestandteile des „Fabrikgebäudes" selbst geworden seien, da sie in die „Mühle" der Gebrüder B. eingebaut worden seien.

Die Klägerin bestritt dies und gab nur zu, daß insbesondere die Schaltbretter und die Akkumulatorenbatterie mit den Wänden in Verbindung gesetzt gewesen seien.

Das Landgericht erkannte demnächst auch im übrigen nach dem Klagantrage. Vom Oberlandesgericht wurde dagegen zum Teil zuungunsten der Klägerin erkannt, insbesondere in Ansehung der Akkumulatorenbatterien. Die hiergegen gerichtete Revision hatte Erfolg aus folgenden

Gründen:

„Das Berufungsgericht geht zutreffend davon aus, daß seit dem Inkrafttreten des Bürgerlichen Gesetzbuchs für die Entscheidung der Frage, ob eine Sache ein wesentlicher Bestandteil einer anderen ist, und welche Rechtsfolgen mit einer solchen Eigenschaft einer Sache verknüpft sind, die Vorschriften des Bürgerlichen Gesetzbuchs auch dann maßgebend sind, wenn, wie hier, die Verbindung der Sachen schon vor jenem Zeitpunkte erfolgt ist. Von dieser Grundlage aus prüft es sodann, ob die einzelnen Einrichtungsstücke der elektrischen Centrale im Sinne des § 94 B.G.B. in das Gebäude eingefügt seien, oder nicht. In dieser Hinsicht führt es von der für den Rechtszug der Revision allein in Betracht kommenden Akkumulatorenbatterie aus: diese sei in dem eigens für sie hergestellten Raum untergebracht und mit ihren sämtlichen 158 Zellen mit der Apparatwand durch Leitungsdrähte verbunden gewesen. Es ist deshalb der Meinung, daß namentlich nach den Grundsätzen, die der V. Civilsenat des Reichsgerichts in dem Urteile vom 5. März 1902,

Entsch. des R.G.'s in Civils. Bd. 50 S. 241,

aufgestellt habe, wonach es nicht sowohl auf die Befestigungsart wie auf den Zustand und die Bedeutung des Ganzen im Verkehre ankomme, alle jene Stücke wesentliche Bestandteile des in dem früheren Kunstmühlengebäude hergestellten Elektrizitätswerkes geworden seien. An einer späteren Stelle führt es aus: es sei eine solche Art der Einfügung zu erfordern, die der Natur des Gegenstandes und dem Zwecke der dauernden Verbindung nach den Anschauungen des Verkehrs entspreche; daß aber die streitigen Gegenstände auf diese Weise eingefügt worden seien, ergebe sich aus den tatsächlichen Darlegungen der Parteien.

Diese Ausführungen sind, wie der Revision zuzugeben ist, nicht frei von Rechtsirrtum. Sie enthalten zum Teil eine Verkennung des Begriffs der „eingefügten Sache" im Sinne des § 94 Abs. 2 B.G.B. Über die Art der Anbringung der Akkumulatorenbatterie hatte nach dem Tatbestande des Berufungsurteils die Klägerin ... vorgetragen: Die aus 158 Zellen bestehende Batterie sei auf Holzbalken aufgestellt, nicht aufgeschraubt gewesen; nur in einen kleinen Teil der Zellen, etwa 26, seien Drähte eingelötet und mittels Isolatoren die Wand und Decke entlang zum Schaltbrette geführt gewesen. Dagegen seien die einzelnen positiven und negativen Platten der Zellen miteinander durch Bleistreifen verlötet gewesen. Diese Verbindung lasse sich aber jederzeit durch Erwärmung der Platten oder durch Zerschneiden mit einer Schere lösen, was öfters zu geschehen habe, wenn schadhafte Platten auszuwechseln seien, oder wenn die Batterie in einen anderen Raum gebracht werden solle. Eine Beschädigung oder eine Verminderung des Wertes der Platten habe eine solche Trennung nicht zur Folge. Eine Akkumulatorenbatterie als Ganzes zu entfernen, könne niemandem verständigerweise in den Sinn kommen. Darauf hat nach demselben Tatbestande der Beklagte ... nur erwidert: Daß man die Zellen nach Lösung ihrer festen Verbindung abtrennen könne, sei ebenso natürlich, wie daß man aus einem Gebäude und aus einer Maschine die wesentlichsten Teile herausnehmen könne. Mit dieser Lösung werde aber eben die Einheit zerstört, und das Zurückbleibende sei eine zwecklose Masse. Daß die Zellen nur auf Balken aufgestellt, daß nur wenige mit dem Schaltbrette durch Drähte verbunden gewesen seien, muß hiernach gemäß § 138 C.P.O. als von dem Beklagten zugestanden angesehen werden.

Bei dieser Sachlage aber fehlte es an einer Einfügung der Zellen der Akkumulatorenbatterie in das Gebäude, wie sie der § 94 Abs. 2 B.G.B. verlangt. Zunächst erfüllte das bloße Aufstellen der Zellen auf den Balken den Begriff des Einfügens in das Gebäude nicht. Hierzu ist sowohl nach der allgemeinen sprachlichen Bedeutung des Wortes „Einfügen", wie nach dem gesetzgeberischen Grunde für die Vorschrift, daß ein „Einfügen" einer Sache in ein Gebäude zu dessen Herstellung sie zu einem wesentlichen Bestandteil des Gebäudes mache, erforderlich, daß der einzufügende Gegenstand zwischen andere Teile, überhaupt in ein größeres Ganzes hineingebracht und zugleich in eine für ihn bestimmte Stelle eingepaßt werde, so daß eine feste Verbindung mit den ihn umschließenden Stücken hergestellt wird. Von alledem war bei einem bloßen Aufstellen der Zellen auf Balken keine Rede, und selbst die Verbindung der aufgestellten Zellen untereinander konnte die Einfügung in das Gebäude, die das Gesetz erfordert, nicht ersetzen. Die Drahtleitungen sodann aber, die von jener verhältnismäßig geringen Anzahl von Zellen nach dem Schaltbrette gelegt waren, waren überhaupt nicht dazu bestimmt, eine Verbindung der einzelnen Zellen oder der ganzen Batterie mit dem Gebäude herzustellen, dienten vielmehr eben nur zur Herstellung einer Leitung von den Zellen nach dem Schaltbrett. Sie bildeten aber auch tatsächlich keine Verbindung zwischen den Zellen und dem Schaltbrette (Apparatenwand) im Sinne des § 94 Abs. 2, weil sie jederzeit ohne Schaden lösbar waren.

Aus dem Urteile des V. Civilsenats des Reichsgerichts vom 5. März 1902 ist nichts zu entnehmen, was dem widerspräche. Dort wird nur für rechtsirrtümlich erklärt, daß Maschinen in einem Gebäude deshalb nicht Bestandteile des Grundstücks sein könnten, weil das Gebäude schon vor ihrer Einbringung fertig gewesen sei, und es wird Gewicht darauf gelegt, daß durch die Maschinen das Gebäude erst zu dem geworden sei, was es hätte werden sollen, nämlich in dem dort behandelten Falle zu einer Holzbearbeitungsfabrik. Aber die Einfügung der Maschinen in das Gebäude wird auch dort erfordert.

Das Berufungsurteil ist deshalb aufzuheben, soweit es angefochten ist. Die Sache ist zugleich zur Endentscheidung reif, weil nach dem Sachverhältnisse, soweit es nach dem oben Dargelegten unstreitig ist, angenommen werden muß, daß die Akkumulatorenbatterie nicht Bestandteil des Gebäudes, des Elektrizitätswerkes, geworden ist. Das Eigentum der Klägerin daran war daher bis zur Zerstörung der Batterie durch den Brand zufolge des vertraglichen Eigentumsvorbehaltes bestehen geblieben. Insoweit ist demnach in der Sache selbst die Berufung des Beklagten gegen das Urteil des Landgerichts zurückzuweisen." . . .

74. 1. Unter welchen Voraussetzungen hat der Beschluß der Generalversammlung einer Versicherungsgesellschaft auf Gegenseitigkeit, die Liquidation in der Form der „Abtretung des Portefeuilles" an eine Aktiengesellschaft zu bewirken, gegenüber den einzelnen versicherten Mitgliedern der Gesellschaft die Rechtswirkung, daß für deren Rechte und Pflichten fortan die Aktiengesellschaft an die Stelle der Versicherungsgesellschaft tritt?

2. Unbeschränktheit der Nachschußpflicht bei der Versicherung auf Gegenseitigkeit?

VII. Civilsenat. Urt. v. 29. Dezember 1903 i. S. Versicherungsgesellschaft Pr. (Kl.) w. H. (Bekl.). Rep. VII. 342/03.

I. Landgericht Hamburg.
II. Oberlandesgericht daselbst.

Der Beklagte war bei der A. N. Versicherungsbank, einer Gesellschaft auf Gegenseitigkeit, auf sein Leben versichert. Die Jahresprämie für die Zeit vom 1. Dezember 1901 bis zum 1. Dezember 1902 mit 673,50 *M* hatte der Beklagte nicht bezahlt. Am 9. Oktober 1901 beschloß eine außerordentliche Generalversammlung der Versicherungsbank, den Anträgen des Aufsichtsrats und der Direktion entsprechend:

1. den mit der klagenden Versicherungs-Aktiengesellschaft am 14./15. September 1901 geschlossenen Fusionsvertrag zu genehmigen,
2. in Gemäßheit dieses Vertrags zwecks Kompletierung der Reserven von sämtlichen Mitgliedern der Bank einen sofort zahlbaren Nachschuß in Höhe der zweieinhalbfachen Jahresprämie zu erheben,
3. die Gesellschaft aufzulösen und zu liquidieren.

Der von dem Beklagten zu zahlende Nachschuß betrug 1683,75 *M*. Diese Nachschußforderung und die vorbezeichnete Prämienforderung trat die A. N. Versicherungsbank in Liquidation durch Cession vom 20. August 1902 an die Klägerin ab und setzte den Beklagten hiervon in Kenntnis. Da der Beklagte Zahlung verweigerte, erhob die Klägerin Klage mit dem Antrage, den Beklagten zur Zahlung von 2357,25 *M* nebst Zinsen zu verurteilen. Der Beklagte beantragte die Abweisung der Klage, indem er den Generalversammlungsbeschluß vom 9. Oktober 1901 aus formellen und materiellen Gründen anfocht. Das Landgericht verurteilte den Beklagten nach dem Klagantrage; das Oberlandesgericht wies auf die Berufung des Beklagten die Klage ab. Die letztere Entscheidung ist auf die Revision der Klägerin aufgehoben, und die Berufung des Beklagten gegen das erstinstanzliche Urteil zurückgewiesen worden aus folgenden

Gründen:

... „Die Revision wendet sich mit Recht gegen den die Grundlage der angefochtenen Entscheidung bildenden Satz der Urteilsgründe, daß der Beschluß der Generalversammlung aus sachlichen Gründen für den Beklagten nicht rechtlich bindend sei. Der Berufungsrichter führt nach dieser Richtung hin folgendes aus.

Der durch den Generalversammlungsbeschluß genehmigte Vertrag der Versicherungsbank mit der Klägerin vom 14./15. September 1901, wonach die erstere sich verpflichtet, der Klägerin vom 1. November 1901 ab ihren ganzen Versicherungsbestand „in totale Rückversicherung" abzugeben, habe nicht die von der Klägerin behauptete Natur eines Rückversicherungsvertrages. Vielmehr charakterisiere sich der Vertrag mit Rücksicht darauf, daß in ihm die Klägerin sich verpflichte, als Gegenleistung sämtliche Verbindlichkeiten der Bank aus ihren Versicherungsverträgen zu erfüllen, die Passiva zu begleichen und die Verwaltungskosten für die ganze Zeit der Liquidation aus eigenen Mitteln zu decken, als ein Schuldübernahmevertrag, kraft dessen die Klägerin als allein Verpflichtete an Stelle der Bank treten sollte. Die Generalversammlung sei nicht befugt gewesen, einen derartigen Schuldübernahmevertrag mit bindender Kraft für den in ihr nicht erschienenen Beklagten zu genehmigen, da ihre Befugnisse ihre Grenze fänden in dem Zwecke der Gesellschaft und in den Individualrechten ihrer Mitglieder. Kein Mitglied der Bank brauche sich ohne seinen Willen einen anderen Schuldner aufdrängen zu lassen, zumal eine Aktiengesellschaft, bei der die solidarische Haftung der Mitglieder fehle. Die vereinbarte Schuldübernahme gelte hiernach dem Beklagten gegenüber als nicht erfolgt; damit falle auch die für die Schuldübernahme festgesetzte Gegenleistung in sich zusammen, und die Klägerin habe hiernach kein Recht, von dem Beklagten Zahlung des Nachschusses und der Prämie zu verlangen.

Diese Ausführungen sind insoweit zu billigen, als sie dem Vertrage vom 14./15. September 1901 die Natur eines Rückversicherungsvertrags absprechen; denn der Rückversicherungsvertrag begründet zwischen dem Rückversicherer und den Versicherten des ersten Versicherers keine rechtlichen Beziehungen, während solche durch den vorliegenden Vertrag gerade geschaffen werden sollten. Im übrigen aber sind die Ausführungen des Berufungsrichters nicht frei von Rechtsirrtum. Es kann dahingestellt bleiben, ob für den Fall, daß die vereinbarte Schuldübernahme wegen Mangels der Genehmigung des jetzt verklagten Gläubigers rechtsunwirksam wäre, auch der Anspruch der Klägerin auf die Gegenleistung und damit auch die Legitimation der Klägerin zur Einklagung des Nachschusses und der Prämie fortfiele, oder ob nicht auch in diesem Falle die Klägerin aktiv legitimiert wäre, weil bei der Unwirksamkeit der Schuldübernahme der Vertrag nach § 415 Abs. 3 B.G.B. wenigstens eine gültige Erfüllungsübernahme im Sinne des § 329 a. a. O. darstellen würde. Denn um die Wirksamkeit des durch die Generalversammlung genehmigten Vertrags für den Beklagten zu prüfen, muß der Vertrag in seiner Gesamtheit, nicht bloß hinsichtlich der Wirksamkeit der auf beiden Seiten übernommenen einzelnen Leistungen ins Auge gefaßt werden. Bei solcher Betrachtung ergibt sich, daß der durch den Generalversammlungsbeschluß genehmigte Vertrag ein lästiger Vertrag, betreffend die sog. „Übernahme des Portefeuilles", ist, d. h. ein Vertrag, durch den die Versicherungsbank die Ansprüche und Verpflichtungen aus sämtlichen Versicherungsverträgen auf eine andere Gesellschaft überträgt. Ein solcher Vertrag ist infolge der das Recht der Schuldverhältnisse beherrschenden Vertragsfreiheit zulässig, soweit er nicht durch besondere Vorschrift verboten ist. Letzteres trifft hier nicht zu; das Gesetz vom 12. Mai 1901 kommt dabei nicht in Betracht, weil es erst nach dem Generalversammlungsbeschluß, nämlich am 1. Januar 1902, in Kraft getreten ist. Der Vertrag ist für die einzelnen Versicherten verbindlich, soweit er der Satzung der versicherten Bank entsprach und das Sonderrecht der einzelnen Versicherungsnehmer, die als solche Mitglieder der Versicherungsbank sind, nicht verletzte. Beides ist hier nicht der Fall.

Soweit der Beschluß der Generalversammlung darauf gerichtet war, daß die Versicherungsbank aufgelöst werden, und die Liquidation eintreten sollte, entspricht er der Vorschrift des § 26 Abs. 1 der Satzung, wonach die Generalversammlnng über die Auflösung und Liquidation zu entscheiden hat. Nach Abs. 2 daselbst bestimmt aber die Generalversammlung auch über die Art der Liquidation. Der Zweck der Liquidation besteht darin, die laufenden Geschäfte der zu einem Verein oder einer Gesellschaft zusammengeschlossenen Personengesamtheit für gemeinschaftliche Rechnung und im gemeinsamen Namen abzuwickeln, die Gläubiger der Gesamtheit zu befriedigen, ihre Forderungen einzuziehen und einen etwa sich ergebenden Überschuß an die Anfallsberechtigten zu verteilen. Die Abwickelung der schwebenden Geschäfte und die endgültige Auseinandersetzung der Mitglieder kann auf verschiedene Art erreicht werden: einmal dadurch, daß die sich auflösende Gesamtheit selbst durch ihre Organe, die Liquidatoren, die Abwickelung vornimmt; aber auch dadurch, daß die Gesamtheit alle ihre Rechte und Verpflichtungen im ganzen auf eine andere Gesellschaft überträgt, die an Stelle der Übertragenden die Abwickelung der Geschäfte vorzunehmen hat. Das Handelsgesetzbuch, das freilich für die auf Gegenseitigkeit gegründete Versicherungsbank nicht anwendbar ist, erklärt im § 303 für die Auflösung der Aktiengesellschaft diese Art der Liquidation, nämlich die Verwertung des Gesellschaftsvermögens durch Veräußerung des Vermögens im ganzen, ausdrücklich für zulässig. Derselbe Weg ist aber auch bei Vereinen auf Gegenseitigkeit gangbar, soweit dabei die aus der Eigenart dieser Vereine sich ergebenden Sonderrechte der Versicherten, die gleichzeitig Mitglieder sind, nicht beeinträchtigt werden. Auch in der Literatur ist diese in der sog. Abtretung des Portefeuilles bestehende Art der Liquidation (Generalliquidation) als zulässig anerkannt (Ehrenberg, Versicherungsrecht S. 149). Wenn also nach § 26 Abs. 2 der Satzung die Generalversammlung über die Art der Liquidation in verbindlicher Weise beschließen durfte, konnte dieser Beschluß auch wirksam dahin gehen, die Liquidation durch Abtretung des Portefeuilles zu bewirken.

Das Sonderrecht des Beklagten gegenüber der Versicherungsbank ist durch die gewählte Art der Liquidation nicht verletzt. Zwar hat an sich der Beklagte das Sonderrecht, beanspruchen zu dürfen, daß ihm gegen seinen Willen nicht ein anderer Versicherer als Schuldner aufgedrängt werde. Von einer Verletzung dieses Rechts kann aber hier nicht die Rede sein, da der Beklagte mit der Versicherungsbank auf Grund der Satzung einen Versicherungsvertrag abgeschlossen hat, damit nach §§ 5 und 7 der Satzung Mitglied der Bank geworden ist und sich dadurch den Bestimmungen der Satzung, also auch dem die Art der Liquidation regelnden § 26 Abs. 2 daselbst freiwillig unterworfen hat. Die hierin liegende im voraus erteilte Genehmigung beseitigt auch den Einwand, daß die im Vertrage vom 14./15. September 1901 enthaltene Schuldübernahme mangels Einwilligung des Gläubigers unwirksam sei.

Hiernach ist der Beklagte, auch ohne Zuhilfenahme der besonderen Abtretung vom 20. August 1902, zur Zahlung der Prämie und des Nachschusses der Klägerin gegenüber in gleicher Weise verpflichtet, wie er dazu den Liquidatoren der Versicherungsbank gegenüber verpflichtet gewesen wäre, wenn die letztere selbst die Liquidation durch ihre genannten Organe vorgenommen hätte. Über die Verpflichtung zur Zahlung der Prämie an die Versicherungsbank besteht unter den Parteien, soweit man von der Frage der Rechtsverbindlichkeit des Generalversammlungsbeschlusses absieht, kein Streit. Es kann aber auch nicht zweifelhaft sein, daß für den Beklagten gegenüber der Versicherungsbank, also auch gegenüber der Klägerin, die Verpflichtung rechtsverbindlich entstanden ist, eine zweiundeinhalbfache Jahresprämie als Nachschuß zu zahlen. Bei Versicherungsgesellschaften auf Gegenseitigkeit besteht, soweit es die Verwirklichung der satzungsmäßigen Zwecke der Gesellschaft erfordert, eine unbeschränkte Nachschußpflicht, es sei denn, daß die Satzung etwas anderes bestimmt, also die Nachschußpflicht ausschließt oder einschränkt. Beides ist hier nicht der Fall; vielmehr ist aus der Vorschrift des § 7 eine uneingeschränkte Nachschußpflicht zu entnehmen; denn dort ist bestimmt, daß außer der durch die verschiedenen Fonds der Bank gebotenen Sicherheit die Gesamtheit der Mitglieder dem einzelnen Mitgliede auf Erfüllung der ihm gegen die Bank zustehenden Rechte und Ansprüche hafte, und die Mitglieder sich gegenseitig ihre Ansprüche aus den abgeschlossenen Versicherungsverträgen gewährleisten. Über die Höhe der Nachschüsse und die Art ihrer Erhebung ist in der Satzung nichts Besonderes bestimmt, darüber entscheidet also nach § 37 Ziff. 7 die Generalversammlung. Der Beklagte ist mithin auch an den Beschluß der Generalversammlung vom 9. Oktober 1901 hinsichtlich der Höhe des Nachschusses gebunden.

Muß hiernach der Beklagte den genannten Beschluß in seinem ganzen Umfange gegen sich gelten lassen, so kann es nicht mehr darauf ankommen, ob der Beklagte hinsichtlich der Erfüllung seiner Ansprüche aus dem Versicherungsvertrage in eine ungünstigere Lage dadurch versetzt ist, daß ihm an der Stelle der Versicherungsbank jetzt die Klägerin als Schuldnerin haftet. Daß der Beklagte eine solche Verschlimmerung seiner Lage habe behaupten wollen, ist übrigens aus seinen Ausführungen nicht mit Sicherheit zu entnehmen. Zwar weist er darauf hin, daß die Klägerin eine Aktiengesellschaft sei, bei ihr also eine Haftung der Mitglieder nicht bestehe, und er behauptet auch, die Klägerin arbeite mit sehr geringem Kapital und biete für die Verbindlichkeiten keine ausreichende Gewähr. Andererseits hat er aber auch angegeben, daß die Versicherungsbank schon zur Zeit seines Eintritts sich in Verhältnissen befunden habe, die eine Erfüllung der Ansprüche der Mitglieder durch die Bank selbst als ziemlich ausgeschlossen erscheinen ließ. Daher besteht die Möglichkeit, daß die Lage des Beklagten durch den Beschluß vom 9. Oktober 1901, was die Klägerin behauptet, sich sogar verbessert hat." ...

---

75. 1. Tritt, wenn von einem Bankkonsortium der von ihm fest übernommene Teilbetrag einer öffentlichen Anleihe zur Zeichnung aufgelegt wird, der Zeichner nur zu der einzelnen Bank, bei der er zeichnet, und von der seine Zeichnung angenommen wird, oder zu dem Konsortium in ein Vertragsverhältnis?

2. Anwendungsgebiet des § 7 Abs. 3 des Reichsstempelgesetzes.

I. Civilsenat. Urt. v. 9. Januar 1904 i. S. Allgem. Deutsche Kreditanstalt (Bekl.) w. P. (Kl.). Rep. I. 361/03.

I. Landgericht Leipzig, Kammer für Handelssachen.
II. Oberlandesgericht Dresden.

Am 29. Mai 1901 erließ der Rat der Stadt Leipzig eine Bekanntmachung, wonach er von einer Leipziger Stadtanleihe aus dem Jahre 1897 in Höhe von 35000000 *M* den Rest von 15000000 *M* zum Zinsfuße von 4 Prozent als Serie II begeben wollte.

Im Anschluß hieran veröffentlichten am 14. Juni 1901 sieben Banken, darunter die damalige Leipziger Bank und die Beklagte, gemeinsam einen Prospekt, worin sie erklärten, daß sie von der erwähnten Stadtanleihe einen Teilbetrag von 4500000 *M* fest übernommen hätten und ihn zur Zeichnung auflegten. Die Zeichnungsbedingungen waren folgende.

1. Die Zeichnung sollte am 20. Juni 1901 gleichzeitig bei den sieben Bankinstituten und Bankfirmen während der bei jeder Stelle üblichen Geschäftsstunden stattfinden.
2. Der Zeichnungspreis betrug 102,40 Prozent zuzüglich laufender Stückzinsen für die Zeit vom 31. März 1901 ab bis zum Abnahmetage.
3. Die Zeichnung sollte geschlossen werden können, sobald der für sie bestimmte Betrag erschöpft sei. — Sodann heißt es weiter:

„4. Die Zuteilung erfolgt sobald als tunlich durch schriftliche Benachrichtigung der Zeichner. Die Berücksichtigung jeder einzelnen Zeichnung unterliegt dem Ermessen der Stelle, bei welcher die Zeichnung erfolgt ist.
5. Die Abnahme der zugeteilten Stücke hat gegen Zahlung des Zeichnungspreises (vgl. Nr. 2) innerhalb der Zeit vom 26. Juni bis 5. Juli 1901 zu erfolgen."

Am 21. Juni 1901 zeichnete der Kläger bei der Filiale der Leipziger Bank in Aue ein Stück der Anleihe im Nominalbetrage von 5000 *M*. Er empfing dagegen von der genannten Filiale eine Bescheinigung über die Zeichnung und sodann eine „Leipzig den 21. Juni 1901" datierte Schlußnote, in welcher als Ausstellerin „die Leipziger Bank in Leipzig" mit dem durch Stempeldruck hergestellten Zusatz „für Rechnung eines Konsortiums" bezeichnet, als Gegenstand des Geschäfts 5000 *M* 4prozentige Leipziger Stadtanleihe Serie II, als Preis 102,40 angegeben, und am Schlusse bemerkt war: „Vermittelt durch: Wechselstube und Depositenkasse der Leipziger Bank in Aue (Erzgeb.)".

Durch Zuschrift vom 24. Juni 1901 erhielt ferner der Kläger von der genannten Filiale die Mitteilung, daß er für die überlassenen 5000 *M* Leipziger 4prozentiger Stadtanleihe à 102,40 Prozent mit 5168,40 *M* Val. pr. 26. Juni belastet sei, und ihm vom Eintreffen des Stücks Bescheid werde gegeben werden.

Am 26. Juni 1901 wurde indes über das Vermögen der Leipziger Bank das Konkursverfahren eröffnet, und es kam deshalb nicht zur Aushändigung des gezeichneten Anleihestücks an den Kläger.

Auf Grund aufgestellter Behauptungen davon ausgehend, daß wegen des Kaufpreises für das gezeichnete Stück der Anleihe die Leipziger Bank befriedigt sei, und die Ansicht vertretend, daß Beklagte als Mitglied einer von ihr und den Mitunterzeichnern des Prospekts gebildeten Gelegenheitsgesellschaft ihm gesamtschuldnerisch aus dem Kaufe des Anleihestücks hafte, klagte der Kläger auf Lieferung eines Stücks der Leipziger Stadtanleihe Serie II über 5000 *M*.

Vom Landgericht wurde auf Grund der Auffassung, daß der Kläger den Zeichnungsvertrag lediglich mit der Leipziger Bank geschlossen habe, die Klage abgewiesen, wogegen das Oberlandesgericht, der Rechtsauffassung des Klägers sich anschließend, zu dessen Gunsten erkannte. Die Revision führte zur Wiederherstellung des landgerichtlichen Urteils.

Aus den Gründen:

„Der Klaganspruch hat zunächst zur Voraussetzung, daß hinsichtlich der vom Kläger gezeichneten 5000 *M* Leipziger Stadtanleihe ein Vertragsverhältnis zwischen ihm und der Beklagten besteht, was davon abhängt, ob die Leipziger Bank den mit dem Kläger geschlossenen, als Kaufvertrag sich darstellenden Vertrag erkennbar namens des Bankkonsortiums geschlossen hat und dazu auch ermächtigt war. Das Berufungsgericht hat geglaubt, diese Frage auf Grund des gegebenen Sachverhalts bejahen zu müssen; ihm kann aber nicht beigepflichtet werden.

Der von dem Bankkonsortium veröffentlichte Prospekt enthielt, wie sich aus der Bedingung 4 Satz 2 ergibt, keinen gemeinschaftlichen Verkaufsantrag bezüglich der aufgelegten 4500000 *M* Leipziger Stadtanleihe, sondern nur eine gemeinschaftliche Aufforderung zur Stellung von Kaufanträgen durch Zeichnung. Diese Kaufanträge aber sollten gerichtet werden an die einzelnen Banken, und über die Berücksichtigung jeder einzelnen Zeichnung sollte die Bank, bei welcher die Zeichnung erfolgt war, entscheiden. Demgemäß war denn auch, wie feststeht, die von dem Kläger unterzeichnete „Zeichnungs-Anmeldung“ gerichtet an die Leipziger Bank, und die Annahme des in dieser Anmeldung liegenden Kaufantrages erfolgte durch Zustellung einer Schlußnote, in welcher als Verkäuferin bezeichnet war die Leipziger Bank. Allerdings waren hinzugefügt die Worte „für Rechnung eines Konsortiums". Diese besagten indes nicht, daß namens des Konsortiums verkauft werde. Dem Berufungsgericht mag zuzugeben sein, daß im Geschäftsverkehr der Kaufleute öfter die Worte „für Rechnung" und „im Namen" als gleichbedeutend angesehen und gebraucht werden. Aber dafür, daß die Leipziger Bank, die rechtskundig vertreten und beraten war, hier die beiden Ausdrucksweisen miteinander verwechselt haben sollte, fehlt es an genügendem Anhalt. Keiner ist darin zu finden, daß, wie das Berufungsgericht hervorhebt, zwei zu dem Konsortium gehörende Bankhäuser bei der Ausstellung ihrer Schlußnoten statt der Worte „für Rechnung" die Worte „im Auftrage" (eines Konsortiums) verwendet haben; denn „im Auftrage" ist ebensowenig gleichbedeutend mit „im Namen", wie „für Rechnung"; und auf einem Rechtsirrtum beruht es, wenn das Berufungsgericht meint und darauf das entscheidende Gewicht legt, daß hier die einzelnen Banken namens des Konsortiums hätten verkaufen müssen, weil sonst gemäß § 7 Abs. 3 des Reichsstempelgesetzes doppelte Schlußnoten auszustellen, und demnach doppelte Stempelbeträge zu verwenden gewesen wären. Wenn die einzelnen zu dem Konsortium gehörenden Banken für Rechnung des Konsortiums, aber in eigenem Namen verkauften, so handelten sie nicht als Kommissionäre im Sinne des § 383 H.G.B. Die einzelne Bank brauchte auch nicht vorher das Alleineigentum an Stücken der Stadtanleihe zu erwerben, um in eigenem Namen geschlossene Kaufverträge erfüllen zu können; die Mitglieder des Konsortiums konnten sich vielmehr durch bloß tatsächliche Verteilung der gemeinschaftlich erworbenen Anleihestücke zur Erfüllung der einzelnen Kaufverträge gegenseitig in den Stand setzen; es übertrug dann jede Bank, weil mit Einwilligung des Konsortiums, in rechtsgültiger Weise das Eigentum an den den Käufern übergebenen Stücken (§ 185 Abs. 1 B.G.B.). Die vom Bundesrat aufgestellten Grundsätze für die Anwendung des Reichsstempelgesetzes vom 3. Juni 1885, dessen § 7 Abs. 3 — abgesehen davon, daß anstatt des § 383 des neuen der Art. 360 des alten Handelsgesetzbuchs angezogen ist — mit dem § 7 Abs. 3 des jetzt geltenden Reichsstempelgesetzes übereinstimmt, enthalten denn auch unter Ziff. 10 die Bestimmung: „... Besteht zwischen mehreren Firmen eine Meta-Geschäftsverbindung, so sind die Abrechnungen zwischen den Metisten über die von einem derselben auf eigenen Namen, aber für gemeinschaftliche Rechnung der Metisten abgeschlossenen Geschäfte nicht als Abwickelungsgeschäfte zwischen Kommissionär und Kommittenten im Sinne des § 7 Abs. 3 des Gesetzes zu betrachten."

Vgl. Entsch. des R.G.'s in Civils. Bd. 20 S. 198, Bd. 26 S. 52.

Die hier in den Schlußnoten enthaltenen Vermerke „für Rechnung eines Konsortiums" oder „im Auftrage eines Konsortiums" finden daher, auch wenn man sie nicht für gleichbedeutend nimmt mit „im Namen eines Konsortiums", ihre vollkommen zureichende Erklärung, weil sie auch dann klarstellten, daß hier ein Verhältnis vorlag, daß die Notwendigkeit einer doppelten Stempelverwendung ausschloß.

Schon hiernach ist der Klaganspruch hinfällig." ...

---

76. 1. Zeitliches Recht für die Rechtsfolgen einer nach dem 1. Januar 1900 erfolgten Abtretung eines vor diesem Tage entstandenen Forderungsrechtes.

2. Kann, wenn eine Forderung durch einen Bevollmächtigten des Cedenten abgetreten ist, der Schuldner gegen seine Erfüllungsleistung im Sinne des § 410 Abs. 1 B.G.B. auch die Aushändigung der Vollmacht verlangen?

3. Wird der Anspruch des Cessionars durch die Bestimmung in § 410 Abs. 1 B.G.B. zu einem auf eine Zug-um-Zug-Leistung im Sinne der §§ 273. 274 daselbst gerichteten?

4. Ist der Urkundenprozeß auch für einen Anspruch zulässig, der die Zahlung einer bestimmten Geldsumme oder die Leistung einer bestimmten Quantität anderer vertretbarer Sachen oder Wertpapiere gegen eine Gegenleistung zum Gegenstande hat?

5. Nähere Bestimmung der Wirkungen der Vorschrift des § 593 C.P.O.

6. Inwieweit greift nach § 265 C.P.O. der Einwand durch, daß der Kläger während des Rechtsstreites die Klageforderung an einen Dritten abgetreten habe?

VI. Civilsenat. Urt. v. 11. Januar 1904 i. S. v. T. (Bekl.) w. Sch. (Kl.). Rep. VI. 301/03.

I. Landgericht Hamburg.
II. Oberlandesgericht daselbst.

Der Kläger klagte im Urkundenprozesse eine ursprünglich den B.'schen Erben zustehende Forderung von 7000 ℳ ein, die ihm von den Generalbevollmächtigten der letzteren schriftlich abgetreten worden war. Der Beklagte wurde in erster Instanz verurteilt, dem Kläger gegen Auslieferung der Cessionsurkunde und einer beglaubigten Abschrift der Generalvollmacht der B.'schen Erben 7000 ℳ nebst Zinsen zu bezahlen, und seine Berufung blieb erfolglos. Auf Revision des Beklagten ist jedoch das Berufungsurteil aufgehoben, und die Sache an das Berufungsgericht zurückverwiesen worden, aus folgenden

Gründen:

„Der Beklagte hat vor allem die Zulässigkeit des hier gewählten Urkundenprozesses bestritten, und zwar deswegen, weil diese Prozeßart nach § 592 C.P.O. nicht auf solche Ansprüche Anwendung finde, welche auf Leistung einer bestimmten Quantität vertretbarer Sachen gegen eine Gegenleistung, insbesondere auf eine Zug-um-Zug-Leistung solchen Inhaltes, gerichtet sind, und weil hier, wo der Kläger als Cessionar der B.'schen Erben auftrete und deshalb nach § 410 B.G.B. nur gegen Aushändigung seiner schriftlichen Legitimation Zahlung verlangen könne, eine solche Zug-um-Zug-Leistung in Frage stehe. Das Berufungsgericht hat sowohl verneint, daß der Anspruch des Cessionars durch die Vorschrift des § 410 zu einem auf eine Zug-um-Zug-Leistung im Sinne der §§ 273. 274 B.G.B. gerichteten werde, als auch, daß der Urkundenprozeß zum Zwecke der Einklagung einer Zug-um-Zug-Leistung nicht zulässig sei. Trotz der Angriffe des Beklagten ist dem Oberlandesgerichte in beiden Beziehungen zuzustimmen. Vor allem hat dasselbe mit Recht für alles, was die Rechtsfolgen der erst im Jahre 1902 vorgenommenen Abtretung betrifft, das neue Recht als bestimmend angesehen, obwohl der abgetretene Anspruch selbst schon vor dem Jahre 1900 entstanden war. Denn wenn auch der Art. 170 Einf.-Ges. zum B.G.B. für die vor dem Inkrafttreten des Bürgerlichen Gesetzbuchs entstandenen Schuldverhältnisse im allgemeinen das frühere Recht für maßgebend erklärt, so besteht doch mit Recht allgemeines Einverständnis darüber, daß dies nicht mitzubeziehen ist auf die Wirkungen neuer Vorgänge, die sich in betreff solcher Schuldverhältnisse erst unter der Herrschaft des neuen Rechts ereignet haben, insbesondere einer erst nach dem 1. Januar 1900 vollzogenen Cession.

Vgl. Habicht, Die Einwirkung des Bürgerlichen Gesetzbuchs rc (3. Aufl.) § 26 I 2 und 3 S. 227 flg.; Niedner, Das Einführungsgesetz vom 18. August 1896 (2. Aufl.) Bem. II 3c zu Art. 170 S. 330; Planck, Bürgerliches Gesetzbuch Bd. 6 Bem. 8b zu Art. 170 S. 278, und Rehbein, Bürgerliches Gesetzbuch Bd. 2 Bem. 33 zu §§ 398–413 S. 412.

Sodann ist es einleuchtend, daß der Fall des § 410 B.G.B. nicht eine Leistung Zug um Zug im technischen Sinne der §§ 273. 274 daselbst darstellt, weil bei einer solchen gegenseitige fällige Forderungsrechte vorausgesetzt sind, während von einem selbständigen Anspruche des Schuldners gegen den Cessionar auf Auslieferung der Cessionsurkunde nicht die Rede sein kann.

Vgl. auch Planck, Bürgerliches Gesetzbuch Bd. 2 Bem. 3 zu § 410 S. 195 flg.

Hiermit ist nun freilich eigentlich für die Entscheidung der Frage wegen der Zulässigkeit des Urkundenprozesses wenig gewonnen, weil kein Grund vorliegt, in dieser Beziehung die Fälle der Zug-um-Zug-Leistung im technischen Sinne auszusondern. Hier kann sich vielmehr der Zweifel nur darauf beziehen, ob im Sinne des § 592 C.P.O. zu den Ansprüchen, welche die Zahlung einer bestimmten Geldsumme oder die Leistung einer bestimmten Quantität anderer vertretbarer Sachen zum Gegenstande haben, auch diejenigen Ansprüche zu zählen sind, welche solche Zahlung oder Leistung nicht glattweg, sondern gegen eine Gegenleistung zum Gegenstande haben. Für die Bejahung dieser Frage spricht nicht nur einigermaßen der Wortlaut des Gesetzes, sondern auch mit Entschiedenheit der Umstand, daß, während für die Verneinung redende geschichtliche oder innere Gründe keinesfalls erfindlich sind, diese, wie das Oberlandesgericht mit Recht hervorgehoben hat, den Urkundenprozeß praktisch insofern in großem Umfange beseitigen würde, als in der Regel jeder Schuldner nur gegen Erteilung einer Quittung zu leisten braucht.

Vgl. auch noch Gaupp-Stein, Civilprozeßordnung (4. Aufl.) Bd. 2 Bem. I C zu § 592 S. 163.

In materieller Beziehung hat der Beklagte die Ausführungen angegriffen, mittels deren das Berufungsgericht sein Verlangen, jedenfalls nur zur Zahlung gegen Auslieferung des Originals (nicht bloß einer beglaubigten Abschrift) der Vollmacht verurteilt zu werden, als unbegründet hat aufweisen wollen. In dieser Beziehung kann ganz dahingestellt bleiben, ob das Oberlandesgericht mit Recht die Entscheidung des Landgerichts deshalb als dem Beklagten schon zu günstig bezeichnet hat, weil nach dem Wortlaute des § 410 B.G.B. das Recht des Schuldners gegenüber einem Cessionar sich darauf beschränkt, daß er nur gegen Aushändigung der Abtretungsurkunde zu leisten braucht, und weil für den Fall, daß, wie hier, die Abtretung nicht vom Cedenten selbst, sondern im Namen desselben von einem Bevollmächtigten vorgenommen ist, dort nicht ausdrücklich vorgesehen ist, daß dann der Cessionar dem Schuldner bei dessen Leistung auch die Vollmacht oder eine beglaubigte Abschrift derselben auszuhändigen habe; denn die Ansicht des Beklagten, daß er sich nicht mit einer beglaubigten Abschrift zu begnügen brauche, ist jedenfalls ganz grundlos, da nach § 435 C.P.O. in der Regel die beglaubigte Abschrift einer öffentlichen Urkunde der letzteren selbst als Beweismittel gleichwertig ist; wozu hier noch kommt, daß der Kläger die Generalvollmacht der Vertreter der B.'schen Erben, deren diese Vertreter selbst natürlich nicht entbehren konnten, selbstverständlich gar nicht in Händen haben kann. ...

Ein formelles Bedenken, das indessen vom Beklagten nicht erhoben worden ist, könnte noch darin gefunden werden, daß nicht vorliegt, daß alle zur Begründung des Klaganspruches nötigen Urkunden, wie es § 593 Abs. 2 C.P.O. vorschreibt, entweder mit der Klage, oder mit einem vorbereitenden Schriftsatze, und zwar im letzteren Falle mindestens um einen der Einlassungsfrist gleichen Zeitraum vor dem Verhandlungstermine, dem Beklagten auch nur abschriftlich zugestellt worden wären. Der hier in Betracht kommende Verhandlungstermin war auf den 5. Juni 1902 angesetzt; die durch den Vorsitzenden bei der ersten Terminsbestimmung nach § 226 C.P.O. abgekürzte Einlassungsfrist betrug eine Woche. Nun kommen die Anlagen 4 und 5, der beglaubigte Auszug aus dem Grundbuche (betr. die hier eingeklagte hypothekarische Ausfallsforderung) und die beglaubigte Abschrift der erwähnten Vollmacht, von denen vielleicht nicht der erstere, aber doch jedenfalls die letztere zum Beweise des Klagegrundes erforderlich war, in den Akten zuerst, und zwar abschriftlich, als Anlagen des vorbereitenden Schriftsatzes [13] vor, der vom 26. Mai 1902 datiert und erst am 29. desselben Monates abschriftlich beim Landgerichte eingereicht worden ist. Hiernach wäre es freilich an sich nicht ganz ausgeschlossen, daß zwischen der Zustellung dieses Schriftsatzes und seiner Anlagen und dem 5. Juni 1902, an welchem die mündliche Verhandlung stattfand, sieben Tage hätten frei geblieben sein können; aber daß es so hergegangen ist, ist nicht einmal wahrscheinlich, und jedenfalls ist es nicht bewiesen oder auch nur behauptet; ja dieser Punkt ist weder nach dem Tatbestande des ersten Urteils, noch nach dem Sitzungsprotokoll überhaupt zur Sprache gekommen, und sogar ist der Schriftsatz [13] dort gar nicht erwähnt, so daß kein Grund für die Annahme vorliegt, daß er überhaupt zugestellt sei. Bei dieser Sachlage würde es, da darüber, daß die Formvorschriften des § 593 C.P.O. ebenso, wie diejenigen des § 592 das., wesentliche Erfordernisse des Urkundenprozesses aufstellen, wohl kein Zweifel besteht, zunächst auf die Entscheidung der Streitfrage ankommen, ob die Vorschrift des § 593 Abs. 2, abweichend von denen des Abs. 1 das. und des § 592, dem Parteiverzicht unterliegt, und ob daher der § 295 Abs. 1 C.P.O. auf sie Anwendung findet, oder ob sie unter den Abs. 2 dieses Paragraphen fällt. Die erstere Ansicht ist in der Literatur allerdings vielfach vertreten.

Vgl. Stein, Urkunden- und Wechselprozeß § 21 S. 160 flg.; Gaupp-Stein, Civilprozeßordnung (4. Aufl.) Bd. 2 Bem. I C zu § 597 S. 178; Struckmann u. Koch, Civilprozeßordnung (8. Aufl.) Bd. 1 Bem. 2 zu § 593 S. 760 flg.; Seuffert, Civilprozeßordnung (8. Aufl.) Bd. 2 Bem. 2e zu § 593 S. 151.

Für die andere Meinung haben sich aber erklärt v. Wilmowski u. Levy, Civilprozeßordnung (7. Aufl.) Bd. 2 Bem. 3 zu § 556 S. 838 und Bd. 1 Bem. 5 zu § 267 S. 477, Petersen u. Anger, Civilprozeßordnung (4. Aufl.) Bd. 2 Bem. 3 zu § 593 S. 146 und Bd. 1 Bem. 8 zu § 295 S. 628, Reincke, Civilprozeßordnung (5. Aufl.) Bem. II zu § 593 S. 518 flg. und Bem. II 1 zu § 295 S. 279, und Rehbein, Allgemeine Deutsche Wechselordnung (6. Aufl.) S. 198, und sie ist auch diejenige, die bisher in der Rechtsprechung des Reichsgerichts befolgt worden ist. Denn der V. Civilsenat hat sich, nachdem er anfangs laut der Entsch. des R.G.'s in Civils. Bd. 3 S. 378 die Frage offen gelassen hatte, laut derselben Entscheidungen Bd. 5 S. 352 für die strengere Ansicht ausgesprochen; dann hat zwar der I. Civilsenat die Frage wieder offen gelassen (Entsch. a. a. O. Bd. 9 S. 434), der jetzt erkennende Senat aber, indem er die Ausführungen von v. Wilmowski u. Levy als maßgebend anzog, ebenfalls die strengere Auffassung gebilligt (Entsch. a. a. O. Bd. 41 S. 408 flg.). Immerhin könnte auch von diesem Standpunkte aus vielleicht noch die Frage entstehen, ob das, was früher unter der Geltung des § 556 a. F., nach welchem die Urkunden in Urschrift oder in Abschrift durchaus der Klage beigefügt werden mußten, für richtig anerkannt worden ist, nicht jetzt, nachdem der § 593 n. F. einen erheblich abweichenden Inhalt erhalten hat, doch einer anderen Beurteilung unterliegen müsse; wenngleich den meisten der oben für jene Ansicht angeführten Schriftstellern bereits die neue Fassung vorgelegen hat. Jedoch die ganze Frage bedarf hier schließlich keiner Entscheidung, weil hier noch ein anderer Gesichtspunkt in Betracht kommt, der jedenfalls in diesem Punkte zugunsten des Klägers durchgreift, übrigens allerdings nur infolge der Neugestaltung der Vorschrift durch den jetzigen § 593 zur Geltung kommen kann. Mit Rücksicht auf diese ist nämlich unbedenklich anzunehmen, daß der spätere vorbereitende Schriftsatz, mit dessen Zustellung diejenige der grundlegenden Urkunden noch nachgeholt werden kann, auch noch dem Verfahren der Berufungsinstanz angehören kann, da das Gegenteil nirgends ausgesprochen ist; wenn er nur lange genug vor dem Termine der entscheidenden Berufungsverhandlung zugestellt ist.

Vgl. Gaupp-Stein, a. a. O. Bem. II zu § 593 S. 168.

Andrerseits ist auch die Konsequenz zu ziehen, daß die Mitteilung der Urkunde in einer mündlichen Verhandlung, wenn diese nur lange genug vor der maßgebenden mündlichen Verhandlung stattgefunden hat, der rechtzeitigen Zustellung der Urkunde mit einem Schriftsatze ganz gleich stehen muß; denn die Annahme des Gegenteils würde auf einen unerträglichen Formalismus hinauslaufen, der sicher dem Sinne des Gesetzes nicht entsprechen würde. Hier liegt nun die Sache in dieser Beziehung folgendermaßen. Die mündliche Berufungsverhandlung hat am 11. März 1903, die letzte mündliche Berufungsverhandlung sogar erst am 15. April 1903 stattgefunden; die Einlassungsfrist war, da eine Abkürzung derselben durch den Vorsitzenden für die Berufungsinstanz nicht stattgefunden hatte, die gesetzliche, also nach § 520 vgl. m. § 262 C.P.O. die zweiwöchige; nun war aber die Vorlegung der fraglichen Urkunden sowohl in Abschrift, als auch in Urschrift schon in der kontradiktorischen Landgerichtsverhandlung vom 5. Juni 1902 geschehen, also ganz sicher früh genug vor der mündlichen Berufungsverhandlung. Auf solche Weise erledigt sich für alle Fälle das hervorgehobene Bedenken, indem der etwaige Formmangel jedenfalls in der Berufungsinstanz geheilt sein würde.

Trotz alledem ist das angefochtene Urteil nicht zu halten, weil die Behandlung, welche in demselben der Berufung des Beklagten darauf, daß der Kläger während des Prozesses die eingeklagte Forderung an Dritte weiter abgetreten habe, zuteil geworden ist, vom Beklagten mit Grund angegriffen worden ist. In dieser Hinsicht steht durch die eigene Angabe des Klägers fest, daß er von den 7000 ℳ zwei Teilbeträge von je 1000 ℳ während der Rechtshängigkeit an die Automaten-Restaurant-Gesellschaft abgetreten hat. In Ansehung des einen Betrages von 1000 ℳ hat der Kläger freilich behauptet, daß die Abtretung durch Benutzung des vorbehaltenen Rücktrittsrechtes wieder rückgängig gemacht sei, was indessen vom Beklagten bestritten ist. Außerdem hat der Beklagte behauptet, daß auch die übrigen 5000 ℳ vom Kläger während des Rechtsstreites abgetreten seien, und zwar an einen gewissen L.; dies ist vom Kläger bestritten, jedoch vom Beklagten in einer im Urkundenprozesse nach § 595 Abs. 2 C.P.O. zulässigen Weise durch Eideszuschiebung unter Beweis gestellt. Das Oberlandesgericht hat diese Abtretungen für unerheblich erklärt und daher auch über die streitigen Punkte keinen Beweis erhoben, weil nach § 265 Abs. 2 C.P.O. eine solche Abtretung auf den Prozeß keinen Einfluß habe, und weil insbesondere nicht auf das eventuelle Verlangen des Beklagten hin gegen den Antrag des Klägers jener zur Zahlung an einen Dritten verurteilt werden könne. Diese Gründe treffen nicht zu. Die Bedeutung des früheren § 236, des jetzigen § 265 C.P.O. ist freilich immer sehr streitig gewesen; aber der IV. Civilsenat des Reichsgerichts hat schon laut der Entsch. des R.G.'s in Zivils. Bd. 40 S. 341 flg. sich, unter Darlegung der ganzen

Streitfrage, für diejenige Ansicht erklärt, wonach nur in rein prozessualer Beziehung der Veräußerung oder Abtretung jede Einwirkung auf die anhängige Streitsache entzogen ist, dagegen die sonstigen materiellen Rechtsfolgen ungehindert auch hier eintreten, und der jetzt erkennende Senat schließt sich dieser Auffassung an. Damals hatte der IV. Civilsenat nach Lage der Sache nur die Frage zu entscheiden, ob der Kläger berechtigt sei, nach der von ihm vollzogenen Cession seinen Klagantrag dahin zu ändern, daß der Beklagte zur Leistung an den Cessionar verurteilt werden möge, und ist daher nicht darauf zu sprechen gekommen, ob der Kläger in solchem Falle nicht sogar seinen Antrag — unter Anwendung des § 268 Ziff. 3 C P.O. — in dieser Weise, sobald ihm der Beklagte einen Einwand aus der geschehenen Abtretung entgegenhält, ändern müsse, um überhaupt mit der Klage durchdringen zu können. Die Bejahung dieser Frage ist aber die notwendige Folge der vom IV. Civilsenat gebilligten Ansicht, die auch von den meisten Anhängern der letzteren gezogen wird.

Vgl. z. B. Förster-Eccius, Preuß. Privatrecht (7. Aufl.) Bd. 1 § 99 S. 671 flg., besonders S. 675; Dernburg, Preuß. Privatrecht Bd. 2 (5. Aufl.) § 83 Anm. 18 S. 199, und Bürgerl. Recht Bd. 2 Abt. 1 § 136 S. 308; Rehbein, Bürgerliches Gesetzbuch Bd. 2 Bem. 8 zu §§ 398—413 S. 385.

Sonst würde ja auch der Abs. 1 des § 265, wonach durch die Rechtshängigkeit der Sache das Recht der einen oder der anderen Partei, den geltend gemachten Anspruch abzutreten, nicht ausgeschlossen wird, seine Bedeutung verlieren; denn nach § 398 B.G.B. hört durch die Abtretung der Cedent sofort auf, Gläubiger zu sein, und es ist nicht abzusehen, weshalb ihm dies nicht eben so gut sollte entgegengehalten werden können, wie z. B. eine während des Prozesses von ihm entgegengenommene Zahlung. Besonders spricht für diese Ansicht auch noch die Analogie des Falles der Pfändung eines rechtshängigen Anspruches, in welchem es doch undenkbar wäre, daß der Drittschuldner auf Verlangen des gepfändeten Gläubigers einfach zur Zahlung an diesen verurteilt würde. Daß der Beklagte nicht auf seinen eigenen Antrag zur Zahlung, statt an den Kläger, an dessen Cessionar verurteilt werden kann, ist allerdings richtig; aber es handelt sich darum, daß der Kläger mit seiner Klage abgewiesen werden muß, wenn er darauf beharrt, trotz der Cession die Verurteilung des Beklagten zur Zahlung an ihn selbst, statt an den Cessionar, zu verlangen. Gegen diese Abweisung ist nicht etwa ein argumentum a contrario aus dem Abs. 3 des § 265, der im wesentlichen dem zweiten Satze des früheren § 238 entspricht, herzuleiten. Wenn nämlich dort für die Ausnahmefälle, wo nach § 325 C.P.O. die Rechtskraftwirkung dem während der Rechtshängigkeit eingerückten Rechtsnachfolger gegenüber nicht eintritt, der Einwand für begründet erklärt wird, daß der Kläger zur Geltendmachung des Anspruches nicht mehr befugt sei, so ist daraus nicht etwa zu folgern, daß in allen anderen Fällen dem Kläger gar kein Einwand aus der von ihm während des Prozesses vorgenommenen Veräußerung oder Abtretung entgegengehalten werden könne. Der Abs. 3 stellt vielmehr eine Ausnahme von dem ersten Satze des Abs. 2 auf, nach welchem die Veräußerung oder Abtretung auf den Prozeß keinen Einfluß haben soll, und zwar dahin, daß, wenn der Beklagte dies geltend macht, der Kläger überhaupt den Prozeß nicht weiter durchführen kann, auch nicht unter entsprechender Änderung seines Klagantrages, sondern ohne weiteres mit seiner Klage abgewiesen werden muß; der Grund liegt offenbar darin, daß man dem Beklagten nicht zumuten kann, sich weiter auf einen Prozeß einzulassen, worin jede ihm günstige Entscheidung ihm seinem jetzigen wahren materiellen Gegeninteressenten gegenüber nichts nützen würde. Daraus kann man also nicht schließen, daß der Beklagte nicht in Fällen, wo nach § 325 das Urteil auch dem Rechtsnachfolger des Klägers gegenüber wirkt, doch das Recht hätte, darauf zu bestehen, daß er eventuell jedenfalls nur so verurteilt werde, wie er die Leistung jetzt schuldet, und nicht etwa zu einer Leistung, die er so nach § 398 B.G.B. jetzt nicht mehr schuldet. Übrigens würde, selbst wenn der Abs. 3 des § 265 C.P.O. nicht diese weiterreichende Bedeutung hätte, sondern nur das materielle Durchgreifen des Einwandes der geschehenen Veräußerung oder Abtretung für die in ihm bezeichneten Fälle sichern wollte, darin noch immer kein Grund liegen, dieses für andere Fälle als ausgeschlossen anzusehen; denn da keinenfalls im Gesetze ausdrücklich etwas darüber bestimmt sein würde, welche Erscheinungsform die materielle Wirkung des Einwandes überhaupt anzunehmen habe, so würde immer noch die Auffassung möglich bleiben, daß jener Abs. 3 nur unter allen Umständen für die in ihm hervorgehobenen Fälle die Verurteilung des Beklagten zur Leistung an den Kläger selbst verhindern wolle, ohne der Entscheidung irgendeiner anderen Zweifelsfrage vorgreifen zu wollen. Es ist ja auch früher dem Satz 2 des § 238 a. F. nie irgendeine Bedeutung für die Entscheidung der oben behandelten Streitfrage beigemessen worden.

Somit mußte wegen Verstoßes gegen § 265 Abs. 1, bzw. wegen unrichtiger Anwendung von § 265 Abs. 2 C.P.O. das letzte Berufungsurteil aufgehoben, und die Sache in die Berufungsinstanz zurückverwiesen werden." ...

---

77. 1. Kann der Gläubiger die Stundung der Hauptschuld auf die Person des Hauptschuldners beschränken, den Bürgen aber dabei ausschließen?

2. Bewilligung der Stundung unter dem Vorbehalt, daß die gegen den Bürgen bereits erhobene Klage ihren Fortgang nehmen solle.

B.G.B. §§ 767. 768.

VI. Civilsenat. Urt. v. 14. Januar 1904 i. S. N. (Kl.) w. L. (Bekl.). Rep. VI. 206/03.

I. Landgericht Breslau.
II. Oberlandesgericht daselbst.

Der Kaufmann J. in B. war im Jahre 1901 in Konkurs geraten. Um einen Zwangsvergleich zu ermöglichen, schloß er mit dem Kläger einen Vertrag, durch den dieser auf die Befriedigung seiner Forderung von 49000 M aus der Konkursmasse verzichtete, und J. sich verpflichtete, drei Wochen nach der Rechtskraft des Zwangsvergleichs dem Kläger 5300 M zu zahlen. Für die Erfüllung dieser Verbindlichkeit übernahm der Beklagte schriftlich die selbstschuldnerische Bürgschaft.

Der Zwangsvergleich wurde etwa Anfang September 1901 rechtskräftig. Da die Zahlung der 5300 M ausblieb, klagte der Kläger sie nebst Zinsen gegen den Beklagten ein. Die Klage wurde vom Landgerichte nach dem Antrage des Beklagten abgewiesen, weil nach der Erhebung der Klage der Kläger durch Vertrag vom 17. November 1901 dem Hauptschuldner bis zum 1. November 1904 Stundung erteilt habe, und auf diesen Vertrag auch der Bürge sich berufen könne. Der Kläger legte Berufung ein und stellte unter Aufrechthaltung des bisherigen Klagantrages den eventuellen Antrag, den Beklagten zur Zahlung am 1. November 1904 zu verurteilen. Die Berufung wurde zurückgewiesen. Der Revision des Klägers ist stattgegeben aus folgenden

Gründen:

„Bezüglich des Vertrages vom 17. November 1901, auf den der Beklagte die Einrede der Stundung gründet, weichen die Angaben der Parteien voneinander ab. Der Beklagte behauptet, der Kläger habe dem Hauptschuldner die 5300 *M* gegen Ausstellung eines am 1. November 1904 fälligen Wechsels gestundet und sich nur die Fortsetzung der gegen den Beklagten erhobenen Klage vorbehalten. Der Kläger dagegen stellt die Sache so dar, daß er die Stundung abgelehnt und erklärt habe, daß die Klage gegen den Bürgen ihren Fortgang nehmen werde; der Wechsel sei von J. nur als Sicherheitswechsel ausgestellt. Das Berufungsgericht legt seiner Entscheidung die Darstellung zugrunde, die der Zeuge J. von dem Inhalt der geführten Verhandlung gegeben hat Seine im einzelnen schwankenden Angaben gehen dahin: Am 17. November 1901 haben er und der Kläger darüber verhandelt, wie groß der Betrag sei, den er dem Kläger außer den 5300 *M* schulde, und zugleich ist die Bewilligung von Terminszahlungen für die ganze Schuld zur Sprache gebracht. Für die sonstigen Schulden ist deren allmähliche Tilgung durch bestimmte Terminszahlungen abgemacht, und es sind an diesen Terminen fällige Wechsel ausgestellt worden. Auch über die 5300 *M* hat J. dem Kläger einen am 1. November 1904 fälligen Wechsel ausgestellt; aber in bezug auf diese Schuld hat ihm der Kläger vorher erklärt, daß er auf die Fortsetzung der Klage gegen den Bürgen nicht verzichten wolle. J. hat hiergegen anfangs eingewendet, daß, wenn er nicht gegen den Rückgriff des Bürgen geschützt sei, ihm die ganze Einigung nichts nützen könne. Später aber, als Kläger von seiner Erklärung nicht abging, hat er sich damit einverstanden erklärt. Den

Grund dieses Nachgebens hat er verschieden angegeben; zuletzt hat er gesagt, er habe geglaubt, der Beklagte werde wegen anderer Einreden, die er gegen den Kläger habe, nicht auf dessen Klage verurteilt werden, und er brauche sich nur gegen einen sofortigen Anspruch des Klägers zu schützen. Diesem Vorgang legt das Berufungsgericht die rechtliche Bedeutung bei, daß der Kläger dem Hauptschuldner Stundung erteilt habe, aber nur ihm persönlich, nicht auch dem Bürgen. Diese Beschränkung nehme jedoch dem letzteren nicht das Recht, die dem Hauptschuldner zustehende Einrede für sich geltend zu machen.

Haben die Verhandlungen vom 17. November 1901 den rechtlichen Inhalt, den das Berufungsgericht darin findet, so ist auch die daraus gezogene Folge richtig. Denn für die Verpflichtung des Bürgen ist der jeweilige Bestand der Hauptverbindlichkeit maßgebend. Wird diese durch Hinausschieben des Fälligkeitstermins gemindert, so kommt das auch dem Bürgen zugute, und die aus der Stundung dem Hauptschuldner erwachsende Einrede kann dem Bürgen nicht entzogen werden (§§ 767. 768 B.G.B.). Aber der Revision ist darin beizutreten, daß die rechtliche Beurteilung jener Verhandlungen erheblichen Bedenken unterliegt.

Die Willenserklärung, mit der der Kläger den Antrag J.'s auf Stundung der 5300 ℳ beantwortet hat, muß als eine einheitliche gewürdigt werden. Sie darf nicht ohne weiteres in eine unbeschränkte Bewilligung der Stundung an den Hauptschuldner und in den Vorbehalt, daß die Stundung dem Bürgen nicht zugute kommen solle, zerlegt werden. Die Frage hätte vielmehr vom Berufungsgerichte so gestellt werden müssen: ist dem Hauptschuldner wirksam Stundung erteilt, wenn deren Bewilligung mit der Beschränkung vom Gläubiger ausgesprochen ist, daß dieser berechtigt bleiben solle, den Bürgen auszuklagen, und letzterer, auf den Hauptschuldner zurückzugreifen. Hierbei hätte dann zunächst der Zweifel erörtert werden müssen, ob solche Erklärung des Gläubigers die materielle Bedeutung einer Stundung hat, und ob sie nicht in Wirklichkeit auf eine Ablehnung der erbetenen Stundung und auf die Verweisung des Schuldners an die Nachsicht des Bürgen hinausläuft. Zwar kann darin die Zusage liegen, daß der Gläubiger den Schuldner nicht vor dem Bürgen in Anspruch nehmen wolle. Aber die Frage, ob daraus dem Bürgen eine Einrede gegen den Gläubiger erwachsen würde, scheidet hier aus, weil der Kläger sein Wahlrecht bereits ausgeübt und die Klage gegen den Bürgen erhoben hatte. Dem erwähnten Zweifel braucht jedoch nicht weiter nachgegangen zu werden, weil ein anderes, auch von der Revision geltend gemachtes Bedenken durchgreift.

Der Vertrag zwischen dem Kläger und J. ist zum Abschluß gelangt auf Grund der Erklärung des ersteren, wodurch der Antrag des letzteren mit dessen Einwilligung in beschränktem Umfange angenommen wurde. Eine Willenseinigung der Beteiligten ist also nur in diesem eingeschränkten Maße erzielt worden. Müßte nun im vorliegenden Falle nach der Auffassung des Berufungsgerichts dem beschränkenden Zusatze die rechtliche Wirksamkeit versagt werden, und würde deswegen der Vertrag, so wie er geschlossen ist, dem Gesetze zuwiderlaufen, so wäre die rechtliche Folge davon nicht die, daß nunmehr der beschränkende Zusatz zu streichen, und die vom Kläger nicht gewollte unbeschränkte Zustimmung an die Stelle zu setzen wäre. Die rechtliche Unmöglichkeit dessen, was der Kläger gewollt hat, müßte vielmehr die Willenserklärung selbst unwirksam machen, also zu der Folge führen, daß durch die am 17. November abgegebenen Willenserklärungen ein wirksamer Vertrag überhaupt nicht zustande gekommen wäre. Das folgt aus den allgemeinen Rechtsgrundsätzen und ist vom Bürgerlichen Gesetzbuch auch ausdrücklich für die Fälle anerkannt, wo bei gewissen Willenserklärungen die Hinzufügung beschränkender Zusätze — Bedingung, Zeitbestimmung — für unzulässig erklärt ist (vgl. §§ 388. 925 u. a. m.).

Aus Vorstehenden ergibt sich, daß, wenn dem Abkommen vom 17. November die sachliche Bedeutung eines Stundungsvertrages beizumessen ist, es unwirksam ist, weil dem vom Kläger erklärten Vertragswillen eine rechtlich unzulässige Beschränkung hinzugefügt ist, darüber hinaus aber die für den Vertragsschluß unentbehrliche Einigung der Beteiligten fehlt. Die vom Beklagten vorgebrachte Einrede der Stundung ist deswegen in jedem Falle abzuweisen." ...

---

78. 1. Unter welchen Voraussetzungen kann auch nach Ablauf der einjährigen Frist die konkursmäßige Anfechtung nach § 41 Abs. 2 K.O. einredeweise geltend gemacht werden?

2. Verhältnis des § 823 B.G.B. zu den Normen über die Verletzung des Eigentumsanspruchs (§§ 989 flg. B.G.B.).

VII. Civilsenat. Urt. v. 15. Januar 1904 i. S. des Verwalters im J.'schen Konkurse (Bekl.) w. L. (Kl.). Rep. VII. 416/03.

I. Landgericht Halle a. S.
II. Oberlandesgericht Naumburg a. S.

Über das Vermögen des Möbelfabrikanten J. wurde am 22. Oktober 1901 der Konkurs eröffnet. Der verklagte Verwalter zog unter anderem zur Masse 1. ein Furnierlager, 2. eine Anzahl anderer Fabrikate und der Möbelfabrikation dienender Gegenstände. Diese Sachen wurden — zum Teil erst nach der am 10. Februar 1902 erfolgten Zustellung der Klage — vom Konkursverwalter teils im Wege der öffentlichen Versteigerung, teils freihändig verkauft; der Erlös floß zur Masse. Der Kläger nahm mit der Behauptung, daß er im Juli 1901 das Furnierlager vom Gemeinschuldner für den Preis von 2700 ℳ gekauft und übergeben erhalten habe, in Ansehung desselben ein Aussonderungsrecht in Anspruch und klagte auf dessen Herausgabe, eventuell Ersatz des angeblichen Wertes mit 2700 ℳ nebst 4 v. H. Zinsen seit der Klagerhebung. An den übrigen Sachen machte er ein Absonderungsrecht geltend; sie seien ihm wegen zweier Darlehnsforderungen im August 1901 vom Gemeinschuldner verpfändet und übergeben. Er beanspruchte die Herausgabe zum Zwecke der Verwertung wegen seiner Forderungen oder Zahlung dieser Forderungen nebst auflaufenden Zinsen und Kosten aus dem Erlöse der bezeichneten Sachen. Der Beklagte widersprach der Klage; er wendete insbesondere ein, daß der Verkauf des Furnierlagers und die Verpfändungen nur Scheingeschäfte seien. Das Landgericht verurteilte den Beklagten gemäß den in zweiter Linie gestellten Klaganträgen. In zweiter Instanz focht der Beklagte die Veräußerung des Furnierlagers und die Pfandbestellung nach § 31 Nr. 1 K.O. an. Die Berufung wurde indessen zurückgewiesen. Der Revision ist teilweise stattgegeben.

Aus den Gründen:

„Die Revision rügt zunächst, daß der Berufungsrichter zu Unrecht angenommen habe, das Recht des Beklagten zur konkursmäßigen

Anfechtung des Verkaufs und der Übereignung des Furnierlagers sowie der Verpfändung der übrigen im Tatbestand erwähnten Sachen sei durch Ablauf der im § 41 Abs. 1 K.O. gesetzten einjährigen Frist erloschen. Die Rüge geht fehl."... (Wird näher ausgeführt.) „Fraglich bleibt nur, ob nicht die Anfechtung gemäß § 41 Abs. 2 K.O. noch einredeweise geltend gemacht werden kann. Der Abs. 2 bestimmt: „Ist durch die anfechtbare Handlung eine Verpflichtung des Gemeinschuldners zu einer Leistung begründet, so kann der Konkursverwalter die Leistung verweigern, auch wenn die Anfechtung nach Abs. 1 ausgeschlossen ist." Der Satz beruht auf Gründen der Billigkeit (Begr. zur Konkursnovelle, S. 48 der Heymann'schen Ausgabe). Es soll dem Anfechtungsgegner, der auf Grund der anfechtbaren Rechtshandlung einen Anspruch erhebt, nicht gestattet sein, sich dem Einwande des Verwalters gegenüber auf den Ablauf der Anfechtungsfrist zu berufen. Die anfechtbare Rechtshandlung muß also der Tatbestand sein, auf welchen die Klage des Anfechtungsgegners sich stützt. Vorliegend handelt es sich um den dinglichen Anspruch des Eigentümers und Pfandgläubigers auf Herausgabe der übereigneten und verpfändeten Sachen (§§ 985. 1227 B.G.B.). Klagegrund ist das Eigentum bzw. das Pfandrecht in Verbindung mit der durch die Vorenthaltung des Besitzes seitens des Beklagten gegebenen Beeinträchtigung dieser Rechte. Der Anspruch erwächst erst aus dem objektiv rechtswidrigen Verhalten des Beklagten, nicht aus der anfechtbaren, freilich den Erwerb des Eigentums bzw. Pfandrechts erst vermittelnden Handlung. Solche Ansprüche wegen ihres mittelbaren Zusammenhangs mit anfechtbaren Willensbetätigungen gleichfalls dem Abs. 2 des § 41 K.O. zu unterstellen, erscheint mit Rücksicht auf den Wortlaut des Gesetzes, das sich zudem als eine positive Ausnahmevorschrift darstellt, nicht angängig. Ob das gleiche zu sagen ist, wenn neben dem dinglichen Anspruche noch ein persönlicher Anspruch auf Übertragung des unmittelbaren Besitzes nach Maßgabe der zwischen dem Anfechtungsgegner und dem Gemeinschuldner bestehenden obligatorischen Beziehungen gegeben erscheint (vgl. Jäger, K.O. 2. Aufl. Bem. 7 zu § 41 K.O.), braucht nicht entschieden zu werden. Im gegenwärtigen Falle sind nach der Behauptung des Klägers nicht nur die verpfändeten Sachen, sondern auch das verkaufte Furnierlager wirklich übergeben, so daß die auf die Begründung des Eigentums bzw. Pfandrechts gerichteten Rechtsakte vollständig erledigt sind, und aus ihnen keinerlei Verpflichtung des Gemeinschuldners zu irgendeiner Leistung übrig geblieben ist....

Das Landgericht hat das Recht des Klägers auf abgesonderte Befriedigung aus den Pfandstücken wegen seiner Darlehnsforderungen von 297,40 bzw. 800 ℳ nebst Zinsen festgestellt und den Beklagten zur Zahlung aus dem Erlöse verurteilt. Insoweit gegen diesen Teil der erstinstanzlichen Entscheidung die Berufung zurückgewiesen ist, erscheint auch die Revision unbegründet.... Mit Recht wendet sie sich aber gegen das Berufungsurteil, sofern es das Urteil des Landgerichts zu I der Formel billigt und den Beklagten ohne weiteres zum Ersatze des vollen Wertes der Furniere mit 2700 ℳ verurteilt. Das Landgericht erachtet den Beklagten nach § 823 B.G.B. für schadensersatzpflichtig, weil er fahrlässigerweise den Herausgabeanspruch des Klägers in Ansehung der Furniere vereitelt habe. Der Berufungsrichter tritt diesen Ausführungen mit näherer Begründung des Verschuldens des Beklagten bei. Hierbei ist indessen übersehen, daß das Bürgerliche Gesetzbuch die Verletzung des Eigentumsanspruchs besonders und eingehend regelt, und daß insoweit die allgemeine, die schuldhafte widerrechtliche Verletzung des Eigentums behandelnde Norm des § 823 nicht zur Anwendung kommen kann. Daß dies die Meinung des Gesetzes ist, geht unzweideutig aus dem § 992 B.G.B. hervor: nur wenn sich der Besitzer durch verbotene Eigenmacht oder durch eine strafbare Handlung den Besitz verschafft hat, haftet er dem Eigentümer nach den Vorschriften über den Schadensersatz wegen unerlaubter Handlungen. Im übrigen greifen die §§ 989. 990. 993 B.G.B. Platz. Von diesem rechtlichen Gesichtspunkte aus hat der Berufungsrichter die Sache noch gar nicht geprüft. Er erachtet lediglich ein Verschulden des Bellagten bei der Veräußerung des Fournierlagers für dargetan. Dieses ist teils vor, teils nach der Rechtshängigkeit versteigert. Nähere Ermittelungen fehlen zur Zeit. Nur soweit die Veräußerung nach der Rechtshängigkeit erfolgt ist, wird der Beklagte gemäß § 989 B.G.B. für den Schaden verantwortlich sein, der dadurch entstanden ist, daß das Furnierlager infolge der Versteigerung, eines auf vorsätzliches Handeln des Beklagten zurückzuführenden Vorkommnisses, von ihm nicht herausgegeben werden kann. Ein die Anwendung des § 992 B.G.B. rechtfertigendes Verhalten des Beklagten bei der Inbesitznahme der Furniere ist in keiner Weise dargetan. Es wird daher hinsichtlich der vor dem Streitbeginne verkauften Furniere darauf ankommen, ob der Beklagte beim Erwerbe des Besitzes nicht in gutem Glauben war, d. h. das Eigentum des Klägers kannte oder aus grober Fahrlässigkeit nicht kannte (Planck, Bem. 2bβ zu § 990 B.G.B.; § 932 Abs. 2 B.G.B.). Ist dies nicht festzustellen, so wird es sich weiter fragen, ob der Beklagte später und vor der Veräußerung erfahren hat, daß er zum Besitze nicht berechtigt sei, wobei grob fahrlässige Unkenntnis der Kenntnis nicht gleichsteht (vgl. § 937 B.G.B. und Planck, Bem. 2bβ). Vorläufig ist nur fahrlässiges Verhalten des Beklagten festgestellt. Es fehlt somit der Verurteilung des Beklagten zum Ersatze des Wertes des gesamten Furnierlagers an der rechtlichen Grundlage, und es mußte insoweit das Berufungsurteil aufgehoben, und die Sache zur anderweiten Verhandlung und Entscheidung in die Vorinstanz zurückverwiesen werden. Ob im Falle der Redlichkeit des Besitzes des Beklagten wenigstens ein Bereicherungsanspruch auf den Erlös der Furniere gegeben wäre, steht vorläufig nicht zur Entscheidung (vgl. § 993 B.G.B.)." ...

---

79. Welche Ansprüche hat der Wechselschuldner, der einen Wechsel für künftige Schuld ausgestellt hat, wenn der Wechsel gegen die Abrede in Umlauf gesetzt war und von dem Wechselschuldner hat eingelöst werden müssen? Findet gegen diese Ansprüche eine Aufrechnung statt?
B.G.B. §§ 387. 393. 812. 818. 826.

I. Civilsenat. Urt. v. 16. Januar 1904 i. S. M. (Kl.) w. F. & G. (Bekl.). Rep. I. 371/03.

I. Landgericht I Berlin.
II. Kammergericht daselbst.

Der Kläger stand in den Jahren 1895 bis 1900 mit den Beklagten in Geschäftsverbindung, indem er An- und Verkäufe von Wertpapieren und sonstige Bankiergeschäfte durch die Beklagten ausführen ließ. Nachdem er Ende Mai und Anfang Juni 1900 Aufforderungen erhalten hatte, Abzahlungen auf sein Konto zu machen, begab er sich am 7. Juni 1900 auf das Kontor der Beklagten, wo er mit deren Prokuristen verhandelte. Über den Inhalt der Unterredung wichen die Angaben der Parteien voneinander ab. Fest stand aber, daß der Kläger bei dieser Gelegenheit den Beklagten einen von ihm acceptierten Wechsel über 5000 ℳ, zahlbar am 7. September 1900, gegeben und dafür eine Quittung erhalten hatte, worin die Beklagten bescheinigten, den Wechsel „zum Diskont“ empfangen und dem Kläger abzüglich Zinsen und Stempel 4916,25 ℳ val. dato gut gebracht zu haben. Nach der Behauptung des Klägers sollte der Wechsel nur ausgestellt und gegeben sein im Zusammenhang mit einer neuen Kauforder für Aktien der Laurahütte, die er am selben Tage erteilt habe, und wofür der Wechsel als Deckung habe dienen sollen. Dieser Kaufauftrag aber sei nicht zur Ausführung gelangt, und er habe für diesen Fall schon bei Hingabe des Wechsels mit B. verabredet, daß der Wechsel ihm zurückzugeben sei. Die Beklagten gaben zu, daß der Kläger am 7. Juni einen Auftrag zum Ankauf von Aktien der Laurahütte, der nicht zur Ausführung habe gelangen können, gegeben habe; sie bestritten aber, daß der Wechsel nur als Deckung für dies Geschäft habe dienen sollen; vielmehr habe dadurch eine Abminderung der Gesamtschuld des Klägers herbeigeführt werden sollen.

Einer brieflichen Aufforderung des Klägers vom 12. Juni, den Wechsel an ihn zurückzugeben, leisteten die Beklagten keine Folge; sie begaben vielmehr den Wechsel am 11. August anderweitig. Der Kläger löste ihn dann bei Verfall ein.

Die noch im Juli 1900 bei Gericht eingereichte Klage war anfangs auf Herausgabe des Wechsels gerichtet. Nachher wurde sie dahin geändert, daß die Beklagten zur Erstattung der Wechselsumme von 5000 ℳ nebst 4 Prozent Zinsen seit dem 1. November 1900 verurteilt werden möchten.

Gegründet war die Klage darauf, daß der Wechsel nur für den Ankauf der Laura-Aktien gegeben sei und wegen Nichtausführung dieses Geschäfts zurückgegeben werden müsse, schon nach § 812 B.G.B., aber auch weil dies ausdrücklich verabredet sei. Sodann machte der Kläger geltend, die von den Beklagten vorgenommene Verrechnung des Wechsels auf seine Schuld sei unzulässig, da diese Schuld nur durch unklagbare Differenzgeschäfte oder durch Börsentermingeschäfte, die, weil er nicht ins Börsenregister eingetragen, ebenfalls unklagbar seien, erwachsen sei.

Die Beklagten traten dem entgegen. Sie machten geltend, daß ihnen der Kläger aus gültigen Geschäften mehr als die eingeklagte Summe schulde.

Die Klage wurde in beiden Instanzen abgewiesen. Auf die Revision des Klägers hat das Reichsgericht das Berufungsurteil aufgehoben.

Gründe:

„Die Parteien sind darüber einverstanden, daß die Klage jedenfalls dann Erfolg haben müßte, wenn den Beklagten eine gültige und klagbare Forderung gegen den Kläger, worauf der Wechsel zur Verrechnung gebracht werden kann, nicht zustehen sollte. Dafür, daß ihnen eine solche Forderung zustehe, sieht das Kammergericht die Beklagten als beweispflichtig an, erachtet dies aber auf Grund der aus den Geschäftsbüchern der Beklagten durch den Bücherrevisor B. beigebrachten und des sonstigen Beweisstoffes als bewiesen. Eine größere Anzahl von Geschäften, die zwischen den Parteien getätigt sind, hat das Kammergericht allerdings für reine Differenzgeschäfte erklärt und demgemäß als ungültig und klaglos angesehen. Andere Geschäfte aber sind nach Ansicht des Gerichts reguläre Kassageschäfte und weder Spiel noch dem 4. Abschnitte des Börsengesetzes unterworfen. Auf Grund dieser Scheidung ist dann die Rechnung in der Weise aufgemacht, daß die Spielgeschäfte in Wegfall gebracht, und nur die gültigen Geschäfte eingestellt worden sind. Alle Einschüsse und Zahlungen des Klägers sind von dem Debet-Saldo der gültigen Geschäfte gekürzt. Auch dann aber bleibt nach der Feststellung des Berufungsgerichts immer noch ein Guthaben der Beklagten von 5495,68 ℳ, also ein Guthaben, das nicht nur die in der Quittung vom 7. Juni 1900 angegebene Diskontsumme, sondern auch die Wechselsumme nebst Zinsen, worauf der Klagantrag gerichtet ist, übersteigt.

Dieser Teil der Entscheidungsgründe läßt einen Rechtsirrtum, der der Revision des Klägers zur Stütze dienen könnte, nicht erkennen. Der prozessuale Angriff, den die Revision erhoben hat, ist unbegründet." ... (Wird weiter ausgeführt.)

„Der Kläger hatte aber weiter geltend gemacht, daß die Beklagten, auch wenn ihnen eine höhere gültige Forderung zur Seite stehen sollte, nicht befugt seien, den Wechsel hierauf zu verrechnen, sondern zur Rückzahlung der Wechselsumme verurteilt werden müßten. Das Berufungsgericht hat diesen Standpunkt für unberechtigt erklärt, ohne den Streit der Parteien über die Vorgänge bei der Hingabe des Wechsels zu entscheiden. Dieser Auffassung vermag das Reichsgericht indes nicht beizupflichten.

Der Kläger hatte behauptet

1. daß er den Wechsel nicht zur allgemeinen Abminderung seiner Schuld, sondern nur zu dem Zwecke hergegeben habe, damit er den Beklagten als Deckung für einen neuen Spekulationskauf dienen solle, von dem feststeht, daß er nicht zur Ausführung gekommen ist, und

2. daß die Beklagten auch ausdrücklich die Rückgabe des Wechsels für diesen Fall, der dann eintrat, versprochen hätten.

Wird — wie es nach dem Bemerkten erforderlich ist — die Richtigkeit dieser Behauptungen unterstellt, so wird zwischen der ersten und der zweiten zu unterscheiden sein.

Geht man ausschließlich von der ersten Behauptung aus, so kann der Auffassung des Berufungsgerichts nicht entgegengetreten werden. Dem Kläger würde lediglich der Anspruch zustehen, den § 812 B.G.B. für den Fall gibt, daß „der mit einer Leistung nach dem Inhalte des Rechtsgeschäfts bezweckte Erfolg nicht eintritt". Dieser Anspruch würde zunächst auf Herausgabe des Wechsels und jetzt, wo die Beklagten zur Herausgabe außerstande sind, nach § 818 Abs. 2 auf Werterſatz gehen. Die Aufrechnung mit einer gültigen und fälligen Forderung gegen den Kläger aber würde den Beklagten nach § 387 B.G.B. diesem Anspruche gegenüber nicht versagt werden können.

Unrichtig aber ist es, wenn das Berufungsgericht das gleiche auch bei Unterstellung der zweiten Behauptung annimmt. Versprachen die Beklagten beim Empfange des Wechsels ausdrücklich dessen Herausgabe für den Fall, daß es nicht gelingen sollte, die neue Kauforder auszuführen, so kann diese Absprache nur dahin verstanden werden, daß jede Verrechnung des Wechsels auf die bereits bestehende Schuld ausgeschlossen sein sollte. Die Annahme des Berufungsgerichts, daß eine solche Absprache nur auf die Herausgabe des Wechsels selbst gerichtet gewesen sein könne und daher jetzt, wo dies nicht mehr in

Frage stehe, bedeutungslos erscheine, kann nicht gebilligt werden. Vielmehr müßte aus einer derartigen Absprache ein vertragsmäßiger Ausschluß der Aufrechnung abgeleitet werden.

Ein zweiter rechtlicher Gesichtspunkt, den das Berufungsgericht übersehen hat, führt zu dem gleichen Ergebnisse. Hatten sich die Beklagten dem Kläger gegenüber für den eingetretenen Fall zur Herausgabe des Wechsels ausdrücklich verpflichtet, so würde nach der bereits feststehenden Sachlage in der Weiterbegebung des Wechsels ein Tatbestand zu finden sein, der unter § 826 B.G.B. fällt. Denn es ist nicht streitig, daß der Kläger brieflich die Beklagten bereits am 12. Juni zur Herausgabe des Wechsels aufgefordert, und daß er auch die Klage früher erhoben hat, als die Weiterbegebung erfolgte. Da die Beklagten in dieser Hinsicht weitere Schutzbehauptungen nicht aufgestellt haben, muß hieraus gefolgert werden, daß die Weiterbegebung wissentlich zu dem Zwecke geschehen ist, dem Kläger die Einreden abzuschneiden, die er auf Grund der Absprache gegen die Beklagten, falls sie selbst den Wechsel gegen ihn geltend machten, hätte erheben können, also um dem Kläger vorsätzlich Schaden zuzufügen. Diese Handlung würde auch nicht bloß als Vertragsverletzung, sondern zugleich als ein Verstoß gegen die guten Sitten zu betrachten sein, da eine rechtswidrige Verfügung über einen den Beklagten anvertrauten Vermögenswert in Frage steht.

Vgl. auch Entsch. des R.G.'s in Civils. Bd. 51 S. 357.

Liegt aber der Tatbestand des § 826 vor, so kann die Klage rechtlich auch als Schadensersatzklage aufgefaßt werden, und es müßte demzufolge § 393 zur Anwendung kommen, der bestimmt, daß gegen eine Forderung aus einer vorsätzlich begangenen unerlaubten Handlung die Aufrechnung nicht zulässig ist. Der Umstand, daß dieser rechtliche Gesichtspunkt vom Kläger nicht geltend gemacht worden ist, konnte nicht in Betracht kommen. Es mußte genügen, daß die entscheidenden Behauptungen aufgestellt, und das Recht auf Ausschluß jeder Aufrechnung geltend gemacht war.

Das Berufungsurteil hat daher aufgehoben werden müssen, damit die Tatsache festgestellt wird, ob die Beklagten dem Kläger die Zurückgabe des Wechsels für den Fall, daß die Kauforder vom 7. Juni nicht zur Ausführung gelange, ausdrücklich zugesagt haben, oder nicht." ...

80. Hypothek; Begriff der Befriedigung aus dem Grundstücke. Voraussetzungen für die Umwandlung der Höchstbetragshypothek in eine Eigentümergrundschuld.

B.G.B. §§ 1181. 1113 Abs. 1. 1190. 1163 Abs. 1.

V. Civilsenat. Urt. v. 20. Januar 1904 i. S. M. (Bekl.) w. Ehefrau Gr. (Kl.). Rep. V. 305/03.

I. Landgericht Elberfeld.
II. Oberlandesgericht Köln.

Zur Sicherung des Beklagten für dessen Forderungen an Kapital, Zinsen, Kosten und Schäden aus einem übernommenen Hausbau für die Eheleute Gr. hatte die Ehefrau Gr. ihm 1899 eine Kautionshypothek von 23500 *M* an ihren Grundstücken in R. bestellt. Nach der Fertigstellung brannte das Haus ab, und der Beklagte erhielt darauf am 4. Dezember 1900 die Versicherungssumme von 19900 *M* ausbezahlt. Er behauptete aber, daß er aus dem Hausbau noch weitere 4294,40 *M* nebst 6 Prozent Zinsen von 3100 *M* seit dem 1. Dezember 1900 zu fordern habe, und klagte diese Summe gegen die Eheleute Gr. im August 1901 ein. Dieser Prozeß schwebte noch, als im Mai 1902 die Frau Gr. gegen den Beklagten die hier zur Frage stehende Klage erhob mit dem Antrage, ihn zur Löschung von 19900 *M* zu verurteilen. Sie berief sich darauf, daß das zwischen ihr und dem Beklagten bestehende Rechnungsverhältnis mit Fertigstellung des Hauses seinen Abschluß gefunden habe, und behauptete, dem Beklagten mehr als 19900 *M* nicht schuldig geworden zu sein. In der Berufungsinstanz wies sie noch darauf hin, daß dem Beklagten immer noch eine Sicherung von 3600 *M* verbleiben würde; eventuell beantragte sie, ihn zur Löschung der Hypothek abzüglich der von ihm noch geforderten 4294,40 *M* und eines angemessenen Betrages für Zinsen und Kosten zu verurteilen. Der Beklagte war dagegen der Ansicht, daß er bis zur vollständigen Abwickelung des Rechnungsverhältnisses eine Verminderung der Hypothek nicht zuzulassen brauche.

In erster Instanz wurde die Klage abgewiesen, in zweiter Instanz jedoch der Beklagte zur Bewilligung der Löschung von 19900 *M* verurteilt. Seine Revision hatte zum Teil Erfolg.

Aus den Gründen:

„Der Berufungsrichter geht mit Recht davon aus, daß die dem Beklagten von der Klägerin eingeräumte Kautionshypothek seit dem 1. Januar 1900 nach den Vorschriften zu beurteilen ist, die das Bürgerliche Gesetzbuch über die Sicherungshypothek, und zwar insbesondere über die sogenannte Höchstbetragshypothek, aufgestellt hat.

Vgl. Art. 192 Einf.-Ges. und § 1190 B.G.B.

Das Wesen der Höchstbetragshypothek bringt es mit sich, wie der Berufungsrichter zutreffend und in Übereinstimmung mit dem Reichsgericht,

Entsch. des R.G.'s in Civils. Bd. 51 S. 117/8,

ausführt, daß sie so lange zur Verfügung des Gläubigers bleibt, bis das Rechtsverhältnis, zu dessen Sicherung sie bestimmt ist, seinen endgültigen Abschluß gefunden hat, so daß weitere Forderungen aus demselben nicht mehr entstehen können. Daraus folgt, daß Zahlungen, die dem Gläubiger während des Weiterbestehens des Rechtsverhältnisses gemacht werden, nicht schon an sich den Fortbestand der Hypothek berühren, weil das Grundstück — wenn auch nur bis zu dem eingetragenen Höchstbetrage, so doch — für alle Forderungen aus dem bezüglichen Rechtsverhältnisse haftet. Durch solche Zahlungen kann die Haftung des Grundstücks nur auf dem Wege verringert werden, daß entweder im Sinne des § 1113 Abs. 1 B.G.B. aus dem Grundstück gezahlt wird, wodurch die Hypothek nach § 1181 zu dem gezahlten Betrage erlischt, oder daß die Anrechnung der Zahlung auf den Höchstbetrag und insoweit eine Aufhebung der Hypothek (§ 1183) vereinbart wird. Daß eine derartige Vereinbarung bei der in Frage stehenden Zahlung von 19900 ℳ getroffen wäre, ist nicht festgestellt und von den Parteien auch gar nicht behauptet worden; dagegen nimmt der Berufungsrichter an, daß der Beklagte damit aus dem Grundstück befriedigt worden sei, und gründet darauf dessen Verurteilung zur Löschungsbewilligung in diesem Betrage. Diese Annahme ist indessen unrichtig.

Nach der ausdrücklichen Bestimmung in § 1147 B.G.B. erfolgt die Befriedigung aus dem Grundstück und den Gegenständen, auf die sich die Hypothek erstreckt, im Wege der Zwangsvollstreckung. Dadurch sollte, wie die Motive zum ersten Entwurf (Bd. 3 S. 676 zu § 1075) ergeben, in Konsequenz des in § 1062 des Entwurfs (vgl. § 1113 B.G.B.) festgestellten Begriffs der Hypothek als des Rechts, wegen einer bestimmten Geldsumme Befriedigung aus dem Grundstück zu verlangen, und im Anschluß an die geschichtliche Entwickelung des Hypothekenrechts in Deutschland zum Ausdruck gebracht werden, daß der Gläubiger mit der Verwirklichung seines Hypothekenrechts lediglich auf den Weg der Zwangsvollstreckung verwiesen werde.

Vgl. dazu über das frühere, in dieser Beziehung nicht geänderte preußische Recht Entsch. des R.G.'s in Civils. Bd. 47 Nr. 66 S. 267 flg.

Von einer Befriedigung aus dem Grundstück kann demnach nicht geredet werden, wenn ohne Zwangsvollstreckung gezahlt wird, sei es auch mit Geldern, die der Schuldner durch den Verkauf des Grundstücks oder eines Teils desselben oder solcher Gegenstände, auf die sich die Hypothek erstreckt, erlangt hat. Im vorliegenden Fall ist die Zahlung aus den Versicherungsgeldern für das abgebrannte Haus geleistet worden. Nach § 1127 B.G.B. erstreckte sich die Hypothek des Beklagten auf die Forderung der Klägerin gegen den Versicherer; es würde daher nach § 1147 eine Befriedigung aus dem Grundstück vorliegen, wenn der Beklagte sich im Wege der Zwangsvollstreckung aus dieser Forderung befriedigt hätte, was zufolge § 865 Abs. 2 C.P.O. auch durch Pfändung hätte bewerkstelligt werden können. Dies ist aber nicht geschehen. Im Tatbestande des Urteils erster Instanz ist nur überhaupt von einer Zahlung der 19900 ℳ durch die Klägerin die Rede; erst im Tatbestande des Berufungsurteils wird erwähnt, daß Beklagter die Summe von der Versicherungsgesellschaft ausbezahlt erhalten habe, und in den Gründen gesagt, dies sei mit Rücksicht darauf geschehen, daß diese Forderung dem Beklagten zufolge seines Hypothekenrechts kraft Gesetzes zugestanden habe, wofür der § 1282 B.G.B. in Bezug genommen wird. Von einer Zwangsvollstreckung in die Versicherungsforderung ist also keine Rede; es kann vielmehr nur angenommen werden, entweder daß die Versicherungsgesellschaft auf Anweisung der Klägerin an den Beklagten gezahlt, oder daß der Beklagte unter Berufung auf sein Pfandrecht an der Forderung nach § 1282 B.G.B. die Versicherungssumme von der Versicherungsgesellschaft gefordert und bezahlt erhalten hat; aber auch in letzterem Falle läge keine Zwangsvollstreckung, also keine Befriedigung aus dem Grundstücke, sondern nur eine Berichtigung der

Forderung des Beklagten durch den Gläubiger der eingezogenen Forderung, die Klägerin, vor (§ 1288 Abs. 2 B.G.B.). Der Umstand, daß die Versicherungsgelder ohne Zutun des Eigentümers an die Stelle eines Teils des der Hypothek haftenden Grundstücks getreten sind, worauf der Berufungsrichter Gewicht legt, begründet also nicht den von ihm daraus gezogenen Schluß: daß ihre Auszahlung an den Beklagten die gleiche Wirkung haben müsse, als wenn der Beklagte durch Zwangsvollstreckung diesen Grundstücksteil zu Gelde gemacht hätte. Auf das Zugeldemachen der von der Hypothek ergriffenen Gegenstände kommt es nicht an, sondern nur auf deren Zugeldemachen durch Zwangsvollstreckung. Es liegt also in diesem Fall so wenig, wie in jedem anderen Fall, wo der Hypothekenschuldner sich Geld, wenn auch durch Verkauf der verhypothezierten Gegenstände, verschafft und damit die Hypothek bezahlt, eine Befriedigung aus dem Grundstück vor mit der Wirkung, daß die Hypothek erlösche (§ 1181), sondern nur eine Bezahlung der Forderung mit der Wirkung, daß diese zu dem gezahlten Betrage getilgt wird.

Vgl. Entsch. des R.G.'s in Civils. Bd. 47 Nr. 66 S. 270; Turnau u. Förster, Liegenschaftsrecht Bd. 1 zu § 1181 Bem. II 2 (2. Aufl. S. 795 unten).

Handelte es sich um eine Verkehrshypothek, so würde solche Tilgung der zugrunde liegenden Forderung zur Folge gehabt haben, daß die Hypothek in dem gezahlten Betrage kraft Gesetzes auf die Klägerin als die Grundstückseigentümerin übergegangen wäre (§ 1163 Abs. 1). Solchenfalls würde also der mit der Klage verfolgte Anspruch der Klägerin, daß ihr nunmehr die Hypothek im Betrage von 19900 ℳ zur Verfügung gestellt und, wie sie beantragt, gelöscht werde, wenn auch aus einem anderen als dem vom Berufungsrichter angeführten Grunde als berechtigt anzuerkennen sein. Um eine Verkehrshypothek handelt es sich aber nicht, und bei der hier vorliegenden Höchstbetrags-Sicherungshypothek können Zahlungen während des Fortbestehens des durch die Hypothek zu sichernden Rechtsverhältnisses nicht ohne weiteres einen Übergang der Hypothek zu dem gezahlten Betrage auf den Eigentümer zur Folge haben. Solange noch neue Ansprüche aus dem Rechtsverhältnisse entstehen können, haben Zwischenzahlungen nicht die Wirkung, daß die der Hypothek zugrunde liegende Forderung im Sinne des § 1163 Abs. 1 Satzes 2 B.G.B. zum Erlöschen gebracht würde. Dagegen können sie allerdings bewirken, daß der andere in Satz 1 daselbst angeordnete Fall der Verwandlung der Hypothek in eine Eigentümergrundschuld eintritt, der Fall nämlich, daß zu einem bestimmten Betrage die Forderung, für welche die Hypothek bestellt ist, nicht zur Entstehnng gelangt. Stände also jetzt schon fest, daß der Beklagte in den empfangenen 19900 *M* alles bezahlt erhalten habe, was er aus dem übernommenen Hausbau an Kapital, Zinsen, Kosten und Schäden zu fordern hatte und jemals zu fordern haben wird, so würde mit dieser Zahlung das ganze Forderungsverhältnis zum Erlöschen gebracht worden sein, und der Fall des § 1163 Abs. 1 Satzes 2 vorliegen. Wenn aber auch nur feststände, daß die nach einer Löschung von 19900 *M* noch stehen bleibenden 3600 *M* ausreichen, um den Beklagten wegen noch möglicher neuer Ansprüche aus dem Rechtsverhältnisse zu sichern, so würde damit erwiesen sein, daß Forderungen, zu deren Sicherung die Hypothek bestellt ist, in einem die Summe von 3600 *M* übersteigenden Betrage nicht mehr zur Entstehung gelangen werden, und damit die Voraussetzung gegeben sein, unter welcher nach § 1163 Abs. 1 Satz 1 die Hypothek zum Betrage von 19900 *M*, auf dessen Löschung sich der Klagantrag beschränkt, in eine Eigentümergrundschuld umgewandelt wäre. Die Klägerin behauptet nun freilich, dem Beklagten außer den bezahlten 19900 *M* nichts weiter schuldig zu sein; der Beklagte bestreitet das aber und will noch mehr als 3600 *M* aus dem Rechtsverhältnisse zu fordern haben, nämlich, abgesehen von Prozeßkosten und etwaigen Schadensersatzansprüchen, 4294,40 *M* nebst 6 Prozent Zinsen von 3100 *M* seit dem 1. Dezember 1900. Legt man nun jedoch diese eigenen Angaben des Beklagten zugrunde, so muß als ausgemacht angesehen werden, daß der Beklagte wegen aller denkbaren Ansprüche, die ihm noch aus dem Rechtsverhältnisse zustehen und künftig erwachsen könnten, vollauf gesichert ist, wenn die Sicherungshypothek nur in einem Betrage von 6500 *M* bestehen bleibt, daß darüber hinaus aber keine neuen Forderungen, die durch die Hypothek zu sichern wären, zur Entstehung gelangen werden. Es erscheint daher unbedenklich, die streitige Hypothek zum Betrage von 17000 *M* als Eigentümergrundschuld der Klägerin zu behandeln, was auch dem von der Klägerin in der Berufungsinstanz gestellten eventuellen Antrage entspricht: den Beklagten zur Löschung der Hypothek abzüglich der von ihm noch geforderten Summe und eines angemessenen Betrages für Kosten und Schäden zu verurteilen. Insoweit war demnach die vom Berufungsgericht ausgesprochene Verurteilung aufrecht zu erhalten, und die Revision zurückzuweisen. Freilich entspricht diese Verurteilung, indem sie, wie der Klagantrag, auf Löschungsbewilligung lautet, insofern nicht genau der Sachlage, als im Falle des Überganges einer Hypothek auf den Eigentümer nach § 1163 B.G.B., da sich der Übergang kraft Gesetzes vollzieht, der frühere Hypothekengläubiger nur verpflichtet ist, den Eigentümer durch Ausstellung einer den Anforderungen des § 29 G.B.O. entsprechenden Quittung in den Stand zu setzen, die erforderlich gewordene Berichtigung des Grundbuchs selber beantragen zu können.

Vgl. Turnau u. Förster, a. a. O. Bem. II 4 zu § 1163 S. 748. Allein es ist nicht ersichtlich und vom Beklagten auch nicht geltend gemacht, daß er ein Interesse daran hätte, zur Ausstellung einer solchen Quittung an Stelle der beantragten Löschungsbewilligung verurteilt zu werden.

Im übrigen, also soweit der Beklagte verurteilt worden ist, die Löschung von mehr als 17000 *M* zu bewilligen, war das Berufungsurteil aufzuheben, und die Sache in die Berufungsinstanz zurückzuweisen, damit über den weitergehenden Antrag der Klägerin neu verhandelt und entschieden werde." ...

---

81. Kann aus einem Schiedsspruche gegen die Erben das Vollstreckungsurteil gemäß § 1042 C.P.O. gegen den Testamentsvollstrecker erlassen werden?

VII. Civilsenat. Urt. v. 22. Januar 1904 i. S. M.sche Eheleute (Kl.) w. E. als Vollstrecker des Testaments des P. R. (Bekl.). Rep. VII. 456/03.

I. Landgericht Bonn.
II. Oberlandesgericht Köln.

Der Kaufmann P. R. zu B. vermietete durch schriftlichen Vertrag vom 18. Januar 1901 das Hotel Rheinland zu K. an die Kläger. Nach dem Vertrage sollte über streitige Fälle unter Ausschluß des Rechtsweges ein Schiedsgericht entscheiden. Der Vermieter P. R. starb und wurde von seinen fünf Kindern beerbt. Zum Testamentsvollstrecker wurde der Beklagte ernannt. Aus dem Mietsverhältnis entstanden Streitigkeiten, die u. a. die Instandsetzung des vermieteten Grundstücks betrafen. Es erging unter dem 21. März 1902 ein Schiedsspruch, dessen Eingang lautete:

„Schiedsgerichtssache Erben P. R., Möbelhandlung zu B., vertreten durch Rechtsanwalt Justizrat Dr. Sch. zu B., gegen Eheleute Josef M. und Josefine, geb. B., Inhaber einer Gastwirtschaft zu K." Demnächst war gesagt, daß das Schiedsgericht die Parteien, und zwar die Partei R. in der Person des Testamentsvollstreckers Felix E. zu Bonn, eingeladen habe, der Ortsbesichtigung beizuwohnen; die Partei R. sei nicht erschienen; der Testamentsvollstrecker habe die in einem Protokolle niedergelegte Erklärung abgegeben. Der Spruch ging dahin, daß „die Erben P. R. zeitlebens Kaufmann zu B." für verpflichtet erklärt werden, eine Reihe von Instandsetzungen an den gemieteten Lokalitäten und Anlagen auf ihre Kosten vorzunehmen. Die M.'schen Eheleute erhoben Klage auf Erlaß des Vollstreckungsurteils nach § 1042 C.P.O. Der Beklagte beantragte Abweisung der Klage. Das Landgericht erklärte die Zwangsvollstreckung aus dem Schiedsspruche für zulässig; das Oberlandesgericht dagegen wies die Klage ab, weil der Schiedsspruch nicht gegen den Testamentsvollstrecker, sondern gegen die Erben ergangen sei, und daher nicht gegen den ersteren das Vollstreckungsurteil erlassen werden könne. Die Revision ist zurückgewiesen aus folgenden

Gründen:

... „In der Sache selbst war ... die Revision nicht für begründet zu erachten. Der Berufungsrichter legt den Schiedsspruch dahin aus, daß er gegen die Erben R., und nicht gegen den Testamentsvollstrecker ergangen sei. Gegen diese Auslegung läßt sich rechtlich nichts erinnern; sie entspricht dem Eingang und der Formel des Spruches und ist mit der Zuziehung des Beklagten zu dem Verfahren vollkommen verträglich. Die Schiedsrichter haben diesen, der nach dem Tatbestande des landgerichtlichen Urteils mit schriftlicher Vollmacht der Erben versehen war, als deren Vertreter betrachtet, nicht aber ihn als Partei mit selbständigen Rechten und Pflichten gelten lassen. Unmöglich wird die Auslegung des Berufungsrichters auch nicht dadurch, daß in dem weiteren schiedsgerichtlichen Verfahren, das mit dem — den Gegenstand eines zweiten Prozesses bildenden — Schiedsspruche vom 29. Juli 1902 endete, der Beklagte als Partei behandelt worden, und sonach der Spruch gegen ihn als Testamentsvollstrecker erlassen ist. Es liegen zwei schiedsgerichtliche Entscheidungen vor, die eine gegen die Erben, die andere gegen den Testamentsvollstrecker. Rechtlich können sie nebeneinander bestehen.

Es fragt sich daher nur, ob die gegen die Erben gefällte Entscheidung gemäß § 1042 C.P.O. gegenüber dem jetzt verklagten Testamentsvollstrecker mit dem Vollstreckungsurteil versehen werden kann, ob also die Zwangsvollstreckung aus einem solchen Schiedsspruch auch in den Nachlaß durch das begehrte Urteil für zulässig erklärt werden darf. Diese Frage ist mit dem Berufungsrichter zu verneinen. Sie wäre nur zu bejahen, wenn der Schiedsspruch nicht bloß unter den Parteien, d. i. den jetzigen Klägern und den Erben R., sondern auch gegen den Beklagten als Testamentsvollstrecker wirkte; denn die Vollstreckungswirkung kann nicht über die materielle Rechtskraftwirkung des § 1040 C.P.O. hinausgehen. Nun bindet der Schiedsspruch gegen die Erben nicht den Beklagten als Testamentsvollstrecker, für dessen Rechtsstellung bei dem erst nach dem Inkrafttreten des Bürgerlichen Gesetzbuchs erfolgten Tode des Erblassers das neue Recht maßgebend ist (Art. 213 Einf.-Ges. zum B.G.B.; Planck, Bem. 3 zu diesem Artikel). Es ist beim Mangel gegenteiliger Feststellungen davon auszugehen, daß der Beklagte in der Verwaltung des Nachlasses nicht beschränkt ist (§§ 2205. 2208 B.G.B.). Daher greift der § 2213 Abs. 1 Satz 1 B.G.B. Platz, wonach ein Anspruch, der sich gegen den Nachlaß richtet, sowohl gegen den Erben als gegen den Testamentsvollstrecker gerichtlich (und also auch beim Vorliegen eines Schiedsvertrages schiedsgerichtlich) geltend gemacht werden kann. Daß es sich gegenwärtig um eine Nachlaßverbindlichkeit, nämlich um die Erfüllung der im Mietsvertrag vom Erblasser übernommenen Verpflichtungen, handelt, ist zweifellos; wäre dem nicht so, so würde eine Klage gegen den Testamentsvollstrecker überhaupt nicht gegeben sein. Das Urteil und mithin auch der Schiedsspruch gegen den Erben wirkt indessen, wie der Berufungsrichter mit Recht ausführt, nicht gegen den Testamentsvollstrecker. Es folgt dies schon aus der ihm vom Bürgerlichen Gesetzbuch eingeräumten Stellung als

Verwalters des Nachlasses, neben welchem der Erbe über einen der Verwaltung des Vollstreckers unterliegenden Nachlaßgegenstand nicht verfügen kann (§§ 2205. 2211 B.G.B.), ist aber auch mit Sicherheit aus dem § 327 C.P.O. zu entnehmen. Dort ist in Abs. 1 bestimmt, daß ein Urteil, das zwischen einem Testamentsvollstrecker und einem Dritten über ein der Verwaltung des ersteren unterliegendes Recht ergeht, für und gegen den Erben wirkt. Die durch die Novelle zur Civilprozeßordnung hinzugefügte Bestimmung hängt mit den die Rechtsstellung des Testamentsvollstreckers betreffenden Beschlüssen der zweiten Kommission zusammen. Der Testamentsvollstrecker soll nicht als Vertreter des Erben angesehen werden; er verwaltet ein (natürlich nicht öffentliches) Amt und hat seine Befugnisse, insbesondere auch die Befugnis zur Prozeßführung, zu eigenem Rechte, wennschon er sie in fremdem Interesse ausübt.

Vgl. Protokolle Bd. 5 S. 270. 289. 290. 296, Begr. zu § 293 e der Novelle zur Civilprozeßordnung, Heymann'sche Ausgabe S. 155. 156; Planck, Bürgerl. Gesetzbuch Vorbem. 2 zu Buch 5 Abschn. 3 Tit. 6; vgl. auch den Beschluß des Kammergerichts im Jahrb. für dessen Entsch. Bd. 24 S. A. 106.

Es bedurfte demnach einer besonderen Vorschrift, um dem Urteil zwischen einem Dritten und dem Testamentsvollstrecker die Rechtskraftwirkung gegen den Erben, der nicht Partei im Prozesse war, zu sichern. Der Abs. 2 des § 327 gibt die entsprechende Norm für die Passivprozesse, wobei entscheidend ist, daß der Testamentsvollstrecker zur Führung des Rechtsstreits berechtigt war. Da nicht das gleiche für die von dem Erben geführten Prozesse bestimmt ist, so ist klar und auch unbestritten, daß von einer Rechtskraft der in ihnen ergangenen Urteile gegenüber dem Testamentsvollstrecker keine Rede sein kann. Vielmehr ist für die Zwangsvollstreckung in den Nachlaß ein gegen den Testamentsvollstrecker ergangenes Urteil erforderlich und andrerseits auch genügend (§ 748 C.P.O.). Daraus folgt, daß auch das die Zwangsvollstreckung erst ermöglichende Vollstreckungsurteil nach § 1042 C.P.O. aus einem nur gegen den Erben erlassenen Schiedsspruch nicht ergehen kann. Die für das Urteil notwendige Grundlage ist ein Schiedsspruch gegen den Testamentsvollstrecker. Ob in dem Verfahren gegen diesen der Kreis der ihm zustehenden Einwendungen mit Rücksicht auf den bereits gefällten Schiedsspruch oder mit Rücksicht auf den Umstand beschränkt ist, daß er als Vertreter der Erben in dem gegen diese gerichteten schiedsgerichtlichen Verfahren zugezogen ist, kann dahingestellt bleiben. In jedem Falle hängt die Zulässigkeit der Zwangsvollstreckung und somit des Vollstreckungsurteils von dem Vorhandensein eines Schuldtitels gegen den Testamentsvollstrecker ab. Wenn die Revision auf den Abs. 3 des § 2213 B.G.B. verweist, so bezieht sich dieser auf den — nicht festgestellten — Fall, daß der Testamentsvollstrecker nur einzelne Nachlaßgegenstände zu verwalten hat, und auf diesen Fall bezieht sich auch die prozessuale Norm des § 748 Abs. 2 C.P.O. Es soll bei einer beschränkten Verwaltung des Testamentsvollstreckers die Verurteilung zur Duldung der Vollstreckung in die betroffenen Nachlaßgegenstände genügen, während in den Fällen des § 2213 Abs. 1 Satzes 1 B.G.B. und des § 748 Abs. 1 C.P.O. nach dem Wortlaute des Gesetzes die Verurteilung zur Leistung selbst ausgesprochen werden soll (vgl. Gaupp-Stein, Bem. Ia zu § 748 C.P.O.). Ein Urteil gegen den Testamentsvollstrecker wird in keinem Fall erübrigt. Daß dieses in einem gegen den Erben und den Testamentsvollstrecker gemeinsam eingeleiteten Verfahren erwirkt werden kann, ist selbstverständlich. Hier fehlt es aber überhaupt an einem Titel gegen den Beklagten." ...

---

82. Entsprechende Anwendung der §§ 239. 246 C.P.O. auf den Fall der Auflösung einer juristischen Person.

I. Civilsenat. Beschl. v. 25. Januar 1904 i. S. B. (Kl.) w. „Kette", Deutsche Elbschiffahrtsgesellschaft (Bekl.). Rep. I. 11/04.

I. Oberlandesgericht Dresden.

Der Kläger und Berufungskläger hat bei dem Oberlandesgericht Dresden den Antrag gestellt, gemäß §§ 237 flg. 246 C.P.O. die Aussetzung des Verfahrens anzuordnen. Der Antrag ist damit begründet, daß laut Bekanntmachung des Amtsgerichts Dresden vom 22. Dezember 1903 eine Vereinigung der verklagten Gesellschaft mit der Dampfschleppschiffahrts-Gesellschaft vereinigter Elbe- und Saaleschiffer dergestalt stattgefunden hat, daß die erstgenannte Gesellschaft ihr gesamtes Vermögen als Ganzes an die letztgenannte Gesellschaft mit dem Tage der Eintragung des Übertragungsbeschlusses ins Handelsregister übertrug und sich auflöste. Diese Eintragung ist am 22. Dezember 1903 erfolgt.

Das Oberlandesgericht hat den gestellten Antrag mit der Begründung abgelehnt, daß die Bestimmungen der §§ 239 flg. 246 C.P.O., auf welche sich der Antragsteller bezieht, keine Anwendung leiden. Der § 239 insbesondere betreffe nur den Fall des Ablebens einer physischen Person.

Die hiergegen eingelegte Beschwerde erscheint begründet.

Aus den Gründen:

„Dem Tode einer physischen Person sind im Sinne der §§ 239. 246 C.P.O. die Fälle der Auflösung einer juristischen Person jedenfalls dann gleichzustellen, wenn diese Auflösung eine Universalsuccession — den Übergang des Vermögens der juristischen Person als Ganzen auf ein anderes Rechtssubjekt — zur Folge hat.

Vgl. die Kommentare zur C.P.O. von Petersen 5. Aufl. § 239 Bem. 2, Gaupp-Stein § 239 Bem. 1, Seuffert § 239 Bem. 1, Reincke (5. Aufl.) § 239 Bem. 2b.

Für die entsprechende Anwendung der hier in Betracht kommenden Vorschriften auf Fälle, in welchen für denselben Anspruch die Funktion, Partei zu sein, einem Anderen als der bisherigen Partei infolge Änderung der Gesetzgebung zuerteilt ist, hat sich der erkennende Senat bereits in dem Erkenntnis vom 9. Juli 1890 (Jurist. Wochenschr. 1890 S. 335) ausgesprochen. Eine gleiche entsprechende Anwendung ist für den hier vorliegenden Fall geboten, in welchem die verklagte Aktiengesellschaft ohne Liquidation ihr ganzes Vermögen auf eine andere Gesellschaft übertragen und zu existieren aufgehört hat.

Vgl. § 306 H.G.B.; Staub, Kommentar zum Handelsgesetzbuch § 306 Anm. 11."

83. Bedarf ein vor dem Prozeßgericht zwischen dem durch seinen Vormund vertretenen Minderjährigen als Kläger und dem Beklagten über die Unterhaltsansprüche des ersteren geschlossener Vergleich zu seiner Gültigkeit der vormundschaftsgerichtlichen Genehmigung?

C.P.O. § 54.

B.G.B. §§ 1714. 1822 Ziff. 12.

VII. Civilsenat. Urt. v. 22. Dezember 1902 i. S. R. (Bekl.) w. G. (Kl.). Rep. VII. 337/03.

I. Landgericht Leipzig.
II. Oberlandesgericht Dresden.

In erster Instanz wurde die Frage verneint, in zweiter bejaht. Die Revision ist zurückgewiesen aus folgenden

Gründen:

... „In der Auslegung des § 54 C.P.O. weicht der Berufungsrichter ... vom Richter der ersten Instanz ab. Er erblickt in dem außergerichtlichen Vergleich auch dann einen Vertrag im Sinne des Privatrechts, wenn derselbe einen anhängigen Rechtsstreit betreffe, und findet einen Unterschied desselben vom Prozeßvergleich nur darin, daß dieser letztere vor einem deutschen Gerichte abgeschlossen und gemäß § 160 Ziff. 1 C.P.O. durch Aufnahme in das Protokoll festzustellen sei. Die Beurkundung des Vergleichs betrachtet er als Prozeßhandlung und bemerkt, mit dieser Beurkundung sei der Prozeß erledigt; der gleiche Erfolg lasse sich aber dadurch erreichen, daß die Parteien übereinstimmend zu Protokoll erklären, der Prozeß habe durch Vergleich sein Ende erreicht. Hieraus folgert der Berufungsrichter, daß für die Beendigung des Prozesses nicht die Beurkundung des Vergleichsabschlusses selbst, sondern nur seine Anzeige als vertragsmäßige Anerkennung seiner prozessualen Wirkungen wesentliche Bedeutung besitze. Im wesentlichen befindet der Berufungsrichter sich hiernach auf dem im Urteile des II. Civilsenats des Reichsgerichts vom 24. Juni 1887 (Entsch. des R.G.'s in Civils. Bd. 19 S. 362) eingenommenen Standpunkte, wenngleich er in seinen weiteren Erörterungen mit den Erwägungen dieses Urteils insoweit nicht völlig übereinstimmt, als diese in der Zulassung der Zwangsvollstreckung aus dem gerichtlich abgeschlossenen Vergleiche nur eine Anwendung und Folge des im Civilrecht anerkannten Grundsatzes, daß der Vergleich einem rechtskräftigen Urteile gleich zu erachten sei, erblicken. Abgesehen von diesem letzteren Punkte, der nicht von durchschlagender Bedeutung ist, da im Urteile des Reichsgerichts der Vergleich ungeachtet seiner Gleichachtung mit einem rechtskräftigen Urteile als Vertrag aufgefaßt wird, und das Urteil gerade ausdrücklich hervorhebt, der Vergleich sei unzweifelhaft seinem juristischen Charakter nach ein Rechtsgeschäft, dessen Inhalt, Voraussetzungen, Wirkungen im bürgerlichen Recht geregelt, dessen Gültigkeit daher gleichfalls nach dem bürgerlichen Recht zu beurteilen sei, führen die Gründe des reichsgerichtlichen Urteils folgendes aus:

Der Vergleich könne, auch wenn vor Gericht geschlossen, nicht mit Rechtsmitteln, sondern nur im Wege der Klage angefochten werden. Hieran ändere nichts, daß der gerichtlich abgeschlossene Vergleich gemäß § 146 Ziff. 1 C.P.O. durch Aufnahme in das Protokoll festzustellen sei; denn nur diese Beurkundung sei Prozeßhandlung; das Beurkundete dagegen sei und bleibe Rechtsgeschäft in dem angegebenen Sinne. Demgemäß werde auch im gemeinen Civilprozesse der Vergleich nicht als Prozeßhandlung aufgefaßt, und ebenso werde in einer Reihe von Vorschriften der Civilprozeßordnung der Ausdruck „Prozeßhandlung" in einem Sinne gebraucht, welcher eine Ausdehnung auf den Vergleich ausschließe.

Im weiteren Verfolg der Gründe des Urteils ist dies dann, und zwar namentlich unter Berücksichtigung der Entstehungsgeschichte sowohl des § 52 als des § 77 C.P.O. a. F., näher ausgeführt.

Die Frage ist in der Literatur streitig geblieben; an der im Urteile des II. Civilsenats entwickelten Auffassung muß jedoch festgehalten werden. Hervorzuheben ist folgendes.

Prüft man den § 54 C.P.O. n. F. zunächst für sich, d. h. ohne gleichzeitige Berücksichtigung der weiteren des Ausdrucks „Prozeßhandlung" sich bedienenden Vorschriften der Civilprozeßordnung, insbesondere derjenigen über die Prozeßvollmacht (§§ 81 flg.), so ist zu durchgreifenden Bedenken Anlaß nicht gegeben. Nach dem in den älteren Gesetzen, der Rechtsprechung und der Literatur herrschenden Sprachgebrauch sind unter Prozeßhandlungen nur solche Handlungen zu verstehen, welche dem Betriebe des Verfahrens unmittelbar angehören, mögen sie nun dem Gerichte oder dem Gegner gegenüber vorzunehmen sein, namentlich diejenigen, welche die gerichtliche Entscheidung des Rechtsstreits herbeizuführen bestimmt sind. Außer den Akten des Angriffs und der Verteidigung haben diese Eigenschaft auch die Zugeständnisse gegnerischer Behauptungen; Anerkenntnisse und Verzichte können sie haben, wenn sie vermöge der ihnen gegebenen Gestalt die unmittelbare Grundlage einer gerichtlichen Entscheidung zu bilden geeignet sind. Der Vergleich wird in seinem Wesen dadurch charakterisiert, daß er einen privatrechtlichen, auf Feststellung eines streitigen oder zweifelhaften Rechtsverhältnisses durch wechselseitige Konzessionen gerichteten Vertrag darstellt. Nicht entscheidend für seine rechtliche Natur kann sein, ob bereits ein Prozeß über den Anspruch anhängig ist, sowie ob er vor dem Prozeßgericht oder vor einem anderen deutschen Gerichte (§ 794 Ziff. 1 und 2 C.P.O.), oder vor einem Notar abgeschlossen ist, sowie ob es sich in dem letzten Falle um einen Anspruch auf Zahlung einer bestimmten Geldsumme bzw. Leistung einer bestimmten Quantität vertretbarer Sachen oder Wertpapiere handelt, und die Parteien sich in der Urkunde der sofortigen Zwangsvollstreckung unterworfen haben (§ 794 Ziff. 5), oder aber ob der Vergleich vielmehr nur mündlich oder schriftlich ohne Beobachtung von Formen, vor oder nach Anhängigkeit des Rechtsstreits, geschlossen ist. Insbesondere verleiht auch der Abschluß vor dem Prozeßgericht dem Vergleiche keine seine Natur wesentlich beeinflussende Eigenschaft, obwohl für einen solchen Fall die Aufnahme des Vergleichs in das Protokoll vorgeschrieben und geregelt ist; denn entscheidend für seine rechtliche Beurteilung kann immer nur sein darin liegender Wert sein, daß er überhaupt zur Schlichtung von Streitigkeiten über Rechtsverhältnisse oder zur Hebung von Zweifeln über solche dient. Allerdings findet die gerichtliche Verlautbarung, da sie von den Prozeßparteien in der Verhandlung bewirkt wird, im Laufe des Prozeßbetriebes statt; aber die Verbindung ist keine wesentliche; sie beruht vornehmlich darauf, daß, wenn durch Vorschläge des Gerichts oder auch lediglich durch Parteiverhandlungen eine Einigung erzielt wird, für die sofortige Verlautbarung die Aufnahme in das Sitzungsprotokoll eine geeignete Gelegenheit bietet. Für eine gerichtliche Entscheidung im anhängigen Prozesse soll eine Grundlage nicht geschaffen werden. Der Umstand aber, daß der gerichtlich abgeschlossene Vergleich, von seiner äußeren Gestalt aus betrachtet, die Kriterien einer Prozeßhandlung an sich tragen würde, nötigt nicht dazu, ihn in seiner Totalität als eine Prozeßhandlung im Sinne des Gesetzes aufzufassen. Entscheidend muß vielmehr sein innerer Kern bleiben, welchem entsprechend er sich als ein privatrechtlicher, durch die Form in dieser seiner Eigenschaft nicht veränderter Dispositionsakt darstellt. Und wenn der gerichtliche Vergleich unmittelbar die Beseitigung des Prozesses nach sich zieht, so ist hier entscheidend doch nur die Tatsache, daß ein Vergleich geschlossen ist, und daß sie prozeßrechtlich feststeht. Die Zulassung der Zwangsvollstreckung aus dem Vergleich findet schon in dem vermutlichen Parteiwillen eine Erklärung.

Für diese Auffassung spricht auch die Tendenz der im § 54 getroffenen Vorschrift. Führt ein gesetzlicher Vertreter für einen Handlungsunfähigen einen Prozeß, und ist ihm die Ermächtigung zur Prozeßführung im allgemeinen erteilt, oder die Prozeßführung auch ohne eine solche Ermächtigung im allgemeinen statthaft, so muß der Prozeßgegner gesichert dagegen sein, daß die Wirksamkeit der einzelnen Prozeßhandlungen des gesetzlichen Vertreters auf Grund von Vorschriften, die für einzelne Handlungen eine spezielle Genehmigung erfordern, in Frage gestellt wird, und zwar deshalb, weil in der Regel der Prozeßgegner mit solchen Vorschriften nicht bekannt sein wird, und die Nichtkenntnis derselben ihm nicht zum Vorwurfe gereichen kann. Diese Gesichtspunkte treffen aber nur auf die eigentlichen Prozeßhandlungen zu, nicht dagegen auf die in Gestalt von Prozeßhandlungen vorkommenden Rechtsgeschäfte, insbesondere nicht auf Vergleiche. Bei diesem letzteren Geschäft, welches eine sehr freie Würdigung der für und gegen seinen Abschluß sprechenden Momente mit sich bringt, mußte es als angezeigt erscheinen, die Interessen des Handlungsunfähigen dadurch zu schützen, daß der Abschluß, wenigstens in den wichtigeren Fällen, nicht dem alleinigen Ermessen des gesetzlichen Vertreters überlassen, sondern eine vormundschaftsgerichtliche Genehmigung erfordert wurde, und demgemäß finden sich in den vor dem Bürgerlichen Gesetzbuch in Kraft gewesenen Rechtsordnungen wohl aller deutschen Rechtsgebiete Bestimmungen solchen Inhalts, insbesondere für den Alimentenvergleich. Diese Vorschriften durften als allgemein bekannt vorausgesetzt werden. Es läßt sich nicht annehmen, daß die Civilprozeßordnung in sie hat eingreifen wollen.

Dagegen sprechen auch nicht die Motive zur Civilprozeßordnung.

Wenn diese auch ausdrücklich nur hinsichtlich der auf reichsrechtlichen Vorschriften beruhenden Verfügungsbeschränkungen einen Vorbehalt machen, so ergeben sie doch nicht, daß ein solcher nicht auch für solche landesgesetzlichen Vorschriften, die sich überall finden, gelten sollte. Jedenfalls ist ihnen hinsichtlich des Begriffs der Prozeßhandlung nichts gegen die hier vertretene Auffassung zu entnehmen. Wenn es am Schlusse der Motive heißt, durch den § 52 des Entwurfs würden Vorschriften beseitigt, wie sie z. B. die preußische Allgemeine Gerichtsordnung I. 10 § 292 in betreff der Berechtigung der Vormünder zur Relation von Eiden enthält, so muß dies eher zur Unterstützung dienen; denn die Eideszurückschiebung stellt eine reine Prozeßhandlung dar, und wenn gerade eine solche als Beispiel gewählt ist, nicht aber der viel wichtigere und eingreifendere Abschluß eines Vergleiches, so spricht dies dafür, daß dieser letztere als Prozeßhandlung oder doch als eine reine Prozeßhandlung nicht aufgefaßt ist, und daß demgemäß die für ihn bestehenden Verfügungsbeschränkungen nicht beseitigt sind; denn es hätte der dringendste Anlaß bestanden, wenn Gegenteiliges gewollt wäre, dies zum Ausdruck zu bringen, anstatt durch das gewählte Beispiel Grund zu einer engeren Auffassung zu gewähren.

Geht man auf den Umfang der Prozeßvollmacht und die Befugnisse der Prozeßbevollmächtigen ein, so ruft der § 81 C.P.O. an sich Schwierigkeiten nicht hervor. Nach dem ersten Satze dieses Paragraphen ermächtigt die Prozeßvollmacht zu allen den Rechtsstreit betreffenden Prozeßhandlungen, nach dem zweiten zu der Bestellung eines Vertreters sowie eines Bevollmächtigen für die höheren Instanzen, nach dem dritten zur Beseitigung des Rechtsstreits durch Vergleich, Verzichtleistung auf den Streitgegenstand oder Anerkennung des von dem Gegner geltend gemachten Anspruchs, nach dem vierten zur Empfangnahme der von dem Gegner zu erstattenden Kosten. Diese Fassung enthält mindestens keine Nötigung dazu, den Ausdruck „Prozeßhandlung" als im Sinne der genannten Vorschrift auf die in den Sätzen 2—4 genannten Handlungen anwendbar erscheinen zu lassen. Aus inneren Gründen ist es unbedenklich, die Bestellung eines Vertreters sowie eines Bevollmächtigten für die höheren Instanzen als Prozeßhandlung aufzufassen. Ob und inwiefern Vergleich, Verzicht und Anerkenntnis unter den Begriff fallen, ist nach Beschaffenheit des einzelnen Aktes und nach den Umständen, unter denen er vorkommt, zu beurteilen. Die Empfangnahme der Prozeßkosten ist ein ausschließlich privatrechtlicher Akt und kann keinenfalls eine Prozeßhandlung darstellen. Zweck der Vorschrift des § 81 war auch gerade, dem Prozeßbevollmächtigten nicht lediglich die Befugnis zu Prozeßhandlungen, sondern auch zu gewissen privaten Dispositionsakten zu gewähren. Demgemäß lag kein Anlaß vor, den Charakter der in den Sätzen 2—4 genannten Handlungen dort terminologisch festzusetzen. Zweifel kann der § 85 erregen, sofern er bei erster Betrachtung den Eindruck hervorruft, daß unter dem im ersten Satze gebrauchten Ausdrucke „Prozeßhandlungen" alle in § 81 genannten Handlungen ohne jede Ausnahme zu verstehen seien. Dagegen spricht aber schon, daß es unmöglich scheinen mußte, die Empfangnahme der Prozeßkosten unter den genannten Begriff einzureihen. Widerlegt aber wird eine solche Annahme durch die den § 85 beherrschende gesetzgeberische Absicht. War im § 81 im einzelnen bestimmt, welche Befugnisse die Prozeßvollmacht gewährt, so ergibt für die Dispositionsakte schon der Grundsatz der freien Stellvertretung im Privatrecht, daß die Handlungen des Bevollmächtigten wie von dem Mandanten selbst vorgenommen zu behandeln sind. Anders liegt es bei den eigentlichen Prozeßhandlungen. Hier konnte eine besondere, den Grundsatz auch prozeßrechtlich anerkennende Vorschrift als geboten oder doch als angezeigt erscheinen. Beachtet man dies, so ist das Ergebnis, daß der § 85 lediglich auf die eigentlichen Prozeßhandlungen sich bezieht. Dafür spricht weiter die im zweiten Satze des § 85 hinsichtlich der Geständnisse und anderen tatsächlichen Erklärungen für den Fall, daß die miterschienene Partei sie sofort widerruft oder berichtigt, getroffene Spezialvorschrift. Vgl. auch die Motive zu § 79 des Entwurfs.

Wegen des aus der Entstehungsgeschichte der Vorschriften sich ergebenden weiteren Materials ist lediglich auf das obengenannte Urteil des Reichsgerichts hinzuweisen.

In Übereinstimmung mit dem Berufungsrichter ist weiter anzunehmen, daß seit Beginn der Herrschaft des Bürgerlichen Gesetzbuchs die Vorschriften desselben entscheidende Bedeutung für die vorliegende Frage haben. Das Bürgerliche Gesetzbuch enthält hier Bestimmungen nach einer zweifachen Richtung hin. Es bestimmt in § 1822 unter 12, daß zu einem Vergleich, falls nicht der Gegenstand des Streites oder der Ungewißheit in Geld schätzbar ist und den Wert von 300 ℳ nicht übersteigt, der Vormund der Genehmigung des Vormundschaftsgerichts bedarf. Insbesondere aber stellt es im § 1714 das gleiche Erfordernis auf für eine zwischen dem Vater und dem Kinde über den Unterhalt für die Zukunft oder über eine an Stelle des Unterhalts zu gewährende Abfindung auf. Welchen Wert das Gesetzbuch diesen seinen Bestimmungen beimißt, erhellt ohne weiteres. Keine derselben unterscheidet zwischen den Fällen, daß ein Rechtsstreit anhängig, und daß der Vergleich vor dem Prozeßgericht geschlossen wird, oder daß beides oder eines von beidem nicht vorliegt. Man kann auch einen Widerspruch zwischen den Bestimmungen des Bürgerlichen Gesetzbuchs und denen der Civilprozeßordnung, wie der Text der letzteren auf Grund des Gesetzes, betreffend die Ermächtigung des Reichskanzlers zur Bekanntmachung der Texte verschiedener Reichsgesetze, vom 17. Mai 1898, wenngleich hinsichtlich des § 54 in unveränderter Gestalt, neu publiziert ist, nicht als vorliegend annehmen, und die Frage ist nicht die, welches der beiden Gesetze etwa als Spezialgesetz den Vorzug hat; vielmehr muß davon ausgegangen werden, daß der Gesetzgeber, auch im Hinblick auf die bisherige Rechtsprechung, die Vorschriften des Bürgerlichen Gesetzbuchs als mit denen im § 54 C.P.O. vereinbar betrachtet, und daß er seinerseits unter die Prozeßhandlungen den Vergleich nicht einbegriffen hat. Dieser sein Standpunkt ist maßgebend. Vermöge seiner erhält § 54 C.P.O. eine mit Gesetzeswirkung bekleidete Deklaration.

Das Erfordernis der vormundschaftsgerichtlichen Genehmigung ist hiernach mit Recht als gegeben betrachtet." ...

---

84. Inwieweit kann, insbesondere nach preußischem Recht, ein richterlicher Beamter wegen einer Amtshandlung, die er auf Grund einer Vorschrift der Strafprozeßordnung vorgenommen hat, auf Ersatz der dadurch entstandenen Kosten vom Fiskus belangt werden?

VI. Civilsenat. Urt. v. 25. Januar 1904 i. S. L. (Bekl.) w. preuß. Justizfiskus (Kl.). Rep. VI. 225/03.

I. Landgericht Altona.
II. Oberlandesgericht Kiel.

Der klagende Fiskus nahm den Beklagten auf Erstattung von Tagegeldern und Reisekosten, welche durch von dem letzteren als Amtsrichter abgehaltene Lokaltermine im Betrage von 37,76 *M* und 25,50 *M* erwachsen waren, mit der Behauptung in Anspruch, daß der Beklagte diese Termine unbefugterweise angeordnet habe. Das Landgericht wies den Kläger mit der Klage ab. Der Berufung des Klägers gab das Oberlandesgericht teilweise statt, indem es den Beklagten zur Bezahlung von 37,76 *M* verurteilte. Auf die Revision des Beklagten ist, unter Zurückweisung der Anschlußrevision des Klägers, die Berufung des Klägers gegen das landgerichtliche Urteil in vollem Umfange zurückgewiesen worden.

Aus den Gründen:

... „Es handelt sich in der gegenwärtigen Klage um Ansprüche des Staates gegen den Staatsbeamten auf Schadensersatz wegen Verletzung der Amtspflicht dem Staate gegenüber. Die Vorinstanzen sind richtigerweise davon ausgegangen, daß derartige vermögensrechtliche Verbindlichkeiten der Beamten dem Art. 80 Einf.-Ges. zum B.G.B. zu unterstellen sind, und daß demzufolge der vorliegende Fall nach den Bestimmungen der §§ 88—91 preuß. A.L.R. II. 10 (eingeführt in Schleswig-Holstein durch § 1 Ziff. 1 der Verordnung, betr. die allgemeine Regelung der Staatsdienerverhältnisse in den neu erworbenen Landesteilen, vom 23. September 1867) zu beurteilen ist. In Frage stehen folgende zwei Vorgänge.

1. In dem strafrechtlichen Ermittelungsverfahren gegen den Arbeiter H., welcher der Sachbeschädigung, verübt durch Tötung zweier Hunde, verdächtig war, wurde das Amtsgericht P. am 13. Juni 1900 von dem Ersten Staatsanwalt in Altona ersucht, den Produktenhändler L. in Sch. als Zeugen zu vernehmen. L. sollte nach einer Meldung der Gendarmerie einer Frau H. und dem Revierförster L. mitgeteilt haben, H. habe ihm gegenüber zugestanden, daß er die Hunde erschossen habe, und er wisse, wo H. die Hunde verscharrt habe.

Der verklagte Amtsrichter hat am 19. Juni 1900 den L. vernommen und „zur Erreichung einer wahrheitsgemäßen Aussage“ beeidigt. Der Zeuge erklärte es für unwahr, daß ihm H. ein Geständnis gemacht, und daß er, L., dem Förster L. gegenüber die fragliche Äußerung getan habe; davon, daß er der Frau H. die betreffende Mitteilung gemacht habe, wollte er nichts wissen. Nach

Abschluß der Vernehmung hat der Beklagte hierzu registriert, es sei — aus näher angeführten Gründen — sehr wahrscheinlich, daß L. falsch geschworen habe, und hat Termin „zu schleuniger Vernehmung" der betreffenden Zeugen auf den Nachmittag verfügt. Er hat dann am gleichen Tage zuerst in Qu., dann in Sch. die betreffenden Zeugen vernommen, welche die von L. abgeschworenen Äußerungen im wesentlichen bestätigten. Es ist daraufhin gegen L. wegen Meineides Voruntersuchung unter Erlassung eines Haftbefehls eröffnet, und demnächst wegen fahrlässigen Falscheides Anklage erhoben, dieser entgegen aber von der Strafkammer die Außerverfolgungsetzung L.'s beschlossen worden.

2. In dem Ermittelungsverfahren, betr. den Brand in der Scheune des Landmannes H. in D., war die Dienstmagd verwitwete L., als der vorsätzlichen Brandstiftung verdächtig, dem Amtsgericht P. am 27. Dezember 1900 vorgeführt worden. Am folgenden Tage von dem Beklagten vernommen, bestritt sie ihre Schuld und beantragte sofortige Beweiserhebungen. Es wurde ihr eröffnet, daß ihrem Antrage gemäß § 164 St.P.O. stattgegeben werde. Der Beklagte hat darauf noch am 28. Dezember 1900 eine Besichtigung der Brandstelle und verschiedene Vernehmungen vorgenommen, und daraufhin ist die L. aus der Haft entlassen worden.

Der Beklagte macht geltend, er habe in beiden Fällen durchaus gesetzmäßig, im ersten nach § 163, im zweiten nach § 164 St.P.O., gehandelt. Er habe annehmen müssen, daß L. falsch geschworen habe; um etwaige Kollusionen zu verhüten, sei Eile geboten gewesen, und er habe deshalb schleunigst die auswärtigen Termine angesetzt, um durch Vernehmung der Zeugen die Beweise gegen L. zu sichern. In dem Falle 2 sei die von ihm vorgenommene Beweiserhebung nach der Vorschrift des § 164 St.P.O. geboten gewesen. Der Kläger bestreitet, daß die gesetzlichen Voraussetzungen der fraglichen Prozeßvorschriften vorgelegen hätten, und behauptet, daß der Beklagte schuldhaft unbefugt verfahren sei.

Der erste Richter gibt dem Kläger zu, daß der Beklagte zum Schadensersatz verpflichtet wäre, wenn er die Lokaltermine unbefugt angeordnet hätte, sei es daß die gesetzlichen Voraussetzungen für das richterliche Vorgehen überhaupt nicht vorlagen, sei es daß wenigstens die Vornahme der Untersuchungshandlungen auf einem Lokaltermine nicht erforderlich gewesen wäre, und wenn dieses unbefugte Handeln auf einem Versehen des Beklagten beruhte. Das Landgericht sieht jedoch den vom Kläger zu führenden Beweis eines Versehens des Beklagten weder im einen, noch im anderen Falle als erbracht an. Gegenüber dem L. habe dringender Verdacht des Meineides und immerhin auch eine Kollusionsgefahr vorgelegen. Zur Bekämpfung dieser Gefahr habe, nachdem von der sofortigen Verhaftung des L. abgesehen war, nur die schleunige Vernehmung der Belastungszeugen in Betracht kommen können, was sich nur durch einen Lokaltermin habe ermöglichen lassen. Danach habe Gefahr im Verzuge gelegen; die vorgenommenen Untersuchungshandlungen seien erforderlich, mithin die Voraussetzungen des § 163 St.P.O. neben der Notwendigkeit des Lokaltermins gegeben gewesen; jedenfalls sei das Gegenteil nicht erwiesen. In dem Falle 2 seien die Voraussetzungen des § 164 St.P.O. als zutreffend anzusehen.

Das Berufungsgericht hat die allgemeinen rechtlichen Erwägungen des Erstrichters gebilligt, ist denselben weiterhin auch in der Beurteilung des Falles 2 beigetreten, hat aber, abweichend vom Landgericht, in dem Falle 1 ein Versehen des Beklagten als erwiesen angenommen.

Zu dem letzterwähnten Fall wird in den Gründen des Berufungsurteils ausgeführt: es möge sein, daß der Zeuge L., nachdem er gemäß § 65 Abs. 3 St.P.O. beeidigt worden war, des Meineides verdächtig schien. Dem Beklagten möge auch darin gefolgt werden können, daß dem Zeugen nach seiner Persönlichkeit der Versuch zugetraut werden konnte, andere Personen, deren Zeugnis er etwa zu fürchten gehabt hätte, zu seinen Gunsten zu beeinflussen. Es sei aber kein Grund ersichtlich, aus dem der Beklagte hätte annehmen können, die vorgenommene Beweiserhebung sei geeignet, dem Verdächtigen hierin zuvorzukommen." ... (Wie dann näher ausgeführt ist.)

„Gegen diese Ausführungen wird von der Revision des Beklagten eingewendet: der Beklagte habe offenbar die Überzeugung gehabt, daß L. einen Meineid geschworen habe, und die von ihm darauf beschlossene und ausgeführte Vernehmung der Zeugen habe diese Überzeugung als richtig bestätigt. Es könne auch die bona fides des Beklagten in der Richtung nicht angezweifelt werden, daß er selbst überzeugt gewesen sei, die Witwe H. könnte mit Erfolg von L. beeinflußt werden. Die

Gefahr einer Beeinflussung der mit L. im gleichen Hause wohnenden H. habe auch sehr nahe gelegen. Ob der Versuch einen Erfolg haben werde, lasse sich überhaupt nicht beurteilen, sei aber auch unerheblich. Habe der Beklagte auch nur mit der Tatsache rechnen können, daß L. versuchen werde, die H. zu beeinflussen, dann enthalte sein rasches Vorgehen auf Grund des § 163 St.P.O. nicht allein kein Versehen, sondern sei ein durchaus berechtigtes gewesen. Die im Berufungsurteil für ein Versehen des Beklagten gegebene Begründung sei ungenügend und rechtsirrtümlich.

Der Revision konnte der Erfolg nicht versagt werden.

Auch schon von dem rechtlichen Gesichtspunkte aus, von welchem das Berufungsgericht sich bei seiner Beurteilung leiten läßt, würde man noch nicht zur Annahme einer schuldhaften Pflichtverletzung von seiten des Beklagten gelangen. Die hier in Frage stehende Amtshandlung kann objektiv nicht als ungesetzlich oder unbefugt angesehen werden. Der Beklagte hat dieselbe, wie er unwiderlegt behauptet, vorgenommen in Absicht auf ein gegen L. wegen Meineides einzuleitendes Strafverfahren und im Hinblick auf § 163 St.P.O., wonach, wenn Gefahr im Verzuge obwaltet, der Amtsrichter die erforderlichen Untersuchungshandlungen von Amts wegen vorzunehmen hat. „Gefahr im Verzuge" ist im Sinne dieser Vorschrift überall vorhanden, wenn Gefahr besteht, daß ohne schleunige Vorkehrung die betreffende Handlung vereitelt, oder überhaupt der Zweck des Verfahrens geschädigt werden könnte.

Vgl. Löwe, Strafprozeßordnung § 163 Bem. 5; Stenglein, Strafprozeßordnung § 163 Bem. 2.

Der Beklagte war, wie zu unterstellen ist, davon überzeugt, L. habe sich des Meineids dringend verdächtig gemacht, und daß diese Annahme eine wohl begründete war, hat der weitere Verlauf gezeigt, wenn auch schließlich der Angeschuldigte außer Verfolgung gesetzt worden ist. Dem Beklagten muß dann weiter zugute gehalten werden, daß er die Gefahr einer Kollusion, einer Einwirkung des L. auf Zeugen, wodurch das Ergebnis der Untersuchung alteriert werden könnte, als vorhanden angenommen hat. Aus welchem Grunde der Beklagte unterlassen hat, als Mittel gegen die Kollusionsgefahr die vorläufige Verhaftung des Verdächtigen anzuwenden, mag dahingestellt bleiben. Da L. nun einmal nicht in Haft genommen war, handelte es sich für den Beklagten darum, ob er etwaigen von L. zu befürchtenden Machenschaften durch anderweite schleunige Vorkehrungen zuvorkommen könne und solle. Die in dieser Richtung erforderlichen Untersuchungshandlungen vorzunehmen, war er alsdann gemäß § 163 St.P.O. berechtigt wie verpflichtet. Wollte man nun auch dem Berufungsgerichte darin beipflichten, daß es nicht bloß darauf ankam, ob von L. ein Versuch der Beeinflussung zu erwarten stand, sondern auch darauf, ob solches Unternehmen Erfolg haben konnte, so würde man doch nicht mit dem Vorderrichter schlechthin verneinen können, daß der Beklagte eine Beeinflussung der in der Folge vernommenen Personen für möglich, und diese Vernehmungen für das geeignete Mittel dagegen habe halten dürfen....

Um den Beklagten vermögensrechtlich haftbar zu machen, müßte aber weiter auch in subjektiver Beziehung eine schuldhafte Verletzung der Amtspflicht vorliegen. Das Berufungsgericht steht bei dieser Frage anscheinend auf einem Standpunkt, der für die Verantwortwortlichkeit des richterlichen Beamten dem Staat gegenüber grundsätzlich nicht zu billigen ist. Es wird vorwiegend angenommen, daß nach den Bestimmungen der §§ 88. 89 A.L.R. II. 10 der Beamte für jedes, selbst das geringste, Versehen einzustehen habe, und nur bezüglich der Haftung des Spruchrichters, der Tätigkeit in judicando, eine andere Auffassung Platz greife.

Vgl. Urteil des Reichsgerichts, III. Civilsenats, vom 2. November 1882, bei Gruchot, Beiträge Bd. 28 S. 968 flg.; Förster-Eccius, Preuß. Privatrecht Bd. 2 § 154 7. Aufl. S. 518 flg.; Dernburg, Preuß. Privatrecht Bd. 2 § 298 5. Aufl. S. 917 flg. Anm. 6. 15; Rehbein u. Reincke, Allgemeines Landrecht, zu § 88 II. 10 Anm. 40 bis 43; übrigens Striethorst, Archiv Bd. 20 S. 196, Bd. 82 S. 1 flg.

Aber wenn man auch die im Verhältnis des Beamten zum Staat noch jetzt geltenden, einen öffentlichrechtlichen Charakter tragenden Vorschriften der §§ 88. 89 a. a. O. auf die Tätigkeit der richterlichen Beamten, abgesehen von der Funktion des Spruchrichters, gleichfalls anzuwenden hätte, und wenn auch hier eine Verantwortlichkeit für jedes, selbst geringes, Versehen als gesetzliche Norm anzuerkennen wäre, so sind doch in Ansehung des Begriffs der schuldhaften Pflichtverletzung für den gegebenen Fall die dem Richter gesetz- und verfassungsmäßig zugewiesene Aufgabe und eingeräumte Amtsbefugnis ins Auge zu fassen. Dem Richter steht auf dem Gebiete der streitigen Gerichtsbarkeit mannigfach die Vornahme von Amtshandlungen zu, wobei entweder die Handlung selbst seinem pflichtmäßigen Ermessen überlassen, oder doch die Frage, ob die im Gesetz bestimmten Voraussetzungen der Handlung im konkreten Fall gegeben sind, der selbständigen Erwägung des Richters anheimgestellt ist. Dabei wird häufig, zumal bei Handlungen des Untersuchungsrichters oder des seine Funktion wahrnehmenden Amtsrichters, die Sachlage einen raschen Entschluß und schleunige Ausführung desselben erfordern. Für derartige Fälle kann die vermögensrechtliche Verantwortung des richterlichen Beamten keinenfalls nach dem Maßstabe beurteilt werden, ob das Vorgehen desselben sich bei späterer Prüfung als sachdienlich und zweckmäßig erweist. Wenn der Richter sich in der von ihm vorausgesetzten Sachlage geirrt oder auch in der Wahl des Mittels für den gesetzmäßig verfolgten Zweck fehlgegriffen hat, so hat er damit noch nicht seine Amtspflicht verletzt. Und die von ihm zu erfordernde Aufmerksamkeit hat er nicht schon um deswillen außer acht gelassen, weil er eine Handlung als erforderlich angesehen und vorgenommen hat, die hinterher als unnötig erkannt wurde. Es kann auch nicht im Sinne des Gesetzes liegen, wenn der richterliche Beamte in seiner, innerhalb der Grenzen der Gerichtsverfassung und Prozeßordnung gelegenen, insoweit unabhängig auszuübenden, Amtstätigkeit durch die ihm drohende civilrechtliche Haftung dem Fiskus gegenüber ungebührlich beengt würde, und wenn er für jede objektiv ungeeignete, obschon formell gesetzliche, Handlung auf dem Wege der Kostenerstattungspflicht zur Rechenschaft gezogen werden könnte, falls eine nachgängige Prüfung ergibt, daß der Beamte bei Anwendung größter Sorgfalt anders hätte verfahren müssen. Von dem Falle, wo der Beamte seine Amtspflicht dadurch verletzt, daß er eine gewissenhafte Würdigung oder Untersuchung gar nicht vorgenommen hat, ist hier abzusehen. Im gegenwärtigen Falle hat der Beklagte — wie mangels einer gegenteiligen Feststellung vorausgesetzt werden muß, in gutem Glauben und lediglich im sachlichen Interesse — bei Erwägung der Sachlage angenommen, daß Gefahr im Verzuge obwalte, und daß die von ihm angeordneten Zeugenvernehmungen erforderlich seien, wie denn auch die Civilkammer des Landgerichts in Altona sein Vorgehen für gerechtfertigt erachtet hat. Daß jene Vernehmungen die Abhaltung eines Lokaltermins erforderten, darf ohne weiteres mit dem ersten Richter angenommen werden." ...

---

85. Fallen unter § 58 Abs. 1 des Krankenversicherungsgesetzes vom 10. April 1892 auch die Ansprüche von Arbeitgebern gegen eine Krankenkasse auf Rückzahlung ohne Rechtsgrund geleisteter Beiträge? Bezieht sich die Kompetenzvorschrift des § 57b des Gesetzes auch an einen Streit zweier Ortskrankenkassen über örtliche Kassenzugehörigkeit? Wird eine Rückforderung von Beiträgen aus §§ 812 flg. B.G.B. durch ein „tatsächliches Versicherungsverhältnis", auf Grund dessen geleistet worden ist, ausgeschlossen, oder steht ihr die Vorschrift des § 52 Abs. 1 Satzes 4 des Gesetzes im Wege, wenn zwischen Arbeitgeber und Krankenkasse die vorläufige Fortbezahlung der Beiträge, bzw. Unterlassung der Abmeldung vereinbart war?

VI. Civilsenat. Urt. v. 25. Januar 1904 i. S. Ortskrankenkasse der Maschinenbauarbeiter rc in Berlin (Bekl.) w. Aktiengesellschaft I. C. G. A. (Kl.). Rep. VI. 212/03.

I. Landgericht I Berlin.
II. Kammergericht daselbst.

Die Klägerin hatte am 1. Oktober 1900 einen Teil ihres Betriebes von Berlin nach Mariendorf verlegt, aber die Krankenkassenbeiträge für ihre sämtlichen Arbeiter nach wie vor an die Berliner Ortskrankenkasse entrichtet. Am 12. Dezember 1900 entschied indes die Aufsichtsbehörde unter Hinweis auf § 58 des Krankenversicherungsgesetzes, daß die Klägerin die in Mariendorf beschäftigten Personen vom Tage der Eröffnung des dortigen Betriebes an bei der Ortskrankenkasse in Mariendorf zu versichern habe. Nachdem hierauf die letztere Kasse die Beiträge nachträglich von der Klägerin eingefordert hatte, verlangte diese von der Beklagten Erstattung der an sie gezahlten Beiträge. Der Magistratskommissar für die Orts- und Betriebskrankenkassen in Berlin wies die Klägerin ab. Das Landgericht dagegen verurteilte die Beklagte nach dem Klagantrage, und die Berufung wurde zurückgewiesen. Auch die Revision der Beklagten ist zurückgewiesen worden, aus folgenden

Gründen:

„I. In der Berufungsinstanz war schließlich nicht weiter bestritten worden, daß der Betrieb der Klägerin in Mariendorf schon von dem Tage der Betriebseröffnung, dem 1. Oktober 1900, an wirtschaftlich und technisch eine selbständige Leitung gehabt hat, und daß deshalb die dort beschäftigten Arbeiter an sich bei der Mariendorfer Krankenkasse versicherungspflichtig waren. Die Beklagte macht jedoch geltend, daß jedenfalls tatsächlich die betreffenden Arbeiter bis zum 20. Januar 1901 bei ihr versichert gewesen seien, von ihr auch alle gesetzlichen Leistungen bezogen hätten. Ein solches tatsächliches Versicherungsverhältnis werde vom Gesetz anerkannt, und demgemäß habe auch der Oberpräsident, unter Abänderung der Entscheidung des Vorsitzenden des Kreisausschusses, am 1. Oktober 1901 dahin entschieden, daß die Arbeiter der Klägerin frühestens mit dem 20. Januar 1901 als Mitglieder der Mariendorfer Kasse zu gelten hätten. Dieser Bescheid erledige endgültig die Frage der Versicherungspflicht, unmittelbar für den Streit der Kassen unter sich, mittelbar auch für den Streit der Parteien. Sodann aber habe die Klägerin ihre Arbeiter auch erst mit dem 20. Januar 1901 abgemeldet und sei deshalb auch nach § 28 des Statuts und § 52 des Krankenversicherungsgesetzes verpflichtet gewesen, bis zu diesem Zeitpunkte die Beiträge fortzubezahlen. Weiterhin meint die Beklagte, daß einer Rückforderung der Beiträge eine vertragliche Abmachung entgegenstehe; nach dem Inhalte der Korrespondenz sei nämlich von den Parteien vereinbart worden, daß die Arbeiter weiter bei der Beklagten versichert bleiben sollten; Klägerin habe vorbehaltslos die Versicherungspflicht bei ihr, der Beklagten, anerkannt, und die Beklagte habe sich gerade die vorbehaltslose und definitive Zahlung der Beiträge gesichert und sichern wollen. Eventuell will die Beklagte an der Klageforderung die von ihr gezahlten Unterstützungen, welche hinter der Summe der Beiträge nur um 54 ℳ zurückblieben, in Abzug bringen. Das Berufungsgericht hat diese Einwendungen sämtlich verworfen....

II. Die nach mehrfacher Richtung, auch wegen der Zulässigkeit des Rechtsweges, in Frage kommende rechtliche Natur der erhobenen Klage ist von der Vorinstanz zutreffend beurteilt. Civilrechtlich ist es eine Klage aus ungerechtfertigter Bereicherung nach Maßgabe der §§ 812 flg. B.G.B. Das zugrunde liegende Rechtsverhältnis beruht aber teilweise auf dem Boden des öffentlichen Rechts, den Bestimmungen des Krankenversicherungsgesetzes vom 15. Juni 1883 in der (vorliegend noch maßgebenden) Fassung des Gesetzes vom 10. April 1892. Es handelt sich hierbei um eine Streitigkeit im Sinne von § 58 Abs. 1 des Krankenversicherungsgesetzes, nämlich eine Streitigkeit zwischen dem Arbeitgeber versicherungspflichtiger Personen einerseits und der Ortskrankenkasse andererseits über die Verpflichtung zur Leistung von Beiträgen. Denn hierunter fallen auch die Ansprüche auf Rückzahlung irrtümlich, bzw. ohne Rechtsgrund geleisteter Beiträge, sofern hierbei die Zahlungsverpflichtung selbst in Streit gezogen ist.

Vgl. Hahn, Krankenversicherungsgesetz zu § 58 Bem. 1 d 2. Aufl. S. 213; v. Schicker, Krankenversicherungsgesetz § 58 Bem. 7 2. Aufl. S. 307; v. Frankenberg, in Honigmann's Zeitschrift Die Arbeiterversorgung Bd. 19 S. 25 flg.; s. auch Entsch. des R.G.'s in Civils. Bd. 25 Nr. 64 S. 306.

War hiernach der gegenwärtige Streit zunächst von der Aufsichtsbehörde zu entscheiden, so ist gegen deren Entscheidung die Berufung auf den ordentlichen Rechtsweg zulässig, da in Preußen die Landesgesetzgebung von dem Vorbehalte des § 58 Abs. 1, solche Streitigkeiten dem Verwaltungsstreitverfahren zuzuweisen, keinen Gebrauch gemacht hat.

Vgl. Entsch. des R.G.'s in Civils. Bd. 46 Nr. 14 S. 58.

III. Was die Vorfrage des bestehenden oder nicht bestehenden Versicherungsverhältnisses betrifft, so ist außer Zweifel, daß der gesetzlichen Norm (§§ 1. 5. 5a. 19 des Krankenversicherungsgesetzes) zufolge die in Mariendorf beschäftigten Arbeiter und versicherungspflichtigen Angestellten der Klägerin vom Tage der Betriebseröffnung in der dortigen Gasmesserfabrik an der Mariendorfer Ortskrankenkasse angehörten uud gleichzeitig aus dem Versicherungsverhältnis zu der Berliner Ortskrankenkasse ausgeschieden waren. In diesem Sinne ist denn auch von dem Vorsitzenden des Kreisausschusses des Kreises Teltow, als der Aufsichtsbehörde, nach § 58 vergl. m. § 44 des Krankenversicherungsgesetzes unter dem 12. Dezember 1900 entschieden worden. Ob diese auf den Antrag der Mariendorfer Kasse in deren Streit mit der Klägerin ergangene Entscheidung für den gegenwärtigen Prozeß und die jetzigen Parteien Rechtskraftswirkung habe, kann man, mit dem Berufungsgericht, dahingestellt lassen. Nachdem im jetzigen Verfahren auf Grund der Beweisaufnahme festgestellt ist, daß die Arbeiter und technischen Beamten der Klägerin von Anfang an ihre ganze Tätigkeit lediglich in Mariendorf ausgeübt haben, dort auch ihre Löhne und Gehälter ausbezahlt worden sind, konnte auch eine selbständige Beurteilung von seiten des Gerichts nur übereinstimmend mit jener schon früher von der Aufsichtsbehörde vertretenen Anschauung ausfallen. Es liegt hier der Fall vor, daß von dem Betriebsunternehmer Veranstaltungen getroffen sind, wodurch außerhalb der Hauptniederlassung eine besondere Betriebsstätte geschaffen worden ist, indem der nach auswärts verlegte Teilbetrieb als ein in technischer Beziehung innerhalb des allgemeinen gewerblichen Unternehmens selbständiger Betrieb eingerichtet wurde.

Vgl. Entsch. des R.G.'s in Civils. Bd. 34 Nr. 29 S. 129 flg. 137, Bd. 38 Nr. 30 S. 109 flg.; Entsch. des preußischen Oberverwaltungsgerichts Bd. 29 S. 320; v. Woedtke, Krankenversicherungsgesetz zu § 5a Bem. 2. 5. 5. Aufl. S. 129; Rosin, Das Recht der Arbeiterversicherung § 35 S. 288. 230....

IV. Nun hat allerdings, nachdem längst der Vorsitzende des Kreisausschusses, wie angegeben, entschieden hatte, und nach eingetretener Rechtskraft dieser Entscheidung die Anmeldung der Arbeiter in Mariendorf bei der dortigen Krankenkasse von der Klägerin bewirkt worden war, der Oberpräsident der Provinz Brandenburg am 1. Oktober 1901 eine Verfügung getroffen, wodurch er — als höhere Verwaltungsbehörde (§ 24 des Krankenversicherungsgesetzes) einen Streit zwischen der Berliner Ortskrankenkasse und der Ortskrankenkasse in Mariendorf, und zwar gemäß § 57b des Krankenversicherungsgesetzes, entscheiden will. Er spricht aus, daß zweifellos die in Mariendorf versicherungspflichtigen Personen der dortigen Ortskrankenkasse anzugehören haben, daß aber, weil die Berliner Ortskrankenkasse den Zweigbetrieb, wenngleich irrtümlicherweise, als zu ihrer Kasse gehörig angesehen habe, das neue Versicherungsverhältnis nicht von selbst in Kraft getreten sei. Es scheine, als ob auf Grund der von der Aufsichtsbehörde nach § 58 des Krankenversicherungsgesetzes getroffenen Entscheidung bereits seit dem 20. Januar 1901 die Versicherung tatsächlich bei der Mariendorfer Kasse erfolgt sei. Treffe diese Annahme zu, so habe es bei dieser, den Verhältnissen entsprechenden, Regelung des Versicherungsverhältnisses zu bewenden; sei der Zweigbetrieb jedoch tatsächlich noch nicht bei der Mariendorfer Kasse versichert, so habe das neue Versicherungsverhältnis vom 14. Oktober 1901 an in Kraft zu treten. Die Revision vertritt den Standpunkt der Beklagten, daß zufolge dieser Entscheidung das Versicherungsverhältnis bei der Mariendorfer Kasse nicht früher als am 20. Januar 1901 in Kraft getreten sei. Es ist jedoch dem Berufungsgerichte darin Recht zu geben, wenn es der Entscheidung des Oberpräsidenten eine maßgebliche Bedeutung für den gegenwärtigen Rechtsstreit nicht beigelegt hat. Zwar kann bei einem Streit über das Versicherungsverhältnis eine und dieselbe Streitfrage bald nach § 57b, bald nach § 58 des Krankenversicherungsgesetzes zu behandeln sein, je nachdem der Streit zwischen zwei Kassen, oder zwischen einer Kasse und dem Versicherungspflichtigen bzw. dessen Arbeitgeber entschieden wird, und es ist alsdann die Entscheidung des Streites zwischen den beiden Kassen präjudiziell für die aus dem Versicherungsverhältnis nach § 58 des Krankenversicherungsgesetzes erhobene Klage.

Vgl. Entsch. des R.G.'s in Civilf. Bd. 46 Nr. 14 S. 56 flg.

Aber diese letztere Wirkung kann doch nur da eintreten, wo die Verwaltungsbehörde innerhalb der durch § 57b des Gesetzes gegebenen Zuständigkeit entschieden hat. Das Berufungsgericht hat mit Recht angenommen, daß nach Wortlaut und Zweck der Kompetenzvorschrift des § 57b des Krankenversicherungsgesetzes zu den „Streitigkeiten zwischen Gemeinde-Krankenversicherungen und Orts-Krankenkassen oder zwischen Orts-Krankenkassen über die Frage, welcher von ihnen die in einem Gewerbszweige oder in einer Betriebsart oder in einem einzelnen Betriebe beschäftigten Personen angehören", der Streit mehrerer Kassen über die Frage der örtlichen Kassenzugehörigkeit — darüber, welcher der beiden Orte für gewisse versicherungspflichtige Personen als Beschäftigungsort zu gelten habe, — nicht zu rechnen ist. Es darf in dieser Beziehung auf die im Berufungsurteil ausgeführten Gründe und angezogenen Belege verwiesen werden:

Begründung zum Entwurf des Abänderungsgesetzes vom 10. April 1892, Drucksachen des Reichstags VIII. Legislaturperiode 1. Session Nr. 151 S. 66. 67; Urteil des preußischen Oberwaltungsgerichts vom 26. März 1896 in den Entsch. dess. Bd. 29 S. 326 (Fuchsberger, Entscheidungen 2. Aufl. S. 485 flg.); Hahn, Krankenversicherungsgesetz 2. Aufl., zu § 57b S. 210. 211; Petersen, Krankenversicherungsgesetz, zu § 57b 4. Aufl. S. 386.

Übrigens wäre die vorliegend von dem Oberpräsidenten erlassene Entscheidung auch ihrem Inhalt nach nicht geeignet gewesen, in dem, sei es kraft Gesetzes, oder demselben entsprechend zufolge der Entscheidung der Aufsichtsbehörde, seit dem 1. Oktober 1900 bestehenden Versicherungsverhältnisse nachträglich eine Änderung dahin zu bewirken, daß der Anfangstermin der Versicherung bei der Mariendorfer Kasse hinausgerückt, oder die aufgehobene Versicherung bei der Berliner Ortskrankenkasse wieder hergestellt worden wäre....

V. Dem Berufungsgericht ist weiterhin darin beizutreten, daß ein bloß tatsächlicher Zustand prinzipiell nicht ein von den gesetzlichen Bestimmungen abweichendes Versicherungsverhältnis zu schaffen vermag. Kraft Gesetzes gehört (wie auch in § 19 Abs. 2 durch die Worte „vermöge ihrer Beschäftigung" zum Ausdrucke gebracht ist) jeder Zwangsversicherungspflichtige der Kasse an, die für den Erwerbszweig besteht, in welchem er beschäftigt ist. Diejenigen, welche Mitglieder einer anderen Ortskrankenkasse waren, treten mit dem Eintritt in die neue Beschäftigung von selbst aus ihrer früheren Kasse aus und können in derselben nicht freiwillig verbleiben. Die An- und Abmeldung der Versicherungspflichtigen hat an sich nur Bedeutung für die Kontrole.

Vgl. Entsch. des R.G.'s in Civils. Bd. 21 Nr. 22 S. 103; v. Woedtke, a. a. O. zu § 19 Bem. 6 5. Aufl. S. 202flg.; v. Schicker, a. a. O. zu § 19 Bem. 8.

Auch durch eine Vereinbarung des Arbeitgebers (der zudem nicht über die Rechte der versicherungspflichtigen Arbeiter disponieren könnte) mit der Krankenkasse wird ein Versicherungsverhältnis nicht begründet. Wenn in § 57b Abs. 3 des Krankenversicherungsgesetzes für den dort angeführten Fall der von der zuständigen Verwaltungsbehörde getroffenen Entscheidung eine konstitutive Bedeutung beigelegt ist, wonach dadurch eine bestimmte Kassenzugehörigkeit begründet oder geändert werden soll, bis zum „Inkrafttreten des neuen Versicherungsverhältnisses" aber dem bisherigen „tatsächlichen" Verhältnisse Geltung belassen wird, so läßt sich daraus, wie der Berufungsrichter zutreffend darlegt, nicht allgemein ein Schluß darauf ziehen, daß der Gesetzgeber auch einem tatsächlichen Versicherungsverhältnis Anerkennung zuteil werden lasse. Das grundlegende Prinzip des Gesetzes ist mit jener durch die Novelle eingeführten Sondervorschrift keinenfalls über den Bereich dieser Bestimmung (s. darüber Hahn, a. a. O. Bem. 3 S. 211) hinaus durchbrochen worden; vielmehr wurde an ihm auch in dem Abänderungsgesetz festgehalten.

Vgl. auch Motive hierzu a. a. O. S. 43.

VI. Die Revision kommt gleichwohl auf die Behauptung zurück, daß auch durch tatsächlich, bzw. zufolge Vereinbarung der Beteiligten bestehende Versicherung die aus dem Krankenversicherungsgesetze sich ergebenden Rechte und Pflichten begründet werden könnten. Die Versicherung habe im vorliegenden Fall unstreitig während der Zeit tatsächlich bestanden, für welche die streitigen Beträge bezahlt, und von der Beklagten die Gegenleistungen gewährt worden seien. Die Klägerin habe ihre Arbeiter erst mit dem 20. Januar 1901 abgemeldet. Folglich habe für die Klägerin bis dahin die Zahlungspflicht (§ 52 des Krankenversicherungsgesetzes) bestanden. Wenn sich die Parteien mit dieser Fortdauer des Versicherungsverhältnisses einverstanden erklärt hätten, das tatsächlich dauernde Verhältnis also dem Vertragswillen der Parteien entsprochen habe, so ergebe sich auch hieraus die Klageforderung als unbegründet. Die umgekehrte Annahme des Berufungsgerichts, daß, wenn die Parteien über die Unterlassung der Anmeldung sich verständigen, der Arbeitgeber zur Beitragszahlung bis zur Abmeldung nicht verpflichtet sei, entbehre der gesetzlichen Begründung und verstoße gegen §§ 49. 52 des Gesetzes. Das Berufungsgericht gehe davon aus, daß das Gesetz hier eine Strafbestimmung treffe, während doch Leistung und Gegenleistung hier sich gegenüberständen, und weder das Gesetz eine Strafe festsetze, noch die Beklagte etwas anderes gefordert habe, als die infolge des Versicherungsverhältnisses schuldigen Beiträge, deren Höhe mit den Aufwendungen der Beklagten übereinstimmen. Die Revision verweist ferner auf das Schreiben der Klägerin vom 23. Mai 1900, worin sie der Beklagten erklärte, sie betrachte ihre nach Mariendorf zu verlegende Fabrik nach wie vor als zu ihrem Berliner Werke gehörig und werde demgemäß die dort beschäftigten Angestellten in der Berliner Ortskrankenkasse belassen. Habe die Beklagte sich hiermit einverstanden erklärt, so könne die Klägerin unmöglich hieraus einen Anspruch oder den Wegfall einer Verpflichtung gegenüber der Beklagten herleiten. Die Klägerin habe die Versicherung bei der Beklagten fortgesetzt und es wissentlich geschehen lassen, daß die Beklagte die Verpflichtungen aus der Versicherung erfülle, bis Klägerin die Abmeldung bewirkte. Folglich habe die Klägerin bis dahin die Gegenleistung zu gewähren gehabt, und seien die Zahlungen nicht ohne Verpflichtung, sondern auf Grund rechtlicher Verpflichtung geleistet.

Diese Ausführungen können nicht als zutreffend anerkannt werden. Die auf Grund des Krankenversicherungsgesetzes von der einen Seite zu gewährenden Unterstützungen, von der anderen Seite zu entrichtenden Beiträge sind Gegenstand einer öffentlichrechtlichen Verpflichtung und stehen nicht, wie bei einem privatrechtlichen Versicherungsvertrag, in dem Verhältnisse von Leistung und Gegenleistung. Die Ansprüche und Verpflichtungen sind nicht Glieder eines zweiseitigen Rechtsverhältnisses, sondern gesetzliche Rechtsfolgen bestimmter Tatbestände, und auch da, wo sie einem und demselben Tatbestand entspringen, nicht wechselseitig durcheinander bedingt. Der Versorgungsberechtigte und der Zahlungspflichtige können verschiedene Personen sein. Der Anspruch auf Unterstützung ist nicht davon abhängig, daß die Krankenversicherungsbeiträge wirklich eingezahlt sind oder beigetrieben werden können; andererseits hat die Beitragspflicht nicht zur Voraussetzung, daß im konkreten Fall Unterstützung tatsächlich gewährt ist.

Vgl. Laband, Staatsrecht des Deutschen Reiches 4. Aufl. Bd. 3 § 82 S. 267 flg.; Rosin, Arbeiterversicherung Bd. 1 S. 257 flg.; Hahn, Krankenversicherungsgesetz, Vorbemerkungen S. 6 flg. S. 11.

Auch durch die im vorliegenden Fall von den Parteien getroffene Abmachung und das von ihnen tatsächlich eingehaltene Verfahren ist nicht ein Rechtsverhältnis nach Art eines privatrechtlichen Versicherungsvertrages oder eines sonstigen Vertrages auf Leistung und Gegenleistung geschaffen worden. Die Parteien wollten nichts anderes, als daß jeder Teil für sich die ihm (vermeintlich) nach dem Gesetz obliegende Verbindlichkeit erfülle, und wenn die hierbei vorausgesetzte Beitragspflicht der Klägerin der verklagten Kasse gegenüber in Wahrheit nicht bestand, so hat jene die Beiträge ohne Rechtsgrund (indebite) geleistet.

Daß die Klägerin, mag sie auch Zweifel an dem Bestehen der Verbindlichkeit gehegt haben, wissentlich eine Nichtschuld bezahlt habe (§ 814 B.G.B.), behauptet die Beklagte selbst nicht. Eine Rückforderung wäre nach civilrechtlichen Grundsätzen allerdings ausgeschlossen, wenn die Klägerin in der ausgesprochenen oder unzweideutig erkennbaren Absicht die Beiträge fortbezahlt hätte, es solle bei der Leistung verbleiben, auch wenn die vorausgesetzte Verbindlichkeit nicht bestände, und es wäre an sich denkbar, daß die Abrede der Parteien einen solchen eventuellen Verzicht auf den Erstattungsanspruch,

vgl. Planck, Bürgerliches Gesetzbuch § 813 Bem. 2c S. 585flg.,

in sich geschlossen hätte. Ob das der Fall sei, war im wesentlichen Sache der tatsächlichen Beurteilung, und das Berufungsgericht hat mit einwandsfreier Begründung das Gegenteil festgestellt. Die Vereinbarung der Parteien ... hatte hiernach nur die Bedeutung: es sollte vorläufig bis zur Entscheidung der Streitfrage durch die zuständige Behörde bei dem bisherigen Zustand in der Weise belassen werden, daß inzwischen die Beiträge an die Beklagte fortbezahlt, die Unterstützungen von dieser fortgeleistet würden. Damit hatte sich die Klägerin nichts von ihren Rechten vergeben, namentlich nicht dem Rechte entsagt, für den Fall, daß die zu erwartende Entscheidung der Behörde oder des Gerichts dahin ausfiele, daß der Teilbetrieb in Mariendorf der dortigen Kasse zugehöre, und daß demzufolge die letztere Kasse die Beiträge für die fragliche Periode von der Klägerin nachforderte, die an die Beklagte bezahlten Gelder von ihr zurückzufordern.

VII. Dieser Rückforderung stehen aber auch nicht die Vorschriften der § 52 Abs. 1. § 49 des Krankenversicherungsgesetzes und die entsprechenden Bestimmungen der § 28 Abs. 2. § 10 des Statuts der Berliner Ortskrankenkasse im Wege, wonach die Arbeitgeber der Kassenmitglieder die Beiträge für jedes von ihnen angemeldete Mitglied so lange fortzuzahlen haben, bis die vorschriftsmäßige Abmeldung erfolgt ist. Richtig ist zwar, daß eine Abmeldung der Mariendorfer Arbeiter bei der verklagten Kasse bis zum 20. Januar 1901 nicht erfolgt war. In den Gründen des Berufungsurteils ist allerdings zunächst anscheinend der Gedankengang verfolgt, daß die der verklagten Kasse von seiten der Klägerin zugegangenen Mitteilungen über die tatsächlichen Verhältnisse eine Abmeldung sachlich enthalten oder eine solche ersetzt hätten; eine Annahme, welche angesichts der, auch im öffentlichen Interesse getroffenen, gesetzlichen Vorschriften über die an die zuständige Meldestelle zu erstattenden An- und Abmeldungen bedenklich wäre.

Aber das Berufungsgericht kommt dann doch zu der Annahme, daß sich die Parteien über die vorläufige Unterlassung der Abmeldung verständigt hätten. Indes fraglich ist nur, ob im vorliegenden Falle die Unterlassung der Abmeldung zur Folge habe, daß wegen der Bestimmung in § 52 Abs. 1 Satz 4 des Krankenversicherungsgesetzes die von der Klägerin in der betreffenden Zeit gezahlten Beiträge als in Erfüllung einer gesetzlichen Verpflichtung bezahlt zu gelten haben, und deshalb eine Rückforderung ausgeschlossen sei. Das Berufungsgericht hat dies ohne Rechtsirrtum verneint.

Jene Vorschrift des § 52 ist freilich nicht eine Strafbestimmung im eigentlichen Sinn (wie z. B. die des § 81 des Krankenversicherungsgesetzes); auch ist die darin statuierte Zahlungspflicht nicht einmal, wie die Erstattungspflicht nach § 50 des Gesetzes, an die Voraussetzung geknüpft, daß der Arbeitgeber der Anmeldepflicht vorsätzlich oder fahrlässigerweise nicht genügt; sie tritt vielmehr an sich auch bei entschuldbarem Irrtum ein. Die Vorschrift hat aber die Bedeutung eines Zwangsmittels für geordnete Erfüllung der An- und Abmeldepflicht,

vgl. Motive zu §§ 44—49 des Entwurfes zum Gesetz vom 15. Juni 1883, Drucksachen des Reichstags V. Legislaturperiode 2. Session Nr. 14 S. 149,

und kann ihrer Wirkung nach immerhin einen pönalen Charakter annehmen. Eines derartigen Zwangsmittels bedarf es, soweit das bei der Krankenversicherung obwaltende öffentliche Interesse auf dem Spiele steht, nicht aber für die der Disposition der Beteiligten unterliegenden privatrechtlichen Beziehungen. Es kann nicht der Sinn des Gesetzes sein, daß demselben unbedingt jede, auch die gemäß Vereinbarung der Beteiligten erfolgende, Beitragsleistung zu unterstellen wäre. Im vorliegenden Fall hatte die Klägerin der Beklagten die Absicht kundgegeben, ihre Leute bei der Mariendorfer Kasse, welche dies unter Bedrohung mit Regreß von ihr verlangte, anzumelden, wenn es nicht der Beklagten gelingen sollte, eine endgültige Entscheidung von höherer Instanz herbeizuführen. Wenn sich alsdann die Klägerin nur durch die Gegenvorstellungen und die ausdrückliche Bitte der Beklagten bestimmen ließ, die Abmeldung vorläufig zu unterlassen und inzwischen die Beiträge an die Beklagte fortzubezahlen, so kann sich die Beklagte der Rückforderung gegenüber nicht auf die Vorschrift des § 52 des Gesetzes dafür berufen, daß die Klägerin ja nur eine ihr gesetzlich obliegende Verbindlichkeit erfüllt habe. In dem (privatrechtlichen) Verhältnisse zwischen den Parteien haben die von ihnen getroffenen Abreden allerdings eine Bedeutung: ihrem Einverständnis entsprechend erfolgte die Beitragszahlung vorläufig und mit Vorbehalt anderweiter Regelung nach Entscheidung des Streits, also nicht mit der Bedeutung des in § 52 des Gesetzes vorgesehenen Rechtsnachteils. Und jedenfalls müßte sich die Beklagte entgegensetzen lassen, daß sie ihrerseits die Klägerin von der Abmeldung, wozu diese bereit war, abgehalten habe. . . .

VIII. Nach dem Ausgeführten ist auch die Annahme des Berufungsgerichts folgerichtig, daß die fraglichen Beiträge, weil ohne Rechtsgrund geleistet, von der Klägerin zurückgefordert werden können. Die Beklagte hat den streitigen Geldbetrag durch die Leistung der Klägerin auf deren Kosten — ohne rechtlichen Grund — erlangt und ist ihr deshalb nach § 812 B.G.B. zur Herausgabe verpflichtet. (Ob hier etwa auch § 820 B.G.B. einschlägt, kann dahinstehen.) Die Revision wendet mit Unrecht hiergegen ein, daß die Beklagte durch die Leistungen der Klägerin nicht oder nicht mehr bereichert sei, weil die erstere entsprechende Aufwendungen, wenn auch nicht direkt an die Klägerin, so doch aus demselben Versicherungsverhältnisse gemacht habe. Der Umstand, daß die Beklagte einen annähernd gleichen Betrag aus ihren Kassenmitteln zur Leistung von Unterstützungen verwendet hat, läßt die Bereicherung derselben nicht als ausgeschlossen oder nachträglich weggefallen (§ 818 Abs. 3 B.G.B.) erscheinen; diese Bedeutung kommt aber auch dem weiteren Umstand nicht zu, daß es Arbeiter der Klägerin waren, denen jene Unterstützungen zugeflossen sind, und daß die Beklagte die Aufwendungen gemacht hat in der Annahme oder der Voraussetzung einer für sie hierzu bestehenden Verpflichtung.

In Wahrheit hat die Beklagte mit den von ihr für die Arbeiter gemachten Verwendungen eine der Ortskrankenkasse in Mariendorf obliegende gesetzliche Verpflichtung erfüllt, und diese, hierdurch bereicherte Kasse ist der Beklagten erstattungspflichtig. Nicht aber kann die Beklagte die Klägerin, welche nunmehr die Beiträge doppelt, und zwar an die Mariendorfer Kasse aus bestehendem rechtlichen Grund, bezahlt hat, mit ihrer Ersatzforderung an die letztere Kasse verweisen oder derselben entgegenhalten, daß sie, die Beklagte, durch die Leistungen der Klägerin nicht mehr bereichert sei. Dies würde auch mit dem Sinne der getroffenen Abreden nicht im Einklang stehen. Die eventuell von der Beklagten geltend gemachte Aufrechnung endlich hat der Berufungsrichter aus zutreffenden Gründen für unzulässig erklärt. Wegen der fraglichen Aufwendungen steht der Beklagten ein Ersatzanspruch gegen den Arbeitgeber nicht zu." ...

---

86. 1. Fällt eine Klage des Fiskus gegen einen Staatsbeamten auf Rückerstattung zu Unrecht erhobener Bezüge unter § 39 Abs. 1 Ziff. 1 preuß. Ausf.-Ges. zum G.V.G.?

2. Wann ist im Sinne des § 219 Abs. 1 C.P.O. die Verhandlung mit einer am Erscheinen vor Gericht verhinderten Person „erforderlich"?

VI. Civilsenat. Urt. v. 28. Januar 1904 i. S. K. (Bekl.) w. preuß. Justizfiskus (Kl.). Rep. VI. 227/03.

I. Landgericht Göttingen.
II. Oberlandesgericht Celle.

Der Beklagte, ein preußischer Amtsrichter, wurde vom Landesfiskus auf Zahlung von 25,50 ℳ in Anspruch genommen, womit er den Schaden ersetzen sollte, den er durch gesetzwidrige Ansetzung und Abhaltung eines auswärtigen Termins in einem Civilprozesse dem Staate schuldhafterweise zugefügt habe. Von jener Summe hatte er selbst 17 ℳ, der Gerichtsschreiber 8,50 ℳ als Reisegebührnisse bezogen. Die beiden vorderen Instanzen verneinten jedes Verschulden des Beklagten und wiesen die Klage in Höhe von 8,50 ℳ ab, verurteilten aber den Beklagten zur Zahlung von 17 ℳ nebst Prozeßzinsen, weil die Ansetzung eines auswärtigen Termins objektiv nicht gerechtfertigt gewesen sei, und der Beklagte daher die 17 ℳ ohne rechtlichen Grund erlangt habe. Auf Revision des Beklagten ist dieses Urteil aufgehoben, und die Klage vollständig abgewiesen worden, aus den folgenden

Gründen:

... „Zunächst konnte ... darüber ein Zweifel entstehen, ob die Revision, bei der geringen Beschwerdesumme von 17 ℳ, zulässig sei. Allerdings gehörte die Klage zu denjenigen, welche im Anschluß an § 70 Abs. 3 G.V.G. durch § 39 Abs. 1 Ziff. 3 preuß. Ausf.-Ges. zu dem letzteren ohne Rücksicht auf den Wert des Streitgegenstandes der ausschließlichen Zuständigkeit der Landgerichte vorbehalten sind; denn es handelte sich in erster Reihe um einen Schadensersatzanspruch gegen einen öffentlichen Beamten wegen Verschuldens im amtlichen Verhalten.

Vgl. Entsch. des R.G.'s in Civils. Bd. 40 S. 203 und Bd. 43 S. 385.

Dieser Anspruch ist jedoch gerade für unbegründet erklärt, und der Beklagte nur auf Grund des § 812 B.G.B. zur Herauszahlung der von ihm bezogenen Reisekosten, weil er diese ohne Rechtsgrund erlangt habe, verurteilt worden. Es würde sich nun zunächst fragen, ob es nach § 547 Ziff. 2 C.P.O. für die Zulässigkeit der Revision genügen würde, daß der Rechtsstreit einen Anspruch zum Gegenstande hat, für den nach der Art, wie er in erster Instanz begründet wurde, das Landgericht ausschließlich zuständig war. Dieser Punkt bedarf jedoch hier keiner Entscheidung. Denn es ist zwar an sich nicht unzweifelhaft, ob eine Klage des Fiskus gegen einen Staatsbeamten auf Rückerstattung dem letzteren nicht zustehender Bezüge sich unter eine der Kategorien des § 39 preuß. Ausf.-Ges. zum G.V.G. bringen läßt; da aber das Reichsgericht schon wiederholt sich dahin ausgesprochen hat,

vgl. Entsch. desselben in Civils. Bd. 32 S. 120 flg.,

daß eine solche Klage unter § 39 Abs. 1 Ziff. 1 falle, so ist hierbei stehen zu bleiben, und demgemäß die Zulässigkeit der vorliegenden Revision anzunehmen.

In der Sache selbst kommt es darauf an, ob mit Recht der Beklagte deshalb zur Rückerstattung der ihm aus der Gerichtskasse gezahlten Reisegebührnisse verurteilt worden ist, weil derjenige auswärtige Termin, zu dessen Abhaltung er die fragliche Reise gemacht hatte, von ihm in einem Civilprozesse im Widerspruche mit den gesetzlichen Bestimmungen angesetzt worden sei. In dieser Beziehung kann dahingestellt bleiben, ob überhaupt ein Richter zur Rückzahlung solcher Bezüge als unberechtigt empfangener verpflichtet ist, wenn ihm, wie das Berufungsgericht hier in rechtlich bedenkenfreier Weise angenommen hat, bei Ansetzung des objektiv ungerechtfertigten auswärtigen Termins kein vertretbares Versehen zur Last fällt; denn mit Unrecht ist jedenfalls die Ansetzung des hier fraglichen Termins für objektiv ungerechtfertigt erklärt worden. Es handelt sich dabei um die Bedeutung des Wortes „erforderlich" in § 219 Abs. 1 C.P.O. Nach dieser Bestimmung sollen die Termine an der Gerichtsstelle abgehalten werden, sofern nicht gewisse Ausnahmefälle vorliegen, von denen hier in Betracht kommt der Fall, daß die Verhandlung mit einer am Erscheinen vor Gericht verhinderten Person erforderlich ist. Diesem Worte „erforderlich" ist vom Oberlandesgerichte grundloserweise eine viel zu enge Bedeutung beigemessen worden. „Erforderlich" in diesem Sinne ist dasjenige, was das Gericht nach seinem pflichtmäßigen Ermessen zur Herbeiführung einer gerechten Entscheidung der Streitsache für nützlich hält. Hier hatte das Amtsgericht auf Grund des § 141 C.P.O. das persönliche Erscheinen der Parteien zur Aufklärung des Sachverhältnisses angeordnet, und nachdem sich herausgestellt hatte, daß der bejahrte Beklagte H. wegen seines körperlichen Zustandes niemals würde an der Gerichtsstelle erscheinen können, hielt es nach Lage der Sache die persönliche Vernehmung desselben doch für so wichtig, daß es zu diesem Zwecke einen Termin in seiner Wohnung abzuhalten beschloß, wobei übrigens zweckmäßigerweise zugleich Zeugen abgehört wurden, deren Reisekosten auf diese Weise gespart wurden. Was mit der Frage, ob die persönliche Verhandlung mit dem damaligen Beklagten vom Standpunkt einer verständigen Prozeßleitung aus „erforderlich" war, der vom Berufungsgerichte damit in Verbindung gebrachte Umstand zu tun haben könnte, daß nach § 141 C.P.O. das persönliche Erscheinen der Parteien nicht, wie nach § 619 Abs. 3 daselbst in Ehesachen, erzwungen werden kann, ist nicht abzusehen. Bei dieser Sachlage braucht nicht erörtert zu werden, ob nicht mit Rücksicht darauf, daß der § 219 C.P.O. doch jedenfalls zunächst dazu bestimmt ist, die Rechte der Parteien in Ansehung des Ortes der abzuhaltenden Termine zu regeln, eventuell der Umstand erheblich sein würde, daß in jenem amtsgerichtlichen Prozesse beide Parteien mit der Ansetzung des auswärtigen Termins einverstanden waren.

Bei Aufhebung des vorigen Urteils, soweit angefochten, war die Sache im Sinne des § 565 Abs. 3 Ziff. 1 C.P.O. zur Endentscheidung reif, und war daher die Klage nunmehr auf die Berufung des Beklagten in vollem Umfange abzuweisen." . . .

87. Begriff des Ausrüsters nach § 2 B.Sch.G. und § 510 H.G.B. Ist der Mieter eines Schiffes verpflichtet, den Vermieter von Pfandrechten frei zu halten, mit denen das Schiff während des Mietverhältnisses auf Grund von Handlungen des von dem Vermieter angestellten Schiffers belastet wird?

I. Civilsenat. Urt. v. 4. Januar 1904 i. S. F. H. & Co. (Kl.) w. H. (Bekl.). Rep. I. 353/03.

I. Landgericht Hamburg.
II. Oberlandesgericht daselbst.

Klägerin, welche ein Bugsier- und Frachtgeschäft betrieb, bedurfte im Februar 1902 zur Ausführung von Salpetertransporten eines Leichters und ersuchte den Beklagten um Überlassung eines solchen. Letzterer überließ ihr darauf am 17. Februar seinen Leichter „Henry" mit der zur Benutzung desselben erforderlichen Besatzung gegen das vereinbarte Entgelt von täglich 12 ℳ, wobei die Lohnung des Leichterschiffers seine Sache blieb. Laut Verklarung des letzteren hatte dieser den Kahn am 20. Februar mit der eingenommenen Salpeterladung nach Harburg schleppen lassen und dort den Kahn am Zollamte befestigt. Er verließ den Kahn $7^1/_2$ Uhr abends und kehrte erst um $12^1/_4$ Uhr nachts zurück, wobei sich ergab, daß Wasser darin war. Trotz seiner Bemühungen sank der Kahn bald darauf weg, wodurch ein Schaden von etwa 25000 ℳ an der Ladung entstanden sein sollte; nach Behauptung der Klägerin hatte sie diesen Schaden der Eigentümerin der Ladung, Firma H. J. M. & Co., ersetzen müssen, wogegen ihr deren Rechte gegen den Beklagten cediert waren.

Klägerin erblickte in dem Verhalten des Schiffers ein Verschulden und hielt dafür den Beklagten auf Grund des Chartervertrages und nach § 278 B.G.B., §§ 3 und 4 B.Sch.G. sowohl ihr selbst, als auch der Firma H. J. M. & Co. gegenüber für haftbar. Unter Vorbehalt weitergehender Rechte beantragte sie, den Beklagten zur Zahlung eines Teilbetrages von 7725,06 ℳ nebst Zinsen, unter Beschränkung der Zwangsvollstreckung bezüglich des Kapitals auf den Leichter „Henry", zu verurteilen.

Beklagter bat um Klagabweisung, indem er unter näherer Ausführung ein Verschulden des L. bestritt, eventuell seine Verantwortung dafür ablehnte, da Klägerin nach dem Vertrage als Ausrüsterin (§ 2 B.Sch.G.) anzusehen sei, somit selbst die Reise des L. anzuordnen und zu beaufsichtigen gehabt habe, ferner aber nach dem Mietvertrage verpflichtet sei, den Kahn frei von der nach § 2 Abs. 2 B.Sch.G. begründeten Haftung zurückzugeben.

Das Landgericht wies die Klage ab. Das die Berufung zurückweisende Urteil des Oberlandesgerichts wurde aufgehoben aus folgenden

Gründen:

„Das angefochtene Urteil beruht auf Rechtsirrtum. Nach dem feststehenden Sachverhalte kann keine Rede davon sein, daß die Führung des Leichters dem Schiffer L. von der Klägerin anvertraut war. L. blieb vielmehr im Dienste des Beklagten und setzte die ihm von diesem anvertraute Führung des Schiffs, das er mit seiner Frau bewohnte, ohne Begründung eines neuen Dienstverhältnisses fort. Wenn er in bezug auf die Ausführung der beabsichtigten Salpetertransporte den Anweisungen der Klägerin Folge zu leisten hatte, so beruhte dies nicht auf einem mit der letzteren eingegangenen Dienstvertrage, sondern auf seinem Dienstverhältnisse zu dem Beklagten und dessen Vereinbarung mit der Klägerin. Dasjenige Verhältnis, welches § 2 B.Sch.G. in Übereinstimmung mit § 510 H.G.B. im Auge hat, liegt somit nicht vor; die Klägerin konnte nicht als „Ausrüsterin“ angesehen werden. L. wurde nicht ihr Schiffer, sondern blieb Schiffer des Beklagten.

Dagegen lassen sich gegen die Annahme des Berufungsgerichts, daß die Vereinbarung der Parteien auf eine Sachmiete in Verbindung mit einem Dienstverschaffungsvertrage, locatio navis et operarum magistri et nauticorum (vgl. Entsch. des R.G.'s in Civils. Bd. 48 S. 91), hinausgelaufen sei — welche Annahme freilich mit der, daß Klägerin Ausrüsterin geworden sei, nicht zu vereinbaren ist —, Bedenken nicht erheben. Das Schiff wurde der Klägerin unter Führung des bisherigen Schiffers nebst den Diensten des letzteren zur freien Benutzung gegen eine nach der Zeit bemessene Vergütung überlassen. Doch folgt hieraus keineswegs, daß, wie der Berufungsrichter annimmt, Klägerin verpflichtet wäre, den Beklagten von Pfandrechten frei zu halten, mit denen das vermietete Schiff auf Grund von Handlungen oder Unterlassungen seines Schiffers während der Vertragszeit belastet wurde. Insbesondere gibt es keinen Satz des Mietrechts, wonach der Mieter die während der Mietzeit an der gemieteten Sache ohne sein Verschulden entstandenen Pfandrechte beseitigen müßte. Anders läge die Sache, wenn Klägerin wirklich Ausrüsterin, L. somit als Schiffer von ihr angestellt gewesen wäre. Doch braucht auf diesen hier nicht gegebenen Fall nicht weiter eingegangen zu werden. Sehr zweifelhaft ist die weiter sich ergebende Frage, ob Beklagter bereits auf Grund des Dienstverschaffungsvertrages der Klägerin für Nachlässigkeit seines Schiffers bei Leistung der vom Beklagten versprochenen Dienste nach § 278 B.G.B. einzustehen hat. Doch kann auch dies auf sich beruhen, da Beklagter im vorliegenden Falle der Klägerin auf Grund der Cession der Ladungseigentümerin, Firma H. J. M. & Co., gemäß § 7 Abs. 2. §§ 3. 4 Ziff. 3 B.Sch.G. in gleichem Maße haftet. Nach § 7 Abs. 2 haftete L. auch außerkontraktlich der Ladungseigentümerin für den Schaden, welchen er der Ladung durch Vernachlässigung der Sorgfalt eines ordentlichen Schiffers zufügte, und nach §§ 3. 4 Ziff. 3 ist Beklagter als Schiffseigner unter Beschränkung seiner Haftung auf Schiff und Fracht ebenfalls für diesen Schaden verantwortlich. Diese Verantwortlichkeit macht Klägerin als Cessionarin der Firma H. J. M. & Co. mit Recht geltend.

Hiernach unterliegt das angefochtene Urteil der Aufhebung, und es wird bei der erneuten Verhandlung und Entscheidung zu erörtern sein, ob der Schaden, für den Klägerin der Firma H. J. M. & Co. gegenüber aufgekommen ist, darauf beruht, daß L. bei seinen Dienstverrichtungen die ihm obliegende Sorgfalt eines ordentlichen Schiffers vernachlässigt hat."

---

88. 1. **Ist eine von einem Konkursgläubiger bei Anmeldung seiner Forderung erklärte Aufrechnung eines Teils derselben gegen einen dem Gemeinschuldner gegen ihn zustehenden Anspruch rechtlich wirksam?**

2. **Unter welchen Umständen ist der Schuldner eines persönlich haftenden, aber ausgeschiedenen Gesellschafters einer Kommanditgesellschaft, wenn über das Vermögen der Gesellschaft und dann über das Vermögen des Gesellschafters der Konkurs eröffnet ist, berechtigt, der Masse im Konkurse des Gesellschafters gegenüber mit einer**

Forderung gegen die Gesellschaft und den Gesellschafter, die er im Konkurse der ersteren angemeldet hat, aufzurechnen? Zwangsvergleich.
B.G.B. §§ 388. 390.
K.O. § 212.

VII. Civilsenat. Urt. v. 5. Januar 1904 i. S. L. (Kl.) w. H. (Bekl.).
Rep. VII. 355/03.

I. Landgericht Zwickau.
II. Oberlandesgericht Dresden.

Der Beklagte betrieb unter der Firma F. H. ein Bankiergeschäft. Er stand mit der Kommanditgesellschaft „Metallwerke Gl." in Kontokorrentverkehr, indem er der Gesellschaft baren Kredit gewährte, Wechsel diskontierte und von ihr Zahlungen erhielt. Persönlich haftende Gesellschafter der Kommanditgesellschaft waren R. S. und M. L., ein Sohn des Klägers. Kläger selbst war Kommanditist der Gesellschaft.

Am 1. Juli 1900 wandte S. sich an den Kläger mit der Bitte, der Gesellschaft zu ihrer Unterstützung Wertpapiere zukommen zu lassen, welche die Gesellschaft bei ihrem Bankier als Sicherheit in Depositum geben könne. Der Kläger übersandte am 2. Juli an S. verschiedene ihm gehörige Wertpapiere. S. schickte dieselben dem Beklagten mit der Aufforderung zu, dieselben zur Eröffnung eines weiteren Kredits von 11000 ℳ als Sicherstellung in Depositum nehmen zu wollen. Dies geschah. S. schied am 5. Juli 1901 aus der Kommanditgesellschaft aus. Am 19. August 1901 wurde über das Vermögen der letzteren, und am 22. dess. Mts. über das Vermögen des S. der Konkurs eröffnet.

Die Geschäftsverbindung des Beklagten mit der Kommanditgesellschaft hatte bis zur Eröffnung des Konkurses über deren Vermögen fortgedauert. Als sein Guthaben meldete der Beklagte im Konkurse der Kommanditgesellschaft einen Betrag von 30164,16 ℳ an. Der Konkursverwalter bestritt die Anmeldung. Der Konkurs wurde nach rechtskräftig bestätigtem Zwangsvergleich, laut dessen die nicht bevorrechtigten Gläubiger 33$^1/_3$ Prozent ihrer Forderungen erhielten, aufgehoben. Der für den Beklagten erforderliche Betrag wurde deponiert. In dem Konkurse über das Vermögen des S.

meldete der Beklagte dieselben Beträge an, kürzte hier jedoch 9845,23 ℳ als ein Guthaben des S. laut Buchauszugs, so daß die angemeldete Summe sich im Endresultat hier auf noch 20618,93 ℳ belief. Der Konkursverwalter bestritt die Forderung, erachtete auch die Aufrechnung mit Hinblick auf § 212 K.O. für nicht berechtigt.

Kläger verlangte nun vom Beklagten die Herausgabe der Wertpapiere. Er machte u. a. geltend, die Forderung des Beklagten an die Kommanditgesellschaft sei getilgt; denn abgesehen von anderen, nicht mehr in Betracht kommenden Posten, mindere die Forderung des Beklagten sich noch um den Betrag von 9845,23 ℳ, den er sich bei Anmeldung seiner Forderung im S.'schen Konkurse abgerechnet habe. Der Beklagte hielt die im S.'schen Konkurse von ihm erklärte Aufrechnung des Guthabens des S. im Betrage von 9845,23 ℳ für unerheblich. In der Berufungsinstanz wurde angenommen, daß die Forderung des Beklagten eine Minderung um den eben genannten Betrag nicht erfahren habe. Auf die Revision des Klägers ist das Urteil aufgehoben.

Aus den Gründen:

... „Zuerst muß auf die vom Berufungsrichter unentschieden gelassene Frage eingegangen werden, ob die Aufrechnung vom Beklagten im S.'schen Konkurse in zulässiger Form geltend gemacht ist. Die Aufrechnung erfolgt gemäß § 388 Satz 1 B.G.B. gegenüber dem Gläubiger, welcher zugleich der Schuldner ist, oder gegenüber dem gesetzlichen Vertreter desselben oder demjenigen, der sonst an Stelle des Gläubigers über die Forderung zu verfügen, sowie die Schuld anzuerkennen oder zu bestreiten befugt ist. Dies trifft im Konkurse nach § 6 K.O. auf den Konkursverwalter zu. Indem der Beklagte im S.'schen Konkurse bei Anmeldung seiner Forderung erklärte, daß er auf seine Schuld gegen S. einen entsprechenden Teil seiner Forderung gegen denselben aufrechne, gab er zu erkennen, daß er die Anmeldungs- sowie die Aufrechnungserklärung an den Verwalter richte, der auch schon kraft seiner Stellung Kenntnis von der Anmeldung zu nehmen und auf dieselbe eine Erklärung abzugeben berufen war. Die Aufrechnung diente zugleich zur Erläuterung des Umstandes, daß der Beklagte seine Forderung nicht in ihrem vollen ursprünglichen Umfange, sondern nur zum Teil anmeldete.

Auch war die Aufrechnung nicht unter einer Bedingung erklärt

(§ 388 Satz 2 B.G.B.). Der Beklagte fügte der Aufrechnung keine Einschränkung bei, wenn er auch selbst der Meinung gewesen sein mag, daß nach § 212 K.O. eine bedingungslose Wirkung seiner Erklärung nicht eintreten werde. Sein Wille war schlechthin auf das Erreichbare gerichtet. Unwirksam wird die Aufrechnung nur durch eine auf dem Willen des Erklärenden beruhende Einschränkung.

Es lag ferner kein gesetzliches Hindernis für eine so beschaffene Aufrechnung vor, sondern der Beklagte durfte sie erklären. Der Berufungsrichter findet ein Hindernis in § 212 K.O. in Verbindung mit § 390 B.G.B. Wenn in dem Konkursverfahren über das Privatvermögen eines persönlich haftenden Gesellschafters die Gesellschaftsgläubiger, falls das Konkursverfahren über das Gesellschaftsvermögen eröffnet ist, Befriedigung nur wegen desjenigen Betrages suchen können, für welchen sie in dem letzteren Verfahren keine Befriedigung erhalten, so ist dies für die Aufrechnung jedenfalls nur insoweit von Bedeutung, als daraus zu folgern, daß eine vom Schuldner im Konkurse des Gesellschafters erklärte Aufrechnung einer Forderung desselben gegen die Gesellschaft und gegen den Gesellschafter so lange keine Wirkung hat, als nicht feststeht, daß sie im Gesellschaftskonkurse nicht zur Befriedigung gelangt. Seiner Forderung steht ein im bürgerlichen Recht begründeter Einwand nicht entgegen, sondern nur ihre Geltendmachung ist konkursrechtlich beschränkt. Die Erklärung der Aufrechnung hat nicht zur Voraussetzung, daß der Ausfall bereits eingetreten wäre, sondern nur ihre Wirkung ist suspendiert. Gelangt die Forderung im Gesellschaftskonkurse zur Befriedigung, so kommt sie nunmehr, und zwar deshalb, weil sowohl sie als auch nach § 422 B.G.B. der Anspruch an den einzelnen Gesellschafter getilgt ist, im Privatkonkurse des Gesellschafters in Wegfall. Im anderen Falle tritt volle Wirksamkeit der Aufrechnung ein. Dies muß auch aus § 54 K.O. geschlossen werden.

Die angegebene Voraussetzung für den Eintritt der vollen Wirksamkeit der Aufrechnung ist negativer Art, indem sie eben darin besteht, daß der Gläubiger keine Befriedigung im Gesellschaftskonkurse erhält. Ein Ausfall in diesem Sinne liegt nicht bloß dann vor, wenn die Masse versilbert ist, und das Ergebnis zur Befriedigung der Konkursgläubiger nicht ausreicht, sondern auch dann, wenn der Konkurs durch einen Zwangsvergleich seine Erledigung findet. Das Gesetz hat keine weitergehende Tendenz als die, den Gläubiger zunächst auf den Versuch zu verweisen, seine Befriedigung im Gesellschaftskonkurse zu versuchen, und dieser ist auch insoweit, als der Zwangsvergleich die volle Befriedigung hindert, als mißlungen anzusehen. Eine andere Frage würde die sein, ob die durch den Zwangsvergleich rechtlich herbeigeführte Minderung der Forderung hier von Bedeutung ist; allein vom Reichsgericht ist bereits ausgesprochen, daß, wenn nach § 200 K.O. a. F. (entsprechend § 211 n. F.) der Zwangsvergleich, soweit er nicht ein anderes festsetzt, zugleich den Umfang der persönlichen Haftung der Gesellschafter begrenzt, diese Vorschrift sich auf die persönliche Haftung der bereits ausgeschiedenen Gesellschafter nicht erstreckt, sondern hier § 178 K.O. a. F. entscheidet.

Vgl. Entsch. des R.G.'s in Civils. Bd. 29 S. 38.

Hieran muß festgehalten werden. Demgemäß kann auf sich beruhen bleiben, ob nicht schon die rückwirkende Kraft der Aufrechnung nach § 389 B.G.B. in Verbindung mit § 54 K.O. zur Folge haben muß, daß die volle Wirkung der Aufrechnung auch durch eine nachträglich durch Zwangsvergleich bewirkte rechtliche Herabminderung der einen Forderung nicht gehindert wird, sondern trotz derselben im vollen Umfange eintritt.

Die von ihm selbst vorgenommene Aufrechnung muß der Beklagte auch gegenüber dem Kläger gelten lassen. Wenn die Revisionsbeantwortung ausführt, der Beklagte solle gezwungen werden, eine Aufrechnung vorzunehmen, so entspricht das der Sachlage nicht.

Nach dem Tatbestande des Berufungsurteils erhalten die Konkursgläubiger $33^1/_3$ Prozent ihrer Forderung. In Höhe von $66^2/_3$ Prozent ist die Forderung des Beklagten mithin ausgefallen, und die Aufrechnung im S.'schen Konkurse wirksam, die Forderung, für welche die Pfänder haften, also getilgt." ...

---

89. Ist im Falle des § 2242 Abs. 2 B.G.B. die Feststellung der Erklärung des Erblassers, daß er nicht schreiben könne, wesentliches Formerfordernis des Testaments?

IV. Civilsenat. Urt. v. 7. Januar 1904 i. S. Gemeinde O. (Bekl.) w. H. u. Gen. (Kl.). Rep. IV. 251/03.

I. Landgericht II München.
II. Oberlandesgericht daselbst.

Die am 27. Juli 1901 zu O. verstorbene Privatiere S. errichtete am 25. Juli 1901 in Gemäßheit des § 2249 B.G.B. vor dem Gemeindevorsteher von O. ein Testament. Am Schlusse des dispositiven Teils des über die Testamentserrichtung aufgenommenen Protokolls fanden sich drei Kreuze als „Handzeichen der S." und sodann fuhr das Protokoll wörtlich fort: „Weiter hatte die Erblasserin nichts zu verordnen. Nachdem dieses Protokoll dem Erblasser noch wörtlich vorgelesen, von ihm genehmigt worden war, wurde es von ihm, da er zum Schreiben zu matt war, mit drei Kreuzen unterzeichnet." Seitens der Kläger als der gesetzlichen Erben der S. wurde gegen die in dem Testamente als Erbin eingesetzte Beklagte die Nichtigkeit des Testaments geltend gemacht. In beiden Vorinstanzen wurde die Beklagte nach dem Klagantrage verurteilt. Übereinstimmend wurde ausgeführt, das Testamentsprotokoll ermangele der wesentlichen Feststellung, daß die Erblasserin erklärt habe, nicht schreiben zu können, und infolgedessen komme dem Testamente Rechtswirksamkeit nicht zu. Auch die Revision der Beklagten ist zurückgewiesen.

Aus den Gründen:

... „Nach § 2249 Abs. 1 B.G.B. findet die Vorschrift des § 2242 daselbst auch in dem im § 2249 geregelten Falle Anwendung. Der § 2242 bestimmt in Abs. 1 Satz 1 und 2: „Das" (über die Errichtung des Testaments aufgenommene) „Protokoll muß ... von dem Erblasser ... eigenhändig unterschrieben werden. Im Protokolle muß festgestellt werden, daß dies geschehen ist." Nach ihrem Wortlaute enthält diese Vorschrift überall zwingendes Recht. Wenn sodann Abs. 2 des § 2242 bestimmt: „Erklärt der Erblasser, daß er nicht schreiben könne, so wird seine Unterschrift durch die Feststellung dieser Erklärung im Protokoll ersetzt," so muß in gleicher Weise auch die bezügliche Erklärung des Erblassers über sein Unvermögen zu unterschreiben und deren Feststellung im Protokolle als wesentliche Formvorschrift gelten. Denn es wird in Abs. 2 zwar an Stelle der eigenhändigen Unterschrift eine Ersatzform nachgelassen; im übrigen bewendet es aber auch hier bei der Notwendigkeit der Feststellung des bezüglichen Vorganges im Protokolle. Der dem § 2242 zugrunde liegende Grundsatz, daß der eine Abweichung von der Regelform des Testaments bedingende

Tatbestand notwendig im Protokolle festzustellen ist, wird auch in den weiteren Bestimmungen der §§ 2243 flg. B.G.B. konsequent festgehalten, mag hier im einzelnen Falle die Erklärung des Erblassers oder einer der mitwirkenden Personen bestimmend sein. So ist nach der kategorischen Vorschrift des § 2243 die für das Testament des Stummen vorgeschriebene Form nur dann gegeben, wenn die Überzeugung des Richters oder Notars, daß der Erblasser am Sprechen verhindert ist, im Protokolle festgestellt wird. Nach §§ 2244, 2245 muß zur Wahrung der Formgültigkeit des dort vorgesehenen Testaments eines der deutschen Sprache nicht mächtigen Erblassers die Erklärung desselben, daß er der deutschen Sprache nicht mächtig sei, und bzw. der mitwirkenden Personen, daß sie der fremden Sprache mächtig seien, im Protokolle festgestellt werden. Endlich ist für das Nottestament des § 2249 wesentliches Formerfordernis die protokollarische Feststellung der Besorgnis, daß die Errichtung eines Testaments vor einem Richter oder Notar nicht mehr möglich sein werde.

Entsprechend der speciell für Testamente in § 2242 B.G.B. gegebenen Vorschrift bestimmt auch § 177 Abs. 2 des Reichsgesetzes über die Angelegenheiten der freiwilligen Gerichtsbarkeit: „Erklärt ein Beteiligter, daß er nicht schreiben könne, so muß diese Erklärung im Protokolle festgestellt werden."

Mit der Auffassung, daß die Erklärung des Erblassers, nicht schreiben zu können, notwendig im Protokolle festzustellen ist, stehen die Motive des § 1920 des ersten Entwurfs, welche Vorschrift in § 2242 B.G.B. übergegangen ist, im Einklange. Dortselbst wird ausgeführt: „Für den Fall, daß der Erblasser erklärt, er könne nicht schreiben, soll die erforderliche Unterschrift durch die Feststellung dieser Erklärung im Protokolle ersetzt werden.... Zu bestimmen, daß auch der Grund der Verhinderung am Unterschreiben im Protokolle festgestellt werden müsse, ist nicht ratsam. An die Nichteinhaltung einer solchen Vorschrift die Nichtigkeit des Errichtungsaktes zu knüpfen, würde zu hart sein."

Vgl. Mugdan, Materialien zum B.G.B. Bd. 5 S. 144.

Der Gebrauch sakramentaler Worte für die Abgabe der in § 2242 bezeichneten Erklärung ist allerdings nicht vorgeschrieben. Es würde daher völlig ausreichend gewesen sein, wenn die Erblasserin im vorliegenden Falle auf irgendeine Art, so insbesondere durch Genehmigung des die objektive Feststellung des Unvermögens enthaltenden Testamenttextes, für ihre Person bestätigt hätte, nicht schreiben zu können.

Vgl. Entscheidung des Reichsgerichts vom 1. Dezember 1902 in der Jurist. Wochenschr. 1903 Beil. 4 S. 30.

Das Berufungsgericht geht jedoch bedenkenfrei davon aus, daß eine Erklärung der Erblasserin, nicht schreiben zu können, protokollmäßig überhaupt nicht erfolgt sei.

Fehlt es hiernach der letztwilligen Verfügung an der durch Gesetz vorgeschriebenen Form, so ist dieselbe gemäß § 125 Satzes 1 B.G.B. zu Recht für nichtig erklärt." ...

---

90. Erlangt ein Warenzeichen, welches ohne den zugehörigen Geschäftsbetrieb auf einen Anderen übertragen und in der Zeichenrolle umgeschrieben worden ist, seine Rechtswirksamkeit dadurch wieder, daß es auf denjenigen, der den Geschäftsbetrieb fortgesetzt hat, übertragen und umgeschrieben wird?

II. Civilsenat. Urt. v. 15. Januar 1904 i. S. L. (Bekl.) und Dr. L. & Sch. (Nebeninterv.) w. Chem. Fabrik B. & Co. (Kl.). Rep. II. 235/03.

I. Landgericht I Berlin.
II. Kammergericht daselbst.

Für die Klägerin wurde auf Anmeldung vom Juni 1901 für Metallputzcreme das Wort „Venus" als Warenzeichen eingetragen. Dasselbe Wort war zugunsten der Firma W. & Co. als Warenzeichen für Putzartikel seit 1898 eingetragen, und dabei vermerkt, daß das Warenzeichen durch Vertrag auf den Beklagten übergegangen sei. Nach der tatsächlichen Feststellung des Berufungsgerichts übertrug die Firma W. & Co. ihr Warenzeichen mit dem zugehörigen Geschäftsbetrieb auf Dr. L. & Sch., ohne daß jedoch dieser Übergang in der Zeichenrolle vermerkt wurde, und übertrug dann die Firma Dr. L. & Sch. das Warenzeichen ohne den Geschäftsbetrieb auf den Beklagten. Während der Rechtsstreit in der Revisionsinstanz schwebte, wurde das Warenzeichen in der Zeichenrolle vom Beklagten auf Dr. L. & Sch. umgeschrieben, und diese Firma trat als Nebenintervenientin des Beklagten in den Rechtsstreit ein. Die auf Verurteilung des Beklagten zur Anerkennung des klägerischen Zeichenrechts, zur Unterlassung des Gebrauches des Zeichens für seine gleichartigen Putzartikel und zur Herbeiführung der Löschung seines Warenzeichens gerichtete Klage wurde vom Kammergericht zugesprochen, und die hiergegen vom Beklagten eingelegte Revision ist zurückgewiesen worden aus folgenden

Gründen:

„Da die Abweisung der Widerklage nicht angegriffen ist, steht für die Revisionsinstanz nur die Entscheidung des Berufungsgerichts zur Hauptklage in Frage. Dieselbe beruht auf der vom Berufungsrichter getroffenen, mit der Revision nicht beanstandeten tatsächlichen Feststellung, daß zwar ein Übergang des Warenzeichens „Venus" mit dem zugehörigen Geschäftsbetriebe von der Firma W. & Co., zu deren Gunsten im Jahre 1898 das Zeichen eingetragen worden war, auf die Firma Dr. L. & Sch. stattgefunden hat, dagegen seitens der letzteren Firma das Zeichen ohne den zugehörigen Geschäftsbetrieb auf den Beklagten übertragen und in der Zeichenrolle umgeschrieben worden ist. Mit Recht hat hieraus das Kammergericht in Anwendung des § 7 Abs. 1 des Warenzeichengesetzes vom 12. Mai 1894 entnommen, daß die Übertragung des Zeichens auf den Beklagten der Rechtswirksamkeit entbehrt. Der zur Begründung der Revision geltend gemachten Ausführung, daß, wenn das Zeichen nicht rechtswirksam auf den Beklagten übergegangen sei, es noch bei der Intervenientin, die den Geschäftsbetrieb fortgesetzt habe, und auf die es nunmehr umgeschrieben worden, bestehe, daher die Klägerin infolge ihrer späteren Eintragung nicht berechtigt sei, die Verurteilung des Beklagten zur Anerkennung ihres Zeichenrechts sowie zur Unterlassung des Gebrauches des Zeichens für seine gleichartigen Metallputzmittel zu verlangen, und auch die Verpflichtung zur Löschung wegen ihrer Rückwirkung auf das Zeichenrecht der Intervenientin, gegen welche die Entscheidung ebenfalls vollstreckbar sein würde, nicht habe, wie geschehen, ausgesprochen werden dürfen, kann nicht beigetreten werden. Das Bestreiten der Aktivlegitimation der Klägerin für die beiden ersten Klaganträge scheitert schon daran, daß sich der Beklagte gegenüber der eingetragenen Klägerin nicht auf ein angebliches besseres Zeichenrecht der Firma Dr. L. & Sch., die nur als Nebenintervenientin in den Rechtsstreit eingetreten ist, berufen kann. Sodann ist aber auch die Annahme unrichtig, daß L. & Sch. noch zeichenberechtigt aus der Eintragung von 1898 seien. Denn das Warenzeichen findet nach § 1 in Verbindung mit § 2 Abs. 1 und § 3 Ziff. 2 des Warenzeichengesetzes seine bestimmungsgemäße Verwendung im eigenen Geschäftsbetriebe seines Inhabers; es ist Herkunftszeichen bezüglich des Geschäftsbetriebs und unlösbar mit demselben verbunden (§ 7 Abs. 1 und § 9 Ziff. 2 des Gesetzes). Das Gesetz will den Handel mit Warenzeichen, die von dem Geschäftsbetriebe losgelöst sind, verhindern, da andernfalls die Funktion des Zeichens, auf einen bestimmten Geschäftsbetrieb hinzuweisen, gefährdet wäre. Hieraus folgt, daß, wenn ein Warenzeichen ohne den zugehörigen Geschäftsbetrieb übertragen ist, nicht nur in Hinsicht des Zeichenrechts die Übertragung für den Erwerber rechtsunwirksam ist, sondern auch überhaupt das Zeichen seine rechtliche Existenz verloren hat und weggefallen ist. Deshalb hat auch das Gesetz jedem Dritten das Recht gegeben, die Löschung des Zeichens zu beantragen. Das durch die Eintragung des Wortzeichens „Venus" im Jahre 1898 begründete Zeichenrecht besteht hiernach rechtswirksam nicht mehr, weder zugunsten des Beklagten noch zugunsten der Intervenientin, nachdem letztere das Zeichen ohne den Geschäftsbetrieb an den Beklagten übertragen hat, und beide können gegenüber den Klaganträgen sich nicht darauf berufen. Die Verurteilung des Beklagten zur Löschung, die infolge der Rückübertragung des Zeichens auf Dr. L. & Sch. nach Einlegung der Revision auch gegen diese Firma wirksam und vollstreckbar ist (§ 9 Abs. 4 des Warenzeichengesetzes), beeinträchtigt dieselbe daher nicht. Das rechtliche Bedenken, welches in der Verbindung der Verbotsklage aus § 12 des Warenzeichengesetzes mit der Löschungsklage gefunden werden könnte, ist durch den Übergang der Eintragung auf L. & Sch. ausgeräumt, da nunmehr der Beklagte, gegen den der Verbotsantrag gerichtet ist, Rechte aus § 12 nicht geltend machen kann." ...

91. 1. Kann die Bestimmung des § 75 Satzes 1 H.G.B. auch dann Anwendung finden, wenn der vertragswidrig behandelte Handlungsgehilfe den Dienst nicht sofort, sondern unter Einhaltung der Kündigungsfrist verläßt?

2. Genügt es, wenn Gründe vorliegen, welche die sofortige Dienstauflösung objektiv rechtfertigen, oder müssen diese Gründe auch subjektiv für den Dienstaustritt entscheidend gewesen sein?

3. Konkurrierendes Verschulden des Handlungsgehilfen.

III. Civilsenat. Urt. v. 22. Januar 1904 i. S. W. (Kl.) w. P. (Bekl.). Rep. III. 425/03.

I. Landgericht Leipzig.
II. Oberlandesgericht Dresden.

Aus den Gründen:

„Das Berufungsgericht hat auf Grund des § 75 H.G.B. den Anspruch der Kläger aus der Konkurrenzklausel abgewiesen, weil ihr Rechtsvorgänger, der ursprüngliche Kläger, als Prinzipal durch vertragswidriges Verhalten dem Beklagten, seinem Handlungsgehilfen, Grund zur Auflösung des Dienstverhältnisses gemäß den Vorschriften des § 71 daselbst gegeben habe. Es erachtet für erwiesen, daß der ursprüngliche Kläger den Beklagten im Jahre 1901 und bis in das letzte Viertel dieses Jahrs fortgesetzt unfreundlich und rücksichtslos behandelt, ihn durch unbegründete Vorwürfe gekränkt und ihn durch Redensarten, wie „ein richtiger Waisenknabe", „ein richtiger Esel", — und zwar auch in Gegenwart jüngerer Angestellten — beleidigt habe. Die Revision erhebt gegen diese Entscheidung vor allem den Angriff, daß der § 75 H.G.B. deshalb zu Unrecht angewandt sei, weil Beklagter den Dienst nicht sofort, sondern unter Einhaltung der vereinbarten dreimonatigen Kündigungsfrist verlassen habe. Beklagter hat nämlich am 31. Dezember 1901 gekündigt und demgemäß seine Stellung am 1. April 1902 aufgegeben. Die diesem Angriff zugrunde liegende Rechtsansicht, welche allerdings auch in der Literatur Vertretung gefunden hat[1], daß die Bestimmung des § 75 Satzes 1 auf den Fall eines

[1] Staub, Kommentar zum H.G.B. § 75 Anm. 1a; Lehmann u. Ring, H.G.B. Bd. 1 § 75 Bem. 2. Dagegen, wie im Text, Cosack, Lehrbuch des Handelsrechts (6. Aufl.) S. 98; Düringer u. Hachenburg, H.G.B. Bd. 1 S. 241.
D. E.

sofortigen Dienstaustritts ohne Kündigung beschränkt werden müsse, kann jedoch nicht gebilligt werden. Der Wortlaut des § 75 Satzes 1 verlangt nur einen **Grund**, der zum Dienstaustritt berechtigt, und nicht auch diesen Dienstaustritt selbst, und die gegenteilige Ansicht, nach welcher der Handlungsgehilfe in vielen Fällen vor die Wahl gestellt wäre, entweder sich den Vertragswidrigkeiten des Prinzipals zu unterwerfen, oder sich und seine Familie durch fristlose Vertragsaufhebung der Gefahr von Entbehrungen auszusetzen, die bei Einhaltung der Kündigungsfrist nicht in gleicher Weise zu befürchten sein würden, würde den vom Gesetz gewollten Schutz des Handlungsgehilfen in vielen Fällen illusorisch machen. Allerdings ist, wie das Berufungsgericht zutreffend ausführt, in solchen Fällen nicht sofortigen Austritts stets zu prüfen, ob nicht in dem Verbleiben im Dienste trotz des Eintritts eines Austrittsgrundes im Sinne der §§ 75. 71 H.G.B. eine Verzeihung der Vertragswidrigkeit zu finden ist. Im vorliegenden Falle ist dies jedoch mit Recht verneint, weil das Berufungsgericht feststellt, daß das Maß der fortgesetzten Unbilden erst im letzten Viertel des Jahres 1901 voll geworden ist, und der Beklagte dann die nächste Kündigungsgelegenheit benutzt hat.

Ein weiterer Revisionsangriff geht dahin, daß der Beweisantritt unbeachtet gelassen sei, daß Kläger deshalb gekündigt habe, weil er vorher mit K. und E. sich über den Ankauf des E.'schen Geschäfts verständigt habe, daß also nicht das Verhalten seines Prinzipals für die Kündigung des Beklagten kausal gewesen sei. Auch dieser Angriff ist nicht begründet. Allerdings spricht sich das Berufungsgericht nur dahin aus, daß der Beklagte tatsächlich einen wichtigen Grund zur Dienstauflösung auf Grund des Verhaltens des Prinzipals gehabt habe, nicht aber, daß dieses Verhalten des Prinzipals auch wirklich die Ursache des Fortgehens des Beklagten gewesen ist. Letzteres ist im Sinne des Gesetzes aber auch nicht erforderlich. Nicht die subjektiven Motive, sondern die objektive Sachlage ist entscheidend. Das Reichsgericht hat wiederholt ausgesprochen, daß als Gründe sofortiger Dienstauflösung auch zunächst gar nicht geltend gemachte, ja auch erst später in Erfahrung gebrachte Gründe verwertet werden können. Gibt das Gesetz unter gegebenen Umständen das Recht, den Dienst sofort zu verlassen, so kann man von diesem Recht Gebrauch machen, auch wenn andere, weit wichtigere Gründe die Dienstlösung wünschenswert machen, und bei ihrem Nichtvorliegen von dem gegebenen Recht vielleicht kein Gebrauch gemacht sein würde.

Ebenso unerheblich ist die weitere Ausführung der Revision, daß, wenn es lediglich auf die objektive Existenz eines Kündigungsgrundes ankomme, auch der Prinzipal einen solchen gehabt habe, weil Beklagter bereits im Dezember 1901 mit K. den Betrieb eines Konkurrenzgeschäfts verabredet und über den Grund seiner Kündigung unwahre Angaben gemacht habe. Denn auch abgesehen davon, daß das Berufungsgericht nach der Sachlage die Erheblichkeit dieser Vorwürfe verneint, kennt das Gesetz eine Kompensation mit gegenseitigem Verschulden nicht. Ein Verschulden des Handlungsgehilfen ist nur insoweit für die Rechte desselben aus einem Verschulden des Prinzipals von Erheblichkeit, als etwa dadurch das Verschulden des Prinzipals entschuldigt und insoweit beseitigt würde. Davon ist vorliegend keine Rede." . . .

---

92. Hat die Begründetheit des Auflassungsstempels zur Voraussetzung, daß, wenn eine das Veräußerungsgeschäft enthaltende Urkunde in Urschrift, Ausfertigung oder beglaubigter Abschrift nicht vorgelegt wird, die Beteiligten in einer der allgemeinen Verfügung des Finanzministers und des Justizministers vom $\frac{\text{29. Februar 1896}}{\text{17. Juli 1900}}$ entsprechenden Weise belehrt werden, und daß seit einer der Belehrung erst nachfolgenden Zustellung der Gerichtskostenrechnung eine Frist von zwei Wochen unbenutzt verstrichen ist?

Preuß. Stempelsteuergesetz vom 31. Juli 1895.

VII. Civilsenat. Beschl. v. 22. Januar 1904 i. S. preuß. Stempelfiskus (Bekl.) w. S. (Kl.). Beschw.-Rep. VII. 198/03.

I. Landgericht Breslau.
II. Oberlandesgericht daselbst.

Durch den angefochtenen Beschluß war eine Beschwerde gegen ein nach Erledigung der Hauptsache dem Beklagten die Kosten des Rechtsstreits auferlegendes Urteil zurückgewiesen worden. Bei Prüfung der weiteren Beschwerde war auf die oben genannte Frage einzugehen. Zu derselben ist ausgeführt in den

Gründen:

... „Es bedarf zunächst der Prüfung, ob der Rückzahlungsanspruch nicht schon zur Zeit der Erhebung der Klage begründet war; denn, falls dies bejaht werden muß, so fehlt es für die Anwendung des § 93 C.P.O. an einer Grundlage, da der Beklagte dann durch die zwangsweise Einziehung des Stempels zur Erhebung der Klage Anlaß gegeben, auch den Rückerstattungsanspruch nicht sofort anerkannt, sondern bestritten hat, wie er auch noch gegenwärtig seine Unbegründetheit für den genannten Zeitpunkt behauptet. Sein Standpunkt ist nur der, daß die Bedingungen des Rückzahlungsanspruchs, wenn überhaupt, erst im Laufe des Prozesses, in der Berufungsinstanz, erfüllt seien, und daß er den Anspruch dann nicht weiter bestritten, sondern die Rückzahlung des Stempels sofort bewirkt habe.

Die Frage fällt zusammen mit der, ob bei Einziehung des Stempels und bei Erhebung der Rückzahlungsklage die Bedingungen des Auflassungsstempels bereits perfekt waren, oder nicht.

Nach § 1 des Stempelsteuergesetzes in Verbindung mit Tarifstelle 8 Abs. 1 unterliegen die Auflassungen inländischer Grundstücke dem dort genannten Stempel vom Werte des veräußerten Gegenstandes. In Abs. 3 der Tarifstelle ist bestimmt, daß die Auflassungserklärung dem Wertstempel „nicht unterworfen ist", wenn mit der Verlautbarung oder mit der Einreichung derselben oder innerhalb einer mit dem Tage der Zustellung der Aufforderung zur Zahlung der Gerichtskosten beginnenden Frist von zwei Wochen die das Veräußerungsgeschäft enthaltende, in an sich stempelpflichtiger Form ausgestellte Urkunde in Urschrift, Ausfertigung oder beglaubigter Abschrift vorgelegt wird. Als negative Voraussetzung für die Begründetheit des Auflassungsstempels erscheint hiernach, daß die Vorlegung weder sofort noch auch innerhalb der Frist geschieht. Wenn aber als das den Beginn der Frist herbeiführende Moment die Zustellung der Aufforderung hingestellt ist, so ist damit schon von vornherein nicht unvereinbar, daß die Art und Weise der Aufforderung im Verwaltungswege geregelt wird, und daß die Aufforderung nur dann, wenn sie den getroffenen Bestimmungen entspricht, die Frist in Lauf zu setzen vermag. Maßgebende Bedeutung kommt in dieser Richtung aber dem § 36 des

Stempelsteuergesetzes zu, kraft welches der Finanzminister mit der Ausführung des Gesetzes beauftragt ist. Von den auf Grund dieser gesetzlichen Bestimmung getroffenen Vorschriften kommt insbesondere die allgemeine Verfügung des Finanzministers und des Justizministers vom $\frac{\text{29. Februar 1896}}{\text{17. Juli 1900}}$, betr. das gerichtliche Stempelwesen, in Betracht, welche im § 16 Abs. 1 bestimmt, daß, wenn eine das Veräußerungsgeschäft enthaltende Urkunde nicht vorgelegt, und das Veräußerungsgeschäft bei der Auflassung nicht protokollarisch aufgenommen wird, der Grundbuchrichter die Beteiligten darüber, ob sie eine Urkunde überhaupt nicht vorlegen wollen, zu vernehmen und sie über die Folgen der Nichtvorlegung zu belehren hat, und in Abs. 4 weiter, daß der Kostenrechnung eine Mitteilung nach einem beigefügten, eine gleichartige Belehrung enthaltenden Formular beizufügen ist. Daß diese Bestimmungen im Rahmen einer Ausführungsvorschrift bleiben, kann keinem Zweifel unterliegen; denn sie ändern oder modifizieren das Gesetz nicht, sondern stellen sich nur als eine Maßregel dar, die zu einer geeigneten Handhabung des Gesetzes und zur Sicherung der Verwirklichung seiner Zwecke als geboten oder doch als empfehlenswert erscheinen konnte. Die Bestimmungen wirken daher, wie wenn sie in das Gesetz selbst aufgenommen wären. Mit der Vorschrift über die Zustellung der Kostenrechnung als das den Fristlauf begründende Moment stehen sie in einem unmittelbaren Zusammenhange; die Frist beginnt nicht, wenn die gedachten Bestimmungen nicht gewahrt sind. Die Annahme des Beschwerdeführers, es liege lediglich eine Anordnung rein instruktioneller Art vor, verkennt die Natur der Vorschrift als einer Ausführungsbestimmung und ihren Zusammenhang mit der gesetzlichen Vorschrift über die Frist, übersieht auch ihre kategorische Form. Dem Fehlen der Belehrung steht eine irreführende Art derselben gleich.

Mit Recht nimmt das angefochtene Urteil an, daß hier eine solche vorliegt.

Der zu Protokoll abgeschlossene Prozeßvergleich stellt die das Veräußerungsgeschäft enthaltende Urkunde im Sinne der Tarifstelle 8 dar; denn durch ihn wird die Verpflichtung zur Übertragung des Eigentums an dem den Gegenstand der Auflassung bildenden Grundstück begründet. Zu welchem anderen Zwecke die Abschrift in der Auflassungsverhandlung vorgelegt sein sollte, als zu dem, die Befreiung vom Auflassungsstempel oder eine Ermäßigung desselben zu erreichen, ist nicht erfindlich. Allerdings trug nun die vorgelegte Abschrift lediglich die Beglaubigung von seiten eines Rechtsanwalts, wie sie im § 170 C.P.O. für den Zweck der Zustellung von Schriftstücken im Prozesse vorgesehen ist, und wie ihre Wirksamkeit in dem genannten Zwecke ihre Begrenzung findet; eine solche, nur in einem bestimmten Bereich gültige Beglaubigung genügt aber den Anforderungen der Tarifstelle 8 an eine beglaubigte Abschrift nicht. Eine nach Lage der Verhältnisse ausreichende Belehrung hätte nun dahin gehen müssen, daß eine in zulässiger Art zu beglaubigende Abschrift des an sich genügenden Prozeßvergleichs vorzulegen sei. Eine solche aber ist nicht erteilt, sondern die erteilte Belehrung konnte von den Interessenten nur dahin aufgefaßt werden, daß das Geschäft selbst, der Prozeßvergleich, inhaltlich nicht genüge; auf den Gedanken, daß die Anwaltsbeglaubigung nicht ausreiche, und daß nur hierin nach Ansicht des Richters ein Hindernis gegen die Berücksichtigung der Urkunde liege, konnten die Beteiligten nicht kommen. Auch die der Zahlungsaufforderung beigefügte formularmäßige Belehrung änderte nichts; denn gerade im Hinblick auf das Vorhergegangene war auch aus ihr nicht zu entnehmen, daß der Mangel nur der angegebene geringfügige und leicht zu behebende war, und daß es nur der Beibringung einer Ausfertigung oder in genügender Weise beglaubigten Abschrift des Prozeßvergleichs bedurfte, um den Auflassungsstempel zu vermeiden.

Mit der Zustellung der Zahlungsaufforderung ist also der Fristlauf nicht eingetreten, und die Nichtbeibringung der Urkunde innerhalb zweier Wochen seit der Zustellung bleibt bedeutungslos. Bis zur Erfüllung der negativen Voraussetzung für die Stempelpflicht aber trat diese nicht in Kraft, durfte also der Stempel nicht erhoben werden, und war das Verlangen seiner Rückerstattung berechtigt. Die Rechtslage ist nicht so aufzufassen, als wäre mit der Auflassungsverhandlung die Stempelpflicht an sich stets begründet, und nur unter der Bedingung, daß eine Urkunde innerhalb der Frist beigebracht wird, ein Rückzahlungsanspruch gegeben, sondern es fehlt zunächst an der vollständigen Erfüllung der Bedingungen der Stempelpflicht. Es tritt ein Schwebezustand ein bis dahin, daß es sich entscheidet, ob nach Zustellung einer vorschriftsmäßigen Zahlungsaufforderung die Vorlegung der Urkunde erfolgt, oder nicht, bis also feststeht, ob die Voraussetzungen für die Entstehung der Stempelpflicht defizieren, oder aber gegeben sind. Wird der Stempel während des Schwebezustandes eingezogen, so ist das Verlangen seiner Rückerstattung an sich begründet. Eines Eingehens auf den Fall, daß, wenn der Stempel eingezogen ist, nach demnächstiger Zustellung einer ausreichenden Zahlungsaufforderung die Vorlegung der Urkunde innerhalb der Frist unterbleibt, und einer Prüfung der Frage, welchen Einfluß dies auf den vorher anhängig gemachten Prozeß ausübt, bedarf es nicht, da hier ein solcher Fall nicht gegeben ist, vielmehr die Vorlegung der Urkunde innerhalb der gesetzlichen Frist stattgefunden hat. Daraus ergibt sich, daß der Auflassungsstempel zu keiner Zeit begründet, und das Verlangen seiner Rückerstattung von vornherein berechtigt gewesen und auch berechtigt geblieben ist." ...

---

93. Über die Anwendung des neuen Rechts bei Verletzung dinglicher Rechte, die unter der Herrschaft des älteren Rechts entstanden sind. Eigenes Verschulden des Berechtigten.

Einf.-Ges. zum B.G.B. Art. 184.
B.G.B. §§ 1021. 254.

VI. Civilsenat. Urt. v. 28. Januar 1904 i. S. P. (Kl.) w. R. (Bekl.). Rep. VI. 302/03.

I. Landgericht Hamburg.
II. Oberlandesgericht daselbst.

Der Beklagte hatte durch Vertrag vom 7. Mai 1899 einen Teil eines ihm gehörigen, in dem zu Holstein gehörigen Bl. gelegenen Grundstücks an den Kläger zur Bebauung mit einem Wohnhause verkauft. Dabei war vereinbart worden, es sollten der Kläger und seine Rechtsnachfolger berechtigt sein, einen Treppenweg, den der Beklagte auf dem ihm verbliebenen Grundstücksteil angelegt hatte, mit zu benutzen, und es solle der jeweilige Eigentümer des letzteren verpflichtet sein, den Weg dauernd in gutem, gangbarem Zustande zu erhalten, ohne daß der Eigentümer des vom Kläger erkauften Grundstücks für Erhaltung und Reinigung des Wegs etwas beizutragen habe.

Im Januar 1901 hatte sich auf dem Wege eine Schnee- und Eiskruste gebildet in einer Weise, daß die Begehung des steilen Weges geradezu gefährlich geworden war. Infolgedessen war der Kläger, als er den Weg benutzte, gestürzt und hatte sich erhebliche Verletzungen zugezogen. Er klagte gegen den Beklagten auf Schadensersatz. Das Oberlandesgericht nahm an, daß der Beklagte schadensersatzpflichtig, und insbesondere sein Einwand, er habe seinen Grundstücksverwalter angewiesen, den Weg instand zu halten, nach § 278 B.G.B. unbeachtlich sei. Andererseits nahm es an, daß der Kläger selbst fahrlässig gehandelt habe, insofern er den Weg, dessen Zustand er gekannt, benutzt habe, ohne durch Beseitigung der Eisschicht, bzw. Bestreuung des Weges mit einem abstumpfenden Material der Gefahr, die mit der Begehung verbunden war, abhelfen zu lassen. Mit Rücksicht hierauf sprach das Oberlandesgericht durch Zwischenurteil aus, daß der Beklagte verpflichtet sei, die Hälfte des dem Kläger durch den Unfall erwachsenen Schadens zu ersetzen. Die von beiden Parteien angegriffene Entscheidung wurde vom Reichsgericht bestätigt.

Aus den Gründen:

... „Wie von den Vorinstanzen mit Recht angenommen worden ist, hat durch die Bestimmung in § 4 des Vertrages vom 7. Mai 1899 die dem Beklagten gehörige Parzelle 308/20 dinglich belastet werden sollen, in der Weise, daß dem jeweiligen Eigentümer der Parzelle 307/20 das Recht zustehen sollte, den auf der Parzelle 308/20 angelegten Weg als solchen nach und von dem Grundstück 307/20 zu benutzen, und daß der jeweilige Eigentümer des dienenden Grundstücks verpflichtet sein sollte, allein aus seinen Mitteln den Weg zu erhalten und für dessen Reinigung zu sorgen. Diese dinglichen Belastungen waren nach dem zur Zeit des Vertragsabschlusses in Bl. geltenden gemeinen Rechte zulässig, die die Benutzung des Weges durch den Eigentümer der Parzelle 307/20 betreffende als Grunddienstbarkeit, die die Erhaltung des Weges durch den Eigentümer der Parzelle 308/20 betreffende als Reallast; sie sind auch durch den Vertragsabschluß und die Ingebrauchnahme des Weges als dingliche Rechte zur Entstehung gelangt, ohne daß es hierzu nach dem auch in Holstein eingeführten preußischen Gesetze vom 5. Mai 1872 über den

Eigentumserwerb und die dingliche Belastung der Grundstücke ꝛc überhaupt, bzw. wenigstens gegenüber dem Beklagten der grundbücherlichen Eintragung bedurfte (§ 12 a. a. O.).

Die Rechte, mit denen hiernach das dem Beklagten gehörige Grundstück zugunsten desjenigen des Klägers belastet worden war, sind nach dem Inkrafttreten des Bürgerlichen Gesetzbuchs bestehen geblieben, insbesondere auch soweit danach der Beklagte als Eigentümer des dienenden Grundstücks zur Instandhaltung des in Frage stehenden Treppenweges verpflichtet war (Art. 184 Einf.-Ges. zum B.G.B.).

In Ansehung des Inhalts dieser Verpflichtung hat das Berufungsgericht in Übereinstimmung mit der ersten Instanz angenommen, daß danach dem Beklagten auch obgelegen habe, wenn der Treppenweg durch Schnee oder durch Eisbildung ungangbar, oder seine Begehung gefährlich wurde, die zur Beseitigung dieses Zustandes erforderlichen Maßregeln zu treffen. Hiergegen liegt keinerlei Bedenken vor, und ebensowenig gegen die Feststellung, daß der Beklagte im Januar 1901 diese seine Verpflichtung nicht erfüllt hat, und der Weg längere Zeit hindurch infolge der Eiskruste, die sich darauf gebildet hatte, nur mit erheblicher Gefahr benutzt werden konnte, und daß der in Frage stehende Unfall durch diesen Zustand des Weges verursacht worden ist.

Bei der Entscheidung der Frage, welche rechtlichen Folgen aus diesem Sachverhalt abzuleiten sind, hat die Vorinstanz, ohne das zu begründen, die Vorschriften des Bürgerlichen Gesetzbuchs angewendet, insbesondere angenommen, daß der Beklagte, sofern er, wie er behauptet, den Verwalter seines Grundstücks mit der Instandhaltung des Weges beauftragt haben sollte, die Nichtbefolgung dieser Anordnung zu vertreten habe (§ 278), und daß ein dem Kläger zur Last fallendes eigenes Verschulden nach § 254 zu beurteilen sei. Diese Auffassung würde unhaltbar sein, wenn durch § 4 des Vertrages vom 7. Mai 1899 ein persönliches Schuldverhältnis zwischen den Parteien begründet worden wäre; sie ist aber zu billigen, weil es sich nach dem oben Bemerkten vielmehr um ein dingliches Recht handelt, aus dessen Verletzung der Kläger Schadensersatzansprüche herleitet.

Nach dem oben angezogenen Art. 184 Einf.-Ges. zum B.G.B. sind Rechte, mit denen eine Sache zur Zeit des Inkrafttretens des Bürgerlichen Gesetzbuchs belastet war, mit gewissen, hier nicht in Betracht kommenden, Einschränkungen (Artt. 192—195), mit dem sich aus den bisherigen Gesetzen ergebenden Inhalt bestehen geblieben. Bei solchen Rechten sind somit die dem Berechtigten zustehenden Befugnisse und die entsprechenden Pflichten des Eigentümers nach Art und Umfang gemäß dem früheren Rechte zu bestimmen. Nun fallen allerdings das Maß, in welchem der Eigentümer bei Vorgängen, die objektiv eine Verletzung des dinglichen Rechts darstellen, für das Tun und Lassen dritter Personen einzustehen hat, und die Folgen, die sich für seine Haftung aus einem konkurrierenden Verschulden des Berechtigten selbst ergeben, im weiteren Sinne ebenfalls unter den Umfang und somit unter den Inhalt der beiderseitigen Rechte und Pflichten. In solchem weiteren Sinne ist aber der Ausdruck „Inhalt" der Rechte in Art. 184 nicht zu verstehen. Für die erwähnten Fragen sind nicht specielle, nur die dinglichen Rechte oder Gruppen von solchen betreffende Vorschriften maßgebend; die Bestimmungen, nach denen sie bei Anwendung des Bürgerlichen Gesetzbuchs zu entscheiden sind (§§ 278. 254), enthalten vielmehr Rechtsgrundsätze, die ganz allgemein für das Gebiet des bürgerlichen Rechts zur Geltung gebracht worden sind, und zwar unter Änderung des Rechtszustandes, der bisher allgemein oder in dem größten Teile Deutschlands bestand. Bei den in Frage kommenden dinglichen Rechten aber handelt es sich vielfach um Rechtsverhältnisse von ganz besonderer „Dauerhaftigkeit";

vgl. die Motive zu Art. 106 des Entwurfs für das Einführungsgesetz zum Bürgerlichen Gesetzbuche;

es würde also, wenn für solche Rechte, soweit sie vor dem Inkrafttreten des Bürgerlichen Gesetzbuchs entstanden sind, das ältere Recht in dem erwähnten weiteren Sinne aufrecht erhalten wäre, bezüglich einer wichtigen und auch der Zahl nach keineswegs unbedeutenden Gruppe von Rechten eine Abweichung von dem sonst geltenden Rechte in betreff ganz allgemeiner und prinzipieller Rechtsgrundsätze auf unabsehbare Zeit geschaffen worden sein. Es kann nicht angenommen werden, daß dies in der Absicht des Gesetzgebers gelegen habe.

Speciell für die hier in Betracht kommenden Rechte ist aber auch noch folgendes zu berücksichtigen. Die in § 4 des Vertrags vom 7. Mai 1899 dem jeweiligen Eigentümer der Parzelle 308/20 bezüglich der Instandhaltung des Treppenweges auferlegte Pflicht ist eine solche im Sinne von § 1021 Abs. 1 Satz 1 und Abs. 2 B.G.B. Nun ist in

Art. 184 des Einführungsgesetzes gemäß den Vorschlägen der Kommission für die zweite Lesung des Entwurfs bestimmt, daß auch für die unter der Herrschaft des früheren Rechts entstandenen Grunddienstbarkeiten die Vorschriften in §§ 1020—1028 B.G.B. gelten sollen; es ist dies vorgeschrieben worden, weil man es als unzweckmäßig angesehen hat, Grunddienstbarkeiten, die voraussichtlich noch lange Zeit fortbestehen würden, für alle Zukunft nach anderen, als den im Bürgerlichen Gesetzbuche aufgestellten Grundsätzen zu beurteilen.

Vgl. Prot. der Kommission Bd. 6 S. 630 flg.

Danach ist die durch den erwähnten Vertrag begründete Dienstbarkeit und die damit zusammenhangende Reallast rechtlich nicht anders zu behandeln, als es zu geschehen hätte, wenn die dingliche Belastung des Grundstücks in Gemäßheit des § 1021 B.G.B. erfolgt wäre.

Gemäß § 278 B.G.B. hat somit der Beklagte dafür aufzukommen, daß der Treppenweg, der zu dem Grundstück des Klägers führt, im Januar 1901 zu der in Frage kommenden Zeit nicht in gangbaren Zustand gesetzt und so erhalten worden ist, auch wenn er seinen Grundstücksverwalter angewiesen gehabt haben sollte, die hierzu erforderlichen Maßnahmen zu treffen. Mit Recht hat aber die Vorinstanz auf der anderen Seite angenommen, daß bei der Entstehung des in Frage befangenen Schadens ein Verschulden des Klägers mitgewirkt habe. Bei dem Zustande, in dem sich der Weg nach seinen eigenen Angaben und den Feststellungen der Vorinstanz befand, war die Gefahr, die mit dessen Benutzung, namentlich beim Abwärtssteigen, verbunden war, offensichtlich und so groß, daß der Kläger, wenn er es nicht vorzog, zeitweilig ganz von der Benutzung zum Herabsteigen Abstand zu nehmen, es nicht scheuen durfte, selbst den Weg durch Bestreuung mit abstumpfenden Mitteln oder, wenn das nicht ausreichend erschien, durch Beseitigung der Eisschicht in einen leidlich gangbaren Zustand setzen zu lassen. Die dadurch erwachsenden Bemühungen und die Ausgaben, deren Erstattung er übrigens von dem Beklagten fordern konnte, waren im Vergleich mit dem Schaden an Leib und Leben, der bei der Benutzung des Weges sonst zu besorgen stand, so unerheblich, daß ein verständiger Mensch auf solche Weise den Folgen der dem Beklagten zur Last fallenden Säumigkeit in der Erfüllung seiner Verpflichtungen vorzubeugen für geboten erachten mußte.

Indes ist dem Berufungsgericht auch darin nicht entgegenzutreten gewesen, wenn es angenommen hat, daß die Verschuldung des Klägers im Vergleich mit derjenigen, die dem Beklagten beizumessen ist, nicht so überwiegend sei, daß es angemessen erscheine, ihm jeden Schadensersatzanspruch zu versagen; auch zur Beanstandung des Maßstabes, nach welchem der Schaden zwischen den Parteien geteilt werden soll, liegt kein Grund vor." ...

---

94. 1. Wird ein über Grundstücke geschlossener Tauschvertrag, welchem die gesetzlich vorgeschriebene Form fehlt, dadurch für beide Teile gültig, daß er von der einen Seite durch Auflassung und darauf folgende Eintragung des Erwerbers im Grundbuche vollzogen wird?

B.G.B. § 313.

2. Kann derjenige, der zur Herausgabe einer Sache wegen ungerechtfertigter Bereicherung verpflichtet ist, sie aber veräußert hat, auf Wiederbeschaffung und Herausgabe in Anspruch genommen werden, oder haftet er nur auf Werterſatz?

B.G.B. § 818 Abs. 2.

V. Civilsenat. Urt. v. 30. Januar 1904 i. S. H. (Kl.) w. R. (Bekl.). Rep. V. 451/03.

I. Landgericht Altona.
II. Oberlandesgericht Kiel.

Die Parteien hatten unter dem 24. September 1901 einen privatschriftlichen Tauschvertrag geschlossen, inhalts dessen die Kläger eine ihnen gehörige Landstelle in H. mit Inventar und Ernte, wie solche in einer Vertragsanlage näher bezeichnet waren, dem Beklagten, und letzterer ein ihm gehöriges Wohnhaus in A. den Klägern tauschweise überließen. Die Kläger hatten auch am 26. September 1901 die Landstelle mit Inventar und Vorräten dem Beklagten übergeben und aufgelassen, worauf dieser als Eigentümer im Grundbuch eingetragen worden war; der Beklagte verweigerte aber Übergabe und Auflassung seines Wohnhauses an die Kläger. Er behauptete, bei dem Abschluß des Vertrags von den Klägern betrogen worden zu sein, und leitete hieraus Schadensansprüche her. Er wollte den Klägern auch vergeblich Rückübertragung der Landstelle gegen Erstattung seiner Auslagen angeboten haben. Im Januar 1902 verkaufte der Beklagte die ihm aufgelassene Landstelle weiter an den Wirt St., und letzterer wurde als deren Eigentümer im Grundbuch eingetragen. Die Kläger erhoben hierauf im April 1902 Klage mit dem Antrage, den Beklagten zu verurteilen,

in erster Linie: ihnen das Wohnhaus in A.,

in zweiter Linie: ihnen die Landstelle in H. aufzulassen und ihnen das näher bezeichnete Inventar nebst Ernte zurückzugewähren.

Den ersten Antrag ließen sie dann fallen.

Das Landgericht wies die Klage ab. Es nahm an, daß der Beklagte, da er die Landstelle an St. weiter veräußert habe und nicht mehr deren eingetragener Eigentümer sei, von den Klägern nur auf Werterſatz in Anspruch genommen werden könne. Die hiergegen von den Klägern eingelegte Berufung wurde zurückgewiesen. Das Berufungsgericht hielt die Kläger überhaupt nicht für berechtigt, vom Beklagten die Herausgabe und Rückauflassung der ihm auf Grund des Tauschvertrags aufgelassenen Landstelle zu verlangen; es war vielmehr der Meinung, daß der Tauschvertrag durch die von der einen Seite erklärte Auflassung und die auf Grund derselben erfolgte Eintragung im Grundbuche für beide Teile gültig und rechtsverbindlich geworden sei, so daß Kläger nur, wie sie in dem fallen gelassenen ersten Klagantrage verlangt hätten, Auflassung und Übergabe des Wohnhauses in A. zu fordern berechtigt seien. Eventuell trat er dem ersten Richter darin bei, daß der Beklagte, nachdem er die Landstelle weiter veräußert und an St. aufgelassen habe, nur auf Wertersatz in Anspruch genommen werden könne. Auch die Revision der Kläger ist zurückgewiesen aus folgenden

Gründen:

„Die Revision ist zwar in einem Punkt begründet, kann aber zu einer Aufhebung des Berufungsurteils nicht führen.

Begründet ist sie insoweit, als der Berufungsrichter angenommen hat, daß der zwischen den Parteien unter dem 24. September 1901 nur privatschriftlich geschlossene Tauschvertrag dadurch „seinem ganzen Inhalte nach gültig" (§ 313 B.G.B.), also auch für den Beklagten rechtsverbindlich geworden sei, daß die Kläger die von ihnen in den

Tauschhandel gegebene Landstelle in H. dem Beklagten aufließen, und letzterer als ihr Eigentümer im Grundbuch eingetragen worden ist. Mit dieser Annahme verletzt der Berufungsrichter den angezogenen § 313. Allerdings lautet die Gesetzesvorschrift nicht bloß wie ihre Vorgängerin, der § 10 des preußischen Gesetzes über den Eigentumserwerb an Grundstücken zc vom 5. Mai 1872, dahin, daß die mangelnde Form des Rechtsgeschäfts, in dessen Veranlassung die Auflassung erfolgt ist, durch die Auflassung geheilt werde, sondern sie geht dahin, daß ein ohne Beobachtung der gesetzlichen Form geschlossener Vertrag „seinem ganzen Inhalte nach gültig wird, wenn die Auflassung und die Eintragung in das Grundbuch erfolgen". Aber auf diese Verschiedenheit im Wortlaute ist in Ansehung der hier zur Entscheidung stehenden Frage kein besonderes Gewicht zu legen. Der jetzige Wortlaut des Gesetzes findet sich schon im Entwurf zum Bürgerlichen Gesetzbuch (§ 351 Abs. 2) und ist gewählt worden, weil damit — wie die Motive sagen — „viele Streitigkeiten namentlich über die Gültigkeit von Nebenverabredungen abgeschnitten werden" (Mot. Bd. 2 S. 191). Dabei kommt in Betracht, daß schon im preußischen Recht die Frage, ob bei Tauschverträgen über Grundstücke die Auflassung von der einen Seite genüge, um nach dem angezogenen § 10 den Vertrag auch für den anderen Teil verbindlich zu machen, streitig geworden war, und daß sie vom Reichsgericht wiederholt (vgl. Gruchot, Beiträge Bd. 29 S. 388, Bd. 35 S. 911) und unter Zustimmung der Rechtslehre (Dernburg, Preußisches Privatrecht Bd. 1 § 98 Anm. 8; Turnau, Grundbuchordnung 5. Aufl. Bd. 1 S. 668) in verneinendem Sinne entschieden worden ist. Nun wäre es doch auffällig, wenn man sich bei den Vorarbeiten zum Bürgerlichen Gesetzbuch einer solchen gefestigten Praxis und Rechtslehre gegenübersah und ihr durch die neue Fassung der Vorschrift hätte entgegentreten wollen, daß dies nicht mit einem Worte erwähnt worden wäre. Aber weder in den Motiven, noch in den weiteren Stadien, die der Entwurf zu durchlaufen hatte, bevor seine Vorschrift in dem jetzigen § 313 B.G.B. Gesetzeskraft erlangte, findet sich hierauf irgendwelche Andeutung. Schon dies macht gegen die Auslegung des Berufungsgerichts bedenklich. Ihr stehen aber auch innere Gründe entgegen. Soll die Auflassung und die Eintragung des Erwerbers im Grundbuche die gesetzlich vorgeschriebene Form des Vertrags ersetzen, so daß dieser seinem ganzen

Inhalt nach gültig wird, so muß der Vertrag, soweit er überhaupt durch Auflassung zu erfüllen ist, auch diese Erfüllung gefunden haben. Sind z. B. mehrere Grundstücke durch einen formlosen Kaufvertrag zu einem einheitlichen Kaufpreise veräußert worden, Auflassung und Umschreibung sind aber nur hinsichtlich eines oder einiger derselben erfolgt, so bestand schon nach früherem Recht (Entsch. des Obertrib. Bd. 82 S. 177; Entsch. des R.G.'s in Civils. Bd. 16 S. 268), und besteht auch nach heutigem Recht darüber kein Zweifel, daß durch eine solche teilweise Erfüllung der Vertrag nicht zu Kräften kommt. Denn er ist, soweit er durch Auflassung erfüllt werden kann, noch nicht erfüllt. Dasselbe gilt für Tauschverträge über Grundstücke, solange nur von der einen Seite die Auflassung erteilt ist. Bei ihnen schlägt die Erwägung, auf der die Formvorschrift des § 313 beruht, nach beiden Seiten: wenn der Eigentümer von Grundbesitz gegen Übereilung durch formlose Veräußerungsgeschäfte so lange geschützt sein soll, als er aus ihnen die Auflassung nicht erteilt hat, und der Erwerber noch nicht im Grundbuch als neuer Eigentümer eingetragen worden ist, so muß diese Schutzvorschrift bei Tauschverträgen über Grundstücke ebensowohl dem einen wie dem anderen Teile zustatten kommen. Sie entfällt nicht für den einen Teil deshalb, weil der andere Teil die Auflassung erteilt hat. So wird die Vorschrift jetzt auch in der Rechtslehre — wenn auch nicht ausnahmslos (vgl. Turnau u. Förster, Liegenschaftsrecht 2. Aufl. Bd. 1 S. 347 unter b; Schollmeyer, Kommentar zum B.G.B. Bd. 2 Bem. 2a zu § 313; andrerseits Dernburg, Sachenrecht des B.G.B.'s Bd. 3 § 89 unter 8) — verstanden.

Hiernach ist es nicht richtig, wenn der Berufungsrichter die Kläger auf den Klagantrag, den sie haben fallen lassen, als denjenigen zurückverweist, den sie hätten aufrecht erhalten müssen, und wenn er schon aus diesem Grunde die Berufung für unbegründet erachtet. Ein Recht, von dem Beklagten die Auflassung des Grundstücks in A. zu verlangen, steht den Klägern nicht zur Seite.

Richtig dagegen ist, daß die Klage auch mit dem eventuellen Antrage so, wie sie erhoben und aufrecht erhalten worden ist, nämlich dahin, den Beklagten zur Rückgewähr und zur Rückauflassung der Landstelle in H. zu verurteilen, nicht hätte erhoben werden dürfen, weil der Beklagte zu deren Herausgabe außerstande ist und schon zur

Zeit der Klagerhebung außerstande war. Der Beklagte haftet den Klägern von da ab, wo ihm das Grundstück in H. übergeben und aufgelassen worden war, aus ungerechtfertigter Bereicherung; er hat das Grundstück nebst Inventar und Ernte aus dem Vermögen der Kläger auf Grund eines nichtigen Vertrages, also im Sinne des § 812 B.G.B. „ohne rechtlichen Grund" erlangt und war ihnen daher zur Herausgabe verpflichtet. „Ist die Herausgabe wegen der Beschaffenheit des Erlangten nicht möglich, oder ist der Empfänger aus einem anderen Grunde zur Herausgabe außerstande, so hat er den Wert zu ersetzen." So schreibt § 818 Abs. 2 B.G.B. ausdrücklich vor. Dieser Fall trat ein, als der Beklagte im Januar 1902, also vor Erhebung der Klage, das Grundstück an St. weiter veräußerte, und St. auf Grund der ihm erteilten Auflassung als Eigentümer desselben im Grundbuch eingetragen worden war. Damit hatte sich der Anspruch der Kläger auf Herausgabe in einen Anspruch auf Wertersatz aufgelöst, ohne daß es darauf ankam, ob dem Beklagten eine Wiedererwerbung des Grundstücks möglich ist, oder nicht. Der Fall liegt nicht ebenso, wie wenn der Beklagte vertraglich zur Beschaffung des Eigentums an dem Grundstücke den Klägern verpflichtet wäre, oder wenn es sich um einen Rücktritt von einer solchen vertraglichen Verpflichtung handelte. Dann käme es freilich darauf an, ob die Unmöglichkeit der Herausgabe von ihm verschuldet ist (§§ 351. 353 B.G.B.), und die Weiterveräußerung würde, solange ihm der Rückerwerb möglich ist, seine Verpflichtung zur Herausgabe nicht auslösen. Anders ist dies, wenn die Verpflichtung zur Herausgabe auf ungerechtfertigter Bereicherung beruht. Hier mag — abgesehen von § 818 Abs. 4 B.G.B. — die Veräußerung, wenn sie in bewußter Verletzung der Herausgabepflicht geschah, ihre besonderen civilrechtlichen Folgen haben; keinesfalls ist mit ihr der Anspruch auf Herausgabe noch weiter zu vereinigen, weil eben das, was herausgegeben werden soll, im Vermögen des Empfängers nicht mehr vorhanden ist. Mit Recht haben daher die Vorderrichter die Kläger auf einen Ersatzanspruch verwiesen, bei dessen Geltendmachung dann die Einreden und Gegenforderungen des Beklagten ihre Erledigung finden werden. Eine Klage auf Wertersatz ist nicht erhoben, und für die Umwandlung der erhobenen Klage in eine solche bietet das gegenwärtige Verfahren, da die Voraussetzungen des § 268 Ziff. 3 C.P.O. nicht vorliegen, keinen Raum." . . .

95. Zwangsverwaltung über ein Grundstück, auf dem ein Nießbrauch ruht. Wie ist in solchem Falle die rechtliche Stellung des Zwangsverwalters gegenüber dem Nießbraucher und gegenüber demjenigen, der durch Pfändung und Überweisung in dessen Rechten steht?

Zwangsversteigerungsgesetz vom 20. Mai 1898 §§ 152. 155. 156.
B.G.B. § 1054.
C.P.O. § 857 Abs. 3.

V. Civilsenat. Urt. v. 3. Februar 1904 i. S. H. (Bekl.) w. Zwangsverw. K. (Kl.). Rep. V. 324/03.

I. Landgericht I Berlin.
II. Kammergericht daselbst.

Dem Kaufmann L. war durch Vertrag vom 18. März 1902 an einem Grundstück in Berlin, auf welchem sich zwei Miethäuser befanden, vom Eigentümer der Nießbrauch eingeräumt worden, und zwar, wie es in dem Vertrage hieß, zur mehreren Sicherheit für eine dem L. an diesem Grundstück zustehende, mit 5 Prozent verzinsliche Darlehnshypothek von 30000 *M*. Übergabe des Grundstücks an den Nießbraucher sollte ausweislich des Vertrages erfolgt sein; eingetragen worden in das Grundbuch war der Nießbrauch am 21. März 1902. Der § 2 des Vertrages lautete:

> „Der Nießbraucher ist gehalten, das Grundstück ordnungsmäßig zu verwalten und durch Verpachtung oder Vermietung zu nutzen.
>
> Derselbe hat aus den Einkünften die öffentlichen Lasten, die Feuersozietätsbeiträge, die sonstigen Erhaltungskosten und Hypothekenzinsen, einschließlich der Zinsen seiner eigenen Hypothek, und zwar die Zinsen in der Reihenfolge ihrer grundbuchmäßigen Rangordnung, zu tilgen, so daß er auch seine eigenen Forderungen nicht bevorzugen darf."

Nach § 4 des Vertrages sollte der Nießbrauch vorläufig bis zum Schlusse des Jahres 1902 gelten. Die für die Zeit vom 1. Juli bis zum 31. Dezember 1902 aufgekommenen Mieten zog aber der Nießbraucher nicht ein; sie wurden vielmehr für den Beklagten, der gegen L. eine vollstreckbare Forderung von 20000 *M* nebst Zinsen und Kosten hatte, durch Beschluß des Vollstreckungsgerichts vom 4. Juli 1902 gepfändet und ihm zur Einziehung überwiesen. Aber auch der

Beklagte zog sie nicht ein; denn auf Antrag einer Hypothekengläubigerin wurde durch Beschluß des Vollstreckungsgerichts vom 6. August 1902 mit Zustimmung des L. die Zwangsverwaltung des Grundstücks eingeleitet, Kläger zum Zwangsverwalter bestellt, und ihm das Grundstück am 8. desselben Monats übergeben. Dieser zog nun die erwähnten Mieten ein. Er wollte sie, da das Grundstück andere Einkünfte nicht abwarf, in der Weise verwenden, daß er aus ihnen vorweg die auf dem Grundstück ruhenden öffentlichen Lasten, Feuersozietätsbeiträge, sonstige Erhaltungskosten und Hypothekenzinsen tilgte, und zwar die letzteren in der Reihenfolge ihrer grundbuchmäßigen Eintragungen. Auf seinen Antrag wurde der Beklagte in erster Instanz verurteilt, anzuerkennen, daß die erwähnten Zahlungen vorweg aus den für ihn gepfändeten Mieten zu leisten seien. Die Berufung des Beklagten war ohne Erfolg. Auch seine Revision ist zurückgewiesen worden, aus folgenden

Gründen:

... „Der erste Angriff (der Revision) richtet sich gegen die schon in den Vorinstanzen bestrittene Aktivlegitimation des Zwangsverwalters zur Erhebung der gegenwärtigen Klage. Diese ist indes mit Recht angenommen und zutreffend aus § 152 des Zwangsversteigerungsgesetzes hergeleitet worden. Es kann dahingestellt bleiben, ob eine Zwangsverwaltung ohne Zustimmung des Nießbrauchers durchführbar wäre; denn die Zustimmung ist erteilt, und das Grundstück ist dem Zwangsverwalter übergeben. Ist dies der Fall, so sind damit auch die amtlichen Obliegenheiten des Zwangsverwalters in Kraft getreten, die der angezogene § 152 nur in allgemeinen Umrissen abzeichnet. Wieweit sie gehen, wenn das Grundstück zugleich mit einem Nießbrauch belastet ist, muß aus der jeweiligen Sachlage entnommen werden; daß zu ihnen aber die Befugnis gehört, darüber zu wachen bzw. dafür zu sorgen, daß der Nießbraucher das ihm verliehene Recht innerhalb der gesetzlichen und ihm vertragsmäßig gesetzten Schranken ausübt, wird sich wenigstens dann nicht bestreiten lassen, wenn eine Überschreitung dieser Schranken mit einer ordnungsmäßigen Wirtschaftsführung, wie sie dem Zwangsverwalter zur Pflicht gemacht ist, unvereinbar wäre. Und so liegt der Fall hier. Daß aus den Einkünften des Grundstücks vorweg die öffentlichen Lasten, zu denen insoweit auch die Feuersozietätsbeiträge gehören (Art. 2 Ziff. 3 des preußischen

Ausführungsgesetzes zum Zwangsversteigerungsgesetze), sowie die Erhaltungskosten des Grundstücks zu berücksichtigen sind, bevor zur Berichtigung der Hypothekenzinsen geschritten werden darf, ergibt sich aus §§ 155. 156 des Zwangsversteigerungsgesetzes, und daß die Hypothekenzinsen in der Reihenfolge ihrer grundbuchmäßigen Eintragung, durch welche die Rangordnung bestimmt wird, berichtigt werden müssen, versteht sich von selbst. Soweit daher der Nießbraucher vertragsmäßig, wie dies hier nach dem oben in Bezug genommenen § 2 des Vertrages der Fall ist, oder gesetzlich (§ 1047 B.G.B.) verpflichtet ist, die Einkünfte in entsprechender Weise zu verwenden, unterliegt er bei dem Bestehen einer Zwangsverwaltung auch der Kontrolle des Verwalters. Daraus folgt dann ohne weiteres, daß dieser auch berechtigt sein muß, den Nießbraucher zu einer entsprechenden Verwendung der Einkünfte anzuhalten, oder, wie hier, von demjenigen, der hinsichtlich bestimmter Einkünfte nach § 857 Abs. 3 C.P.O. an die Stelle des Nießbrauchers getreten ist, die Zustimmung zu einer solchen Verwendung zu verlangen. Die Ausführung der Revision, daß es sich dabei nur um obligatorische Ansprüche des Eigentümers handle, die der Zwangsverwalter nicht wahrzunehmen habe, wird der Stellung des Verwalters nicht gerecht; für sie ist maßgebend der Umfang seiner Befugnisse, wie er sich aus dem angezogenen § 152 abnehmen läßt, und es ist nicht ausgeschlossen, daß er dabei auch persönliche Rechte des Eigentümers geltend macht, die mit einer ordnungsmäßigen Wirtschaftsführung im Zusammenhange stehen.

Ebenso unbegründet ist es, wenn die Revision wiederum darauf zurückkommt, daß der Beklagte durch die Pfändung und Überweisung der Mieten eine Rechtsstellung erlangt habe, die ihn jeder Rücksichtnahme auf das Sachverhältnis, in welchem sein Rechtsvorgänger L. zu dem Grundstückseigentümer stand, überhebe. Dies ist nicht der Fall. Zwar zur Erhebung der Mieten war L. auf Grund seines Nießbrauchsrechts berechtigt; aber er war auch verpflichtet, sie in bestimmter Weise zu verwenden. Erst derjenige Betrag, der etwa übrig blieb, nachdem er sie in dieser Weise verwendet hatte, floß ihm für seine eigene Rechnung zu und sollte zur Tilgung seiner an letzter Stelle zu berücksichtigenden Hypothekenzinsen verwendet werden. Nicht anders kann die rechtliche Stellung des Beklagten sein, der auf Grund der Pfändung und Überweisung in den Rechten des L. steht. Dies ergibt sich aus § 857 Abs. 3 C.P.O.; denn nach dieser Vorschrift ist der Nießbrauch als ein unveräußerliches Recht (§ 1059 B.G.B.) der Pfändung insoweit unterworfen, als die Ausübung einem anderen überlassen werden kann. Darüber aber, daß L. die Ausübung seines Nießbrauchsrechts einem Anderen nicht in der Weise überlassen konnte, daß er auf ihn nur seine Rechte, nicht auch seine Verpflichtungen übertrug, kann ein Zweifel nicht obwalten. Der Berufungsrichter hat daher mit Recht angenommen, daß der Beklagte durch die Pfändung und Überweisung nicht mehr Rechte erlangt habe, als dem L. zustanden. Hieraus folgt, daß er auch die Verwendung der Mieten in derselben Weise dulden muß, wie sie zu dulden L. dem Zwangsverwalter gegenüber verpflichtet ist." ...

---

96. Ist die Aktiv- und Passivlegitimation in einem Rechtsstreite über Berge- oder Hilfslohn nach dem Zeitpunkte der Erhebung der im § 39 der Strandungsordnung vorgesehenen Klage zu beurteilen? Werden die Ladungseigentümer im Verfahren vor dem Strandamte rechtswirksam durch den Schiffer vertreten, und genügt die Zustellung des Bescheides an diesen, um gegen erstere die Ausschlußfrist des § 39 der Strandungsordnung in Lauf zu setzen?

I. Civilsenat. Urt. v. 3. Februar 1904 i. S. B. & R. u. Gen. (Kl.) w. E. J. u. Gen. (Bekl.). Rep. I. 403/03.

I. Landgericht Aurich.
II. Oberlandesgericht Celle.

Am 27. November 1899 strandete das auf der Reise von Altona nach Wilhelmshaven befindliche Schiff „Margarethe", Schiffer H., an der Mellumplate, zwischen Weser- und Jademündung. Die Beklagten leisteten in der Seenot Bergungs- oder Hilfsdienste, übernahmen einen Teil der Ladung in ihre Kähne und wirkten dabei mit, das Schiff am 30. November abzubringen und nach Wilhelmshaven zu schleppen. Von der Ladung waren für die Klägerin 1 200 Sack Weizenmehl, für die Klägerin 2 100 Sack Weizenmehl, für die Klägerin 3

350 Sack Weizenmehl und 100 Sack Roggenmehl, für die Klägerin 4 18 Faß Kupfer bestimmt. Sämtliche Waren waren versichert.

Die Beklagten meldeten am 1. Dezember 1899 Anspruch auf Bergelohn beim Strandamte in Wilhelmshaven an, worüber am 2. Dezember vor dieser Behörde verhandelt wurde. An der Verhandlung nahmen außer den Beklagten teil: 1. der Schiffer H., 2. J. G., als „Vertreter" des Schiffers und der Kaskoversicherung, 3. B. D., als „Vertreter" des Vereins Bremer Seeversicherungsgesellschaften, 4. H. St., als Inspektor dieses Vereins. Durch Bescheid des hierfür gemäß § 40 der Strandungsordnung vom 17. Mai 1874 für zuständig erklärten Strandamtes vom 21. Dezember 1899 wurde den Beklagten ein Bergelohn in Höhe von 10500 ℳ zugesprochen. Dieser Bescheid wurde dem Schiffer H. und dem J. G. am 24. Dezember 1899, dem B. D. am 27. Dezember 1899 zugestellt. Auf besondere Verfügung der Aufsichtsbehörde wurde er nochmals den Klägerinnen, und zwar den Klägerinnen zu 1 bis 3 am 23. April und der Klägerin zu 4 am 3. Mai 1900, zugestellt. Die Klägerinnen erhoben nun in Gemäßheit der Strandungsordnung § 39 Klage gegen den strandamtlichen Bescheid vom 21. Dezember 1899, und zwar die Klägerinnen 1 bis 3 am 23. April, die Klägerin 4 am 15. Mai 1900, indem sie beantragten, die den Beklagten zukommende Vergütung, die nur als Hilfslohn in Betracht komme, niedriger als 10500 ℳ festzusetzen. Das Landgericht wies die Klägerinnen ab, da sie in dem strandamtlichen Verfahren nicht als Beteiligte zugezogen wären und deswegen die gegenwärtige Klage nicht erheben könnten, eventuell aber durch H. und G. vertreten gewesen seien und daher die an diese Personen bewirkte Zustellung gegen sich gelten lassen müßten. Ihre Berufung wurde verworfen. Das Berufungsgericht mißbilligte die Entscheidungsgründe des ersten Richters. Es hielt aber für erforderlich, daß die Klägerinnen bei Erhebung ihrer Klage sich noch im Besitze der bergungs- oder hilfslohnpflichtigen Waren befanden. Ihre Behauptung, sie seien auf Grund der in ihrem Besitze befindlichen Konnossemente die berechtigten Empfänger von zusammen 750 Sack Mehl und 18 Tonnen Kupfer gewesen, möge dahin gestellt bleiben; jedenfalls sei bewiesen, daß sie die angeblich für sie bestimmte Ladung nicht empfangen hätten, sondern daß sie den beteiligten Versicherungsgesellschaften ausgehändigt sei, nachdem diese den Berge- oder Hilfslohn sichergestellt hätten. Es liege kein zwingender Grund vor, anzunehmen, daß die Versicherungsgesellschaften hierbei in Vollmacht der Klägerinnen oder unter deren nachträglicher Genehmigung für diese gehandelt hätten. Sowenig daher die Beklagten zur Zeit der Erhebung der gegenwärtigen Klage ihre Ansprüche gegen die Klägerinnen hätten verfolgen können (Artt. 753 Abs. 2. 697 Abs. 2 H.G.B.), sowenig seien die Klägerinnen berechtigt, die nach § 39 der Strandungsordnung gegebene Klage zu erheben.

Die klägerische Revision ist zurückgewiesen worden aus folgenden

Gründen:

„Die Begründung des Berufungsurteils ist unhaltbar. Ihr liegt zunächst die irrige Anschauung zugrunde, als ob die in § 39 der Strandungsordnung gegebene „Klage" überhaupt und insbesondere auch dann, wenn sie von den Berge- und Hilfslohnschuldnern erhoben wird, eine gewöhnliche Klage im Sinne der Civilprozeßordnung wäre, so daß sich Aktiv- und Passivlegitimation dabei nach dem Zeitpunkte ihrer Erhebung zu bestimmen hätten. Dies ist nicht der Fall; auch handelt es sich bei dieser „Klage" nicht um die nach Artt. 735 Abs. 2. 697 Abs. 2 H.G.B. gegebene Pfandklage, sondern um eine Art von Rechtsmittel, das in der Form der Klagerhebung einzulegen ist, und welches in der Wirkung dem Einspruche der Civilprozeßordnung entspricht. „Durch rechtzeitige Erhebung der Klage verliert der Bescheid zwischen den Prozeßparteien seine Kraft" (Strandungsordnung § 39 Abs. 2), ebenso wie nach § 342 C.P.O. durch den zulässigen Einspruch der Prozeß in die Lage zurück versetzt wird, in welcher er sich vor Eintritt der Versäumnis befand. Das nach § 36 der Strandungsordnung vor dem Strandamte eröffnete Verfahren über den Berge- oder Hilfslohn wird alsdann vor dem Gerichte fortgesetzt. Die §§ 36 flg. der Strandungsordnung enthalten eine Ausführung des Art. 756 Abs. 2 H.G.B., wonach bestimmt werden kann, daß über die Verpflichtung zur Zahlung eines Berge- oder Hilfslohnes von einer anderen als einer richterlichen Behörde unter Vorbehalt des Rechtsweges zu entscheiden sei. Für diesen Fall besteht die „Geltendmachung des Pfandrechts" im Sinne des Art. 753 Abs. 2 in der im § 36 der Strandungsordnung vorgesehenen „Anmeldung der Ansprüche" beim Strandamte. Diese Anmeldung steht somit der Klagerhebung gleich, und der Zeitpunkt derselben entscheidet über die Frage der Passivlegitimation und folgeweise der Berechtigung zur Erhebung der in der Strandungsordnung § 39 vorgesehenen Klage auf seiten des in Anspruch Genommenen. Passiv legitimiert ist, wenn, wie hier, die Güter bei Anmeldung der Ansprüche noch nicht ausgeliefert waren, der Ladungsinteressent, d. h. der zum Empfange Berechtigte. Der Berufungsrichter unterstellt nun aber, daß die Klägerinnen zur Zeit der Anmeldung der streitigen Ansprüche durch Konnossemente zum Empfange der Güter aus dem Schiffe legitimiert waren. Waren sie aber einmal Prozeßpartei geworden, so blieben sie es, unbeschadet einer etwaigen Rechtsnachfolge, gemäß § 265 Abs. 2 C.P.O. auch für die ganze Dauer des Rechtsstreits und waren insbesondere berechtigt, gegen den Bescheid des Strandamts mit der in der Strandungsordnung § 39 gegebenen Klage die Berufung auf den Rechtsweg einzulegen. Nur dann könnte ihnen allenfalls die Legitimation zu dieser Klage abgesprochen werden, wenn sie etwa auf ihr Recht an den Gütern verzichtet, solche derelinquiert hätten. Davon kann aber im vorliegenden Falle nicht die Rede sein. ... Der Berufungsrichter nimmt auch ohne zureichenden Grund an, daß die Versicherungsgesellschaften im vorliegenden Falle in anderer Eigenschaft, wie als Vertreter oder Rechtsnachfolger der versicherten Ladungsempfänger, aufgetreten seien. In anderer Eigenschaft konnten sie berechtigterweise gar nicht handeln, und ihre darauf gerichtete Absicht wird nicht im mindesten dadurch ausgeschlossen, daß sie zugleich ihre eigenen Interessen dabei verfolgten. ...

Trotz dieser rechtsirrigen Begründung mußte die Entscheidung selbst gemäß § 563 C.P.O. aufrecht erhalten werden.

Denn es ist ferner rechtsirrtümlich, wenn der Berufungsrichter annimmt, die vier Klägerinnen seien vor dem Strandamte nicht rechtsgültig durch den Schiffer H. vertreten gewesen, weil das Schiff bereits den Bestimmungshafen erreicht hatte. Zunächst faßt der Vorderrichter den Begriff der Reise in Art. 504 H.G.B. zu eng auf. In bezug auf die Güter beginnt die Reise, sobald sie in die Gewalt des Schiffers gelangen, und endigt erst mit ihrer Ablieferung durch denselben. Solange er die Ware nicht ausgeliefert hat, ist er somit gesetzlicher Vertreter der Ladungsinteressenten auch noch im Bestimmungshafen, soweit diese Vollmacht nicht durch die Natur der Sache oder besondere Umstände eine Beschränkung erfährt. Die Ausführungen in der Entsch. des R.O.H.G.'s Bd. 4 S. 442. 443, welche den die gesetzliche Vertretung des Reeders durch den Schiffer im Heimatshafen ausschließenden Art. 495 hier analog anwenden wollen, sind nicht zutreffend, da die Ladungsinteressenten keineswegs regelmäßig im Bestimmungshafen anwesend sind und häufig Dritten, die Rechte auf die Ladung geltend machen wollen, nicht bekannt sind.

Vgl. Ehrenberg, Beschränkte Haftung S. 37. 38. 52. 53. 62. 63; Boyens, Seerecht, Art. 504 Note 2; Entsch. des R.G.'s in Civils. Bd. 11 S. 100 flg.

Für den vorliegenden Fall ist indessen der vorstehende Grundsatz und die gesetzliche Vertretung der Ladungsinteressenten durch den Schiffer außer Zweifel gestellt durch Artt. 753 Abs. 2 und 697 Abs. 2 H.G.B. Danach hatten die Beklagten am 1. Dezember 1899 ihre Pfandklage in Ansehung der damals noch nicht ausgelieferten Ladung gegen den Schiffer zu richten. Die Erhebung der Pfandklage aber hatte nach den §§ 36 flg. der Strandungsordnung durch Anmeldung beim Strandamte zu erfolgen. In der Begründung zu § 38 des Entwurfs der Strandungsordnung (Stenographische Protokolle des Reichstags 1874 Bd. 3 S. 21) heißt es: „Die nächsten Entscheidungsnormen bilden das Handelsgesetzbuch Artt. 742 bis 755 und die Strandungsordnung." Anzuwenden ist also unter anderm auch Art. 753 Abs. 2 und der dort in Bezug genommene Art. 697 Abs. 2 H.G.B., und daher war der Schiffer in dem Verfahren vor dem Strandamte der gesetzliche Vertreter der Ladungsinteressenten, solange diese nicht selbst in das Verfahren eintraten. Eine etwaige Verpflichtung des Schiffers, sie zu benachrichtigen und zu dem Verfahren heranzuziehen, betraf nur das Verhältnis zwischen ihm und den Vertretenen, ohne die Beklagten oder das Strandamt zu berühren.

Vgl. Ehrenberg, a. a. O. S. 62. 63. 112 113.

Da keine der Klägerinnen sich an dem Verfahren vor dem Strandamte beteiligt hatte, konnte der Bescheid hinsichtlich ihrer auch nur dem Schiffer als ihrem gesetzlichen Vertreter zugestellt werden, und die an diesen am 24. Dezember 1899 erfolgte Zustellung müssen die Klägerinnen gegen sich gelten lassen. Es begründet keinen Unterschied, daß das der Klägerin zu 4 gehörige Kupfer schon vor Erlaß des Bescheides ausgehändigt worden war, da die zur Zeit der Anmeldung der Ansprüche nach Art. 697 Abs. 2 H.G.B. begründete

Vollmacht des Schiffers so lange fortbestand, als nicht die genannte Klägerin selbst in das Verfahren eintrat.

Hiernach lief die Frist zur Erhebung der Klage aus der Strandungsordnung § 39 für sämtliche Klägerinnen mit dem 7. Januar 1900 ab, und der Bescheid des Strandamts vom 21. Dezember 1899 wurde damit auch ihnen gegenüber rechtskräftig. Die nachträglich auf Anordnung der Aufsichtsbehörde wiederholte Zustellung des Bescheides vermag an diesem Ergebnisse nichts zu ändern." ...

---

97. Wieweit ist der Rechtsweg zulässig gegen die Heranziehung zu Straßenanliegerbeiträgen? (§ 75 des preußischen Gesetzes vom 2. Juli 1875.)

Entsteht die Verpflichtung zu bestimmten Beiträgen schon mit der entsprechenden dinglichen Belastung der anliegenden Grundstücke, oder erst mit der Veranlagung der Beiträge? Wem ist der Veranlagungsbeschluß zuzustellen? (§ 65 Abs. 4 des preußischen Kommunalabgabengesetzes vom 14. Juli 1893.)

V. Civilsenat. Urt. v. 10. Februar 1904 i. S. K. (Kl.) w. Stadt O. (Bekl.). Rep. V. 336/03.

I. Landgericht Oppeln.
II. Oberlandesgericht Breslau.

In der Zwangsversteigerung der Grundstücke des in Konkurs geratenen Kaufmanns Sk. in O. waren 2339,55 ℳ als Streitmasse für die Parteien hinterlegt worden. Die Stadtgemeinde, Beklagte, hatte diese Summe als auf den Grundstücken ruhende Straßenbaukosten angemeldet und würde zur Hebung gelangt sein, wenn nicht die Kläger als erstausgefallene Hypothekengläubiger Widerspruch erhoben hätten. Den Widerspruch verfolgten die Kläger mit dem Antrage, die Beklagte zur Einwilligung in die Auszahlung der Streitmasse nebst Zinsen an sie zu verurteilen. Sie bestritten, daß die beiden Grundstücke zu den Straßenbaukosten beitragspflichtig seien, weil die Häuser älter seien als das maßgebende Ortsstatut vom 10. Oktober 1882; auch bestritten sie das Vorliegen einer gültigen

Veranlagung mit Rücksicht darauf, daß der Heranziehungsbeschluß dem Sk. erst am 29. März 1902, als er schon im Konkurse war, zugestellt worden war. Sie rügten endlich, daß die angemeldete Forderung nicht näher begründet worden sei.

Die Beklagte bestritt die Zulässigkeit des Rechtsweges bezüglich der Frage, ob die Grundstücke zu der in Frage stehenden öffentlichen Abgabe beitragspflichtig seien, was übrigens bejaht werden müsse. Sie machte ferner geltend, daß es auf die Veranlagung freilich nicht ankomme, weil die Beitragspflicht zu den Straßenbaukosten als dingliche Last schon mit der Errichtung der Gebäude an der fertig gestellten Straße zur Entstehung gelangt sei, daß jedoch, wenn es darauf ankomme, der Veranlagungsbeschluß dem Sk. gültig zugestellt sei, da er als Gemeinschuldner die nicht zur Konkursmasse gezogenen Grundstücke den absonderungsberechtigten Gläubigern gegenüber zu vertreten gehabt, übrigens auch den Beschluß — in dessen Entgegennahme überhaupt keine Verfügung über Gegenstände der Konkursmasse liege — an den Konkursverwalter weiter gegeben habe. Durch Unterlassung des Einspruchs (§ 69 des Kommunalabgabengesetzes vom 14. Juli 1893) sei die Veranlagung rechtskräftig geworden. Die Kläger handelten auch arglistig insofern, als sie die Grundstücke erstanden hätten und eventuell selber mit der erstrittenen Summe die Beiträge leisten müßten.

In erster Instanz wurde die Beklagte nach dem Klagantrage verurteilt, während in zweiter Instanz die Klage abgewiesen, und die Streitmasse der Beklagten zugesprochen wurde. Auf Revision der Kläger wurde das Berufungsurteil aufgehoben, und die Sache in die Berufungsinstanz zurückverwiesen.

Gründe:

„Der erste Richter hatte die Klage abgewiesen, weil — worüber der Rechtsweg zulässig sei — die Straßenkostenschuld noch nicht zur Entstehung gelangt sei; dies geschehe erst durch die Heranziehungsverfügung, die dem Gemeinschuldner nicht wirksam habe zugestellt werden können.

Der Berufungsrichter nimmt dagegen an, daß die dingliche Straßenbaulast nach dem Gesetze vom 2. Juli 1875 und dem Ortsstatut für Oppeln vom 10. Oktober 1882 in dem Augenblick entstanden sei, als der Bau der Häuser an der fertigen Straße begonnen habe, und daß sie jederzeit aus dem Grundstück verlangt werden konnte.

Er führt weiter aus, daß aber auch, wenn man eine formell gültige Veranlagung für erforderlich ansehen wolle, dies vorliegenden Falls nichts ändere, weil mit deren Zustellung der Empfänger, hier der Gemeinschuldner Sk., abgabepflichtig geworden sei; die Annahme der Zustellung durch den Gemeinschuldner falle weder unter § 6 noch unter § 7 K.O. Ob die Veranlagung richtig, und der Anspruch der Beklagten genügend spezifiziert sei, könne nicht im Rechtswege entschieden werden. Demnach sei die Streitmasse der Beklagten zuzusprechen.

Der Berufungsrichter verwechselt dabei jedoch die Entstehung der öffentlichrechtlichen dinglichen Straßenbaulast (§ 3 des Ortsstatuts) mit der daraus erst wieder entspringenden Verpflichtung zu einer bestimmten Geldleistung. Die dingliche Last war schon mit dem Beginn des Baues an der fertigen Straße entstanden und ruht noch auf den Grundstücken, sofern sie nicht in irgendwelcher Weise erloschen sein sollte,

vgl. § 52 des Zwangsversteigerungsgesetzes; Artt. 1 und 2 des preuß. Ausführungsgesetzes dazu,

während die fällige Verpflichtung zu einer Leistung daraus erst eine besondere Veranlagung im Sinne der §§ 61 flg. des preußischen Kommunalabgabengesetzes und deren Bekanntmachung an den Pflichtigen zur Voraussetzung hatte und zu einer Berücksichtigung in der Zwangsversteigerung nur gelangen konnte, wenn sie unter den Begriff der laufenden oder rückständigen Beträge im Sinne des § 10 Ziff. 1 des Zwangsversteigerungsgesetzes fiel. Daß sich die Straßenbaulast der hier in Frage stehenden Art meistens in einer einmaligen Leistung erschöpft, ändert daran nichts.

Vgl. Entsch. des R.G.'s in Civils. Bd. 42 Nr. 64 S. 279/80.

Ob eine rechtswirksame Veranlagung vorliegt, ist unbedenklich im Rechtswege nachzuprüfen, weil davon die Entscheidung darüber abhängt, ob es sich überhaupt um einen zur Berücksichtigung im Zwangsversteigerungsverfahren geeigneten Anspruch handelt. An einer rechtswirksamen Veranlagung würde es nun aber im vorliegenden Fall fehlen, wenn nicht etwa — wie von der Beklagten behauptet worden ist — die Grundstücke von der Konkursmasse freigegeben worden sein und zur Zeit der Zustellung des Heranziehungsbeschlusses an den Gemeinschuldner Sk. noch in dessen Verwaltung gestanden haben sollten (vgl. § 24 des Zwangsversteigerungsgesetzes). In diesem Falle wäre allerdings der Gemeinschuldner befähigt gewesen, die Zustellung mit Rechtswirksamkeit für die Grundstücke entgegenzunehmen, anderenfalls jedoch nicht. Denn die Bekanntmachung der Veranlagung an den Abgabepflichtigen ist der Akt, der für den Empfänger die Verpflichtung begründet, sich zu entschließen, ob er Einspruch einlegen, oder die Veranlagung gutheißen will, und an den sich die Einspruchsfrist anschließt (vgl. § 69 des Kommunalabgabengesetzes). Diese Entschließung des Abgabepflichtigen ist dafür entscheidend, ob die Veranlagung sofort wirksam wird, oder, unter Umständen, überhaupt und unverändert bestehen bleibt. Sie ist darum eine Verwaltungshandlung, die ebendeshalb nur von demjenigen gültig vorgenommen werden kann, der zu der Verwaltung berechtigt ist. Handelte es sich nun um Grundstücke, die zur Konkursmasse gehörten, so kann es hiernach nicht zweifelhaft sein, daß sie nur dem Konkursverwalter, und nicht, wie der Berufungsrichter angenommen hat, dem Gemeinschuldner zugestanden hätte (vgl. § 6 K.O.). Ob, wie der Berufungsrichter annimmt, der Empfänger der Veranlagungsverfügung mit deren Zustellung auf alle Fälle abgabepflichtig werde, kann dahingestellt bleiben, weil hier nur zur Frage steht, ob die Veranlagung der Grundstücke mit Rechtswirksamkeit für die Konkursmasse oder je nachdem die Zwangsversteigerungsmasse erfolgt ist, und es dafür unerheblich ist, welche Verpflichtungen dem Gemeinschuldner etwa persönlich aus der Zustellung erwachsen sein mögen. Ebenso unerheblich ist die Behauptung der Beklagten, daß der Gemeinschuldner die Heranziehungsverfügung an den Konkursverwalter weiter gegeben habe. Dadurch hätte eine dem § 65 des Kommunalabgabengesetzes entsprechende Bekanntmachung der Veranlagung an den Abgabepflichtigen, die für das demselben zustehende Rechtsmittel des Einspruchs maßgebend geworden wäre, nicht bewirkt werden können.

Endlich ist auch die Einrede der Arglist unbegründet, die von der Beklagten daraus abgeleitet wird, daß die Kläger die Grundstücke in der Zwangsversteigerung erstanden haben und für die denselben anhaftende Verpflichtung zu Straßenbaukosten aufzukommen haben würden, wenn die Beiträge nicht aus der Zwangsversteigerungsmasse gefordert werden könnten. Wie es mit dieser Haftung wird, steht dahin, sie setzt jedenfalls eine vorgängige Veranlagung voraus, gegen die den Klägern der Einspruch zustehen würde.

Aus Vorstehendem ergibt sich, daß die streitige Verteilungsmasse nur in dem Falle der Beklagten zugesprochen werden darf, wenn der Gemeinschuldner noch in dem Zeitpunkt, als ihm der Veranlagungsbeschluß zugestellt wurde, als berechtigter Vertreter der Grundstücke gelten konnte, daß sie aber anderenfalls den Klägern gebührt. Um dies klarzustellen, war das Berufungsurteil aufzuheben, und die Sache in die Berufungsinstanz zurückzuverweisen. Stellt sich heraus, daß die Zustellung wirksam geschehen ist, so ist dem Berufungsrichter in der Ausführung unbedenklich zuzustimmen, daß die Kläger nicht auf dem ordentlichen Rechtswege die sachliche Richtigkeit der Veranlagung bestreiten dürfen.

Vgl. Entsch. des R.G.'s in Civils. Bd. 32 Nr. 86 S. 345 flg., Bd. 34 Nr. 60 S. 245 flg."

---

98. 1. Worin besteht der Gegensatz zwischen Verlust und Beschädigung im Sinne der Seeversicherung?
2. Begriff der gewöhnlichen Leckage; Fälle der außergewöhnlichen Leckage.

I. Civilsenat. Urt. v. 20. Januar 1904 i. S. G. (Kl.) w. The Merchants' Marine Insurance Co. Lim. (Bekl.). Rep. I. 381/03.

I. Landgericht Hamburg, Kammer für Handelssachen.
II. Oberlandesgericht daselbst.

Kläger hatte auf Grund laufender Police 143 Tierces Honig, welche auf dem Dampfer „Navaron" von Havanna nach St. Nazaire und von da mit Umladung nach Hamburg zu transportieren waren, bei der Beklagten versichert. In Hamburg langten nur 86 Tierces an. Die übrigen 57 Tierces, welche mit Rumfässern und Schwammballen zusammen in einem besonderen Schiffsraum verstaut waren, waren infolge Loskommens der Staulage bei stürmischem Wetter völlig zertrümmert worden. Ihr Inhalt war ausgelaufen. Die Trümmer der Fässer wurden in St. Nazaire öffentlich verkauft. Die Versicherung war auf Grund der Allgemeinen Seeversicherungsbedingungen mit der Klausel „frei von Beschädigung und Bruch außer im Strandungsfall" abgeschlossen. Kläger behauptete, es liege bezüglich der

57 Tierces Totalverlust vor, und beantragte die Verurteilung der Beklagten zur Zahlung der anteiligen Versicherungssumme mit 11 483,65 ℳ nebst Zinsen. Das Landgericht Hamburg verurteilte die Beklagte zur Zahlung der bezeichneten Summe nebst Zinsen. Das Oberlandesgericht wies die Klage ab. Die Revision ist zurückgewiesen.

Gründe:

„Die Revision wendet sich gegen die Annahme des Berufungsgerichts, daß hinsichtlich der nicht abgelieferten 57 Tierces im Sinne der Versicherungsbedingungen nur Beschädigung, und nicht vielmehr Totalverlust vorliege. Der Kläger verweist dabei sowohl auf den gemeinen Sprachgebrauch, als auch auf die Ausdrucksweise des Gesetzgebers, welcher in §§ 611. 613 H.G.B. zwischen gänzlichem oder teilweisem Verlust einerseits und Beschädigung andrerseits strenge unterscheide. Der § 103 der Allgemeinen Seeversicherungsbedingungen stehe dieser Auffassung nur scheinbar entgegen. Denn wenn hier von einem Schaden gesprochen werde, der in einem durch Beschädigung entstandenen gänzlichen oder teilweisen Verlust bestehe, so sei hierbei nur der Fall ins Auge gefaßt, daß infolge der Beschädigung die Ware für sich allein vollständig verdorben sei. Wo aber die Ware samt ihrer Verpackung in Verlust geraten sei, da könne von einer Beschädigung nicht mehr gesprochen werden. In solchem Falle liege Totalverlust vor. Deshalb könne auch der Verlust der Ware durch Leckage nicht unter den Begriff des Totalverlustes fallen, wenn wenigstens die Verpackung noch vorhanden sei. Auf demselben Standpunkt stehe die in der Hanseatischen Gerichtszeitung Jahrg. 1887 Nr. 71 veröffentlichte Entscheidung. Nur der Fall könne nach § 103 der Allgemeinen Seeversicherungsbedingungen noch unter den Begriff der Beschädigung gebracht werden, in welchem die Güter wegen Beschädigung und drohenden Verderbes während der Reise verkauft werden mußten. Es sei unrichtig, diesen ausdrücklich geregelten Fall als bloßes Beispiel aufzufassen.

Diese Ausführungen können nicht als zutreffend erachtet werden. Vielmehr erscheint die Abweisung des klägerischen Anspruchs auf Grund sowohl des § 106 als des § 103 der Allgemeinen Seeversicherungsbedingungen gerechtfertigt. Es ist zunächst mit dem Oberlandesgericht anzunehmen, daß es sich hier um einen Fall sog. außergewöhnlicher Leckage handelt. Der Begriff der Leckage und die mehrfach gebrauchte Unterscheidung zwischen „gewöhnlicher Leckage" und „außergewöhnlicher Leckage" ist im Handelsgesetzbuch (vgl. §§ 456. 459. 616. 618. 657. 821) nicht definiert, aber aus der Vergleichung der einschlägigen Bestimmungen unschwer zu entnehmen. Man wird unter gewöhnlicher Leckage das regelmäßige Dringen gewisser Flüssigkeiten durch die Fugen der Gebinde ohne äußere Beschädigung der letzteren verstehen.

Vgl. die Kommentare zum Handelsgesetzbuch von Staub § 456 Anm. 10, und von Lehmann u. Ring § 456 Nr. 6.

Im Gegensatz hierzu fällt unter die außergewöhnliche Leckage das durch äußere oder gewaltsame Beschädigung der Fastage herbeigeführte Auslaufen.

Vgl. Eger, Frachtrecht 2. Aufl. Bd. 1 S. 283; Derselbe, Internationales Übereinkommen über den Eisenbahnfrachtverkehr 2. Aufl. S. 454.

Doch ist hiermit der Begriff der außergewöhnlichen Leckage nicht erschöpft. Vielmehr müssen hierunter auch diejenigen Fälle gerechnet werden, in welchen infolge der eigentümlichen natürlichen Beschaffenheit des Gutes ein das gewöhnliche Maß übersteigendes Aussickern stattgefunden hat (vgl. § 459 Ziff. 4 H.G.B.). Im Sinne der Allgemeinen Seeversicherungsbedingungen wird der Gegensatz zwischen gewöhnlicher und außergewöhnlicher Leckage durch die Vorschrift des § 106 Abs. 2 bestimmt. Hiernach hat im Interesse einer einfachen und praktischen Handhabung jede Leckage, welche einen näher bestimmten Prozentsatz des Flüssigkeitsinhalts übersteigt, ohne Rücksicht auf ihre Ursache, als außergewöhnliche zu gelten. Für solche außergewöhnliche Leckage haftet der Versicherer nach § 106 Abs. 1 der Allgemeinen Seeversicherungsbedingungen nur in ganz bestimmten Fällen, welche, wie unter den Parteien unbestritten, nicht vorliegen.

Zu dem gleichen Resultate führt die Anwendung des § 103 der Allgemeinen Seeversicherungsbedingungen. Daß im Sinne derselben auch ein solcher Schaden, der in dem gänzlichen Verlust besteht, noch als Beschädigung beurteilt werden kann, ergibt sich klar aus seinem Wortlaut. Entscheidend ist nicht der Umfang des Schadens, sondern die wirkende Ursache. Deshalb erscheint es verfehlt, die Unterscheidung beizuziehen, ob außer der Ware auch deren Verpackung in Verlust geraten ist. Hätte man auf diese Unterscheidung maßgebendes wicht legen wollen, so hätte sie zweifellos Ausdruck gefunden. Sie würde sich schon deshalb als unzweckmäßig erwiesen haben, weil der Gegensatz zwischen Ware und Verpackung im Einzelfalle (insbesondere bei der sog. Originalverpackung) zweifelhaft sein kann. Das Kriterium zwischen Verlust und Beschädigung im Sinne der Seeversicherung ist vielmehr der Wirkung der schadenbringenden Ursachen zu entnehmen. Charakterisiert sich dieselbe als eine solche, welche zwar die Ware angreift, aber erst durch die unbehinderte Dauer der Einwirkung zum völligen Verluste führt, so wird in der Regel nur Beschädigung angenommen werden können.

Vgl. Voigt, Seeversicherungsrecht § 103 S. 599. 619 flg.

Dem Berufungsgericht ist schließlich auch darin beizutreten, daß es den in § 103 Abs. 1 der Allgemeinen Seeversicherungsbedingungen hervorgehobenen Fall des § 535 Abs. 3 H.G.B. nur exemplifikativ auffaßt." ...

---

99. Findet die Befreiungsvorschrift Ziff. 3 der Tarifstelle 32 des preußischen Stempelsteuergesetzes vom 31. Juli 1895 Anwendung auf Lieferungsverträge über elektrischen Strom, der im Inlande im Betriebe eines der Vertragschließenden erzeugt ist?

VII. Civilsenat. Urt. v. 5. Februar 1904 i. S. preuß. Fiskus (Bekl.) w. E. S. Aktiengef. (Kl.). Rep. VII. 424/03.

I. Landgericht I Berlin.
II. Kammergericht daselbst.

Durch schriftlichen Vertrag vom 1. November 1898 verpflichtete sich die „Gesellschaft für elektrische Unternehmungen" in B. gegenüber der „Südlichen B. Vorortbahn" daselbst, dieser den zum Betriebe ihrer bereits konzessionierten und noch zu konzessionierenden Straßenbahnlinien innerhalb einer Anzahl von besonders aufgeführten Gemeindegebieten erforderlichen elektrischen Strom unter bestimmten Bedingungen zu liefern. Im Februar 1900 übernahm die Klägerin durch Vereinbarung mit den genannten beiden Gesellschaften an Stelle der „Gesellschaft für elektrische Unternehmungen" alle für diese aus dem bezeichneten Vertrage entstehenden Rechte und Pflichten. Auf Grund des Vertrages vom 1. November 1898 wurden von der „Südlichen B. Vorortbahn" auf die Zeit bis zum 1. Januar 1902 108320 ℳ 23 ₰ für ihr zugeleiteten, von der liefernden Gesellschaft im Inlande selbst erzeugten elektrischen Strom gezahlt. Für den Vertrag vom 1. November 1898 beanspruchte der Beklagte auf Grund der Tarifstelle 32c Abs. 1 des preußischen Stempelsteuergesetzes vom 31. Juli 1895 eine Stempelabgabe von $^1/_3$ vom Hundert des Lieferungspreises mit 361 ℳ 50 ₰, von denen er den bereits gezahlten Betrag von 1 ℳ 50 ₰ in Abzug brachte.

Die Klägerin beantragte im Wege der Klage, festzustellen, daß sie nicht verpflichtet sei, zu dem Stromlieferungsvertrage vom 1. November 1898 einen Lieferungsstempel von $^1/_3$ vom Hundert des für gelieferten elektrischen Strom gezahlten Betrages zu entrichten. Das Landgericht erkannte der Klage gemäß, und das Kammergericht wies die Berufung des Beklagten zurück. Die Revision des Beklagten ist zurückgewiesen worden aus folgenden

Gründen:

„Die Tarifstelle 32 des preußischen Stempelsteuergesetzes vom 31. Juli 1895 bestimmt in Abs. 1 unter c, daß Kaufverträge einem Stempel von $^1/_3$ vom Hundert des Kaufpreises unterliegen, wenn sie weder unbewegliche Sachen noch diesen gleichgeachtete Rechte betreffen, sondern „andere Gegenstände aller Art (auch Lieferungsverträge)". Daß der Vertrag vom 1. November 1898, wenngleich seinen Gegenstand die Lieferung elektrischen Stromes, also nicht einer körperlichen Sache, bildet, als ein unter die genannte Vorschrift fallender Lieferungsvertrag anzusehen ist, erkennen beide Parteien an, und ist auch nicht zweifelhaft; denn durch § 981 I. 11 des hier anzuwendenden Allgemeinen Landrechts ist das Wesen des Lieferungsvertrages dahin bestimmt, daß er die Verpflichtung begründet, einem anderen eine bestimmte Sache für einen gewissen Preis zu verschaffen, und eine Sache (im weiteren Sinne) ist nach § 3 I. 2 daselbst auch dasjenige, was durch die Übereinkunft der Menschen eine Selbständigkeit hat, vermöge deren es der Gegenstand eines dauernden Rechts sein kann. Daß auch der elektrische Strom eine solche Sache sei, ist in ständiger Rechtsprechung des Reichsgerichts anerkannt. Die Parteien streiten aber darüber, ob auf den Vertrag die Befreiungsvorschrift unter

Ziff. 3 derselben Tarifstelle Anwendung findet, nach der vom Stempel befreit sind unter anderm

„Lieferungsverträge über Mengen von Sachen oder Waren, sofern dieselben ... im Inlande im Betriebe eines der Vertragschließenden erzeugt oder hergestellt sind."

Unstreitig ist der gelieferte Strom im Inlande im Betriebe der Klägerin als einer der vertragschließenden Gesellschaften erzeugt. Die Anwendung der Befreiungsvorschrift zu 3 hängt daher davon ab, ob der gelieferte elektrische Strom eine „Menge von Sachen" im Sinne der Vorschrift darstellt. Diese Frage ist zu bejahen. Das ergibt sich einerseits aus der Entstehungsgeschichte der Vorschrift, andrerseits aus ihrem Wortlaute.

Die Regierungsvorlage zur Tarifstelle 32 enthielt an der Stelle der Befreiungsvorschrift zu 3 die Bestimmung, daß die jetzt befreiten Lieferungsverträge über Mengen von Sachen einem Stempel von $^1/_{20}$ vom Hundert des Lieferungspreises unterworfen sein sollten. Diese Bestimmung wurde durch die Kommission des Abgeordnetenhauses unter nachträglicher Billigung des Plenums durch die Befreiungsvorschrift zu 3 ersetzt, und dabei ausdrücklich bemerkt, daß damit hinsichtlich der Versteuerung der Lieferungsverträge über bewegliche Gegenstände der frühere Rechtszustand aufrecht erhalten werde.

Vgl. Kommissionsbericht S. 57 vorletzter Abs. in Nr. 204, zweite Session 1895 des Abgeordnetenhauses.

Dieser frühere Rechtszustand war durch die seit dem am 1. Mai 1894 erfolgten Inkrafttreten des Reichsstempelgesetzes vom 27. April 1894 in Fortfall gekommene „Anmerkung" zur Tarifnummer 4B des Reichsstempelgesetzes vom 29. Mai 1885 (R.G.Bl. S. 171) bestimmt, die dahin lautete:

„Kauf- und Anschaffungsgeschäfte über im Inlande von einem der Kontrahenten erzeugte oder hergestellte Mengen von Sachen oder Waren sind steuerfrei."

Erst durch den Fortfall dieser Anmerkung, die gemäß § 17 desselben Reichsstempelgesetzes die in ihr bezeichneten Geschäfte auch dem Landesstempel entzog, war die Möglichkeit für die Landesgesetzgebung geschaffen, Lieferungsverträge über die in der „Anmerkung" bezeichneten Mengen von Sachen oder Waren zur Steuer heranzuziehen. Nach der ständigen, auf die Entstehungsgeschichte der Anmerkung begründeten

Rechtsprechung des Reichsgerichts ist die Anmerkung nicht als eine bloße Ausnahme von der in der Tarifnummer 4 B aufgestellten Regel der Steuerpflichtigkeit aufzufassen — also nicht dahin, daß nur die börsenmäßig geschlossenen Kauf- und Anschaffungsgeschäfte von der Befreiung getroffen werden sollten —, sondern dahin, daß die Anmerkung eine selbständige und allgemeine Befreiung darstellt.

Vgl. Urteile des Reichsgerichts vom 18. März 1889, Entsch. des R.G.'s in Civils. Bd. 23 S. 63. 69, und vom 18. September 1903, Rep. VII. 178/03.

Es ist schwer verständlich, wie der Beklagte dieser Auffassung entgegentreten und den Standpunkt verteidigen kann, der Gesetzgeber habe die in der Anmerkung bestimmte Befreiung auf die Börsenhandelsgeschäfte einzuschränken beabsichtigt; denn der preußische Finanzminister selbst hat in seiner allgemeinen Verfügung vom 20. Januar 1888 (Reichsanzeiger Nr. 24 vom 27. Januar 1889, Centralblatt für Abgaben- ꝛc Verwaltung S. 53, Ministerialblatt S. 85. 86) die Provinzialsteuerdirektoren angewiesen, die durch die Anmerkung geschaffene Befreiung bei allen Kaufgeschäften zu beachten, gleichviel ob die Geschäfte unter Zugrundelegung von Börsenusancen und über Waren, für welche Terminspreise notiert werden, geschlossen sind, oder nicht. Den von der Rechtsprechung bisher festgehaltenen Standpunkt zu ändern liegt hiernach kein Anlaß vor.

Die Revision greift ferner den von der Rechtsprechung festgestellten Grundsatz an, daß unter die in der Anmerkung bezeichneten „Sachen oder Waren" auch unkörperliche Sachen, wie der elektrische Strom, fallen. In dieser Beziehung hatte das vorgenannte Urteil des Reichsgerichts vom 18. September 1903 ausgeführt: Zur Zeit des Zustandekommens des Reichsstempelgesetzes vom 29. Mai 1885 habe es an einem für das ganze Reichsgebiet gemeinsamen Rechtsbegriff der Sache gefehlt, und es müsse daher für die Feststellung der Bedeutung des Wortes „Sache" auf deren Begriff zurückgegriffen werden, wie er durch das im einzelnen Falle anzuwendende Sondercivilrecht bestimmt sei, es sei denn, daß nach der erkennbaren Absicht des Gesetzgebers die verschiedenen Sonderrechte zurücktreten sollten vor einem bestimmten einheitlichen Begriff der Sache. Für die Annahme einer solchen Absicht sei kein Anhaltspunkt gegeben, insbesondere nicht dafür, daß der Sachbegriff einem einzelnen bestimmten der in

Betracht kommenden deutschen Civilrechtssysteme zu entnehmen sei. Auch der handelsrechtliche Begriff der Sache könne nicht maßgebend sein, da die „Anmerkung" gerade die Begünstigung der Geschäfte der Landwirtschaft, der Industrie und des Handwerks bezweckt habe. Im Bereiche des Allgemeinen Landrechts sei hiernach bei der Anwendung der „Anmerkung" der landrechtliche Begriff der Sache (§ 3 I. 2 das.) maßgebend.

Von diesen durch die Revision bekämpften Grundsätzen abzugehen, liegt kein genügender Anlaß vor. Sie stehen in Übereinstimmung mit dem in ständiger Rechtsprechung des Reichsgerichts festgestellten Satze, daß für die Frage, ob ein bestimmtes beurkundetes Rechtsverhältnis unter eine bestimmte Stempelvorschrift fällt, das Recht des Ortes, in dem das Rechtsverhältnis seinen Sitz hat, entscheidend ist, soweit nicht das Stempelgesetz selbst etwas anderes anordnet. Hieraus sich ergebende Ungleichheiten in der Wirkung des Stempelgesetzes werden durch die Vorteile aufgewogen, die dadurch bedingt sind, daß das Stempelrecht auf dem festen Boden positiv geregelter Privatrechtssysteme steht.

Die Revision erhebt die Rüge, die Anwendung verschiedener Sachbegriffe sei schon deshalb ausgeschlossen, weil der Gesetzgeber eine einheitliche Bestimmung für das ganze Reich habe erlassen wollen und deshalb nicht die Absicht gehabt haben könne, eine Ungleichheit in den einzelnen Bundesstaaten herbeizuführen. Die „Anmerkung" habe hiernach gleichmäßig alle Sachen treffen sollen, die gleichmäßig in allen Bundesstaaten als Sachen galten; dies seien aber die körperlichen Sachen. Diese Rüge ist nach den obigen Ausführungen nicht begründet. Wäre sie es, so würde auch hinsichtlich des preußischen Stempelsteuergesetzes vom 31. Juli 1895, das für das ganze Staatsgebiet erlassen war, anzunehmen sein, daß die im Tarif enthaltenen Bezeichnungen von Rechtsbegriffen überall in einem einheitlichen, für die ganze Monarchie gemeinsamen Sinne verstanden werden müßten. Es bedarf keiner Ausführung, daß dies nicht zutrifft, daß vielmehr die in Preußen bis zum 1. Januar 1900 vorhanden gewesene Spaltung des materiellen Rechts in drei verschiedene Rechtssysteme in mehrfachen Beziehungen auch zu Unterschieden bei der Anwendung des Stempelsteuergesetzes geführt hat. Noch in der jüngsten Zeit hat der erkennende Senat ausgesprochen, daß unter den unbeweglichen Sachen des Abs. 1 der Tarifstelle 32 nicht bloß Grundstücke, sondern über den Kreis der Grundstücke hinaus alles das zu verstehen ist, was nach dem örtlich geltenden Privatrechtssystem zu den unbeweglichen Sachen zu rechnen ist (Entsch. des R.G.'s in Civils. Bd. 51 S. 101), und daß bei außerhalb des Stempelinlandes befindlichen Gegenständen, z. B. Bahneinheiten, das ausländische Privatrecht darüber entscheidet, ob sie als unbewegliche Sachen im Sinne der Tarifstelle 32 zu b anzusehen sind (Urteil vom 27. Oktober 1903, Rep. VII. 234/03).

Sollten die gesetzgebenden Faktoren, was freilich nirgends erkennbar zum Ausdruck gelangt ist, einen einheitlichen Sachbegriff für die Befreiungsvorschrift der „Anmerkung" als selbstverständliche Grundlage angenommen haben, so liegen doch keinerlei Gründe dafür vor, daß dieser Begriff der möglich engste, in dem sich alle in Betracht kommenden Privatrechtssysteme deckten, habe sein sollen. Es muß vielmehr, da die Steuerfreiheit nach der Entstehungsgeschichte der Anmerkung (vgl. Entsch. des R.G.'s Bd. 23 S. 66. 67) für alle Geschäfte der Landwirtschaft, der Industrie und des Handwerks eintreten sollte, davon ausgegangen werden, daß die Geschäfte über alle diejenigen Gegenstände befreit sein sollten, die in Deutschland nach den Anschauungen des Verkehrs als Sachen angesehen wurden. Im Verkehr aber wurde, auch schon zur Zeit der Beratung des Reichsstempelgesetzes von 1885, der elektrische Strom, wie schon diese allgemein übliche Bezeichnung ergibt, als eine Sache flüssiger Natur angesehen, die erzeugt, gemessen, geliefert und (in der Form von Akkumulatoren) versendet werden kann. Dieser allgemeinen Verkehrsanschauung trägt auch anderweit der Gesetzgeber Rechnung, indem er z. B. Bestimmungen über die Maßeinheit der elektrischen Stromstärke (§§ 1. 3 des Reichsgesetzes, betreffend die elektrischen Maßeinheiten, vom 1. Juni 1898) und über die Bezeichnung für die Einheiten der Elektrizitätsmenge traf (§ 5 daselbst). Gegenüber dem rein wirtschaftlichen Zwecke der Vorschrift der Anmerkung, die Geschäfte der Industrie von hemmenden Fesseln zu befreien, ist ein Grund weder vom Beklagten angegeben noch sonst ersichtlich, der den Gesetzgeber bewogen haben könnte, mit der beabsichtigten Befreiung vor den Rechtsgeschäften über den elektrischen Strom Halt zu machen, die Befreiung aber den Geschäften über andere Industrieprodukte zu gewähren, die, wie z. B.

Brenngas, ähnlichen Zwecken dienen und von ähnlicher Bedeutung für das Wirtschaftsleben sind. Von wesentlichem Einfluß konnte dabei der Umstand nicht sein, daß nach der — übrigens die Möglichkeit eines zukünftigen Wechsels der Theorie nicht ausschließenden — Anschauung der Naturwissenschaft, auf der auch das später erlassene Reichsgesetz vom 9. April 1900, betreffend die Bestrafung der Entziehung elektrischer Arbeit, beruht, die Elektrizität nicht als etwas Gegenständliches, sondern als eine Kraft anzusehen ist.

Fielen hiernach Lieferungsverträge über elektrischen Strom zur Zeit des Inkraftstehens der Anmerkung unter diese, so ist noch weniger zu bezweifeln, daß solche Verträge seit dem Inkrafttreten des preußischen Stempelsteuergesetzes vom 31. Juli 1895 durch die Befreiungsvorschrift 3 der Tarifstelle 32 daselbst vom Landesstempel befreit sind. Während die Anmerkung „Kauf- und sonstige Anschaffungsgeschäfte" über selbsterzeugte Mengen von Sachen oder Waren von der Steuer befreite, erklärte die Befreiungsvorschrift 3 die „Kauf- und Lieferungsverträge" über solche Mengen für stempelfrei. Es kann nicht zweifelhaft sein, daß in dieser für den ganzen Umfang der Monarchie, deren größter Teil dem Gebiete des Allgemeinen Landrechts angehörte, geltenden Vorschrift unter den befreiten „Lieferungsverträgen" wenigstens dann, wenn für die sachliche Beurteilung des Vertrages das Allgemeine Landrecht maßgebend ist, die Lieferungsverträge im Sinne des Allgemeinen Landrechts (§ 981 I. 11) zu verstehen sind, deren Gegenstand, wie oben dargelegt ist, auch unkörperliche Sachen sein können. Dies, und daß auch der preußische Finanzminister zur Zeit der Entstehung des Stempelsteuergesetzes die „Anmerkung" des Reichsstempelgesetzes vom 29. Mai 1885 dahin auslegte, daß die Befreiung vom Reichsstempel die Kaufverträge über unkörperliche Gegenstände mit umfaßte, ist auch aus der Fassung der Regierungsvorlage zur Befreiungsvorschrift 3 zu entnehmen. In dieser war ein ermäßigter Stempel von $^1/_{20}$ vom Hundert des Kauf- oder Lieferungspreises für „Kauf- und Lieferungsverträge" über selbsterzeugte „bewegliche Gegenstände" (nicht Sachen) bestimmt, und hierbei offensichtlich das Wort „Gegenstände" in demselben, über den Begriff der körperlichen Sache hinausgreifenden Sinne gemeint den es in dem unverändert zum Gesetz gewordenen Absatz 1 zu c der Regierungsvorlage zu derselben Tarifstelle („andere Gegenstände aller Art [auch Lieferungsverträge]") haben sollte. Die Begründung der Vorlage (Seite 46) läßt aber erkennen, daß dem Stempel von $^1/_{20}$ vom Hundert gerade die durch die „Anmerkung" von jedem Stempel befreiten Veräußerungsverträge unterworfen werden sollten. Wenn nun auch die in der Regierungsvorlage vorgesehene Auferlegung eines ermäßigten Kaufstempels bei der Beratung des Gesetzes in eine völlige Stempelbefreiung umgewandelt worden ist, so ist hierbei doch nirgends hervorgetreten, daß der Bereich der festgesetzten Stempelbefreiung ein engerer habe sein sollen, als derjenige der vorgeschlagenen Stempelermäßigung.

Es kann endlich auch nicht zweifelhaft sein, daß die während eines Zeitraumes von länger als einem Jahre gegen ein Entgelt von 108320 ℳ 23 ₰ gelieferte Quantität elektrischen Stromes als eine „Menge" anzusehen ist, d. h. als eine Vielheit, die im Sprachgebrauche des Lebens als Menge bezeichnet wird, von gleichartigen Gegenständen, die nach ihrer Beschaffenheit und dem Willen der Vertragschließenden als untereinander völlig gleichartige und daher auch insoweit als vertretbare in Betracht kommen, ohne daß dabei auf das einzelne Stück an sich, als Individuum, irgendein Gewicht gelegt wird.

Vgl. Entsch. des R.G.'s in Civils. Bd. 42 S. 255. 260.

Die Einzelstücke werden, ebenso wie bei Mengen von Brenngas, Petroleum u. dgl., durch die erwähnten Maßeinheiten dargestellt. Bedenken gegen die Annahme des Vorhandenseins einer Menge sind hier um so weniger zu erheben, als auch das spätere Reichsgesetz vom 1. Juni 1898, wie oben dargelegt ist, ausdrücklich über die Einheiten der „Elektrizitätsmenge" Bestimmung trifft."

---

100. Giroverkehr. Wer trägt hinsichtlich der Girozettel, die zur Herbeiführung von Ab- und Zuschreibungen benutzt werden, die Gefahr der Fälschung? Kontrollepflicht des Girokunden. Anwendung des § 278 B.G.B.

I. Civilsenat. Urt. v. 10. Februar 1904 i. S. E. & Co. (Kl.) w. Vereinsbank in H. (Bekl.). Rep. I. 415/03.

I. Landgericht Hamburg, Kammer für Handelssachen.
II. Oberlandesgericht daselbst.

Die Klägerin hatte bei der Beklagten ein Girokonto. Ihr Buchhalter M. bewirkte im Jahre 1902 fünfmal durch von ihm mit gefälschter Unterschrift der Klägerin versehene Girozettel auf diesem Konto Abschreibungen von je 1000 M an ein Konto, das er heimlich für sich bei der Hansabank genommen hatte, erhob die zugeschriebenen Beträge dann von diesem seinem Konto und verbrauchte sie. Die Abschreibungen erfolgten am 14. und 21. August, 30. September, 21. Oktober und 18. November.

Die Beklagte brachte die erstabgeschriebenen 1000 M dem Konto der Klägerin wieder gut, lehnte es aber ab, auch die vier anderen Abschreibungen so zu behandeln. Auf die Gutbringung dieser vier Abschreibungen war die Klage gerichtet.

Gemäß dem Regulativ der Beklagten für den Giroverkehr, das unstreitig auch für den Verkehr der Parteien maßgebend war, führte die Beklagte, wie für jeden Inhaber eines Girokontos, so auch für die Klägerin ein Buch über den Umsatz auf Girokonto, in das alle Ein- und Ausgänge von der Bank eingetragen wurden. Es hieß darüber im Regulativ: „Dieses Buch steht dem Kontoinhaber werktäglich in den Abend- und Morgenstunden zur Verfügung. Die Konteninhaber werden ersucht, zum mindesten allwöchentlich die Eintragungen in das Kontobuch zu prüfen." — Die Beklagte warf der Klägerin vor, daß sie der Verpflichtung, die ihr nach dieser Regulativbestimmung obgelegen habe, nicht in genügendem Maße nachgekommen sei. In letzterer Beziehung stand fest, daß im Auftrage der Klägerin der genannte Buchhalter M. am 11. August, 17. September und 22. Oktober Einsicht von dem Kontobuche genommen und zur Kontrolle des Bankguthabens, wie er es angeblich auf der Bank in jedem Falle festgestellt, der Klägerin Notizen eingereicht, sie aber fälschlich so eingerichtet hatte, daß sie zu demjenigen Saldo stimmten, der nach den Büchern der Klägerin vorhanden sein sollte.

Das Landgericht verurteilte die Beklagte der Klage gemäß, wogegen vom Oberlandesgericht hinsichtlich der drei Abschreibungen vom September, Oktober und November 1902 die Klage abgewiesen wurde.

Die Revision ist zurückgewiesen worden aus folgenden

Gründen:

„Bei der Beurteilung der Sache ist davon auszugehen, daß der Girokunde, wenn nichts anderes verabredet ist, eine Umschreibung, die auf Grund einer gefälschten Umschreibungsanweisung vorgenommen wurde, nicht anzuerkennen braucht, sofern er sie nicht verschuldet hat. Vgl. Cohn, Die Zahlungsgeschäfte, in Endemann, Handbuch &c Bd. 3 S. 1053. 1165. 1166.

Das „Regulativ für den Giroverkehr" der Beklagten enthält bezüglich der Schecks eine sie gegen die Gefahr der Fälschung sichernde Bestimmung im Abs. 7 unter Ziff. 1. Für die Schecks sind von der Bank gelieferte Formulare zu benutzen, und „alle auf Grund der Scheckformulare erhobenen Beträge" — so heißt es — „validieren für Rechnung des betreffenden Kontoinhabers".

Das nämliche ist für die nach Abs. 7 Ziff. 2 bei Übertragungen an andere Konten zu benutzenden Formulare, die ebenfalls von der Bank geliefert werden, nicht zur Vertragsbedingung gemacht. In Betracht zu ziehen ist hier aber die im Tatbestande hervorgehobene Bestimmung, die hinsichtlich des von der Bank über den Umsatz auf Girokonto für den Kontoinhaber zu führenden Buches getroffen ist. Die in dieser Bestimmung gekennzeichnete Einrichtung verfolgt, wie das Berufungsgericht zutreffend ausführt, offensichtlich den Zweck, eine Kontrolle der von der Bank vorgenommenen Zu- und Abschreibungen von seiten des Girokunden herbeizuführen, damit etwaige Unrichtigkeiten im Interesse auch der Bank baldigst aufgedeckt werden. Die Bank ist der Gefahr ausgesetzt, daß infolge von Irrtümern ihrer Angestellten oder auf Grund gefälschter Abschreibezettel Abschreibungen vorgenommen werden, die der Girokunde nicht gegen sich gelten zu lassen braucht. Gegen diese Gefahr sucht sie sich zu schützen, und darum liegt in der Kundgebung der zu dem Behuf getroffenen Einrichtung auch die Kundgebung der Willensabsicht, den Girokunden zur Benutzung der Einrichtung zu verpflichten. Verfehlt ist es, wenn die Revision diese Auffassung des Vertragsverhältnisses mit dem Hinweis darauf zu bekämpfen versucht, daß in der Regulativbestimmung die Konteninhaber doch nur „ersucht" würden, die Eintragungen in das Kontobuch zu prüfen. Die betonte Höflichkeitsform kann angesichts der klar erkennbaren Bedeutung der Kontobucheinrichtung als einer vornehmlich im Interesse der Beklagten getroffenen Sicherheitseinrichtung nicht darüber täuschen, daß das Ersuchen als eine Aufforderung gemeint ist, die befolgt werden soll.

Nach Ansicht des Berufungsgerichts nun war es keine Verletzung der Prüfungspflicht der Klägerin, daß in der Zeit vom 11. bis 21. August keine Kontrolle geübt wurde, und darum hält es bezüglich der Abschreibung vom 14. August den Klaganspruch für berechtigt. Da die Beklagte sich der Revision nicht angeschlossen hat, so muß es auf sich beruhen bleiben, ob hierin dem Berufungsgericht beizupflichten gewesen wäre. Zu billigen ist im Ergebnis die zu ungunsten der Klägerin ergangene Entscheidung über die drei letzten Abschreibungen. Das Berufungsgericht stützt diese Entscheidung zunächst auf die Annahme, es liege ein Verschulden der Klägerin darin, daß sie in der ganzen Zeit vom 11. August bis zum 18. November nur zweimal sich über die Bucheintragungen zu unterrichten versucht habe, und daß sie nicht selbst die Eintragungen geprüft habe; aus diesem letzteren Grunde soll sich die Klägerin nicht darauf berufen können, daß eine häufigere Prüfung durch den Buchhalter M. vorgenommen worden und deshalb nutzlos gewesen sein würde, und weiter wird dann erwogen, daß bei pflichtmäßiger Kontrolle der am 14. und 21. August verübte Betrug alsbald entdeckt worden, und die Wiederholung ausgeschlossen gewesen wäre. Gegen diese Begründung der Entscheidung ist das Bedenken zu erheben, daß mit Unrecht schon in dem Unterlassen eigener persönlicher Nachprüfung der Bucheintragungen ein Verschulden erblickt wird. Das Bedenken führt aber nicht zur Beanstandung der Entscheidung selbst, weil der Klägerin die Bestimmung des § 278 B.G.B. entgegensteht. Bediente sich die Klägerin zur Erfüllung ihrer Prüfungspflicht des Buchhalters M., so hatte sie, wenn dieser bei der Prüfung unsorgfältig oder gar unredlich verfuhr, dieses sein Verschulden zu vertreten, im Falle der Unredlichkeit gleichviel, ob diese in fremdem, oder eigenem Interesse begangen wurde. Die Klägerin hat es also zu vertreten, daß nicht schon die am 17. September 1902 von M. vorgenommene Prüfung zur Aufdeckung der vorhergegangenen Fälschungen führte, und dadurch fernere Fälschungen ausgeschlossen wurden, woraus folgt, daß sie die Gutbringung der am 30. September, 21. Oktober und 18. November 1902 abgeschriebenen Beträge nicht verlangen kann. Ihr an sich begründeter Anspruch wird entkräftet durch den Einwand, daß sie etwas fordere, was sie sofort zurückzugewähren verpflichtet sei." ...

---

101. Kann gegenüber der Grundschuldklage des eingetragenen Gläubigers, nachdem dieser im Laufe des Rechtsstreites den Grundschuldbrief auf Verlangen des Beklagten vorgelegt hat, der Beklagte noch mit der Behauptung gehört werden, daß der Kläger vor Anstellung der Klage die Grundschuld unter Aushändigung des Grundschuldbriefes abgetreten habe und zur Zeit der Klagerhebung nicht im Besitz des Briefes gewesen sei?

B.G.B. §§ 891. 892. 893. 1160. 1192.

V. Civilsenat. Urt. v. 13. Februar 1904 i. S. S. (Bekl.) w. D. (Kl.) u. N. & Co. (Nebeninterven.). Rep. V. 515/03.

I. Landgericht Duisburg.
II. Oberlandesgericht Hamm.

Auf dem dem Beklagten gehörenden Grundstück Bd. VI Art. 16 des Grundbuchs von D. standen für den früheren Eigentümer v. S. vier Grundschulden von je 2000 ℳ zu $3^1/_2$ Prozent verzinslich eingetragen. v. S. hatte diese Grundschulden an Kläger abgetreten, und es war diese Abtretung im Grundbuch vermerkt worden.

In erster Instanz wurde der Beklagte zur Zahlung von 8000 ℳ nebst Zinsen verurteilt.

Im Laufe der Berufungsinstanz trat die Firma N. & Co., an die der Kläger die Ansprüche aus dem Urteile erster Instanz abgetreten hatte, als Nebeninterventientin in den Rechtsstreit ein und schloß sich gleich dem Kläger der vom Beklagten eingelegten Berufung an. In dem Verhandlungstermine wurden (auf Verlangen des Beklagten) die vier Grundschuldbriefe vorgelegt.

In zweiter Instanz wurde dahin erkannt:

Der Beklagte wird verurteilt, an die Nebeninterventientin Firma N. & Co. gegen Aushändigung der über die Grundschulden — Nr. 1 bis 4 — von je 2000 ℳ gebildeten Grundschuldbriefe und einer löschungsfähigen Quittung darüber 8000 ℳ nebst $3^1/_2$ Prozent Zinsen seit dem 1. März 1901 zu zahlen, bei Vermeidung der Zwangsvollstreckung in das Grundstück.

In der Berufungsinstanz hatte der Beklagte in erster Linie eingewendet:

Schon vor Anstellung der Klage habe Kläger die eingeklagte

Forderung zur Hälfte an die Firma Gebr. N. & Co. — nicht identisch mit der Nebenintervenientin —, zur Hälfte an den Dachdeckermeister S. in D. abgetreten, auch jeder der genannten Personen zwei Grundschuldbriefe eingehändigt, sei also zur Zeit der Klagerhebung nicht im Besitze der Grundschuldbriefe gewesen.

Die Revision des Beklagten ist zurückgewiesen worden.

Gründe:

„Die Revision hat nur einen Angriff erhoben, der sich auf den im Tatbestand erwähnten gegen das Gläubigerrecht des Klägers gerichteten Einwand bezieht.

Die Revision hält diesen Einwand für begründet; denn — so führt sie aus — sei der Kläger infolge Abtretung der Grundschulden zur Zeit der Anstellung der Klage nicht mehr Gläubiger und im Laufe des Rechtsstreits nicht im Besitze der Grundschuldbriefe gewesen, so habe der Beklagte, dem dies bekannt war, nicht mit befreiender Wirkung an den Kläger zahlen können; die Vermutung des § 891 B.G.B. sei widerlegt, und auf den Glauben des Grundbuchs (§§ 892. 893 a. a. O.) würde der Beklagte, weil ihm die Unrichtigkeit des Grundbuchs bekannt war, sich nicht haben berufen können. Beklagter müsse daher befugt sein, das Gläubigerrecht des Klägers zu bestreiten.

Der Angriff ist nicht begründet. Er beruht auf einer unrichtigen Auffassung des § 893 B.G.B. Dieser Paragraph schützt denjenigen, der an den im Grundbuch eingetragenen Gläubiger eine Leistung bewirkt oder mit ihm ein nicht unter § 892 fallendes (d. h. nicht ein auf Erwerb eines Rechts gerichtetes) Rechtsgeschäft vornimmt, und versagt in entsprechender Anwendung des § 892 diesen Schutz dann, wenn dem Schuldner die Unrichtigkeit des Grundbuchs bekannt war.

Der Schuldner einer Grundschuld oder einer Briefhypothek bedarf dieses Schutzes wohl in Ansehung einzelner Zinszahlungen, nicht aber für Kapitalzahlungen, weil er in dieser Beziehung durch die Vorschriften des § 1160 und des § 1144 B.G.B., die nach § 1192 auch auf Grundschulden Anwendung finden, geschützt ist. Nach § 1160 kann der Geltendmachung (und Kündigung) der Hypothek widersprochen werden, wenn der — eingetragene — Gläubiger nicht den Brief vorlegt, und nach § 1144 kann der Schuldner gegen Befriedigung des Gläubigers die Aushändigung des Hypotheken- oder Grundschuldbriefs verlangen. Mit dieser Einschränkung ist im vorliegenden Falle der Beklagte nur verurteilt, und dem erst in der Berufungsinstanz ausgesprochenen Verlangen der Vorlegung der Grundschuldbriefe ist von seiten der Nebenintervenientin genügt worden. Daß der dem § 892 entsprechende § 837 des Entwurfs auf Kapitalzahlungen bei Briefhypotheken sich nicht beziehe, ist auch bei der zweiten Lesung besonders hervorgehoben worden, was dann folgerecht auch vom § 893 (§ 838 des Entwurfs) gelten muß. Ist aber der § 893 bei Kapitalzahlungen auf Briefhypotheken und Grundschulden nicht anzuwenden, so kann auch der Beklagte daraus in Verbindung mit § 892 keinen Grund entnehmen, die Legitimation — das Gläubigerrecht — des Klägers zu bestreiten und die geforderte Leistung zu verweigern. Wäre der Kläger zur Zeit der Klagerhebung und im Laufe des Rechtsstreits nicht im Besitz der Grundschuldbriefe gewesen, so würde dieser in erster Instanz nicht gerügte Legitimationsmangel durch die in der Berufungsinstanz erfolgte Vorlegung der Grundschuldbriefe geheilt sein (vgl. Turnau u. Förster, 2. Aufl. Bd. 1 S. 230). Ob das auch angenommen werden könnte, wenn Kläger auf illegale Weise in den Besitz der Grundschuldbriefe gelangt oder wiedergelangt wäre, und ob der Schuldner mit einem dahingehenden Einwand zu hören sein würde, kann dahingestellt bleiben, weil eine derartige Behauptung nicht aufgestellt ist. Jedenfalls brauchte der Kläger dem seine Legitimation zur Zeit der Klagerhebung bestreitenden Beklagten gegenüber den Erwerb oder Wiedererwerb der auf seinen Namen eingetragenen Grundschuld nicht darzutun. Übrigens würde auch ein etwaiger Wiedererwerb der Grundschuld im Laufe des Rechtsstreits einen neuen Klagegrund nicht darstellen; dieser ist derselbe geblieben: die Eintragung des Klägers als Gläubigers. Hiernach versagt der von der Revision erhobene Angriff. Der Eintritt der Nebenintervenientin — als Rechtsnachfolgerin des Klägers — in den Prozeß ist auf diesen ohne Einfluß (§ 265 Abs. 2 C.P.O.). Der mit der Berufungsanschließung geänderte Antrag auf Zahlung an die Nebenintervenientin beschwert den Beklagten nicht." ...

102. Verwendung einer Firma in abgekürzter Gestalt zur Warenbezeichnung.

Gesetz zum Schutz der Warenbezeichnungen vom 12. Mai 1894 § 13.

II. Civilsenat. Urt. v. 29. Dezember 1903 i. S. O. Fritze & Co. (Bekl.) w. O. Fritze & Co. (Kl.). Rep. II. 207/03.

I. Landgericht I Berlin.
II. Kammergericht daselbst.

Für die klagende Firma O. Fritze & Co. zu O. waren für Lacke und Farben seit 1899 und 1900 die Wortzeichen „Fritzelack", „Fritzes Bernstein-Fußbodenlackfarbe" und „O. Fritze & Co." in das Zeichenregister des Patentamts eingetragen. Die verklagte Firma O. Fritze & Co. zu B. brachte nach ihrer Behauptung seit 25 Jahren Lackfarben unter der Bezeichnung O. Fritze's und Fritze's Bernstein-Fußboden-Lackfarbe oder Bernstein-Öl-Lackfarbe in den Verkehr. Auf Veranlassung der Klägerin wurde im Mai 1901 einer Reihe von Abnehmern der Beklagten durch Vermittelung des Gerichtsvollziehers ein Schreiben des Inhalts zugestellt, daß sie nicht berechtigt seien, die von der Beklagten vertriebene Ware unter den bisherigen Bezeichnungen in den Verkehr zu bringen. Klägerin leitete in der Folge auch gegen verschiedene Abnehmer der Beklagten, die deren Ware mit den oben angeführten Bezeichnungen feilhielten, wegen angeblicher Verletzung ihrer Zeichenrechte civil- und strafrechtliche Verfahren ein.

Mit der auch gegen die Teilhaber der verklagten Gesellschaft gerichteten Klage wurde beantragt, die Beklagte zu verurteilen, sich der Worte „Fritze's" oder „O. Fritze's" ohne den Zusatz „& Co." als Bezeichnung für Lackfarben zu enthalten. Die Beklagte berief sich zur Rechtfertigung ihres Antrages auf Klagabweisung auf den § 13 des Gesetzes zum Schutz der Warenbezeichnungen, da nur die Firma in abgekürzter Gestalt zur Warenbezeichnung verwendet werde; mit einer Widerklage wurde ferner beantragt, der Klägerin zu untersagen, Behauptungen des oben bezeichneten Inhalts zu verbreiten, und sie zum Ersatze des näher bezeichneten Schadens zu verurteilen.

Der erste Richter wies die Klage ab und erkannte nach der Widerklage. Auf Berufung der Klägerin änderte das Berufungsgericht dahin ab, daß es die Beklagten nach dem Klagantrag verurteilte und die Widerklage abwies. Auf die Revision der Beklagten wurde das Berufungsurteil aufgehoben, und die Sache zur anderweiten Verhandlung und Entscheidung an das Berufungsgericht zurückverwiesen aus folgenden

Gründen:

... „Die Entscheidung des Berufungsgerichts hängt im wesentlichen davon ab, ob die Bezeichnungen „O. Fritze's" oder „Fritze's" auf den Lackfarben der Beklagten und Widerklägerin als zulässige Abkürzungen ihrer Firma O. Fritze & Co. im Sinne des § 13 des Warenzeichengesetzes zu beurteilen sind, und ob folgeweise ihr der Schutz dieser Gesetzesvorschrift zur Seite steht. Das Berufungsgericht hat es verneint und ist dadurch zu der mit der Revision angefochtenen Entscheidung gelangt.

Die Vorschrift des § 13 a. a. O., soweit hierher erheblich, lautet: „Durch die Eintragung eines Warenzeichens wird niemand gehindert, ... seine Firma ..., sei es auch in abgekürzter Gestalt, auf Waren, auf deren Verpackung oder Umhüllung anzubringen." Darüber, was im Sinne dieser Gesetzesvorschrift unter einem Anbringen oder Gebrauch der Firma in abgekürzter Gestalt zu verstehen sei, bestehen zwei Meinungen. Nach der einen Ansicht wird eine sprachlich und nach allgemeiner Verkehrssitte zulässige, für jedermann verständliche Abkürzung erfordert, aus der sonach jedermann die wirkliche Firma zu erkennen und zu rekonstruieren vermag. Nach der anderen Auffassung fällt auch eine zum Teil willkürliche Abkürzung, wenn sie dem wesentlichen Inhalte der Firma als Schlagwort entnommen und als Abkürzung der Firma in deren Abnehmerkreisen bekannt oder doch eingeführt ist, unter den Schutz dieser Gesetzesbestimmung. Nach dieser zweiten Ansicht wird zwar verlangt, daß das als Abkürzung gebrauchte Schlagwort dem wesentlichen Inhalt der Firma entnommen sei, aber als zureichend erachtet, daß die Abkürzung als Abkürzung der Firma in den beteiligten Abnehmerkreisen bekannt sei, und diese daher aus ihr die wirkliche Firma zu erkennen und zu rekonstruieren vermögen. Der erkennende Senat tritt der zweiten Ansicht bei.

Die Prüfung der Frage, was der § 13 a. a. O. unter dem Gebrauch der Firma in abgekürzter Gestalt verstehe, hat mit der Erörterung darüber zu beginnen, ob für die dort als zulässig bezeichneten

Abkürzungen etwa die Grundsätze zur Anwendung kommen, die im rechtsgeschäftlichen Verkehr für den Gebrauch der Firma in abgekürzter Gestalt als Regel gelten, oder ob für den Gebrauch der Firma in abgekürzter Gestalt zur Bezeichnung der Waren ein weiterer Spielraum zuzulassen sei. Denn wenn bei Auslegung des § 13 a. a. O. in der hier streitigen Frage die Grundsätze anzuwenden wären, die für die Zulässigkeit solcher Abkürzungen im rechtsgeschäftlichen Verkehre als Regel gelten, so unterläge es wohl keinem Bedenken, daß der in erster Reihe aufgeführten Ansicht beizutreten wäre. Indessen ist nicht zu verkennen, daß für den rechtsgeschäftlichen Verkehr ganz andere Gesichtspunkte über die Zulässigkeit des Gebrauches von Abkürzungen der Firma entscheiden müssen, als bei dem Gebrauche solcher Abkürzungen für die Warenbezeichnung. Für den rechtsgeschäftlichen Verkehr ist davon auszugehen, daß die Firma in der Regel überhaupt ohne Abkürzungen gebraucht werden soll, und daß nur ausnahmsweise ein Gebrauch in abgekürzter Gestalt zuzulassen sei, aus dem aber für jedermann das Rechtssubjekt erkennbar sein muß, dessen Befugnis zum Gebrauch der Firma zu prüfen ist. Anders ist das, wenn die Firma auf der Ware zur Bezeichnung ihrer Herkunft oder ihrer Verkaufsstelle angebracht wird. An und für sich wird einen solchen Zweck nur ein kurzer, schlagender Ausdruck erfüllen; soll deshalb die Firma zu diesem Zwecke verwendet werden, so wird sie, wenn sie aus mehreren Worten besteht, diesen Zweck in der Regel nur erfüllen, wenn aus ihrem wesentlichen Inhalt ein Schlagwort entnommen oder gebildet wird, unter dem die Firma für diese Ware in den Kreisen ihrer Abnehmer bekannt ist, und das daher dafür zureicht, daß diese Abnehmerkreise aus der in dem Schlagwort gebrauchten Abkürzung die volle Firma zu erkennen vermögen. Für den rechtsgeschäftlichen Verkehr müssen daher die Zusätze, die auf ein Gesellschaftsverhältnis, eine Aktiengesellschaft rc hinweisen, in den Abkürzungen in der Regel beibehalten werden; für den dargelegten Zweck des Anbringens der Firma als Warenbezeichnung haben dagegen jene Zusätze in der Regel keine entscheidende Bedeutung. Wenn die Berliner Firma „Aktien-Brauerei-Gesellschaft Friedrichshöhe, vormals Patzenhofer" — um ein bei Seligsohn, Gesetz zum Schutz der Warenbezeichnungen S. 128, erörtertes und auch in diesem Rechtsstreite verwertetes Beispiel heranzuziehen — in Ankündigungen rc ihr

Bier als „Patzenhofer-Bier" oder schlechthin als „Patzenhofer" bezeichnet und auf den Flaschen die Bezeichnung „Patzenhofer" anbringt, so gebraucht sie damit nach den Anschauungen des Verkehrs eine durch den dargelegten Zweck der Warenbezeichnung bedingte und zulässige Abkürzung. Würde sie dagegen nur mit „Patzenhofer" die Firma zeichnen, so würde das allgemein als inkorrekt und als eine unzulässige Abkürzung für den rechtsgeschäftlichen Verkehr beurteilt werden. Gleiches würde auch gelten, wenn eine offene Handelsgesellschaft mit der Firma „Kräuterbitterfabrik J. C. Lehmann & Cie." ihr Fabrikat mit der bei ihren Abnehmerkreisen bekannten Abkürzung „Lehmann's Bitter" bezeichnet; auch hier läge nach der Verkehrsanschauung für die Warenbezeichnung eine zulässige Abkürzung der Firma vor, während für den rechtsgeschäftlichen Verkehr eine Abkürzung der Firma mit Hinweglassen der Worte „& Cie." als unzulässig erschiene. Daraus ergibt sich, daß nach den Verkehrsbedürfnissen und nach der Verkehrsauffassung für Abkürzungen der Firma bei der Warenbezeichnung an sich andere Grundsätze gelten, als für solche Abkürzungen beim rechtsgeschäftlichen Verkehre, und daß insbesondere eine zum Teil willkürliche, aber dem wesentlichen Inhalte der Firma als Schlagwort entnommene Abkürzung für die Warenbezeichnung als zulässige Abkürzung dann gilt, wenn sie als solche einer bestimmten Firma bei deren Abnehmerkreisen bekannt ist. Der Wortlaut des § 13 a. a. O. gibt keinen Anhalt dafür, daß nach Absicht des Gesetzgebers der dort zugelassene Gebrauch der Firma auch in abgekürzter Gestalt nicht in dem Umfange zu gestatten sei, welcher den Bedürfnissen und Anschauungen des Verkehrs entspricht. Auch die Entstehungsgeschichte dieses Paragraphen bietet für eine einschränkende Auslegung nur auf die für den rechtsgeschäftlichen Verkehr zugelassenen Abkürzungen keinen Anhalt. Der hierher gehörende Teil des § 13 ist dem § 10 Abs. 1 des Gesetzes über den Markenschutz vom 30. November 1874 entnommen, der durch die Verhandlungen des Reichstags, nachdem dieser den Gebrauch von Worten in Kombinationszeichen zugelassen hatte, auf Antrag des Abgeordneten Grimm die zum Gesetz gewordene Fassung erhielt. Wenn bei Begründung seines Antrages der genannte Antragsteller ausführte, daß der vollkommen berechtigte Gedanke des § 10 ein Korrektiv darstelle gegen eine zu weit gehende Monopolisierung der Worte im Falle ihrer

Verwendung in Warenzeichen, so kann diese Ausführung — die einzige Äußerung, die sich in den Gesetzesmaterialien zu diesem Teile des Gesetzes findet — wohl weit mehr zugunsten der Annahme verwertet werden, daß unter dem Gebrauch der Firma auch in abgekürzter Gestalt, der für die Warenbezeichnung gegenüber einem eingetragenen Warenzeichen gestattet sein soll, der Gebrauch solcher Abkürzungen zu verstehen sei, die nach den Bedürfnissen und Auffassungen des Verkehrs für die Warenbezeichnung zulässig sind. Im übrigen ist das Warenzeichengesetz aus sich auszulegen. Der gesetzgeberische Zweck, den die Vorschrift in § 13 überhaupt verfolgt, den Gebrauch der Firma zur Warenbezeichnung gegenüber einem entgegenstehenden Warenzeichen zuzulassen, im Zusammenhang mit der Art und Weise, wie eine aus mehreren Worten zusammengesetzte Firma in der Regel zur Warenbezeichnung gebraucht wird und vielfach nur gebraucht werden kann, rechtfertigt den Schluß, der Gesetzgeber habe, dem Verkehrsbedürfnisse folgend, für die zur Warenbezeichnung zulässigen Abkürzungen der Firma einen weiteren Spielraum in dem oben dargelegten Umfange zugelassen. Dabei enthält das Gesetz selbst die zur Sicherung des Zeichenrechts nötige Schranke. Mit der Bestimmung, welche die Verwertung der Firma in abgekürzter Gestalt gestattet, ist zugleich ausgesprochen, daß die Abkürzung die Firma in der durch ihre Verwendung zur Warenbezeichnung bedingten Gestalt enthalten und danach jedenfalls ihrem wesentlichen Inhalte entnommen sein muß. Ein weiteres Korrektiv liegt ferner in der rechtlichen Folge, die sich aus den bisherigen Darlegungen ergibt, daß nämlich, wenn eine Firma erst nach der Eintragung eines Warenzeichens entsteht oder erst nach der Eintragung zur Warenbezeichnung verwendet wird, der Gebrauch nur der zum Gemeingute gewordenen Abkürzungen zuzulassen ist, aus denen jedermann die wirkliche Firma zu erkennen vermag, daß dagegen die im einzelnen Falle als Schlagwort dem wesentlichen Inhalte der Firma entnommene Abkürzung den Schutz aus § 13 nur beanspruchen kann, wenn sie vor der Eintragung des Warenzeichens als Abkürzung der Firma bei deren Abnehmerkreisen eingeführt war. Gegen die hier vertretene Auffassung kann auch kein Bedenken daraus abgeleitet werden, daß nach dem Zusammenhange des § 13 eine zum Teil willkürliche Abkürzung der in § 13 noch erwähnten Angaben über die Art, die Zeit und den Ort der Herstellung, über die Beschaffenheit und Bestimmung der Ware ꝛc, wenn sie nur bei den Abnehmerkreisen der sie benutzenden Firma bekannt, aber noch nicht Gemeingut geworden ist, den Schutz aus § 13 gegen den Eintrag eines Warenzeichens nicht genießt. Denn in den letzteren Fällen beruht der Rechtsgrund der Vorschrift des § 13 in der Fortgestattung des Gemeingebrauches und trifft daher nur zu für eine zum Gemeingute gewordene Abkürzung; bei der Firma dagegen beruht der Rechtsgrund jener Vorschrift in der Fortgestattung einer Individualbefugnis; er trifft daher gleichfalls zu, wenn diese Individualbefugnis bisher in einer Abkürzung der oben bezeichneten Art ausgeübt wurde. Der beschränkte Umfang des aktiven Rechtsschutzes der Firma in § 14 des Warenzeichengesetzes steht der hier vertretenen Ansicht ebenfalls nicht entgegen; dadurch ist nicht ausgeschlossen, daß die in § 13 für die Warenbezeichnung gegenüber dem Rechte aus einem Warenzeichen gewährte Befugnis zum Fortgebrauche der Firma auch in abgekürzter Gestalt in dem hier entwickelten Umfange eingeräumt sei.

In der Rechtsprechung steht ein Urteil des Oberlandesgerichts zu Frankfurt vom 26. September 1900 (Blatt für Patent-, Muster- und Zeichenwesen Bd. 7 [1901] S. 179 flg.) auf dem hier abgelehnten strengeren Standpunkte; es findet in den Bezeichnungen „Apotheker F. C. Döring", „Apotheker F. C. Döring Seife", „Döring Seife", „Döring" wegen des Weglassens der Worte „& Cie." durch § 13 nicht geschützte Abkürzungen der für eine offene Handelsgesellschaft eingetragenen Firma „Apotheker F. C. Döring & Cie.". Ein Urteil des I. Civilsenats des Reichsgerichts vom 7. Dezember 1896 (Entsch. des R.G.'s in Civils. Bd. 38 S. 80 flg.) scheidet hier aus. In dem damals entschiedenen Falle wurde von einer Personenfirma mit dem Zusatze „Barbarossa-Brunnen" nur dieser Zusatz zur Warenbezeichnung verwendet, und es wurde angenommen, daß darin überhaupt kein Gebrauch der Firma auch in abgekürzter Gestalt liege. Dem hier vertretenen Standpunkte steht am nächsten ein Urteil des III. Strafsenats des Reichsgerichts vom 13. November 1899 (Entsch. des R.G.'s in Strafs. Bd. 32 S. 397 flg.). Damals handelte es sich um die Frage, ob „Eagle" eine unter § 13 fallende Abkürzung der Firma „The Eagle Bicycle Manufacturing Company" sei. Die in dieser Entscheidung erörterten Gesichtspunkte sind in der Erwägung zusammengefaßt, als eine nach § 13 zulässige Abkürzung würde das Wort

„Eagle" erst dann anerkannt werden können, wenn feststände, daß in einem für die Entscheidung der Frage als maßgebend zu betrachtenden geschäftlichen Verkehre das Wort „Eagle" als eine durchaus übliche, regelmäßige und für die Interessenten verständliche Abkürzung der erwähnten amerikanischen Gesellschaft gälte. Diese Ausführungen stehen im Prinzip auf dem hier vertretenen Standpunkte, der nach der besonderen Lage des hier zu entscheidenden Falles in der oben dargelegten Richtung weiter auszugestalten war.

Wird aber bei Prüfung der Urteilsgründe, mit denen das Berufungsgericht verneint hat, daß die Bezeichnungen „O. Fritze's" und „Fritze's" nach § 13 a. a. O. zulässige Abkürzungen der Firma „O. Fritze & Co." seien, die oben entwickelte rechtliche Auffassung zugrunde gelegt, daß nicht bloß allgemein übliche Abkürzungen, aus denen jedermann die wirkliche Firma zu erkennen vermag, sondern auch eine im einzelnen Falle als Schlagwort dem wesentlichen Inhalte der Firma entnommene Abkürzung, wenn sie in den beteiligten Abnehmerkreisen als solche der bestimmten Firma bekannt ist, den Schutz des § 13 genieße, so reicht die Begründung nicht aus." ... (Das wird näher ausgeführt, und darauf die Aufhebung des Berufungsurteils mit Zurückverweisung der Sache an das Berufungsgericht gegründet.)

---

103. Kann, wenn mehrere zur Anfechtung eines gemeinschaftlichen Rechtsgeschäfts nach § 123 B.G.B. berechtigt sind, das Anfechtungsrecht von jedem zu seinen Gunsten ausgeübt werden?

II. Civilsenat. Urt. v. 5. Januar 1904 i. S. R. (Bekl.) w. Sch. u. J. (Kl.). Rep. II. 248/03.

I. Landgericht Kassel.
II. Oberlandesgericht daselbst.

Durch Kaufvertrag vom 9. Mai 1902 kauften der Beklagte und G. von den Klägern deren Weinhandlung. An die Stelle des G. trat am 15. Juli 1902 mit Genehmigung der Kläger H. in den Vertrag ein. Der auf Zahlung eines Teils des Kaufpreises allein verklagte Käufer R. erklärte, daß er den Kaufvertrag wegen arglistiger Täuschung von seiten der Verkäufer aus § 123 B.G.B. anfechte. Auf die Revision des in beiden Vorinstanzen unterlegenen Beklagten R. wurde das Berufungsurteil aus hier nicht weiter erheblichen Gründen aufgehoben, und die Sache an das Berufungsgericht zurückverwiesen. Die Revisionsbeklagten hatten unter anderem geltend gemacht, die Anfechtungserklärung des Beklagten R. sei unwirksam, weil nur er allein die Anfechtung erklärt habe. Dieser rechtliche Einwand wurde zurückgewiesen aus folgenden

Gründen:

... „Die Revisionsbeklagten haben ... noch den Einwand erhoben, die Anfechtungserklärung des Beklagten und Revisionsklägers sei unwirksam, weil nur er allein die Anfechtung erklärt habe, während in einem Falle wie dem gegebenen, wenn angeblich die zwei Mitkäufer durch arglistige Täuschung zum Vertragsabschlusse bestimmt sein sollen, und danach zwei Anfechtungsberechtigte vorhanden seien, die Anfechtung des Kaufgeschäftes nur durch die beiden Käufer gemeinschaftlich geschehen könne. In der Literatur zum Bürgerlichen Gesetzbuch wird insbesondere von Hellwig, Anspruch und Klagerecht S. 189 zu Anm. 29—32, — ähnlich auch Endemann, Lehrbuch des bürgerlichen Rechts (8. Aufl.) Bd. 1 § 75 Anm. 11 S. 373 oben — die Ansicht vertreten, daß bei Mehrheit von Anfechtungsberechtigten die Ausübung des Anfechtungsrechts nur durch alle geschehen könne. Diese Ansicht wird gerechtfertigt mit einer analogen Anwendung der Vorschriften der §§ 356 und 467 B.G.B. bezüglich des Rücktrittsrechts und der Wandelung sowie der §§ 502 und 513 B.G.B. bezüglich des Wiederkaufs- und Vorkaufsrechts, wonach die Ausübung der dort geregelten Rechte des rechtlichen Könnens nur durch alle Berechtigten geschehen kann. Der erkennende Senat tritt dieser Ansicht nicht bei; er nimmt an, daß bei Mehrheit der Anfechtungsberechtigten die Ausübung des Anfechtungsrechts nur durch den einen derselben zu dessen Gunsten wirkt, unabhängig von einer Ausübung des Anfechtungsrechts durch den anderen. Das ergibt sich aus dem Wesen der Anfechtung und aus dem Fehlen einer Gesetzesvorschrift bei der Anfechtung, die deren Ausübung bei Mehrheit der Anfechtungsberechtigten in gleicher Weise regelt, wie in den bezogenen Gesetzesstellen die Ausübung der oben benannten Rechte des rechtlichen Könnens bei Mehrheit der Berechtigten geregelt ist. Die Annahme, diese gesetzlichen Bestimmungen seien Ausfluß einer allgemeinen Regel, die für alle Fälle anzuwenden sei, in denen mehreren in schlichter Gemeinschaft ein Recht des rechtlichen Könnens zustehe, entspricht nicht dem Gesetze." ...

---

104. Sind in der nach § 33 Abs. 2 des Gesetzes, betr. die Erwerbs- und Wirtschaftsgenossenschaften, vom 20. Mai 1898 vorgeschriebenen Veröffentlichung des Mitgliederbestandes bei den „am Jahresschlusse der Genossenschaft angehörigen Genossen" auch diejenigen Mitglieder noch mitzuzählen, die im abgelaufenen Jahre gestorben sind?

I. Civilsenat. Beschl. v. 11. Januar 1904 i. S. des Landw. Spar- u. Darlehnskassenvereins e. G. m. u. H. Beschw.-Rep. I. 127/03.

I. Amtsgericht Großenhain.
II. Landgericht Dresden.

Das Reichsgericht hat die aufgeworfene Frage verneint aus folgenden

Gründen:

„Der Vorstand des Landwirtschaftlichen Spar- und Darlehnskassenvereins e. G. m. u. H. zu Fr. hat nach Ablauf des Geschäftsjahres 1902 die nach § 33 Abs. 2 des Gesetzes, betr. die Erwerbs- und Wirtschaftsgenossenschaften, vom 20. Mai 1898, vorgeschriebene Veröffentlichung des Mitgliederbestandes in der Weise bewirkt, daß angegeben ist:

„Mitgliederzahl Anfang 1902 44, Zugang 1902 5, Abgang 1902 2, Ende 1902 49."

In der für „Ende 1902" aufgeführten Zahl von 49 sind die 2 unter dem „Abgang" aufgeführten Mitglieder, die im Jahre 1902 verstorben waren, mit enthalten.

Das zuständige Amtsgericht gab dem Vorstande die Berichtigung der Veröffentlichung dahin auf, daß die Zahl der Genossenschaftsmitglieder, unter Abrechnung der zwei verstorbenen, auf 47 angegeben werde, und leitete, als der Vorstand die Berichtigung ablehnte, gegen diesen zur Erzwingung der berichtigten Veröffentlichung das Zwangsverfahren nach §§ 132 flg. des Reichsgesetzes über die Angelegenheiten der freiwilligen Gerichtsbarkeit ein. Der Einspruch des Vorstandes wurde durch Beschluß vom 31. August 1903 verworfen, und die angedrohte Geldstrafe von 10 ℳ gegen den Vorstand festgesetzt. Hiergegen erhob der Vorstand in einem von seinen 5 Mitgliedern unterzeichneten Schriftsatze sofortige Beschwerde unter Bekämpfung nur der sachlichen Richtigkeit des angefochtenen Beschlusses, ohne die Richtung des Verfahrens gegen die Gesamtheit des Vorstandes, und nicht gegen dessen einzelne Mitglieder zu rügen. Das Landgericht wies die Beschwerde als unbegründet zurück.

Nunmehr hat der Vorstand in gleicher Weise die von einem Rechtsanwalte mitunterzeichnete weitere sofortige Beschwerde an das Oberlandesgericht eingelegt. Dieses Gericht ist der Ansicht, daß die Beschwerde zurückgewiesen werden müsse, weil die Ansicht der Vorinstanzen, daß die zwei im Jahre 1902 verstorbenen Genossen bei Berechnung des Mitgliederbestandes abzugehen hätten, zu billigen sei. Es hält sich aber mit Rücksicht auf einen entgegenstehenden Beschluß des Kammergerichts vom 26. Juli 1902[1] an der eigenen Entscheidung verhindert und hat deshalb in Gemäßheit des § 28 Abs. 2 des Reichsgesetzes über die Angelegenheiten der freiwilligen Gerichtsbarkeit die Akten dem Reichsgerichte vorgelegt.

Die Voraussetzungen, unter welchen nach der erwähnten Gesetzesvorschrift die Sache an das Reichsgericht abzugeben war, sind erfüllt. Das Reichsgericht hat daher nach Abs. 3 das. über die weitere sofortige Beschwerde zu entscheiden.

Die Beschwerde ist zulässig, auch in richtiger Form und Frist eingelegt (§ 139 Abs. 1. § 27. § 29 des Gesetzes); sie kann aber sachlich nicht für begründet angesehen werden.

In dem Beschlusse vom 26. Juli 1902 i. S. der Spar- und Darlehnskasse zu L., e. G. m. u. H., hat der Feriencivilsenat des Kammergerichts, in Billigung eines Beschlusses des Landgerichts Göttingen vom 2. Juni 1902, dem § 33 (früher 31) Abs. 2 des Gesetzes die Auslegung gegeben, daß in die Veröffentlichung des Personal-

---

[1] Veröffentlicht bei Mugdan u. Falkmann, Die Rechtsprechung der Oberlandesgerichte Bd. 5 Nr. 56 S. 280. D. E.

bestandes der Genossenschaft die im Laufe des Jahres verstorbenen Genossen sowohl bei der Zahl der im Laufe des Jahres ausgeschiedenen als bei der Zahl der am Jahresschlusse der Genossenschaft angehörigen Genossen mitzurechnen seien.

Bei dieser Auslegung des Gesetzes würde die streitige Veröffentlichung nicht zu beanstanden sein. Denn darin, daß sie über die Vorschrift des Gesetzes hinaus auch noch die Zahl der Mitglieder zu Anfang 1902 angibt, ist etwas Unzulässiges nicht zu finden.

Die Auslegung des Kammergerichts kann aber nicht für zutreffend anerkannt werden. Sie führt praktisch zu keinem befriedigenden Ergebnis, widerspricht der Absicht des Gesetzes und ist durch den Wortlaut der Vorschrift nicht gerechtfertigt.

Der Zweck der in § 33 Abs. 2 vorgeschriebenen Veröffentlichung, welche einesteils die Bilanz des Geschäftsjahres umfaßt, andrerseits Angaben über die Bewegung und den Bestand der Mitgliederzahl enthalten soll, ist die Aufklärung des beteiligten Publikums über gewisse Erscheinungen in der Entwicklung der Genossenschaft, welche für die Beurteilung ihrer Verwaltungsergebnisse, des Gedeihens oder Mißerfolges ihrer Bestrebungen, ihrer Kreditwürdigkeit und Sicherheit besonders wichtig erscheinen. Während die Mitteilung der Zahl der im Laufe des Jahres eingetretenen oder ausgeschiedenen Genossen einen Anhalt dafür geben wird, ob die Leitung der Genossenschaft im Kreise ihrer Mitglieder Vertrauen genießt, läßt sich aus der Zahl der der Genossenschaft angehörigen Teilnehmer, wozu für die Genossenschaften m. b. H. noch die weiteren in § 139 (n. F.) vorgeschriebenen Veröffentlichungen hinzutreten, ein Überschlag der nötigenfalls haftenden Vermögenswerte gewinnen. Von diesem Zwecke der Veröffentlichung ist auch das Kammergericht ausgegangen. Es hat dabei geglaubt, das Interesse der bereits vorhandenen Gläubiger der Genossenschaft in den Vordergrund stellen zu sollen, und sieht es als einen Vorzug seiner Auslegung an, daß danach diese Gläubiger aus der Bekanntmachung unmittelbar ersehen können, wie viele Genossen ihnen für ihre bereits entstandenen Forderungen verhaftet sind. Wenn nun auch nach den §§ 125. 128. 141 die Haftpflicht der ausgeschiedenen Genossen im Falle des Konkurses nicht mit dem Ausscheiden erloschen ist, sondern in verschiedenem Maße über diesen Zeitpunkt hinaus bestehen bleibt, so ist doch nicht recht einzusehen, aus welchem

Grunde es dem Gläubiger besonders angelegen sein sollte, die nur noch für den letzten Tag des Geschäftsjahres zutreffende Zahl der Genossen nachträglich zu erfahren. Diese Kenntnis wird für ihn um so weniger Bedeutung haben, als er nach dem Zeitpunkte der Veröffentlichung regelmäßig nicht mehr in der Lage sein wird, durch geeignetes Vorgehen die Auflösung der Genossenschaft innerhalb der in § 75 bestimmten Frist von 6 Monaten und dadurch die Wirkungslosigkeit des Ausscheidens herbeizuführen. Allerdings meint das Kammergericht, daß eine Bekanntmachung mit dem von ihm gebilligten Inhalte auch den Bedürfnissen derjenigen genüge, welche erst im neuen Geschäftsjahre Gläubiger der Genossenschaft werden wollten. Für diese neuen Forderungen hafteten freilich die Ausgeschiedenen nicht mehr; aber um festzustellen, wie viele Genossen für die neu entstandenen Forderungen verhaftet seien, brauche der Gläubiger nur die gleichfalls veröffentlichte Zahl der im Laufe des Jahres ausgeschiedenen Genossen von der Zahl der am Jahresschlusse der Genossenschaft noch angehörigen Mitglieder abzuziehen. Hierbei ist aber nicht berücksichtigt, daß nach dieser Art der Bekanntmachung die Genossen, die gemäß § 76 durch Übertragung ihres Geschäftsguthabens nicht erst am Schlusse des Geschäftsjahres, sondern schon mit dem Tage der Eintragung der Übertragung ausscheiden, zwar in der Zahl der Ausgeschiedenen mit enthalten, bei der Zahl des Mitgliederbestandes aber bereits abgezogen sind. Die einfache Subtraktion genügt daher nur in dem Falle, wo solche Ausscheidungen nicht vorgekommen sind. Darüber gibt aber die Veröffentlichung keine Auskunft. Eine Veröffentlichung nach der Anweisung des Kammergerichts läßt deshalb den Mitgliederbestand am letzten Tage des Geschäftsjahres ersehen, woran kaum ein Interesse bestehen kann; über den wirklichen Bestand im neuen Geschäftsjahr und zur Zeit der Bekanntmachung aber kann sie zu Irrtümern führen, die aus dem Inhalte der Veröffentlichung nicht zu berichtigen sind. Werden dagegen bei der Bestandszahl die ausgeschiedenen Mitglieder nicht mitgerechnet, so erfährt man mit voller Bestimmtheit die Zahl der Genossen, die am Anfange des neuen Geschäftsjahres vorhanden waren und daher auch regelmäßig bis zum Schlusse des Geschäftsjahres vorhanden sind (§§ 65. 67. 68. 77). Freilich eine Gewähr dafür, daß bis zur Veröffentlichung auch kein Genosse durch Übertragung seines Geschäftsguthabens ausgeschieden sei, wird dadurch nicht erreicht. Diese Art der Veröffentlichung gibt die entscheidenden Daten über den Mitgliederbestand um ein Geschäftsjahr früher als die andere, ist vollkommen klar und, soweit möglich, für den ganzen Lauf des Geschäftsjahres zutreffend. Die Veröffentlichungen im Sinne des Kammergerichts führen, wie der vorliegende Fall zeigt, zu arithmetischen Rätseln, die der Laie, für den die Bekanntmachungen bestimmt sind, nicht wird begreifen und lösen können. Eine solche Art der Veröffentlichung würde nur dann anzunehmen sein, wenn das Gesetz sie mit Bestimmtheit forderte. Dies ist aber keineswegs der Fall.

Das Kammergericht gelangt dadurch zu seiner Auslegung, daß es den Worten „am Jahresschlusse" die Bedeutung beilegt: „am letzten Tage des Jahres". Dies ist nicht begründet. Wäre dies die Meinung des Gesetzes gewesen, so ist nicht abzusehen, warum man diesen nahe liegenden, völlig klaren Ausdruck vermied. Soll unter den Worten „am Jahresschlusse" überhaupt noch ein Teil des abgelaufenen Jahres mitverstanden werden, so könnte dies dann doch nur der letzte meßbare Zeitteil sein. Es ist aber gar nicht gerechtfertigt, die Zeitbestimmung in diesem Sinne aufzufassen. Im lässigen Sprachgebrauch allerdings kann die Wendung bedeuten sollen, daß der Redende damit noch irgendeinen unbestimmten Teil des zu Ende gehenden Zeitraums bezeichnen will. Genau genommen aber geht der Ausdruck „am Jahresschlusse" nicht auf einen noch diesem Jahre angehörenden Zeitraum, sondern auf den einheitlichen, unmeßbaren Zeitpunkt, in welchem das Jahr bereits zu seinem Ende gelangt ist, um sofort und ohne Unterbrechung in ein neues Jahr überzugehen. Es ist der Zeitpunkt, in welchem alle Ereignisse des eben abgelaufenen, und noch keines des neu beginnenden Jahres ihre Wirkungen ausüben. Bei Angabe des Bestandes der Mitglieder, die am Jahresschlusse der Genossenschaft angehören, sind daher auch diejenigen ausgeschiedenen Mitglieder nicht mitzuzählen, deren Ausscheiden erst „zum Schlusse" des Geschäftsjahres (§§ 65. 67. 68) oder, wie es in § 77 für den Fall des Todes heißt, „mit dem Schlusse" des Geschäftsjahres erfolgt ist.

Diese auf den Wortlaut und die Absicht des Gesetzes gestützte Auslegung findet ihre Bestätigung in der Entstehungsgeschichte des Gesetzes. Nach § 26 des Gesetzes vom 4. Juli 1868 war als Gegenstand der Veröffentlichung bezeichnet: „eine Bilanz des verflossenen

Geschäftsjahres, die Zahl der seit der vorjährigen Bekanntmachung aufgenommenen oder ausgeschiedenen, sowie die Zahl der zurzeit der Genossenschaft angehörigen Genossenschafter". Hiernach war kein Zweifel, daß die „zum Schluß des Geschäftsjahres" ausgetretenen Genossenschafter (§ 38 daselbst) in die Bestandszahl nicht mit aufzunehmen waren. Die Begründung zu dem dem Reichstage vorgelegten Entwurfe des jetzigen Gesetzes, welcher in § 30 Abs. 2 die Bestimmung des § 31 Abs. 2 (jetzt § 33 Abs. 2) des Gesetzes schon wörtlich enthält, erwähnt mit keinem Worte, daß in diesem Punkte eine Änderung beabsichtigt sei (§ 77).

Demgemäß kann die Veröffentlichung des Vorstandes nicht als dem Gesetz entsprechend angesehen werden. Die vom Registerrichter verlangte Berichtigung durfte nicht abgelehnt werden. Da dies doch geschah, hat dieser mit Recht das Zwangsverfahren nach §§ 132 flg. des Gesetzes über die Angelegenheiten der freiwilligen Gerichtsbarkeit eingeleitet. Allerdings hätte dieses gemäß § 160 (früher § 152) des Gesetzes vom 20. Mai 1898 nicht gegen den Vorstand als solchen, sondern gegen die einzelnen Mitglieder des Vorstandes gerichtet werden sollen. Aber daraus hat der beschwerdeführende Vorstand weder jetzt, noch in seiner früheren Beschwerde oder im Einspruchsverfahren einen Angriff entnommen; vielmehr ergibt sich aus allen seinen Ausführungen, daß es ihm nur um eine sachliche Entscheidung der Streitfrage zu tun ist. Deshalb kann es auch nicht mißbilligt werden, daß der jetzt angefochtene Beschluß, trotz diesem formellen Bedenken, auf die sachliche Beurteilung eingetreten ist." ...

---

105. Stellt die bei der Auseinandersetzung einer offenen Handelsgesellschaft erfolgende Zuteilung von Wertpapieren, die zum Gesellschaftsvermögen gehören, an die einzelnen Gesellschafter ein steuerpflichtiges Anschaffungsgeschäft im Sinne der Tarifnummer 4 des Reichsstempelgesetzes vom 14. Juni 1900 dar?

VII. Civilsenat. Urt. v. 26. Januar 1904 i. S. W. & Co. (Kl.) w. badischen Fiskus (Bekl.). Rep. VII. 371/03.

I. Landgericht Mannheim.
II. Oberlandesgericht Karlsruhe.

Die klagende offene Handelsgesellschaft, deren Gesellschafter die übrigen vier Mitkläger waren, wurde durch den Vertrag vom 28. Januar 1902 in eine Aktiengesellschaft umgewandelt. Dabei wurden ihr für das Einbringen ihrer Firma nebst dem Geschäft und eines Teils der Aktiva in die Aktiengesellschaft 3708 Stück Aktien der letzteren zugewiesen. Durch „Auseinandersetzungsvertrag" vom 19. März 1902 wurde das Vermögen der bisherigen offenen Handelsgesellschaft unter die vier mitklagenden Gesellschafter verteilt. Für die Zuteilung der Aktien an die offene Handelsgesellschaft bei Gründung der Aktiengesellschaft wurde der Stempel gemäß Tarifnummer 4 Buchstabe a Abs. 2 des Reichsstempelgesetzes vom 14. Juni 1900 entrichtet. Auf Erfordern des verklagten Fiskus bezahlten aber die Kläger außerdem noch für die Verteilung der Aktien an die einzelnen Gesellschafter gemäß Abs. 1 derselben Tarifnummer den Anschaffungsstempel mit 1112,40 *M*. Die Rückzahlung dieses Betrages nebst Zinsen beanspruchten die Kläger mit der jetzigen Klage. Das Landgericht verurteilte den Beklagten entsprechend dem Klagantrage. Auf die Berufung des Beklagten wies das Oberlandesgericht die Klage ab. Die Revision der Kläger ist zurückgewiesen aus folgenden

Gründen:

„Die Entscheidung hängt davon ab, ob die bei der Auseinandersetzung einer offenen Handelsgesellschaft erfolgte Zuteilung von Wertpapieren dieser Gesellschaft an die einzelnen Gesellschafter ein Anschaffungsgeschäft im Sinne der Tarifnummer 4 des Reichsstempelgesetzes vom 14. Juni 1900 darstellt. Das ist zu bejahen, und damit die Revision zurückzuweisen.

Der Begriff des Anschaffungsgeschäfts ist für das Reichsstempelgesetz vom 27. April 1894, dem gegenüber das genannte neue Reichsstempelgesetz in diesem Punkte eine Änderung nicht herbeigeführt hat, durch die ständige Rechtsprechung des Reichsgerichts dahin festgestellt worden, daß als solches jedes auf den Erwerb von Eigentum an beweglichen Sachen gerichtete entgeltliche Vertragsgeschäft anzusehen ist. Der Auseinandersetzungsvertrag vom 19. März 1902 ist ein über bewegliche Gegenstände geschlossenes Vertragsgeschäft. Es bleibt daher nur festzustellen, ob es auf Erwerb des Eigentums an diesen Gegenständen gerichtet war, und ob es ein entgeltliches Geschäft war.

Auf den Erwerb des Eigentums an den Aktien würde das Vertragsgeschäft dann nicht gerichtet gewesen sein können, wenn die Aktien schon vorher Eigentum der Gesellschafter gewesen wären, der Auseinandersetzungsvertrag also einen Eigentumswechsel nicht hätte bewirken können. Diese Voraussetzung trifft aber nicht zu. Der erkennende Senat hat in dem (zum Abdruck in den Entscheidungen des Reichsgerichts bestimmten) Urteile vom 11. Dezember 1903, Rep. VII. 317/03[1], unter eingehender Begründung dargelegt, daß auch nach dem Inkrafttreten des Bürgerlichen Gesetzbuchs und des Handelsgesetzbuchs n. F. die offene Handelsgesellschaft, ebenso wie die offene Handelsgesellschaft des früheren Handelsgesetzbuchs und die Gesellschaft des Bürgerlichen Gesetzbuchs, keine juristische Person ist, sich ihr aber nähert; daß die vereinigten Gesellschafter zwar die Träger des Gesellschaftsvermögens sind, dieses jedoch ein selbständiges ist, und an ihm eine Gemeinschaft zur gesamten Hand besteht, so daß der einzelne Gesellschafter der Gesellschaft, wenn er von ihr zum Gesellschaftsvermögen gehörige Gegenstände erwirbt, gleich einem Dritten gegenübersteht. An diesen Grundsätzen, mit denen auch das für die offene Handelsgesellschaft des Handelsgesetzbuchs a. F. ergangene Urteil des V. Civilsenats vom 2. November 1903 (Jurist. Wochenschr. 1903 S. 436 Nr. 15) sowie eine große Anzahl früherer Entscheidungen übereinstimmen, ist festzuhalten. Beim Eigentum zur gesamten Hand besteht ein Eigentum des einzelnen weder in der Form eines nach Bruchteilen geteilten Miteigentums an den einzelnen Stücken des gemeinschaftlichen Vermögens noch in der Form eines solchen Miteigentums an dem ganzen Inbegriff dieses Vermögens. Durch den Auseinandersetzungsvertrag vom 19. März 1902 wurden die bis dahin dem Gesellschaftsvermögen angehörigen Aktien zu freiem Sondereigentum der einzelnen Gesellschafter bestimmt; er stellt deshalb ein auf Erwerb des Eigentums an den Aktien gerichtetes Geschäft dar.

Dies Geschäft ist auch ein entgeltliches. Das Reichsgericht hat den Begriff des „entgeltlichen" Geschäfts für den Bereich des Reichsanfechtungsgesetzes vom 21. Juli 1879 dahin festgestellt, daß

---

[1] Inzwischen abgedruckt in diesem Bande unter Nr. 53 S. 206 flg. D. R.

darunter jedes **nicht unentgeltliche** Geschäft zu verstehen ist, und daß auch **Erfüllungsgeschäfte** zu den entgeltlichen gehören, da die durch sie bewirkte Leistung keine Bereicherung des Gläubigers herbeiführt, dessen bisheriges Forderungsrecht vielmehr erlischt.

Vgl. Entsch. des R.G.'s in Civils. Bd. 27 S. 130. 134.

Bei Anwendung dieser Begriffsbestimmung auf den vorliegenden Fall wäre ein entgeltliches Geschäft auch dann anzunehmen, wenn den einzelnen Gesellschaftern schon **vor** dem Abschlusse des Auseinandersetzungsvertrages ein persönliches Recht auf die Zuteilung der Aktien zugestanden hätte. Es kann aber dahingestellt bleiben, ob die bezeichnete Begriffsbestimmung als eine allgemein auch außerhalb des Anfechtungsrechts maßgebende anzusehen ist; denn jedenfalls liegt ein entgeltliches Geschäft dann vor, wenn, wie in dem hier zu entscheidenden Falle, der Vertragschließende den Anspruch auf eine bestimmte Leistung aufgibt, und dafür zur Abgeltung dieses Anspruchs ihm von dem anderen Vertragschließenden eine Sache gewährt wird, auf die er bisher weder einen dinglichen noch einen persönlichen Anspruch hatte. Letzteres ist aber hier der Fall. Dem ausscheidenden Gesellschafter steht gegenüber der Gesellschaft lediglich ein Anspruch auf **Geldabfindung** zu, selbst dann, wenn er Sachen in die Gesellschaft eingebracht hat, und einerlei, ob er unter Fortbestehen der Gesellschaft ausscheidet, oder ob das Ausscheiden durch die Auflösung der Gesellschaft veranlaßt wird. Dies ergibt sich daraus, daß bei der Liquidation das Gesellschaftsvermögen in Geld umzusetzen, und dies Geld nach Deckung der Gesellschaftsschulden unter die Gesellsch fter zu verteilen ist (§ 149 und § 155 Abs. 1 H.G.B.). Diese Vorschriften sind zwar nicht zwingender Natur, da eine **andere** Art der Auseinandersetzung unter den Gesellschaftern **vereinbart** werden kann (§ 158 a. a. O.). Eine solche Vereinbarung, zu der Einstimmigkeit der Gesellschafter erforderlich ist, kann aber von dem einzelnen Gesellschafter nicht erzwungen werden. Ein **Rechtsanspruch** auf eine andere Art der Auseinandersetzung und insbesondere auf Überweisung bestimmter Stücke des Gesellschaftsvermögens an ihn zu Sondereigentum steht ihm daher nicht zu. Im vorliegenden Falle haben die Gesellschafter an der Stelle der ihnen gesetzlich zustehenden Geldabfindung Aktien erhalten. Dies Geschäft stellt eine Hingabe an Erfüllungsstatt dar, also einen entgeltlichen Vertrag.

Das preußische Stempelsteuergesetz vom 31. Juli 1895 hat aus Billigkeitsrücksichten dem Umstande, daß im wirtschaftlichen Sinne auch bei der Gemeinschaft zur gesamten Hand dem einzelnen Teilnehmer ein Anteil am gemeinschaftlichen Vermögen zusteht, dadurch Rechnung getragen, daß im Falle der Auseinandersetzung der Gemeinschaft unter Miterben, wenn sie durch Zwangsversteigerung an einen der Miterben erfolgt, bei der Stempelberechnung derjenige Teil des Meistgebots außer Betracht bleibt, der seinem ideellen Anteil am Nachlaß entspricht. Aber gerade der Umstand, daß das Reichsstempelgesetz eine ähnliche Vorschrift weder für den Fall der Auseinandersetzung im Wege der Zwangsversteigerung noch für den der freiwilligen Auseinandersetzung enthält, ergibt, daß es für die Stempelpflichtigkeit eines Anschaffungsgeschäfts ohne Bedeutung ist, ob es zum Zwecke der Auseinandersetzung einer Gemeinschaft zur gesamten Hand geschlossen ist oder zu einem anderen Zwecke." ...

Register.

Die beigesetzten Zahlen beziehen sich auf die Seiten.

A. Sachregister.

C

D

E

F

G

T

U

W

B. Gesetzesregister.

1. Reichsgesetze.

a. Bürgerliches Gesetzbuch.

h. Konkursordnung von 1877.

i. Konkursordnung von 1898.

k. Einführungsgesetz zu dem Gesetze, betreffend Änderungen der Konkursordnung.

l. Gerichtsverfassungsgesetz.

m. Gesetz über die Angelegenheiten der freiwilligen Gerichtsbarkeit.

n. Grundbuchordnung.

o. Gewerbeordnung vom 26. Juli 1900.

p. Strafgesetzbuch.

q. Strafprozeßordnung.

r. Rechtsanwaltsordnung.

s. Gebührenordnung für Gerichtsvollzieher.

t. Einzelne Gesetze und Verordnungen.

2. Gemeines Recht.

Pandekten.

3. Französisches Recht.

4. Landesrecht.

Preußen.

Baden.

Landrecht.

Bayern.

Elsaß-Lothringen.

Sachsen-Meiningen.

C. Chronologische Zusammenstellung der Entscheidungen.

Zusammenstellung

der

im sechsundfünfzigsten, der neuen Folge sechsten Bande

mitgeteilten Entscheidungen

nach

Oberlandesgerichtsbezirken.

Berichtigungen.

Neunundzwanzigster Band.

S. 82 Z. 15 v. u. statt „186" lies „196".

Einundfünfzigster Band.

S. 405 Z. 18 v. o. statt „367" lies „376".

Fünfundfünfzigster Band.

S. 468 Z. 2 v. u. statt „266" lies „206".

Sechsundfünfzigster Band.

S. 77 Z. 11 v. o. statt des zweiten „und" lies „der".
„ 271 „ 12 v. o. statt „1902" lies „1903".
„ 333 „ 7 v. o. statt „1902" lies „1903".

Kolibri 360 GmbH
Ferdinand-Jühlke-Straße 7
99095 Erfurt, Deutschland
produktsicherheit@kolibri360.de